제 2 판

범죄학 강의

김재민 · 이봉한 공저

Criminology

박영사

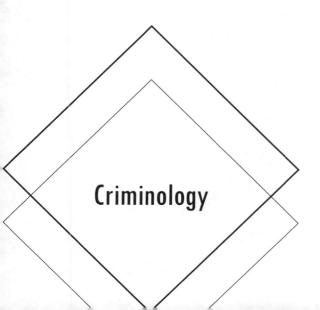

개정판 머리말

범죄학은 인류사회에 팽배해 있는 범죄문제를 분석하고 연구함으로써 범죄의 원인을 규명하고 범죄의 예방대책을 탐구하는 학문이기에 범죄학자들은 우리 사회에 출현하고 있는 각종 범죄현상을 범죄유형별로 관찰해 본 후 각각의 범죄에 대하여 범죄원인을 규명함으로써 범죄에 대한 효과적인 대응원리를 찾고자 노력하게 된다. 그러므로 범죄학자들에게 주어진 가장 큰 과업은 바로 범죄원인을 가능한 한 정확하게 규명해 내고 그에 대한 대응수단을 강구하는 일이 될 것이다.

그런 의미에서 2021년에 발행되었던 '범죄학 강의' 초판이 범죄원인론 및 범죄유형론 기술에 머물렀던 것은 다소 아쉬웠던 점이라 하겠다. 이에 필자는 종래 제4편의 범죄유형론 내용 일부를 수정하는 한편, 그곳에 열거된 각각의 범죄유형에 대하여 개별적인 범죄피해 예방 대책들을 제시해주었을 뿐만 아니라, 이와 별도로 '범죄예방론', '형벌론', '보안처분론', '형사사법절차론', '소년비행·범죄론'을 모두 포괄하여 제5편에 '범죄대책론' 파트를 따로 구성하여 기술함으로써 범죄에 대한 대응이론을 대폭 강화하게 되었다.

본서도 초판과 마찬가지로 공저의 형태로 집필이 진행되었다. 즉, 제1편 범죄학 연구의 기초부분과 제3편 범죄원인론 및 제5편 범죄대책론 중 '범죄예방론'과 '소년비행 · 범죄론'은 김재민 교수가 2018년도에 출간한『범죄학 이론』및『피해자학』의 기본이론을 원용하여 중점적으로 작성하였고, 제4편 범죄유형론과 제5편 범죄대책론 중 '형벌론', '보안처분론', '형사사법절차론' 등은 이봉한 교수가 중점적으로 집필하였다. 아무쪼록 독자들이 이 책을 통해 범죄원인론, 범죄예방론, 범죄유형론, 범죄대책론 등 범죄학 전반의 내용을 효과적으로 학습하는 데 작은 도움이 되기를 바라마지 않는다.

2023. 2. 28.

공저자

머리말

범죄학은 인류사회에 팽배해 있는 범죄문제를 해결하기 위해 범죄현상에 대한 관찰과 분석을 통해 범죄의 원인을 규명하는 한편, 범죄 위험성에 대한 효율적 관리방안과 함께 범죄 예방대책을 탐구하는 학문이라고 할 수 있다.

본서도 범죄학 연구가 지향하는 고유의 목적을 충실히 달성하기 위하여 본문의 내용을 다음과 같이 크게 네 부분으로 구성하여 집필하였다. 즉, 제1편에서는 범죄학 연구의 기초로서 범죄의 정의, 범죄학의 연구목적 및 연구방법론, 범죄에 영향을 주는 요소 등을 다루었고, 제2편 범죄피해자론에서는 피해자의 개념과 피해자화 이론 및 형사절차에서의 피해자 보호 문제를 기술하였으며, 제3편에서는 고전주의 학파의 범죄이론과 실증주의 학파의 범죄이론을 토대로 범죄의 발생 원인에 관한 제반 이론들을 소개하였다. 마지막으로 제4편에서는 살인, 마약, 강도, 방화, 성폭력, 사기, 절도 등 제반 범죄유형별로 각 범죄의 개념과 특징, 범행의 동기와 추세, 해당 범죄의 세부유형, 위험성 등을 기술함으로써 독자들로 하여금 다양한 범죄현상을 비교적 용이하게 파악할 수 있도록 하였다.

이 책은 다음 몇 가지 측면에서 다른 범죄학 도서와 구별되는 특징들을 가지고 있다.

첫째, 범죄학이 인간의 범죄행동을 다루는 학문이니만큼 인간의 본질에 관한 사유가 중요하기에 제3편의 서두에서는 각 범죄이론이 지향하고 있는 인간관을 조명해 보고자 하였다.

둘째, 범죄학의 연구방법론이 과학주의에 지나치게 매몰됨으로써 인간의 범죄문제를 피상적으로 접근할 위험이 있음을 지적하고, 범죄원인론 구성에 있어서 인류의 지적 자산인 철학적, 종교학적 관점까지 포용하는 통합적 연구방향을 제시하였다.

셋째, 범죄유형론에서는 일반 형사범뿐만 아니라 특수한 영역이라 할 수 있는 종교범죄, 테러범죄, 기업범죄까지 다루면서 범죄가 범죄인의 기질과 심리, 환경과 상황의 함수 속에서 상호작용하며 일정한 수법의 형태로 이루어지는 것임을 쉽게 이해할 수 있도록 하였다.

끝으로 본서의 제1편과 제3편은 김재민 교수가 2018년도에 출간한『범죄학 이론』에 기본 토대를 두고 작성하였고, 제4편 범죄유형론 부분은 이봉한 교수가 집필하였으며, 제2편의 범죄피해자론 부분은 두 저자가 공동으로 저술하였음을 밝혀 둔다. 아무쪼록 이 책을 통해 범죄현상의 관찰과 범죄원인 분석에 있어서 균형적 관점을 견지할 수 있고, 제반 범죄유형의 발생 동기와 특징 및 위험성을 올바르게 파악하여 개별 범죄에 효과적으로 대응하는 데 작은 도움이 되기를 바라마지 않는다.

2021. 1. 11.
공저자

차 례

PART 1 범죄학 연구의 기초

PART 3 범죄원인론

PART 4 범죄유형론

PART 5 범죄대책론

Chapter 05 소년비행·범죄론 465

PART 1

범죄학 연구의 기초

Chapter 01 범죄의 정의

Chapter 02 범죄학의 개념 및 범죄학의 연구목적

Chapter 03 범죄학 연구 방법론

Chapter 04 범죄에 영향을 주는 요소들

Chapter 01

범죄의 정의

생각해 보기

○ 인간이 사는 곳이면 어디나 범죄가 발생하고 있다. 그렇기에 세계의 모든 나라들이 경찰, 검찰, 법원과 같은 형사사법기관을 두고서 범죄를 저지른 범인을 체포하여 범죄사실을 조사하고, 그 죄상을 밝혀 형사처벌을 하고 있다. 특정 사회의 범죄를 다스리기 위해서는 우선 어떤 행위를 범죄라고 할 수 있는지 사전에 명확히 법률로 규정을 해 놓는 것이 필요하며, 그 법률을 위배하여 범죄가 발생했을 때는 신속히 범인을 체포하여 범죄사실을 조사한 뒤 기소와 재판을 통하여 형사책임을 부과하여야 한다. 그렇다면 범죄는 왜 발생하는지 그 원인을 탐구하는 범죄이론 혹은 범죄원인론은 범죄와 관련된 사무를 처리하는 국가의 형사사법 행정에 어떤 도움을 줄 수 있을까?

○ 인간은 이 지구상에 존재하는 생물체 중에서 언어를 통해 고도의 이성적 사고활동을 하는 유일한 존재이긴 하지만 시간적 및 공간적 제한을 받는 존재이기도 하다. 그러한 제약은 사람들 간에 사물과 현상을 바라보는 관점의 차이를 만들어 낸다. 예를 들어 아내를 폭행하는 남편을 바라보는 시각이 우리나라 조선시대의 백성들과 21세기 현대를 살아가는 시민들이 서로 다르며, 같은 시대를 살아간다 하더라도 이슬람 문화권에서 사는 사람들과 유교 문화권에 사는 사람들의 견해가 서로 차이가 날 수 있다. 그렇다면 인간의 본질적 한계라고 할 수 있는 시공(時空)의 제약이 사람들로 하여금 어떻게 동일한 범죄현상을 바라보고도 다르게 해석할 수 있게 하는지 그 관점형성의 메커니즘을 설명해 보라.

제1절 범죄이론 구성의 필요성

범죄는 왜 발생하는가에 대한 의문은 오랜 세월 동안 범죄학자들의 관심을 사로잡는 주제였다. 범죄원인을 제대로 밝혀내면 범죄를 줄일 수 있는 형사사법 정책 개발이 좀더 쉬워지기 때문이다.

그런데 하나의 범죄행위가 발생하기까지는 인간의 성격특성과 같은 내적인 요소와 가정 및 지역공동체가 처한 환경과 같은 외적인 요소 등 다양한 요인들이 상호작용을 하고 있기 때문에 범죄발생 원인의 규명이 그리 쉬운 작업은 아니다. 하지만 이러한 범죄원인 규명의 복잡성 때문에 범죄원인론 구성을 포기할 수는 없다. 어느 사회이건 인간이 사는 곳은 범죄행위가 있기 마련인데 특정 사회를 존속시키기 위해서는 범죄의 발생을 미리 막거나 이미 발생한 범죄에 대하여는 적절한 대처방안을 강구하여 범죄의 확산과 재발을 통제하는 등의 조치가 필요한 것이다.

범죄이론은 크게 범죄현상론, 범죄원인론, 범죄유형론, 범죄대책론 등으로 대별할 수 있다. 그중 범죄의 원인을 규명하는 범죄원인론은 범죄학 연구의 틀에 따라 크게 고전주의적 범죄이론과 실증주의적 범죄이론으로 구분할 수도 있고, 거시적 관점과 미시적 관점으로도 구분할 수도 있다. 이러한 범죄원인론은 대체로 인간의 내면적 속성에서 범죄원인을 찾는 이론과 인간 외부의 환경에서 범죄원인을 찾는 이론, 그리고 이 양자의 상호작용에서 범죄원인을 구하는 이론 등으로 분류해 보기도 한다.

이 각각의 범죄이론들은 인간은 어떤 존재인가에 대한 관점의 다양성과 긴밀한 관련을 맺고 있는데 이 관점의 다양성은 시간과 공간의 제약을 받는 인간의 실존적 한계에서 비롯되는 것이다. 이로 인해 범죄발생이라는 동일한 사회현상을 바라 보면서도 범죄학자에 따라 다른 해석을 할 수 있게 된다. 어떤 이론은 한 인간을 자유로운 의사결정을 내릴 수 있는 고유의 인격체라고 보고 범죄의 원인을 비합법적 의사결정을 하는 그 인격 자체에 있다고 해석하는 데 비하여, 다른 이론은 인간을 환경의 절대적 영향을 받는 타율적 존재로 가정하면서 범죄의 원인이 인간의 자유로운 판단에 있다기보다는 범죄친화적인 환경에 의해 결정적으로 영향을 받는다고 해석하기도 한다. 범죄현상을 어떠한 관점으로 바라보느냐에 따라 범죄원인이 다르게 설명될 수 있고, 그에 따라 범죄대책도 상이하게 제시될 수 있기 때문에 범죄이론을 전개해 나감에 있어서 그 이론이 어떤 인간관을 채택하고 있는지를 파악하는 것이 필요하다.

범죄이론 구성의 메커니즘

이처럼 범죄가 다양한 요인들에 의해 발생할 수 있는 복잡성이 있음에도 범죄원인론을 중심으로 범죄이론을 구성해 보고자 하는 이유는 앞에서 밝혔던 바와 같이 범죄원인론에 기초한 범죄이론의 구성이 범죄예방 및 범죄자 관리를 위한 형사정책 수립에 도움을 줄 수 있다는 실용성 때문이다. 범죄현상을 고정된 형식과 내용의 세계로 구성하게 되면 혼란스러운 감각적 자료들이 보다 이해하기 쉽게 배열되어 설명력이 높아지기 때문이다.

다만 모든 범죄이론은 그 범죄이론을 주장하는 자의 사회경험과 현상인식의 사고체계로부터 영향을 받게 된다. 이것은 어느 범죄이론이든지 나름의 한계를 지닐 수밖에 없다는 것을 의미하기도 한다. 인간은 경험론적으로는 시간적 · 공간적 한계를 뛰어 넘을 수 없고, 인식론적으로도 이성의 활용에 한계가 있는 것이다. 그렇기에 특정 범죄이론은 인간사회 속에서 발생하고 있는 범죄현상들에 대한 범죄학자들의 사회경험과 사고체계의 틀을 통한 해석에 해당한다고 말할 수 있겠다. 범죄현상이 하나의 사회적 실체(social reality)라고 했을 때 그 실체를 해석하는 범죄학자나 정부의 정책입안자들이 유한한 인간존재임을 고려한다면 각 범죄이론의 한계성은 이미 예고된 것이나 다름없다. 따라서 범죄현상을 분석함에 있어서는 모든 범죄이론의 장점을 아우르는 통합적 관점을 유지하는 것이 필요하다고 볼 것이다.

제2절 범죄의 정의

1. 법학적·법률적 정의

1-1. 범죄에 대한 형법학적 정의

범죄를 법학적으로 정의하면 국가에 의해 정립된 형사법령을 위반한 행위라고 말할 수 있다. 범죄의 유형과 범행방법 그리고 처벌의 정도가 미리 법규정에 명시되어 있을 때 특정인이 그 규범을 고의 혹은 과실로 위반하는 행위가 바로 범죄라는 것이다. 보통 형사법학에서는 범죄에 대한 정의를 '형법의 범죄적 구성요건에 해당하는 행위로서 위법하고 유책하게 평가된 행위'라고 말한다. 범죄적 구성요건에 해당하는 행위라는 의미는 어떤 행위가 형법이 정하고 있는 주관적 구성요건인 범행의사의 존재(고의나 과실) 요건을 충족하고, 객관적 구성요건인 범죄의 주체, 범행의 대상인 객체, 행위의 정황과 범행방법 및 범행수단이 법에 정한 것과 부합하는 것을 의미하는 것이다.

형법상 범죄성립 여부

○ 현행범 체포의 요건을 갖추지 못한 상황에서 경찰관이 임의동행을 거부하는 피의자를 강제로 연행하려 하자 피의자가 체포를 면하려고 반항하는 과정에서 경찰관에게 상해를 가한 것은 불법체포로 인한 신체에 대한 부당한 침해에서 벗어나기 위한 행위로서 정당방위에 해당하여 위법성이 조각된다(대법원 2000.7.4. 99도 4341)

○ 피고인으로부터 빰을 한 차례 얻어 맞은 A가 손톱깎이 칼로 피고인을 찔러 파열상을 입게 되자 이에 피고인이 격분하여 약 20센티미터의 과도를 가지고 A의 복부를 찌른 피고인의 행위는 A를 공격하기 위한 행위이지 A의 부당한 침해로부터 자기의 법익을 보호하기 위한 방위행위라고는 인정할 수 없어서 정당방위가 성립되지 아니한다(대법원 1968.12.24. 68도 1229).

어떤 행위가 위법하다는 것은 특정 행위가 정당행위, 정당방위, 긴급피난, 자구행위, 피해자승낙과 같이 법률규정에 근거하거나 사회상규에 근거하여서도 위법성이 제거될 수 있는 요소들이 전혀 없어 사회질서를 거스르는 불법적 성질을 지녔다는 것을 의미한다. 또 어떤 행위가 유책하다는 뜻은 행위자가 특정 행동에 책임을 질 수 있는 능력자로서의 자격을 갖추었기에 특정 행동에 대하여 비난을 가할 수 있다는 뜻임과 동시에, 적법행위로 나아갈 수 있음에도 기대를 저버리고 불법행위로 나가는 선택을 했다는 것을 의미한다.

1-2. 자연범과 법정범

범죄에는 크게 두 가지 유형이 있다. 첫째는 법 제정 이전에 특정 행위 자체가 도덕적 비난을 받을 수 있는 속성을 지닌 범죄(mala in se, evil in itself, 자연범)이다. 살인, 강도, 강간 범죄 등이 이에 속한다. 이러한 범죄들은 많은 나라들이 공통적으로 형법상 범죄로 규정하여 처벌을 하고 있다는 점에서 대체로 보편적 성질을 지닌다. 형법은 사회질서를 위협하는 자들을 통제하기 위한 수단으로 활용되며, 타인의 권익을 침해하는 자들을 응징하기 위한 도구가 되기도 하고, 사회구성원 전체가 준수해야 할 공공질서 및 도덕성의 기준이 된다. 또한 처벌규범의 존재 자체가 범죄행동을 저지하는 역할을 수행할 수 있고, 사회질서를 유지하는 기능을 수행하기도 하며, 가해자와 피해자 간에 형사합의를 촉구하는 계기가 되어 피해회복을 촉진하기도 한다.[1]

둘째는 행위 자체가 본질적으로는 도덕성과 무관하지만 법률에서 범죄라고 규정하였기에 법 위반에 대하여 비난을 가할 수 있는 범죄(mala prohibita, evil because prohibited, 법정범)이다. 신호위반과 같은 교통법규 위반 등이 대표적인 예라고 할 수 있을 것이다. 이러한 범죄는 흔히 행정범 혹은 법정범이라 불리는데 각 나라마다 여건에 따라 법률에서 다르게 규정할 여지가 많다. 현대사회에서는 국가가 행정목적 달성을 위하여 국민에게 행정상 의무를 부과하고 이를 불이행할 경우 행정형벌을 부과하는 경우가 많다. 이에 법정범이라 할지라도 시간이 흐름에 따라 법이 도덕화되거나 법이 도덕성을 확대해 나감으로써 사회질서를 선도하게 된다.[2] 그러므로 법정범 위반행위에 대하여도 국민의 법감정이 변화하여 도덕적 비난이 가해질 수도 있다.

그런데 어떤 행위가 형법상 무죄라고 하여 민사상 손해배상 책임까지 면제되는 것은 아니다. 형사상 범죄는 성립되지 않아도 민법상 불법행위는 성립될 수 있는 것이어서 가해자가 피해자에게 손해를 배상해야 할 경우가 발생한다. 형사법상 범죄가 성립하기 위해서는 그 범죄를 입증할 수 있는 증거에 대하여 엄격한 기준을 적용하여 증거능력 여부를 판단하지만 민사상 불법행위 성립을 판정하기 위한 증거들은 그보다 완화된 기준을 적용하기 때문에 형법상 무죄인 것과는 상관없이 민사상 불법행위에 따른 손해배상 책임을 질 수 있는 것이다.

자연범과 법정범의 예

○ **아동학대행위에 대한 자연범적 측면:** 2020년 6월 1일 오후 7시 25분께 천안에 소재한 한 아파트에서 9살난 소년이 의식을 잃은 채 발견되었다. 이 소년은 의붓어머니 A씨(43세)에 의해 가로 40cm, 세로 60cm의 여행용 가방에 7시간 넘게 갇혀 있었던 것으로 조사되었다. A씨는 아이를 가방에 두고 외출했고 집에 돌아와서는 소변을 봤다는 이유로 다른 가방으로 들어가게 해 결국 산소 부족으로 인해 소년은 질식사하게 되었다. 의붓어머니 A씨는 경찰에 체포되어 조사를 받은 후 2020년 6월 10일 아동학대치사(아동학대 범죄의 처벌 등에 관한 특례법 제4조) 혐의로 대전지검 천안지청에 기소의견으로 송치되었다(인터넷 서울신문 2020년 6월 23일자).

○ **아동학대행위에 대한 법정범적 측면:** 2020년 6월 23일 국회에서 열린 '아동학대범죄 근절을 위한 전문가 간담회'에서 한 발표자는 "아동학대는 가정 안에서 내밀하게 일어나는 일이다 보니 외부에서 아동학대 사실을 인지하기가 쉽지 않다"며 "이에 약사, 우편집배원 등 신고의무자를 확대해 다양한 사람들이 아동학대에 관심을 갖도록 유도할 필요가 있다"고 주장했다(Newscape 2020년 6월 24일자). 현행 아동학대범죄의 처벌 등에 관한 특례법은 제10조에 아동학대범죄 신고의무와 절차를 규정하고 있는데 이 규정에서는 신고의무자를 아동권리보장원의 장과 그 종사자, 아동복지시설의 장과 그 종사자, 아동복지 전담공무원, 가정폭력 관련 상담소 또는 피해자 보호시설의 장과 그 종사자 등 총 25가지로 그 유형을 분류하고 있으며 이들이 신고의무를 위반하게 되면 500만원 이하의 과태료를 부과하고 있다.

1-3. 형법의 제정

특정 사회에서 어떤 행동을 범죄로 파악하여 법률로 규제할 것인가에 대하여는 합의론적 관점과 갈등론적 관점 두 가지가 있다. 전자는 사회구성원들이 특정 행위에 대하여 비도덕적이라고 평가한 뒤 이와 같은 행동을 규제하기로 합의한 내용을 형법으로 제정하게 되는데 이러한 합의된 결과를 깨뜨림으로 말미암아 개인의 권리를 침해하는 행위를 범죄라고 본다. 이에 반해 후자는 상호갈등을 하고 있는 다양한 집단들이 법규범의 공정성에 대하여 동의하지 않는 가운데 형법 규범을 사회의 지배계층이 피지배계층을 압제하기 위한 수단으로 활용한다고 인식한다. 따라서 정치적, 경제적 힘을 가지고 있는 계층이 힘이 없는 계층을 통제하기 위해 규정한 행위가 곧 범죄라고 봄으로써 형법 규범 자체에 대하여 비판적 관점을 견지한다.

2. 사회학적 · 비법률적 정의

특정 사회가 규정하고 있는 형사법 위반 행위가 바로 범죄라고 하는 법학적 정의는 명료하고 단순하기는 하나 우리 현실을 들여다보면 법학적 정의만 가지고 범죄적 행태를 설명하고 대처하기에는 역부족이라는 것을 알 수 있다. 법의 규제를 교묘히 피해 타인을 괴롭히는 행위가 얼마든지 있을 수 있기 때문이다. 학교에서 의도적으로 특정인을 따돌리는 행위, 업무적 역학관계를 활용하여 직장 상사가 부하에게 심리적 압력을 가하는 행위 등은 범죄를 구성하지는 않지만 인권을 침해하는 행위가 될 수 있는 것이다. 슈벤딩거(Schwendinger) 부부가 인간의 행복추구를 부정하는 모든 조건을 범죄로 간주해야 한다는 주장을 하면서 범죄에 대한 인권적 접근방법을 주장하는 것도 이와 맥을 같이한다.[3)]

이처럼 법학적으로 범죄를 구성하지는 않는다 할지라도 타인을 괴롭힐 수 있는, 인권침해의 여지가 큰 행위들도 범죄이론에 포함시킬 필요가 있다. 이러한 행위는 범죄행위가 야기하는 피해만큼은 아니라 할지라도 그 영향력 면에서 범죄에 버금가는 고통을 타인에게 안겨줄 수 있는 것이다. 이를 사회학적으로는 일탈행위(deviance)라는 용어로 포섭할 수 있는데 특정 사회에서 위법으로 평가되는 행위는 물론, 위법으로 평가되지는 않지만 비도덕적 행위로 평가받을 수 있는 행위들도 바로 이 일탈행위에 속한다고 할 수 있다. 어떤 일탈행위가 당장은 범죄를 구성하지 않는다 할지라도 시대의 변천에 따라 규제의 필요성이 강화되어 법률에 범죄로 규정될 수도 있다. 이 일탈행위는 범죄에 대한 법학적 정의의 기준으로 볼 때 반도덕적이며 자연범적 성질이 강한 반면, 법정범으로서의 성질은 약하다. 살인행위와 같은 범죄는 인류의 도덕질서에 반하는 것으로서 자연범임과 동시에 일탈행위에 속하지만 신호위반과 같은 법정범은 본질적으로 반도덕적 성질을 지니고 있지 않기에 위법행위라고 보아야지 일탈행위로 보기는 어렵다.[4)]

범죄를 사회학적으로 정의한다고 했을 때 범죄 정의에 사용할 수 있는 또 다른 접근방법으로서 통계학적인 접근방법과 낙인이론적 접근방법이 있다. 통계학적 접근방법은 많은 사람들의 일상적인 행위들은 발생빈도가 높은 것으로서 정상적 행위라고 볼 수 있지만 통계학적으로 발생빈도가 낮은 행위들은 비정상적인 것들로서 일탈적 행위로 해석하자는 견해이고, 낙인이론적 접근방법은 어떤 행위에 대하여 사회가 비난과 불인정의 반응을 보일 때 그 행위를 일탈행위로 간주하자는 견해이다.[5)]

3. 종교적·철학적 정의

범죄를 종교적 차원에서 정의할 수도 있다. 기독교 신학에서는 죄를 '하나님의 율법에 대한 불순종'이라고 보고 있으며 전 인격의 기본적 방향성이 인간을 창조한 창조주의 주권적 통치에 벗어나려는 경향 자체를 죄라고 보고 있다. 본래 죄와는 상관없이 창조되었던 인간이 창조주가 정한 질서를 거스르는 선택을 함으로써 타락하여 죄가 세상에 만연하게 되었다고 본다. 죄라는 것을 인간 본성 속에 내재된 고정화 된 개념이라고 이해하기보다는 자신의 생각과 의지를 본래의 창조질서에 반하는 방식으로 행사하는 선택적 행동이 죄가 가지는 특징이라고 본다.[6)]

불교에서는 죄를 도리에 반하는 행위이자 계율을 어기는 행위 또는 고의로 과보(果報)를 불러오는 악행 등을 의미하는 것으로 정의한다. 도리에 거슬리어 괴로움의 과보를 부르는 나쁜 행위를 죄라고 보는 것이다. 괴로움의 과보(이를 苦果라 함)라 함은 지금까지 축적된 악업으로 인해 생겨나는 결과로서 몸과 마음으로 하여금 괴로움을 감수하게 하는 것을 의미한다. 이처럼 불교에서는 죄를 짓게 되면 반드시 그에 상응하는 나쁜 결과를 얻게 된다는 전제를 가지고 있다. 그리고 죄의 종류로서 행위의 성질특성상 바로 죄가 될 수 있다고 하는 성죄(性罪)와 붓다가 금지하였기에 죄가 된다는 차죄(遮罪) 개념을 제시하고 있다. 전자는 살인, 절도, 간음 등의 죄가 이에 해당하고, 후자는 음주행위 등이 이에 해당한다.[7)]

범죄를 철학적 관점에서 정의할 수도 있다. 고대 철학자 소크라테스는 인간의 내면에 존재하는 탐욕적 본능을 이성이 통제하고 있다고 보았다. 그의 이론에 따르면 이성의 감시가 소홀할 때 인간 본능에 따른 행동으로 말미암아 타인의 이익을 침해하는 범죄가 발생할 수 있게 된다. 독일의 철학자 칸트(Kant)는 '너의 의지의 격률(格率)이 항상 동시에 보편적인 입법의 원리에 타당하도록 행동하라'는 정언명령(定言命令)을 제시하였다. 이 경우 사람들이 자기의 주관적 기분에 따라 행동함으로써 모든 사람을 구속할 수 있는 보편원리를 위반하여 타인에게 정신적, 육체적, 경제적 피해를 주었다면 이를 사회적 일탈 혹은 범죄에 해당한다고 할 수도 있는 것이다.

이와 같이 범죄에 대한 종교적·철학적 정의는 인간 본질 혹은 인간 내면에 대한 탐구와 직결되고 있음을 알 수 있다. 이러한 범죄원인에 대한 형이상학적 담론에 대하여 과학적 범죄학을 지향하는 입장에서는 범죄에 대한 종교적·철학적 정의의 무용론을 제기할 수도 있겠으나 범죄자의 병든 인격을 교정하고 왜곡된 심리를 치유하는 데 있어서는 종교나 철학의 역할을 결코 무시할 수 없다. 형사사법 기관이 응분의 형벌을 부과한다든지, 국가 교정시설에서 행하는 교화교육만으로는 결코 변화되지 않던 강력범들이 종교적 감화를 통해 자신의 범죄행위를 반성하고 새로운 사람으로 변화되는 일이 종종 있기 때문이다.

정리하기

○ 범죄원인론에 관한 연구는 범죄발생을 억제하기 위한 대책수립과 이미 발생한 범죄에 대한 적절한 향후 대처방안을 강구하게 함으로써 범죄의 확산 및 재범 발생의 방지에 기여한다.

○ 범죄이론이 다양하게 전개되는 이유는 시공의 제약을 받는 인간의 실존적 한계에서 비롯되는 것으로서 그러한 한계는 범죄현상에 대한 다양한 해석을 유발하고 이로 인해 범죄이론의 분화가 일어난다.

○ 범죄를 법학적으로 정의하면 형사법상 구성요건에 해당하고 위법하며 유책한 행위를 의미한다고 할 수 있다. 외형상 범죄처럼 보여도 그 행위가 정당방위, 정당행위, 긴급피난, 자구행위와 같이 위법성 조각사유가 있거나, 책임조각 사유가 있으면 범죄는 성립되지 않는다. 법학적 의미에서 범죄라고 규정되어진 행위는 크게 자연범과 법정범으로 구분된다.

○ 법학적 범죄개념에만 의존하면 실정법의 규제 밖에 있는 인권침해 행위에 대한 사회적 통제가 매우 약화될 우려가 있다. 이에 과도기적으로 사회학적 범죄개념을 사용하여 사회적 관심을 이끌어 낼 필요가 있다. '비행'이나 '일탈'과 같은 개념이 바로 그것이다. 이러한 사회적 비행과 사회적 일탈행위들은 사회적 합의를 거쳐 장차 법적 통제로 이행시킬 필요가 있다.

○ 종교적·철학적 범죄개념은 대개 인간의 본질에 대한 탐구와 같이 형이상학적 담론으로 전개되기에 과학적 범죄론을 추구하는 자들에게 무용론의 비판을 받기 쉽다. 그러나 종교는 범죄자들을 전인격적으로 변화시키는 힘이 있고 인간 실존에 대한 통전적(holistic) 성찰활동을 돕는 측면이 있다는 점을 유의할 필요가 있다.

Chapter 02

범죄학의 개념 및 범죄학의 연구목적

생각해 보기

○ 2019년 9월 11일 충청남도 아산의 어린이 보호구역 건널목에서 어린이가 교통사고로 숨을 거두자 이와 유사한 사례의 발생을 막기 위하여 사고 피해자 김민식 어린이의 이름을 따서 붙인 소위 '민식이 법'이 2019년 12월 10일 국회 본회의에서 의결되어 2020년 3월 25일자로 시행에 들어갔다. 이 법안은 어린이 보호구역에 신호등과 과속단속 카메라 설치를 의무화하도록 하는 '도로교통법'의 일부 개정과, '어린이 보호구역'에서 교통사고를 일으켜 피해자가 사망했을 경우에는 3년 이상 징역에 처하고, 특히 '12대 중과실' 교통사고 사망 발생시에는 무기 또는 3년 이상의 징역형을 부과하도록 '특정범죄 가중처벌 등에 관한 법률' 개정을 그 주요 내용으로 하고 있다.[8] 이 법 시행 이후 첫 사고는 2020년 3월 27일 경기도 포천에서 발생했으며 이후 인천에서 3건, 전주에서 1건 등 같은 해 5월 22일 현재까지 약 30건의 민식이법 위반 사례가 발생하였다.[9]

○ 범죄학의 연구목적을 범죄현상의 분석, 범죄행위 규제에 필요한 법률의 타당성 파악, 형벌집행의 범죄억제적 효과 탐구, 범죄원인의 탐색, 범죄발생 방지 및 피해자화 예방이라고 할 때 이러한 범죄학의 연구목적들을 위에서 제시한 민식이법 사례에 대입시켜 설명해 보라.

○ 범죄학 연구의 패러다임은 고전주의와 실증주의, 미시와 거시, 합의론과 갈등론으로 대비시켜 설명할 수 있다. 인터넷상에서 성착취 범죄를 저지른 범인들의 범죄 동기가, 범죄로 인해 높은 수익을 얻을 수 있는데 비해 처벌 수위가 상대적으로 낮은데 그 원인이 있다고 분석해 낼 수 있다면 이러한 분석은 위 범죄학 연구 패러다임 중 어떤 것을 적용하여 설명한 것인가?

제1절 범죄학의 개념

1. 범죄학의 정의

범죄학의 정의와 관련하여 브라운(Stephen Brown)과 그의 동료 학자들은 범죄학이란 사회현상으로서의 범죄에 대한 원인을 밝혀내고, 범죄행동에 대한 사회적 대응방안을 탐구하는 데 있어서 '과학적 원리를 적용'하는 학문이라고 정의한다. 과학적 접근방법이야말로 범죄에 대하여 다른 관점을 가지고 접근하는 학문과는 구별되는 점이라고 말하고 있는 것이다.[10] 서덜랜드(Edwin Sutherland)와 그의 동료 크레시(Donald Cressey)도 범죄학을 사회현상으로서의 범죄에 관한 지식의 총체라고 정의하면서 연구수행에 과학적 방법을 사용해야 한다고 말하고 있다.[11] 티벳(Stephen G. Tibbetts)이라는 학자는 범죄의 원인을 설명함에 있어서 철학이나 법학의 경우 가설의 설정과 실험 및 검증이라는 수단을 채택하지 않고 있다는 점에서 과학적 학문인 범죄학과 구분되고, 종교학은 특정한 종교적 권위에 의존한 채 교리적이면서도 추론적인 원리를 활용하고 있다는 점에서 관찰과 경험에 토대를 두고 이론을 전개하는 범죄학과 구별된다고 하였다.[12] 이를 종합할 때 범죄학은 범죄행동을 과학적으로 접근하여 분석하고 연구하는 학문이라고 일단 정의할 수 있을 것이다.

2. 관련 용어의 정의

범죄학(criminology)과 형사정책(criminal justice)의 개념은 서로 구분되어야 한다. 범죄학은 범죄의 원인과 범위, 범죄의 성질 등을 다루는 학문이지만 형사정책은 경찰이나 법원 및 교정기관과 같이 범죄문제와 연관이 되어 있는 사회통제기관의 활동을 연구하는 학문이다. 그러므로 형사정책은 범죄통제를 효과적으로 수행하는 방법에 늘 관심을 갖는다.[13]

범죄학은 일탈문제를 연구하는 사회학(sociology)과도 구분되어야 한다. 물론 범죄학도 사회규범이나 사회적 신념에 위배되는 행위에 대하여 관심을 갖는다. 그러나 모든 범죄가 다 일탈행동은 아니며 모든 일탈행동이 항상 범죄가 되는 것은 아니다. 즉, 사회적 일탈은 사회적 규범에서 벗어난 행동을 의미하기에 일탈문제를 연구하는 사회학은 그 연구범위가 범죄학에서 관심을 갖는 범죄의 영역보다 넓다고 보아야 할 것이다.

범죄학은 법사회학(sociology of law)과도 관련성이 있다. 법률의 제정은 사회구성원들이나 형사사법체계에 영향을 미치게 되고 사회의 변화는 범죄의 양상과 법률제정에도 역시 영향을 미치게 된다. 법사회학은 이처럼 법과 사회의 상호작용을 연구하는 학문이다. 범죄학도 법률의 변화가 사회에 끼치는 영향에 대하여 관심을 갖는다는 측면에서 법사회학과 유사하지만, 특정 행동을 범죄로 규정짓는 것이 인간행동 변화에 어떤 영향을 주는 것인지, 그리고 법률의 제정과 집행이 범죄통제와 어떤 상관성이 있는지를 중점적으로 탐구하는 등 범죄와의 관련성을 강조 한다는 특징이 있다.

제2절 범죄학의 연구목적

서덜랜드는 범죄학의 연구목적을 "법의 제정 및 집행 절차, 범죄의 발생, 그리고 범죄에 대응할 수 있는 일반적이면서도 검증된 원리들을 개발해 내는 것"이라고 말하고 있다.14) 서덜랜드의 이러한 진술 속에는 다음과 같이 범죄학자들이 관심을 갖고 있는 주요 영역들이 포함되어 있다.15)

• 사회현상으로서의 범죄

일부 범죄학자들은 범죄가 개인의 반사회적 인격 특성과 소질 등에 기인한다고 주장하지만 일부 범죄학자들은 범죄의 근본원인을 사회적 요인에서 찾고 있다. 심지어 심리적으로 문제가 있는 사람들조차도 사회적 상호작용과 대인관계에서 영향을 받고 있는 것이다.

• 법률제정의 과정

법률은 범죄를 정의하기 때문에 중요하다. 법이 어떻게 만들어지고 왜 법이 제정되는가 하는 것, 그리고 법률제정에 의해 어떤 사람들의 힘은 강화되지만 왜 어떤 사람들은 무력해지는가 하는 것들이 범죄학자들에게는 흥미로운 주제가 된다.

• 법률위반과 위법행동에의 대응

범죄학의 목적은 왜 사람들이 법을 위반한 채 범죄행동을 실행하는가, 그 범죄자들을 어떻게 처벌해야 하는가, 그리고 범행을 계획하고 있는 자들이 어떻게 범행을 포기하고 돌이키게 할 수 있는가에 대한 것이다.

• 일반화되고 검증된 대응원리의 개발

범죄학은 사회과학이다. 따라서 연구수행에 과학적 방법을 사용해야 하는바 유효하고 신뢰할 만한 실험설계와 정교한 자료분석 기술을 활용해야 한다.

위의 서덜랜드 정의를 토대로 범죄학의 연구목적을 정리해 보면, ① 범죄실태를 정확히 파악하기 위하여 사회 속의 범죄현상을 분석하는 것, ② 범죄행위를 규제하고자 하는 법률의 제정이 타당한 것인지 여부를 파악하는 것, ③ 법 위반에 대한 형벌의 집행이 일반인이나 범죄경력자들에게 범죄억제 효과가 있는 것인지 여부를 탐구하는 것, ④ 사람들이 왜 범죄를 범하는가에 대한 범죄의 원인을 탐색하는 것, ⑤ 범죄의 발생을 방지하거나 범죄피해자화를 예방하고 극복할 수 있는 방안을 강구하는 것 등이라고 할 수 있다.

제3절 범죄학 연구의 패러다임

범죄학 연구를 위한 과학적 이론구성을 함에 있어서는 범죄현상을 설명하는 주요 개념의 정의, 필요한 가설의 설정, 그리고 해당 이론이 갖는 주요 특징들을 토대로 범죄학 연구의 틀을 크게 다섯 가지 유형의 패러다임으로 분류할 수 있다.16)

1. 고전주의적 패러다임

고전주의 학파(Classical School)의 패러다임 하에서의 인간은 자유의지를 가지고 가장 합리적인 선택을 할 수 있는 사람으로 파악한다. 범죄행위로 발생할 수 있는 잠재적 비용과 그로 인해 얻게 되는 이익을 면밀하게 저울질하여 그들의 즐거움을 극대화시키면서도 고통은 최소화할 수 있는 방향으로 행동을 옮기게 된다는 것이다. 다른 범죄이론이 범죄발생에 있어서 외부적 환경의 영향을 강조하고 있는 데 비하여 고전주의 학파의 범죄이론은 인간의 자유롭고도 이성적인 의사결정과 행동의 선택을 강조하고 있다는 점이 특징이다.

2. 실증주의적 패러다임

실증주의 학파(Positive School)의 패러다임은 고전주의 학파와는 달리 범죄행동을 결정함에 있어서 인간은 자유로운 의지를 행사할 수 없고 합리적 의사결정 과정도 없다고 본다. 즉, 인간은 유전적 요인, 지능과 교육의 정도, 고용상태, 친구와 부모의 영향, 경제적 여건과 같은 외적인 환경적 요소에 의해 수동적으로 반응하는 존재이며 이러한 요소들에 의해 그들의 행동이 결정된다고 보고 있는 것이다. 이 이론이 갖고 있는 과학적 유효성 때문에 근대 이후 크게 각광을 받고 있는 패러다임이기도 하다.

3. 미시적 혹은 거시적 패러다임

미시적(微視的, micro level of analysis) 패러다임은 범죄행동에 있어서 특정인의 성격이나 지능과 같이 개인적 요인을 중시하는 데 비해 거시적(巨視的, macro level of analysis) 패러다임은 집단적 요인을 중시한다. 예를 들어 어떤 개인이 범죄성향을 지니고 있는 다른 사람들을 많이 접촉하기 때문에 범행을 하게 된다는 사회학습이론은 미시적 관점에 서 있는 데 반해, 범죄적 하위문화가 형성되어 있는 공동체에 소속되어 있기 때문에 범죄를 하게 된다는 하위문화이론은 거시적 관점에 서 있는 것이다.

4. 합의론적 혹은 갈등론적 패러다임

합의론적 관점(consensual perspective)의 패러다임 또는 갈등이론(conflict theories)의 패러다임은 앞서 범죄의 정의 부분에서 살펴보았듯이 어떤 행위를 범죄라고 규정지을 수 있는 형법이 어떤 과정으로 제정되는가 하는 점에서 차이를 보인다. 합의론적 패러다임은 범죄를 규정하고 있는 법이 전체 사회구성원의 합의를 통해 형성된다고 보는 반면, 갈등론적 입장에서는 특정 사회를 지배하고 있는 세력들이 자기 계층의 이익보호를 위해 범죄행위를 유형화하여 법으로 정한다고 바라본다.

5. 통합적 패러다임

통합적 패러다임(integrated theoretical paradigm)은 다양한 범죄이론들이 각기 나름의 장점을 가지고 있지만 이와 더불어 이론상의 취약점도 가지고 있기 때문에 각 이론들의 장점을 통합하여 범죄행위를 설명하고자 하는 입장이다. 서로 다른 이론을 통합하려는 속성 때문에 이질적 요소들이 존재함으로써 논리적 일관성이 부족할 수 있지만 범죄현상을 총체적으로 이해할 수 있다는 장점을 가지고 있다.

6. 새로운 패러다임 구성의 필요성

오늘날 이 시대를 풍미하는 범죄학 이론들은 대개 가시적인 범죄현상을 관찰하고, 분석하고, 증명하는 방식의 과학적 연구 패러다임을 채택하고 있기에 종교적, 철학적, 윤리적 범죄이론이 설 자리가 없는 상황이다. 그러나 인간은 보이지 않는 정신적 · 영적 세계와 눈에 보이는 물질적 세계의 양 차원을 넘나드는 존재이다. 따라서 범죄원인론 연구나 범죄현상의 설명, 더 나아가 범죄대책론 수립을 해 나가는 데 있어서 비과학적이라는 이유를 들어 범죄에 대한 종교적, 철학적 접근을 처음부터 항구적으로 배제해 버리는 것은 범죄의 원인에 대한 이해 및 대책 마련을 불완전하게 하는 요인으로 작용할 수도 있다. 종교적, 철학적 범죄이론은 실증적이며 과학적인 범죄이론 및 연구 패러다임으로 다 설명하지 못한 부분들을 보완해 줄 수 있고, 서로 대립되고 모순되어 보이는 이론들을 통일성 있게 연결시켜 주는 연결고리로 기능할 수도 있을 것이다. 따라서 범죄원인과 그 대책의 탐구에 있어서 종교적, 철학적, 윤리적 범죄이론들을 보충적으로 활용할 수 있는 포용력 있는 범죄학 연구 패러다임을 마련할 필요가 있다.

정리하기

○ 범죄학은 사회현상으로서의 범죄에 대한 원인을 밝혀내고, 범죄행동에 대한 사회적 대응방안을 탐구함에 있어서 과학적 원리를 적용하는 학문이다.

○ 범죄학의 연구목적은 범죄현상의 분석, 범죄행위 규제에 필요한 법률의 타당성 파악, 형벌집행의 범죄억제적 효과 탐구, 범죄원인의 탐색, 범죄발생 방지 및 피해자화 예방에 있다.

○ 범죄학 연구의 패러다임은 크게 고전주의와 실증주의 패러다임, 미시와 거시 패러다임, 합의론과 갈등론 패러다임, 통합적 패러다임 등으로 구분해 볼 수 있다. 고전주의적 패러다임은 인간의 자유로운 의사결정을 강조하는데 비해 실증주의적 패러다임은 인간을 둘러싼 환경의 영향을 강조하고, 미시적 패러다임은 인간의 개인적 요인을 강조함에 비하여 거시적 패러다임은 집단적 요인을 강조하며, 합의론적 패러다임은 범죄규정을 함에 있어서 전체 구성원들의 합의를 중시하는 데 비하여 갈등론적 패러다임은 지배세력들의 이익보호를 강조한다. 한편, 통합적 패러다임은 각 이론들의 장점을 통합하여 범죄행위를 설명하고자 하는 입장이다.

Chapter 03

범죄학 연구 방법론

생각해 보기

○ 아동학대는 가정 내부에서 발생하기에 바깥에서 인지하기 어려워 암수범죄화 되기 쉽다. 아동인구 1000만 명당 아동학대 판단건수를 아동학대 발견율이라고 하는데 2019년 전국 평균이 2.5%로서 미국과 호주 등이 8%인 것과 비교하면 매우 빈약하다(인터넷 대전일보 2019년 10월 11일자).

○ 친족 간의 성폭력범죄 중 미성년자에 대한 성폭력 또한 암수범죄화 되기 쉬운 유형 중 하나이다. 2017년 한국성폭력상담소 상담 통계 현황에 따르면 지난 2017년 총 상담 건수인 1260명 중 87.3%(1088건)가 아는 사람에 의한 피해인데, 그중 친족 간 성폭력은 9%로 나타났다. 이 가운데 성인(20세 이상)의 경우가 32건, 청소년(14~19세)은 34건, 어린이(8~13세)는 51건, 유아(7세 이하)는 21건이었다. 여기서 7세 이하의 어린 아이부터 19세 이하의 청소년까지 친족에 의해 성폭력 피해를 입은 미성년자들이 106명으로서 2017년도에 친족 간 성폭력 피해를 입은 전체 인원이 138명임을 감안할 때 전체의 76.8%에 이른다(아시아경제 2019년 4월 30일자).

○ 위에서 언급한 것처럼 암수범죄는 공식범죄통계에 잡히지 않기 때문에 범죄발생에 대한 정확한 현황파악이 곤란하게 되어 범죄의 재발방지와 피해자 보호를 위한 제반 활동 추진을 어렵게 한다. 그렇다면 경찰이나 검찰에 신고하지 않은 암수범죄를 제대로 파악하기 위해서는 어떠한 연구방법을 채택하는 것이 좋은가?

제1절 공식범죄통계 연구

범죄현상의 파악은 특정한 사회나 국가가 집계하고 있는 범죄통계자료를 통해서 할 수 있다. 즉, 일정 기간의 범죄발생 추이나 범죄자 특성의 추이, 피해자 특성 및 피해결과 등을 공식범죄통계를 통해 알 수 있는 것이다. 이러한 공식범죄통계자료로서는 우리나라 경찰청에서 발행하는 경찰백서와 범죄통계, 검찰청이 발간하는 범죄분석과 분기별 범죄동향 리포트 및 형사사건 동향 등이 있으며, 그 밖에도 법무부의 법무연감, 대법원의 사법연감 등이 있다.

경찰청의 '경찰백서'와 '범죄통계'

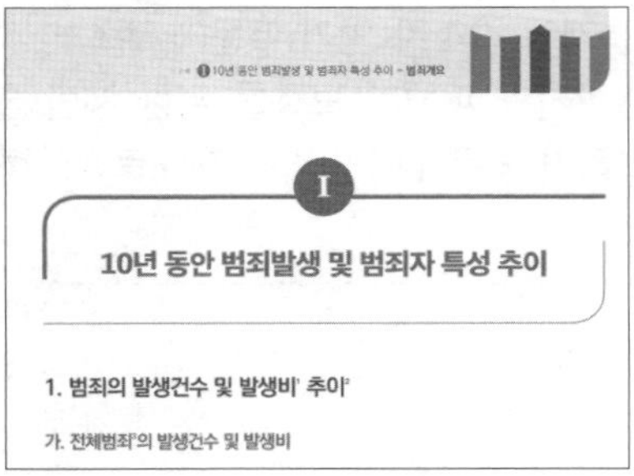

검찰청의 '범죄분석'과 대법원의 '사법연감'

미국의 경우 가장 중요한 공식적 통계자료로 UCR(Uniform Crime Report)을 들 수 있다. 이 통계는 FBI가 경찰기관을 비롯하여 각 지방의 법집행기관으로부터 수집한 범죄와 관련된 통계의 총체로서 매년 발간하고 있으며 크게 국가 사건기반 보고 시스템(National Incident－Based Reporting System, NIBRS), 요약보고 시스템(the Summary Reporting System, SRS), 법집행관 사상(死傷) 보고 프로그램(the Law Enforcement Officers Killed and Assaulted Program, LEOKA), 증오범죄 통계 프로그램(the Hate Crime Statistics Program) 등으로 구성된다.[17] 이 중에 NIBRS는 범죄학 연구에 사용되고 있는 중요한 통계자료로서 각 범죄사건마다 일정한 정보를 수집하고 관리하는 프로그램이다. 이 자료에는 경찰이 사건발생과 체포경위, 피해자 및 가해자 정보에 대한 간략한 기술을 덧붙이도록 하고 있어서 사용자로부터 상당한 신뢰를 얻고 있다.[18] 한편, 미국 FBI가 제공하는 UCR 자료들에 대하여 법집행관들이나 일반인이 보다 손쉽게 자료에 접근할 수 있도록 CDE(Crime Data Explorer)라고 하는 온라인상의 데이터 탐색기를 제공하고 있다.

미국의 NIBRS와 CDE

이러한 공식적 범죄통계자료는 다음 두 가지 측면에서 그 정확성 여부에 의혹이 일고 있다. 첫째, 범죄신고율적 측면에서 보면 미신고되는 범죄가 많아 공식범죄통계의 신뢰성을 떨어뜨린다고 보고 있다. 폭력범죄의 절반 이하 그리고 재산범죄의 3분의 1 정도만이 경찰에 신고된다는 연구결과가 있기 때문이다.[19] 둘째, 경찰이 범죄를 기록하고 보고하는 행태로 인해 공식통계의 정확성이 떨어진다고 한다. 경찰기관의 이미지 관리를 위해서 의도적으로 범죄율을 낮추는 방식으로 통계처리를 하기도 하고, 범죄자 유형을 분류할 때도 경찰관서별로 엄격하게 법을 적용하여 중한 유형으로 분류하는 관서가 있는가 하면 다소 느슨하게 법적용을 하여 경한 범죄로 분류하는 관서가 있는 것이다.[20]

NATIONAL CRIME VICTIMIZATION SURVEY

NCVS-1 BASIC SCREEN QUESTIONNAIRE

NOTE: Questions are listed in the order asked. Skips in question numbering are due to questionnaire changes over time.

MOBILITY QUESTIONS

33a. TIMEATADDRESS

Before we get to the crime questions, I have some questions that are helpful in studying where and why crimes occur.

Ask or verify -

How long have you lived at this address?

(Enter 0 if less than 1 year.)

506 ________ Years (Round to nearest whole year)

If = 0 ASK 33b
If = DK or RF SKIP to 33c
Else SKIP to 33d

33b. MONTHSATADDRESS

How many months?

505 ________ Months (1-11) - SKIP to 33e

33c. TIMEATADDRESSPROBE

Have you lived here...

Read categories 1-4:

1 ☐ **More than 5 years** - If HHLD Respondent ASK 34, else SKIP to 36a.
2 ☐ **Less than 5 years, but more than 1 year**
3 ☐ **Less than 1 year, but more than 6 months**
4 ☐ **6 months or less**
5 ☐ Don't Know

(2–5) SKIP to 33e

미국 NCVS의 인터뷰를 위한 설문지 양식

제2절 피해자 조사연구

공식범죄통계연구의 방법을 통해서도 범죄피해건수, 범죄피해자의 특성 및 피해결과 등을 알 수 있지만 이 방법은 나름 한계를 지닌다. 피해자가 수치심이나 보복의 염려 때문에 범죄피해신고를 하지 않는 경우 그들이 입은 피해가 공식 통계에는 누락되기 때문이다. 공식통계연구를 통해 피해자 분석이 가능하다 하더라도 피해의 원인이라든가 가해자와의 상호작용 여부 등에 대하여는 잘 알 수가 없다.

피해자 조사연구는 그러한 문제점을 극복하기 위해 활용되는 연구방법이다. 조사자가 직접 피해자를 방문하여 피해상황에 대한 조사를 하는 방식이기에 조사범위와 장소를 신축적으로 정할 수 있다는 장점이 있다. 그러나 범죄피해자가 허위진술을 하거나 발생한 사실에 대하여 과장, 은폐를 시도할 경우 사실과 다른 내용이 전달될 위험이 있으며 조사자의 편견과 고정관념에 기초한 질문으로 인해 부정확한 답변을 얻을 수도 있고, 시간과 비용이 많이 든다는 단점도 있다.

미국의 NCVS(National Crime Victimization Survey)는 범죄피해를 입고도 경찰에 신고하지 않는 암수범죄를 파악하는 데 도움을 주는 자료수집 체계이다. 이 NCVS의 자료수집 활동은 연방정부 사법통계국(Bureau of Justice Statistics, BJS)의 지원을 받아 1973년도부터 시작해서 현재까지 수행되고 있는데 매년 전국의 약 9만 5천 가구 구성원 16만 명의 사람들로부터 약 24만 건의 범죄 피해 인터뷰를 통해 범죄사건의 내용과 피해자의 피해경험 및 피해신고 여부 등 피해자 관련 데이터를 수집한다.[21)]

우리나라의 경우에도 한국형사정책연구원에서 전국단위의 범죄피해조사를 시행하고 있다. 예를 들어 한국형사정책연구원에서 2014년에 시행한 전국범죄피해조사의 경우 설문조사를 통해 피해자들이 경험한 범죄의 유형 분포, 피해자들의 사회인구학적 특성, 피해자와 가해자의 관계, 범죄피해 이후의 생활 및 사회경험, 범죄피해의 회복 정도 등에 대한 자료를 제시해주고 있으며, 심층면접을 토대로 피해자의 신체적 · 정신적 고통과 경제적 필요, 사법처리 과정에서의 어려움, 보복에 대한 두려움이나 재산범죄 피해자의 필요 등에 대한 자료를 확보하여 제공하고 있다.[22)]

제3절 자기보고식 조사연구

범죄피해신고가 이뤄지지 않은 암수범죄를 피해자조사연구를 통해 일부 밝힐 수 있지만 위에서 언급한 한계 때문에 발생한 범죄 전체 모두를 파악하기는 어렵다. 그런 의미에서 자기보고식 조사연구는 범죄발생 파악의 범위를 더 확장시켜 준다는 데 그 의의가 있다. 이 연구방법은 면접대상자를 상대로 특정 기간동안의 규범위반 사실 여부를 면접과 설문응답 방식을 통해 자신의 과거행위를 진술토록 하는 조사방식이다. 규범위반을 한 당사자를 통한 조사이기에 공식범죄통계나 피해자를 상대로 한 조사연구보다 훨씬 많은 법규위반 사실을 밝혀낼 수 있다.[23)]

이 조사를 위해서는 응답결과의 비밀유지가 절대적으로 요청된다. 그래야만 정직하고도 타당성 있는 답변을 얻을 수 있기 때문이다. 이 자기보고식 조사연구에 활용될 수 있는 질문으로는, ① 일정 금액 이상의 물건을 과거에 몇 번이나 훔쳤느냐?, ② 의료적 치료를 요하는 상해나 폭행을 과거에 몇 번이나 행했느냐?, ③ 타인의 재산이나 공공기물을 과거에 몇 차례나 파손했느냐?라는 형식의 질문을 사용한다. 상당수 청소년 범죄자나 청소년 비행자들을 상대로 조사를 하게 되지만 그 밖에도 교도소 재소자나 마약복용자, 심지어 경찰관과 같은 정상인들을 대상으로도 행해진다.[24)] 그러나 이 연구방법도 자기 범행 은폐를 위한 허위진술이라든가 기억력의 한계로 인한 진술의 부정확성 등과 같은 오류가 발생할 수 있다.

제4절 실험 연구

어떤 현상을 관찰하고 그 원인과 결과를 분석해 내는 데 있어서는 실험 연구만큼 과학적인 연구방법은 없다. 그러나 인간을 대상으로 인한 실험은 윤리적인 문제가 뒤따를 수 있고 더구나 범죄발생 여부에 대한 실험은 위험한 결과를 초래할 수도 있기 때문에 물질이나 사물을 대상으로 인한 실험보다 높은 한계성을 지닌다. 다만 사회적 위험성이 덜한 경미범죄에 대하여 가변적인 환경을 통제한 가운데 범죄발생 원인과 경과를 관찰할 수 있는 실험은 인간을 대상으로도 수행이 가능하다고 볼 것이며, 특정한 상황적 조건이 생물체로 하여금 어떤 행동을 유발하는지에 관한 실험은 인간 이외의 동물을 활용하여 수행한 다음 이를 인간행동에 유추해 보는 작업이 가능하다고 볼 것이다. 알버트 반두라(Albert Bandura)의 보보인형을 통한 어린이 공격성 실험은 전자에 해당하고,[25] 할로우와 수오미(Harlow & Suomi)의 원숭이를 활용한 애착실험과 스키너(B.F. Skinner)의 생쥐를 활용한 정적 강화 실험 등은 후자에 해당한다고 볼 수 있다.[26]

보보인형 실험

(출처: https://en.wikipedia.org/wiki/Bobo_doll_experiment.)

실험 연구를 위해서는 3가지 요소가 필요하다. 즉, ① 임의적인 실험대상의 선택, ② 통제집단과 비교집단의 구분, ③ 실험조건 등이 바로 그것이다. 만일 폭력적 비디오 시청이 공격적 행동을 증가시킨다는 가설을 검증하기 위해서는 임의로 선택한 한 그룹에게는 폭력적 비디오를 보여주고 다른 한 그룹에게는 멜로 드라마를 보여준 이후 그들의 행동을 비교관찰하는 방법으로 실험을 진행하는 것이다.[27]

이 실험 연구는 다수의 관찰자가 실험에 참가할 수 있고 실험을 반복적으로 수행할 수 있다는 장점은 있으나 범죄행위에 대한 실험이니만큼 실험수행의 윤리성 문제가 대두될 수 있고, 강력범죄를 관찰실험의 대상으로 삼기는 어려우며, 관찰시험의 반복 횟수가 제한적일 경우 연구결과를 일반화하기 어렵다는 단점이 있다.[28]

제5절 참여관찰 연구

참여관찰 연구는 관찰 대상자의 일상 활동과정을 근접 관찰함으로써 필요한 자료를 얻는 연구방법이다. 이 연구방법은 대규모 양적 조사에서 결여되기 쉬운 질적인 데이터를 입수할 수 있다는 것이 특징이다. 다만, 다른 연구방법과 달리 조사자가 조사대상자를 가까이서 지속적으로 관찰을 해 나가기 때문에 그들의 심리적 · 정서적 변화 등을 비교적 소상하게 포착할 수 있다는 장점은 있지만 양 당사자 간 정서적 유대가 강화되어 조사진행에 영향을 미칠 수 있고, 조사자의 선입견이 반영될 수 있으며, 참여관찰을 할 수 있는 범죄유형이 제한적이고, 시간과 비용이 많이 들며, 연구수행 중 실제로 대상자가 범죄를 행할 경우 윤리적 · 법적 책임문제가 수반될 수 있다는 단점이 있다.

참여관찰 연구의 단점

제6절 코호트 연구

코호트 연구(cohort research)는 특정 지역에 거주하는 공통된 특성을 공유하고 있는 집단을 대상으로 상당 시간 동안 관찰하며 수행하는 연구방법이다. 예를 들어 어떤 특정 지역에 거주하는 여자 청소년을 모두 일정 시점에 선택하여 이후 20년 동안 행동패턴을 관찰하는 방식이다. 관련 자료는 대상자나 대상자 가족들과의 면담을 통해 직접 수집되지만 그들의 학창시절 경험, 범죄로 체포된 경험, 입원 경력, 부모의 이혼 등과 같은 가족사 등은 해당 가정과 학교, 법원, 경찰기관, 복지시설, 병원, 교도소 등을 통해 검증작업이 진행된다. 학교기록을 통해서는 학생의 지능과 성적, 학칙위반 여부 등을 알 수 있고, 병원기록을 통해서는 특정 질환이나 마약사용 여부를 알 수 있고, 경찰기관을 통해서는 체포기록, 범죄사실 요지, 피해자 신고 여부 등에 관한 내용을 파악할 수 있으며, 법원 기록을 통해서는 유죄판결과 선고된 죄의 종류 및 형량을 알 수 있고, 교도소 기록으로는 재소기간 중의 성행, 교정기관의 적응문제 등을 파악할 수가 있다. 그러나 이 연구방법 역시 조사수행의 곤란도가 높고, 비용이 많이 들며, 오랜 시간이 소요된다는 단점이 있기에 과거 어느 시점의 일정한 그룹을 선정하여 현재의 시기까지의 생활기록을 검증해 보는 소급형 코호트 연구(retrospective cohort study)를 사용하기도 한다.[29]

제7절 사례 연구

사례 연구는 범죄자의 생애에 대한 연구로서 한 개인의 성장배경 및 사회적 배경, 그리고 범행에 이르게 된 경위 등에 대하여 다양한 정보를 수집한 후 이를 종합적으로 분석하여 필요한 정보를 얻는 연구방법이다. 이 사례 연구방법은 특정 시점에 발생한 범죄에 대하여 평면적으로 현상파악을 하는 것이 아니라 범죄자의 일생을 시간의 흐름에 따라 종단적으로 파악하고, 이를 질적으로 분석하여 범죄와 관련된 요소들을 찾고 범죄원인을 규명해 내는 연구방법이라고 할 수 있다. 이러한 사례가 한 개인에 국한되기 때문에 연구결과를 일반화하기 어렵다는 단점도 지니고 있다.

제8절 자료발굴 연구

자료발굴(data mining)을 통한 연구는 비교적 가장 최근에 적용되고 있는 범죄학 연구기법이다. 즉, 인공지능과 진보하고 있는 컴퓨터 공학 기술을 활용하여 여러 정보원천을 대상으로 대용량 데이터 분석을 시도하는 기법이다. 이 연구의 목적은 전통적인 방법으로는 파악하기 어려운 현저한 범죄의 유형과 경향을 탐지하는 데 있다.[30] 범죄학자들은 경찰에 대한 신고출동 요청자료, 범죄신고 기록, 목격자 진술, 피의자 조사기록 등을 분석하여 이로부터 취득한 정보를 가지고 장래 사건이나 사고 및 범죄행동을 예측할 수 있게 되며, 범죄유형에 따라 경찰력을 효과적으로 배치 · 운영할 수 있게 된다. 즉, 주어진 자원을 최적 수준으로 배치할 수 있게 하는 등 능동적이고 위험도 수준에 입각한 자원배분을 할 수 있는 것이다.

정리하기

○ 범죄학 연구방법론에는 공식범죄통계 연구, 피해자 조사 연구, 자기보고식 조사 연구, 실험 연구, 참여관찰 연구, 코호트 연구, 사례 연구, 자료발굴 연구 등이 있다.

○ 공식범죄통계 연구는 국내의 경우 경찰청의 경찰백서, 대검찰청의 범죄분석, 대법원의 사법연감이 대표적이고, 미국의 경우 UCR의 일종이라고 할 수 있는 NIBRS가 범죄통계자료로 많이 활용된다.

○ 공식범죄통계 연구방법으로는 암수범죄를 제대로 파악할 수가 없기 때문에 피해자 조사 연구를 시행한다. 국내의 경우 한국형사정책연구원에서 행하는 전국단위 범죄피해 조사가 대표적이며, 미국의 경우 NCVS를 통해 피해자 실태를 파악한다.

Chapter 04

범죄에 영향을 주는 요소들

생각해 보기

○ 코헨(Cohen)과 펠슨(Felson)이 주장한 일상활동이론(routine activities theory)에 의하면 약탈적 범죄의 발생은 ① 동기화된 범죄자의 존재, ② 매력적인 표적, ③ 보호능력의 부재 등 3가지 조건과 긴밀하게 관련된다고 한다. 그런데 위의 3가지 조건들은 특정 사회의 경제적, 사회적, 문화적, 과학기술적 요인의 영향을 받고 있다. 먼저 ①번 조건에 영향을 주는 요소로서 매스 미디어를 통한 범죄적 정보나 범행기술의 습득 및 모방을 들 수 있고, ②번 조건에 영향을 주는 요소로서 범인의 탈법적 욕구실현을 용이하게 할 수 있는 특정상황의 존재(경제적 궁핍 등)나 특정 대상의 존재(현금을 많이 보유한 노인)를 들 수 있겠으며, ③번 조건에 영향을 주는 요소로서는 범죄적 공격으로부터 보호받을 수 있는 법적·제도적·물리적 보호장치의 부재와 함께 대인간 응집력의 약화로 인한 사회적 보호능력의 부재까지를 포함한다고 볼 수 있다.

○ 그렇다면 인터넷 등 정보통신 기술의 발달로 인한 보이스 피싱 범죄와 소셜 네트워크 서비스망을 이용한 미성년자 성착취 영상물 제작 및 배포 범죄, 그리고 실업과 경제적 궁핍 등 경제적 요인으로 인한 절도나 강도 범죄, 청소년 상호 간에 발생하는 학원폭력 범죄 등을 위의 3가지 조건과 결부시킨다면 어떻게 설명할 수 있겠는가?

제1절 연령 구조

학계에서는 연령과 범죄발생률이 반비례 관계에 있다는 것으로 대체적인 의견일치를 보고 있다. 범죄학자 허쉬(Travis Hirschi)와 갓프레슨(Michael Gottfredson)이 "연령은 장소여하를 불문하고 범죄와 관련성을 갖는다."라고 말하고 있는 것도 같은 맥락이다.[31] 경제수준, 결혼 여부, 인종, 성별 등과는 상관없이 젊은 사람이 나이든 사람보다 범죄를 더 많이 범하는 것이다. 보통 지속적으로 탈법행위를 하는 청소년들은 아주 어린 시절부터 범죄를 범하기 시작한 후 청소년 말기에 그 정도가 급속히 상승하다가 성인기에 접어들면서 감소하기 시작한다. 일찍 범행을 시작한 사람들이 오랜 기간 범행을 지속하는 경향이 있다.[32]

대체로 범죄율은 청소년 인구비율에 비례한다. 청소년 인구가 많을수록 범죄발생이 많아지는 것이다. 1960년대 베이비부머 세대가 청소년이 되어 13세에서 19세 사이의 청소년 인구가 급증했을 당시 범죄율이 급속도록 증가한 것이 이를 시사한다. 반면 노년층은 범죄를 덜 범한다. 그러나 연령과 범죄와의 상관관계는 제반 사회요인에 의해 완화되기도 한다. 젊은층이 탈법행위에 빠질 가능성이 노년층보다 높지만 젊은 층에서도 사회친화적 행동을 하면서 사회참여가 활발한 젊은이들은 범죄에 연루될 가능성이 줄어든다. 반면, 사회에서 소외되거나 사회공동체의 여러 활동에 별로 참여를 하지 않는 젊은이들의 경우에는 범죄에 연루될 가능성이 높은 것이다.[33]

제2절 경제적 요인

일반인들은 경제가 악화되거나 실업률이 증가하면 범죄율도 증가한다고 믿고 있다. 그러나 경제적 번영의 표지와 범죄율의 증가는 거의 상관관계가 없다고 알려지고 있다. 실업자들이 어느 날 갑자기 조직폭력단체에 가입하거나 특수강도 행각을 벌이지는 않기 때문이다. 범죄자들은 대개 실업상태이거나 불완전 고용상태에 있기 때문에 단기간의 경제적 조건이나 상황에 영향을 받지 않는다는 것이다.

다만, 공식적 통계기록은 빈곤의 정도가 높은 지역의 범죄율이 부유층이 모여 사는 지역의 범죄율보다 높다는 것을 보여준다. 교도소 재소자들을 상대로 조사해 보아도 수감 전에 하류층에 속해 있었던지 아니면 실업상태이거나 불완전 고용상태에 있었던 자들이라는 것이 일관된 조사결과라는 것이다. 그러나 이러한 연구결과에 대하여 반론을 펴는 학자도 있다. 하류층에서 범죄발생률이 높은 것은 실제 하류층이 죄를 많이 범하기 때문이 아니라 경찰활동이 하류층에 집중되기 때문이라는 것이다. 이는 범죄자를 상대로 한 자기보고 조사연구를 통해서도 뒷받침 된다고 한다.[34)]

범죄발생률이 다른 경제적 요소의 영향을 받는 경우도 있다. 전자 제품의 가격이 하락하면 컴퓨터나 TV를 훔치기 위한 주거침입 절도는 위험부담이 커서 줄어드는 반면 행인으로부터 고가의 휴대전화를 절취하는 범행은 늘 수 있는 것이다.

제3절 매스 미디어

전문가들은 폭력적 장면을 연출하는 대중매체가 범죄율 상승에 영향을 준다고 보고 있다. 폭력적 영상을 보여주는 영화나 드라마를 각 가정의 인터넷이나 케이블 TV, DVD, 게임 등을 통해서 접촉하거나 이러한 매체에 제한 없이 접근할 수 있을 때 청소년 폭력범죄 비율이 증가할 수 있다고 보는 것이다. 따라서 대중매체에 폭력적 장면의 연출을 규제하거나 청소년들이 이러한 영상들을 시청하는 것을 통제함으로써 폭력범죄 발생률을 낮춰야 한다고 주장한다. 폭력적 장면을 담은 영상이나 음란물이 폭력범죄와 성범죄 증가에 영향을 미치고 있다는 것은 사회학습이론을 연구한 학자들의 연구결과에 의해서도 뒷받침 되고 있다.

제4절 과학기술의 발전

최근 40여 년간의 눈부신 의료기술의 발전이 살인범죄 비율 감소에 영향을 미치고 있다.

이러한 의료기술이 없었던 과거에는 살인범죄 발생비율이 5배나 높았다고 한다. 오늘날은 범죄자로부터 중상을 입은 환자라도 응급의료기술을 통해 회복되는 경우가 많기 때문에 살인범의 의도와 달리 생명을 건지는 경우가 많은 것이다. 한편, 컴퓨터 및 IT기술의 발전은 컴퓨터 사용 범죄의 증가를 가져왔다. 기술문명이 신종범죄를 만들고 있는 셈이다. 최근의 보이스 피싱 범죄가 그러하며 전자기록 위조, 변조행위 및 컴퓨터 사용 사기죄 등이 그러한 예에 속한다.

제5절 형사사법 정책

범죄율 감소가 경찰관 인력 증가와 공격적 경찰활동에 힘입은 탓이라고 보는 입장이 있다. 사소한 일탈이나 경미한 범죄에 대해서 무관용으로 엄격한 법집행을 하게 되면 그 이상의 큰 범죄도 예방을 할 수 있다는 이론적 근거에 의해서다. 이에 재범자들에 대하여 중형을 선고한다든지 엄격한 법집행을 통해 범죄를 억제함으로 추가적 범죄를 예방하겠다는 형사정책이 채택되기도 하지만, 이러한 강경한 형사사법 정책이 오히려 범죄율을 상승시킨다는 비판도 제기된다. 한편, 범죄의 원인을 생물학적 특징과 열악한 사회적 환경에서 구하는 입장에서는 범죄자에 대해 치료적 관점에서 접근하기 때문에 처벌이 관대해지는 경향이 있다. 그러나 범죄자에게 도덕적 책임을 묻기보다는 치료적 관점에 따라 형벌을 완화시키는 이러한 관용적 형사정책이 범죄를 증가시킨다는 비판도 아울러 제기된다.

제6절 사회문화적 변화

범죄는 사회환경의 변화에 영향을 받는다. 예를 들어 지역공동체의 응집력이 강했던 1차적 사회에서는 가문의 명예가 소중했기 때문에 그 명예를 침범하는 행위에 대하여 이를 응징하기 위한 상해나 폭행 등의 범죄행위가 발생할 수 있었다. 그러나 산업화로 인해 핵가족화가 진행되면서 가족 개념이 약화된 오늘날에는 특수한 문화를 가진 나라를 제외하고는 이러한 방식의 명예형 범죄는 줄어들었다고 볼 수 있다. 하지만 급격한 사회문화의 변동으로 전통적인 가치질서가 붕괴되고 새로운 가치질서가 자리 잡기 전의 아노미적 상황에서 새로운 일탈행동이 발생할 수 있다. 청소년의 가출이라든가 약물복용, 폭력집단에의 가입, 학교 적응의 실패 등이 바로 그러한 것들이다. 또한 국제교류가 활발해짐에 따라 이민자가 유입되어 다문화 사회가 구성되면 문화적 차이와 인종 간 갈등으로 인한 범죄가 증가할 수 있다고 할 것이다.

정리하기

○ 범죄는 범죄동기를 가진 범인 및 범행 대상의 존재가 전제될 때 발생하는 것이지만 범죄발생에 영향을 주는 여러 가지 외부적 요소도 존재한다. 청소년 비율이 높을 때 범죄발생률도 높아진다는 연령구조적 요소, 빈곤층 지역에서 범죄발생률이 높아진다는 경제구조적 요소, 폭력적 영상물에 대한 빈번한 접촉이 범죄를 유발한다는 매스미디어적 요소, 첨단과학의 발달에 따라 범죄기술도 진화한다는 과학기술적 요소, 관대한 형사정책이 범죄를 증가시킨다는 형사사법 정책적 요소, 사회문화의 급격한 변동에 따른 부적응이 범죄를 증가시킨다는 사회문화적 요소 등이 그것이다.

참고문헌

PART 1

본 QR코드를 스캔하시면,
'범죄학강의' PART 1의 참고문헌을 참고하실 수 있습니다.

PART 2

범죄피해자론

Chapter 01

피해자학의 범위와 피해자의 개념

생각해 보기

○ Jeffrey Reiff 등의 학자는 자연재난의 피해자가 지원을 받는 것처럼 범죄도 일종의 재난으로 인식되고 피해자에 대한 지원도 향상되어야 한다고 강조했다. 60년대 인권운동차원에서 법과 질서를 강조하고 범죄자인 나쁜 사람에 대한 관심은 많이 가지면서 아무런 잘못이나 죄가 없는 피해자에 대한 관심은 왜 찾을 수 없는가라는 의문을 제기했다. 현재 우리 사회는 범죄자와 피해자 양자 중 누구에 대해 더 관심을 갖고 있다고 생각하는가? 이와 더불어 피해자학을 연구하는 목적이 무엇인지 설명해 보라.

○ 우리나라 '가정폭력범죄의 처벌 등에 관한 특례법'은 피해자를 "가정폭력범죄로 인하여 직접적으로 피해를 입은 사람(가정폭력범죄의 처벌 등에 관한 특례법 제2조)"이라고 하여 가정폭력에 의해 직접 피해를 입은 사람만을 피해자로 규정하고 있다. 그러나 가정폭력이 발생하면 직접 폭행을 당한 피해자만 고통을 겪는 것이 아니라 그 영향이 온 가족에게 미친다. 교통사고의 경우도 마찬가지이다. 생각하기에 따라 피해자의 범위는 더 크게 확장될 수 있다. 이웃집에 가정폭력이 발생하면 주변 주민들도 불쾌감을 느끼기에 어떤 의미에서 주민 전체가 피해자라고 할 수도 있기 때문이다. 그렇다고 피해자의 범위를 마냥 확장시키게 되면 가장 크고 직접적으로 피해를 입은 피해자에 대한 관심과 지원을 약화시킬 수 있기에 피해자의 범위를 적정하게 설정하는 것이 필요하다. 피해자의 범위를 어떻게 설정하는 것이 합리적이라고 생각하는가?

제1절 피해자학 등장

롬브로소(Lombroso)의 연구 이래 150년 이상의 전통을 갖는 범죄학에서 그 연구의 중심은 통상적으로 '범죄자'였다. 범죄학에서는 범죄나 비행의 원인을 탐구해왔고, 범죄의 원인은 범죄자의 소질이나 환경에 있다고 믿어왔다. 그러나 1950년대를 전후하여 범죄학자들 중 일부가 피해자 문제에 관심을 갖게 되면서 피해자의 범죄피해 원인 및 피해자의 잘못에 착안한 연구도 나타나기 시작했다.[1)]

'피해자학'은 1940년대 후반에 탄생한 비교적 새로운 학문이지만 과거 70년간 국제적으로 급속히 발전해왔다. 특히 1960년대 낙인이론과 상징적 상호작용론의 영향으로 피해자 없는 범죄에 대한 관심이 높아졌다. 그리고 가해자 중심으로 작성된 공식통계 자료의 신뢰성에 대한 의문과 함께 암수범죄 파악을 위하여 범죄피해조사를 실시하게 되었다. 또한 인권의식 및 페미니즘의 영향으로 성폭력과 가정폭력의 피해자인 여성과 아동에 대한 관심이 일어나면서 피해자의 권리운동이 전개되었다. 이러한 흐름 속에 피해자학은 한국에서도 점차 주목받게 되어 1992년 4월에는 '한국피해자학회'가 발족하기에 이르렀다.

한편, 실증주의 범죄학(positivist criminology)이 범죄발생에 인과적 조건이 있음을 전제하고 그 조건들을 과학적으로 탐구하는 방법으로 범죄행위들을 규명하고자 했던 것처럼 실증주의 피해자학(positivist victimology)도 실증주의 범죄학자들이 사용했던 논리를 사용하여 피해자학을 연구하였다. 즉, 피해자화 되는 사람들의 숫자를 측정하거나 피해자화 되는 유형을 분류하면서, 왜 피해자들이 다른 사람들보다 피해자화 되기 쉬운지, 그리고 피해자와 가해자 상호 간의 관계 속에서 피해자가 범행에 어떤 기여를 했는지를 밝혀보고자 했다. 범죄피해를 당하지 않는 이상적인 개인과 범죄피해를 당하는 피해자가 서로 어떻게 다른지를 탐색해보고자 한 것이다.[2)] 이하에서 대표적인 학자들의 견해를 살펴본다.[3)]

1. 한스 폰 헨티히

피해자학을 태동시킨 초기의 학자들이 바로 이 실증주의 피해자학파에 속한다고 볼 수 있는데 한스 폰 헨티히는 그 대표적인 인물이다. 그는 범죄자와 피해자 상호 간의 관계에 관심을 가진 가운데 피해자에 대하여 최초로 과학적 연구를 시도한 사람으로 알려져 있다. 특히 헨티

[표 2-1] 한스 폰 헨티히의 피해자 분류

일반적 유형의 피해자	
1. 아동과 청소년	신체적으로 약하기에 공격에 취약함
2. 여성	신체적 뿐만 아니라 법률상으로도 여성은 약자로 분류됨
3. 노인	신체적으로는 약하나 물질적으로 부요하기에 범죄에 취약함
4. 정신적 결함이 있는 자	정신박약, 정신병, 약물중독, 알코올중독 등으로 인해 범죄에 취약함
5. 이주민, 소수자, 우둔자	다른 문화에 살아왔던 이주민은 인간관계에 무력감을 갖기에 적응을 잘 못하는 소수자, 우둔자와 함께 살기에 취약함
심리학적 원인을 가진 피해자	
6. 우울증 환자	자기보존 본능이 제대로 작동하지 않아 범죄자의 공격에 쉽게 압도됨
7. 탐욕스러운 자	이득에 대한 과도한 욕심으로 지능과 사업경험, 내부 억제력이 쓸모없게 되어 피해자화 됨
8. 방탕한 기질이 있는 자	감각적이고 방종적인 기질이 있는 자의 경우 다른 취약요소와 결합하여 피해자화 됨
9. 고독과 상심에 빠진 자	고독과 상심은 정신적 능력을 약화시키는 중요 요인이 되어 쉽게 범죄자의 표적이 됨.
10. 학대자	정신질환이 있는 자의 경우 학대행위를 지속되면 결국 반격을 받아 자신이 피해자로 될 위험이 존재함
11. 곤란한 상황에 빠진 자	자신의 과오로 무력한 상황에 빠져 방어적 행동이 불가능한 경우 범죄자의 이상적 목표물이 됨
범죄자로 전환되는 피해자	
12. 행동하는 피해자	특정 기질, 연령, 알콜, 자신감의 상실 등의 영향으로 피해를 당할 때 범죄행위로 나아 감

(출처: Harvery Wallace & Cliff Roberson, Victimology, Prentice Hall, 2011. pp.10−11.)

히는 일반인이 피해자화 되기 쉽도록 만드는 제반 위험요소들을 심리학적, 사회학적, 생물학적 변수를 가지고 설명하였다. 그는 1948년 『범죄자와 피해자(The Criminal and His Victim)』라는 그의 저서에서 피해자가 갖는 취약성이 범죄피해 발생에 기여하고 있다고 주장하였다. 즉, 피해자가 가해자를 자극하거나 범행을 촉발하거나 범행이 용이한 상황을 만듦으로써 범죄발생을 돕는 '원인적 역할(causative role)'을 한다고 주장한 것인데,[4] 그는 피해자의 범죄에 대한 취약성을 기준으로 아래의 표와 같이 피해자를 분류하였다.[5]

한스 폰 헨티히는 "피해자 특성이 범죄행동의 결정 요인 중 하나로 취급되어져야 하며, 가해자와 피해자 간에 악의적 공생관계가 존재하는 경우가 자주 있다는 점을 주지해야 한다."라고 밝혔는데,[6] 이는 피해자들이 항상 범죄행동의 1차적 원인제공을 한다는 것은 아니지만 일정한 피해자 특성이 피해자화를 야기하는 데 기여를 할 수 있다는 것을 의미한다. 비록 그의 피해자에 대한 접근방법이 범죄학적인 사고를 기반으로 하였기 때문에 피해자 인권보호와 피해회복을 위한 정책개발에는 한계를 지니는 이론이었지만, 악의적 피해자의 선별을 통해 피해자 지원범위를 올바르게 결정하고, 취약한 피해자에 대한 재피해자화 예방정책 수립에 있어서는 오늘날 많은 시사점을 던져주고 있다고 할 것이다.[7]

2. 베냐민 멘델존

피해자학을 뜻하는 '빅티몰로지(victimology)'라는 용어를 처음 사용한 사람이 바로 베냐민 멘델존(Beniamin Mendelsohn)이다. 그래서 멘델존을 피해자학의 아버지라고 칭하기도 한다.[8] 변호사였던 베냐민 멘델존은 소송준비를 위해 피고인을 비롯한 많은 사건관계자들을 만나 그들을 상대로 범죄행위와 관련된 설문조사를 실시하였다. 1963년에 들어서면서 그는 이러한 경험적 연구를 토대로 범죄행위 발생에 있어 가해자와 피해자 간에 강한 상관관계가 있음을 발견하게 되었고, 그 결과 범죄행동에 기여하는 피해자를 피해자의 책임 정도에 따라 아래 표와 같이 6가지 유형으로 분류하여 제시하였다.[9]

멘델존이 가해자와 피해자 간의 상호관계를 통해 범죄현상을 분석한 점은 헨티히와 유사한 점이라고 할 수 있다. 범죄행위를 함에 있어서 가해자와 피해자 간에 형성될 수 있는 이런 긴밀한 상관성 때문에 이 두 사람의 관계를 그는 '형벌 커플(penal couple)'이라 칭하였다. 다만 그의 피해자 유형론은 범죄발생에 있어서 피해자의 책임성 여부가 강조되었다는 점에서 헨티히의 유형론과 구분된다.

[표 2-2] 베냐민 멘델존의 피해자 유형 분류

피해자 유형	구체적 사례
1. 완전히 무고한 피해자	아동 혹은 범행과는 전혀 무관한 일반인
2. 약간의 죄책이 있는 피해자	유산을 하다가 죽은 산모
3. 가해자와 같은 수준으로 죄책이 있는 피해자	타인의 범행을 돕다가 피해를 입은 사람
4. 가해자보다 죄책이 더 큰 피해자	타인이 범행을 하도록 부추겨 그로부터 범죄피해를 입은 사람
5. 범죄행동에 있어 대부분의 죄책을 져야 할 피해자	피해자가 오히려 죄책을 감당해야 하는 경우로서 불법의 공격을 가하다가 정당방위로 공격을 당한 피해자
6. 상상에 의한 피해자	정신질환을 겪는 자가 환각을 통해 원인 없이 자신을 피해당했다고 여기는 경우

(출처: Beniamin Mendelsohn, "The Victimology", *Studies Introductionales de Psycho-Sociology Criminelle*, 1956. pp.25-36.)

한편, 그는 피해자학이 다루어야 할 피해자의 범위를 단순히 범죄피해자에 국한하지 않고 자연재해의 피해자 등 다양한 피해자들을 포괄함으로써 종래 범죄학에 종속되었던 '범죄학의 특별영역으로서의 피해자학'에서 벗어나 독자적인 학문영역으로서의 '일반 피해자학(general victimology)'을 성립시키는데 공헌하였다. 그는 인간이 다양한 요인에 의해서 고통을 받고 있기 때문에 피해자학이 범죄로 인한 피해자화 현상 만에 중점을 두고 연구하는 것은 너무 협소한 관점이라고 하면서 ① 범죄로 인한 피해자(통상적 범죄피해자), ② 자기 자신에 의한 피해자(자살 등), ③ 사회환경으로 인한 피해자(인종차별 등), ④ 기술의 적용에 따른 피해자(교통사고 등), ⑤ 자연환경에 따른 피해자(지진 등)를 포함한 5가지 영역을 제시하였다.[10)]

3. 스티븐 쉐이퍼

스티븐 쉐이퍼(Stephen Schafer) 또한 범죄자와 피해자간의 상호관계를 연구하고 피해자의 유형화를 시도한 학자 중의 한 사람이다. 그는 헨티히가 피해자를 '범죄피해 위험요인(risk factors)'으로 분류한 것과는 달리 범죄행위에 대한 피해자의 '기능적 책임성(functional responsibility)'에 기반을 두고 피해자 유형을 분류하였다.[11)] 그런데 그의 분류 유형은 범죄행위에 대한 피해자의 책임 문제를 이미 다루었던 베냐민의 것과도 다르다. 베냐민 멘델존은 범행에 기여한 피해자에게 책임이 어느 정도 있는지 그 책임의 크기를 기준으로 분류하였지만 쉐이퍼는 피해자가 부담하여야 할 책임의 정도뿐만 아니라 책임부과 여부를 결정할 수 있는 사회적, 심리적, 정치적, 상황적 요소들의 기능적 역할을 아울러 고려하여 피해자 유형을 분류했다는 특징을 보이는 것이다. 1968년에 발표된 그의 저서『피해자와 그의 범죄자(The Victim and His Criminal)』에서 그는 피해를 유발하는 피해자 유형 7가지를 아래와 같이 제시하였다.[12)]

쉐이퍼는 이처럼 피해자를 그저 범죄발생에 일정한 책임을 져야 할 대상자로만 바라본 것이 아니라 책임을 부과할 수 있는 근거를 사회적, 심리적, 상황적 요소들의 기능에서 찾았다는 점에서 헨티히나 멘델존의 연구와 차별화 되었다. 그런 의미에서 그는 범죄를 단지 개인적 행동으로만 평가해서는 안 되고 사회적 현상의 일종으로 평가되어야 한다고 말한다. 즉, 모든 범죄가 그저 단순한 이유로 발생하고 있는 것이 아니라, 피해자가 주의를 기울이지 않거나, 어떤 범행을 촉진하는 행동을 하거나, 범행을 유발하는 행동을 함으로써 범죄행위에 기여하기 때문에 발생한다고 본 것이다. 결국 범죄발생에 있어서 피해자가 부담해야 할 '기능적 책임'의 발생은 타인이 자신을 해치지 못하도록 어떤 조치를 취해야 함에도 아무런 조치를 취하지 않느냐 아니면 그런 범행이 일어나지 않도록 어떤 조치를 능동적으로 취하느냐에 달려있다고 한다.[13)]

[표 2-3] 스티븐 쉐이퍼의 피해자 유형 분류

피해자 유형	유형 해설
범죄와 무관한 피해자 (unrelated victims)	단순히 불행스럽게 범죄의 표적이 되는 피해자로서 책임이 없는 피해자
피해를 유발한 피해자 (provocative victims)	범죄자가 피해자의 특정 행동에 대응하는 과정에서 피해가 야기되는 것으로서 범죄자와 책임을 공유해야 하는 피해자
피해를 촉진시키는 피해자 (precipitative victims)	피해자가 자신을 위험한 장소 및 시간에 노출시키거나 부적절한 의상 착용, 위험한 행동, 잘못된 화법사용 등으로 인해 범행결과에 대하여 어느 정도 책임을 져야 하는 피해자
생물학적으로 취약한 피해자 (biologically weak victims)	노인, 아동, 병자 등과 같이 신체적 조건으로 인해 범죄자의 타켓이 되는 자로서 범죄결과에 대하여 책임이 없는 피해자
사회적으로 취약한 피해자 (socially weak victims)	이주민, 소수자 및 사회적으로 순조롭게 통합되지 못하는 까닭에 범죄자의 표적이 되기 쉬운 자로서 책임이 없는 피해자
자신에게 피해를 야기한 피해자	약물사용, 매춘, 도박 기타 피해자와 가해자가 서로 협력하여 수

(self-victimizing)	행할 수 있는 행동에 가담한 까닭에 전적으로 자신이 행위결과에 대하여 책임을 져야 할 피해자
정치적 피해자 (political victims)	권력자에게 반대하거나 복종적 지위를 유지하는 과정에서 피해자화가 된 경우로서 그 결과에 대하여 책임이 없는 피해자

(출처: William G. Doerner & Steven P. Lab, Victimology, Anderson Publishing Co., 2002. p.8.)

제2절 피해자학의 범위

피해자학은 그 연구대상의 범위 획정과 관련하여 쟁점이 존재한다. 이는 피해자학의 대상을 범죄피해자만으로 한정할 것인가, 아니면 범죄피해자만이 아니라 사고의 피해자 및 자연재해에 의한 피해자 등도 포함시킬 것인가에 따른 논쟁이라 할 수 있다. 보수적 피해자학은 가두범죄(street crime)가 연구대상이고 철저한 자기책임을 그 사상적 기반으로 하는 데 비하여, 온건한 피해자학은 법 아래 평등한 보호를 사상의 기반으로 기업의 간부나 관료에 의한 위법행위로 생기는 피해까지 대상으로 하며, 급진적 피해자학에서는 범죄로 인한 피해뿐만이 아니라 사회구조적 문제로 인해 초래되는 공해, 권력남용 등도 그 대상으로 한다.[14)]

피해자학의 대상은 결국 피해의 범위와 관련이 된다. 범죄 피해는 범죄행위로 인한 피해로서 전체 피해의 극히 일부에 지나지 않는다. 그러나 피해의 범주를 범죄행위에 의한 것으로 제한하더라도 범죄유형이 매우 다양하기 때문에 그 범죄 피해의 유형 또한 다양하다. 결국 피해자학의 대상은 크게 범죄적 피해, 비범죄적 피해, 제도적 피해 등으로 분류해볼 수 있다.

1. 범죄 피해에 대한 연구

먼저 범죄적 피해 중 하나인 재산범죄로 인한 피해의 예를 살펴본다. 재산범죄의 피해자들은 피해로 파생되는 다양한 폐해로 인해 고통받게 된다. 첫째, 그들은 직접적인 금전 손실이나 재산 피해 등 손실을 입는다. 대부분의 피해자들은 손해를 보상해 주는 보험에 가입하지 않거나, 그들의 보험은 이러한 유형의 손실에 대해 변상하지 않는다. 둘째, 재산 피해의 결과로 인한 다양한 심적 피해가 있다. 대개 피해자는 피해 사실로 인해 수치심, 죄책감, 자기비난을 경험하고 사건에 대해 아무에게도 말하지 않기로 선택하기도 한다. 또한 자신이 판단력 부족으로 인해 범죄 피해를 당했고, 이에 대해서 남들이 비웃을 것이라고 여겨 다른 사람들로부터 자신을 고립시키기도 한다. 실제로 일부 사람들은 피해자에게 '피해를 당할 만했다'고 비난하기까지 하는 것이다. 이러한 심적 피해는 재정적인 손실보다 피해자에게 더 심각할 수도 있다. 셋째, 재산범죄는 가정과 사회에서의 안정감에 대한 상실도 일으킨다. 침입절도 피해의 경우, 피해자들은 범죄발생으로 인해서 집이 안전하다는 믿음을 상실한다. 특히 집안에 사람이 있건 없건 간에 범죄가 발생하면, 불안감과 걱정이 커져서 모든 일상생활에 영향을 끼치게 된다. 심지어 가정에서의 불안감은 사회로까지 퍼져, 직장이나 학교에서도 안심할 수 없는 지경에 이르게 된다. 마지막으로 재산 범죄의 결과로 형사사법시스템에 대한 실망과 무관심 또한 나타날 수 있다. 재산 범죄는 소탕하기 매우 어렵다. 실제로 범죄를 처벌하는 비율, 즉 범죄자를 체포해서 기소하는 경우 대비 범죄자를 밝혔으나 처벌하지 못하는 경우의 비율은 재산 범죄에 있어서 매우 낮게 나타난다.

2. 비범죄적 · 인권침해적 피해에 대한 연구

다음으로 범죄행위에는 해당하지 않지만 타인에게 불편을 야기하는 사회적 일탈행위와 범죄에 이르지 아니하는 수준의 인권침해 행위로 인한 피해를 살펴본다. 비범죄적 언론의 가십(Gossip)으로 인한 피해, 질투나 시기 또는 증오로 인한 피해, SNS상에서 비난 댓글로 인한 피해, 아동의 심정을 헤아리지 않는 언행으로 말미암아 아동들이 입는 감정적 피해, 그리고 기업의 비윤리적 경영이나 과장광고로 인한 피해 등이 그러한 피해들에 속한다. 최근 아니면 말고식의 가짜뉴스로 인해 고통받는 사람들이 많아지고, 연예인들 중에는 SNS에 악성 비난 댓글로 인해 목숨을 끊는 사례까지 발생하고 있어서 이에 대한 대책이 요구되는 실정이다. 특히 기업에 의한 피해는 현대 사회에서 가장 해악이 클 뿐만 아니라 그 피해가 점점 확산되어가는 피해유형 중 하나이다. 그럼에도 불구하고 다수의 기업에 의한 피해는 형법상의 처벌 대상조차 되지 않고 있다. 기업의 불량상품 판매로 피해를 입은 경우 그 피해자가 다수라는 점에서 어느 정도 집합적 피해의 한 형태라고도 할 수 있다. 여기서 집합적 피해란 개인뿐만 아니라 전체 집단을 지향하거나 영향을 미치는 피해를 일컫는 것이다.

3. 제도적 피해에 대한 연구

마지막으로 제도적 피해의 경우를 살펴본다. 제도적 피해가 다른 유형의 피해와 다른 점은 바로 피해발생의 장소적·관계적 위치의 특수성이다. 즉 피해상황이 학교와 같은 개방된 시설에서 발생하건 교도소와 같은 폐쇄된 시설에서 발생하건 제도적으로 운영되고 있는 그 시설의 장소적 특수성 때문에 피해가 발생할 수 있다는 점이다. 일부 학생이 특정 학생을 의도적으로 따돌린다든지, 교도관이 특정 죄수를 부당하게 대우하는 것이 한 예일 것이다. 관계적 특수성이라 함은 제도적으로 구축되어진 사회조직 내에서 이미 형성된 상하관계나 고용관계를 악용하여 업무상 위력을 행사한다든지 갑질행위나 인격적인 모독행위, 기타 차별행위를 하는 것을 말한다. 병원에서 특정 간호사가 신입 간호사를 '태움' 행위로 괴롭힌다든지, 직장에서 상사가 부하를 업무 외의 일로 괴롭힌다든지, 가정에서 부모가 자녀를 학대한다든지 하는 행위가 바로 그러한 예들이다. 제도적 피해는 범죄적 피해에 해당할 수도 있지만 비범죄적 피해일 수도 있으므로 관계적 특수성이 있다는 것 외에는 피해의 범위가 위에서 살펴본 것들과 중첩될 수 있다.

제3절 피해자의 개념

1. 직접 피해자

직접 피해자는 살인, 강간과 같이 개인이 범죄 등의 직접적인 목표가 됨으로써 범죄 행위 등으로부터 직접적, 개인적으로 영향을 받는 피해자를 말한다. 이때, 피해자학자들은 범죄로 인한 피해자뿐만 아니라 전술한 바와 같이 사회적 일탈행위로 인한 피해를 입은 자, 사회제도상의 권력남용 행위로 인해 피해를 입은 자, 인권침해 행위로 불이익을 받는 자 등도 피해자의 범주에 포함시켜야 한다고 주장하고 있다.

이에 관해서는 유엔의 '범죄피해자 보호를 위한 기본원칙 선언(UN Declaration of Basic Principles of Justice for Victims of Crime and Abuse of Power, 이하 'UN Declaration'이라 한다)'을 참고할 필요가 있다. 즉, UN Declaration에서도, "피해자란 유엔 회원국에서 현재 시행 중인 형법을 위반한 작위, 부작위 행위와 권력남용적 인권침해 행위로 인해 신체적·정신적·정서적 손상 혹은 경제적 손실을 입거나 기본권의 본질적 측면에 있어서 피해를 입은 집단이나 개인을 의미한다."라고 선언하고 있기 때문에 직접 피해자의 개념이 비단 범죄행위에 의한 피해자에 국한되지 않고, 비범죄적 인권침해로 인한 피해자에까지 확장시키고 있는 것이다.

우리나라 형사소송법 제223조가 고소권자를 피해자로 국한시킨 후, 제225조에서는 피해자의 배우자, 직계친족, 형제자매를 '비피해자인 고소권자'라는 개념으로 분리 시켜 놓음으로서 직접 피해자와 간접 피해자를 분명하게 구분하고 있음을 알 수 있다. 가정폭력범죄의 처벌 등에 관한 특례법에서도 피해자를 "가정폭력범죄로 인하여 직접적으로 피해를 입은 사람(가정폭력범죄의 처벌에 관한 특례법 제2조)"이라는 표현을 사용하면서 법률상 피해자라는 용어는 직접 피해자에 국한됨을 분명하게 밝히고 있다.

한편, 피해자들의 경우 이전까지 단 한 번의 피해도 경험하지 않았던 생애 최초의 피해자가 있는 반면, 일부는 동일한 피해를 여러 번 경험한 피해자도 있다. 피해자가 반복적으로 피해를 경험할 때 이를 복수피해 또는 연속피해라고 하며 총칭하여 재피해자화(revictimization)라고도 한다. 복수피해는 다시 성격이 다른 두 가지 형태의 피해로 나뉘는데 동일 또는 반복피해와 이종피해가 바로 그것이다. 동일피해는 동일한 유형의 범죄피해를 반복적으로 입는 것이지만 이종피해는 상이한 유형의 범죄피해를 여러 번에 걸쳐 경험하는 경우를 말한다.

2. 간접 피해자

범죄피해자보호법에서는 범죄피해자(criminal victim)를 다음과 같이 정의하고 있다. 즉, "범죄피해자란 타인의 범죄행위로 피해를 당한 사람과 그 배우자(사실상의 혼인관계를 포함한다), 직계친족 및 형제자매를 말한다(범죄피해자보호법 제3조 제1항 제1호)."고 규정하고 있다. 이로 보건대 범죄피해자보호법은 피해자의 범위를 직접 피해자뿐만 아니라 간접 피해자인 배우자, 직계친족, 형제자매까지 확장시키고 있음을 알 수 있다. 간접 피해자는 범죄로 인해 직접 피해를 입은 자가 겪는 다양한 형태의 불편과 고통으로 인하여 육체적·경제적·정신적 피해를 입게 되는 모든 자를 말한다. 법률적 측면에서 간접 피해자는 배우자, 직계친족, 형제자매에 국한시키는 경향이 있지만, 현상적 측면에서 볼 때 범죄발생으로 인하여 많은 사람들이 자신의 안전에 대해 공포감을 가지게 되어 삶의 질이 악화되는 사람까지를 포함시킨다면 그 간접 피해자의 범위는 더욱 확대될 수 있다. UN Declaration은 피해자의 범주에 형법위반의 범죄피해자뿐만 아니라 제도권의 권력남용으로 인권침해를 입은 피해자를 포함하고 있고, 직접적 피해자뿐만 아니라 그 피해자로부터 부양을 받고 있는 가족 및 피해자 지원을 감당하게 됨으로써 고통

을 겪게 되는 간접피해자도 피해자의 범주에 포함시켜야 한다고 말하고 있다.[15)]

제4절 피해자화의 개념 및 피해자화의 단계

1. 피해자화의 개념

피해자화(victimization)란 "어떤 특정 범죄행위 혹은 인권침해 행위를 원인으로 하여 피해자가 피해를 입게 되는 일련의 과정"이라고 정의할 수 있다.[16)] 이 피해자화 개념 속에는 피해자가 겪게 되는 심리적 · 육체적 · 물질적 손해의 파급효과와 함께 피해자화 진행 단계별로 나타나는 여러 양상들이 포함되어 있다. 즉, 범죄가 발생하면 가시적으로는 육체적 · 물질적 피해를 입게 되지만 삶의 질이 저하되는 것과 같은 비가시적 피해를 수반하기도 한다. 이때 피해자가 겪는 심리적 · 정서적 피해는 눈에 띄지 않아 타인에게 무시되기 십상이기 때문에 피해자는 이중의 고통을 겪게 되는 것이다.

2. 피해자화의 단계

또한 피해자화는 단계별로 진행되기도 한다. 범죄자의 직접적 공격으로 일단 1차 피해자화가 진행된 후 피해자 지원을 통해 이를 잘 극복해 내기도 하지만, 사회의 잘못된 반응으로 인해 2차 피해자화 되기도 하는 것이다. 형사사법 공무원이 피해자의 사건을 처리하면서 피해자를 비난하거나 불친절하게 대응함으로 인해 겪는 피해가 바로 그것이다. 이하에서 단계별 피해자화에 대해서 좀 더 자세히 살펴본다.[17)]

2-1. 1차 피해자화

1차 피해자화(primary victimization)란 최초의 범죄행위 및 인권침해 행위로 인하여 개인이나 집단이 위법, 부당하게 육체적, 정신적, 경제적 피해를 입는 과정을 말하는 것으로서 이러한 1차 피해자화라는 개념은 범죄학의 이론·가설·연구방법론을 빌려 '피해자원인론'을 연구하고자 하였던 피해자학 성립 초기에 주목을 받았던 개념이다.[18)]

일단 범죄가 발생하면 그 대상자인 피해자는 직접적으로 육체적, 경제적, 심리적 피해를 입게 되는데 이를 1차 피해자화라 하며, 이러한 범죄자의 공격으로 말미암아 피해자는 생존세계에 대한 신뢰감 및 안전감이 위협받게 된다.[19] 범죄피해는 단 1회에 그칠 수도 있지만 반복적인 피해를 입을 수도 있고, 한 개인만이 피해를 입는 경우가 있는가 하면 집단구성원이 동시에 피해자화될 수도 있다.

한편, 권력남용으로 인한 1차 피해는 피해가 발생한 사실 자체를 인정받기가 어려워 피해회복이 지연되거나 좌절되기 쉽다. 권력남용에 의한 피해는 범행과 무관한 자가 범죄혐의를 받고 처벌을 받는 례가 대표적이다. 시일이 흐른 후 재심절차를 통해 구제받는 경우도 있지만 구제가 되기까지 피해자가 감내해야 할 충격과 외로움은 매우 큰 것이다.[20]

1차 피해자화는 기본적으로 가해자와 범인의 상호작용에서 기인하는 것이긴 하지만 '반복적 피해자화(repeated victimization)'를 막기 위해서는 피해자와 가해자간의 상호작용 속에 피해자화 가능성을 높이고 있는 요인을 탐색하고 제거해 내는 작업이 필요하다. 따라서 개인 피해자의 경우에는 연령·성별·사회계층·직업·인종·심신·건강상태 등에서 범죄피해에 대한 취약요소를, 단체 및 집단피해자인 경우에는 민족의 구성·집단구성원 간 연대성·윤리적 상황·공통의 가치관·종교감의 강약·국제정치적 동향 등에서 취약요소를 찾아내어 1차 피해에 영향을 주는지 여부를 진단하고 대책을 강구해야 할 것이다. 또 사회·경제의 변동은 새로운 유형의 1차 피해자를 낳을 수 있으므로 급격한 사회적, 경제적 변혁이 일어나는 시기에는 발생 가능한 범죄피해 유형을 예측하고 이에 대비를 잘 할 필요가 있다.[21]

2-2. 2차 피해자화

1차 피해자화가 범죄적 공격에 대한 피해자의 반응이자 가해자와 피해자간 상호작용에 의해 초래된 해로운 결과라고 한다면, 2차 피해자화는 피해자에 대한 사회환경의 반응에 의해 초래된 해로운 결과를 의미한다. 가해자의 범죄행위에 대하여 피해자만 반응하는 것이 아니라 사회환경도 반응하는 것이다. 이러한 사회적 환경이 범죄피해자에게 도움이 되는 쪽으로 반응하면 범죄로 인해 입은 피해의 회복을 촉진하는 기능을 수행하지만, 범죄피해자를 위축시키고, 고통을 가중시키는 방향으로 반응하면 2차 피해자화가 야기된다.[22] 이렇듯 최초의 범죄피해에 대하여 범죄사건을 처리하는 과정에서 사회적 환경이 잘못 반응함으로 말미암아 파생적, 부수적으로 피해자에 대한 고통을 안겨주었다면 이를 '제2차 피해자화(secondary victimization)'라고 말할 수 있을 것이다. 이러한 2차 피해자화를 야기하는 주체는 수사기관이나 재판기관과 같은 형사사법기관이 될 수도 있고, 형사사법기관 외에 피해자와 접촉하는 관련기관이 될 수도 있으며, 가족·친지·동료와 같은 피해자의 주변사람이 될 수도 있다. 2차 피해자화의 대상은 기본적으로 피해자 본인이 되겠지만 직접적인 피해를 입지 않았던 피해자의 가족들이 될 수도 있고, 일정한 조직구성원이나 집단구성원 전체가 2차 피해자가 될 수도 있다. 1차 피해자 중 사회적 지원을 받기 어려운 입장에 있는 자들은 2차 피해를 당하기 쉽다.[23)]

2차 피해자화의 주요 원인은 주로 피해자의 고통에 대한 공감능력 결여, 안이한 업무태도 등에 기인한 것으로 보인다. 예컨대 피해자가 범죄로 인한 충격 속에서 당황하고 놀란 상황에 처해 있는 경우 수사기관이 피해자의 심리적 상황에 무관심하거나 둔감하게 대처하거나 수사과정에서 피해자를 책망하거나 비난을 하게 되면 2차 피해자화가 발생하기 쉽고, 상황이 악화되면 자살·복수와 같은 3차 피해자화로 진행되기도 한다. 반면, 형사사법기관의 사려 깊고 친절한 대응은 피해회복을 촉진하고 형사사법기관에 대한 신뢰를 증진시키게 된다.

2-3. 3차 피해자화

1차, 2차 피해자화로 정신적 육체적 고통을 느끼고 있는 피해자에게 적절한 대책이 이루어지지 않아 피해자가 이러한 '사회의 부정의'에 절망한 나머지 제 3의 파멸적 행동을 취하는 것이 바로 '3차 피해자화(tertiary victimization)'라고 말할 수 있다. 즉, 피해를 당한 후 적절한 피해자대책이 없게 되면 피해자가 반사회적, 비사회적 반응을 보일 수 있고 범죄로까지 이행될 수 있으며 급기야 자기파괴적 행동까지 이어질 수 있다는 것이다.[24)] 3차 피해자화라는 개념은 서구의 피해자학 문헌에 잘 등장하지 않지만 그 연원은 1973년도 이스라엘에서 개최된 국제피해자학 심포지엄으로 거슬러 올라간다. 이 학술대회에서 정신적·심리적으로 피해를 당한 피해자가 수사 과정이나 재판과정에 피해감정의 만족을 얻지 못하고 '사회적 부정의'를 인식하게 되어 다시 피해를 입게 되는 것을 '3차 피해자화'라고 개념화하고 이를 일반적으로 사용하기에 이르렀던 것이다. 따라서 3차 피해자화는 2차 피해자화와 마찬가지로 사회가 피해자에게 만족할 만한 대응을 못하는 것과 밀접한 관련이 있다고 볼 것이다.[25)]

2차 피해자화 사례

지방자치단체가 소속 직장운동부 내에서 폭행과 성추행이 벌어지고 있다는 사실을 인지하고도 아무런 조치를 하지 않은 것은 '2차 피해 유발'에 해당한다는 판단이 나왔다. 국가인권위원회(인권위)는 4일 보도자료를 내고 "ㄱ광역시 체육회장과 ㄴ구청장에게 소속 선수가 폭력·성폭력을 당해 피해가 발생했다는 주장을 인지하고도 신고·조사 등 적절한 대응과 처리를 하지 않은 담당자를 징계하도록 권고했다"고 밝혔다. 인권위에 따르면 스포츠 모 종목 대학 선수인 피해자 A(남성)씨는 지난해 5월부터 ㄱ광역시 ㄴ구청 내 한 실업팀에서 다른 선수들과 함께 훈련을 받았는데 이 과정에서 A씨는 일부 선수들로부터 언어·신체 폭력과 성추행을 당해 이 사실을 실업팀 감독에게 호소했고, 감독은 가해 선수들을 불러 진상을 파악했었으나 당시 가해자들은 감독에게 "장난이었다"는 취지로 말했다고 한다. 결국 실업팀 숙소에 복귀하지 않고 운동을 중단한 A씨는 가해 선수들을 신고하는 등 사법 절차를 진행하면서 감독에게 해당 시체육회와 구청에 이 사실을 알려 가해 선수들에 대한 조치가 취해지도록 요청했었다. 하지만 시체육회와 구청 담당자는 아무런 조치를 취하지 않으면서 "피해자가 직접 신고한 것도 아니고 상호 주장이 상반돼 조치를 취하지 않은 것"이라고 해명하다가 사건 발생 2개월 뒤에야 가해 선수들을 사직 처리하였다. 인권위는 "선수들을 조사하여 품위손상 행위가 발견되면 구청장이 즉시 해임할 수 있음에도 조사를 진행하지 않고 아무런 조치를 취하지 않았다"며 관계직원 징계를 권고하였다.[26)]

제5절 피해자의 특징

초기 피해자학자 중 한스 폰 헨티히(Hans von Hentig)와 베냐민 멘델존(Beniamin Mendelsohn)은 피해자의 취약성이나 발생한 범죄에 대한 피해자의 책임부담의 정도를 기준으로 피해자의 유형화를 시도하였다. 이는 피해자의 개별적 특징에 따라 쉽게 범죄피해에 노출될 수 있다는 것과, 피해자도 범행에 기여할 여지가 있다는 것을 암시하는 것이다. 그렇다면 범죄피해에 취약한 피해자의 특징적 요소들에는 어떤 것들이 있는지를 살펴본다.

1. 성별

성별은 피해자화 위험과 관련이 깊다. 여성들은 가정폭력, 강간 등 성폭행 범죄를 당할 확률이 남성보다 매우 높은 데 비해 남성들은 폭력범죄나 강도 피해자가 될 확률이 더 높다. 남성이 가해자인 경우가 여성이 가해자인 경우보다 신체적 손상이 심하며, 여성은 언어적 공격의 사례가 많지만 남성의 경우 물리적 공격의 사례가 많다. 남자와 여자 사이에 폭력사건이 발생하면 그 정도가 심각하며 피해자가 느끼는 공포감도 크다고 한다.[27] 여성들은 남성에 비해서 자기가 알고 지내는 사람이나 동거하는 사람으로부터 피해를 당하기 쉽다는 특징이 있다. 남녀 간의 임금 차이와 같은 경제적 불평등이 여성 피해자화 비율과 상관성이 있다는 연구도 있다. 여성에게 우호적인 법이 더 많이 제정될수록 그리고 여성이 경제활동에 참여할 수 있는 기회가 증가할수록 여성이 폭력 피해자가 될 확률이 줄어든다는 연구도 있다.[28]

2. 연령

젊은 사람들은 나이 든 사람들보다 훨씬 피해자화 위험성이 크다. 심지어 아주 연약하고 나이 어린 아이들이 그보다 연령이 높은 아이들보다 더 아동학대를 당하기 쉽다.[29] 통계에 따르면 16세에서 19세까지의 젊은이들의 경우 1,000명당 45명 정도가 폭력피해를 경험하지만 65세를 넘긴 성인의 경우 1,000명당 2명만이 폭력피해를 경험하는 것으로 나타나 젊은층의 폭력범죄 피해 비율이 매우 높은 것을 알 수 있다. 하지만 범죄피해는 25세를 기점으로 빠르게 감소하는 것으로 보고된다.[30]

나이가 많은 성인이 젊은층보다 범죄피해를 당할 확률이 낮은 것은 사실이나 젊은이들이면 쉽게 당하지 않는 범죄피해를 노년층에 있는 성인들이 많이 당하고 있는 범죄피해 유형도 있다. 바로 사기나 소매치기와 같은 것이다. 특히 노년층은 혼자 사는 경우가 많기 때문에 전화라든가 방문 판매 등의 행위를 통해 사기 피해를 당하기 쉬운데 일단 피해를 당하게 되면 인지능력이나 신체적 활동 능력 저하로 말미암아 피해회복의 기회를 찾기란 쉽지 않다.[31]

3. 사회적 지위 및 혼인

미국에서 수행된 연구를 보면 경제적으로 궁핍할수록 폭력범죄와 재산범죄 피해자가 되기 쉽다고 한다. 아주 가난한 지역에서 살고 있는 노숙자들이 폭력피해를 가장 많이 당하고 있는데 이는 성별, 연령, 인종과 관련 없이 공통적인 현상이라고 한다.[32] 한편, 일반적으로 가난한 사람들은 폭력범죄 피해를 당하기 쉬운 데 비해, 부유한 사람들은 소매치기와 같은 개인적 소지품에 대한 절도피해를 당하기 쉽다고 한다. 혼인관계도 범죄피해자화에 영향을 미친다. 미혼 남녀가 기혼 남녀보다 범죄피해를 당할 확률이 높으며 배우자와 사별한 남녀의 경우에는 범죄피해를 당할 여지가 가장 낮다고 한다. 이렇게 미혼 남녀의 범죄피해 비율이 높은 것은 기혼 남녀보다 더 자주 공공장소에 출입하면서 위험성이 있는 친구들과 자주 어울리기에 피해자화 위험에 많이 노출되기 때문이라고 보고 있다.33)

4. 재피해자화

범죄피해를 당한 경험이 있는 피해자는 전혀 범죄피해를 당한 경험이 없는 사람보다 훨씬 더 반복적으로 피해를 경험할 가능성이 높다.34) 예를 들어 충동적 성격을 가진 아이들의 경우 피해를 경험했음에도 불구하고 종종 반사회적 성향을 가진 또래들의 활동에 연루되어 부모의 감독으로부터 벗어나 일탈행위를 하게 됨으로써 그 와중에 반복적으로 피해를 당할 가능성이 있는 것이다. 이런 재피해자화는 개인에게서 뿐만 아니라 가정구성원 전체에게 일어날 수도 있으며, 피해자가 방어적 행동을 취하지 않았을 때에는 상습적으로 일어날 수 있다. 가정폭력을 행사하는 남편에 대하여 아내가 경찰을 부르지 않고 늘 참고 넘기면 폭력피해는 반복될 수 있는 것이며, 증오범죄 피해에 대하여 경찰이 소극적으로 대처를 한다든지 방치를 하게 되면 범죄자는 법집행 기관을 두려워하지 않고 범행을 지속적으로 자행할 수 있는 것이다.35)

이렇게 상습적으로 피해를 당하는 원인에 대해서는 피해자에게 범인의 범행동기를 자극하는 어떤 요인이 있기 때문이다. 예를 들어 어린 아이들은 보호능력이 취약하고, 신체적으로 연약하며, 다루기 쉬울 뿐만 아니라, 사회적으로 쉽게 고립시킬 수 있기 때문에 범죄자들은 이들을 매력적인 표적으로 삼고 범행을 반복해서 자행할 수 있다. 피해자화 가능성을 높이는 요소 3가지를 든다면 첫째, 대상의 취약성(vulnerability), 둘째, 대상이 주는 만족도(gratifiability), 셋째, 대상에 대한 적대감(antagonism)이다.36) 대상이 취약하다는 것은 대상이 신체적으로 약하거나 심리적인 혼란으로 인해 범죄자의 공격에 효과적으로 저항하기 어렵다는 것을 의미하고, 대상이 만족감을 준다는 것은 범죄자가 갖고 싶어 하는 물품을 피해자가 갖고 있어서 그 물품을 취득했을 때 범죄자의 만족감이 증진된다는 의미이며, 대상자에게 적대감이 있다는 것은 대상자로 인해 범인이 분노하거나 파괴적 충동이 야기될 수 있다는 것을 뜻한다.

정리하기

○ 피해자학은 기존의 범죄자 및 범죄 원인 중심 연구에서 관점을 달리 하여, 피해원인과 피해자의 잘못에 착안한 연구라는 점에서 범죄학의 중요한 변화를 만들어냈다. 하지만 피해의 범위와 더불어 피해자를 어떻게 구분해 연구에 적용할 것인가에 따라 다양한 피해 유형이 등장하기도 했다. 이러한 논쟁은 앞으로도 연구를 통해 꾸준히 지속되어야 할 과제이다.

○ 범죄피해자란 타인의 범죄행위로 피해를 당한 사람과 그 배우자, 직계친족 및 형제자매를 말한다. 그런데 피해자학은 범죄적 피해뿐만 아니라 인권침해나 권력남용 행위 등 사회적 일탈행위로 인한 비범죄적 피해도 포함하는 것이 지배적인 경향이다. 비범죄적 피해의 예로서는 언론의 Gossip으로 인한 피해, 질투나 시기 또는 증오로 인한 피해, 아동에 대한 감정적 피해 등이 있다.

○ 범죄의 결과, 사람들은 자신의 안전에 대해 점점 더 많은 공포를 가지게 되고 따라서 자신의 삶의 질이 악화될 수도 있다고 느끼는데, 이를 '범죄에 대한 두려움(공포)' 또는 '간접 피해'라고 한다. 범죄에 대한 두려움은 범죄피해를 입지 않은 많은 사람들에게 심리적 불안과 공포감을 불러일으킴으로써 피해의 범위와 정도가 더욱 심각한 것으로 간주된다.

○ 피해자의 특징을 살펴보면 여성은 성범죄 피해를 당할 가능성이 높고 남성은 폭력범죄 피해자가 될 가능성이 높으며, 젊은 사람들이 나이 든 사람보다 피해자화할 위험성이 크고, 부자는 재산범죄 피해위험이 있는 반면 가난한 자는 폭력범죄 피해의 위험이 크다. 범죄피해를 당한 경험이 있는 사람은 전혀 피해경험이 없는 사람보다 반복적으로 피해를 당할 가능성이 높다.

Chapter 02

피해자화 이론

생각해 보기

○ 2020년 7월 8일 MBC 뉴스는 남성 4명이 클럽에서 만난 만취 여성을 모텔로 데려가 그 중 1명이 성폭행을 한 사건을 소개하면서 이 사건의 재판결과를 보도했다. 피해 여성이 가해 남성을 상대로 고소했지만 1심 형사재판에서 가해자에게 무죄가 선고되었다는 것이다. 국민참여재판으로 진행된 1심 재판에서 배심원들이 5:2로 무죄를 평결했는데 이는 피해자 진술보다는 가해자 진술에 더 신빙성을 부여했다는 것을 의미한다. 2008년부터 12년간 전체 국민참여재판의 무죄율은 10.9%이지만 성범죄 사건의 무죄율은 20%가 넘는다고 한다. 배심원단이 성범죄 사건의 유무죄를 평결함에 있어서 다른 범죄보다 가해자가 무죄라고 판단하는 비율이 높은 것이 무엇때문이라고 생각하는가?

○ 연쇄살인범들은 최초 범죄를 계획할 때 가장 이상적 피해자를 대상으로 삼고 물색행동에 들어가지만 이상적 피해자를 발견했더라도 체포의 위험성 때문에 포기하게 되고 그보다 체포의 위험성이 적은 현실적 피해자를 선정하여 범행을 수행하게 된다고 한다. 피해자화 이론 중 일상활동이론에 따르면 범죄의지와 동기가 확실한 범죄자의 경우 범행대상을 선택할 때 표적의 매력성과 보호능력의 부재 등 두 가지 요소가 고려된다고 한다. 이 경우 연쇄살인범의 현실적 피해자가 되지 않기 위해서 일반인이 노력해야 할 점은 무엇인가?

제1절 피해자 유발이론

오랫동안 범죄학 이론은 범인의 행동에만 초점을 맞추어 왔다. 그러나 1950년대부터 범죄적 결과가 초래되는 데 있어서 피해자가 능동적 역할을 할 수도 있음이 조명되면서 범죄학 분야에서도 피해자에 대한 관심이 늘어나게 되었다. 즉, 피해자가 더 이상 수동적으로 일방적 피해만을 당하는 자가 아니라 범죄적 행동에 영향을 미칠 수 있는 존재이자 범죄자의 범행 형태를 결정지을 수도 있는 존재로 파악하기 시작한 것이다.

피해자 유발이론(victim precipitation theory)은 피해자가 자신들이 상해를 입고 죽음을 당할 수도 있는 갈등적 상황을 범죄자보다 먼저 개시할 수 있다는 이론이다. 여기에는 능동적 유발(active precipitation)과 수동적 유발(passive precipitation)이 있다. 능동적 유발이란 피해자가 가해자를 위협하거나 먼저 공격함으로써 가해자의 공격을 자극하는 행동을 말한다. 아미르(Menachem Amir)라는 학자는 강간 피해를 당하는 여성들이 의상을 매혹적으로 차려입고 가해자와 교제를 함으로써 그들의 성적 공격을 유발한다고 하여 피해자 유발이론을 전개하였는데,[37] 현대 사회에서 이러한 입장은 여성 인권단체로부터 많은 비판을 받고 있다. 수동적 유발이란 피해자가 가해자를 무의식적으로 자극하여 범행을 유도하면서도 본인은 자기가 가해자를 자극했다는 사실 자체를 모르는 것인데, 대부분 피해자의 성격적 특질로 인해 발생한다. 여성인 배우자가 직장에서 성공을 하여 사회적 지위가 상승한 경우 무의식적으로 상대 배우자에게 던진 말 한마디로 상대적인 자괴감을 가졌던 남편을 자극하여 가정폭력을 행사하게 한 경우가 그 예이다.[38] 이렇게 범행을 촉발하는 피해자들은 그들의 성격에 피해자화를 초래할 수 있는 충동적 특성이 자리하고 있어서 자기통제력이 약하고 위험을 회피하려는 행동을 잘 하지 않으려 하는 성향이 있다고 한다.[39]

제2절 생활양식 이론

생활양식 이론(lifestyle theory)이란 개인의 생활양식이 어떠한가에 따라 범죄피해에 영향을 미칠 수 있다는 이론이다. 범죄피해를 당할 가능성과 개인의 생활양식 상호 간에 긴밀한 상관관계가 있다고 보는 것이다. 이 이론에 따르면 젊은이들과 공공장소에서 밤늦게까지 어울리거나 도시지역에서 사람들과 부대끼며 사는 삶의 방식이 피해자화의 위험을 높이는 반면, 시골지역으로 이사를 가거나 밤에 집에 머물러 있거나 직장생활을 통해 돈을 버는 경제활동을 하든지 결혼을 해서 안정된 생활을 하게 되면 범죄피해를 덜 당한다는 것이다. 이처럼 피해자화 되는 것은 아무런 이유 없이 우연히 발생하는 것이 아니라 생활양식의 형태로 인해 초래되는 것이라고 보고 있다. 가출로 인해 범죄위험이 높은 사람이나 그러한 집단에 연루되면 범죄피해 위험도 당연히 높아진다. 남자 아이가 가출하게 되면 비행을 일삼는 또래들과 쉽게 연결되어 폭력행위 등으로 신체적 피해를 당하기 쉽고 어린 여성이 가출하게 되면 성폭력의 피해자가 되기 쉬운 것이다.[40)]

힌델랑(Hindelang) 등은 생활양식 이론을 전개하면서 피해자화의 위험성이 3가지 요소로부터 영향을 받는다고 하였는데 ① 피해자의 사회적 역할, ② 피해자의 사회적 지위, ③ 피해자의 선택과 결정 등이 바로 그것이다. ①은 나이와 성별과 같은 인구학적인 변수에 따라 사회적 역할이 달라지고, 그에 따라 생활양식도 달라지기 때문에 피해자화에 영향을 준다는 의미이고, ②는 개인의 직업과 지위가 무엇이냐에 따라 피해자화의 위험이 달라진다는 의미이며, ③은 사회적 역할과 사회적 지위가 동일하더라도 개인이 어떻게 선택하고 결정하느냐에 따라 피해자화의 위험이 달라진다는 것을 의미한다.[41)]

제3절 탈선장소 이론

탈선장소 이론(deviant place theory)이란 위험한 지역에 자신을 노출시키면 시킬수록 범죄피해 위험이 증가한다는 이론이다. 피해자가 범행을 촉발하는 것이 아니라 피해자가 거주하는 지역이 사회적으로 해체된 지역으로서 범죄발생률이 높은 지역이라면 범죄자와 접촉할 가능성이 높기에 피해자화의 위험이 크다는 것이다. 이러한 탈선장소는 가난하면서도 인구밀도가 높은 지역으로서 전통적 질서가 무너지면서 새로운 사회규범이 자리 잡아가는 과도기적 지역사회인 경우가 대부분이다. 이러한 지역은 상업시설과 주거시설이 혼재하고 사회적 좌절을 경험하거나 낙심한 사람들이 모여 사는 경우가 많으며, 가출자가 배회하고 약물 중독자나 가난한 노인들이 대체로 거주한다.[42)] 이러한 지역에서는 범죄위험에 대한 경고체계가 제대로 안 되어 있어서 범죄피해에 노출되기 쉽다. 이런 탈선장소에서는 범죄의 기회를 찾고 있는 잠재적 범죄자들이 많기 때문에 피해자화의 위험성이 높다고 할 수 있다. 그래서 경제적 여유가 있는 사람들은 범죄율이 낮은 안전한 지역으로 이사하는 것이 피해자화를 예방하는 길이라고 한다.[43)]

제4절 일상활동 이론

일상활동이론(routine activities theory)은 코헨(Lawrence Cohen)과 펠슨(Marcus Felson)이 처음 주장한 것으로서 약탈적 범죄의 분포는 ① 적합한 표적, ② 유능한 보호자의 부재, ③ 동기화된 범죄자의 존재 등 3가지 요소의 상호작용과 긴밀히 관련된다고 보는 이론이다.[44] 이러한 3가지 요소가 동시에 존재하면 범죄발생 가능성이 높기 때문에 피해자화 가능성도 높아진다. 보호능력이 취약한 상태에서 동기화된 범죄자들이 많이 모여 있는 곳에 접근할수록, 그리고 범죄자 입장에서 피해자를 범행대상으로 삼는 것이 가치 있고 유용하다고 여길수록 범죄피해를 당하기가 쉽고, 범죄적 동기가 갖춰져 있는 잠재적 범죄자들이 증가하면 할수록, 그리고 그들이 가치 있다고 여기고 있는 대상에 가까이 근접해 있을수록 범죄발생률은 높아진다고 한다. 하지만 출입을 통제하기 위해 무인경비 시스템을 갖추는 것, 경찰이 능동적이고 적극적으로 순찰활동을 전개하는 것 등은 보호능력의 강화를 의미하며 이 경우에 범죄피해는 효과적으로 저지될 수 있다. 반면, 실업자나 비행청소년들 또는 술 취한 사람들이 많이 모이는 장소는 동기화된 범죄자가 출몰할 수 있는 취약지역(hot spot)이므로 이러한 지역을 배회하거나 이러한 지역에 거주하는 것은 범죄피해 가능성을 높이게 된다.[45]

제5절 구조-선택 이론

구조－선택 이론(structural－choice model)은 1990년 미테(Terance D. Miethe)와 마이어(Robert F. Meier)가 종래 피해자화 이론의 핵심 개념들을 종합하여 제안한 것으로서 거시적 수준의 피해자화 절차와 미시적 수준의 피해자화 절차를 통합한 이론이다. 거시적 수준의 피해자화 절차는 범죄기회를 창출할 수 있는 사회의 구조적 특징에 초점을 두는 반면, 미시적 수준의 피해자화 절차는 개인적 결정과 선택에 초점을 맞추고 있다. 피해자화에 기여하는 거시적 관점의 사회구조적 특징들로서는 '탈선장소 이론'에서 보는 바와 같이 '범죄율이 높은 지역에 근접해 있는지 여부(proximity)'와 이로 인해 '범행기회를 엿보고 있는 범죄자들에게 노출되고 있는지 여부(exposure to criminal opportunities)' 등을 들 수 있다. 범죄기회에의 노출은 피해자가 범죄피해 위험성 있는 행동에 가담하게 됨으로써 그 가능성이 높아지게 된다.[46)]

미시적 관점의 선택행동은 범죄자의 피해자를 상대로 한 범행이 비용편익분석을 통한 합리적 의사결정 체계에 기초함을 의미한다. 즉, 피해자를 상대로 범죄행동을 함에 있어서 얻을 수 있는 이익과 체포될 때 받을 수 있는 불이익을 상호 비교하여 본 뒤 범행으로 인한 이익이 더 클 때 피해자를 선택하여 범행을 감행한다는 것이다. 이때 미시적 관점의 선택행동을 결정하는 요소들로서는 '범죄표적의 매력성', '물리적인 보호능력 여부', '사회적인 보호능력 여부' 등이 제시된다. 범죄표적의 매력과 관련해서는 범인이 얻고자 하는 목적을 피해자를 통해 달성할 수 있는지가 관건이 된다. 마약을 구입하기 위해 노력하는 피해자는 돈을 필요로 하는 강도범의 목표물이 되기 쉬운 것이다. 즉, 범인의 선택적 행동은 목표를 달성하기 위해 누구를 상대로 범행을 할 것인가에 따라 결정된다. 물리적 보호능력은 침입절도를 대비한 경보시스템 구비여부, 이웃과의 신고체계 구축여부 등이 될 것이며, 사회적 보호능력은 집안에 동거하는 자로서 16세 이상의 자와 함께 거주하는지 여부 등이 검토 대상이 될 것이다. 이러한 물리적, 사회적 보호능력은 개인적 범죄예방 체재와 긴밀히 관련된다.[47)]

제6절 사법 냉소주의에 근거한 방어이론

'사법 냉소주의에 근거한 방어(legal cynicism defense) 이론'은 2차 피해자화의 발생 원인과 피해회복 지연의 이유를 밝혀주는 이론이라고 할 수 있다.[48)] 예컨대 피해자가 형사사법기관을 불신하게 되면 형사절차 편입과정에서 해당 공무원으로부터 비난을 받을 것이 두려워 범죄신고를 하지 않거나 범죄신고를 하였더라도 진실을 밝히기를 꺼리게 된다는 것이다. 그렇게 되면 피해자의 피해회복도 지연될 수밖에 없을 것이다. 이때 형사사법기관에 대한 불신은 과거의 개인적 경험에서 비롯될 수 있지만 형사절차 진행과정에서 피해자의 처신을 비난하는 경찰, 검찰의 행동을 통해 불신이 싹틀 수도 있다. 이 불신 자체가 2차 피해자화의 결과일 수도 있는 것이다.

마틴 슈바르츠(Martin Schwartz)는 경찰신뢰와 사법 냉소주의가 서로 상호작용을 하고 있다고 보았다. 즉, 사법 냉소주의는 피해자로 하여금 경찰로부터 비난받지 않으려 하는 마음을 갖도록 하거나, 권고받은 행동기준을 따르지 않았던 것이 어리석은 행동으로 비쳐지는 느낌을 갖게끔 만든다는 것이다.[49] 그 결과 피해자는 범죄사실을 신고하지 않거나 피해진술을 할 때 진실을 숨기거나 은폐할 가능성이 있다는 것이다. 이 이론은 성범죄 피해자에 대하여 수사관이 행위자의 처신을 비난하는 사례와 같이 최초 피해자를 접촉한 형사사법기관 종사 공무원들의 피해자에 대한 부정적 반응이 형사사법기관에 대한 신뢰를 약화시키고 결과적으로 2차 피해를 야기할 수 있음을 밝혀주고 있다고 볼 것이다.

제7절 피해자 비난 또는 피해자 책임 규명 이론

'피해자 비난(victim blaming)' 또는 '피해자 책임(victims' responsibility) 규명 이론'은 피해자화의 원인이 가해자에게 있는지 아니면 피해자에게 있는지를 밝혀야 한다는 이론이다. 만일 피해자화의 결과에 피해자의 책임이 인정된다면 '피해자에 대한 비난(victim blaming)'이 가능할 것이다. 그러나 피해자화의 결과에 대하여 피해자의 책임성 여부를 밝히는 것이 그리 용이한 것이 아니다. 특히 성범죄 피해자의 경우에는 수사관의 선입견이나 문화적 편견이 작용할 수 있기 때문에 더욱 주의를 요한다. 자칫 잘못하면 선의의 피해자가 수사관의 잘못된 언행 때문에 2차 피해자화가 될 수 있기 때문이다.

하지만 초기 피해자학자였던 한스 폰 헨티히(Hans von Hentig)를 비롯한 많은 학자들이 범죄행위에 있어서 피해자 책임성, 비난 가능성, 범행유발 혹은 촉발 여부 등에 관심을 가져왔었다. 특히 헨티히는 피해자들이 심리적, 사회적, 생물학적으로 피해자화 되기 쉬운 요소를 가지고 태어난다는 '태생적 피해자(born victims)' 개념을 제시하면서 이 태생적 피해자들은 범법자들의 행동을 촉발하는 자기파괴적 특성을 지니고 있다고 보았으며, 피해자화라는 것은 가해자와 피해자가 사회적으로 상호작용을 하는 과정이라고 파악하였다.[50]

스테펀 샤퍼(Stephen Schafer)도 범죄자와 피해자 간의 상호관계를 연구하고 피해자의 유형화를 시도한 학자 중의 한 사람이다. 그는 헨티히가 피해자를 '범죄피해 위험요인(risk factors)'으로 분류한 것과는 다르게 '피해자의 책임(responsibility)'을 기준으로 유형화를 시도하였다.[51] 특히 그는 피해자의 '기능적 책임성(functional responsibility)'을 중시하면서 범죄문제에 대하여 피해자가 기능적 해결책을 제공하는 자 또는 형사사법시스템의 목적달성 방안을 탐색함에 있어서 중요한 역할을 담당하는 자로서의 피해자의 역할과 책임을 강조하였던 것이다.[52]

아이젠버그(Eigenberg)라는 학자는 가해자와 피해자가 상황에 따라 책임을 서로 공유할 수도 있고, 피해자에게 전적인 책임이 있을 수도 있으며, 피해자에게 전혀 책임이 없을 수도 있는 여러 가지 형태의 유형화가 가능하다고 보았으며 이러한 양자의 책임배분을 대인적 상호작용의 연속선상에서 파악하였다.[53]

생각건대 범행결과를 조사하면서 피해자의 책임을 규명하고자 하는 것은 피해자 비난의 여지를 찾기 위함이 아니라 신속한 사건해결을 위한 실체적 진실규명에 그 목적을 두어야 한다.[54] 이 경우 피해자학은 단지 피해자 인권보장에 기여하는 것뿐만 아니라 실체적 진실발견이라는 형사사법 고유의 기능에도 봉사하게 된다.[55]

정리하기

○ 아미르(Menachem Amir)라는 학자는 성범죄 피해를 당한 여성들을 피해자 유발이론을 사용하여 설명하였는데 최근 이러한 유형의 피해자화 이론은 여성 인권단체로부터 많은 비판을 받는다.

○ 생활양식이론은 범죄피해를 당할 가능성과 개인의 생활양식 상호 간에 긴밀한 상관관계가 있다고 보는 이론이며, 탈선장소 이론은 위험한 지역에 자신을 노출시키면 시킬수록 범죄피해 위험이 증가한다는 이론이다. 일상활동이론을 구성하는 3가지 요소는 동기화된 범죄자의 존재, 매력적 표적, 보호능력의 부재 등이다.

○ 피해자의 실체를 명확하게 파악하기 위해서 피해자의 특성에 따른 유형분류는 매우 중요하다. 특히 피해자학의 발전에 많은 영향을 준 멘델존의 피해자수용성은 중요한 의미를 가진다.

○ 피해자 비난론의 입장에서는 가해자와 피해자는 상호성을 갖는 관계이기에, 가해자가 범죄의 결과에 대해 책임지고 비난받고 처벌받는 것처럼, 피해자 역시 해당 범죄의 발생과정에 있어 자신의 행위에 대해 책임을 져야 한다는 입장이다. 반면, 피해자를 옹호하는 입장에서는 피해자는 일반인과 현저한 차이가 없을 뿐만 아니라, 이해와 도움을 필요로 하는 대상이지 비난의 대상이 되어서는 안 된다고 주장한다.

○ 피해자의 부주의한 면만을 강조하다 보면 죄 없는 피해자들은 당연시 되어야 할 동정조차도 받지 못하게 되고 범죄자는 자기의 행위를 정당화하기 쉽기에 피해자에 대한 배려의 측면에서 피해자 옹호론이 활용되어야 하고, 범죄현상의 이해와 피해의 예방의 측면에서 피해자 비난론이 조심스럽게 적용되어야 할 것이다.

Chapter 03

형사절차에서의 피해자 보호

생각해 보기

○ 집안에 갑자기 강도가 들어 가족들을 폭행하고 금품을 훔쳐 달아났다고 가정했을 때 피해자가 현재 가장 필요로 하는 것은 무엇이라고 생각하는가? 피해자가 강도사건이 일어 나기 이전의 상태로 돌아가 평온한 일상생활을 다시 영위하기 위해서는 어떤 조치들이 선행되어야 하는지 설명해 보라.

○ 본인이 성폭행 피해자라고 가정했을 때 본인의 심리적 상황이 어떤 상태에 놓일 것인지를 생각해 본 다음, 이 사건으로 경찰의 조사를 받게 된다면 경찰 수사관이 어떤 태도로 수사를 진행해 주기를 원하는지 이야기해 보라.

○ 본인이 성폭행 사건을 조사하는 수사관이라고 가정했을 때 사건의 실체적 진실을 밝히고자 하는 목적을 달성하면서도 피해자에게 상처를 주거나 모욕감을 불러일으키지 않기 위해서는 성폭행 피해 상황에 대한 질문을 할 때에 어떤 문장을 사용하여야 할 것인지 설명해 보라. 아울러 조사장소는 어떤 환경이어야 하는지, 당혹해하고 두려움 속에 갇혀있는 피해자의 심정을 어떻게 안정시킬 것인지, 심리적 동요로 인해 진술이 부정확할 때 어떤 수단을 강구할 수 있는지 등에 대하여도 이야기해 보라.

제1절 형사사법 패러다임과 피해자 권리 보장

1. 형사사법 패러다임의 유형

오늘날 세계 여러 나라들이 피해자를 형사절차상의 권리주체로 보기보다는 유죄입증에 필요한 자료를 제공하는 증인의 한 사람으로 이해하는 경향들을 보이고 있다. 이처럼 피해자를 증거방법의 일종으로 파악하는 형사사법체계에서는 피해자의 권리보장이 충분하게 이뤄지지 않을 가능성이 높다. 특정 사회가 형사절차 속에서 피해자가 소송의 당사자로서 자신의 권리보호를 위해 형사절차에 적극적으로 참여할 수 있는지, 또 이를 위해 형사법상 피해자에게 그에 상응하는 법적 지위를 부여하고 있는지 여부에 따라 형사사법체계를 크게 증인 패러다임, 손해 패러다임, 손상 패러다임, 권리 패러다임 등 4가지 패러다임으로 구분 지을 수 있다.[56)]

증인 패러다임에서는 범죄피해자를 형사절차에 있어서 단순한 정보제공자로 이해하게 되며 피해자화(victimization) 현상조차도 국가가 정립한 형법 규정을 범죄자가 무시한 결과로만 파악한다. 따라서 어떤 범죄행위에 대하여 증언을 하게 되는 제3의 증인과 그 범죄의 피해자는 모두 증인에 속한다는 점에서 상호 간 본질적 차이가 없다고 보게 된다. 형사사법시스템을 국가와 범죄자 간의 공방(攻防)의 틀로 이해하며, 범죄는 국가가 형법으로 정해 놓은 추상적 공공선(公共善, abstract goods)과 공익(public interests)에 대한 침해로 해석하기에 국가가 피해자라고 여기지 개인의 권리에 대한 침해로 여기지 않으며 무엇이 공익인가 하는 것도 국가가 결정한다고 한다.

손해 패러다임은 형사사법 프레임에 대한 국가주의적이고 집단주의적인 논거를 포기하지 않은 채 전통적 형사사법시스템과 피해자의 물질적 이익 추구를 조화시키려는 인식의 틀로써 외형적으로 피해자가 입은 물질적 손해를 '가장 중요한 2차적 사안'으로 표방한다. 그래서 형사사법시스템에다 범죄피해로 야기된 민사사건 취급 기능을 통합하고자 범죄피해자에게 민사소송의 당사자의 지위를 인정하여 형사절차에 참여시키도록 하는 프레임이다.

손상 패러다임은 범죄피해자를 도움을 받아야 할 약자, 곧 범죄로 인해 신체적 · 정신적 고통을 당하고 있기에 외부의 물질적 · 정신적 지원을 통해 그 고통을 경감시켜 줄 필요성이 있는 약자로 파악하고 대응하는 형사사법체계이다. 증인 패러다임에 비교하면 형사절차 진행 중에 범죄피해자에 대한 물질적 · 비물질적 지원을 받을 가능성이 높아진다는 점과, 손해 패러다임이 물질적 손해배상에만 주안점을 둔 것에 비해 비물질적 지원까지를 포함시킴으로써 이전보다 진일보 한 점은 있지만, 범죄로부터 손상을 당한 약자에 대한 서비스 기능이 강조될 뿐 범죄피해자의 규범적 핵심이라고 할 수 있는 권리침해라는 요소를 소홀히 취급하고 있는 점이 문제이다.

권리 패러다임에서는 국가는 범죄피해자에게 공익을 수호하기 위한 목적으로 증인으로서의 의무를 수행하라고 요구할 수 없고 오히려 국가가 범죄피해자의 권리를 실효적으로 보장할 수 있도록 노력해야 한다. 또한 범죄피해자에게 행해진 불법적 범죄행위가 모든 형사사법시스템 작동의 기초가 되기에 유죄판결을 입증하기 위한 주도권도 1차적으로 범죄피해자에게 있고 그 다음이 국가라고 보는 입장이다. 이 권리 패러다임에서는 범죄피해자가 소송의 주요 당사자로서 적극적으로 형사절차에 참여할 수 있기에 다른 어떤 것보다도 범죄피해자의 권리를 가장 잘 보장할 수 있는 형사사법체계를 지향한다고 볼 수 있다.

2. 형사사법체계의 발전 방향

형사사법 절차에서 피해자가 잘 보호받는다는 것은 피해자의 권리가 제대로 보장된다는 것과 같은 의미를 가지고 있다. 범죄피해자가 향유해야 할 권리의 본질은 인간존엄의 유지와 행복추구의 보장에 있으며 우리 헌법 제10조는 이를 가장 핵심적인 기본권으로 규정하고 있다. 범죄피해자가 인간존엄을 유지하기 위해서는 자신이 원하는 대로 판단하고 자발적으로 행동을 선택하며 살아갈 수 있는 능력, 곧 자주성(autonomy)을 확보해 주어야 하고, 행복추구권을 보장해 주기 위해서는 인간으로서 기본적 능력을 행사할 수 있는 환경과 행복증진을 위해 노력할 수 있는 여건을 조성해 주어야 한다.[57] 이에 따라 오늘날 UN이나 EU와 같은 국제기구에서는 각국의 형사사법절차가 위와 같이 범죄피해자의 기본권을 충실히 보장하는 방향으로 개선되어야 한다는 원칙들을 확인하고 각국이 이러한 원칙들을 실행할 수 있도록 권고하고 있다.

범죄피해자 권리를 충실히 보호하기 위해서는 궁극적으로 각국의 형사사법체계는 권리 패러다임으로 발전시켜 나아가야 한다. 현재 독일이나 프랑스의 형사법 체계가 이 권리 패러다임에 가깝다. 독일의 경우 피해자에게 변호인 선임권, 신뢰관계 있는 자와의 동석권, 공익관련성이 적은 경미범죄에 대한 사인소추권(Privatklage) 등을 인정하고 있고, 사인소추의 대상이 아닌 사건에 대하여도 일정한 범위의 범죄에 대한 피해자가 될 경우 다양한 소송참가(Nebenklage)의 권한을 부여함으로써 형사절차에 당사자 자격으로 공격적인 참여를 할 수 있도록 하고 있다.[58] 프랑스의 경우에도 예심수사판사의 수사활동에 사소당사자(私訴當事者)로서 협력하며 참가할 권리, 검사가 불기소처분시 직접 사소당사자를 구성하여 소추권을 행사할 권리 등을 부여하는 한편, 중죄사건의 경죄법원 회부결정에 대한 항고권, 변호인 선임권, 피고인 신문 및 증인신문 청구권, 증거신청권, 피해자 정보권, 법정에서의 직접신문권 및 질문권, 심리 종료시 의견진술권 등을 인정, 범죄피해자에게 강한 소송당사자의 자격을 부여하고 있다.[59]

제2절 형사절차 진행 단계별 피해자 보호

1. 수사절차에서의 피해자 보호

형사소송법상 범죄 피해자가 증거조사의 객체로서 지위가 여전히 유지되고 있는 나라들이 존재하고 있지만, 앞서 살펴 본 바와 같이 오늘날 형사사법체계가 증인 패러다임에서 점차 손해 및 손상 패러다임을 거쳐 권리 패러다임으로 발전해 가고 있기 때문에 수사절차에서 여러 가지 피해자 보호를 위한 제도들이 보완되어 나가고 있다. 수사절차에서 신뢰관계에 있는 자의 동석, 법률조력인 및 진술조력인의 참여, 피해자가 필요로 하고 있는 정보의 제공 등이 바로 그것이다.

그러나 무엇보다도 수사단계에서 피해자 보호업무의 기초는 조사관의 올바른 조사태도라고 할 수 있다. 피해자 진술을 청취하는 조사관들의 태도는 진술 이후 피해회복뿐만 아니라 형사사법기관에 대한 피해자의 신뢰에도 지대한 영향을 미치게 된다. 특히 조사를 하는 과정에서 피해자의 신뢰를 확보하기 위해서는 심리치료에 임하는 상담사들의 올바른 상담적 태도를 수사활동에도 적용할 필요가 있다. 적절한 라포형성(rapport building)과 피해자의 피해회복 및 권리보호에 필요한 각종 정보를 적시에 제공하는 것 등이 그 예가 될 수 있다. 하지만 심리적 문제를 지닌 사람들을 돕기 위한 전문적인 심리치료와 달리 실체적 진실발견을 위한 피해자 조사의 과정에서는 범죄피해자가 흥분, 당황, 불안과 분노, 수치심을 경험하기 쉽고, 사법기관에 연루됨으로써 불편하고 부자연스러운 감정을 느끼게 되는 것이 일반적이어서 보다 사려깊은 조사활동이 필요하다.

특히 성폭력 피해자들의 경우 조사관의 잘못된 조사태도로 인해 2차 피해를 입는 사례가 자주 발생하고 있다는 점에 유의할 필요가 있다. 성폭력 피해자들이 겪는 2차 피해의 원인은 다양하지만 경찰 수사단계에서 지적되는 문제점으로는 피해자에 대한 조사 기법이나 조사환경 등의 문제와 잦은 소환과 조사과정에서의 잘못된 질문 등이 있다. 보다 구체적으로 살펴보면 불필요한 중복질문, 피해자의 성경험에 관한 질문, 사건에 대한 피해자의 유발을 의심하는 질문, 강간행위에 대한 용어의 혼용, 지나친 비속어 사용 등이 제시되고 있다. 이러한 2차 피해 예방을 위해서는 피해자 조사를 할 때 범죄피해자를 단지 국가의 공형벌권 실현을 위한 조사의 객체로만 대할 것이 아니라, 형사절차에서 자신의 권리를 보장받아야 할 권리주체로 인식해야 한다. 피해자에게 공감하고 그를 지지하며 피해의 회복을 위해 관심을 기울이는 조사관의 올바른 자세는 바로 그러한 인식의 바탕 위에서 가능하다고 보기 때문이다.

2. 기소 및 공판절차에서의 피해자 보호

범죄피해자가 피해를 회복할 수 있는 방법은 크게 심리적 회복 측면, 형사적 정의 측면, 민사적 배상 측면으로 구분해 볼 수 있다. 심리적 측면은 가해자의 회개와 사죄의 형태로 나타나고, 형사적 측면은 가해자가 자신이 범한 범죄에 상응한 수준의 처벌을 받는 형태로 나타나며, 민사적 측면은 피해자가 범죄로 인해 입은 손해를 가해자가 배상하는 형태로 나타난다. 심리적 측면은 피해자나 국가가 강제할 수 없는 영역일뿐더러 형사정의가 수반될 때 가해자의 회개와 사죄가 촉진될 수 있다는 점을 고려하면 적정한 기소와 정의로운 재판으로 피해자의 억울함을 해소하는 것이 피해회복에 얼마나 중요한지를 알게 된다.

문제는 형사사법체계가 증인 패러다임으로 운영될 때에는 피해자가 형사절차에서 소외되기 쉬워 피해자의 피해회복이 지연되거나 좌절되는 경우가 발생할 수 있다는 점이다. 예를 들어 피해자가 피해사실에 대하여 고소를 했는데 검사가 위법하거나 부당하게 불기소처분을 내리는 바람에 재판을 받을 기회가 박탈될 경우 피해회복은 좌절될 수 있는 것이다. 이러한 문제에 대처하기 위하여 우리나라의 경우 검찰의 불기소처분에 대한 통제수단으로 현재 검찰청법 제10조의 검찰항고 제도와 형사소송법 제260조의 재정신청 제도를 두게 되었다.

공판절차 역시 증인 패러다임 하에서는 피해자의 권리보호가 취약하다고 볼 수 있다. 예를 들어 우리나라 형사소송법 제294조의 2에 규정된 피해자의 공판정 진술권은 피해자가 원할 경우 증인신문 절차와 상관없이 자신의 피해사실을 법관에게 자유로이 진술하도록 하는 차원의 독자적 권리라고 보기는 어려운 측면이 있다. 현행 형사소송법상의 피해자 등의 진술권은 피해자의 신청이 있을 때 법원이 피해자를 증인으로 신문하면서 인정해 주는 권리이기 때문이다.

그나마 이미 당해 사건에 관하여 충분히 진술하였다고 여겨지거나 공판절차가 현저하게 지연될 우려가 있는 경우에는 그런 진술조차 허용되지 않는다(형사소송법 제294조의 2 제1항 2호 내지 3호). 다만, 성폭력 피해자에게 국선변호인을 선임할 수 있도록 한다든지(성폭력범죄의 처벌 등에 관한 특례법 제27조 제6항), 범죄피해를 입은 아동에게 진술조력인의 도움을 얻도록 하거나(성폭력범죄의 처벌 등에 관한 특례법 제37조), 신뢰관계 있는 자를 동석하도록(아동·청소년의 성보호에 관한 법률 제28조) 하는 것들은 공판단계에서의 피해자 보호정책으로서 매우 유용한 제도들로서 형사사법체계가 점차 권리 패러다임을 향해 진보하고 있는 신호로 봐도 좋을 것이다.

더 나아가 피해자의 물질적 피해회복을 촉진하기 위하여 형사재판 진행과정에서 민사상 손해배상 명령을 내릴 수 있도록 하는 배상명령제도와(소송촉진 등에 관한 특례법 제25조) 형사절차에서 민사상 다툼에 관한 화해제도(소송촉진 등에 관한 특례법 제36조)를 둠으로써 이들이 피해자 보호에 매우 긍정적 기능을 하고 있다는 점에 주목할 필요가 있다.

정리하기

○ 형사절차 속에서 피해자가 소송의 당사자로서 자신의 권리보호를 위해 형사절차에 적극적으로 참여할 수 있는지, 또 이를 위해 형사법상 피해자에게 그에 상응하는 법적 지위를 부여하고 있는지 여부에 따라 형사사법체계를 크게 증인 패러다임, 손해 패러다임, 손상 패러다임, 권리 패러다임 등 4가지 패러다임으로 구분 지을 수 있다.

○ 증인 패러다임은 피해자를 증거의 객체로만 보기에 피해자의 권리보장이 취약하며, 손해 패러다임은 피해자에 대한 물질적 지원에만 주안점을 두고 있다는 점에서 문제가 있고, 손상 패러다임은 물질적·비물질적 지원을 아울러 고려하고는 있지만 형사절차에서 피해자를 권리주체로 인식하지 못한다는 점에서 앞서 언급한 3가지 패러다임과 공통점을 지닌다. 결국 피해자가 형사절차에서 실질적 권리주체로 활동할 수 있는 권리 패러다임의 채택이 궁극적인 발전방향이 된다.

○ 수사단계에서 성폭력 피해자들이 겪는 2차 피해의 원인은 다양하지만 특히 수사관의 잘못된 질문이나 잦은 소환과 같은 부적절한 조사 기법과 부적합한 조사환경 등에서 기인하는 경우가 많다. 이에 수사관의 조사태도와 조사환경의 개선으로 성폭력 2차 피해를 예방하여야 한다.

○ 기소나 재판과 같은 형사절차에서 피해자를 보호하기 위해 여러 정책들이 시행되고 있는바 검찰의 불기소처분에 대한 불복방법으로 검찰항고 제도나 재정신청 제도가 마련되어 있고, 법률에 문외한인 성폭력 피해자나 아동·장애인을 위해서 국선변호인제도가 구비되었으며, 그 밖의 진술조력인 제도와 신뢰관계있는 자와의 동석제도도 시행중이다. 피해자의 물질적 피해회복을 촉진시키기 위하여 형사절차상 배상명령제도도 마련되어 있다.

참고문헌

PART 2

본 QR코드를 스캔하시면,
'범죄학강의' PART 2의 참고문헌을 참고하실 수 있습니다.

PART 3

범죄원인론

Chapter 01

고전주의 학파의 범죄이론

생각해 보기

○ 2020년 3월 아동 성착취 범죄의 온상이 되었던 인터넷 사이트 '박사방' 운영자 조00(25) 등 주범과 공범들이 잇따라 검거된 이후에도 국내 다크웹 커뮤니티 '코챈'에서 성착취물 동영상 거래 게시글이 이전 달 대비 14배 이상 늘어났다고 한다. 전문가들은 이에 대하여 "범죄학에서 '초포식자'라 불리는 극소수 범죄자들은 처벌에 대한 두려움마저 없다.", "범죄 수익에 비해 처벌 수위가 낮은 현실이 변화하면 거래가 감소할 것이다.", "돈이 되니까 처벌을 감수하고도 거래를 한다."는 등의 반응을 내 놓았다.[1)]

○ 온라인 성착취 범죄자들이 처벌 수위가 낮아 범행을 지속해 왔다는 주장에 대해서 동의하는가? 그렇다면 형량을 강화시킨 성폭력범죄 처벌 등에 관한 특례법 개정안이 시행되면 이러한 유형의 범죄가 잘 예방되리라고 생각하는가? 만일 법개정으로도 온라인 성착취 범죄 예방이 효과적이지 못하다고 한다면 어떤 부분을 우선적으로 개선해야 한다고 생각하는가?

○ 범죄자가 범죄행동을 수행할 것인지 여부를 결정할 때 신체적 특성, 성격이나 인성, 지능, 도덕성, 환경 등의 요소 중에서 어떤 것이 가장 크게 영향을 미친다고 생각하는가?

제1절 고전주의 학파 등장 이전의 범죄이론

1. 종교적·철학적 범죄원인론

1-1. 고대사회의 범죄와 형벌

비록 범죄유형이 오늘날만큼 다양하지는 않았지만 고대사회에서도 살인, 절도, 상해, 간음 등의 범죄행위가 존재하였고 이를 처벌한 기록들이 존재한다. 함무라비 법전보다 더 오래된 우르－남무 법전은 기원전 2112년부터 2095년 사이에 고대 수메르 지역을 지배했던 우르－남무 왕이 편찬한 법전으로 제1조부터 제3조까지 사형이나 배상에 관한 조항을, 제6조에서 제8조까지 간음에 관한 조항을 둠으로써 이미 범죄의 유형을 규정하고 이에 대한 배상이나 처벌을 시행하고 있었던 것을 알 수 있다. 이 법전에 따르면 살인한 자나 도둑질 하는 자, 타인의 아내를 강간한 남자와 남자를 유혹하여 동침한 여자는 사형에 처하도록 하였다.[2)]

기원전 약 2000년경 바빌로니아를 통치했던 함무라비 왕 역시 법전을 만들어 절도죄, 성범죄, 개인 상호 간의 폭력범죄 등을 규율했다는 기록이 있다.[3)] 이 법은 함무라비 왕을 올바른 판결로써 지상에 정의를 이루는 자이자 약자를 보호하는 이로 묘사하고 있는데 함무라비 왕 통치기간 내내 사회질서를 잡아가는 토대가 되었다. 이 법전은 제6조부터 제25조까지 절도에 관한 조항을, 제153조부터 제158조까지 간음에 관한 조항을, 제196조부터 제214조까지는 신체 상해에 관한 조항을 두고 있는데 이 법에서도 절도범, 남편을 청부살해한 여자, 근친상간을 한 자 등은 사형에 처하도록 하고 있고, 골절상을 입히거나 눈이나 이를 다치게 했을 경우 그와 동등한 해악으로 상대방에게 보복할 수 있도록 규정하고 있다.[4)]

기원전 약 1450년경 이집트에서 노예생활을 하던 자기 민족을 탈출시켜 중동의 가나안 지역으로 이끌었던 유대민족의 지도자 모세가 시내산에서 하나님으로부터 받았다는 십계명에도 살인, 간음, 도둑질, 위증 등을 금하는 내용이 있는데,[5)] 보다 구체적인 율법의 내용은 성경 출애굽기나 신명기에 기록되어 있다. 이에 따르면 살인한 자는 사형에 처하도록 하고 있고, 다양한 상해의 유형에 대하여 동해보복을 인정하고 있으나 절도죄는 우르－남무 법전이나 함무라비 법전과는 달리 피해를 입힌 재산 가치의 갑절로 손해배상을 하도록 하고 있다.[6)]

기원전 451년에 고대 로마에서는 12표법(lex duodecim tabularum)을 제정하였는데 제8표(불법행위)와 제9표(형법, 형사소송법)에도 범죄와 관련된 규정을 두고 있다. 예를 들어 제8표에서는 타인의 사지를 절단한 자에 대한 동해보복 허용, 타인의 신체를 상해한 자나 타인을 모욕한 자, 그리고 타인의 명예를 훼손한 자에 대한 벌금형 부과, 농작물 절도에 대한 처벌 등을 규정하고 있었다.[7)]

1-2. 중세사회의 범죄와 형벌

서구의 중세시대는 로마 가톨릭 교회의 영향력이 극대화되었던 시기였다. 물론 범죄행위에 대한 처벌에 있어서 고대사회에서처럼 중세시대 초중반까지 친족에 의한 복수가 허용되었고 손해에 대한 배상이 고대사회보다 훨씬 정교화되었다는 특징이 있었으나[8)] 무엇보다 큰 변화는 세속 범죄 처벌에 대한 종교의 영향력이었다. 기원후 9세기 영국의 알프레드 대왕(Alfred the Great)이 법전을 편찬하면서 구약성경의 10계명과 모세의 율법을 인용하였던 점이라든가 중세 교회법(Cannon Law)이 세속사회의 범죄를 규율하는데도 적용되었다는 점 등은 이를 시사한다.[9)] 중세 교부였던 토마스 아퀴나스(St. Thomas Aquinas, 1225－1274)는 그리스·로마의 헬레니즘 철학을 헤브라이즘에 접목시킨 사람으로 유명하다. 그는 인간에게 선을 행하고자 하는 자연적 성향이 있는데 이는 하나님으로부터 수여된 자연법(natural law)이 존재한다는 것을 반영하는 것으로 인간을 포함한 만물이 이러한 자연법의 지배 아래 있다고 보았다. 신의 은총 아래 살아가는 사람들은 이 자연법을 존중하게 되어 있지만 범죄를 하는 인간들은 신의 은총에서 벗어난 사람들이자 자연법을 위배한 자들로서 인간이 타락하면서 지닌 원죄(original sin)의 실상을 그대로 보여주는 이들이라고 하였다.[10)]

그런데 중세 로마 가톨릭이 부패하면서 참된 신앙으로 인간을 변혁시켜야 하는 종교 본래의 기능을 상당 부분 상실해 버리고 만다. 범죄를 범했다고 의심되는 사람들을 불시험과 물시험으로 유·무죄를 가려냈던 '시련재판'이라든가,[11)] 합리적이고 객관적인 조사절차 없이 범죄자들을 악령에 사로잡힌 자들이라 여기고 가혹한 형벌을 가한 '마녀재판'이 있었던 점은[12)] 헤브라이즘 사상의 본질에서 이탈한 것으로 국가권력 혹은 종교권력의 남용행위라고 평가할 수 있을 것이다.

1-3. 범죄원인에 대한 고대·중세인들의 관점

고대 및 중세사회에서 당시 사람들이 범죄의 원인을 어디에서 찾았는지 살펴보고자 하면 서양 법철학의 기초인 헬레니즘과 헤브라이즘 사상의 핵심을 먼저 알아 둘 필요가 있다. 헬레니즘은 마케도니아의 알렉산드로스 대왕이 죽은 기원전 323년부터 로마가 이집트를 정복한 기원전 31년경까지의 그리스·로마 문명을 가리키는데, 기원전 3세기경 알렉산드로스 대왕이 대

제국을 건설하면서, 고대 그리스 문화와 오리엔트 문화가 융합하여 발생하였다. 이 철학사상은 모든 것이 사람에서 시작되며, 모든 것의 바탕은 사람이라고 생각하는 인본주의를 지향하기에 개인의 인격을 중시하며, 개인인 인간 자체를 모든 것의 근본으로 삼으려고 한다.[13] 또한 인간에게는 본능 혹은 불합리한 욕구를 이길 수 있는 용기와 절제와 같은 이성의 힘이 작용하고 있다고 보았다.[14] 다만 소크라테스나 아리스토텔레스와 같은 고대 철학자들은 사회의 정의가 지배층에 의해 강요되는 허구가 아니라 객관적으로 존재하고 있는 것이며 인간의 의지를 초월한 곳에 정의의 뿌리라고 할 수 있는 법의 근원이 자리하고 있다고 보았다.[15]

이러한 헬레니즘적 사고에 기초할 때 인간은 합리적 이성을 행사하는 존재이자 인간 본능에서 우러나오는 불합리한 욕구를 아울러 가지고 있는 존재라는 것을 긍정하게 된다.

헬레니즘의 인간관

고대 그리이스의 철학자였던 소크라테스가 그의 제자 글라우콘과 나누었던 아래의 대화 가운데서 고대 철학자들이 생각했던 고대사회 인간관의 면모를 엿볼 수 있다.[16]

“사실 우리의 정신은 욕구의 힘(본능)으로 가득 차 있어서 관리하기가 보통 힘든 게 아니네. 재물욕이나 애욕만 봐도 알 수 있지 않나? 그것들은 끊임없이 우리의 이성적 부분을 시험하려 들지. 따라서 이들에게 혼을 빼앗기지 않도록 늘 감시 해야겠네.”, “우리가 어떤 사람을 용기 있는 사람이라고 부르는 것은 그가 이성에 따라 고통이나 쾌락을 제어하기 때문 아니겠나?” 이는 인간에게 본능적인 욕구가 존재한다는 것과 그것을 이성의 힘으로 통제하며 살아야 한다는 점을 강조한 것이다.

이처럼 헬레니즘 사상에 따르면 범죄는 인간의 합리적 이성이 본능적 욕구를 떨쳐내지 못하고 이에 굴복함으로 인해 초래되는 것이라고 말할 수 있다. 인간의 본능적 욕구에 대한 인간 이성의 통제작용의 중요성은 사회통제이론에서도 매우 중시되고 있음을 이후에 살펴볼 것이다.

한편, 헤브라이즘은 고대 이스라엘인의 종교와 구약 성경에 근원을 두고 있다. 성경은 인간이 신의 형상을 따라 창조되었으며 하나님을 기뻐하고 삶의 영광을 그에게 돌리는 것이 인생의 궁극적 목적이 되었지만 인류의 첫 조상이었던 인간이 악령의 유혹을 받아 피조물의 본분을 망각하고 하나님에게 반역하는 선택을 한 후 죄의 성품이 태생적으로 인간에게 내재되기에 이르렀다고 보고 있다. 인간은 본래 죄와 상관없는 존재로 창조되었으나 신이 정립해 놓은 창조질서에 반역을 한 이후 인간 내면에 죄의 성품 곧 원죄(original sin)가 자리하게 되었다고 이해하고 있는 것이다. 현실 세계에서의 범죄행위는 이러한 죄악 된 성품에서 비롯되는 당연한 결과라고 보고 있다. 이 헤브라이즘에 뿌리를 두고 있는 기독사상은 죄의 지배 아래 있는 인간을 다시 회복시키고자 하는 창조주의 구원계획을 인간이 받아들이고 그 뜻에 순종한다면 현실세계에서 죄의 영향력을 극복해 나갈 수 있을 뿐만 아니라 궁극적으로는 원죄로부터 완전하게 해방되는 자유를 누릴 수 있게 된다고 말하고 있다.17)

헤브라이즘의 인간관

헤브라이즘의 사상적 근원이 되는 기독교 경전인 성경에는 다음과 같은 구절이 있다. "하나님이 자기 형상 곧 하나님의 형상대로 사람을 창조하시되 남자와 여자를 창조하시고 …"(창세기 1장 27-28절). 이처럼 기독교에서는 인간이 하나님의 형상을 따라 창조되었기에 존엄하다고 보고 있으나 인류의 첫 조상이 하나님이 정해 놓은 질서에 불순종함으로 타락하여 죄의 본성이 내재하게 되었고, 그 죄의 본성이 후대에 이어지고 있다고 보고 있다.

결론적으로 범죄 원인에 관한 한 서구 고대사회에서는 이러한 헬레니즘적 사고와 헤브라이즘적 사고가 병존했던 탓에 인간의 본능적 욕구를 이성이 제대로 감시하지 못해 탈법행위를 하게 된다는 인간 이성적 관점과 신의 형상으로 창조된 인간이 타락하여 죄의 성품을 가진 탓에 죄를 짓게 되었다는 종교적 관점이 함께 존재했던 것으로 보인다.

2. 종교적 · 철학적 범죄원인론에 대한 평가

범죄원인을 인간의 합리적 이성작용의 실패에서 찾았던 고대 헬레니즘 철학은 오늘날의 범죄이론에도 적용될 여지가 있다. 17세기 이후 서구사회에 발흥하였던 계몽주의 사상은 인간 이성에 대한 무한한 신뢰를 바탕으로 한 것으로 이 계몽사상이 지향하는 경험주의, 과학주의는 고대 헬레니즘 철학에 그 연원을 두고 있다고 볼 수 있고, 인간의 합리적 이성을 중시하는 인본주의 사상이 고전주의 학파의 범죄이론으로 계승되었다고 볼 수 있기 때문이다. 그러나 오늘날 진화론적 사고와 과학주의의 영향으로 인해 헤브라이즘 사상이 현대사회의 범죄이론에 적용될 여지는 별로 없어 보인다. 범죄학이 과학주의를 표방하고 있기에 눈에 보이는 사회현상을 관찰·실험·분석한 후 얻어진 법칙과 경험적으로 검증이 가능한 것에만 신뢰를 보내고 있기 때문이다.

그런데 현대사회가 과학기술 문명이 주도하는 사회이긴 하지만 종교적 범죄원인론이 완전하게 사라진 것은 아니다. 로마 가톨릭 교회가 오늘날에도 여전히 퇴마론(退魔論, exorcism, 마귀를 쫓아내는 방법론)을 대학의 정규 교과목으로 인정하고 있고, 바티칸이 공인한 대학에서는 악마의 유혹과 관련된 '귀신들림(demonic possession)'과 퇴마론 교과목을 강의하도록 하고 있다. 뿐만 아니라 2005년 9월에는 교황 베네딕트 16세가 바티칸을 방문했던 이탈리아 출신의 퇴마사(exorcist) 그룹을 영접하기도 했으며, 1999년에는 로마 가톨릭 교회가 상담전문 의사들이 사용할 수 있도록 퇴마 수행 지침서 개정판을 발간하기도 하였고, 2010년에는 미국의 가톨릭 사제단이 미국 메릴랜드 볼티모어에서 퇴마 방법론에 관한 학술행사를 개최하였는바 110명 이상의 성직자들이 이 행사에 참여하여 훈련을 받기도 했다.[18)]

생각건대 과학의 발달로 말미암아 인류사회는 육체와 정신의 질병을 치유하고 다양한 사회문제를 해결해 나가는 데 큰 진보를 이룬 것이 사실이다. 하지만 과학이 범죄를 포함하여 인간세계가 직면한 모든 문제를 완벽하게 해결해 주고 있지는 않다. 인간 이성에 기초한 합리적인 형사정책의 집행과 과학적인 범죄요인 관리에도 불구하고 범죄는 여전히 보편적인 사회현상으로 존재하고 있다. 따라서 인간사회에서 발생하는 범죄문제의 원인을 진단하고 범죄예방대책을 강구해 나감에 있어서는 과학 이외에도 철학 및 종교사상을 비롯하여 인류사회를 풍요롭게 했던 인류의 정신적 · 문화적 자산을 활용하고자 하는 좀 더 폭넓은 시각이 필요하다. 인간은 가시적인 육체를 지닌 존재임과 동시에 비가시적인 감성과 정신을 지닌 존재이기도 하다. 눈에 띄는 현상 속에서만 범죄의 원인을 찾고 대응책을 논하는 나머지 과학적 검증이 불가능한 분야는 아예 범죄학 연구에서 전면적으로 배제해 버리는 것은 범죄문제의 원인 발견과 그 대응책을 불완전하게 할 수 있는 것이다.

그렇다고 종교철학이 오늘날의 과학적 범죄학 이론을 대체할 수는 없다. 다만 인간이 태생적으로 갖고 있는 실존적 불안의 감정과 반사회적 성향들을 치유하고, 범죄자를 건강한 사회인으로 회복시켜주는 일에 종교이론과 철학이라는 학문이 일정한 역할을 해 준다면 현대 범죄학이 안고 있는 결함을 보완해 주는 기능을 수행할 수 있을 것이다. 그러므로 현대 범죄학은 과학적 연구를 수행해 나가면서도 인간의 본질에 관한 존재론적 탐구에 있어서 개방적 자세를 유지하고 인류가 그동안 축적해 온 건강한 철학적 · 종교적 자산을 병용해 나갈 필요가 있는 것이다.

제2절 고전주의 학파의 사상적 배경

1. 종교개혁운동 및 계몽주의 사상의 영향

종교적 · 철학적 범죄원인론에 기반한 범죄자에 대한 가혹한 형사처벌은 16세기 이후의 종교개혁과 17세기 계몽주의 운동이 일어나게 되면서 권위적이고 자의적인 종교권력과 이와 결탁하여 인권을 침해해 온 국가권력에 대한 비판을 촉발하게 되었다. 종교개혁을 통해 개인의 양심과 신앙의 자유가 강조되면서 개별 인격의 존엄성이 부각되었고, 계몽주의 운동을 통해서 인간의 합리적 이성과 자유로운 사고가 강조되면서 범죄자라고 지목된 자들에 대하여 자행되어 온 비인간적 · 비이성적 처벌에 대한 각성과 저항이 시작되었던 것이다. 고전주의 범죄학 이론은 이렇듯 중세시대의 문제점들에 대한 사상적 각성운동을 배경으로 정립되었다고 볼 수 있다.

범죄학 이론 구성에 있어서 고전주의 학파의 사상은 인간이성에 대한 신뢰, 인간의 자유의지에 대한 강조가 특징이다. 그리고 이러한 사상은 16세기 전후로 전개된 종교개혁 운동과 17세기 유럽사회를 강타한 계몽주의 사상의 영향에 힘입은 바 크다. 1517년 독일의 마틴 루터(Martin Ruther)는 무소불위의 교황권력에 도전하면서 종교권력의 부패를 질타하였고, 인간이 정한 교리로 사람을 억압하는 것에 반대하며 개인의 양심에 기초한 신앙의 자유를 주장하였다. 또한 가톨릭 사제의 특권에 저항하며 만인 제사장설을 외침으로써 모든 인간이 믿음을 가지고 직접 신에게 다가갈 수 있다는 것을 자각케 하여 인간 개개인의 자율성과 인간으로의 존엄성을 일깨웠던 것이다. 이러한 종교개혁 사상은 존 칼뱅(John Calvin)의 개혁운동으로 이어지면서 근대 민주주의와 자유주의 사상의 기초가 되었으며 인권사상 확립에도 큰 영향을 미치게 되었다.

Thomas Hobbes
(출처: https://en.wikipedia.org)

한편, 1600년대 중반 토마스 홉스(Thomas Hobbes)는 그의 저서 『리바이어던(Leviathan)』에서 왜 인간이 민주적인 정부를 형성하고자 하는가에 대한 합리적 이론을 제시하였다. 원시상태에 놓여 있는 인간은 태생적으로 이기적이고 탐욕적이기에 다른 사람을 공격할 가능성이 상존하고 있어 누구나 두려운 상태에서 살아가야만 하는데 이 두려움을 해소하기 위한 수단으로 공통의 권력인 정부를 구성하는 계약을 체결하여 규범을 만들고 모든 구성원들로 하여금 정부가 제정한 규범을 따르도록 했다는 것이다.[19] 홉스의 이러한 사상 속에는 인간이 수동적 존재가 아니라 사회를 창조해 감으로써 자신의 운명을 선택할 수 있는 이성적 존재라는 사고가 내포되어 있다. 그렇기에 각 개인들이 합의를 통해 사회구성원 전체가 준수해야 할 행위규범인 법을 만들어야 하고, 이 법을 위반하는 자들을 처벌해야 하며, 그 처벌이 실패할 때 사회질서는 붕괴된다고 하였다.

사회구성원들이 자신이 속한 사회공동체에서 정한 법을 준수하면서 살아가기로 합의했다는 홉스의 이러한 발상을 '사회계약(social contract)' 사상이라고도 볼 수 있겠는바, 이러한 사회계약사상은 장 자크 루소(Jean-Jacques Rousseau)나 존 로크(John Locke), 그리고 볼테르(Voltaire)와 몽테스키외(Baron Charles Montesquieu) 등과 같이 홉스 이후의 많은 계몽주의 철학자들에 의해 더욱 강조되었다. 그들은 인간이 이성적 존재이기에 자유의지를 가졌으며, 자기가 선택한 행위가 초래할 결과를 능히 숙고할 수 있으므로, 범죄행동도 이성적 사고와 자유로운 선택의 결과라고 보았던 것이다.[20] 이러한 계몽주의 사상은 이탈리아의 수학자이자 경제학자인 베카리아(Cesare Beccaria)에게 영향을 주어 형사사법 행정에 민주적 자유주의를 접목시키는 결과를 낳았으며, 베카리아의 범죄와 형벌에 관한 사상은 인간의 범죄적 의사결정과정을 이론화하는 데 지대한 영향을 미치게 되었는바 이로 인해 탄생한 것이 영국의 벤담(Jeremy Bentham)이 제안한 '쾌락주의적 계산이론(hedonistic calculus theory)'이다. 예상되는 처벌의 고통이 범죄를 통해 누리는 쾌락보다 크다는 계산을 하게 되면 범죄를 범할 가능성이 적다는 것이 그 핵심 사상이었다.[21]

이처럼 고전주의 학파는 양심에 따라 자율적으로 판단하며 행동하는 자율적 인간상을 전제로 삼았다는 점에서 종교개혁 사상의 영향을 받았다고 볼 수 있고, 합리적 이성을 가진 인간관을 채택했다는 점에서 계몽주의 사상가들의 영향 또한 받았다고 볼 수 있을 것이다. 그로부터 범죄자가 자신의 쾌락이 극대화하는 방향으로 합리적 의사결정을 할 수 있고 행동을 선택할 수 있기에 그 행동이 초래한 결과에 대하여 책임을 져야 한다는 범죄원인론과 형사책임론을 이끌어낼 수 있었는바 인간 개인이 내리는 의사결정의 본질에 있어서 종교개혁 사상가들의 영향과 인본주의적인 계몽주의 사상가들의 영향을 동시에 받았다고 볼 수 있을 것이다.

2. 고전주의 학파의 인간관

범죄발생에 가장 큰 영향을 주는 변수를 두 개로 집약한다면 바로 '인간'과 '환경'이다. 고전주의 학파는 범죄발생의 원인에 있어서 환경 변수보다는 인간 변수에 더 무게중심을 두고 있다. 그렇다면 고전주의 학파는 인간을 어떻게 바라보았는가? 그들의 인간관은 다음과 같이 쾌락추구형 인간관과 이성적 존재로서의 인간관이라는 2가지로 대별될 수 있다.

2-1. 고전주의 인간관의 사상적 기초

토마스 홉스(Thomas Hobbes)를 고전주의 학파 범죄학자라고 분류하긴 어렵지만 그는 고전주의 학파가 범죄원인론을 구성하는 데 사상적 기초를 제공해 준 사람으로 평가될 수 있다. 홉스는 원시상태의 인간은 이기적이고 탐욕적이어서 모든 개인들이 끊임없는 투쟁 상태에 있기 때문에 두려움 속에서 살 수밖에 없고 그 두려움에서 벗어나고자 한다면 사회계약을 맺어 공동의 정부를 구성하고 법을 만들어 각자 자신을 보호받아야 하는데 이 과정에서 합리적 이성이 활용된다고 하였다.[22]

한편, 홉스는 인간을 고도로 복잡한 생물학적 기계로 파악하기도 하였다. 이 점은 후에 범죄이론이 과학주의와 연결될 수 있는 가능성을 예고하는 점이기도 하다. 이기적이며 자기보존적인 욕망을 충족하기 위해 합리적 이성작용을 활용한다는 인간관은 고전주의 학파의 범죄이론에 영향을 끼치게 되었는가 하면, 인간을 기계론적으로 파악한 점은 후에 실증주의 학파의 범죄이론 구성에 영향을 주게 되었다고 볼 수 있다. 결국 고전주의 학파의 범죄이론이 등장했던 시대의 사상적 배경을 다음과 같이 요약해 볼 수 있겠다.[23]

- 기쁨을 극대화하고 고통을 최소화하려는 것이 인간의 본질이다.
- 사람들은 자신들의 권리를 보장받기 위해 자신의 자유를 국가에 위임하였으므로 인간과 사회와의 관계는 계약관계이다.
- 인간은 의지로써 자기 스스로의 행동을 통제할 수 있다.
- 인간 행동을 통제할 수 있는 근본적 도구는 고통에 대한 공포감이다.

2-2. 쾌락추구형 인간관

고전주의 학파 범죄이론의 아버지라 불리는 베카리아는 홉스를 비롯하여 여러 계몽주의 철학자들의 영향을 받게 된다. 그는 인간이 합리적이며, 쾌락을 추구하는 존재이자 자유로운 의지를 가지고 자신이 행복한 방향으로 행동을 선택할 수 있는 이성적 존재라고 인식하였다.[24] 특히 쾌락주의와 관련하여 인간은 자기가 가장 행복한 상태에 이르기 위해서 노력하는 존재이기 때문에 가장 많은 사람이 가장 높은 수준의 행복에 도달하는 것이야말로 최선이라고 하는 공리주의 사상(utilitarianism)을 주장하였다.

이러한 베카리아의 공리주의 사상을 더욱 발전시킨 것이 벤담(Jeremy Bentham)의 '쾌락주의적 계산이론(hedonistic calculus theory)'이다. 인간은 어떤 행동을 할 것인지 결정함에 있어서 자기가 누릴 수 있는 쾌락과 그 행동이 초래할 고통을 상호 비교하게 되는데 누릴 수 있는 쾌락이 고통을 능가한다고 판단될 때 마음 속에 품은 생각을 행동으로 옮긴다는 이론이다.

2-3. 이성적 인간관

고대나 중세사회에서는 범죄행동의 배후에 영적인 원인이나 종교적 요인들이 작용하고 있거나 악령에 사로잡혀 범행을 한다고 생각하는 경향이 강했다. 중세시대에 자행되었던 마녀사냥과 같이 비합리적인 재판과 가혹한 형벌이 허용된 것도 이 때문이었다. 이처럼 형사사법의 자의적 집행과 잔혹한 형벌은 18세기까지 지속되었는데 바로 이러한 점을 지적하면서 범죄학에서 고전학파의 범죄이론이 등장하였다. 16세기 전후 종교개혁을 통해 인간 양심의 자유와 개별 인격체의 존엄성이 강조되고, 17세기 이후 계몽주의 시대에 접어들어 휴머니즘이 풍미하면서 인간은 타고나면서부터 이성적 존재이기에 가장 합리적인 판단을 내릴 수 있는 존재라는 인식이 확산되었는데, 이러한 사회적 분위기 속에서 정의 관념에 반하는 형사사법 제도를 고전학파 이론가들이 비판하였던 것이다.

이처럼 인간의 합리적 이성활동에 대한 신뢰와 자유의지 활용에 대한 믿음이 고전주의 학파의 특징이다. 이러한 인간관은 종교개혁 사상과 계몽주의 사상으로부터 직·간접적 영향을 받았다고 할 수 있겠는바, 이는 17세기 베카리아의 범죄이론 구성에 영향을 주었음은 물론 18세기 후반에 있었던 미국의 독립선언과 프랑스 혁명 및 근현대 인권사상의 발전에까지 영향을 끼치게 된다.

제3절 베카리아의 범죄 및 형벌이론

고전주의 학파들이 본격적으로 활동하기 이전의 사회적 배경을 보면 왕권과 사제의 권한은 신이 내려준 것이라는 생각 때문에 사람들은 종교권력과 세속권력의 막강한 지배 아래 있었던 상황이었다. 고전학파라고 일컬어지는 인물들은 이러한 사회적 상황에 대하여 진보적·비판적 견해를 가진 계몽주의 사상을 가진 사람들이었다. 1748년 몽테스키외(Montesquieu)가 『법의 정신』이라는 저술을 통해 당시 권력자들의 권력남용행위를 비판한 것이라든지, 1762년 볼테르(Voltaire)가 형사사법의 부정의에 대한 개혁운동을 펼친 것 등이 바로 그것이다. 그러나 누구보다도 가장 유명한 고전주의 범죄학자는 베카리아와 벤담이라고 할 수 있다. 특히 베카리아는 『범죄와 형벌』이라는 그의 저서를 통해 죄형법정주의, 신속한 재판의 원리, 적정절차의 원리 등의 토대를 놓았는바, 비록 다른 몇 가지 측면에서 그들의 주장에 흠결은 있다고 하나 당시의 형사사법제도의 개혁을 시도한 이들의 견해는 서유럽 형법의 기초가 되었다.[25)]

1. 베카리아의 범죄억제이론

Cesare Beccaria
(출처: https://en.wikipedia.org)

베카리아(Cesare Beccaria, 1738－1794)의 범죄억제이론의 출발점은 그가 가진 인간관이다. 그는 인간이라는 존재를 이기적이고 자기중심적이며 합리적으로 쾌락을 추구하는 존재이자 자유의지를 행사할 수 있는 존재로 파악하면서 인간행동의 목표는 쾌락을 극대화하고 고통을 최소화하는 데 있다고 전제하고 있다. 인간은 합리적으로 사고를 하는 존재이기에 자신의 행동을 통해 얻는 이득과 그 행동으로 초래되는 손해 혹은 비용을 계산하여 이득이 비용보다 클 때 목표로 했던 행동을 실행에 옮긴다고 본 것이다. 범죄행위도 바로 이러한 계산을 통해 이뤄진다고 보았다.

이처럼 인간이 합리적으로 계산을 하는 존재라는 전제를 기반으로 사람 각자의 내면에 깃들어 있는 '포악한 정신(despotic spirit)'에 처벌에 대한 두려움을 심어주어 범죄행위를 통제하자는 것이 바로 베카리아의 범죄억제이론이다. 즉, ① 인간의 모든 행위는 선택이다. ② 인간의 선택행동은 즐거움을 극대화시키고 고통을 최소화하는 방향으로 전개된다. ③ 범죄행동은 처벌에 대한 두려움으로 통제될 수 있다. ④ 범죄행위에 대한 처벌이 확실하고(certainty), 엄격하며(severity), 신속하면(swiftness) 할수록 범죄를 통제할 수 있는 능력은 증대된다는 것이다.[26)] 처벌의 강도가 그리 높지 않아도 처벌받는다는 것이 확실하다는 인식이 서게 되면, 처벌의 강도가 높으면서도 처벌의 면제를 기대하는 경우보다 훨씬 범죄예방에 효과적이라고 하면서도 형벌이 범죄에 비례해서 가해져야 한다고 하였다.

아울러 그는 형벌이 너무 지나치게 엄격하면 더 많은 범죄를 유발할 수도 있다고 주장하면서 처벌로 인한 해악이 오직 범죄로 인해 얻는 이익을 초과하는 수준에서 부과해야 한다고 하였다. 마지막으로 범죄행위와 처벌 간에 시간적 간격이 짧을수록 범죄를 범하면 처벌받는다는 생각이 강렬해지고 오래 지속된다고 보았다. 베카리아는 형벌의 1차적 목적은 범죄자들로 하여금 일반 시민들에게 새로운 침해를 가하지 못하도록 하는 것임과 동시에 일반인들로 하여금 유사한 행동을 못하도록 하는 것이라고 하였다. 전자는 범죄자들에게 초점을 맞춘 것으로 '특별억제(specific deterrence)'라 하고, 후자는 일반인들에게 초점을 맞춘 것으로 '일반억제(general deterrence)'라 한다.[27)]

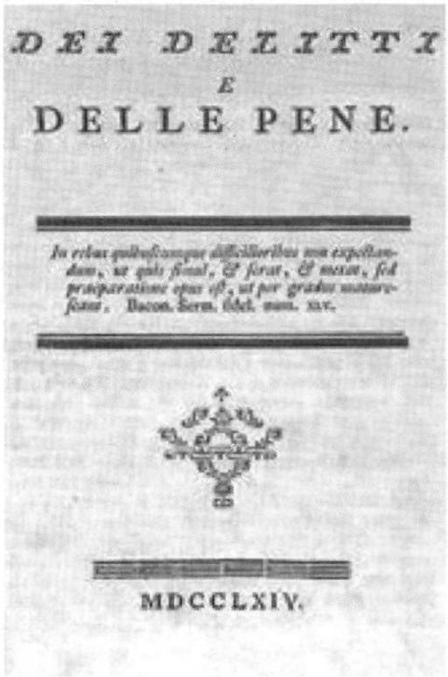

범죄와 형벌
(출처: https://en.wikipedia.org)

형벌의 엄격성 적용 사례

온라인 성착취 범죄를 근절하기 위하여 관련 법률을 개정하는 것을 내용으로 하는 소위 '텔레그램 n번방 재발 방지법'이 2020년 4월 29일 국회를 통과하였다. 위 법은 성폭력범죄 처벌 등에 관한 특례법 제14조 (카메라 등을 이용한 촬영) 제1항의 형량을 종래 5년 이하의 징역 또는 3천만원 이하의 벌금에서 7년 이하의 징역 또는 5천만원 이하의 벌금으로 상향 조정하고, 제2항에서 촬영대상자의 의사에 반하지 아니한 경우에 자신의 신체를 직접 촬영한 경우를 포함시켰으며, 제3항에서 영리목적으로 정보통신망을 이용하여 촬영물을 반포한 자는 종래 7년 이하의 징역에서 3년 이상의 유기징역으로 대폭 형량을 강화하였고, 이러한 촬영물이나 복제물을 소지, 구입, 저장, 시청한 자는 3년 이하의 징역 또는 3천만원 이하의 벌금에 처하도록 하는 제4항을 신설한 것 등을 주요 내용으로 하고 있다.

2. 베카리아의 형사사법 이론

베카리아는 범죄인지 아닌지에 대한 판단은 사회에 해악을 끼쳤는지 여부로 판단할 수 있다고 보았기에 법의 존재 목적도 모든 악행을 통제하기 위해 있다기보다는 오직 사회적 해악을 초래하는 행위를 통제하기 위해 존재한다고 생각하였다. 법은 사회형성의 조건이라고 이해했던 것이다. 그래서 형법도 모든 악행을 금지시키는 법률이 아니라 오직 사회적 해악을 초래하는 행위만을 통제하기 위해 존재해야 정당화될 수 있다고 생각했다.[28)]

그는 비밀기소(secret accusations)를 비판하기도 하고, 고문 등 가혹행위 폐지를 요구하기도 하였으며 판사의 자의적인 재판을 비판하였다. 판사들이 법을 임의로 해석하면서 법해석권을 남용한 것들을 지적한 것이다. 동일한 범죄에 대하여 어떤 사람은 가혹하게 처벌하고 어떤 사람은 석방해주는 것을 보면서 판사가 재판을 함에 있어서는 그의 개인적인 의견이나 범죄자의 사회적 배경이 고려되어서는 안 되고 특정 범죄에 대하여 미리 정해진 형벌이 적절한 비례관계에 따라 충실히 가해질 것을 주장하였다. 이는 판사가 자의적 재판을 통해 형벌권을 남용하지 못하도록 입법자가 입법통제를 해야 된다는 것으로 법률 없이는 처벌도 없다는 죄형법정주의와 형사사법 제도가 적정절차(due process of law)를 준수해야 함을 의미한 것으로 볼 수 있다.[29]

아울러 베카리아는 범죄의 속성은 그 범죄행위가 사회에 어떤 해악을 미쳤는가에 따라 판단되어야지 범죄자가 어떤 의도를 가졌었는지에 따라 결정되어서는 안 된다고 주장하였다.[30] 즉, 범죄자의 의도와 상관없이 행위결과가 사회적으로 해악이 있으면 동일한 형벌을 가해야 한다는 것이다. 이는 범죄자의 의도를 자의적으로 해석하여 재판권을 남용했던 판사들의 행위를 통제하려는 의도가 있었던 것이었으나 범죄자의 고의 여부를 범죄성립 요소로 다루고 있는 현대 형법의 태도와 대비되는 측면이라 하겠다.

제4절 벤담의 범죄이론

Jeremy Bentham
(출처: https://en.wikipedia.org)

벤담(Jeremy Bentham, 1748–1832)도 베카리아와 유사하게 당시 형사사법 제도의 자의성, 비일관성, 잔혹성을 지적하였다. 또한 형벌이 응보보다는 예방을 목적으로 행사되어야 한다고 주장하였다. 범죄는 공동체를 약화시키고 그 행복을 손상시키므로 사전에 예방하여야 한다는 논리를 전개한 것이다. 사람들이 합리적으로 자신들의 행위를 판단하여 비용이 적게 들면서도 이익을 극대화하는 방향으로 행동을 하기 때문에 공동체의 행복이라는 것도 성취될 수 있다고 믿었다. 벤담이 주장한 '쾌락주의적 계산이론(hedonistic calculus theory)'은 계몽주의 사상가들이 가지고 있었던 합리적 이성을 가진 인간개념과 베카리아가 주장했던 합리적 선택이론 및 실용

주의를 반영한 것이다.[31)]

그는 범죄로 인한 고통과 이익, 그리고 완화상황을 검토하여 적정한 형벌이 가해지도록 형벌을 계량화시킨 '행복지수 계산법'을 창안하였으며, 감정에 치우쳐 형벌이 가해지는 것을 경계하는 한편, 형벌을 범죄에 정확히 비례하도록 부과하자는 과학적 형벌부과론을 주장하였다.[32)] 벤담은 이성적 인간이 왜 범죄행동으로 나아가게 되는지 일련의 행동 결정기준을 제시하였는가 하면 감옥구조에도 관심이 많아 교도소 간수가 360도 전 영역에서 재소자를 감시할 수 있는 '파놉티콘(panopticon)'이라는 감옥을 설계한 것으로도 잘 알려져 있다. 이 감옥형태의 구상도 최소비용으로 최대효과를 거두기 위한 것이었다.

제5절 고전주의 범죄학 이론의 변화

1. 신고전주의 학파의 등장

형사사법 정책에 관한 베카리아의 주장은 이후 미국을 비롯하여 많은 나라들에게 영향을 주었다. 그러나 베카리아의 모든 주장이 그대로 채택되었던 것은 아니다. 예를 들어 베카리아는 동일한 범죄를 저지른 자들에게는 누구나 예외 없이 동일한 형벌이 가해져야 한다고 했지만 형사사법 실무를 보면 이 원칙을 적용하는 것이 불합리한 경우가 발생하기 때문이다. 범죄를 처음 범한 초범과 상습범이 어느 시점에서 동일한 죄를 범했다 하더라도 이들을 동일한 형벌로 처벌하는 것은 타당하지 못하고, 정신장애 등으로 인해 악의가 없이 행해진 범죄행위를 악의를 가지고 범행한 자와 동일하게 평가하는 것도 적합하지 않기 때문이다.

무엇보다 베카리아는 범법자가 행한 범행의 사회적 해악성에 초점을 맞추면서도 범죄자가 최초 가졌던 범행의도, 즉 고의 문제에 대하여는 그다지 관심을 갖지 않았다는 점도 문제라고 볼 수 있다. 베카리아가 이러한 입장을 견지한 것은 그가 살았던 당시의 형사사법기관이 범법자의 범행의도를 지나치게 자의적으로 해석하여 행위결과 여부에 상관없이 가혹한 처벌을 가했기 때문에 이러한 형벌권 행사의 남용을 막기 위한 것으로 풀이된다.

그러나 범행을 할 당시 범법자가 어떠한 의도를 가졌는지를 고려하지 않고서는 정당한 형벌을 부과하기 어려운 것이다. 객관적으로는 행위자의 행동으로 사람이 죽는 결과가 초래되었다 하더라도 행위자의 의도는 말다툼 과정에서의 우발적 살인, 치밀하게 계획된 살인, 부주의에 의한 과실치사, 피해자 촉탁에 의한 살인 등으로 다양하게 나타날 수 있는데 이들을 처벌할 때 각자가 가졌던 범행의도를 고려하여 처벌하는 것이 정의관념에 부합하기 때문이다.

이러한 불합리를 바로 잡기 위해 형성된 학파가 바로 신고전주의 학파(Neoclassical School)이다. 이 신고전주의 학파의 가장 중요한 특징은 범법자를 처벌함에 있어서 고전주의 학파가 행위결과적 요소만 고려한 것과는 달리 상황적 요소도 고려했다는 점이다. 신고전주의 학파의 이러한 태도는 고전주의 학파의 억제이론에도 적용되었다. 입법을 함에 있어서 처벌을 가중시키는 상황적 요소와 처벌을 경감시키는 상황적 요소를 고려함으로써 처벌에 의한 범행 억제를 합리화시키려고 노력했던 것이다.

2. 고전주의 학파의 지배력 상실

베카리아가 『범죄와 형벌』이라는 책을 저술한 18세기 이후 약 100년 동안 고전주의 학파와 신고전주의 학파의 범죄이론은 서구사회에서 지배적이었다. 이 시기에 많은 국가들이 각 나라의 형사사법 정책의 틀을 형성해 나감에 있어서 신고전주의 학파의 이론을 채택하였는데 그 영향력의 일부는 오늘날의 형사사법 정책에까지 미치고 있다. 예를 들어 오늘날에도 어떤 특정 범죄행위의 발생건수를 줄이고자 할 때는 해당 범죄행위를 범한 범법자들의 검거율을 높인다든가 그 범죄자들에 대한 처벌을 강화하는 정책을 여전히 쓰고 있다는 점이 바로 그것이다.

그러나 이러한 고전주의 혹은 신고전주의 학파의 지배력은 1859년에 다윈(Charles Darwin)이 저술한 『종의 기원(The Origin of Species)』이라는 책이 발간되면서 상실되기 시작하였다. 고전주의 학파가 주장해 온 인간의 '합리적 이성 이론'과 '자유의지 이론'을 넘어서서 인간행동에 영향을 미친다고 생각하는 다른 요소들, 예컨대 유전적 요인이라든가 심리학적 결함과 같은 것들이 조명되기 시작했기 때문이다.[33] 다윈이 그의 저술을 통해 주장한 진화론은 범죄학에도 과학주의를 적용하는 계기를 만들게 된다. 범죄를 범하는 인간을 면밀히 관찰함으로써 범죄와 관련된 어떤 원리를 찾고자 했던 실증주의 범죄학이 등장한 것도 바로 이러한 영향 때문이라고 할 수 있겠다.

제6절 고전주의 학파 범죄이론의 평가

법률에 의해 규정되고 집행되는 형벌이 사람들에게 두려움을 심어주어 범죄를 예방 내지 억제할 수 있다고 본 고전주의 학파의 사상은 1789년 프랑스 혁명 이후에 제정된 프랑스 형법의 이론적 토대가 되었다. 범죄를 객관적인 척도에 따라 등급화하여 법관은 소추된 범죄행위에 법률을 단지 적용만 하도록 한 것이다. 그러나 초범자와 재범자, 정신장애인과 정상인, 성인과 미성년자 등을 동등하게 평가한다는 것은 비현실적이라는 비판이 일면서 형법 개정이 추진되었다.[34] 이러한 비판은 오늘날의 형법에도 동일하게 적용되는 원리라고 할 것이다.

오늘날에도 고전주의 범죄이론이 우리의 형사사법 정책에 적용이 되고 있는 것들이 있다. 처벌을 강화하기 위해 특별법을 제정하거나 범죄진압 능력을 높이기 위해 경찰관 인력을 증강하는 정책들이 바로 그것이다. 처벌을 엄격하게 하면 범죄를 줄일 수 있고 경찰관의 수를 늘리면 범죄가 억제될 수 있다는 사고와 음주 운전자에 대한 적극적인 체포활동이나 가정폭력사범에 대한 체포우선정책이 범죄 감소효과가 있다는 연구결과들 또한 고전주의 범죄이론에 입각해 있다고 볼 수 있다. 서구에서는 법원이나 교정분야에서도 고전주의적인 억제모델을 상당 기간 적용한 바 있다. 이른바, '겁을 주어 정상으로 만들기(scared straight)' 정책이 바로 그것이다. 이 프로그램은 청소년 범죄자들에게 교도소 생활의 혹독한 현실을 보여줌으로써 범죄를 억제한다는 취지에서 가동되었다.[35]

그런데 처벌을 강화한다고 해서 범죄가 항상 감소하는 것은 아니다. 사형을 형벌의 종류로 규정하고 그 집행을 충실히 하고 있다고 해서 살인범죄가 필연적으로 감소하는 것은 아닌 것이다. 사형과 같은 강력한 처벌제도는 살인 등 강력범죄를 저지하는 효과가 별반 없다고 보고 있다. 오히려 강력범죄자들에 대한 형집행 이후 소위 '야만성 효과(brutalization effect)' 때문에 살인사건이 증가했다는 연구결과도 있다. 결국 위의 '겁을 주어 정상으로 만들기' 프로그램은 시행 결과 범죄예방에 비효과적이었다고 판명났을 뿐 아니라 오히려 높은 재범률을 보이기까지 했었다고 한다.[36]

그러므로 검거능력을 높이기 위해 단순히 경찰관 숫자만을 늘릴 것이 아니라 경찰이 가족이나 지역공동체와 협력하여 비공식적 통제를 강화하거나 문제해결식 경찰활동(problem solving policing)을 전개하는 것이 범죄감소에 효과적이라고 한다.[37] 또한 가정폭력사범에 대한 체포우

선정책이 범죄감소 효과를 유지하기 위해서는 체포정책의 일관성이 매우 중요하다고 한다.[38)]

이렇듯 고전주의 범죄이론이 형사사법의 현실과 차이를 보이고 있는 것은 그들이 전제로 했던 인간이성에 대한 무한한 신뢰에 결함이 있다는 것을 의미한다. 즉, 그들은 인간이성을 지나치게 이상적으로 평가하여 합리적 이성 활동만으로 범행 여부를 언제든지 결정할 수 있다고 보았던 것이다. 그러나 최근의 많은 연구들은 많은 사람들이 합리적 의사결정 과정 없이 범행을 한다는 것과 범죄결행에 비합리적인 요소들이 존재하고 있다는 것을 밝히고 있다. 그래서 오늘날 범죄학자들은 고전주의 범죄학에서 언급하고 있는 인간의 완벽한 합리성 이론을 채택하기보다는 '제한된 합리성(bounded rationality)' 이론을 제시하고 있다.[39)]

정리하기

○ 고전주의 학파에서는 인간이 합리적이며, 쾌락을 추구하는 존재이자 자유로운 의지를 가지고 자신이 행복한 방향으로 행동을 선택할 수 있는 이성적 존재라고 인식하였다.

○ 베카리아는 인간이 합리적으로 계산을 하는 존재이기에 처벌에 대한 두려움을 심어주어 범죄행위를 통제하자고 주장하였는데 범죄행위에 대한 처벌이 확실하고, 엄격하며, 신속하면 할수록 범죄통제능력이 증대된다고 하였다.

○ 벤담은 '쾌락주의적 계산이론'을 주장함과 동시에 범죄로 인한 고통과 이익을 검토하여 적정한 형벌이 가해지도록 형벌을 계량화시킨 '행복지수 계산법'을 창안하였다.

○ 처벌을 강화한다고 해서 항상 범죄가 감소하는 것은 아니기에 검거능력 향상 및 형벌강화 정책만을 쓸 것이 아니라 지역공동체와 협력하여 비공식적 통제를 강화하거나 문제해결식 경찰활동과 같은 정책을 전개하는 것이 바람직하다.

Chapter 02

실증주의 학파의 범죄이론

생각해 보기

○ 우생학(eugenics)이라는 용어는 1883년 영국 인류학자 프랜시스 골턴이 만들었다. 그는 인류를 유전학적으로 개량하기 위한 조건들을 연구했는데 그 결과 인류의 발전을 위해서는 열등한 유전자를 제거해야 한다는 주장이 제기되었다. 이것을 이용한 것이 독일 나치 정권이었다. 나치 정권은 이 우생학적 논리를 활용하여 환자들과 장애인을 탄압하고 유태인을 학살하였다.40)

○ 초기 실증주의 범죄학자인 롬브로소는 범죄자들을 진화론적 관점에서 생물학적 퇴행이 일어난 열등한 존재라는 인식을 가지고 있었기에 사회방위 차원에서 이들을 격리해야 한다는 주장을 하기에 이르렀는데 이는 우생학자들의 열등 유전자 논거와 유사한 측면이 있다. 범죄자들이 열등한 유전자를 가졌다거나 혹은 생물학적으로 진화하지 못하고 오히려 퇴행을 한 존재들이라는 주장에 대하여 어떻게 생각하는가?

○ 프랑스 소설가 빅토르 위고가 1862년에 발표한 장편소설 『레 미제라블』에 나오는 소설 주인공 장 발장은 굶주린 조카들을 위해 빵을 한 조각 훔친 죄로 징역 5년을 선고받고 탈옥을 시도하다 결국 19년의 징역을 살게 된다. 빵을 훔친 것은 명백히 범죄이지만 가난과 굶주림이 없었더라면 절도행위도 발생하지 않았을 수 있다. 물론 물질적으로 풍족한 사회에서도 절도죄와 같은 재산범죄가 발생할 수 있으며 가난한 상황에서도 범죄를 저지르지 않고 사는 사람도 많다. 그렇다면 절도범죄 발생의 원인으로서 물질에 대한 개인의 탐욕의 비중이 높다고 생각하는가 아니면 가난이라는 개인의 경제적 환경의 비중이 높다고 생각하는가?

제1절 초기 실증주의 학파의 사상적 배경

실증주의란 19세기의 지적환경을 배경으로 태동한 새로운 연구방법론을 의미하는 것으로서 인간행위를 연구하는 데 있어서 철학적 사유를 통한 직관적인 연구방법보다는 구체적인 증거와 검증을 요구하는 과학적 연구방법론을 채택하였던 학문 사조이다.[41] 실증주의는 19세기에 이탈리아, 프랑스, 벨기에를 중심으로 범죄이론을 전개했던 초기 실증주의 학파와 그 이후 유럽지역과 미국을 중심으로 범죄의 원인을 생물학적 · 심리학적 · 사회학적 관점에서 탐구했던 후기 실증주의 학파로 구분지어 볼 수 있는데 우선 본 장에서는 초기 실증주의 학파의 사상적 배경과 범죄이론을 중심으로 살펴보고자 한다. 후기 실증주의 학파 범죄이론에 대하여는 본 장에서 개요만을 고찰한 후 보다 상세한 이론들에 대하여는 장을 달리하여 설명하기로 한다.

1. 다윈의 진화론과 과학주의의 대두

고전주의 범죄학자인 베카리아는 법학을 공부한 사람이었다. 그는 계몽주의 사상과 종교개혁가들의 사상에 힘입어 당시 절대적 왕권과 종교권력의 무소불위의 자의적 권한 행사에 맞서서 형사사법 제도개혁을 부르짖었다. 그리고 그가 가정했던 인간관은 자유의지를 가지고 모든 행동에 있어서 합리적 선택을 할 줄 아는 존재로서의 인간이었다. 즉, 인간 개개인은 독립적 인격체로서 자율적으로 자기의 운명을 선택하고 개척할 수 있다는 인간관을 제시한 것이다.

이러한 사고는 왕권과 사제의 권력이 신으로부터 부여되므로 그들이 행하는 어떤 행동도 정당화되며 모든 인간은 왕권과 종교권력에 복종해야 한다는 중세시대의 인간관과 비교할 때 획기적인 패러다임의 전환을 예고하는 것이었다. 이처럼 베카리아의 사상이 인간의 자율적 주체성을 일깨운 것은 사실이지만 인간의 모든 행동이 항상 합리적이고 이성적 사고만을 통해 이뤄지지 않는다는 비판을 받게 되었고, 서구사회에 과학주의가 등장하게 되면서 철학적 · 이론적 주장에 머물렀던 그의 범죄원인론은 점차 학계에서 퇴보의 길을 걷게 되었다.

고전주의 범죄학에 대한 비판과 함께 범죄원인을 좀더 과학적으로 규명해 보고자 하는 움직임은 특별하게 범죄에 취약한 열등 인종이 있거나 범죄를 쉽게 저지르는 특성이 인간 내부에 내재되어 있다는 전제를 가지고 수행되었던 제반 연구, 즉 우생학(eugenics)이나 두골 계측학

(craniometry), 골상학(phrenology)과 인상학(physiognomy) 등의 연구로부터 시작되었다. 우생학은 인류사회에 열등 인간이 있다는 전제하에 그 인간들을 미리 발견하여 재생산을 통제하고자 하는 연구였으며, 두골 계측학은 두개골의 크기가 범죄와 관련성이 있다고 보아 뇌의 부피를 측정하고자 하는 연구였고, 골상학은 두개골에 혹이 있는 것과 같이 비정상적인 두개골의 구조가 범죄와 관련이 있다는 연구였으며, 인상학은 사람의 얼굴이나 신체적 특징이 범죄와 관련성이 있다는 연구였다.

그런데 19세기 접어들면서 생물학, 물리학, 화학 등 자연과학 분야가 눈부신 발전을 하게 되자 범죄문제를 다루는 인문분야에서도 새로운 연구방법론이 적용되어야 한다는 요구가 일어났다. 특히 19세기 초 프랑스의 콩트(Auguste Comte)는 사회현상을 연구하는 학문을 사회물리학이라고 칭하면서 인문학 분야도 과거의 철학적 사변에서 탈피하여 과학적이고 객관적인 탐구가 진행되어야 한다고 주장했던 것이다.[42] 그중에서도 다윈이 1859년에 저술한『종의 기원(Origin of Species)』과 1871년에 저술한『인간의 유래(The Descent of Man)』와 같은 진화론에 입각한 저서들이 실증주의 범죄학 출현에 결정적 기여를 했다고 볼 수 있다. 다윈의 저서가 많은 사람들에 의해 읽히면서 과학이 범죄문제를 포함한 인간사회의 다양한 문제들을 해결해 줄 수 있을 것이라는 기대를 갖게 만든 것이다. 실증주의 범죄학의 아버지로 여겨지는 롬브로소(Lombroso)도 그의 초기 연구에서 범죄자를 원시적인 초기 진화단계에 머물러 있는 자로 인식했다는 점에서 다윈의 진화론이 당시 학자들에게 얼마나 큰 영향을 미쳤는지를 알 수 있다.[43]

다윈은 인간이라는 존재가 신의 형상을 따라 창조된 존엄한 인격체라는 종래의 신학적 인간관을 부인하고, 낮은 단계의 미생물에서 높은 단계로 진화한 고등 동물로서 다른 동물과 본질적 차이가 없다는 사상을 가지고 있었기에 고전주의에 의해 부여되었던 선험적 자유의지는 인정될 여지가 없었다.[44] 그는 또 환경에의 적응을 강조하면서 다른 모든 생물과 같이 인간이 원시상태의 존재에서 시작되어 자연선택의 과정을 거치며 수많은 적응과정을 통해 점점 진화해 왔다고 주장하였다. 그 과정에서 어떤 인종은 환경에 적응하여 선택된 존재로 생존해 왔지만 어떤 인종은 환경에 적응하지 못해 멸종하거나 열등한 존재로 남아 다른 인종의 지배 상태에 있게 되었다는 것이다.[45] 초기 실증주의 범죄학에서 환경적응에 실패한 열등한 존재가 바로 범죄와 관련을 맺고 있는 자라고 본 것도 진화론적 이해와 맥을 같이 하고 있는 것이다.

인간을 포함한 모든 만물이 신에 의해 창조되었고, 신의 뜻과 섭리에 따라 운영되고 있다는 종래 서구사회를 지배했던 신학사상과 대립되는 입장에 서게 된 다윈의 진화론은 우주가 우연히 생겨난 후 자연법칙에 따라 기계적으로 움직이고 있다는 이신론(理神論)이나 자연주의(自

然主義)와 결합하면서 인류가 직면하고 있는 다양한 문제들을 과학적으로 해결할 수 있다는 과학주의(科學主義)를 강화시키게 된다. 이것은 19세기 후반 서구사회가 인간의 본질이 무엇인가라는 질문에 대하여 종래의 신학적 답변을 떠나 객관적이고 과학적인 답변을 찾아 이동하고 있었다는 것을 의미한다.[46)]

2. 초기 실증주의 학파의 인간관

2-1. 결정론적 인간관

고전주의 학파는 인간이 합리적 이성과 자유의지를 가지고 자율적 판단을 통해 범죄행위를 포함하여 자기의 운명을 결정할 수 있다고 보았다. 이를 '의사자유론(意思自由論)' 혹은 '비결정론(非決定論)'이라고 칭하는데 인간의 자유의지가 전제되기에 범죄행위에 대한 도덕적 책임을 물어(도의적 책임론) 그에 상응하는 형벌을 가하는 응보적(應報的) 패러다임을 채택한다. 고전주의 학파의 범죄이론에서는 형벌 부과의 근거와 범죄대책의 강구에 있어서는 범죄행위 그 자체에 중점을 둔다(객관주의).[47)]

반면, 실증주의 학파는 인간이 자율적인 의사에 기초하여 자신의 행위를 통제할 수 있다는 가정을 부인하고 개인이 통제할 수 없는 요소들에 영향을 받아 범죄를 범한다고 주장하는바 이를 '의사결정론(意思決定論)' 또는 '결정론(決定論)'이라고 칭한다. 타고나면서부터 생물학적 결함이 주어져 사회의 주도적 문화에 적응을 못한다거나, 심리학적 측면에서 자신이 인지하지 못하는 사유로 심리적 발달이 방해되어 행동에 문제를 일으킨다거나, 어린 시절부터 열악한 환경 속에 태어나 살아가도록 조건이 지어지는 바람에 범죄를 학습하게 된다는 것(사회적 책임론) 등이 바로 실증주의 학파의 결정론을 뒷받침하는 예들이다.

실증주의 학파에서는 범죄가 생물학적 결함이나 외부환경의 결함에 의해 초래된다고 생각하기 때문에 범죄자를 처벌받아야 할 대상으로 보기보다는 치료의 대상으로 파악하면서 범죄적 조건을 개선 내지 제거하기 위한 범죄자 처우를 강조하므로 교정적(矯正的) 패러다임을 채택한다. 형벌 부과의 근거와 범죄대책의 강구라는 측면에서 보면 범죄자에게 중점을 두는 것이다(주관주의).[48)] 후기 실증주의 학파가 범죄자들에 대하여 엄격한 수감정책을 펴기보다는 보호관찰이나 가석방 제도를 통해 성행을 교정하고 사회복귀를 촉진하는 정책을 폈던 것도 생물학적 요인이나 외부환경 요인에 의해 생긴 인격적 결함들을 치료한다는 시각을 가졌기 때문이다.

한편, 고전주의 학파는 인간은 누구나 합리적 이성을 가진 존재로 보기에 개인별로 차이가 없다는 것을 가정하지만, 실증주의 학파는 개인이 직면하고 있는 외부상황과 신체적 조건들이 다양하게 주어져 있다고 보기 때문에 개인 간에 차이가 있음을 인정하고 있다는 점이 특징이다.[49)]

[표 3-1] 고전주의 학파와 실증주의 학파의 비교

	고전주의 학파	실증주의 학파
사상적 배경	인본주의적 철학사상	진화론, 과학주의
인간관	이성적으로 행동하는 존재	환경의 영향을 받는 존재
범죄의지	의사자유론, 비결정론	의사결정론, 결정론
형사정책	응보적 패러다임	교정적 패러다임
책임론	도의적 책임론	사회적 책임론
형벌부과 근거	객관주의(행동결과)	주관주의(행위자)

2-2. 진화론적 인간관

1800년대 초반의 두골 계측학(craniometry)이나 골상학(phrenology) 연구들은 1860년대 다윈이 등장하기 전까지는 주목을 끌지 못하였다. 그러나 19세기 중반 이후 다윈의 진화론이 사회에 파급되기 시작하면서 이 진화론에 힘입은 롬브로소의 골상학 연구는 활기를 띠기 시작하였다. 그는 '생래적 범죄인설(born criminal theory)'을 주장하였는데 이는 최악의 범법자들의 경우 진화의 초기단계로 거슬러 올라가는 생물사회학적 역류가 발생, 격세유전을 통해 범죄성을 안고 태어난다는 이론이었다. 이 생래적 범죄인설은 모든 인간은 자율적 인격체로서 합리적 이성을 가지고 행동한다는 고전주의 학파의 주장과도 확연히 구별되고, 본래 인간은 완전하게 창조되었지만 창조질서에 어긋난 선택을 함으로 말미암아 모든 인간에게 죄의 본성이 내재되어 있으며 그 범죄적 성향은 신의 은총을 통해 극복될 수 있다는 종래 전통 신학의 주장과도 배치되는 것이었다. 이처럼 다윈의 진화론에 영향을 받은 롬브로소의 인간관을 '진화론적 인간관'이라고 명명할 수 있을 것이다.

이 진화론적 인간관은 1900년대 초반 이탈리아의 파시즘이 표방하던 정치철학과 결합되어 사회발전에 무익한 열등한 인간이나 반사회적 범죄자들은 사회에서 제거하거나 격리시키자는 주장에 명분을 주게 되었다. 롬브로소의 제자였던 페리(Enrico Ferri)나 가로팔로(Raphael

Garrofalo) 등이 롬브로소 뒤를 이어 파시스트 정권 하의 형사법정에 증인으로 출석하여 과학적 결정론에 입각한 가운데 범죄자들이 생래적 범죄인에 부합하는지에 관한 증언을 함으로써 유죄판결을 이끌어 냈던 것도 다 이와 같은 맥락이라고 할 수 있다. 진화론적 인간관에 토대를 둔 격세유전설 혹은 생래적 범죄인설은 훗날 제2차 세계대전을 일으켰던 독일의 나치당에게도 이용되어 열등한 인종의 학살을 정당화하는 구실이 되었다.[50)]

제2절 초기 실증주의 학파의 주요 범죄이론

1. 롬브로소의 범죄이론

롬브로소(Cesare Lombroso)는 이탈리아 베로나에서 태어나 1858년 파비아대학에 들어가 의사가 된 후 군의관으로 복무했었다. 그 시절에 3,000명의 군인들을 대상으로 신체적 차이를 관찰하면서 범죄자들의 차별적 특성 등을 연구하였고 이후 1876년부터 토리노대학에서 교수로 재직하면서 생물학적 관점과 진화론적 관점을 병합하여 『범죄인(On Criminal Man)』이라는 책을 발간하는 등 저술활동을 전개하였다.[51)]

롬브로소는 범죄자를 ① 생래적 범죄자(born criminals) 혹은 격세유전적 특성을 가진 사람들, ② 백치, 정신박약자 등 정신이상 범죄자(insane criminals), ③ 우발적 범죄자(occasional criminals), ④ 격정 범죄자(criminals of passion)라는 네 유형으로 구분하면서 범죄자들은 진화의 원시적 초기 형태를 보여주는 신체적 특징들이 있다고 주장하였다. 즉, '범죄자가 태어난 지역의 평균적 크기에 비교할 때 더 크거나 작은 두개골, 유별나게 큰 귀, 과도하게 큰 턱 혹은 움푹 들어간 턱과 광대뼈, 교활하게 생긴 눈, 현저한 앞쪽 부비강의 발달, 앞으로 돌출된 입술, 경사진 이마, 과도하게 긴 팔, 매부리 코 혹은 비뚤어진 코' 등이 바로 그러한 것들이다. 이 특징들이 범죄성과 연결되고 있으며 이런 특징들이 최소한 5개 이상이면 생래적 범죄인으로 봐야 한다고 하면서 이들이 장래에 범죄를 범하지 않도록 하려면 미리 예방조치를 취해야 한다는 점을 강조하였다. 아울러 그는 사회적 진화론적 관점에서 인간은 생물학적 진화에서 서로 다른 단계가 있다고 주장하고 전체 범죄자 중 3분의 1 정도가 생물학적 퇴행을 가진 생래적 범죄인으로

Cesare Lombroso
(출처: https://en.wikipedia.org)

분류될 수 있다고 하였다.[52]

롬브로소의 진화론에 입각한 생물학적 범죄원인론은 그 후 이어진 그의 동료나 제자들의 연구를 통해 생물학적인 변인 외에도 다양한 변인들이 범죄발생에 함께 작용하고 있다는 입장으로 변화되어 갔지만 특정 인간들이 자기 의지와 상관없이 열등한 존재로 태어났다는 전제에는 큰 변화가 없었다. 이러한 그의 결정론적 견해(determinism)는 이탈리아에서 절대권력을 지녔던 독재자 무솔리니의 정치철학에 활용되어 결과적으로 일부 취약한 계층에 있었던 이들의 인권을 억압하는 결과를 초래하게 된다.[53] 이 때문에 어떤 비판 범죄학자들은 "롬브로소가 의존했던 초기의 과학들이 인본주의적이라기보다는 사실상 착취와 압제를 위한 도구였다."라는 가혹한 비판까지 내놓기도 하였다.[54]

2. 페리의 범죄이론

Enrico Ferri
(출처:https://en.wikipedia.org)

페리(Enrico Ferri)는 이탈리아의 가난한 가정에서 태어나 그의 일생 대부분을 사회주의 정당의 정치적 활동을 하며 보냈다. 그는 롬브로소가 범죄원인을 연구함에 있어서 생물학적 범죄원인론에 집착했던 것과는 다르게 다른 변인들, 예컨대 사회적 · 경제적 · 정치적 요인들의 상호관계성을 더 중시하였다. 즉, 범죄는 인종이나 지역과 같은 물리적 환경과 인구나 종교와 같은 사회적 환경, 그리고 연령, 성별, 개인의 심리와 같은 개인적이면서도 심리적 요인들이 상호작용하면서 발생한다고 본 것이다.[55] 페리는 일정한 사회적 환경에서는 일정량의 범죄가 발생하도록 되어 있다는 '범죄포화의 법칙(law of criminal saturation)'을 주장하는 한편, 이탈리아 사회당에 입당하여 정치에 참여하면서 범죄에 대한 실증주의적 접근방식을 정치에 적용하려 하였다. 비록 실패로 돌아가긴 했지만 그가 마련한 형법 초안도 실증주의적 경향을 반영한 것이다.[56]

그는 범죄자를 5가지 부류로 분류하였는데, ① 생래적 혹은 천성적 범죄자, ② 정신이상의 범죄자, ③ 격정적 범죄자, ④ 기회적 범죄자, ⑤ 습관성 범죄자 등이 바로 그것이다. 천성적 범죄자는 롬브로소의 생래적 범죄자 개념과 일치하고, 정신이상의 범죄자는 임상적으로 정신병자로 인정된 자를 말하며, 격정적 범죄자는 만성적인 정신적 문제를 가진 사람이 그 감정을 통제하지 못해 범죄를 하는 경우를 말하고, 기회적 범죄자는 정상적인 사람이 가족이나 사회의 제반 조건 때문에 범죄를 저지르는 경우를 말하며, 습관성 범죄자는 사회생활을 통해 범죄를 학습하게 된 자를 말한다.[57] 그는 생래적 범죄인은 무기한 격리시켜야 하고, 정신이상자들은 정신병원에 수용하여야 하며, 습관성 범죄자 중 개선이 가능한 자는 필요한 훈련을 시키되 개선이 불가능한 자는 무기한 격리를 시켜야 하고, 격정적 범죄인은 엄격한 손해배상과 강제이주를 시켜야 한다고 주장하였다.[58]

페리도 롬브로소처럼 결정론적 범죄인관을 가지고 사회개혁을 위한 실천수단으로 독재적 전체주의 국가이념을 표방하는 파시즘(fascism)을 지지하게 되었는데, 그 배경에는 과도한 개인주의에 대하여 국가가 과학적 사고를 가지고 개입함으로써 사회문제를 현명하게 다룰 수 있다고 생각했기 때문이다. 그러나 역사를 되돌아 볼 때 결과적으로 인권침해적 정치권력을 도왔다는 비판을 받고 있다.[59]

3. 가로팔로의 범죄이론

가로팔로(Raffaele Garofalo)는 변호사, 검사, 치안판사를 역임한 당대의 법조인으로서 사회진화론적 시각에서 범죄와 범죄자의 본질을 파악하였다. 그는 범죄라는 것이 자연법칙을 위배한 행위라고 보았는데 그 위반 방식을 두 가지로 분류하였다. 하나는 인간의 동정심 혹은 연민(pity)을 위배하는 행위요, 다른 하나는 인간의 정직성(probity)을 위배하는 행위였다. 전자는 살인이나 폭력과 같이 주로 인격적인 고통을 주는 행위이지만, 후자는 주로 재산권에 대한 존중을 위배하는 행위라고 본 것이다. 그는 이와 같이 모든 사회에서 보편적으로 범죄라고 정의될 수 있는 행위의 속성이 바로 동정심 및 정직성과 같은 근본적인 감정인데 이 기본감정을 침해하는 행위가 자연범죄를 구성하므로 범죄로 규정하여 형벌로 규제해야 한다고 주장한 것이다.[60]

Raffaele Garofalo
(출처:https://en.wikipedia.org)

그는 사회진화론적 시각에서 문명화 된 사회에서는 동정심 혹은 연민과 정직성이 고도로 진화되지만 어떤 사회에서는 그렇지 못하다는 주장을 펼쳤다. 한편, 그는 생물학적 범죄원인론을 주장한 롬브로소의 이론이 충분히 검증되지 않았다며 생물학적 결정론을 비판하기도 하면서, 신체적 비정상성이 존재하더라도 그것이 곧 범죄와 연결되는 것은 아니며 진정한 범죄자는 성숙한 이타주의(利他主義) 정신이 부족한 자라고 결론 내리고 그 결핍의 정도에 따라 범죄자

유형을 분류하였다.[61]

아울러 가로팔로는 심각한 범죄자들의 경우에는 사회생활에 적응하기란 영원히 불가능하기 때문에 사회의 존속을 위해 제거되어야 하고(사형), 덜 심각한 범죄자는 종신형이나 해외추방 등의 조치를 취해야 하며(부분적 제거), 재범의 가능성이 없으며 이타심이 부족해 범죄를 저지른 사람들에 대하여는 피해자에 대한 강제적 보상조치를 취하도록 하자고 주장하는 등 개인보다는 사회방위가 더 중요함을 강조하였다.

존엄한 인격을 가진 개별 인간보다 집단이나 사회의 우월성을 인정하면서 개인의 권리나 인권을 희생시키고자 했던 가로팔로의 이러한 사상 역시 나름대로 과학적 논거를 사용한 탓에 파시즘을 표방했던 당시 이탈리아 정권에 의해 채택되어 활용되었다는 점은 과학주의와 진화론에 토대를 두고 전개되었던 초기 실증주의 범죄이론의 어두운 측면이라고 볼 것이다.

4. 초기 범죄사회학적 실증주의

범죄학이나 사회학의 역사를 탐구하는 학자들 대부분은 근래에 논의되고 있는 사회구조론적 범죄원인론의 연원이 1800년대 중반의 유럽에서 활동했던 연구자들로부터 시작되었다고 보고 있다. 그중에 유명한 학자들로는 콩트(Auguste Comte), 게리(Andre−Michel Guerry), 케틀레(Adolphe Quetelet), 뒤르켐(Émile Durkheim) 등이 있다. 사회구조론적 범죄이론이 19세기 유럽에서 시작된 것은 1700년대 중반에 시작하여 1800년대 중반까지 계속된 산업혁명으로 인해 유럽사회가 농경사회에서 산업사회로 급격하게 전이되면서 범죄문제를 포함하여 많은 사회문제를 야기했기 때문이었다. 이 당시 전개된 초기 범죄사회학적 실증주의 범죄이론을 케틀레와 뒤르켐 이론을 중심으로 살펴본다.

4-1. 게리와 케틀레의 범죄이론

1800년대 초 프랑스에서 근대적 의미의 국가범죄통계자료가 발간된 이후 프랑스의 변호사 게리(1802−1866)는 위 통계를 검증한 후 재산범죄는 부유한 지역에서 더 많이 발생하지만 폭력범죄는 빈곤지역에서 훨씬 더 많이 발생한다는 보고서를 내놓게 된다.[62] 전문가들은 이 보고서가 과학적 범죄학의 시초라고 평가하기도 한다.[63] 이러한 현상에 대하여 게리는 '범죄라는 것은 기회로 결정된다'라고 설명했다. 부유층이 사는 지역은 물건을 훔칠 기회가 그만큼 많다는 것이다. 놀랍게도 이러한 그의 설명은 최근 미국 법무성 통계기록을 통해서도 뒷받침되고 있

Adolphe Quetelet
(출처:https://en.wikipedia.org)

다.[64] 케틀레(1796－1874)는 벨기에 물리학자로서 게리처럼 프랑스의 국가통계를 연구했다. 그는 범죄발생에 있어서 범죄자의 연령분포라든가 성별비율은 비교적 안정적인 성향을 나타냈으나 어떤 유형의 개인들은 쉽게 범죄를 저지르고 있다고 분석했다.[65] 특히 젊은 층의 남자 중에 빈곤하여 교육을 제대로 받지 못한 가운데 실업상태에 있는 이들이 다른 사람들보다 훨씬 범죄에 취약하다는 의견을 개진했다.[66] 게리처럼 케틀레도 범죄에 있어서 기회적 요인이 범죄와 큰 상관성이 있다는 점을 밝혔는데 기회요인에 추가하여 지리적 특성도 아울러 강조하였다. 그 밖에도 케틀레는 범죄발생의 중요 요인으로 국민의 비도덕화를 문제삼으면서 성격형성적 도덕교육이 필요함을 역설하였고, 사회환경적 요인들이 범죄발생과 함수관계에 있다는 것을 밝힘으로써 범죄발생의 법칙성을 주장하기도 하였다. 이러한 그의 학문적 노력은 형사정책학이 개인적 영역의 문제해결에 머무르지 않고 집단현상으로서의 범죄문제에 관심을 갖게 되는 계기를 제공하였다.[67]

4-2. 뒤르켐의 범죄이론

뒤르켐(Émile Durkheim, 1858－1916)은 19세기 프랑스에서 실증주의를 가장 잘 대변한 학자로 알려져 있다. 그는 범죄문제를 사회학적 시각에서 바라본 당 시대의 대표적 학자로서 20세기 미국에서 전개된 사회학적 범죄원인론 전개에 가장 중요한 영향을 끼친 사람 중의 하나라고 알려져 있다. 그는 사회가 인간을 만들고 규제하는 측면을 강조하였으며 사회적 규범해체의 원인을 이기주의와 아노미(anomie)로 파악하였다.[68] 그는 범죄라는 것이 통상적인 현상일 뿐만 아니라 심지어 모든 사회에서 필요하기까지 하다고 보았다. 그래서 그의 이론은 구조기능주의(structural functionalism)를 설명해주고 있는 좋은 예라고 보고 있다. 즉, 그는 범죄라는 것이 ① 사회의 도덕적 경계선을 정의해주는 기능을 함으로써 사람들로 하여금 사회규범을 인식시키는 역할을 하고, ② 사회질서 위반자를 확인하게 되면서 다른 사회구성원들의 연대를 강화하는 계기를 제공하기도 한다는 것이다. 심지어 사회적 결속이 필요한 공동체 안에서 범법자가 전혀 없을 때에는 구성원 중의 일부를 범죄자로 규정하기 위해 법률개념을 바꾸기까지

Émile Durkheim
(출처: https://en.wikipedia.org)

한다고 주장하였다.[69] 아울러 사회의 도덕적 권위가 무너져 사회구성원들이 무규범 상태에 빠지는 상황을 아노미로 정의했는데 이 아노미 상태에서는 사람들이 자신들의 삶을 지도해 줄 수 있는 기준을 상실하기 때문에 반사회적 행위를 저지르기 쉽다고 보았다.[70]

제3절 초기 실증주의 학파 범죄이론의 평가

초기 실증주의의 개척자라고 볼 수 있는 롬브로소의 생래적 범죄인론과 그의 이론을 발전시켰던 페리나 가로팔로의 범죄이론들이 그들이 살았던 1900년대 초반 이탈리아의 독재적 국가사회주의 운동을 정당화하는 이론으로 활용되었다는 점은 앞서 지적한 바 있다. 다윈의 진화론을 범죄학에 응용함으로써 환경에 잘 적응하고 지속적 생존이 가능한 인간과 적응에 실패하여 사회존속에 무익한 인간을 구별한 후, 그 열등한 인간들이 주로 범죄자가 되기 때문에 사회에서 격리시키거나 제거해야 한다는 이론을 구성한 것은, 모든 인간은 태어나면서부터 존엄하고 평등하며 어느 누구든 침범하거나 양도될 수 없는 천부적 인권을 지닌다고 하는 현대 인권사상의 관점에 비추어 보면 매우 위험한 사고체계가 아닐 수 없다.

이러한 사상은 인간이 아주 미개한 하등 생물에서 시작하여 적자생존의 법칙을 거치면서 우수한 개체만이 살아남아 점점 고등 생물로 진보해 왔다고 보는 진화론적 인간관이 그 출발점이 된다. 범죄자와 같이 사회적 기본질서의 적응에 실패한 인간들을 사회에서 제거할 수 있는 정당성을 진화론적 인간관이 제공해 줄 수 있기 때문이다. 이러한 인간관에 기초를 둔 사회진화론자들은 정부가 주도하는 사회복지 정책이 적자생존의 진화론적 해법에 맞지 않는다고 반대를 했던 반면, 범죄를 제거하기 위한 통제에 있어서는 우생학이나 유전학 등을 활용, 과학적으로 정당화되는 정책들을 남용하는 모순을 보여주었다.[71]

한편, 시걸(Larry J. Siegel)은 롬브로소와 그 동료들의 연구들이 과학적 사실을 입증한 것이 아니라 역사적 호기심을 파헤친 것에 불과할 뿐이라는 혹평을 하고 있다. 그들의 많은 연구들이 대상자를 관찰하면서 이들과 비교할 수 있는 통제집단을 제대로 설정하지 않고 상호비교를 하였기에 방법론적인 오류를 범하였다는 것이다. 범죄자들에게서 볼 수 있는 여러 가지 신체적 특징이라는 것도 실제로는 유전에 의해 결정된 것이 아니라 열악한 환경의 영향과 영양공급 결핍으로 초래될 수도 있는데 그들이 비정상적인 신체적 외형을 가졌다는 이유로 그들을 범죄자

로 낙인찍고 처벌을 가했을 수도 있다고 지적한다.72)

모리슨(Morrison)이라는 학자는 롬브로소를 비롯해 초기 실증주의 학파들이 했던 것은 범죄자들을 실제로 특정했다기보다는 범죄자들이 가지고 있는 신체적 특징들에 대하여 자신들이 이미 가지고 있는 가치관이나 지식을 반영하여 설명한 것에 불과하다고 하였다. 그들이 사용했던 '과학적 방법'이라고 하는 것도 자본주의적 감성을 위협하는 위험한 사회 구성원들의 신체적 특성들을 설명한 것으로 계급제도에 토대를 둔 예측을 만들어낸 것이라고 비판범죄학적 견지에서 평가를 내리기도 했다. 그들이 만든 범죄학은 계몽주의 철학에 의해 만들어진 '억압의 과학 장치'의 한 부분에 불과했다는 것이다.73)

이러한 약점에도 불구하고 초기 실증주의 학파가 범죄학 연구에 분명히 기여한 점이 있다. 그것은 범죄원인론에 있어서 철학적 · 이론적 주장만을 내세움으로써 탁상공론이라고 비판받았던 고전주의 학파의 입장과는 달리, 어떤 현상을 관찰하고 가설을 세운 뒤 그 가설을 검증하고 해석한 후 결론을 내리는 방식, 소위 과학적 연구방식을 채택했다는 점이다. 그들은 모든 지식이 추정이나 신념에 의해 습득되는 것이 아니라 관찰을 통해 습득되어야 한다고 보았으며 어떤 연구결과가 유효하려면 과학적 검증이 수반되어야 한다고 생각했던 것이다.74) 이처럼 실증주의 학파는 범죄학을 과학적 학문으로 정립하는 데 공헌을 했다고 볼 수 있겠다.

제4절 후기 실증주의 학파의 범죄이론

1. 후기 실증주의 학파의 사상적 배경

1-1. 진화론과 과학주의의 영향

1859년 다윈의 『종의 기원』이라는 책을 통해 확산된 진화론은 범죄에 대한 종교적 · 철학적 이해를 분쇄한 후 초기 실증주의 학자들이 주장했던 '생래적 범죄인' 개념의 도출에 기여한 것은 물론, 두개골 계측학이나 골상학 및 인상학 등의 연구를 촉진시켰고, 이후 '사회진화론'이나 '진화론적 심리학 이론' 등을 등장시키는 계기가 되었다. 이 진화론은 1800년대 이후 초기 실증주의 학파의 시대뿐만 아니라 후기 실증주의 학파가 활동하던 시대를 거쳐 오늘날의 범죄학 이론에까지 막대한 영향을 미치고 있다.

적자생존과 생존경쟁을 통해서 사회가 진화해 나간다고 보는 사회진화론 입장에서는 종족 보존 본능에 따른 경쟁과 열등한 유전자를 지닌 인간의 방치가 범죄문제와 관련될 수 있다고 보고 있다. 인간은 종족 보존을 위해 본능적으로 자손의 재생산을 위해 노력하게 되어 있고, 이러한 과정에서 남성과 여성은 상대방을 지배하거나, 유혹하거나, 적합한 상대를 선택하는 일이 일어나는데 만일 여성들이 보다 좋은 양육조건을 제공해 줄 수 있는 남성들을 선택하게 될 경우 여기에서 배제된 남성들은 종족 보존을 위해 속이고, 훔치는 행위를 하게 되고, 자신의 본 모습을 가장하여 여성을 유혹하는 등 범죄행위에 연루되기에 이른다는 것이다.[75]

더 나아가 진화론 사상은 게으르고 무능하며 비도덕적인 사람들, 특히 범죄자들의 방치와 지속적인 생존이 국가발전을 저해시킬 수 있다는 인식을 갖게 하였고, 이로 인해 범죄를 제거하거나 범죄를 예방하는 차원에서 과학적으로 정당하다고 생각되는 방식의 통제를 시도하도록 하였다. 이러한 시도들은 생래적 범죄자라고 인식되는 특정 범죄자들을 적극적으로 수감함으로써 사회로부터 격리시키는 정책을 채택하게 만들었고, 이외의 범죄자들도 치료나 처치를 필요로 하는 생물학적 객체로 간주하면서 유전학·우생학 연구의 활성화를 가져왔다. 생물학적 결정주의에 입각한 이러한 움직임은 19세기 이후 미국사회에서 진행되었던 이주민들의 유전적 열등성 논의, 우생학연구소의 설립, 불임법 제정, 일부 주에서 특정 범죄자들에 대한 전두엽 절제술 같은 정신외과적 수술의 시행 허용, 백인과 흑인 혹은 아시아인과의 혼인 불법화, 이민제한법 통과 등으로 이어졌다.[76]

아울러 후기 실증주의 학파의 범죄이론은 초기 실증주의 학파와 마찬가지로 과학주의의 영향을 크게 받았다. 과학의 발달에 힘입어 20세기 초에는 범죄성을 결정하는 데 있어서 생물학적인 요인의 영향이 강조되기 시작하였다. 염색체 돌연변이, 호르몬의 영향, 신경전달물질 문제, 뇌손상, 신경체계의 기질적 특징 등이 바로 범죄에 영향을 주는 요인들로 거론된 것이다. 여기에서 한 걸음 더 나아가 개인 신체에 내재된 이러한 생물학적 요인이, 빈곤이나 부모의 이혼과 같은 양육환경을 포함하는 사회환경적 요인과 상호작용을 하면서 범죄행동이 형성된다는 주장, 이른바 생물사회학적 범죄이론(biosocial perspective of criminal behavior)이 제기되었는데, 이러한 입장은 오늘날에도 범죄행동의 기원을 설명해 주는 모델로 기능하고 있다.[77]

1-2. 도시화와 산업화의 영향

생물사회학적 범죄이론이나 심리학적 범죄이론이 범죄발생의 원인을 개인의 신체적·심리적 특성에서 찾고 있는 데 비해서 범죄의 원인을 불평등한 사회구조에서 구하거나 범죄친화적인 사람들과의 상호 접촉을 통한 학습활동 등에서 구하는 범죄이론이 등장하게 되는데, 이를 각각 사회구조이론(social structure theory)과 사회과정이론(social process theory)이라고 한다. 이 중에 특히 사회구조이론은 19세기 이후 급격하게 진행된 도시화와 산업화가 범죄증가의 소인들을 만들어내는 데 영향을 주고 있다고 파악하고 범죄이론을 전개하였다.

예를 들면 1760년 영국 맨체스터의 인구가 12,000명에 불과했는데 1850년에 와서는 무려 400,000명으로 폭증하고 스코틀랜드의 글래스고와 같은 지역도 같은 기간 대에 30,000명에서 300,000명으로 늘어나게 된다. 19세기 말에서 20세기 초반 사이 미국 시카고 지역의 사정도 마찬가지였다. 1833년 도시가 형성되었을 때 인구가 4,100명이었는데 1910년에 인구가 200만을 넘어서게 되었다. 이 시기에 사회구조이론의 입장에 섰던 학자들은 기계의 발명을 통한 대량생산과 공장의 증설, 농업의 기계화를 통한 농촌사회의 붕괴 등이 위에서 보는 바와 같이 도시의 인구집중을 가져왔으며, 부와 권력의 불균형적인 분배가 상류층, 중류층, 하류층과 같은 사회의 계층화와 빈곤 및 실업을 초래하였다고 주장하였다.[78)]

도시화, 산업화로 인한 미국사회의 폭발적 범죄 증가 현상에 대한 해답을 찾고자 노력한 자들을 시카고 학파라고 호칭한다. 이들은 급격한 산업화와 도시화가 사회해체를 초래하였고, 전통사회의 문화와 사회규범이 붕괴되면서 아노미 현상이 나타나 사회적 일탈행위가 발생하기 시작하였으며, 문화적 목표달성 실패에 따른 좌절로 범죄적 하위문화가 형성되어 반사회적 행동이 촉발된다고 보았다. 이들은 범죄학을 개인적 측면에서 사회적 측면으로 전환시킴과 동시에 범죄를 잉태하는 병리현상이 미국을 형성하고 있는 문화적 · 구조적 제도에 의해 만들어지고 있다는 점을 강조하였던 것이다.[79)]

2. 후기 실증주의 학파의 인간관

2-1. 결정론적 인간관 및 진화론적 인간관의 승계

후기 실증주의 학파의 인간관은 초기 실증주의 학파가 견지했던 인간관, 즉 ① 범죄가 생물학적 결함이나 외부환경의 문제에 의해 초래된다는 결정론적 인간관과, ② 인간은 원시생물에서부터 시작하여 적자생존과 자연선택의 원리에 따라 점차적으로 진화한 존재라는 진화론적 인간관에서 크게 벗어나지 않는다. 생물학적인 요인이 사회적 요인과 맞물려서 범죄행동을 결정짓는다는 '생물사회학적 범죄이론'과 인성발달 장애나 인지능력 저하와 같은 심리적 장애가 범죄와 관련된다는 '심리학적 범죄이론', 그리고 사회구조 속에서 형성된 긴장이나 범죄적 하위문화가 범죄를 촉발한다는 '사회구조적 범죄이론'과 사회구성원 사이의 상호작용에 의해 범죄가 결정된다는 '사회과정적 범죄이론' 등 후기 실증주의 학파에서 거론된 다양한 범죄이론들이 대체적으로 결정론적 인간관과 진화론적 인간관에 기초하고 있는 것이다.

2-2. 성선설적 인간관, 중립적 인간관 및 이기적 인간관

사회학적 범죄이론 중 사회구조적 범죄이론에 속하는 긴장이론, 사회과정적 범죄이론에 속하는 사회통제적 범죄이론과 사회학습이론 등은 각각 다른 인간관을 전제로 하고 있다. 즉, 긴장이론은 인간은 선천적으로 선하다는 기본 가정을 가지고 있다. 그래서 범죄는 개인이 가지고 있는 특성이나 욕망 때문이 아니라 성공기회를 박탈하고 있는 사회구조와 그로 인한 좌절감 때문이라는 입장을 취한다. 그런가 하면 차별적 접촉이론을 포함한 사회학습이론은 인간 고유의 본성에 대하여 긍정 혹은 부정의 가정을 하지 않는다. 인간은 태어나면서 법을 준수할지 아니면 위반할지 여부가 결정되는 것이 아니고 그가 속한 사회와 집단 속에서 무엇을 배우느냐에 따라 결정된다고 보는 것이다. 그러나 사회통제이론은 인간은 선천적으로 이기적이고 쾌락을 추구하는 성향을 갖고 있다고 보고 있다. 그들이 범죄를 하는 이유는 탐욕적이고 이기적인 본성을 억제할 능력이 약하기 때문이며 전통적인 사회관습과 법질서에 대한 이해심 및 존중 정도가 범죄실행 여부를 결정짓는다고 이해한다.[80)]

[표 3-2] 사회적 범죄이론의 인간관

사회적 범죄이론의 유형	인간관	대표적 범죄이론
사회구조이론	인간 본성이 선함	긴장이론
사회통제이론	인간 본성이 이기적임	사회유대이론
사회학습이론	인간본성을 가정하지 않음	차별접촉이론

2-3. 자아개념의 정립을 통해 본 인간관

결정론적 인간관과 진화론적 인간관의 기본적 전제 아래 후기 실증주의 학파에 속한 학자들 중 몇몇은 인간의 본질에 관한 특유의 관점을 제시한다. 사회구조적 범죄이론의 기초를 제공한 뒤르켐(Durkheim)은 인간을 '사회적 자아(social self)'와 '원초적 자아(primal self)'의 양 측면을 가진 존재로 바라보았다. 원초적 자아는 프로이트의 id개념과 유사한 것으로 인간의 본능만을 추구하는 자아개념이며, 사회적 자아는 사회의 공통된 도덕규범을 수용함으로써 문명화된 사회의 구성원으로서의 역할을 감당할 수 있도록 한다는 자아개념이다. 만일 사회적 연대가 이뤄지지 못해 사회적 자아가 개발되지 못한 채 원초적 자아 상태에 머문다면 인간은 비행과 범죄에 빠지기 쉽다고 하였다.[81]

그런가 하면 쿨리(Charles H. Cooley)는 가족과 같은 친밀한 집단 안에서의 상호작용을 통해 '반영적 자아(looking-glass self)'가 생긴다고 하였다. 이것은 자기가 다른 사람들에게 어떻게 보여지고 있으며, 자신이 지각하는 것을 타인들이 어떻게 해석하고 평가할 것인가를 상상함으로써 개발되는 자아개념인데, 그는 인간이 반영적 자아개념을 개발할 수 있다는 측면에서 동물과 구별될 수 있다고 하였다.[82] 결국 반영적 자아개념이 충분히 개발되지 못해 타인을 의식하지 않고 자신의 본능에 충실하게 된다면 범죄행위로 연결될 수 있다고 볼 것이다.

미드(Mead)라는 학자도 뒤르켐과 같이 자아개념을 이중적으로 분석하고 있다. 즉, 협소하고 불안정적이며 가변적인 자아로서의 'I'와 다른 사람의 관점이나 다른 사람의 이익을 자신의 일부로 여길 줄 아는 사회적 자아로서의 'me'로 구분하고 있는 것이다. 어떤 사람이 성공적으로 사회화가 된다는 의미는 I의 자아관념에서 me의 자아관념으로 변화한다는 뜻이 된다. 만일 한 인간이 사회화에 실패하게 되면 '개인적인 해체(personal disorganization)'가 발생하게 되는데 그렇게 되면 그 인간은 인격의 성숙을 의미하는 내부적 통합에도 실패할 뿐만 아니라 사회의 공통가치를 수용하지 못한다는 차원에서 사회적 통합에도 실패한 자가 된다.[83] 사회적 통합에의 실패는 비행과 범죄로 연결될 가능성이 있음을 의미한다고 해석할 수가 있겠다.

3. 후기 실증주의 학파의 범죄이론의 개요

후기 실증주의 학파의 범죄이론은 크게 생물학적 범죄이론과 심리학적 범죄이론, 그리고 사회학적 범죄이론으로 유형화할 수 있다.

그중 생물학적 범죄이론을 세부적으로 보면 신체적 특징에 관련된 이론, 생물화학적 이론, 신경생리학적 이론, 각성이론, 유전이론, 진화이론 등으로 구분지어 볼 수 있다. 생물화학적 이론은 선천적으로 결정된 유전적 요소 외에 음식이나 호르몬 등 주변 환경의 자극에 의해 형성된 생물화학적 조건들이 반사회적 행동에 영향을 준다는 점을 강조하는 이론이며, 신경생리학적 이론은 신경병리학적 이상증세가 범죄와 관련성이 있다고 보는 이론이고, 각성이론은 외부 환경의 자극에 반응하는 인간의 각성수준이 범죄성 발현에 영향을 줄 수 있다는 이론이다. 유전이론은 범죄발생의 원인을 고찰함에 있어서 유전자와 같은 생물학적 특성 외에 환경적 요인의 영향도 함께 고려해야 한다는 전제를 가지고 전개한 범죄이론인데 이 이론은 특정 가문의 후손이나 쌍생아 및 입양아 등의 연구와 세포유전학의 연구 등을 통해 지지된다.

심리학적 범죄이론은 인간의 심리적 역동이 범죄행동에 영향을 준다는 점을 강조하고 있는 이론으로서 여기에는 정신분석학 이론, 애착이론, 정신장애이론, 인성이론, 인지이론, 행동이론, 지능이론 등이 있다. 정신분석학에서는 성심리(性心理)의 발전단계에서 발생한 문제나 초자아(superego)의 지나친 억압이 범죄와 관련되며, 애착이론에서는 유아기에 어머니와 안정적인 애착관계가 형성되지 못하여 발생한 분리불안 등이 범죄적 소인을 키울 수 있다고 보고 있고, 정신장애이론에서는 정신적 결함으로 인해 발생한 반항장애와 행동장애와 같은 파괴적 행동장애 증상이 범죄와 밀접한 관련을 맺고 있다. 한편, 인성이론은 범죄를 유발하는 반사회적 인성형성의 원인과 인성의 구조 및 특징을 다루고 있으며, 인지이론에서는 도덕성 발달이 범죄와 연계되는 측면을, 행동이론에서는 범죄가 처벌과 보상이라는 강화작용을 통해 사회적으로 학습되는 측면을 각각 부각시키고 있고, 지능이론에서는 지능과 범죄의 상관성을 강조하고 있다.

사회학적 범죄이론은 다시 사회구조적 범죄이론, 사회과정적 범죄이론, 갈등론적 범죄이론 등으로 나누어 볼 수 있다. 사회구조적 범죄이론은 거시적 차원에서 범죄원인을 분석하는 이론으로서 세부적으로 긴장이론과 사회해체이론, 문화적 일탈이론 등으로 분류된다. 반면, 사회과정적 범죄이론은 미시적 차원에서 범죄원인을 분석하는 것으로서 여기에는 사회학습이론과 사회통제이론, 사회반응이론(낙인이론) 등이 있다. 사회통제이론의 경우에는 부모의 감독과 같이 미시적 관점의 통제도 있지만 형사사법기관에 의한 법률적 통제처럼 거시적 관점의 통제도 있기에 이를 사회구조적 범죄이론으로 다루는 것이 적합하지 않는가 하는 의문이 생길 수 있다. 하지만 사회통제이론은 대인간의 상호작용을 통한 개인의 범죄의사 통제라는 측면이 강조되고 있기에 사회과정적 범죄이론으로 다루는 것이 타당하다. 이와 마찬가지로 낙인이론도 비행행위자에 대한 형사사법시스템의 부정적 반응을 다루고 있으므로 거시적 관점이 없진 않으나 이 또한 낙인이 이루어진 한 개인의 범죄지향적 태도형성 과정에 중점을 두므로 사회과정적 범죄이론으로 분류하는 것이 합리적일 것이다.

사회구조적 범죄이론의 한 유형에 속하는 긴장이론은 도시화와 산업화에 따라 빈곤층으로 전락한 사람들의 좌절이 긴장을 야기함으로 인해 범죄가 발생할 수 있다는 이론이고, 사회해체이론은 급속한 경제발전으로 인한 도시화가 공동체사회의 친밀한 상호관계를 해체시키고 응집력을 약화시켜 범죄를 유발한다는 이론이며, 문화적 일탈이론은 경제적으로 열악하고 사회가 해체된 지역에 범죄적 하위문화가 형성되어 범죄 및 사회적 일탈이 발생한다고 보는 이론이다.

사회과정적 범죄이론에 속하는 사회학습이론에는 차별접촉이론, 차별강화이론, 차별동일시이론, 중화이론 등이 있다. 차별접촉이론은 탈법행위를 긍정적으로 해석하는 부류들과의 빈번한 접촉이 범죄행동으로 이끌 수 있음을 부각시키는 이론이고, 차별강화이론은 차별적 접촉을 하는 부류들에 대해서도 보상이라는 심리적 강화가 있게 되면 범죄유발에 영향을 미칠 수 있다는 이론이며, 차별동일시이론은 타인과의 접촉 없이 모방행동으로도 얼마든지 범죄가 가능하다는 이론이고, 중화이론은 범인들의 자기합리화 기술이 범행을 용이하게 할 수 있다는 이론이다.

사회과정적 범죄이론 중 사회통제이론도 몇 가지로 세분화 된다. 사회유대이론, 표류이론, 견제이론 등이 바로 그것이다. 사회유대이론은 부모와의 애착과 같이 사회적 유대가 견실하면 범죄가 억제된다는 이론이고, 표류이론은 보통 사람들이 불법과 준법 사이를 표류하다가 사회통제가 약해졌을 때 범죄를 범하게 된다고 보는 이론이며, 견제이론은 범죄를 견제할 수 있는 개인적 능력이 범죄를 결정짓는다는 이론이다. 한편, 사회과정적 범죄이론과 독립적으로 다루어질 수도 있지만 여기에 포함시켜 논의될 수도 있는 것이 바로 사회반응이론 혹은 낙인이론이다. 사회반응이론에는 악의 극화 이론, 일차적 일탈과 이차적 일탈 이론, 주지위 이론 등이 있다.

갈등이론은 한 사회의 법이 그 사회의 우월한 지위에 있는 계층의 이익을 보호하기 위해 특정 행위를 범죄로 규정한다는 이론으로서 급진범죄학, 비판범죄학으로도 불린다. 다만 갈등이론의 경우에는 사회구조적 요소가 범죄형성에 영향을 주고 있다고 보기 때문에 결정론에 입각한 사회학적 범죄이론의 일종으로 파악할 수도 있지만, 실증주의 학파의 범죄이론과 구별되어야 한다는 주장도 있기 때문에 사회학적 범죄이론에서 독립시켜 별도의 장에서 다루고자 한다.

이러한 후기 실증주의 학파의 개별 범죄이론의 상세 내용과 각각의 평가에 대하여는 다음 장 이후에서 상술하기로 한다.

제5절 후기 실증주의 학파 범죄이론의 평가

지금까지 살펴본 범죄이론들을 종합해 보면 범죄원인론은 인간을 어떤 존재로 파악하느냐 하는 인간관과 밀접한 관련을 맺고 있음을 알 수 있다. 그중 실증주의의 인간관은 진화론적 인간관을 바탕으로 생물학적 결함이 범죄를 유발한다든지(생물학적 범죄이론), 정신이상 및 인지 · 인성 · 지능 분야의 심리발달 미숙이 범죄로 이어진다는 주장을 하고 있다(심리학적 범죄이론). 더 나아가 사회학적 관점을 가지고 접근하는 실증주의자들은 인간은 본래 선한 존재인데 열악한 사회 환경으로 인해 범죄적 문화와 비행에 빠지게 된다고 보는가 하면(사회구조론), 인간은 중립적 존재로서 사회 구성원으로부터 범행을 학습한다고 보기도 하고(사회학습이론), 인간은 타고나면서부터 이기적이면서도 탐욕적 존재이므로 적절한 통제가 없으면 범죄를 범하게 된다고 말하기도 한다(사회통제론). 어떤 입장에 서든 실증주의 범죄이론의 전반적 기조는 결정론에 입각해 있다. 즉, 범죄는 개인의 자유의지에 의한 결정이라기보다는 개인의 심리적 · 신체적 특성이나 사회적 환경에 의한 산물이라는 것이다.

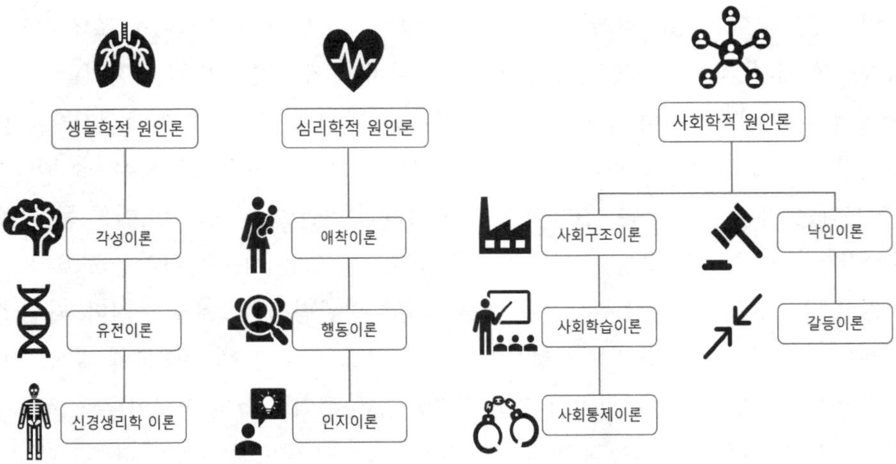

후기 실증주의 학파 범죄이론 체계도

초기 실증주의 학파의 진화론적 사고에 바탕을 둔 범죄이론은 이후 유전학과 우생학을 이용한 범죄통제 노력에 영향을 미쳤는데 그 여파는 후기 실증주의 학파가 활약했던 20세기 초중반까지 계속되었다고 할 수 있다. 미국에서 1911년부터 1930년 사이에 30개 넘는 주정부가 유전적 요인에 기초한 불임수술 관련법을 제정하였던 점이라든가 1927년과 1972년 사이에 버지니아주에서 8천 명이 넘는 사람들이 정신박약을 원인으로 한 불임수술의 조치를 받았던 사실이 이를 말해준다.[84]

이처럼 실증주의 범죄이론이 형사정책에 영향을 끼친 결과 범죄자들을 치료나 처치가 필요한 생물학적 개체이자 환자로 바라보면서 범죄자들의 재활과 사회복귀를 강조하게 되었다. 이러한 범죄자에 대한 치료적 · 교정적 접근방법이 '처벌에 대한 인도주의 이론'이라는 명칭을 얻으면서 휴머니즘에 입각한 인권친화적 정책 같은 인상을 주었지만, 과학적 처우라는 미명 하에 응보형 형사정책보다 범죄자들을 훨씬 집요하게 통제할 수 있는 명분을 제공함으로써 행형역사상 가장 억압적인 국가정책을 불러왔다는 평가를 받기도 한다.[85]

더 나아가 형벌의 결정에 있어서 범죄자 개인의 도덕적 의사결정의 중요성보다는 사회적 조건의 개선에 더 주안점을 둠으로써 범죄행동에 대한 개별 인격체의 책임의식을 희석시키거나 약화시켰다는 비판을 받게 된다. 이러한 치료중심적 형사정책은 범죄자를 도덕적 이성을 가진 인간으로 보기보다는 실험실에 있는 고등 동물로 취급한다는 것이며 형벌에 대한 의사결정을 심리학이나 생물학 전문가의 손에 맡겼다는 비난도 제기된다.[86] 인간이 어떤 행위에 대하여 도덕적 판단을 내릴 수 있고 그에 대하여 응분의 책임을 질 수 있는 존재라는 것을 부인한 채 생물학적 · 심리학적 · 사회학적 환경요인에 의해 범죄가 결정이 되고, 과학과 인간이성을 통해 이런 환경요인을 효과적으로 관리하고 통제할 수 있다고 여기게 되면 국가권력의 강화를 초래하여 결국 인간의 존엄성을 해치는 결과를 낳을 수 있다는 것을 초기 실증주의 학파의 사례를 통해서도 알 수 있었다. 이로 보건대 인류의 존속과 번영에 도움을 주는 정의로운 형사정책이 수립되기 위해서는 범죄원인론의 기초라고 할 수 있는 인간관이 올바르게 정립되어야 함을 알 수 있다.

그렇다면 인간을 합리적 이성을 가진 존재이자 쾌락을 추구하는 존재라고 바라보는 고전주의적 인간관, 인간을 적자생존의 원리에 따라 환경에 적응해 가는 존재로 바라보는 진화론적 인간관, 그리고 선천적 요인이나 후천적 요인에 의해 인간의 행동방향이 이미 결정되어 버린다는 결정론적 인간관 중 어떠한 인간관을 범죄이론의 근간으로 삼아야만 사회정의에 부합하고 인류의 존속과 번영에 기여하는 형사정책을 만들어낼 수 있는가 하는 것이 관심사로 대두된다.

결론적으로 인간은 자신의 행위가 옳은 것인지 그른 것인지를 판단할 능력이 있는 존재이자 그가 내린 판단에 대하여 응분의 책임을 져야 하는 도덕적 존재로 파악하는 도덕적 인간관이 올바른 형사정책의 실현을 위해서 가장 바람직하다고 볼 수 있다.[87] 이 도덕적 인간관은 인간 이성작용의 한계를 인정하고, 인간행동의 도덕성을 평가해 줄 수 있는 초월적 가치가 존재한다고 믿는다. 불완전하지만 시행착오 속에서도 초월적 가치에 부합하도록 노력해 나가고자 하는 자율적 도덕성이 인간에 내재한다고 보는 인간관인 것이다. 이 인간관에 입각하게 되면 범죄자를 인격적 존재로 바라보기에 그를 도덕적 존재로 회복시키기 위한 다양한 형사정책적 대응이 강구될 수 있다. 그리고 그 회복의 과정에 인간의 합리적 이성작용의 산물이라고 할 수 있는 과학적 지식이 활용될 수 있음은 물론 인간의 도덕성을 함양할 수 있는 윤리적 · 철학적 · 종교적 지식 또한 기여할 수 있을 것이다.

정리하기

○ 초기 실증주의 범죄학자인 롬브로소(Cesare Lombroso)는 생래적 범죄인론을 주장하였는데 전체 범죄자의 3분의 1정도가 생물학적 퇴행을 한다고 보았다. 이러한 그의 결정론적 견해는 이탈리아의 정치철학으로 활용되어 일부 취약한 계층에 있었던 이들의 인권을 억압하는 결과를 초래하게 된다.

○ 페리(Enrico Ferri)는 일정한 사회적 환경에서는 일정량의 범죄가 발생하도록 되어 있다는 '범죄포화의 법칙(law of criminal saturation)'을 주장을 하였는데 그도 롬브로소와 마찬가지로 생래적 범죄자 혹은 천성적 범죄자의 존재를 인정하는 결정론적 시각을 가지고 있었다.

○ 가로팔로(Raffaele Garofalo)는 범죄라는 것이 '연민' 혹은 '정직성'과 같은 자연법칙을 위배한 것이라고 보았다. 그는 롬브로소의 생물학적 결정론은 비판하면서도 개별 인간의 인격보다는 집단이나 사회의 우월성을 인정함으로써 파시즘을 표방했던 이탈리아 정부에 의해 그의 이론이 이용된 측면이 있다.

○ 케틀레(Adolphe Quetelet)는 프랑스의 범죄발생에 대한 국가통계 연구를 하였는데 그 결과 범죄자들 중 교육을 제대로 받지 못한 채 실업상태에 있는 이들이 다른 사람들보다 훨씬 범죄에 취약하다는 주장을 제기하였고 사회환경적 요인들이 범죄발생과 함수관계에 있다는 것을 밝힘으로서 범죄발생의 법칙성을 주장하였다.

○ 뒤르켐(Émile Durkheim)은 범죄문제를 사회학적 시각에서 바라본 대표적 학자로서 사회적 규범해체의 원인을 이기주의와 아노미로 파악하였으며 범죄라는 것이 통상적인 사회현상이면서 동시에 필요하기까지 하다고 하였다.

Chapter 03

생물학적 범죄이론

생각해 보기

○ 2016년 '강남역 살인사건'의 피고인에 대하여 사법부가 조현병에 따른 심신미약을 인정하여 무기징역형에서 징역 30년으로 감형된 형벌을 선고한 바 있다. 이와 관련하여 법원이 범죄자에 대하여 심신미약을 구실로 종종 감형된 형벌을 선고한 것에 대해 범죄자에게 지나치게 관용을 베푼다며 상당 수 국민들이 비판을 제기하고 있다.

○ 형법 제10조 제2항은 '심신장애로 인하여 전항의 능력(사물을 변별할 능력이나 의사를 결정할 능력)이 미약한 자의 행위는 형을 감경할 수 있다'는 규정이 있기에 정신적으로 문제가 있는 범죄자에 대하여 형벌을 감경하는 것이 위법은 아니지만 사법정의의 실현을 바라는 국민들은 범죄자들이 위 규정을 위법행위에 대한 책임회피 수단으로 활용하고 있다고 여기는 경향이 있다.

○ 범죄자에게 뇌질환과 관련되는 신경생리학적 질병이나 유전자의 비정상적 특성이 발견될 경우 범죄행위에 대한 책임을 일정 부분 상쇄시켜 형벌을 완화시키고 치료를 받도록 하는 것이 타당하다고 생각하는가? 이러한 조치는 범죄행위에 대한 응분의 처벌로 사법정의를 실현하자는 입장과 충돌이 발생되기 쉬운데 이러한 갈등을 어떻게 해결할 수 있는가?

○ 생물학적 범죄이론은 앞서 초기 실증주의자들이 주장한 것처럼 특유의 생물학적 특징 때문에 범죄가 발생한다는 견해도 취할 수 있기에 이에 따라 유사한 부작용도 예상된다. 생물학적 범죄이론이 초기 실증주의자들이 저지른 과오를 반복하지 않기 위해서는 어떤 노력들이 필요한가?

제1절 생물학적 범죄이론의 등장 배경

롬브로소 등이 주장한 초기 실증주의 범죄이론이 다윈의 진화론의 영향을 받아 범죄의 원인으로 생물학적 열등성을 강조하자, 이러한 그들의 범죄학적 관점이 정치가들에 의해 이용되었다는 점은 앞서 밝힌 바와 같다. 특히 수백만의 유대인들과 집시족 등 소수 민족들이 열등민족으로 간주되어 나치정권에 의해 살해된 것은 생물학적 범죄이론이 갖는 위험성에 대한 경종이기도 했다.

그런데 이러한 생물학적 관점의 범죄이론이 약화되는가 싶더니 1970년대 초중반에 이르러 다시 부흥기를 맞이하였다. 신체적 특징을 중심으로 한 범죄이론은 20세기 초반 독일의 정신의학자인 크레츠머(Ernst Kretschmer)와 미국의 심리학자인 셀던(William H. Sheldon)에 의해 체형학(somatotypology) 형태로 재개된 바 있다. 아울러 윌슨(Wilson)이나 도킨스(Dawkins)와 같은 학자들도 생물학적 범죄이론 연구에 영향을 끼쳤다. 윌슨은 사회과학과 행동과학의 최근 발견들을 생물학적 용어로 다시 해석할 것을 제안했는가 하면, 도킨스는 대부분의 인간행위가 종족 번식을 지향하는 것으로 생물학적으로 결정된 행동이라고 하였으며, 이기적 유전자들이 다음 세대로 유전된다고 주장하여 진화론적 사고를 뒷받침하였다.[88]

이후 1985년 미국의 주요 언론에서 살인범죄자들과 과잉폭력성을 가지고 있는 범죄자들의 두뇌손상에 관련된 연구를 보도하였고, 1987년 이후 조울증의 원인이 특정한 유전적 결손과 관련되고 있음을 지적하면서 범죄의 생물학적 원인에 대한 관심이 증폭되었다. 1980년대 후반에는 DNA지문이 개발되어 미국과 영국의 강간 및 살인사건에서 유죄를 인정하는 데 활용되기 시작하였고, 이들의 유전자 구조와 유사한 일반 시민들을 잠재적 범죄자로 관리하는 방안이 논의되기도 하였다. TV프로그램인 CSI는 생물학적 전문기술을 활용하여 수사활동을 전개함으로써 오늘날까지 시청자들의 눈길을 끌고 있고, FBI의 DNA 종합지표체계(Combined DNA Index System, CODIS)는 범죄자 판별과 체포에 도움을 주는 것으로 활용되고 있다.[89]

그런데 새롭게 부흥기를 맞이한 20세기의 후기 실증주의 학파의 생물학적 범죄이론의 관점은 초기 실증주의자들과 그 뒤를 이었던 초기 생물학자들에 비하면 비교적 통합적 관점을 지향한다고 볼 수 있다. 즉, 범죄자들은 출생시에 이미 결정되어진 생물학적 조건들에 의해서 그 범죄성도 결정되어 버린다는 초기 실증주의자들의 견해와 달리 근래의 생물범죄학자들은 인간의 신체적 · 환경적 · 사회적 조건들이 함께 어우러져서 인간행동을 만들어 낸다고 본 것이다. 이렇듯 통합적 접근방법을 사용한 이론체계를 보통 '생물사회학 이론(biosocial theory)'이라 한다. 다만, 생물사회학적 범죄이론은 심리학적 범죄이론처럼 개인적 특성(traits)에 보다 주안점을 두었다는 점에서 사회학적 범죄이론이라든가 최근에 등장한 통합적 범죄이론과 구분된다. 생물학적 범죄이론은 크게는 체형학, 진화심리학, 신경과학, 유전학 등으로 범주화할 수 있겠지만 체형학을 제외한 나머지 세 분야를 생물사회학 영역으로 분류하기도 한다. 생물사회학 분야는 다시 생물화학적 조건 이론(biochemical conditions theory), 신경생리학적 조건 이론(neurophysiological conditions theory), 각성이론(arousal theory), 유전이론(genetics theory), 진화이론(evolutionary theory) 등으로 세분화 될 수 있다.[90]

제2절 신체적 특징에 관련된 범죄이론

1. 고링과 후튼의 범죄이론

Earnest Hooton
(출처:https://en.wikipedia.org)

고링(Charles B. Goring, 1870－1919)은 3,000명의 영국 죄수들과 비범죄자들인 남성들을 비교 연구하기 위해 범죄자와 비범죄자의 신체적 차이점을 계산할 수 있도록 전문 통계학자를 고용하는 등 롬브로소나 페리, 가로팔로와는 좀 다른 방식을 채택하였다. 두 대상자들을 상대로 96가지의 신체적 특성들을 비교 연구한 결과 범죄자가 비범죄자보다 신장과 체중이 다소 작았던 점을 제외하고는 범죄자와 비범죄자 사이에 유의미한 차이가 없다는 결론을 내리게 되었다. 즉, 신장과 체중 면에서 범죄자들을 비범죄자들과 비교할 때 범죄자들이 생물학적으로 열등한 것이 사실이지만 그렇다고 해서 범죄자들의 신체에 범죄적 특성이 내재해 있는 것으로 유형화 할 수는 없다고 주장한 것이다.[91]

후튼(Earnest A. Hooton, 1887－1954)은 하버드대학 출신의 자연인류학자(somatologist)로서 범죄는 단지 생물학만으로 이해될 수 있다고 믿은 인물이었다. 그는 숙명적으로 범죄행위를 하도록 되어 있는 사람들은 생물학적으로 부적합한 자들이기 때문에 사회에서 제거되어야 함을 암시하는 표현을 사용하였는데 이는 독일 나치 정권 시기에 특정한 인간들을 대량학살하였던 정책을 정당화할 수 있는 논거에 해당하는 것이었다. 또한 후튼은 출생통제, 불임수술, 안락사 등에 호의적인 우생학자로 분류되기도 하는바, 범죄는 모든 인종에서 발견될 수 있는 정신박약아나 신체 퇴행자들에 의해 저질러진다는 입장을 견지하였다.92)

2. 크레츠머와 셀던의 체형학 이론

William H. Sheldon
(출처: https://en.wikipedia.org)

후기 실증주의 학파에 속한 학자 중에 인간의 체형이 범죄와 상관성이 있다는 주장을 한 사람으로는 독일의 크레츠머(Ernst Kretschmer, 1888－1964)와 미국의 셀던(William H. Sheldon, 1898－1977)을 들 수 있다. 크레츠머는 범죄자의 체형을 세장형(細長形), 근육형(筋肉形), 비만형(肥滿形) 이렇게 3가지 형태로 분류하였다.

셀던은 이러한 크레츠머의 이론을 계승하여 인간의 신체유형을 내배엽형(內胚葉形, Endomorph), 중배엽형(中胚葉形, Mesomorph), 외배엽형(外胚葉形, Ectomorph) 3가지로 구분했다.

내배엽형은 비만형에, 중배엽형은 근육형에, 외배엽형은 세장형에 각각 상응하는 체형이다. 먼저 내배엽형은 내장기관이 발달하여 몸이 비대하며 성격이 낙천적이나 게으른 편에 속한다(내장긴장형). 이에 비해 외배엽형은 내향적이며 부끄러움을 타는 성격으로 야윈 몸매를 갖고 있는 체형이다(두뇌긴장형). 마지막으로 중배엽형은 모험을 즐기며 공격적인 기질을 갖고 있고 근육과 골격이 잘 발달되어 있는 체형을 말한다(신체긴장형).93)

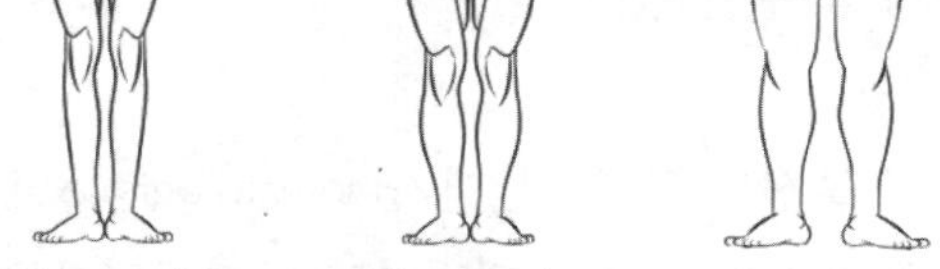

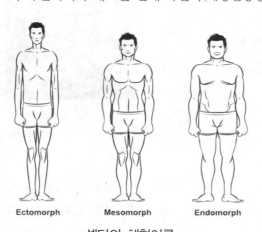

셀던의 체형이론
(출처: https://en.wikipedia.org)

중배엽형이나 근육형의 체형을 가진 사람들은 모험을 감수하려는 경향이 강하여 다른 체형을 가진 사람들보다 비행에 빠지거나 범죄를 저지를 가능성이 높다고 한다. 후속 연구들도 중배엽형 청소년들이 다른 체형보다 훨씬 더 공격적이고, 성격이 급하며, 자기중심적이고, 충동적으로 행동하는 등 범행가능성이 높은 특질들을 보유하고 있음을 보고하고 있다. 다만 중배엽형 사람들이 왜 범죄적 성향이 더 많은가에 대해서는 셀던은 부모로부터 그러한 성격적 특징을 물려받았기 때문이라고 보았으나 다른 사회학자들은 체격이 좋은 그에게 부과되는 사회적 기대 때문에 범죄친화적인 사람으로 변모된다는 주장을 함으로써 상호 간에 차이가 있음을 보여주고 있다.[94] 그러나 사람의 체형은 운동과 식단조절로 변화를 가져올 수 있기에 이러한 변수들을 고려하지 못한 셀던의 체형학 이론은 한계를 지니고 있다.

3. 글룩 부부와 코르테의 체형학 이론

중배엽형 혹은 근육형이 범죄적 성향이 높다는 사실은 글룩 부부(Sheldon & Eleaner Glueck)에 의해서도 주장되었다. 이들은 연령, 지능, 인종, 거주지가 유사한 범죄소년과 일반소년을 연구대상으로 삼고서 사진으로 신체유형을 평가한 결과 범죄소년 중 60.1%가 중배엽형이었고, 일반 소년의 경우에는 30.7%만이 중배엽형이라고 발표하여 셀던의 연구결과를 뒷받침하였다.[95]

코르테(Cortés)는 셀던이 제시하였던 체형이론과 정신적 기질특성과의 상호관계를 중점적으로 분석한 학자이다. 즉, 내배엽의 체형은 내장긴장형으로서 몸가짐이 부드럽고 온순하다고 평가한 반면, 중배엽형은 정신기질이 신체긴장형으로서 활동적이고 공격적인 것으로, 외배엽형은 두뇌긴장형으로서 내향적이며 비사교적 성향을 보이는 것으로 각각 평가하였다. 이로써 중배엽형의 범죄행동 가능성이 높다는 것을 보다 실증적으로 보여주었다. 그는 체형과 범죄발생의 인과관계를 정교하게 발전시킨 인물로 여겨지고 있지만 연구대상으로 삼은 인원이 너무 적다는 사실과 정신적 기질 여부를 대상자들에게 스스로 기술하도록 함으로써 연구의 객관성을 떨어뜨렸다는 지적을 받기도 하였다.[96]

제3절 생물화학적 조건 이론

생화학물이란 인간의 내분비선에서 생성되는 호르몬과 같은 각종 분비물을 의미한다. 이 이론을 지지하는 학자들은 이미 선천적으로 결정된 유전적 요소 외에 음식이나 주변 환경에 의해 형성된 생물화학적 조건들이 반사회적 행동에 영향을 준다고 보고 있다.[97] 만일 임신한 여성이 태아의 발육에 영향을 미칠 수 있는 영양소를 너무 적게 섭취하거나 너무 과도하게 섭취하면 해로운 화학적 내지 생물학적 오염이 일어나 태아에게 영향을 주게 된다는 것인데 사람이 해로운 화학적 요소에 노출되거나 자궁 내의 태아 상태에서 영양소 결핍이 있게 되면 출생 시에는 물론이고 출생 이후 전 생애에 걸쳐서 그 사람이 영향을 받는다고 하는 것이다.[98]

생물화학적 조건을 형성하는 요소들로서 다음과 같은 사례들이 제시된다. 임신상태에 있는 여성의 과도한 흡연이나 음주는 출생 이전의 태아에 해로운 영향을 주고, 출생 이후 성인기에도 반사회적 성향을 낳게 한다.[99] 나트륨이나 수은, 칼륨, 칼슘, 아미노산, 펩타이드과 같은 화학성분이나 미네랄 성분을 과도하게 혹은 과소하게 인체에 공급하면 우울증이나 광란증 또는 인지력에 문제를 발생시킨다. 사람이 먹는 음식의 종류가 공격성과도 연관성이 있다고 생각하는 연구자들은 비타민이나 미네랄이 부족한 식사, 탄수화물 및 설탕의 과도한 섭취가 반사회적 행동을 초래할 수 있다고 하며, 뇌의 활동에 필요한 포도당이 제대로 공급되지 않는 저혈당증세가 있을 때에도 반사회적 행동을 촉발할 수 있다고 주장한다.

1928년 스미스(Smith)라는 학자는 생체화학과 호르몬의 불균형이 범죄와 어떤 상관성이 있는지에 관하여 저서를 출간하기도 하였는데 그는 범죄란 호르몬의 불균형에 따른 감정의 혼란에서 기인한다고 주장하였다. 버만(Burman)이라는 학자는 뉴욕시에 수감된 재소자들을 대상으로 내분비선 상태, 신진대사 등의 검사를 실시한 결과 범죄자들이 정상인들에 비해 내분비선 장애나 생화학물의 불균형이 2~3배 더 많다는 결과를 내놓기도 하였다.[100] 또한 학자들은 남성 호르몬인 안드로겐의 과도한 분비가 공격적 행동을 유발한다는 연구결과를 내놓기도 하였으며, 여성의 경우 월경전 증후군(premenstrual syndrome)이 범죄와 상관성이 있다는 연구도 제시하였다. 월경 전 여성 호르몬이 과도하게 분비되어 반사회적 행동을 나타내게 한다는 것이다.[101] 그 밖에 환경오염에 따른 카드뮴이나 구리, 수은, 폴리브롬화 비페닐(polybrominated biphenyl) 등의 섭취나 납성분(lead)의 섭취 등이 공격적 행동을 낳는다고 말한다.[102]

제4절 신경생리학적 조건 이론

대뇌 신경계의 문제 및 개개의 신경 세포와 신경 섬유의 물리적 메커니즘, 그리고 신경 단위의 결합으로 이루어지는 중추 신경 세포의 문제 따위를 연구하는 분야가 신경생리학(neurophysiology)이라고 할 수 있다.[103] 이 분야에 관심을 갖고 있는 연구자들은 신경병리학적 이상증세와 신체적 이상증세가 태아 단계의 문제로 인해 혹은 출생 시점의 충격으로 인해 발생하게 되고 이러한 증세가 전 생애에 걸쳐 개인의 행동에 영향을 미친다고 말한다.[104]

미국을 비롯하여 다른 여러 나라에서 수행된 연구들이 추상적 사고 및 문제해결 활동을 관장하는 뇌의 집행적 기능에 문제가 발생하는 것과 공격적 행동의 발생 간에 관련성이 있다고 밝혔는데, 태어날 때 상당한 신경적 결함이 있었던 아이는 살아가면서 습관적 거짓말부터 시작해서 반사회적인 폭력행동에 이르기까지 많은 반사회적 특징들로 인해 어려움을 겪는다는 주장을 내놓았다.[105]

신경학적 문제와 반사회적 행동 간에는 직접적 관계(direct association), 간접적 관계(indirect association), 상호유발의 관계(interactive cause) 등 3가지 조합으로 구성된다. 직접적 관계는 뇌에 병변이 있는 자가 폭력적 행동을 하는 예에서 보는 것처럼 신경학적 결함이 바로 반사회적 행동을 초래한다는 입장이고, 간접적 관계는 신경학적으로 문제가 있을 경우 충동성과 자기통제 장애를 일으켜 결국 범죄로 이어진다는 예에서 보는 바와 같이 신경적 결함이 직접적으로 반사회적 행동을 유발하지는 않을지라도 그 결함이 반사회적 행동을 유발하는 성격적 특성들을 발달시킨다는 입장이며, 상호유발의 관계는 신경학적 문제를 안고 있는 자에게 모친의 거절감과 같은 또 다른 요인이 더해질 때 이 요인과 상호작용을 일으켜 범죄행동으로 나간다는 주장에서 보는 것처럼 신경학적 결함이 다른 신체적 특성들이나 사회적 조건들과 상호작용을 하여 결과적으로 반사회적 행동을 유발하게 된다는 입장이다.[106]

범죄원인에 대한 신경생리학적 연구에는 EEG(electroencephalograph, 뇌파검사기)와 같은 신경학적 장애를 측정하고자 하는 연구도 있다. 뇌에서 진행되는 전기적이거나 화학적인 과정은 이 뇌파검사를 통해서 측정할 수 있다고 한다. 이 검사기에 기록된 비정상적 뇌파는 다양한 이상행동과 관련성이 있는 것으로 알려지고 있는데 일반적으로 범죄자들의 25~50%가량이 뇌파검사 결과가 비정상적이었다는 연구결과도 있다.[107] 그 밖에도 뇌에 있어서 협박과 두려움에 관한 정보를 처리하는 영역에 관한 연구, 뇌의 의사결정 기능이나 충동을 통제하는 기능과 관련된 연구, 갑작스러운 부적응증을 유발하는 대뇌 구조의 이상성을 파악하는 연구(Minimal Brain Dysfunction, MBD), 학습장애에 관한 연구(learning disabilities), 주의력 장애에 관한 연구(ADHD) 등이 신경생리학적인 차원에서 범죄원인을 탐구하는 연구들로 제시되고 있다.[108)]

제5절 각성이론

각성이론(arousal theory)에 따르면 여러 가지 유전적 · 환경적 이유로 어떤 사람들의 뇌는 외부 환경의 자극에 반응할 때 정상적인 사람과는 다르게 기능한다고 보고 있다. 즉, 다른 사람과는 다르게 유난히 스릴을 느끼는 행동을 탐색하고 선택한다는 것이다. 청소년기때 상점에서 물건을 훔친다든지 기물을 파괴하는 행동을 하는 것도 들키지 않음으로 인한 스릴이 제공되기 때문인데 각성이론적 관점에서 보면 비행(delinquency)이라는 것은 다름 아니라 개인적인 유능함을 스릴 있게 보여주는 행동에 해당한다. 정상인들은 살아가면서 모두 적정한 정도의 각성을 필요로 한다. 이때 각성의 정도가 지나치면 염려나 스트레스로 고통을 받게 되는 것이다. 문제는 작은 수준의 자극에도 늘 평안함을 느끼는 사람이 있는 반면 어떤 사람들은 높은 수준의 환경적 자극이 있어야만 평안함을 느낀다는 것이다. 후자에 해당하는 사람들을 '자극 추구형 인간(sensation seekers)'이라고 할 수 있는데 이들은 공격적 또는 폭력적 행동 패턴을 통해서 자극을 줄 수 있는 것들을 찾아다니는 사람들로서 범죄로 나아가기 쉬운 유형에 해당한다고 볼 수 있다.[109)]

인간의 각성 수준을 결정하는 요소는 확실하게 밝혀지지는 않았지만 이와 관련성이 높다고 여겨지는 몇 가지로, ① 뇌의 구조, ② 맥박, ③ 자율신경체계 등이 제시된다. 어떤 사람들의 뇌는 신경전달물질을 수신하는 영역에 다른 사람보다 많은 신경세포를 가지고 있다는 점, 맥박이 느리게 뛰는 사람들은 그들의 각성도를 정상인 수준으로 증가시키기 위한 자극을 구하기 위하여 범죄를 범할 수 있다는 점, 자율신경체계에 있어서 비정상적으로 증대된 '피부 전도율(skin conductivity)'을 가지고 있는 사람은 보통사람이라면 미미한 효과밖에 나지 않는 자극에 대해서도 보통 이상의 강도로 부정적 정서를 느낀다는 점 등이 각성 수준과 관련된다는 것이다.[110)]

제6절 유전이론

범죄성(criminality)이 결정되는 데 있어서 유전적 요소와 환경적 요소 중 어느 것이 더 큰 영향을 미치느냐 하는 것은 학자들 사이에서도 논란거리가 되어 왔다. 생물사회학에서는 범죄와 관련된 인간의 특성들은 유전적 토대와 결합이 되어 있다고 보고 있다. 범죄성이 유전되는가 하는 문제는 직접적인 관점과 간접적인 관점으로 구분된다. 직접적인 관점에서는 반사회적 행동은 유전되고, 부모의 유전자 구성은 자녀들에게 물려지며, 유전적 이상성(abnormality)은 다양한 반사회적 행동들과 관련된다는 관점을 갖는다.[111] 간접적 관점에서는 유전적 요소가 반사회적 행동을 하는 사람들이 지니고 있는 특정의 성격적 · 신체적 특징들과 관련된다고 보고 있다. 유전적 요인으로 인해 친구 사귀는 패턴이 결정되고 종국에는 범죄적 경향으로 이끄는 탈선한 친구들을 사귀게 되는 것이 그 예이다.[112] 유전과 환경 이 두 요소 간의 영향력에 관한 논쟁에 대한 답을 찾기 위하여 크게 네 가지 유형의 연구가 진행되었는바 ① 가계 연구, ② 쌍생아 연구, ③ 입양아 연구, ④ 일란성 쌍생아 연구 등이 바로 그것이다. 이 외에도 인간의 유전적 요소가 범죄성 발현과 어느 정도의 관련성을 갖고 있는지를 탐구하는 세포 유전학 연구가 있다.

1. 가계 연구

가장 유명한 가계 연구는 19세기 후반에 덕데일(Richard L. Dugdale, 1841–1883)이 수행한 쥬크(Juke) 가계 연구와 고다드(Henry H. Goddard, 1866–1957)가 20세기 초에 수행한 칼리카크(Kallikak) 가계 연구이다.

사회학자이자 미국 뉴욕의 교도소연합회 이사였던 덕데일은 그의 동료 헤리스(Harris)와 함께 1874년 뉴욕의 울스터 카운티(Ulster County)의 교도소를 방문하여 서로 다른 성을 사용하고 있지만 동일한 가문인 쥬크 가계에 속한 6명의 재소자를 발견한다. 그들을 조사한 결과 29명의 직계가족 남성들 중 17명이 체포되었고, 15명이 유죄판결을 받은 사실을 찾아냈다. 이후 13개 카운티의 감옥에 수감되어 있는 재소자와 빈민가 주민, 그리고 법원의 재판에 관련되어 있는 자 등을 상대로 쥬크 가계를 조사해 본 결과 초기 네덜란드 이주 정착민의 후손으로서 국경지역에 거주하던 막스(Max)라는 사람의 자손들 중 16명이 유죄판결을 받은 범죄자들이었고,

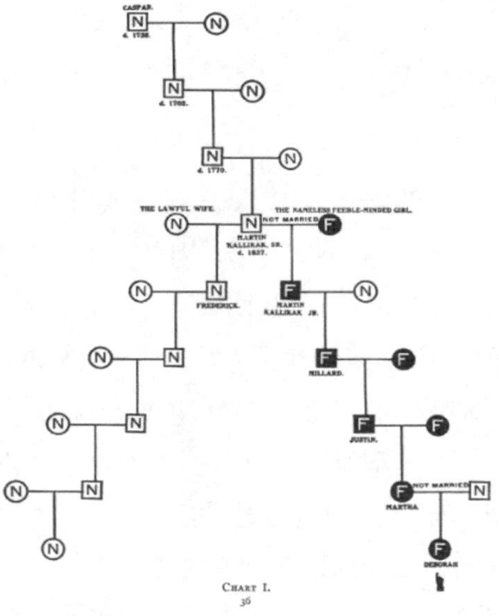

Goddard의 Kallikak 가계도
(출처: https://en.wikipedia.org)

18명이 매춘업소 포주였으며, 120명이 매춘부였고, 200명이 빈민구호금을 받는 극빈자였으며, 2명은 심신미약자였다는 사실을 밝혀낸다.[113] 아울러 막스의 아들 중 한 명과 결혼했던 마가렛(Margaret)이라는 여성이 수많은 범죄자들과 연계되어 있을 가능성을 제시하기도 하였다. 이러한 연구를 토대로 그는 범죄가 이 집안에 전염병처럼 퍼져 있다고 결론을 내리면서 빈곤과 같은 열악한 환경이 나쁜 습관을 만들게 되고 이런 나쁜 습관이 자손에게 세습될 수도 있다는 주장을 폈던 것이다.[114]

고다드의 칼리카크 가계 연구는 고다드가 운영하던 뉴저지의 심신미약 아동보호 교육기관에 입소해 있던 여성, 드보라 칼리카크(Deborah Kallikak, 1889－1978)의 가족 계보를 조사한 것으로 그녀의 조상이자 독립전쟁의 영웅이었던 마틴 칼리카크(Martin Kallikak)의 가족 역사에 관한 연구였다.[115] 그녀의 조상이었던 마틴 칼리카크는 전쟁 후에 퀘이커 교도였던 여성과 결혼하여 건전한 가장으로서 사회에서 성공한 후손들을 두게 되었지만, 전쟁 이전의 시기에 잠시 탈선하여 심신미약자였던 술집 여성과의 사이에 출생했던 아들을 두었는데 그는 지적 장애와 정신질환을 앓았고 홀어머니 슬하의 가난한 환경 속에서 양육되었으며 비행을 일삼기도 하였다는 사실을 밝혀내었다. 즉, 칼리카크의 혈통을 가진 두 개의 가계 후손들을 조사한 결과 저능한 술집 여성과의 사이에 생긴 후손들은 사생아, 매춘부, 알코올 중독자, 간질병 환자, 유아 사망자, 범죄자, 성매매 사업자가 다수 있었으나, 품격 있는 여성과 결혼하여 생긴 후손의 경우에는 극히 소수를 제외하고는 모두 정상적이면서도 성공적인 삶을 사는 것으로 나타났다는 것이다. 이 사실을 통해 고다드는 열성 유전인자의 유전가능성을 지적하기도 하였다.

Henry H. Goddard
(출처: https://en.wikipedia.org)

하지만 이들의 연구는 유전의 중요성을 알려주고 있으면서도 양육의 중요성을 배제할 근거를 찾지 못하고 있다는 비판을 받는다. 다만, 양호한 유전자와 정상적인 양육환경을 갖춘 가정들은 법을 준수하는 정상적인 시민들을 배출할 가능성이 높은 반면 그 반대의 경우는 반사회적 인물들을 배출할 가능성이 높다는 점을 증명한 것으로 평가할 수 있겠다.[116)]

2. 쌍생아 및 입양아 연구

일란성 쌍생아는 유전자가 100% 일치하고, 이란성 쌍생아는 생물학적으로 두 부모가 동일한 경우의 형제자매들처럼 50% 동일한 유전자를 공유한다. 쌍생아 연구의 목적은 일란성 쌍생아와 이란성 쌍생아의 범죄 일치율(concordance rate)을 검증해 보는 것이라고 할 수 있다. 만일 쌍생아들이 범죄를 저지르기 쉬운 공동의 특성을 공유한다면 쌍생아 중 한 쪽이 범행을 했을 경우 쌍생아 중 다른 한편도 범행을 했는지를 확인해 보는 것이 필요하다. 만일 어느 한 쪽은 범행을 했는데 다른 한 쪽이 범행을 하지 않았다면 한 쪽이 가지고 있는 특성을 다른 한 쪽은 가지고 있지 않다는 결론을 낼 수 있을 것이다. 그리고 만일 유전자가 범죄행동에 중요한 역할을 하는 것이 맞다면 일란성 쌍생아의 범죄 일치율이 이란성 쌍생아보다 높을 것이다. 이 연구를 위해서 일란성과 이란성 쌍생아들이 같은 환경에서 양육되었다는 조건이 전제되었다. 그 결과 일란성 쌍생아들의 범죄 일치율이 이란성 쌍생아보다 훨씬 높았고, 심지어 강력범죄의 경우 범죄 일치율이 두 배까지 이른 연구결과도 많았다.[117)]

특히 랑게(Johannes Lange)는 쌍생아의 범죄일치도 연구에 있어서 선구자라고 할 수 있는데, 1930년 덴마크 지역에서 광범위하게 동시 출생집단의 기록을 조사한 결과 일란성 쌍생아의 범죄 일치율이 이란성 쌍생아보다 높다는 것을 발견한 바 있다.[118)] 일란성 쌍생아의 범죄 일치율이 높은 것은 평소 사회가 쌍생아들에게 동일하게 행동하도록 기대하기 때문에 비롯된 것이라는 비판이 있긴 하지만, 많은 연구결과들을 종합해 보면 범죄행동에는 중요한 유전적 기초가 있다는 것과 유전자와 같은 생물학적 요인이 범죄에 영향을 주고 있다는 것을 인정할 수 있게 된다.[119)]

한편, 유전적 요인이 범죄행동에 더 큰 영향을 미치는가 아니면 양육환경이 범죄행동에 더 큰 영향을 주는가에 대한 답을 찾기 위하여 입양아 연구(adoption studies)가 진행되었다. 그것은 생물학적 부모와 양부모 둘 중 누가 아이의 행동에 더 큰 영향을 미치는가의 문제이기도 했다. 이 연구를 위해서 피입양자는 생후 6개월 이전에 입양이 된 경우라야 하고, 입양된 이후에는 생부모와 전혀 상호작용이 없이 유아기부터 양부모에게 양육된다는 전제조건이 있었다.

이러한 조건 하에 메드닉(Sarnoff Mednick)과 그의 동료들은 1927년부터 1941년 사이에 코펜하겐에서 태어나 입양된 남자 아이들을 대상으로 입양아 연구를 수행하였다. 연구결과 범죄기록을 가진 생부모에게서 태어난 아이가, 범죄기록을 가진 양부모에게 입양될 경우 가장 높은 미래 범행가능성이 관측되었다. 그중에서도 생부모의 범죄성이 양부모의 범죄성보다 더 크게 후손에게 영향을 미치는 것으로 나타났다. 장차 죄를 범할 가능성이 가장 낮았던 입양아는 생부모 건 양부모 건 범죄기록이 없는 부모에게서 태어났거나 양육된 아이였다. 비록 메드닉의 연구가 범죄기록을 가진 생부모 및 양부모만의 국한된 연구를 수행했기 때문에 방법론적으로 비판은 받았지만 유전적 요인이 사람들로 하여금 범죄에 쉽게 빠지도록 영향을 준다는 사실을 지지해 주고 있다는 면에서 의미 있는 연구라고 볼 수 있을 것이다.[120)]

[표 3-3] 생부·양부의 범죄경험에 따른 양자의 범죄경험률

구 분	부의 범죄경험	양자총수	범죄경험자	비율(%)
생부 · 양부 모두	없음	2,499	336	13.5
양부만	있음	200	30	14.7
생부만	있음	1,226	245	20.0
생부 · 양부 모두	있음	143	35	24.5

(출처: 박상기, 손동권, 이순래, 형사정책, 한국형사정책연구원, 2016, p.112.)

3. 세포 유전학 연구

1900년대 초반에 인간의 체형이 범죄에 영향을 미친다는 체형이론 이외에도 인간의 생물학적 조건이 사람들로 하여금 범행하기 쉽도록 만든다는 연구모델이 제시되었다. 이른바 세포유전학 연구(cytogenetic studies)가 바로 그것이다. 이 연구는 개인의 유전자 구성이 어떠한가에 초점을 두고 있다. 1965년 제이콥스(Patricia A. Jacobs) 일행이 스코틀랜드의 한 정신병원에 입원한 남성 환자들을 대상으로 수행한 연구에서 그들이 일반 남성들보다 염색체 구성에 있어서 비정상적 특성(abnormalities)을 통상적으로 갖고 있다는 사실을 발견한 것이 바로 세포 유전학 연구의 한 사례라고 할 수 있다.

보통 사람의 염색체는 여성의 경우 XX, 남성의 경우 XY로 구성된다. 여성의 경우 하나의 X는 어머니로부터 다른 하나의 X는 아버지로부터 물려받고, 남성의 경우 X는 어머니로부터 Y

는 아버지로부터 물려받게 된다. 이와 관련하여 위의 세포 유전학을 연구하는 학자들은 염색체 돌연변이에 의해 범죄유발이 가능하다는 것을 주장한 것이다. 범죄성이 발현된다고 보는 염색체 돌연변이 유형 중 하나로 제시된 것이 바로 남성의 XYY 염색체이다. 연구자들은 XYY 염색체를 가진 남성이 그렇지 않은 남성보다 남성다운 기질을 더 갖도록 만들지만 정신장애를 앓기가 쉽고 행동장애를 겪을 가능성이 13배나 더 높다는 연구결과를 제시했다.121) 이를 XYY 증후군 혹은 Jacobs 신드롬이라고 부르기도 한다. 후속연구들도 범죄성에 관한 XYY 염색체의 영향력을 부인하지는 못했으나 다만 이 염색체의 변이가 폭력범죄보다는 재산범죄에 더 큰 관련성이 있다고 하였다.122) 결국 세포 유전학에 관한 연구는 개인의 유전자 구성이 범죄성의 발현에 지대한 영향력을 끼치고 있으며 범죄를 범할 수 있는 기질을 형성하는 데 기여하고 있다고 보고 있다.123)

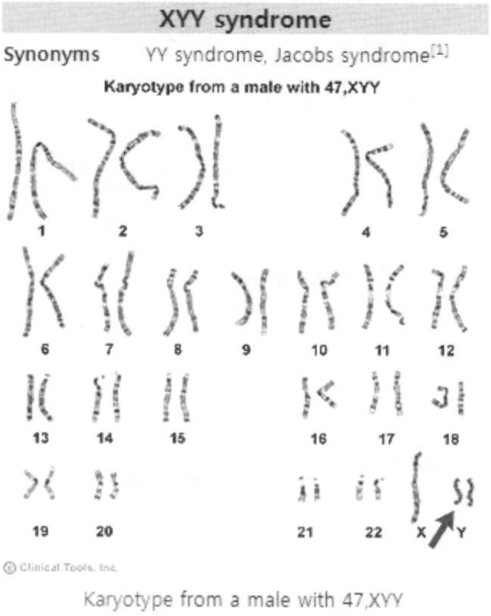

XYY 증후군
(출처: https://en.wikipedia.org)

제7절 진화이론

어떤 학자들은 폭력이나 공격적 행위, 혹은 여타 범죄행동과 같은 인간의 특성들이 오랜 기간 진행된 인간의 진화과정을 통해 만들어진다고 믿고 있다. 예를 들어 어떤 남성들은 자신의 후손을 낳아줄 여성을 얻기 위해 그 여성의 필요를 충족시켜 줌으로써 종족 번식의 기회를 얻게 되지만, 어떤 비열한 남성들은 물리적 힘을 사용하거나 속임수를 써서 여성들을 임신시킨다는 것이다. 이것이 이른바 진화이론의 일종으로 분류되는 기만이론(cheat theory)의 내용인데 대개 범죄자들은 이러한 비열한 남성의 부류에 속한다고 한다. 진화이론에 의하면 어떤 사람들은 환경적 여건으로 인해 이런 기만의 방법들을 경험적으로 학습하기도 하지만, 어떤 사람들은 이러한 기법을 유전적으로 전수받는다고 한다.124)

이 진화이론의 관점에 따르면 한정된 자원에 대한 경쟁이 사람들 간에 서로 영향을 미치면서 인간이라는 종(species)을 형성해 왔다고 보게 된다.[125] 이는 더 많은 자원을 축적할 수 있는 사람이 다른 종을 지배하기가 훨씬 용이하다는 사고에 기반하고 있다. 인간들은 자신의 복지를 증진하고 자신의 후손을 재생산하며 생존을 보장할 수 있도록 자기를 형성시켜 온다는 것이다. 기꺼이 위험을 감수할 줄 아는 남성은 사회적 관계를 더욱 활발히 할 수 있고 더욱 많은 여성들과 성관계를 맺음으로 말미암아 더욱 많은 자녀를 양육할 수 있다고 보고 있는 것이다.

이렇듯 진화이론(evolutionary theory)은 인간의 행동패턴이 후손에게 유전이 되고, 충동적 행동들도 세대를 이어 전수된다고 밝히고 있다. 그래서 인간역사가 전쟁과 폭력이라는 공격적 행위들로 특징지어지는 것이 진화론적 시각에서 볼 때 전혀 이상한 일이 아니라고 보고 있다.[126]

제8절 생물학적 범죄이론에 대한 평가

최근 유전공학 및 생명공학의 발전이 이어지면서 생물학적 과학주의가 범죄이론에도 영향을 미치고 있는 것이 사실이다. 그렇기 때문에 초기 실증주의 범죄이론이 정치에 악용되었던 잘못된 과거를 다시 되풀이하지 않을까 하는 우려도 제기되고 있다. 그래서 피시바인(Fishbein)이라는 학자는 반사회적 행위의 원인을 생물학적 요인에 귀착시켰던 과거 생물학적 범죄학의 허위과학적 측면을 인정하면서 생물학적 범죄이론이 보다 타당성 있게 활용될 수 있는 방안을 다음과 같이 제시하였다.[127]

첫째, 반사회적 집단에서 생물학적인 문제점이 어느 수준으로 발견될 수 있는지와 그 문제점을 파악할 수 있는 기준을 신뢰할 수 있는지에 관한 점이다. 이를 위해서는 범죄자 집단과 통제집단을 비교하는 신중한 연구가 있어야 한다. 만일 생물학적 문제점을 파악할 수 있는 기준의 정확성과 신뢰도가 떨어지면 그 폐해는 선량한 시민들을 범죄자로 취급할 수 있고, 국가의 과잉통제가 가해질 수도 있기 때문이다.

둘째, 범죄원인과 결과 사이의 인과관계를 정확히 밝히는 것이다. 범죄행동에 일부 생물학적 특징들이 발견되었다고 해서 그 행동과 생물학적 특징 사이에 정확한 인과관계가 밝혀지기까지는 그 부분적 상관관계가 일반적인 공식에 의해 산출된 것처럼 성급하게 적용해서는 안 된다는 것이다.

셋째, 범죄행동에 생물학적 결함의 수준이 파악되었다고 하더라도 환경과의 상호작용을 다시 평가할 수 있어야 한다. 생물학적 요인이 범죄에 취약요인으로 작용한 것은 사실이지만 그와 동일한 특징을 가진 사람들이 모두 범죄를 하지는 않기 때문에 환경적 요인이 반사회적 반응을 부추겼는지도 파악해야 하는 것이다.

넷째, 위 3가지에 대한 평가나 진단이 다 이루어진 경우 생물학적 원인에 기반을 둔 변수를 비롯하여 다양한 변수들을 통제할 수 있는 조치들을 취함으로써 범죄예방에 기여할 수 있어야 한다. 생물학적 변수를 범죄예방 차원에서 통제를 했음에도 전혀 효과가 없다면 생물학적 범죄이론에 결함이 있음을 의미하기 때문이다. 물론 범죄예방을 위해서는 생물학적 변수의 통제만으로는 충분하지 않으므로 심리학적 · 사회학적 변수의 통제까지도 함께 고려해야 할 것이다.[128]

한편, 생물학적 범죄학이 현행 형사법체계에 지대한 영향을 미칠 수 있다는 것은 초기 실증주의 범죄이론의 역사를 통해서도 알 수 있었다. 즉, 고전주의 학파의 범죄이론과는 달리 생물학적 범죄이론은 인간의 행동이 본질적으로 사전에 이미 결정된다고 보기 때문에 판사들이 재판을 함에 있어서 이 이론을 긍정할 경우 형벌의 감경조건으로 활용될 수 있을 것이고, 범죄의 원인이 생물심리학적 진단에 의해서 전두엽 손상으로 인한 행동장애라고 판정이 된다면 형벌보다는 치료적 접근을 하도록 사법적 결정을 내릴 가능성이 높기 때문이다. 생물학적 범죄이론이 지닌 과학성은 높이 평가할 수 있겠지만 이 이론이 지닌 위험성에 대해서는 늘 경계를 하지 않으면 안 된다. 범죄원인에 대한 생물학적 근거가 축적되면 사회질서 유지라는 명목 하에 혹은 권력유지의 목표를 위해 사회적으로 영향력이 약한 사람들을 통제할 수 있는 명분을 줄 수 있기 때문이다.[129]

더 나아가 생물학적 범죄이론이 사회 전반의 지지를 얻게 된다면 형사사법체계는 인간행위의 합리성 여부에 대한 법적 평가보다는 행위자의 생물학적 결함 여부를 평가하는 소위 '의료모델(medical model)'로 전환될 소지가 있다. 이 의료모델은 일견 범죄자들을 치료받아야 할 환자로 보기에 재활과 사회복귀, 행동의 교정 등에 기여하는 측면이 있지만, 다른 측면에서는 범죄자들을 생물학적 측면에서 '별종 인간'으로 보면서 이들을 강하게 무력화시키는 정책들을 수행할 수도 있고, 치료적 개입의 한계를 넘어서서 사회적 제거의 논리로 활용될 여지도 있다. 아울러 이들 범죄자들을 양산하고 있는 열악한 사회적 환경에 대한 정부와 지역사회의 책임을 회피하는 구실로 삼을 수도 있을 것이다.[130]

따라서 생물학적 범죄이론의 유산을 이어 받으면서도 범죄자 개인들이 처해 있는 심리적, 사회적 상황에 대한 관심을 놓치지 않기 위해서는 다양한 범죄이론의 시각을 가지고 접근을 해야 한다. 앞서 밝힌 바와 같이 생물사회학적 범죄이론은 초기의 생물학적 범죄이론에 비하면 통합적 시각을 보유하고 있기는 하지만 범죄원인론 분석에 있어서 심리학적 · 사회학적 범죄이론의 연구결과들을 차용하면서 이러한 통합적 접근을 더욱 강화해 나가는 것이 바람직하다고 볼 것이다.

정리하기

○ 생물학적 범죄이론 중 주로 신체적 특징에 관한 연구들로서는 죄수들의 신체적 특징을 연구한 고링(Charles B. Goring)과 후튼(Earnest A. Hooton), 체형학을 연구한 크레츠머(Ernst Kretschmer)와 셀던(Willianm H. Sheldon) 등이 있다.

○ 생물학적 범죄이론 중 생물화학적 조건 이론은 호르몬과 같은 각종 분비물이 범죄행동에 영향을 미친다는 이론이고, 신경생리학적 조건 이론은 대뇌 신경계나 중추 신경 세포의 문제가 범죄와 어떤 상관성이 있는지를 탐구하는 이론이며, 각성이론은 범죄자의 뇌가 외부 환경의 자극에 어떻게 비정상적으로 반응하는지 여부를 연구하는 이론이고, 유전이론은 범죄와 유전적 이상성(abnormality)과의 상관성을 알아보는 연구로서 가계 연구, 쌍생아 연구, 입양아 연구, 세포 유전학 연구 등이 그 연구방법으로 활용되고 있다.

○ 생물학적 범죄이론은 범죄행위 평가에 있어서 인간행위의 합리성 여부에 대한 법적 평가보다는 행위자의 생물학적 결함 여부 평가에 중점을 두는 '의료 모델'로 전환될 소지가 있다. 이러한 의료모델의 채택은 범죄자들을 무력화시키는 정책을 양산할 위험성이 있을 뿐만 아니라 치료정책을 넘어서서 이들을 사회적으로 제거하는 논리로 사용될 여지도 있다. 따라서 생물학적 범죄이론의 장점은 취하면서도 범죄자 개인의 심리적·사회적 상황에도 관심을 기울이는 다각적 접근방법이 유지되어야 한다.

Chapter 04

심리학적 범죄이론

생각해 보기

○ 소년범죄를 많이 다루어 왔던 어느 법관은 “어머니와 가족 간 애착 관계만 튼튼해도 자녀가 비행으로 빠지는 일은 별로 없다”라고 말한다. 다시 말하면 청소년들이 범죄를 저지르는 가장 큰 원인 중 하나가 바로 가정 내의 ‘애착 손상’이라는 것이다. 또한 “아이가 폭력을 보면서 자라면 작은 행동에도 욱하는 성격으로 이어져 쉽게 폭력을 저지르기도 한다”라고 언급하기도 했다.[131)]

○ 어머니와 자식 간의 심리적 유대를 ‘애착 관계’라는 용어로 표현할 수 있다. 에인스워스(Ainsworth)와 벨(Bell)은 애착유형을 크게 3가지로 분류했는데 안정애착, 저항애착, 회피애착이 바로 그것이다. 안정애착은 어머니가 아이들의 욕구에 민감하고 즉각적으로 반응할 때 주로 형성되며 유아가 어머니에 대하여 강하고 만족스러운 애착을 보이는 유형이지만 저항애착과 회피애착은 어머니가 아이들의 행동을 정확히 이해 못하고 일관성이 없거나 아이의 필요에 대하여 무관심함으로써 아이들의 자아존중감을 떨어뜨리게 된 결과 범죄학적으로 많은 문제를 발생시키는 애착관계라고 한다. 어머니가 아이들과 안정적인 애착관계를 형성하지 못하는 이유가 무엇이라고 생각하는가?

○ 위에서 언급한 바와 같이 가정 내 폭력을 보면서 자란 아이들은 자신의 폭력범죄의 가해자가 되기 쉽다. 일종의 모방학습인 셈이다. 그러나 가정폭력을 당하거나 목격을 했다고 해서 모두 다 범죄자가 되는 것은 아니다. 같은 폭력적 가정환경에서 성장했으면서도 어떤 사람은 폭력범죄의 가해자가 되지만 어떤 사람은 범죄와 상관없이 살아가는 사람도 있다. 이 두 사람의 차이는 어디에서 비롯된 것일까?

제1절 심리학적 범죄이론의 등장 배경

이미 결정된 생물학적 조건들에 의해 그 범죄성이 결정된다는 초기 실증주의자들의 견해와, 인간의 신체적 · 환경적 · 사회적 조건들의 조합이 범죄행동을 만들어낸다고 믿은 생물범죄학자들(biocriminologists)의 견해와는 달리 심리학적 범죄원인론자들은 범죄성의 원천을 지능(intelligence), 성격(personality), 학습활동(learning) 등의 심리적 요인들과 범죄행동(crime behavior) 간의 조합에서 찾는다. 예를 들면 고링(Charles Goring, 1870－1919)은 3,000명의 영국 범죄자들의 정신적 특성을 연구한 결과를 밝히면서 심신미약, 간질, 정신이상, 사회성 결여(defective social instinct) 등과 같은 지능적 측면에서의 결함(defective intelligence)이 범죄와 중요한 상관성이 있다고 주장하였는가 하면,[132] 타르드(Gabriel Tarde, 1843－1904)는 인간이 모방의 과정을 통해 타인의 행동을 학습하게 된다고 하는 소위 '모방이론'을 주장한 사례를 들 수 있다.[133] 이들 이외에도 많은 심리학자들, 정신분석가들, 정신건강 전문가들이 심리학적 요인이 범죄와 관련되어 있다는 주장을 펼치면서 심리학적 범죄원인론이 형성되어 왔다. 그 중 대표적인 것들이 정신분석이론(psychoanalytic theory) 혹은 정신역학이론(psychodynamic theory), 애착이론(attachment theory), 정신장애이론(mental disorder theory), 인성이론(personality theory), 행동이론(behavioral theory), 인지이론(cognitive theory), 지능이론(intelligence theory) 등이다.

제2절 정신분석 및 정신역학이론

정신분석이론(psychoanalytic theory) 혹은 정신역학이론(psychodynamic theory)은 비엔나의 정신과 의사였던 지그문트 프로이트(Sigmund Freud, 1856－1939)로부터 시작되었는데 이 이론들은 오늘날 심리학 이론의 중요한 부분을 차지하고 있다. 프로이트는 인간 모두는 어린 시절의 매우 중요한 정서적 애착의 잔류물들을 가지고 있으며 바로 이것이 장래 대인관계 형성을 이끄는 역할을 한다고 주장하였다. 오늘날 정신역학에서는 이러한 프로이트의 정신분석학적 이론에 힘입어 인간이 가진 본능적 충동의 영향력과 인성 형성과정에 작용하는 힘, 그리고 인

성의 발달과정에 초점을 맞춘 연구활동을 진행하고 있다.[134]

1. 의식·무의식과 방어기제

Sigmund Freud
(출처: https://en.wikipedia.org)

프로이트는 청소년기 이전의 초기 단계에서 본능적 충동과 사회적 제재의 상호작용으로 말미암아 인성형성에 문제를 일으키는 이상성(abnormality)이 발생한다고 주장하였다. 이 과정에서 심리적 갈등을 다루기 위한 방어기제가 개인의 인성 내에서 발전하게 되면 정상에서 멀어진 인성(personality)이 형성될 수 있다고 본 것이다.[135] 비록 본인들은 인식하지 못하지만 어린 시절의 충격적 사건이 각 개인에게 영향을 미쳐 비정상적 행위가 발생한다고 주장하면서 잠재의식 차원의 비정상적 행위가 발생할 수 있음을 피력하였다. 이러한 정신적 역동 관계를 설명하기 위하여 그는 인간의 마음이 무의식(unconscious) 영역, 의식 이전(preconscious)의 영역, 의식(conscious) 영역이라는 세 영역으로 구분된다고 하였다.

2. 이드·에고·슈퍼에고와 리비도

프로이트는 개인의 인성을 무의식적 본능(id), 자아(ego), 초자아(superego) 등으로 구분하였다. 무의식적 본능(id)은 태어나면서부터 형성되는 것으로 각 개인의 정신적 구성에 있어서 원시적인 성격을 갖는 영역으로서 성욕, 식욕과 같이 무의식적인 생물학적 충동을 의미한다. id는 '쾌락주의 원칙(pleasure principle)'을 따르며 다른 사람의 권리침해 여부와 상관없이 자기 본능의 즉각적 만족만을 추구한다. 이에 비해 자아(ego)는 어린 시절에 개발되는 영역으로서 자신의 본능적 욕구들이 충족되지 않을 수도 있다는 것을 배우면서부터 형성된다. 이 ego는 각 개개인의 본능적 요구인 id에게 사회가 인정하는 범위 안에서 욕구를 충족하는 법을 지도해 주게 된다. 그 결과로써 인성의 한 부분이 형성되는데 ego는 무엇이 사회적 표준에 부합하는 실제적 행동이 되는가를 고려하는 '현실주의 원칙(reality principle)'을 따르게 된다. 한편, 초자아인 superego는 개인이 가지고 있는 인성의 도덕적 측면을 구성하는 것으로서 세부적으로는 양심(conscience)과 이상적 자아(ego ideal)로 세분화된다. 양심은 ego가 id를 통제하도록 지도함으

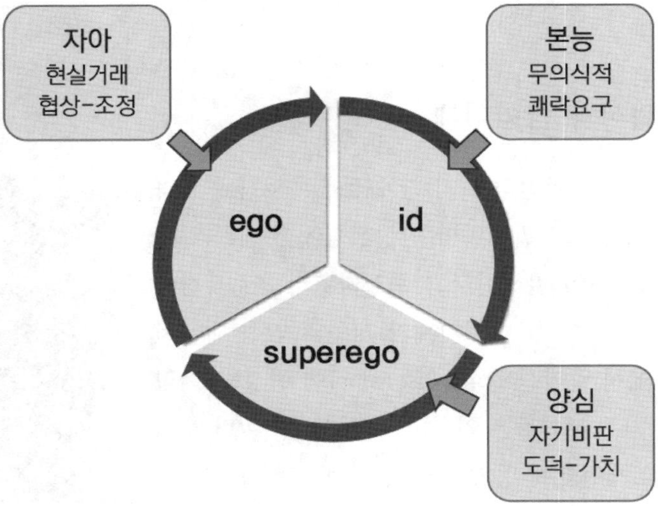

프로이트의 인성 이론

로써 각 개인의 행동이 사회에서 도덕적으로 수용되는 책임 있는 행동이 되도록 하는 기능을 수행한다. 이 superego는 부모나 지역사회 및 중요한 타인들이 제시하는 도덕적 기준이나 가치를 흡수함으로써 형성된다.[136)]

프로이트는 인간심리를 구성하는 세 영역이 일정 범위를 넘지 않아야 하며 그것이 지나칠 때 문제가 된다고 말한다. 예를 들어 지속적인 죄책감과 불안감으로 인해 과도하게 발달된 superego를 가지게 되면 범죄행동을 수행할 수 있다는 것이다. 아울러 프로이트는 성심리(性心理)의 단계적 발전이 인성형성에 중요한 역할을 한다는 주장을 하면서 그것을 구순기(oral stage), 항문기(anal stage), 남근기(phallic stage), 잠복기(latency stage), 성기기(genital stage) 등 5단계로 구분하였다.[137)] 이때 각 단계별로 필요한 욕구가 충족되지 못하면 긴장이 야기되고 이 긴장이 사회적으로 수용이 되지 못할 때 범죄적 적응이 유발될 수 있다고 본 것이다.[138)]

3. 열등감과 정체성의 위기

어떤 심리학자들은 범죄가 어린 시절 형성된 비정상적인 정신상태와 관련이 깊은 것으로 보고 있다. 예를 들어 아들러(Alfred Adler, 1870－1937)는 열등감을 갖는 사람들이 그 열등감을 보상받기 위해 탁월함을 보여주려고 노력한다면서 '열등 콤플렉스(inferiority complex)'라는 용어를 사용하였는데, 이 열등감을 보상받고 자기 유능감을 확인하기 위해서 범죄를 범할 가능성이 있다고 보고 있다. 즉, 무의식 안에 열등 콤플렉스가 있는 사람은 그것을 극복하여 우월감을 획득하고자 비행을 저지르게 되는데 이 비행이라는 것은 열등감을 가진 사람이 그것을 과도하게 보상하기 위하여 다른 사람의 주의를 자기에게 끌기 위한 행동이라는 것이다.[139] 또 에릭슨(Erik Erikson, 1902–1984)은 자신에 대해서 심각한 회의감을 갖는 사람들이 자신의 가치와 방향감각을 찾기 위해 노력하는 때가 '정체성의 위기'의 시기인데 이 정체성의 위기를 겪는 청소년들이 통제를 벗어나 여러 가지 탈선 행동을 하기 쉽다고 말한다.[140]

제3절 애착이론

애착이론(attachment theory)도 정신역학 이론과 긴밀한 연관성을 지닌다. 애착은 다른 사람과의 정서적 유대를 의미하는데 이러한 애착을 형성할 수 있는 능력이 평생에 걸쳐서 사람에게 중요한 영향을 미친다고 보고 있다. 어린 아이가 태어나게 되면 가장 먼저 어머니와 애착관계가 형성된다. 하지만 그 대상이 누구이든 간에 초기에 지속적으로 접촉하는 사람에게 강한 애착이 형성될 수 있다. 애착이론에서는 생후 1년 이내의 유아와 그를 돌보는 사람 사이의 애착의 질이 어떤가에 따라 그 이후 유아의 인지적, 사회적 발달이 크게 좌우된다고 한다.[141]

에인스워스와 벨(Ainsworth & Bell)은 애착유형을 3가지로 분류하였는바, 안정애착(secure attachment), 저항애착(resistant attachment), 회피애착(avoidant attachment)이 바로 그것이다.

안정애착은 유아가 어머니에 대하여 강하고 만족스러운 애착을 보이는 유형인데 어머니가 아이들의 욕구에 민감하고 즉각적으로 반응할 때 주로 형성된다. 이러한 유형의 아이들은 보호자가 존재하는 동안 새로운 사람들을 접촉해도 자유로운 마음으로 그들을 탐색하며 통상적인 대응을 한다. 또한 그들은 보호자가 자신의 필요와 의사표현에 적절히 반응할 것이라고 기대한다.[142]

저항애착은 어머니와 헤어졌을 때 매우 슬퍼하나 다시 대면했을 때 어머니의 접촉에 저항하는 애착관계인데 어머니들이 아이들의 행동을 정확히 이해하지 못하고 일관성이 없을 때 나타나기 쉽다. 저항애착은 '불안–양가 애착(anxious–ambivalent attachment)'과 유사한 형태로 보기도 하는데 그 이유는 보호자가 떠나면 괴로워 하다가도 돌아오면 보호자에 대하여 분노(양가적 저항 행동)를 나타내든지 혹은 무력감(양가적 수동 행동)을 나타내는 등의 예측불허의 행위

를 함으로써 보호자를 선제적으로 통제하려는 특성 때문이다.[143)]

회피애착은 불안－회피 애착(anxious－avoidant attachment)이라고도 하는데 어머니와 분리될 때 거의 감정을 보이지 않고 다시 대면했을 때에도 어머니를 무시하거나 회피하는 반응을 보이는 것으로 어머니가 아이에 대해 무관심하거나 거부하는 등 자기중심적으로 행동할 때 나타나는 애착관계이다. 아이는 자기 주변에 누가 있든지 별로 흥미를 갖지 않고 탐색행동을 하지 않는다. 에인스워스와 벨은 이러한 회피애착을 보이는 아이들의 행동이 사실은 고통의 가면(a mask for distress)라고 칭한 바 있다.[144)] 회피형 애착관계에 있는 아이들은 자아존중감이 낮아 무가치한 존재로 인식할 가능성이 높기에 범죄학적으로 가장 문제가 있는 애착관계라고 볼 수 있다.[145)]

[표 3-4] 애착의 유형

	안정애착	저항애착	회피애착
양육방식	요구와 필요에 민감	일관성 없음	무관심과 거부
아동의 반응	분리시 슬퍼함 재회시 기뻐함	분리시 슬퍼함 재회시 저항/무력	분리시 무표정 재회시 무시/회피

애착이론을 주장한 또 다른 학자 보울비(John Bowlby)는 어린 아이의 경우 만일 어머니가 안 보이게 되면 끊임없이 울면서 분리되지 않으려 하는 성향을 보이는데 이것을 소위 '분리 불안(separation anxiety)'이라고 칭하고 있다. 이는 모든 포유동물에게서 볼 수 있는 현상이며, 이러한 분리 불안은 본능에 기인하거나 진화론적 이유에서 생길 수 있다고 말한다. 프로이트가 말하는 ego나 superego의 형성이라는 것도 아이가 태어났을 때 가장 친밀한 타인인 어머니와 아이 사이의 애착관계에 연계되어 있다고 주장한다. 그는 사람이 정신적으로 건강하게 성장하려면 유아기나 유년기에 어머니와 따뜻하고 친밀하고 지속적인 관계형성을 경험해야만 한다고 말한다.[146)]

그래서 어린 시절에 적절한 애착관계가 발전되지 못하면 수많은 심리학적 문제들이 발생하게 되는데 그 문제 중의 하나가 타인에 대한 신뢰와 존중의 부족이다. 주의력 결핍 과잉행동장애(ADHD)도 사실은 애착관계가 발전하지 못하여 생기는 현상으로 보고 있다. 그런 장애를 가지고 있는 자들은 성인이 되어서도 타인과 관계형성 및 관계유지에 어려움을 겪고 연애도 잘 못하게 된다. 범죄학자들은 분리 불안을 겪는 사람들은 성폭행이나 아동학대 등 다양한 유형의 반사회적 행동을 하게 된다고 주장한다.[147)]

제4절 정신장애와 정신이상 이론

미국 정신의학회에서 발간한 DSM-5에서는 정신장애의 정의를 다음과 같이 하고 있다. 즉, "정신장애란 개인의 의지, 감정조절, 행동 사이의 임상적 장애를 특징으로 하는 증후군으로 그 개인의 정신적 기능을 뒷받침하는 심리적 · 생물적 · 발달적 과정이 손상되었음을 보여준다. 개인의 기능 손상에서 비롯되는 것이 아니면 정신장애라 말하지 않는다."[148] 정신역학 이론에 따르면 정서적 상처를 입게 되면 심각한 정신장애를 유발하여 결국 일련의 범죄나 탈선행위를 할 수 있다고 보고 있다.

정신장애가 의심되는 범죄자에게 법적 책임을 물을 수 있는지가 문제이다. 우리 형법 제10조 제1항은 "심신장애로 인하여 사물을 변별할 능력이 없거나 의사를 결정할 능력이 없는 자의 행위는 벌하지 아니한다."라고, 제2항은 "심신장애로 인하여 위에서 언급한 능력이 미약한 자의 행위는 형을 감경할 수 있다."라고 각각 규정하고 있다. 미국의 경우에 정신장애가 의심되는 자를 처벌해야 하는지를 결정하는 기준은 범죄적 의사결정이 과연 합리적인지 여부이다. 비합리적 사고를 바탕으로 범죄를 저질렀다면 법적 책임을 면할 수 있다는 것인데 이러한 평가를 받기 위해서는 "① 범죄자가 자신의 행위가 잘못되었다는 사실과, 자기가 하는 행동의 심각성을 정신질환으로 인해 자각하지 못했다는 것을 명확히 증명할 것(M'Naghten Rule, 맥노튼 규정)과 ② 범죄를 저지르는 시점에서 법이 금지하는 행동에 대한 인지능력이 없거나 이를 판단할 능력이 없을 것(Brawner/Ali Rule)" 등의 조건을 충족할 것이 요구된다.[149]

정신장애는 정상적인 사고나 감정, 기타 다른 중요한 심리학적 과정들을 붕괴시키는 일련의 심리학적 조건들이라고 할 수 있다. 정신장애가 있는 사람들은 사회적 기대에 어긋나는 방향으로 행동하기가 쉽고 일상적 활동을 제대로 하기 어려운 경우가 많다. 그 유형으로는 비교적 가벼운 기분장애가 있는가 하면 심각한 수준의 정신이상 혹은 정신증(psychosis) 형태도 있다. 이하에서 각 유형별 정신장애를 살펴본다.

1. 반항장애 · 행동장애 · 기분장애

반항장애는 DSM-5에서 '파괴적/충동조절 및 행동장애(Disruptive, impulse-control, and conduct disorders)' 하단에 있으며, 아동 및 청소년기에 '분노하거나 과민한 기분, 논쟁적이거나 반항적인 행동 혹은 보복행위'로 정의한다. 행동장애를 가진 아이와 달리, 반항장애 아동은 사람이나 동물에 공격성을 드러내지 않으며, 타인의 재물을 파손하지도 않고, 절도나 사기 행위를 보이지 않는다.

반항장애(Oppositional Defiant Disorder, ODD)를 겪는 아이들은 그들의 일상생활에 진지하게 간여하는 권위자들에게 비협조적이고 반항적이며 적대적인 행동을 보이게 된다. 결국 이들은 쉽게 좌절한 나머지 약물남용에 빠지기 쉽다고 한다.[150)]

행동장애(Conduct Disorder, CD)를 겪는 사람들은 반항장애보다 훨씬 심각한 정서적 문제를 안고 있는 사람들로 분류된다. 이 장애가 있게 되면 사회에서 수용 가능한 방식으로 규범을 준수하거나 행동하기가 어렵다. 이들은 심각한 반사회적 성향을 보이게 되며 단순 폭행, 성폭행, 동물 학대 등의 범죄를 범하기 쉽다고 한다. 이 행동장애는 뇌의 전두엽 부분을 비롯한 뇌의 특정 부분에 문제가 있게 되면 야기되기 쉽다는 입장, 세로토닌 분비의 수준이 영향을 줄 수 있다는 입장, 가족 중에 행동장애가 있을 경우 유전적 요인에 의해 행동장애가 강화될 수 있다는 입장 등 다양한 주장들이 제기되고 있다.[151)]

기분장애(Mood Disorder, MD)는 단순히 반사회적 행동만으로 그치지 않고 심리적 억압이나 우울 등에 제대로 대처하지 못하도록 만들어 불법적 행동을 하게 한다.[152)] 이러한 기분장애는 감정의 상태가 시시각각으로 변한다는 의미에서 정동장애(affective disorder)라고 표현되기도 한다. 정동장애는 우울증과 조울증으로 구분되는데 우울증이 심한 경우에는 심한 걱정, 죄책감, 자기 비하 등으로 심한 감정의 기복을 경험하며 자살이나 죽음을 생각하게 된다. 우울증은 살인 범죄나 자살로 이어지기 쉬운데 자살하는 사람의 약 90% 정도가 정신장애이고, 그 중에 80%가 우울증 환자라는 보고가 있다.[153)]

2. 정신이상

정신이상이라 함은 사고를 분명하게 할 수 없고, 정서적으로 반응하기 매우 어려우며, 효과적으로 대화를 하는 데 심한 장애가 있고, 현실을 제대로 파악하지 못하며, 적절한 행동을 취하기가 극히 어려운 정신질환을 말한다. 연쇄살인범 중에는 정신이상(psychosis)인 사람이 많다. 정신이상 증세를 가진 사람들은 환청을 듣고, 환각 증세를 가지면서 현실에 전혀 부합하지 않는 행동들을 하게 된다. 그들은 스스로를 악마의 대리인 혹은 복수하는 천사라고 느끼기도 하고, 동물이나 식물에서 어떤 메시지를 받았다고도 하는 반응도 보이는데 이러한 증세는 광적인 우울증이나 양극성 장애(bipolar disorder) 등에서 오는 정신병의 일종이라고 볼 수 있다. 이런 심각한 정신질환에 시달린 사람들이 폭력 범죄자로 되기가 매우 쉽다는 연구결과들이 존재한다.[154] 정신이상을 다음과 같이 세부유형으로도 분류할 수 있다.

2-1. 정신분열증(조현병)

정신분열증은 비합리적이고 괴상한 사고과정을 나타내며 사용되는 언어가 혼란스럽고, 그들이 하는 말은 비현실적인 경우가 많으며, 이 증세가 있는 사람들은 타인에 대하여 적대감을 갖거나 위협을 느끼며 불신감을 갖고 부적절한 감정적 반응을 하게 된다.[155] 또한 이들은 망상이나 환시 및 환청과 같은 환각 증세를 보인다. 정신분열증이 있게 되면 범죄의 잔혹성이 높아지며 살인을 저지를 확률은 그렇지 않은 범죄자보다 10배 정도 높은 것으로 나타났다.[156]

2-2. 망상증

망상증(paranoia)이란 다른 사람들의 행동에 대한 동기를 특별한 근거 없이 의심하는 것으로서 사물에 대한 객관적인 관찰과 판단을 제대로 하지 못하는 특징을 지닌다. 피해망상이나 과대망상에 빠져서 종종 공격적 행동을 할 수 있어 이러한 행동이 범죄로 연결되기도 한다. 어떤 행위가 망상적 특성을 지녔는지 여부는 타인의 동기에 대한 민감성, 타인을 의심하는 근거의 합리성, 망상개념의 논리나 조직화 여부 등으로 판단한다. 망상적 사고가 현실을 객관적으로 인식하는 것을 강력하게 방해하는 상황을 정신분열증적 편집증(paranoid psychosis) 증세로 판단하는데 이 경우 망상을 기반으로 하여 자기 생존이 위협받는다고 생각하고 적대감을 품고 공격을 가하는 등 위험한 상황이 전개될 수 있다.[157]

3. 정신신경증

정신신경증(neuroses)이란 뇌의 병리적 장애와 상관없이 심리적 장애 때문에 정신이나 신체 활동에 장애를 초래하는 것을 말하며 정상적인 지각작용과 사고가 가능하다는 점에서 정신병과 구별되고, 그 원인이 기질적이지 않다는 점에서 성격장애와 구별된다. 이 정신신경증은 내심의 욕구를 과도하게 억제할 때 초래되기 쉽다고 보고 있으며 정도가 심할 경우 범죄를 유발하는 요인이 되기도 한다.[158]

이 정신신경증 증세를 세부적으로 불안신경증과 강박신경증으로 분류하기도 하고, 불안장애와 충동조절장애로 분류하기도 한다. 불안신경증 혹은 불안장애란 불안감을 해소하지 못해 정신신체상의 장애를 느끼는 경우를 말하는데 불안감이 해소되지 못할 경우 죄책감과 불안감을 해소하기 위해 범죄행위를 저지르게 된다는 것이다. 이에 비해 강박신경증이란 이성적으로 불합리하다는 생각을 떨쳐버리지 못한 채 특정 행동을 반복하게 되고 그럴수록 불안감이 증가하는 증세를 보이는 정신장애이다. 이 경우 내적 불안감을 발산하기 위해 성범죄, 방화, 절도 등의 범죄를 범할 수 있다고 한다.[159]

충동조절장애(impulse control disorder)라 함은 자신이나 다른 사람을 해할 수 있는 유혹이나 충동을 통제하지 못하는 증상으로서 충동이나 긴장이 증가하면 때로는 즐거움을 얻기도 하며, 내심의 충동을 실행하지 못한 경우 죄책감을 느끼기도 하고, 이를 실행한 경우 자유로움을 느끼기도 한다. 이러한 충동조절장애는 범죄와 깊은 상관성을 지닌다.[160]

제5절 행동이론

심리학적 행동이론(behavior theory)이란 인간의 행동이 학습경험을 통해 개발된다고 주장하는 이론을 말한다. 행동이론은 무의식적 인격특성이라든가 어린 시절에 만들어진 인지발달의 유형에 초점을 맞추는 것이 아니라 일상생활을 하는 동안에 사람들이 관여하게 되는 실제 행동에 관심을 갖는다. 행동이론의 가장 중요한 전제는 자기의 행동에 대한 다른 사람의 반응을 본 후 그 반응에 따라 자신의 행동을 변경한다는 점이다. 행동은 보상으로 강화되기도 하고, 처벌로 인해 약화되기도 한다. 범죄행동과 관련해서 행동이론 지지자들은 폭력행위와 같은 범죄조차도 살아가는 과정에서 발생하는 제반 상황에 대해 학습된 반응이라고 파악하는데 그 반응이 항상 심리학적으로 비정상적인 것만을 의미하지는 않는다고 보고 있다.[161]

1. 스키너의 강화이론

행동이론을 본격적인 궤도에 올려놓은 학자는 스키너(B. F. Skinner, 1904-1990)라고 할 수 있다. 스키너는 모든 행동은 학습될 수 있다는 것과 관찰되고 목격되는 행동이 인간의 무의식에 근거한 행동보다 더 많은 영향을 주고 있고, 그러한 관찰되는 행동이 관찰자에게 쉽게 전달되며, 정교한 행동으로 발달해 나갈 수 있다고 주장하였다.[162] 스키너는 아동이 성장기에 한 행동에 대하여 칭찬이나 보상이 주어지면 그 행동이 강화되어 나아가지만 처벌이나 제재를 받게 되면 그러한 행동을 억제해 나간다고 하면서, 특정 행동이 보상이라는 정적 강화와 부정적인 것의 제거라는 부적 강화의 수단으로 유도될 수 있다는 조작적 조건화 이론을 제시한다.

2. 반두라의 학습이론

행동이론 중에서 대표적인 것이 사회학습이론(social learning theory)이다. 이 사회학습이론을 인간의 인지능력을 통해 학습이 이뤄지는 심리적 과정에 초점을 맞추면 심리학적 범죄이론으로 볼 수 있으나 사회적 상호작용의 측면에 초점을 맞추면 사회학적 범죄이론으로 분류할 수 있다.

사회학습이론 주창자인 반두라(Albert Bandura)는 "사람들은 폭력행위를 할 수 있는 능력을 가지고 태어나는 것이 아니라 그들의 삶의 경험을 통해서 공격적 행동을 하는 것을 배우게 되는 것이다."라고 말함으로써 학습행동이 범죄와 깊은 관련성이 있음을 주장하였다.[163] 이러한 경험은 TV나 영화를 통해서 폭력행위를 통해 보상받은 장면을 보거나, 다른 사람들이 목표달성을 위해 공격적으로 행동하는 모습을 직접 관찰하는 것들을 포함하고 있다. 어린 시절에 폭력적 장면을 관찰한 경험을 하게 되면 그 행동을 모방한 나머지 어른이 되어 사회적 관계를 유지해 나감에 있어서 폭력적 생활 패턴을 갖기 쉽다.

Albert Bandura
(출처:https://en.wikipedia.org)

반두라는 버제스(Burgess)와 에이커스(Akers)의 차별강화이론이 보상이나 처벌을 범죄행위와 연관 지었던 것과는 달리 아무런 보상과 처벌이 없어도(조작적 조건화), 그리고 아무런 자극이나 반응이 없어도(고전적 조건화) 다른 사람의 행동을 단순하게 관찰하는 것만으로 중요한 학습은 일어난다고 보았다.[164]

사회학습이론가들도 정신적 · 신체적 특성이 어떤 사람으로 하여금 범죄적 성향을 갖도록 할 수 있다는 점은 인정한다. 그러나 그러한 범죄적 성향이 사람과 사람 사이의 모방과 같이 환경적 요소를 만나 비로소 실현된다고 생각하고 있다. 공격적 행동이 어떤 구체적 형태를 띠면서 얼마나 빈번하게 실생활에 발생하는가 하는 것은 바로 모델링이나 모방행동과 같이 사회학습을 통해 이뤄진다고 보고 있다.[165]

제6절 인지이론

심리학에서 최근 주목받고 있는 분야 중의 하나가 인지심리학(cognitive psychology)이다. 인지심리학자들은 사람의 정신적 과정에 초점을 맞추면서 사람들이 어떻게 사물을 지각하고, 자기 주변의 세계를 표현하며, 자신들이 가진 문제들을 해결해 나가는가 하는 점에 주안점을 두고 연구를 진행한다. 이 인지이론(cognitive theory) 분야 연구에 선도적 역할을 한 사람들은 분트(Wilhelm Wundt, 1832－1920), 티치너(Edward Titchener, 1867－1927), 제임스(William James, 1842－1920) 등이다. 최근에 인지심리학 분야는 '도덕적 발달(moral development)' 영역, '인본주의 심리학(humanistic psychology)' 영역, '정보처리과정(information processing) 이론' 영역 등으로 세분하여 연구되고 있다. 도덕발달 영역에서는 세상에서 사람이 도덕적으로 행동하는 법을 터득하는 것을 다루게 되고, 인본주의 심리학에서는 자기인식이라든가 자기가 느낀 감정을 진술하는 것을 다루게 되며, 정보처리 영역에서는 사람들이 문제를 해결하기 위해 처리하고, 저장하고, 인출하고, 조작하는 정보들에 관한 문제를 다루게 된다.[166]

1. 도덕 발달이론

사람이 외부 사회의 가치체계와 규범을 마음속에 받아들여 이를 행동지침으로 삼을 수 있다면 범죄는 발생하지 않을 것이다. 그런데 사회규범이나 가치체계를 자기의 행동기준으로 받아들이는 작업, 이른바 '내재화(internalization)'가 모든 사람에게 동일하게 일어나는 것은 아니다. 어떤 사람은 사회적 기대와 가치체계를 쉽게 받아들이는 반면 어떤 사람은 어려움을 느끼기 때문이다. 사회규범을 내재화하기가 가장 어려운 사람들이 바로 범죄자들이라고 할 수 있다. 이는 그들이 법이나 규율에 대한 자신의 사고를 사회가치에 부합하도록 조직화하는 일, 즉 도덕적 추론(moral reasoning)이나 법적 추론(legal reasoning)을 통해 사회규범을 내재화하는 일에 실패한 자들이기 때문이다.[167]

인지심리학에서 도덕적·지적 발달이론은 범죄이론에 큰 영향을 미치게 되는데 피아제(Jean Piaget, 1896－1980)는 이 분야에 토대를 놓은 학자이다. 그는 인간이 이성을 가지고 추론하는 과정은 태어난 이후 성숙한 성인에 이르기까지 ① 감각운동기(sensorimotor stage), ② 전조작기(preoperational stage), ③ 구체적 조작기(concrete operational stage), ④ 형식적 조작기(formal operational stage) 등과 같이 질서정연한 형태로 발전해 나간다고 보았다. 어린아이들은 처음에 자기가 흥미를 갖는 영역을 찾으면서 환경에 대하여 단순한 형태로 반응하다가 마지막 단계인 형식적 조작단계에 이르면 논리와 추상적 사고 등을 활용하면서 성숙한 성인의 단계로 발전한다고 한다.[168]

이에 대하여 콜버그(Lawrence Kohlberg)는 피아제의 입장을 약간 수정하여 도덕수준 발달단계를 처음에는 ① 관습 이전의 단계(preconventional), ② 관습 단계(conventional), ③ 관습 이후의 단계(postconventional) 등 세 유형으로 구분하였고 후에 이를 다시 세분하여 6단계로 구성하였다. 초기 3단계에 대응하는 후기 6단계 과정은 다음과 같다. ① 관습 이전의 단계에는 처벌을 피하기 위한 행동이나(1단계), 보상 또는 강화를 받기 위한 행동 단계(2단계)가 이에 해당된다. 이는 저급한 도덕수준에 머무르는 단계이다. ② 관습단계에서는 주위의 기대에 부합하려는 행동이나(3단계), 자신의 의무를 다하고 법과 질서를 준수하는 것이 옳다고 생각하며 행동하는 단계(4단계)가 해당된다. 이는 사회의 통상적 도덕수준에 부합하는 단계라고 할 수 있다. ③ 관습 이후의 단계는 사회기준에 따라 사회적 규범이 변화할 수 있다는 것을 자각하는 단계(5단계)와 법의 제약과 상관없이 자신이 선택한 도덕원리에 따라 행하는 것을 옳다고 인정하며 행동하는 단계(6단계)가 해당된다. 이는 가장 높은 도덕수준의 단계라고 할 수 있다.[169]

그의 견해에 따르면 대개 10세에서 13세 사이의 도덕수준 발달이 낮은 관습 이전의 단계에서, 사회생활에 필요한 보통의 도덕수준이라고 볼 수 있는 관습 단계로 이전되는데 범죄자들은 동일한 사회적 배경을 가진 비범죄자들보다 도덕수준 발달이 매우 낮은 것으로 파악되고 있다.[170] 콜버그는 도덕적 발달단계 개념을 범죄학에 응용한 최초의 학자로서 강력범죄자들의 도덕적 성향은 법을 준수하며 사는 시민들과 다르다고 주장하였다. 대개 범죄자들의 도덕적 추론 능력은 그가 설계했던 6단계 도덕발달 단계 중에서 매우 낮은 1~2단계에 머무름으로써 도덕적 추론 능력이 3~4단계에 해당되었던 비범죄자들과 대조를 이루고 있음을 밝힌 바 있다.[171]

[표 3-5] 콜버그의 도덕수준 발달 6단계

6단계	관습 이후 단계	보편적 윤리원칙에 부응하는 행동	상호존중 및 보편적 관점
5단계		사회계약을 준수하려는 행동	계약적 관점
4단계	관습 단계	권위존중/사회질서 유지하려는 행동	사회제도적 관점
3단계		주위의 기대에 부합하려는 행동	사회관계적 관점
2단계	관습 이전 단계	보상 또는 강화를 받기 위한 행동	도구적 이기주의적 관점
1단계		처벌을 피하기 위한 행동	맹목적 이기주의적 관점

2. 정보처리과정이론

인지심리학자들 일부는 정보처리과정이론(information processing theory)에 관한 연구를 통해 반사회적 행동을 설명하려고 시도한다. 이 연구는 사람이 그들이 처한 환경을 이해하기 위해 정보를 어떻게 이용하는지 그리고 정신적으로 인지작용을 어떻게 수행하는지에 관한 내용을 다룬다. 그들은 인간의 의사결정 행위는 다음과 같은 4단계의 인지적 사고과정을 거친다고 보고 있다.[172]

- 1단계: 환경에서 오는 정보를 입력한 후 이를 해석하는 단계
- 2단계: 적절한 대응을 탐색하는 단계
- 3단계: 가장 적합한 행동을 결정하는 단계
- 4단계: 결단한 것을 실천하는 단계

이 정보처리과정이론에 따르면 정보를 적절하게 잘 처리하는 정상적인 사람들은 정서적 부담을 주는 사건을 직면해도 반사회적 행동을 피할 수 있는 행동을 선택하게 되는데, 범죄를 저지르기 쉬운 사람들이나 범법자들은 인지적 결함이 있는 탓에 의사결정 과정에서 정보를 잘못 사용하거나 인지기능을 통상적인 방법으로 사용할 능력이 부족하다고 보고 있다. 이런 유형의 사람들은 신기한 경험을 찾는 '자극 추구자(sensation seeker)'인 경우도 있고, 자기 행동으로 초래되는 문제점을 깊이 생각하지 않고 경솔하게 행동하는 부류의 사람들이기도 하며, 사회에 대하여 부적합한 태도나 신념을 갖고 있는 사람들일 수도 있다.[173]

부적절한 인지과정을 가진 사람들은 자기들이 세상에서 불리한 위치에 놓여 있다고 생각하거나 삶 속에서 발생하는 부정적 사건들에 대하여 자기가 통제할 수 있는 여지가 거의 없다

고 생각한다. 그래서 이러한 인지체계를 가진 만성적 범죄자들은 자기들의 필요를 즉각적으로 충족시켜 줄 수 있는 수단으로써 범죄를 선택하게 되는데, 그것은 법을 준수하면서 사회적 필요를 충족하기가 너무 어렵다고 보기 때문이다. 그들은 왜곡된 세계관을 가지고 있기에 스트레스를 받으면 올바른 결정을 내리기 어려우며, 어떤 상황이 전혀 폭력적 반응을 필요로 하지 않음에도 그것이 필요하다고 믿고 공격적인 행동을 하게 되는데 이는 다른 사람의 감정이나 정서 상태를 파악하는 능력이 부족한 데서 기인한다.[174]

3. 인지결함의 원인과 처방

인지결함의 한 원인으로 제시될 수 있는 것은, 일을 수행하고 주의를 기울이며 기억을 하고 언어를 구사하며 지적 기능을 수행하고 있는 전두엽 부분의 뇌손상을 들 수 있다. 이러한 뇌손상은 태어날 때 충격이나 어머니의 약물남용 혹은 그 이후 아동학대 행위에서 비롯된다고 보고 있다. 인지과정이 망가진 사람들은 어린시절에 학습을 통해 구축된 '마음 속 각본(mental script)'에 의존해서 사고를 하게 된다. 공격적이고 부적합한 행동을 한 부모들이 자녀들에게 영향을 주었을 수도 있는데 어린 시절에 폭력적 행위로 학대를 당한 아동들은 공격적 반응을 강조하는 '마음 속 각본'에 따라 성장과정에서 계속 반복 학습을 해왔기 때문에 폭력적 행동으로 반응하는 것이 그들에게 심리적인 안정감을 주게 된다.[175]

정보처리과정에 토대를 둔 인지결함 치유를 위한 처방을 생각할 때 고려해야 할 점은 사람들은 외부에서 어떤 자극이 가해질 때 모욕감이 증대되거나 분노가 강화될 수 있다는 사실이다. 인지치료가(cognitive therapist)들은 폭발적 성격을 가지고 있는 사람들로 하여금 대상자를 자극할 수 있는 사회적 문제를 제시해 주면서 보복보다는 문제해결로 나아갈 수 있도록 공격적 충동을 통제하게끔 지도하고자 노력한다. 즉 자기노출(self-disclosure), 역할연기, 경청, 지침 준수, 참여, 자기통제 기법 등 문제해결의 기술을 교육시키는 방법으로 인지결함을 극복시키고자 하는 것이다. 인지결함을 가진 사람들이 문제해결자로서의 역할을 보다 잘 수행할 수 있도록 하는 데 사용되는 치료적 개입(therapeutic intervention) 기법들로 다음과 같은 것들이 제시된다.[176]

- 문제에 대한 대처능력과 문제해결 기술의 증진
- 동료, 부모, 다른 성인들과의 관계 증진
- 약물남용이나 폭력을 사용하는 또래들의 압력에 잘 저항할 수 있도록 갈등해결기술 혹

은 의사소통기술 및 방법의 교육

- 타인과의 협력, 자기책임의 개발, 타인 존중 등의 방법을 교육시켜 사회친화적 행동을 모방하도록 지도
- 감정이입 능력을 증진시키는 훈련

제7절 인성이론

한 사람의 인성은 살아가면서 직면하는 삶의 필요나 어떤 문제들에 대해 적응해 나가는 특징적 방식을 반영해 준다. 우리의 인성이나 성격은 삶 속에서 발생하는 사건들을 해석한 후 적합한 행동을 선택하도록 하는 기능을 하고 있는데 이것이 바로 우리의 행동방식이 된다. 인성 혹은 성격(personality)이란 사고적(thought) 측면이나 정서적(emotion) 측면에서 어떤 사람을 다른 사람과 구별하게 하는 상당히 안정된 행동패턴을 의미한다고 정의할 수 있다.[177)]

1. 인성 형성 요인

많은 요소들이 범죄적 인성 형성에 기여하고 있는 것으로 파악되고 있다. 예컨대, 정신질환이 있는 부모에 의한 부적절한 사회화, 어린 시절 부모로부터의 거절이나 사랑의 결핍, 어머니의 흡연이나 일관성 없는 훈육 등이 그러한 요소들에 속한다. 충동성, 적대감, 공격성, 냉담성과 같은 반사회적 인성은 폭행이나 강간과 같은 범죄뿐만 아니라 화이트칼라 범죄나 기업범죄 등과도 관련이 되고 있다. 이처럼 인성은 어떤 사람의 반사회적 행동을 이해하는 데 핵심적 역할을 하고 있다. 인성적 결함이 심할수록 심각한 반사회적 행동을 할 가능성은 증가된다고 볼 수 있다.[178)]

2. 글룩 부부의 인성이론

글룩 부부(Sheldon Glueck & Eleanor Glueck)는 범죄자와 일반인을 일반적으로 구별할 수 있는 성격 요인 판별기준을 찾기는 어렵지만 범죄집단과 정상집단을 비교하여 두 집단 사이의

성격유형 차이는 밝혀낼 수 있다고 보았다. 그들이 밝혀낸 비행집단의 성격(인성)의 특징들로는 다음과 같은 것들이 제시되었다. 즉, ① 강한 자기주장, ② 타인에 대한 관심의 부족, ③ 반항, ④ 외향성, ⑤ 인정받지 못한다는 감정, ⑥ 양향적 태도, ⑦ 권위에 대한 불신, ⑧ 충동성, ⑨ 빈약한 대인관계 기술, ⑩ 자기도취적 태도, ⑪ 정신적 불안정성, ⑫ 의심, ⑬ 적대감, ⑭ 파괴적 태도, ⑮ 분노와 가학 등이 그것이다.179)

3. 아이젠크의 인성이론

심리학자 아이젠크(Hans Eysenck)는 반사회적 인성과 관련되는 두 가지 특성을 발견함으로써 인성을 범죄와 연결시켰는데 그것이 바로 외향성과 내향성(extroversion – introversion) 개념, 그리고 안정성과 불안정성(stability – instability) 개념이다. 극단적으로 내향적인 인성은 지나친 각성 수준으로 말미암아 자극을 주는 것들을 피하려고 한다. 이들은 학습이 느리고 조건적이다. 반면 극단적으로 외향적인 인성은 각성 수준이 낮아 자극을 추구하게 된다. 이들은 충동적이어서 자신들의 동기나 행동이 갖는 의미를 살펴볼 능력이 부족하다.

Hans Eysenck
(출처: https://en.wikipedia.org)

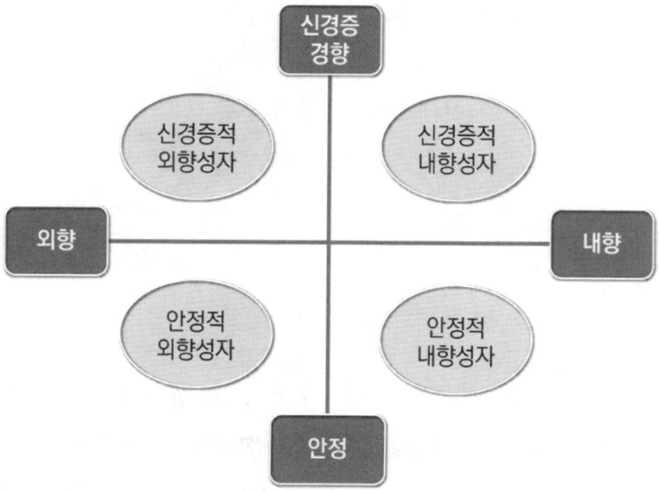

아이젠크의 인성이론

아이젠크는 불안정성을 '신경증적 경향(neuroticism)'이라고 칭하는 가운데 신경증적 경향과 외향적 인성을 아울러 가진 사람들은 자기통찰력이 부족하고 충동적이며 정서적으로 불안정하여 차분하게 이성적으로 판단하기가 어렵기 때문에 자기파괴적으로 행동할 수 있다고 본다.[180] 이 자기파괴적 행동이 범죄와 관련되는 것은 분명하다. 그는 사람의 인성이 유전적 요인에 의한 통제를 받고 있고 이런 것들이 후대로 이어질 수 있다고 보았다.

4. 반사회적 성격이론

미국 정신과 의사협회의 정신질환 진단 및 통계 매뉴얼(DSM−5)에 따르면 반사회적 성격이란 다른 사람의 권리를 무시하거나 침해하는 현저한 행동방식으로서 어린 시절이나 청소년기의 초기에 형성되어 성인기까지 지속된다고 보고 있다. 최근 많이 사용되고 있는 사이코패스라는 용어는 반사회적 인성을 가진 사람들을 설명할 때 통상적으로 사용하는 용어이다. 다음 열거되는 증상 중 최소한 3개 이상이면 반사회적 성격장애가 있는 것으로 진단할 수 있다.[181]

- 사회규범 준수의 실패
- 반복적인 거짓말과 속임수
- 충동성 또는 계획된 일의 수행 실패
- 반복된 싸움이나 폭행에서 보여주는 성급함과 공격성
- 다른 사람의 안전을 무시하는 주의력 없는 태도
- 일관된 무책임성
- 다른 사람에게 피해를 준 것에 대한 반성의 부족

제8절 지능이론

지능(intelligence)이라 함은 논리적으로 추리하고, 추상적으로 사고하며, 복잡한 사상을 이해하고, 경험으로부터 학습하며, 복잡한 문제에 대한 해결책을 발견할 수 있는 인간의 능력을 말한다. 범죄학에서의 지능이론(intelligence theory)은 인간의 지능이 범죄와 관련을 맺고 있다는 주장을 담고 있는 이론이다.

사람들은 평균 이하의 지능을 가진 사람들이 범죄를 범할 위험이 있다고 오랫동안 믿어 왔다. 범죄가 선천적 · 유전적 요소에 의해 결정된다는 입장이 자연이론(nature theory)이고, 부모의 양육태도와 주변의 관심 여부에 의해 결정된다는 이론을 양육이론(nurture theory)이라고 할 때, 지능지수(Intelligence Quotient, IQ)는 유전적으로 결정되는 것이며 낮은 지능이 범죄행동과 밀접한 관련이 있다고 보는 것이 자연이론의 입장이다. 자연이론은 20세기 초반 IQ테스트 기법이 개발되면서 지지를 받은 바 있다. 교도소 수감자와 소년원생들을 대상으로 한 IQ테스트에서 낮은 점수를 받은 재소자들이 많았던 탓이었다. 1920년대에 수행된 연구를 살펴보면 고다드(Henry Goddard)는 시설에 수감된 많은 사람들이 정신박약이며, 최소한 청소년 비행자의 50%가 정신적 결함이 있는 자들이라고 결론을 내린 바 있다. 힐리(William Healy)와 브로너(Augusta Bronner)는 1926년 수행된 연구에서 비행청소년의 37%가 보통 이하의 저능아이고 비행청소년이 정신적으로 결함을 가질 확률은 정상적인 청소년들에 비해 최소 5배에서 최대 10배까지 높다고 하였다.[182] 이처럼 많은 연구들이 낮은 지능지수가 잠재적 비행자들을 밝히는 증거가 될 수 있다는 사실과 선천적 지능과 범죄성 사이의 상호관련성을 긍정했었다.

그런데 1930년대 인간행동을 문화적 측면에서 설명하려는 양육이론이 등장하면서 지능이라는 것이 유전적 요소에 의해서 결정되는 것이 아니라는 반박을 하게 되었다. 생물학적인 요인은 부분적인 것이며 주로 사회학적인 요인에 의해 지능이 결정된다고 보는 것이다. 즉, 지능은 유전되는 것이 아니며 저지능 부모가 필연적으로 저지능 아이를 낳는 것은 아니라고 주장했던 것이다.[183] 이들은 부모나 친척, 또래 그룹이나 사회적 접촉을 통해 만나는 많은 사람들이 아동의 IQ수준을 결정지으며, 비행이나 범죄행동을 부추기는 주변 환경이 낮은 지능을 갖게 하는 데 일조를 한다고 말한다. 그러므로 범죄자가 낮은 지능을 갖고 있다는 것은 범죄자의 문화적 배경이 열악했던 것으로 받아들여야지 지적 능력이 취약한 것으로 보아서는 안 된다고 주장했던 것이다.[184]

1970년대에 허쉬(Hirschi)와 힌델랑(Michael Hindelang)은 20세기 초반에 있었던 IQ와 범죄와의 관련성 논쟁에 다시 불을 붙였다. 그들은 당시 실존하는 연구 데이터 분석을 해본 결과 IQ가 인종이나 특정 사회경제적 계층에의 소속 여부보다 범행을 예견하는 데 있어서 훨씬 중요한 요소가 된다고 말했다. 그들은 저지능이 저조한 학업성취를 가져오고, 학업에서의 실패와 무능은 청소년 비행 및 성인 범죄와 높은 관련성을 지닌다고 밝혔던 것이다. 그 이후의 많은 연구들도 대용량 데이터를 사용하여 IQ와 범죄와의 직접적 관련성을 규명했다. IQ가 높은 지역에 사는 사람들이 IQ가 낮은 지역에 사는 사람들보다 범죄율이 낮았다는 거시적 관점의 연구들도 이러한 주장을 지지했다.[185]

그러나 미국 심리학회(American Psychological Association)의 평가의견에 따르면 IQ와 범죄성과의 관련성은 매우 미약하다고 결론짓고 있다. 그 이유로서 다음과 같은 것들이 제시되고 있다.[186]

- IQ 테스트는 중류층의 가치를 주로 반영하고 있기에 편파적인 성향이 있다.
- IQ 측정은 종종 가변적이고 우연성이 있다.
- 저지능을 가진 사람들은 경찰이나 교사와 같이 중류층에 있는 사람들의 의사결정에 의해 낙인이 찍힌다. 즉, 범죄행동을 초래하는 것은 이 낙인행위이지 IQ가 아니다.
- 공식적 범죄기록 자료는 흠결이 있다. 즉, 고지능의 범죄자들은 형사사법망을 피할 수 있어 공식기록에 남지 않지만, 저지능을 가진 사람들은 형사사법망에 쉽게 포착되어 공식기록에 남게 된다.
- IQ와 범죄율과는 곡선형 비례관계에 있다. 즉, 고지능과 저지능에 속한 자들은 범죄를 더 적게 범하는 데 반해, 중간수준의 지능을 가진 자들의 범죄율이 높다.
- 저지능이 범죄발생의 가장 큰 원인이라고 한다면 고지능으로 범할 수 있는 다양한 패턴의 범죄를 다 설명할 수 없다.

제9절 심리학적 범죄이론에 대한 평가

심리학적 범죄이론은 범죄의 원인을 인간이 태어나서 성인이 되기까지 심리적 발달에 문제가 생겨 사회적 일탈행동이 유발될 수 있다는 점, 뇌손상이나 정신병질 등의 영향으로 반사회적 행동이 초래될 수 있다는 점, 인간의 인성이라든가 지능, 도덕적 인지능력 등이 범죄와 관련된다는 점을 강조하고 있다. 아울러 범죄자의 반사회적 행동교정에 심리학적 학습이론을 적용하여 칭찬이나 보상과 같은 긍정적 강화기법을 활용하는 것이 응보적 처벌보다 효과적이라는 주장과, 개인이 어떤 행동을 하기 전 자신들의 행동을 숙고하도록 하는 인지적 행동치료 접근법이 범죄자에게 유용한 재활기법이 된다는 것도 심리학 이론으로부터 통찰력을 얻게 된다.

요컨대 심리학적 범죄이론은 범죄의 원인을 개인의 심리적 요인에 두고 이를 과학적으로 규명하려고 노력했다는 점, 반사회적 성격장애 등 범죄를 유발할 수 있는 정신장애의 유형과 그 수준을 제시하고 범죄예방을 위해서 개별처우제 제안과 같은 과학적 행형처우 제도를 촉진시켰다는 점에서 형사정책 발전에 상당한 기여를 한 것이 사실이다.

그러나 인간의 심리구조를 이드(id), 에고(ego), 슈퍼에고(superego) 등으로 분류하고, 인간의 심리적 발달단계를 성심리적(性心理的) 차원에서 설명하고 있는 프로이트의 정신분석이론은 추론에 불과할 뿐 과학적으로 증명할 수 없기에 이를 일반이론으로 정립하는 데 있어서는 한계가 있다.[187] 아울러 심리학적 원인론이 범죄원인론 분석에 도움을 주기는 했지만 특정인에 대한 범죄예측과 위험성 진단을 하는 데 있어서는 오류에 빠질 수 있다는 점을 유의해야 한다. 범죄행동은 단지 심리적 요인만이 작용하는 것이 아니라 생물학적 요인, 사회환경적 요인이 복합적으로 작용하기 때문이다.[188]

심리학적 범죄이론은 생물학적 범죄이론 및 사회학적 범죄이론과 긴밀한 관련을 맺는다. 인간의 반사회적 · 폭력적 행동이 뇌손상이나 신경체계의 문제, 환경오염물질이나 약물의 흡입 등으로 인해 발생할 수 있다고 보는 심리생물학적 이론이라든가 인간 상호 간의 애착과 공동체 간의 응집력이 범죄성 발현을 차단하는 역할을 할 수 있다는 사회심리학 이론이 그 상호관련성을 잘 보여주는 예이다. 인지이론과 인성이론, 그리고 학습이론도 일단 심리학적 범죄이론으로 분류되지만 도덕적 인지능력의 발달과 인성의 형성과정에 부모와 같은 중요한 타인(significant others)의 역할이 중요하고, 인간의 학습행동도 사회적 인간관계나 방송매체 등을 통한 모방으로 이뤄지는 측면이 많다는 점을 고려할 때 이 또한 사회학적 범죄이론과 교차될 수 있는 영역이라고 할 것이다.

정리하기

○ 심리학적 범죄원인론은 성심리 발달의 문제, 정신병질, 인성, 애착관계, 도덕적 인지능력, 지능, 모방학습 등 여러 가지 형태의 심리적 요인이 범죄행동에 기여하고 있다는 이론이다.

○ 프로이트는 ego가 id를 통제하지 못할 때, 그리고 과도하게 발달한 superego를 갖게 될 때 비행으로 나가기 쉽다고 하였으며, 에인스워스와 벨은 저항애착과 회피애착 관계 속에서 자라난 아이들이 안정애착 관계 속에서 자라난 아이들보다 범죄행동을 하기 쉽다고 하였고, 정신역학 이론은 심각한 정신장애가 범죄나 탈선행위를 야기할 수 있다고 말한다.

○ 스키너는 범죄적 행동이 보상과 처벌을 통해 범죄가 억제되기도 하고 촉진되기도 한다고 보았으며, 피아제와 콜버그는 도덕적 인지능력 발달이 저급한 도덕수준이라고 할 수 있는 관습 이전의 단계 혹은 1~2단계의 가장 낮은 수준에 해당될 때 범죄가능성이 가장 높다고 보았다. 아이젠크는 그의 인성이론에서 신경증적 경향과 외향적 인성을 가진 사람들이 가장 범죄위험성이 높은 것으로 판단하였다.

Chapter 05

사회학적 범죄이론

생각해 보기

○ 2001년 개봉된 영화 '친구'는 청소년 4명의 성장 드라마적 성격이 있다. 영화에 등장하는 준석(유오성)의 부친은 폭력조직의 두목이었고, 중호(정운택)의 집은 밀수업을 했었기에 이 두 친구는 범죄적 환경에서 성장했다고 볼 수 있다. 나머지 두 친구 동수(장동건)와 상택(서태화)은 평범한 가정의 보통 아이였다. 이들은 함께 어울려 다니며 중호의 집에서 성인용 동영상물을 보거나 동수를 놀리는 동네 중학생들을 준석이 대신 싸워주기도 하며 친하게 지낸다. 이후 고등학교 재학시절 영화관에 갔다가 근처 고등학생들과 시비가 붙어 큰 패싸움이 벌어지게 되는데 이 사건으로 동수는 퇴학, 준석은 무기정학, 중호는 전학, 상택은 유기정학 등의 처분을 받게 된다. 이후 상택과 중호는 대학에 진학하여 학업을 이어가지만, 약물을 하며 방탕한 생활을 하던 준석과 감옥에서 출소했던 동수는 서로 갈등관계에 있었던 폭력조직에 들어가면서 서로에게 위협적인 존재가 되고 결국 두 친구의 관계가 파국으로 치닫는다는 스토리이다.

○ 부친이 조직폭력배였던 준석과 밀수업으로 생계를 이어갔던 중호의 성장환경이 모두 범죄적 문화였다고 볼 수 있다. 이들 모두 청소년기에 부모로부터 부정적 영향을 받았겠지만 준석은 조직폭력배로 살아가게 되나 중호는 훗날 평범한 시민의 삶을 이어간다. 아울러 부친이 장의사라는 사실에 부끄러움을 갖긴 했으나 비교적 평범한 가정에서 성장한 동수는 이내 범죄조직에 들어가 폭력배가 되고 말지만 비슷한 환경에서 성장한 상택은 미국 유학을 가는 등 공부를 계속하며 정상인의 인생을 살게 된다. 그렇다면 어떤 요인이 준석과 동수를 범죄조직으로 이끌었다고 생각하는가? 비행청소년의 또래 문화 속에서 성장한 상택과 중호가 범죄자의 길을 걷지 않고 정상적인 시민의 삶을 살아가게 된 요인은 무엇이었다고 생각하는가?

제1절 사회구조적 범죄이론

1. 사회구조적 범죄이론의 등장 배경

범죄가 개인의 생물학적·심리적 특성에서 비롯되는 것이 아니라 사회를 구성하고 있는 공동체 사이의 불평등한 사회적 구조와 문화적 차이에서 비롯된다고 보는 것이 바로 사회적 구조이론(social structure theory)이라고 할 수 있다. 이 사회적 구조이론은 범죄행동을 초래하는 사회구조가 무엇이냐에 따라 혹은 그 사회적 과정이 어떤가에 따라 다양하게 구성될 수 있다. 어떤 사회구조이론은 경제적 성공에 주안점을 두는가 하면, 어떤 사회구조이론은 문화적 가치와 사회규범에 주안점을 두고 있다. 또 어떤 이론은 실제적인 사회구조의 붕괴와 이로 인한 사회해체 등을 다루기도 한다. 이런 모든 사회적 구조이론의 특징은 범죄원인으로 개인적 차원의 차별성보다는 집단적 차원의 차별성에 많은 관심을 갖고 있다는 점이다.[189) 영국의 산업혁명과 미국의 독립선언, 프랑스 혁명 등 1700년대 말부터 1800년대 중반에 이르기까지 서구사회의 정치적·문화적·경제적 풍토가 바뀌고 사회가 급속도로 변화하고 있었기에 범죄 원인을 거시적인 관점을 가지고 접근하였던 것은 어떻게 보면 자연스러운 현상이었다고 볼 수 있겠다.

범죄학 역사와 사회학의 역사를 연구해 온 많은 학자들은 사회적 구조이론이 1800년대 초반에서 중반까지 진행된 콩트(Auguste Comte, 1798–1857)와 케틀레(Adolphe Quetelet, 1796–1874)의 연구에서 비롯되었다고 보고 있다. 콩트는 사회의 안정과 질서를 강조하는 사회정학(社會靜學, social statics)과 사회구조의 변화에 주안점을 둔 사회역학(社會力學, social dynamics)을 구분하였는데 이러한 그의 이론이 사회학(sociology)의 출범과 사회학적 범죄이론의 발전에 영향을 주었다고 보고 있다. 케틀레는 벨기에 출신의 학자로서 1800년대 중반 프랑스 사회의 통계자료 분석을 통해 범죄현상을 진단하였다. 그는 당시 프랑스 사회의 범죄율이 상대적 안정성을 보여주었지만 연령과 성별에 있어서 차이가 있었음을 지적하면서 가난하고 교육받지 못했으며 직업을 구하지 못한 남자 청년세대가 가장 범죄에 취약했다고 밝혔다. 이와 더불어 범죄적 기회가 범죄발생이 집중된 장소와 관련성이 높다는 사실도 규명했으며 범죄발생 요인으로서 빈부격차와 상대적 박탈감을 지적하기도 함으로써 범죄발생에 있어서 사회환경적 요소가 기여하고 있음을 주장했다고 볼 수 있겠다.[190)

2. 긴장이론

2-1. 뒤르켐의 아노미 이론

뒤르켐은 사회구조적 관점에서 범죄의 원인을 고찰한 가장 영향력 있는 인물 중의 하나라고 볼 수 있다. 그도 다른 사회적 이론가들과 같이 미국 혁명과 프랑스 혁명, 그리고 영국의 산업혁명의 영향을 받았던 인물로서 사회발전이 경제적 요인, 그중에서도 노동의 분배와 깊은 관련성이 있다고 보았다. 그는 사회가 단순하고 습관적인 원시 사회(mechanical society)에서 복잡하고 유기적 사회(organic society)로 진화해 나간다고 보았다. 습관적 사회에서는 구성원들의 일상생활이 유사해서 사회적으로 무엇이 가치로운 것인가에 대한 판단도 강한 통일성을 보여주게 되므로 집단양심(collective conscience)이 형성된다고 보았으며 이런 사회에서는 법이라는 것이 집단의 공감대와 동조성(conformity)을 강화해주는 역할을 하는 것이라고 생각했다. 이와 달리 산업화 시대에 존재하는 유기적 사회는 노동이 분업화되고 다양화되어 각자 특수한 노동에 상호 의존하면서 살아가게 된다. 이러한 유기적 사회에서의 법의 기능이란 집단 간의 상호작용을 규제하고 그 유대를 유지하는 역할을 수행하는 데 있다고 보았다.[191]

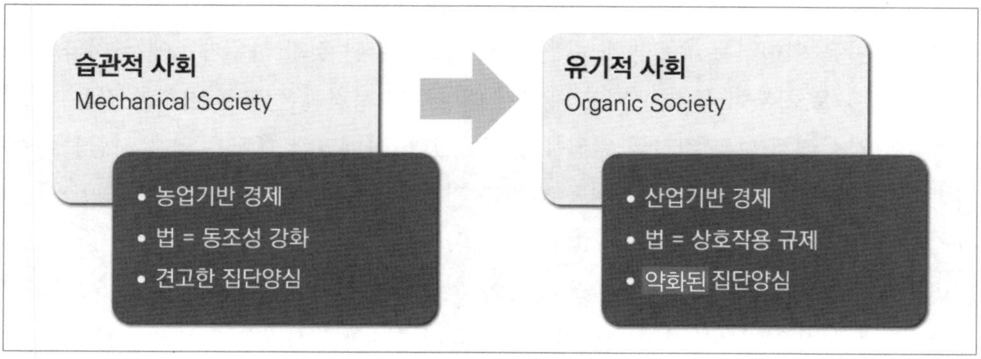

뒤르켐의 사회진화이론

뒤르켐은 바로 이 습관적 사회에서 유기적 사회로 이전해 나가는 과정에서 아노미(anomie)가 발생한다고 주장한다. 습관적 사회에서는 많은 사람들의 역할들이 유사하기에 그 일들을 서로 공유할 수 있었지만 유기적 사회에서는 역할이 세부적으로 특화되어 있기 때문에 각자의 일들을 공유하기가 어려워진다. 그 결과 문화적 측면과 규범적 가치 측면, 그리고 규범에 대한 태도 측면에서 집단 간에 크나큰 차이가 발생한다. 그렇게 되면 구성원들의 도덕적 신념에 불일치가 발생하게 되고, 통일성이 있었던 전통사회의 집단양심이 약화되기에 이르며, 이전에 존재하였던 구성원들 간의 높은 연대의식도 무너져 결과적으로 반사회적 행동이 초래될 수 있다고 본 것이다.[192] 이처럼 아노미는 특정 사회의 규범이 사회구성원의 행동을 규제하는 데 있어서 더 이상 효과적이지 못한 사회의 상태나 조건을 의미한다. 급격하고도 극단적인 사회의 변화가 진행되어 집단규범을 위협할 때 범죄가 발생한다고 본 것이다.[193]

2-2. 머튼의 긴장이론

1930년경 미국의 머튼(Robert K. Merton)은 뒤르켐의 아노미 이론을 기초로 하여 사회구조적 긴장이론(strain theory)을 정립하였다. 그가 이 긴장이론을 연구하던 시기의 미국은 경제 대공황을 겪었던 시기로 실업과 빈곤이 넘쳐나고 자살률과 범죄율도 치솟던 때였다. 그는 대공황의 시기에 경제구조의 붕괴가 어떻게 사회전반 및 범죄와 관련되는 영역에 영향을 미쳤는지를 목도하였다. 머튼의 긴장이론에 있어서 중요한 전제는 바로 아메리칸 드림이었다. 누구든 열심히 일하고 정당한 급료를 받게 되면 부자가 될 수 있다는 꿈을 가질 수 있다는 것이다. 전통적인 아메리칸 드림은 현세에서 근면하게 일하면 후세에서 정당한 보상을 받게 된다는 개신교의 청교도적인 노동관에서 비롯되었다. 그러나 이와 같은 전통적인 아메리칸 드림의 개념이 오로지 물질적 성공만을 의미하는 유물론적 차원의 꿈으로 변질된 것과 하위계층에서 지극히 소수만이 경제적 성공을 거두어 부자가 되고 나머지 대다수의 사람들은 그런 기회를 잡는 데 실패를 경험한다는 사실에서 그는 긴장의 원천을 발견하였다. 아메리칸 드림은 많은 사람들에게는 그림의 떡에 불과하므로 사람들로 하여금 좌절과 긴장을 느끼게 한다는 것이며, 성공을 위한 과도한 열망이 일탈행동을 촉진시킨다고 본 것이다.[194]

머튼은 이상적 사회에서는 전통적 목표와 수단이 동등하게 강조되지만 많은 사회에서는 이 둘 중 하나가 더욱 강조된다고 보았다. 그가 본 미국사회는 성공을 위한 수단보다는 부의 획득이라는 성공의 목표를 지나치게 강조함으로써 이 둘 사이에 괴리가 발생하게 되었고, 그 결과 아노미적 상황을 초래했다고 생각하였다. 그는 성공을 위한 문화적 목표를 달성하지 못할 때 발생하는 긴장을 해소할 수 있는 방법으로 다음과 같은 다섯 가지의 적응양식을 제안하였다. 즉, ① 동조형 혹은 순응형(conformity), ② 혁신형(innovation), ③ 의례형(ritualism), ④ 도피형(retreatism), ⑤ 반역형(rebellion) 등이 그것이다.[195] 이 중에 범죄관련성이 높은 것은 혁신형, 도피형, 반역형이다.

[표 3-6] 머튼의 긴장이론에서의 적응방식

적응방식	문화적 목표	제도화된 수단	범죄관련성
동조형	+	+	없음
혁신형	+	−	있음
의례형	−	+	없음
도피형	−	−	있음
반역형	+ −	+ −	있음

①의 순응형의 경우 문화적 목표와 그를 달성하기 위해 마련된 수단의 정당성을 믿고 순응하는 다수의 사람들을 의미한다. 이들은 주어진 자원을 가지고 목표달성을 위해서 꾸준히 노력하는 부류가 될 것인데 설사 목표를 달성하지 못하더라도 목표와 수단의 정당성에 대한 신뢰에는 변함이 없는 사람들이라고 볼 수 있다. 그러나 많은 사람들은 성공의 목표와 목표달성을 위한 수단 간에 벌어진 심한 괴리를 견디기 어려워한다. 그래서 목표를 수정하거나 목표달성을 위한 수단을 포기하는 상황이 발생하는 것이다. 그러한 반응들은 사회적 일탈로 이어지게 되는데 이 중에 ②의 혁신형이 바로 범죄적 적응방식이라고 할 수 있다. 금전적 성공이 가치 있는 목표라고 생각하지만 이를 달성하기 위한 전통적인 수단을 활용하기 어렵다는 생각을 하게 되면 불법적 수단을 취하게 되기 때문이다. 그러나 혁신형에 속한 사람이 항상 범죄자인 것은 아니다. 우리 사회의 뛰어난 인물들은 마땅히 치러야 할 힘든 노동과 어려운 학업과정을 거치지 않고도 자본주의 사회의 이점을 활용하여 부를 획득하는 사례도 있기 때문이다.[196] ③의 의례형의 경우는 문화적 목표를 달성하는 수단은 정당하다고 인정하면서 순응하지만 성공적인 삶으로 표방되는 문화적 목표의 달성을 꿈꾸지 않는다. 높게 설정된 성공의 목표가 그들에게는 견디기 어려운 긴장을 유발하므로 목표를 포기함으로써 긴장을 해소하는 것이다. ④의 도피형은 경제적 성공이라는 목표와 이를 달성하기 위해서 치러야 할 수단적 비용 모두에게서 긴장을 경험한 탓에 이 두 가지 모두로부터 벗어나고자 한다. 그래서 자살, 알코올 중독, 마약 복용과 같은 사회적 일탈행위에 빠지는 것이다. ⑤의 반역형은 기존의 사회시스템을 거부하면서 현재 존재하고 있는 사회시스템을 변혁시키고자 하는 사람들이 속한 유형이다. 이들은 전통적인 목표와 수단을 버리고 새로운 목표와 수단을 채택하는 방안을 추구한다.[197]

2-3. 애그뉴의 일반적 긴장이론

머튼의 긴장이론은 주로 경제적 성공이라는 문화적 목표와 그것을 달성할 수 있는 수단의 부재에서 오는 긴장을 다루고 있다. 그러나 일상생활을 하다보면 사람에게 긴장을 초래하는 것이 비단 경제적 성공의 좌절뿐만이 아님을 알 수 있다. 애그뉴(Robert Agnew)는 바로 이 점에 착안해서 일반적 긴장이론(General Strain Theory, GST)을 전개하였다. 사람은 누구나 세상을 살아가면서 강한 스트레스를 유발하는 사건을 경험할 수 있는데, 그렇게 되면 긴장을 느끼기 마련이고, 그 높은 수준의 긴장 속에서 범죄를 행할 수 있다는 것이다.[198] 사회생활 속에서 발견되는 수많은 긴장들 중에서 범죄적 행동을 촉발할 가능성이 높은 요인 네 가지를 애그뉴는 다음과 같이 제시하였다.

- 긴장을 부당하고 불공평하게 인식한다.
- 긴장의 정도와 심각성이 높다.
- 긴장이 낮은 사회통제에 의해 야기되거나 낮은 사회통제와 관련성이 있다.
- 긴장이 범죄적 대응에 대한 압력을 주거나 범죄참여에 따른 보상이 있다.

애그뉴는 범죄라는 것이 분노나 좌절, 그리고 파괴적 인간관계로 인해 촉발되는 반감과 같이 부정적 정서 상태의 결과라고 보았으며 이 부정적 정서 상태는 다양한 긴장의 원천으로부터 생성된다고 보았다. 그가 제시한 긴장의 원천 중 중요한 세 가지를 들면 다음과 같다.

첫째는 머튼이 제시하였던 전통적인 긴장의 원인과 유사하다. 즉 사회가 가치 있게 여기고 있는 목표를 달성하지 못하게 되면 긴장이 생성된다는 것이다.[199] 사람들이 경제적 성공을 갈망하지만 이를 달성하는 데 필요한 경제력이 없을 경우 느끼는 긴장이 바로 이 부류에 속한다.

둘째는 자기에게 긍정적인 자극을 주고 있는 것들이 제거되거나 박탈당했을 때 긴장이 생성된다는 것이다.[200] 이혼이나 연애관계의 파탄, 사랑하는 사람의 사망 등이 이러한 부류의 긴장에 속한다.

셋째는 부정적인 자극이 출현했을 때 긴장이 생성된다는 것이다.[201] 아동학대나 아동유기와 같이 고통스러운 사회적 상호작용이 바로 이러한 부류의 긴장에 속한다. 이 밖에도 애그뉴의 일반적 긴장이론으로 설명이 가능한 긴장의 원천들을 살펴보면 동료 그룹과의 감정적 상호작용에 따른 긴장, 부모로부터 독립하는 시기에 있는 청소년들이 느끼게 되는 긴장, 사회적 지원이 부족하거나 성공의 기회가 차단된 공동체 구성원이 느끼는 긴장 등이 있다. 사람들은 자기와 친한 동료들이 분노할 때 감정적 상호작용을 통해 덩달아 분노하며 긴장을 느낄 수 있다. 독립시기에 있는 청소년들은 부모의 감독이 소홀해짐과 동시에 다양한 부정적 경험을 하고 있는 또래 아이들을 사귀면서 그들의 영향을 받게 된다. 사회적 지원이 미약하거나 차단된 공동체에 소속된 사람들은 상호작용을 통해 상대적 박탈감이나 분노의 감정을 공유하면서 긴장에 이를 수 있는 것이다.[202]

그런데 긴장을 경험하는 사람들이 모두 범죄를 하는 것은 아니다. 어떤 사람들은 긴장으로 인해 초래된 좌절이나 분노를 잘 처리하여 범죄를 범하지 않는다. 그런 사람들은 절제력, 높은 자존감, 강한 자아상을 가지고 있어서 그러한 긴장에 잘 대처하는 사람들이다.[203] 그렇다면 어떤 사람의 경우 긴장이 왔을 때 범죄적 대응을 하는가가 문제이다. 대체로 범죄적 대응을 하는 사람들의 특징은 충동적이고, 타인과의 애착관계가 부족하다는 점을 들 수 있다. 부정적 정서의 강도는 높은데 사회적 통제가 약하게 되면 범죄를 저지르기 쉽다고 한다.[204] 반면 자기에게 부정적 감정이 형성되었을 때 가족이나 친구, 그리고 다양한 사회적 조직에 대해 도움을 요청할 수 있는 사람은 긴장에 잘 대처할 수 있기에 범죄로 나아갈 확률이 적다고 한다.[205] 어떤 경우에는 심리적 방어기제를 활용하여 부정적 정서를 처리하는 사람도 있다. 즉, 어떤 목표달성에 실패했을 때, '그런 건 중요한 게 아니야'라고 자기합리화를 하는 기술을 발휘하는 것이다. 그러나 자기에게 불리한 결과를 초래한 사람을 찾아가 보복하는 방식으로 대응하는 사람도 있고, 아예 긴장을 초래하는 상황에서 도피해 버리는 사람도 있다. 이처럼 긴장을 처리하는 방식에 따라 범죄에서 멀어지기도 하고 범죄에 근접하기도 하는 것이다.[206]

3. 사회해체이론

3-1. 사회생태학 이론: 사회해체이론의 토대

범죄를 설명하는 데 있어서 사회학적 실증주의가 지니는 탁월성은 20세기 초반 미국 시카고 대학에서 사회학과를 창설했던 스몰(Albin W. Small, 1854－1947)의 연구활동으로부터 시작했다. 이후 파크(Robert Ezra Park, 1864－1944)라든가 버제스(Ernest W. Burgess, 1886－1966)와 같이 도시사회학을 연구하던 자들이 도시의 사회생태학을 개척하였다.[207] 특히 파크라는 학자는 도시에서 발생하는 사회현상을 관찰하고 설명하는 데 있어서 인류학적 방법론이 적용되어야 한다고 주장하면서, 어떻게 도시에서 지역주민의 상호 관계성이 발전해 나가는지와 빈곤으로 고통을 받는 지역이 생겨나 고립되는지, 그리고 범죄를 포함하여 도시에서 발생하는 문제를 완화시키기 위해 어떠한 사회정책을 써야 하는지를 연구하였다. 이처럼 파크는 동료 버제스와 함께 도시의 사회생태학(social ecology)을 연구하였는데, 그 결과 어떤 주민들은 부유한 지역에서 살고 있는 반면, 어떤 주민들은 가난한 지역에서 상호 간의 관계도 멀어진 채 살고 있다는 사실을 발견하였다. 인종이나 종교, 그리고 민족성 여부와는 상관없이 이 빈곤 지역에 사는 사람들의 일상생활은 사회적 · 생태학적 환경의 영향 아래 있음을 확인하였다. 그 결과 그들은 도시지역에서 작동하고 있는 사회적 영향력(social forces)들이 범죄자가 활동하기 좋은 지역을 만들어낸다고 결론을 내리기에 이른다. 이러한 지역은 학교 · 가정과 같이 사회구성원을 사회에 적응하도록 준비시켜주고, 사회생활에 어긋나는 부분을 통제해주는 역할을 담당하던 사회조직이 붕괴되어 버린 채 높은 수준의 빈곤에 시달리고 있었다.[208)]

보통은 학교나 가정이 도시지역에 사는 청소년들의 행동을 억제하기 위한 사회통제(social control) 역할을 해야 하지만 이러한 사회조직의 약화는 그들로 하여금 흥미롭고 매혹적이기까지 한 위법행위에 가담하도록 만든다고 보았다. 범죄율이 치솟으면서 주민들이 밤길 나서기를 두려워하는 수준까지 이르게 되면, 지역사회는 도저히 지역주민들을 통제하기 어렵게 되는데, 이는 범죄로부터 주민들을 보호하기 위해 필요한 집단적 응집력을 발휘할 수가 없을 만큼 사회가 해체되었기 때문이라고 해석하였다. 사회해체의 표지들로서는 공동체 의식의 약화(community deterioration), 만성적으로 높은 실업률(chronic unemployment), 학교 중퇴 비율의 증가, 열악한 주거환경, 저임금으로 인한 빈곤의 집중(poverty concentration), 무례함과 무질서가 편만한 데서 오는 공동체의 두려움(community fear), 인종적인 측면과 경제적인 측면에서의 급격한 구조적 변화(community change), 한부모가정의 증가 등을 거론한다.[209)] 결국 사회생태학자들의 눈에는 범죄행동이 개인적 특질과 인간이성을 활용한 합리적 선택의 문제가 아니라 지역 주민들에게 적절한 이웃관계를 유지하고 발전시킬 수 있는 요인의 제공에 실패했기 때문이라고 파악되었으며, 이것은 곧 범죄가 환경적 조건과 밀접하게 연관되어 있음을 의미하는 것으로 이해되었다.[210)] 이처럼 시카고 학파에 속한 사회학자들은 범죄가 개개인의 병적 특질 때문에 발생하는 것이 아니라 지역사회의 형성조건(neighborhood conditions)이 어떠한가에 따라 지대한 영향을 받는다는 사실을 규명하면서 이후 사회학적 범죄원인론을 연구하는 데 핵심사상을 제공하게 되었다.

사회해체와 소년범죄

근래에 청소년 범죄율이 급격히 증가하고 있다. 경찰청 자료에 따르면 2004년부터 2007년까지 총 37만6627건의 청소년 범죄가 발생했고, 2004년 대비 2007년 청소년 범죄율은 33%나 급증했다. 또 범죄가 날로 흉포해지고 초등학교 고학년 학생들이 저지르는 조발비행의 증가 추세가 뚜렷하다. 이혼 급증 등 가족 해체 현상으로 거리에 내몰리는 아이가 많아지고 있는 우리 사회의 현실은 청소년들을 비행의 길로 쉽게 들어서게 하는 동력이 되고 있다. 한 범죄학 전문가는 "급격한 가족해체 현상과 방치되는 아이들, 독신자 가구 증가, 변칙이 횡행하는 사회구조, 황금만능사상의 팽배 등으로 우리 사회는 연쇄살인범이 싹트기에 비옥한 토양이 되고 있다."고 지적했다.[211)]

3-2. 쇼와 멕케이의 사회해체이론

사회해체이론이 본격적으로 대중화된 것은 쇼(Clifford R. Shaw)와 멕케이(Henry D. Mckay)라는 두 명의 시카고 사회학자들의 연구를 통해서였다. 그들은 사회생태학자인 파크와 버제스 이론의 영향을 받은 가운데 1920년대 초기 외국 이민자들의 급격한 유입으로 인구가 폭발적으로 증가하던 시카고 지역을 중심으로 사회해체이론을 연구하기 시작했다. 새로 유입된 이주자들은 도시의 중심부에 모여 살면서 수많은 건강문제와 환경문제들에 직면하게 되었고, 도시의 각 부분들이 물리적으로 황폐해지기 시작하자 도시에 이미 정착해서 살고 있던 부유한 시민들이 시카고 지역사회의 도덕적 체계의 붕괴를 염려하게 되었으며, 지역사회 주민들은 가난한 가정의 자녀들로 하여금 그들 부모의 도덕적 타락의 영향을 차단해 보고자 하는 프로그램을 가동하는 상황이 발생하였던 것이다.[212)]

이때 시카고 지역의 사회해체 상황의 원인을 쇼와 맥케이는 '과도기적 이웃관계(transitional neighborhoods)'에서 찾는다. 범죄의 원인을 인종이나 민족 특유의 기질에서 나오는 열등성에서 찾던 과거 범죄학 이론의 시각에서 벗어나 도시환경의 변화와 생태학적 발전에서 범죄가 기인함을 밝히고자 했던 것이다. 그들은 시카고 지역이 잘사는 지역과 극심한 가난으로 고통 받는 지역으로 명확히 구분되고 있다는 사실을 확인하면서 이 빈곤의 굴레에 얽혀 있는 지역에 사는 사람들이 이러한 '과도기적 이웃관계'에 처해 있다고 보았다. 유럽에서 새로이 이주해 온 이민자들이 상대적으로 임대료가 저렴하다는 이유로 열악한 도시환경을 갖춘 지역으로 이주해서 정착을 하게 되자, 그 아이들은 부모로부터 전수받은 전통적 가치를 준수하며 살아야 할지 아니면 이주한 지역의 새로운 문화에 동화되어 살아야 할지 극심한 갈등 속에 지내게 되면서, 자신들을 지도해 주었던 비공식적인 사회적 통제로부터 벗어나 그 지역 범죄집단 문화의 유혹에 노출되는 위험에 처하게 된 것이다. 이는 도시의 높은 인구증가율로 말미암아 범죄집단의 불법적 행동에 대하여 지역주민들이 효과적으로 대처할 능력이 없는 상황에 처해 있었음을 의미하였다. 이 과도기적 이웃관계에 처해 있는 지역의 특징은 지속적으로 인구구성이 변하고, 전통적 문화가 수행했던 사회통합적 기능이 약화되며, 다양한 이질적 문화들이 유입되고, 지속적인 산업화가 진행되어 지역사회 문화와 전통조직을 해체해 버린다는 점에 있다. 상호 간에 긴밀했던 전통적 이웃관계의 해체현상이 지속되면, 아이들은 강력하고 명쾌했던 기존의 도덕적 가치에 대하여 정서적 변화를 경험한 후 그 가치에 대한 신념이 약화되어 마침내 범죄에까지 이르게 된다고 보았다. 바로 이러한 해체된 도시문화가 청소년 범죄 확산의 온상이 된다고 본 것이다.[213]

한편, 쇼와 맥케이는 동심원 이론을 통해 시카고에서 범죄발생률이 높은 지역이 어디인지를 규명하였다. 이 동심원은 본래 버제스가 창안한 것으로서 도심 중앙에서 외곽 방향으로 5개의 원모양 형태로 지역을 구분한 것을 지칭한다.

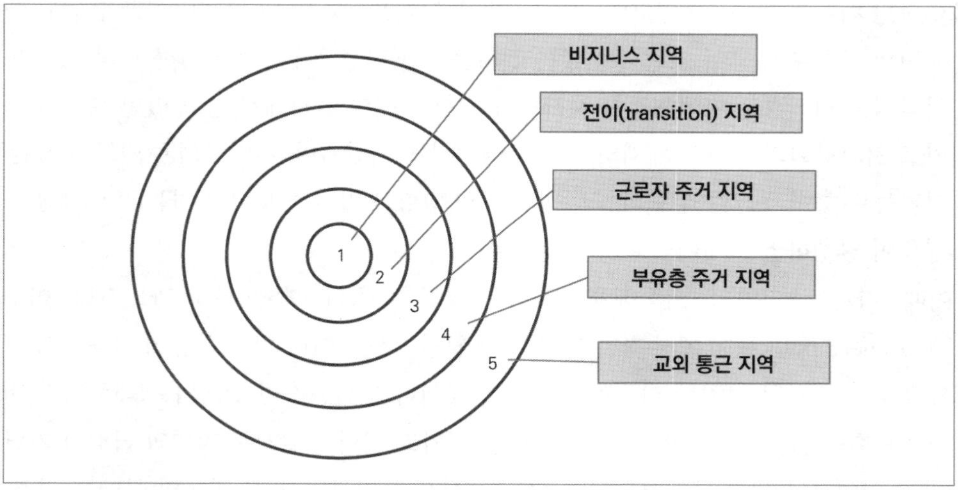

동심원 이론

그 결과 중심부를 제외한 각 단계별 동심원 지역은 비교적 안정적 범죄발생률을 기록했다는 사실과, 도시 중심부에서 먼 주거 지역일수록 범죄발생률이 상대적으로 낮아진다는 사실, 그리고 맨 안쪽에 있는 도시의 중심부, 그중에서도 과도기 단계에 있는 '전이 지역(zone in transition)'이 가장 높은 범죄발생률을 보이고 있다는 사실 등을 밝혔다. 이곳은 외국에서 태어난 이민자들이 이주해 와서 새로이 정착한 지역으로서 과도기적 이웃관계가 존재하고 있는 지역이었다. 이 연구를 통해 쇼와 맥케이는 시카고 지역이 무려 65년에 이르는 기간 동안 다양한 생태학적 영역별로 범죄행동이 비교적 안정적인 패턴으로 나타나고 있다는 것을 보여주었고, 과도기적 이웃관계가 형성된 지역에서는 다양한 문화가 존재하며, 전통적 가치와 탈선적 가치가 공존하고 있다는 사실도 밝혀주었다. 쇼와 맥케이가 발견한 사실들 중 오늘날에도 여전히 유효하게 활용되고 있는 내용들을 요약하면 다음과 같다.[214)]

- 범죄율은 하층 도시 주민들 내부에서 작동하는 파괴적인 사회적 영향력에 의해 민감하게 반응한다.
- 개인의 특징적 요소보다도 외부 환경적 요인이 범죄의 근본 원인이다.
- 범죄는 인종이나 민족적 기질의 구성과 상관없이 열악한 환경에 처해 있는 지역에서 복합적 요인이 부단하게 작용하여 발생한다.
- 사회통제의 약화가 범죄행동의 1차적 원인이 된다.
- 공동체의 가치나 규범, 그리고 응집력이 개인의 행동선택에 영향을 준다.

3-3. 집합효율성 이론

응집력 있는 공동체는 그것이 도시이건 시골이건 간에 사람들이 서로 알고 지내면서 상호간의 유대관계가 잘 개발이 되는 까닭에 사회통제가 잘 이뤄지게 되고 사회통합도 양호하게 전개된다. 이는 비공식적 사회통제를 불러올 수 있는 능력으로 작용하게 되는데 이 능력이 클수록 범죄를 통제하는 능력도 커지게 된다. 예컨대 주민들 사이에 상호 신뢰의 감정이 형성되어 있다거나, 아이들의 버릇없는 행동에 대하여 기꺼이 관여하며 지도한다거나, 공공질서를 준수하고자 하는 의식이 높다거나 하는 것들이 이에 해당한다. 이는 함께 모여 사는 곳의 효율성을 증가시키기 위해 공적인 장소에 대한 비공식적 사회적 통제를 같이 해나가자는 의식을 주민들이 공유하는 것으로 그곳에 살아가고 있는 사람들의 응집력의 표현이라고 볼 수 있다.

이처럼 공통의 선을 위해 기꺼이 개입하려고 하는 주민들 사이의 사회적 응집력을 '집합효율성(collective efficacy)'이라 한다. 이 집합효율성 이론은 샘슨(Robert Sampson)이 주장한 것인데 그는 주민들에 의한 비공식적 사회통제의 정도가 지역사회 범죄문제에 영향을 미치게 된다는 쇼와 맥케이의 견해에 착안하여 이 이론을 구성하였다.[215] 사회해체가 진행된 지역에서는 주민들이 일시적으로 거주하는 경우가 많고, 주민들 상호 간의 인간관계도 피상적이며, 서로 협조도 잘 이뤄지지 않을 뿐 아니라 전통적 가치를 추구하며 살아가는 데 필요한 사회적 지원이 부족하거나 아예 결여되어 있다. 반면, 어떤 지역 내에서 주택을 소유한 채 오랫동안 사는 사람들이 늘어나 지역주민들이 주인의식을 갖게 되면 범죄율도 줄어든다는 보고를 하고 있는바, 이는 집합효율성이 높은 지역이 공동체의 응집력이 약한 지역보다 무질서 행위가 적다는 가설을 뒷받침하는 것이다. 반면 공동체의 비공식적 사회통제가 무뎌지고 전반적으로 사회통제를 위한 노력들이 약해지면 지역사회의 응집력이 감소되면서 범죄율은 증가하게 된다.[216]

집합효율성을 결정하는 요소에는 '비공식적 사회통제(informal social control)', '조직을 통한 사회통제(institutional social control)', '공식적 사회통제(public social control)' 등 3가지가 있다. 먼저, 집합효율성은 가족이나 친구, 친척 등과 같이 1차적 집단에 의해서 혹은 사적인 수준에서 상을 준다든지, 어떤 행동에 대한 승인을 보류한다든지, 존경심을 보여준다든지, 칭찬을 해준다든지 하는 비공식적 집단의 행위에 의해 작동된다. 비공식 집단에 의한 사회통제는 집단 내 구성원들에 대한 직접적 비판이나 비난, 공동체에서의 추방이나 유기(desertion), 또는 신체적 처벌 등을 포함한다. 비공식적 사회통제의 가장 중요한 역할을 하는 곳은 가정이다. 특히 성인들 간에 사회적 연대가 약하고 집합효율성이 제약을 받고 있는 지역에서는 더욱 더 그렇다. 자녀들을 통제하는 데 있어서 다양한 사회적 지원을 제대로 못 받는 환경이기에 부모들이 자녀들의 통제에 대한 짐을 온전히 떠안아야만 하는 것이다.[217]

학교나 교회와 같은 사회조직은 공동체 내에 소외와 불신의 분위기가 팽배한 사회에서는 제대로 작동되기 어렵다. 이런 지역에 사는 사람들에게는 학교나 방과 후 프로그램과 같이 전통적 사회조직에 대한 참여가 종종 차단되거나 약화된다. 자녀들을 지도해 줄 수 있는 효과적인 공공 서비스가 제공되지 않기에 폭력집단에 가입할 위험이 높아지게 되고 그 결과 범죄율이 상승하게 되며, 공동체의 응집력은 약해지고, 그 지역주민의 범죄에 대한 두려움이 커지게 된다. 이러한 문제에 대응하려면 그 지역에 존재하는 사업체, 가게, 학교, 자원봉사 조직 등 범죄를 통제할 수 있는 지역사회 조직을 활성화 해야만 한다.[218]

공식적 사회통제의 대표적인 예는 경찰활동의 활성화를 들 수 있다. 정직하고 효율적으로 업무수행을 하는 경찰이 존재한다면 그 지역사회의 범죄 발생률은 낮아질 수 있다. 부족한 경찰력을 적정한 수준으로 유지해주는 것도 필요하다. 그러나 경찰이 지역사회가 직면하고 있는 문제들에 무관심하거나 과도한 물리력을 사용하여 시민의 인권을 침해하는 결과가 발생하면

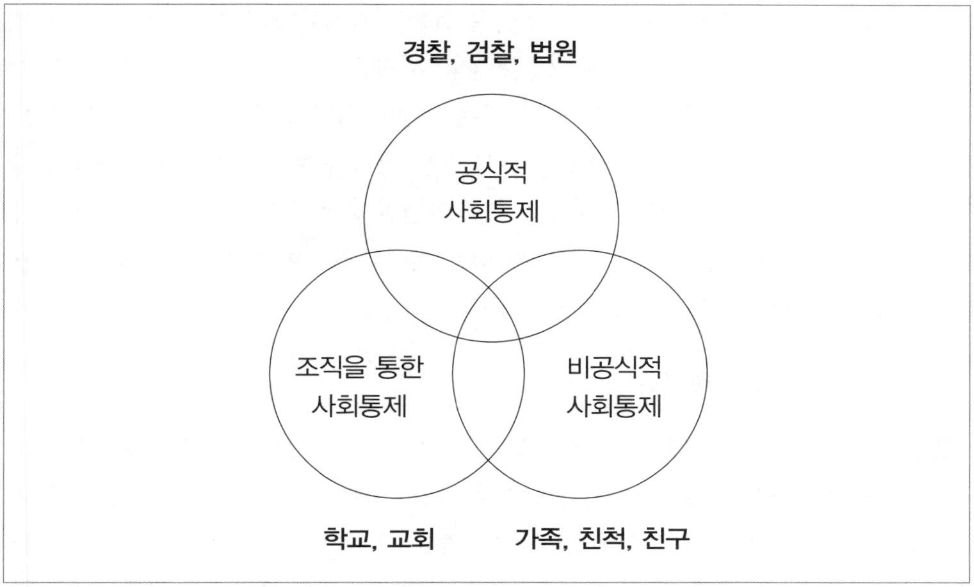

집합효율성을 결정하는 요소

경찰이 불신을 받게 되고, 경찰이 불신을 받게 되면 그 지역의 범죄율이 상승하는 현상이 나타난다.[219] 집합효율성이 낮은 지역에 대하여는 정부가 적극적인 재정지원을 통해 자녀교육과 의식주 문제의 해결 등을 위해 노력해야 하며, 좌절이나 분노와 같은 심리적 문제도 다룰 수 있어야 한다.[220]

4. 문화적 일탈이론

문화적 일탈이론은 사회해체이론과 긴장이론을 결합하여 어떻게 열악한 지역사회에 거주하는 사람들이 사회적 고립과 경제적 결핍에 반응하는지를 설명해주는 이론이다. 하류계층 구성원들의 생활양식은 소모적이며, 좌절에 가득 차 있고, 의기소침해 있기 때문에 그들 특유의 가치관과 규범을 지닌 독립적인 하위문화를 만들게 된다. 중류계층의 문화가 자기만족을 지연시킨 가운데 힘든 노동을 해나가면서 정상적 교육을 받고 사려 깊은 삶을 살아가고자 노력하는 문화라고 하면, 하류계층의 문화는 흥밋거리를 찾고 위험을 감수하면서 두려움 없이 즉각적으로 만족을 찾는 삶을 지향하는 문화라고 할 수 있다. 그들은 중류계층 사회가 요구하는 행동기준을 맞출 수 없기 때문에 이러한 하위문화를 갖게 되는 것이다.

불행히도 하위문화가 가지고 있는 규범들은 전통적 가치들과 충돌하게 되어 있다. 범죄적 집단이나 폭력조직과 네트워크를 이루고 있는 지역사회 주민들은 공동체를 개선해야 한다는 것을 알면서도 하위문화에 내재된 규범들에 매여 실행에 옮기지 못한다. 예를 들어 경찰이 폭력집단에 연루된 살인사건을 수사할 때에 아이들이나 가족을 보호하고자 하는 마음이, 경찰에게 필요한 정보를 제공하고 범죄를 소탕함으로써 안전한 공동체를 만들겠다고 하는 의지를 능가하여 경찰에 대한 협조를 포기하는 사례가 있는 것이다.[221] 이하에서는 문화적 일탈이론에 관계되는 몇 가지 개념 및 이론을 살펴보기로 한다.

4-1. 행동규범과 문화갈등

셀린(Thorsten Sellin)은 1938년에 발간된 그의 저서 『문화갈등과 범죄(Culture Conflict and Crime)』를 통해서 문화적 적응을 범죄와 연결시키려는 이론적 시도를 하였다. 셀린의 주요 전제는 형법이라는 것은 한 사회의 지배적인 문화규범의 표현이라는 것이다. 그래서 그러한 법에 담긴 내용으로 인해 중류사회가 지향하는 전통적 규범과 사회의 주류에서 배제된 자들의 규범이 상호 충돌하는 상황이 발생할 수 있다고 보았다. 소수의 사회구성원들도 그들 일상의 삶을 지배하는 일련의 행동규범을 가지고 살고 있기 때문이다.[222] 이 행동규범은 어떤 특정한 집단이나 특정한 정치적 구조에서만 발견할 수 있는 것이 아니라 어느 사회의 문화에서든지 발견할 수 있다고 보고 있다.

그는 이 문화갈등을 1차적 문화갈등과 2차적 문화갈등의 두 형태로 분류하고 있다. 1차적 문화갈등은 서로 완전히 이질적인 문화 사이에서 발생하는 것이지만 2차적 문화갈등은 동질적인 문화권 내의 서로 다른 계층 사이에서 발생하는 것으로 파악한다.[223] 셀린은 형법규범에 표현된 규정들이 어떤 개인이 속한 집단의 행동규범의 요구와 서로 충돌할 때 이 문화갈등이 발생한다고 말한다.[224]

4-2. 하위계층의 주된 관심

1958년에 밀러(Walter Miller)라는 학자는 그의 저서, 『폭력집단의 비행 환경을 조성하는 하류계층 문화(Lower Class Culture as a Generating Milieu of Gang Delinquency)』를 통해서 하류계층이 갖고 있는 특유의 가치를 규명하였다.[225] 그는 하위계층이 주된 관심에 순응하면서 산다는 것과 그 주된 관심에 집착함으로써 불법적이고 폭력적 행동을 증진한다는 사실을 밝혔다. 그들에게 있어서 강함이라는 것은 싸우는 용기를 말하고, 거리의 멋쟁이라는 것은 마약거래를 잘하는 사람을 의미하며, 흥밋거리에 대한 관심은 술·도박과 약물남용으로 이어진다는 것이다. 그들의 주된 관심이 꼭 중류계층의 가치에 대한 저항을 의미하지는 않고 오히려 그들이 추구하는 가치들이 하류계층이 사는 지역의 조건에 적합하도록 발전해 왔다고 보고 있다. 밀러는 하위계층의 주된 관심과 관련하여 다음 몇 가지를 제시하였다.

- **말썽거리(Trouble, 사고치기)**: 하위계층 사람들은 곤란한 일을 만드는 일에 실제적으로 혹은 잠재적으로 어느 정도 관여하느냐에 따라 그 역량을 평가받는다고 생각한다. 싸움이나 음주, 그리고 성적인 비행을 저지르는 일이 바로 그러한 것들이다. 이 곤란한 상황을 만났을 때 결과에 대한 대가를 치르면서 능숙하게 그 상황을 처리하면 유능한 사람으로 명성을 얻는다고 생각한다.
- **강인함(Toughness, 사나움)**: 하위계층의 남성들은 신체적으로 혹은 정신적으로 강인하다는 인정을 지역사회로부터 받기를 원한다. 그래서 육체적 힘과 싸우는 능력, 신체적 기술 등에 대하여 가치를 부여하고 감상적으로 정에 이끌리는 태도를 거부한다.
- **교활함(Smartness, 영악함)**: 하위계층에서의 명석함이란 도시 생활 속에서 뛰어난 처세술을 발휘하는 것을 말한다. 상대방보다 한 수 앞서갈 정도로 전문성을 발휘하는 것을 의미하는데, 일하지 않고서도 돈을 벌 수 있는 방법을 사용한다든지 법망을 피해서 살아가는 것과 같은 생존기술을 발휘하는 것 등이 그러한 예이다.
- **흥밋거리(Excitement, 흥분추구)**: 하위계층 사람들에게 있어서 흥밋거리란 단조로운 생활을 견뎌내기 위해 재미와 자극을 추구하는 것을 의미한다. 도박, 싸움, 술 취함, 성적 모험을 감행하는 것 등이 그러한 것에 속한다.
- **운명주의(Fate, 숙명)**: 하위계층 사람들은 그들의 삶이 그들의 운명을 이끄는 강한 영적 힘의 지배 아래 있다고 생각한다. 행운을 잡아서 거액의 상금을 받는 것이 그들의 일상의 꿈이다.
- **자율성(Autonomy, 독자성)**: 경찰이나 교사, 부모와 같은 권위로부터 독립하여 자율성을 갖는 것이 그들의 주요 관심사다. 자신을 스스로 지배하는 능력을 상실하는 것은 그들이 수용하기 어려운 연약성이며 강인해야 한다는 그들의 신념에 부응하지 않는다.

이렇듯 하위계층에서 각광받고 있는 문화에 집착하는 것이 도시지역의 범죄를 양산한다고 보았다. 연구결과들을 보면 하위계층에 속한 사람들은 강인함을 보여주는 것을 가치 있는 행동이라고 보기에 싸움을 걸어오는 상황에 직면하면 용기 있는 행동을 보여주고자 하는 성향이 있다고 한다.[226] 강인하다는 명성을 얻게 되면 사회적 영향력을 갖게 되기 때문이다. 폭력행위는 부를 과시할 수 있는 것들을 얻을 수 있는 수단이 될 뿐만 아니라, 타인을 통제할 수 있는 수단이 되기도 하고, 권위에 도전하거나 배상을 받아내거나 모험을 감수하면서 만족감을 느끼는 수단이 되는 것으로 여긴다.[227]

4-3. 비행 하위문화 이론

코헨(Albert Cohen)은 1955년 그의 저서, 『비행소년들(Delinquent Boys)』을 통해 비행 하위문화 이론을 제시하였다. 비행 하위문화란 범죄나 비행행위가 당연시되는 문화를 의미하는데, 범죄자 집단이나 비행자 집단에서 공유되고 있는 특정한 신념이나 가치관에 근거한 사고나 행동양식을 뜻하기도 한다.[228] 코헨이 주장한 바의 핵심은 하위계층 청소년들의 비행은 사실상 중류계층 문화나 가치에 대한 저항이라는 것이다. 사회적 조건이 하위계층 청소년들로 하여금 성공적인 목표달성을 어렵게 하기 때문에 소위 '지위 좌절(status frustration)'이라고 부르는 일종의 문화갈등을 겪게 되고, 그 결과 그들은 폭력집단에 가입하게 되거나 악의적이고 무정부적인 행동에 참여하게 된다는 것이다.[229]

코헨은 비행을 일삼는 폭력조직을 분리된 하위문화의 일종으로 보고 있다. 그들은 보다 더 거대한 사회가 지향하고 있는 가치에 직접적으로 대립되는 가치 체계를 소유하고 있다. 비행 하위문화는 더 거대한 상위문화로부터 규범을 끌어내긴 하지만 마침내 그 규범들을 뒤집어 버리고 만다. 하위문화의 기준에 따르면 비행적 행동은 옳은 것이며, 상위에 있는 문화가 제시하

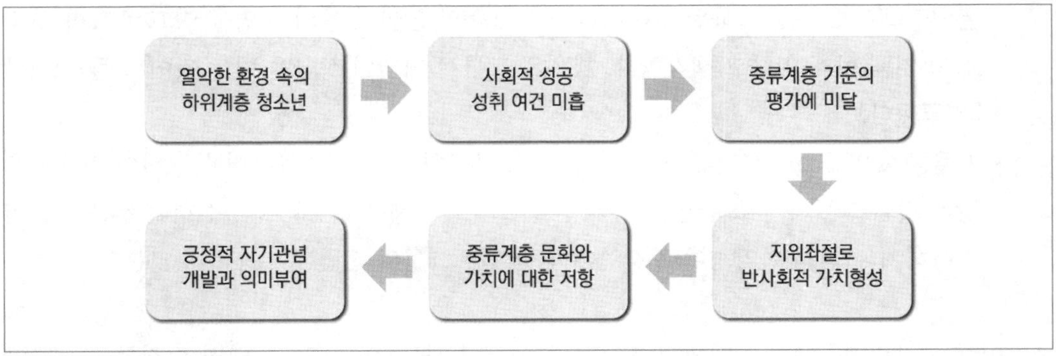

비행 하위문화 형성과정

는 규범들은 잘못되었다고 보게 되고, 비행 하위문화에서 긍정적 자아상을 찾게 되며, 자신의 행동에 의미부여를 하게 되는 것이다.[230] 이러한 비행 하위문화는 슬럼가와 같이 도시 내부의 열악한 환경에서 일어나는 사회화의 산물이라고 보고 있다. 그곳에 사는 아이들은 사회적 · 경제적 성공을 성취할 기본적 여건이 미비하고, 적절한 교육도 받지 못한 까닭에 지식이나 사회화의 기초를 형성할 수 있는 기술을 습득하지 못한다. 이러한 결핍은 청소년들의 발달장애를 초래하고, 언어능력이나 의사소통능력을 저하시키며, 인내심을 가지고 목표달성을 위해 현재의 어려움을 극복해 나가는 대신 즉흥적인 만족을 구하는 태도를 갖게 한다고 말한다.[231]

1967년 페라쿠티(Franco Ferracuti)와 울프강(Marvin Wolfgang)은 필라델피아 도시 내부 청소년 단체가 저지른 폭력사건을 주제로 연구를 진행하였는데 그들이 내린 1차적 결론은 폭력은 그들의 부정적인 생활환경 등을 처리하기 위해 생긴 것으로서 문화적으로 학습된 적응방식이라고 주장하였다. 하위문화의 규범을 학습하는 일은 폭력을 다른 선택보다 강조하는 환경에서 일어난다고 보고 있기에 페라쿠티와 울프강의 이론도 비행 하위문화 규범에 기초해 있음을 알 수 있다. 하위문화는 일반 문화와 본질적으로 구분될 수 있는 것으로 전통적 가치로부터 벗어나 있는 일련의 규범들을 보유한 개인들의 집합체라고 그들은 파악한다.[232]

4-4. 차별적 기회이론

클로워드(Richard Cloward)와 올린(Lloyd Ohlin)은 그들의 저서 『비행과 기회(Delinquency and Opportunity)』를 통해서 긴장이론과 사회해체의 원리를 결합하여 폭력집단을 지탱하는 범죄 하위문화를 설명해 보고자 하였다. 그들은 코헨이 주장한 바와 같이 독립적인 비행 하위문화가 존재한다는 사실에 동의하면서, 하위문화에 의해 지지를 받고 있는 어떤 중요한 역할을 수행하는 데 있어서 특정한 형식의 탈선 행동들이 본질적으로 필요로 하고 있는 것이 바로 비행 하위문화라고 생각하였다.[233] 그중 청소년 폭력집단은 중요한 비행 하위문화의 한 부분이라고 할 수 있으며 가장 심각한 범죄행동의 온상이 된다. 비행을 일삼는 이 폭력집단은 전통적인 방법으로 성공의 기회를 포착하기 어려운 해체된 사회에서 성장하는데 이는 중류계층이 지향하는 가치를 성취하고자 하는 꿈은 있지만 이를 달성할 수 있는 수단은 부족한 긴장이론의 상황과 유사하다고 파악하였다.[234]

이에 클로워드와 올린은 차별적 기회이론(differential opportunities theory)을 제시하면서 사회의 각 계층에 속한 사람들은 동일한 성공 목표를 갖고 있지만 하위계층에 있는 사람들은 그 성공을 달성할 수단이 제한되기에 그 성공을 쟁취할 수 있는 대안적 수단이나 혁신적 방안을 찾게 된다고 주장하였다. 합법적 방법으로는 무엇인가 이룰 수 없다고 생각하는 사람들은 뜻을 같이하는 이들과 힘을 합쳐 폭력집단을 형성하게 되고, 그 집단은 구성원들이 탈법적 행동을 하면서 갖게 되는 두려움과 죄책감을 해소시켜 주는 정서적 지원을 해 준다는 것이다. 학교에서 실패만 경험한 아이들이 이 집단에 참여하면서 비행행위에 대한 보상을 받게 되고 돈을 벌게 되며 동료들의 존중도 받는 경험을 하게 되는 것이다. 그러나 사회해체가 이뤄지는 불안정한 지역이라고 해서 범죄집단에 합류할 수 있는 기회가 항상 풍성하게 제공되는 것은 아니다. 이러한 지역에서 청소년 범죄자들은 견실하게 조직된 범죄집단을 접할 기회가 거의 없거나 전문적인 범죄를 학습할 수 있는 기회조차 갖지 못하는 경우도 있다. 불법적인 방법이건 합법적인 방법이건 간에 해체된 사회에 속한 청소년들에게는 모든 기회가 닫혀 있을 수 있는 것이다. 이렇듯 차별적으로 기회가 부여되는 상황 때문에 이 청소년들은 ① 범죄적 폭력집단(criminal gangs), ② 갈등적 폭력집단(conflict gangs), ③ 회피적 폭력집단(retreatist gangs)과 같은 3가지 유형의 폭력집단에 관여하기가 쉽다고 보고 있다.

[표 3–7] 차별적 기회에 따른 비행 유형

관여 유형	합법적 수단	불법적 수단	비 고
범죄적 폭력집단	–	+	전문 범죄집단 가입이 가능한 환경 성공적 범죄자 훈련
갈등적 폭력집단	–	–	성공적 범죄자 모델이 없는 환경 비조직적이며 사소한 범죄
회피적 폭력집단	+/–	+/–	범죄집단 소속을 꺼리는 환경 술, 마약, 성적 탐닉

①의 범죄적 폭력집단은 성인 범죄자들이 청소년들과 긴밀한 연계를 하고 있는 곳으로 성공적인 전문 범죄자를 양성할 수 있는 환경을 갖추고 있으며 비교적 안정성을 갖춘 하위계층 지역에 존재한다. 이 지역 젊은이들은 사전에 조직되어진 전문 범죄집단에 가입하여 성공적인 범죄자로 성장해 나갈 수 있도록 훈련을 받는다.[235] ②의 갈등적 폭력집단은 합법적 기회는 물론 불법적 기회도 제공해 주지 못하는 지역공동체 내에서 성장하는 유형이다. 지역주민들의 이동성이 높고 사회가 심하게 해체되어 있는 지역이기에 이곳에서 일어나는 범죄들은 비조직적

이고 사소한 것들에 속하며 성인 범죄자들의 성공적인 역할 모델이 없다.[236] 합법적인 기회와 불법적인 기회가 모두 제한됨으로 말미암아 청소년들의 좌절이 더욱 심해질 수 있기에 폭력이 그들로 하여금 사회적 지위를 얻게 하는 수단으로 작용한다. ③의 회피적 폭력집단은 합법적 수단을 통해 성공의 목표를 이루지도 못하고 그렇다고 해서 불법적 수단을 사용하는 것도 원치 않는 이들이 소속하는 공동체이다. 이들 중 일부는 범죄나 폭력행위를 시도해 보지만 매우 소심하여 범죄적 폭력집단이나 갈등적 폭력집단에 소속되는 것을 두려워한다. 그래서 대개 사회의 변두리로 후퇴하여 술과 마약, 성적 탐닉 행위 등으로 소일한다.[237]

제2절 사회구조적 범죄이론에 대한 평가

사회학적 범죄이론 중 사회구조적 범죄이론의 관점에서 사회를 살펴보면 다소 아이러니한 현상을 찾아볼 수 있다. 범죄를 척결하기 위해 사회공동체의 응집력을 높이고 조직력을 강화해야 할 필요성이 가장 큰 지역이 바로 사회가 해체된 지역인데 이런 지역일수록 범죄예방을 위한 조직화가 어렵다는 점이 바로 그것이다. 반면, 범죄발생률이 낮고 안전한 지역은 대부분 지역주민의 응집력이 높고 조직화도 잘 되어 있다. 이렇게 사회가 해체된 지역에서는 사회적 응집력 강화 차원에서 경찰과 시민이 연합하는 가운데 지역주민들의 적극적 참여를 촉진시킬 수 있는 프로그램을 운용하는 것이 권장되며, 가로등의 조도를 향상한다든가 CCTV를 증설하는 등 범죄예방을 위한 환경적 개선조치가 필요하다.[238]

문화적 일탈이론의 관점 혹은 하위문화 이론의 관점에서는 범죄를 범할 위기에 처해 있는 청소년들에게 친사회적 태도를 개발하고, 갈등해결의 기술을 전수하며, 공격성을 감소시킬 수 있는 요령을 습득하게 하는 등 교육적 위기개입이 필요하다고 한다. 특히 초기 단계에서 반사회적 태도를 나타냈던 청소년들의 반사회성을 치료하는 훈련 프로그램을 적용함으로써 감정이입능력과 자기효능감 증진에 긍정적 결과를 얻었다는 연구가 있으므로 이러한 훈련 프로그램을 도입하여 적극적으로 활용할 필요가 있다.[239] 최근 미국에서 시행된 '평화조성 프로그램(PeaceBuilders)'을 저학년의 아이들에게 적용한 결과 갈등해결, 친사회적 가치의 개발, 공격성의 감소 등에 있어서 유익한 결과를 도출한 것은 물론 긍정적인 결과가 오랫동안 지속된 것으로 알려지기에 참고할 필요가 있다.[240]

제3절 사회과정적 범죄이론

1. 사회과정적 범죄이론의 등장 배경

사회구조적 범죄이론(social structure theory)이 정적(靜的)인 범죄이론이라 한다면 사회과정적 범죄이론(social process theory)은 동적(動的)인 범죄이론이다. 양 이론 모두 범죄행동이 사회적 환경의 영향을 받고 있다고 보는 점에서는 동일하지만, 전자는 사회해체로 인한 지역주민의 응집력 약화라든가 범죄적 하위문화의 존재와 같은 사회구조적 요인이 강조되고 있는 데 비하여, 후자는 사회집단 내 구성원 사이의 사회화 과정과 구성원 사이의 심리학적 상호작용이 강조되고 있다는 점에서 서로 차이를 보이고 있다. 열악한 환경 속에 사는 사람들이 모두 범죄를 범하는 것은 아니기 때문에 사회과정적 범죄이론은 사회구조적 범죄이론이 관심을 가졌던 빈곤문제라든가 사회해체와 같은 요인들이 범죄행동을 결정하는 유일한 요소들이라고는 보지 않고 오히려 학교교육, 가정교육, 또래들 간의 인간관계와 그 관계망에서의 상호작용 및 사회화 과정 등이 범죄행동 결정과 더 밀접한 관련이 있다고 본다.[241]

그중에서도 가정에서의 인간관계는 인간의 범죄행동을 결정하는 가장 중요한 요인이 된다. 가정 내에서의 부모가 얼마나 자녀와 상호 의사소통을 잘 하고, 적절한 훈육을 할 수 있느냐가 자녀들의 청소년기 혹은 성인이 된 이후의 비행 가능성을 판단하는 데 중요한 기준이 되고 있다. 갈등과 긴장이 존재하고, 가족 간의 사랑과 지지가 없는 역기능적 가정 분위기에서 자란 아동들은 정서불안을 경험하고 반사회적 행동 성향이 자라나 주변의 범죄적 환경에 쉽게 휩쓸려서 범죄행동으로 나아가기 쉽다고 보고 있다.[242] 갈등과 긴장이 존재하는 역기능적 가정은 부모가 이혼을 했거나 폭음, 도박 등 비행전력을 가지고 있다든지, 아니면 훈육방식이 강압적이고 권위주의적이어서 의사소통이 잘 안된다거나 아동학대나 가정폭력과 같은 폭압적인 강제력 행사가 빈발한다는 등의 특징을 갖고 있다.

학교교육이 범죄행동과 연관성이 있다는 연구들도 있다. 청소년기에 학업에 흥미가 없고, 배우겠다는 동기가 약하며, 학교생활에 소외되어 있는 상태의 아동들은 학업성취도가 좋은 학생들에 비해 범죄행동에 이끌리기 쉽다는 것이다.[243] 학업적 성취가 빈약하고, 자기존중감이 결여되어 있는 학생들이 학업을 중도에 중단하기가 쉽다. 학교를 중퇴하는 것이 항상 범죄와 연결되는 것은 아니지만 어떤 청소년들의 경우에는 범죄적 행동으로 연결되는 주요한 계기가

된다.[244)]

가정교육이나 학교교육도 중요하지만 같은 연배의 또래집단이 자라나는 청소년들에게 미치는 영향력 또한 무시할 수 없다. 또래집단은 각 구성원들이 경험했던 경험을 나누고 유사시의 행동방침을 지도해주며 그들이 종종 직면하는 문제들을 어떻게 대처하고 해결할 것인지를 서로 의논한다. 그래서 비행친구들을 사귀면서 부모의 감독 없이 그들의 행동방식을 본받게 되는 청소년들은 반사회적 행동에 빠지기가 쉽다. 또래집단의 성격이 반사회적이면 반사회적일수록 거기에 소속된 아이들은 더욱 범죄적 행동을 하기가 쉬워진다.[245)]

종교적 신념을 가지고 예배에 정기적으로 참여하는 등 종교활동에 긴밀히 관여하는 자들은 높은 수준의 도덕적 가치를 추구하기에 범죄나 반사회적 행동을 피하고자 하는 경향이 있다. 세상에 존재하는 건강한 종교는 모두 범죄행위를 금하고 죄악시하기 때문이다. 인류보편의 가치인 생명존중과 타인에 대한 배려를 강조하는 종교적 이념을 추구하는 자가 범죄행동을 한다는 것은 쉽지 않은 일이다. 따라서 인간을 감화시킬 수 있는 건강한 종교에의 몰입과 종교적 교리의 실천, 인간존재의 근본목적을 성찰하게 하는 형이상학적 도덕과 윤리의 성찰의 순기능을 생각할 때 범죄원인론 및 범죄예방론 연구에 있어서 결코 소홀히 할 수 없다고 본다. 이와 같이 가정과 학교, 또래집단과 종교 공동체가 범죄행동을 촉진하거나 억제하는 데 중요한 역할을 할 수 있음을 살펴보았다. 결국 빈곤과 실업 등과 같이 어떤 열악한 사회구조적 요인이 존재한다고 해서 그것만으로 범죄원인을 설명할 수 없고, 그 구조 내부에 존재하는 사회구성원들간의 상호작용이 범죄발생에 큰 영향을 주고 있다는 것이 사회과정적 범죄이론의 핵심이다. 사회과정적 범죄이론은 크게 사회학습이론(social learning theory), 사회통제이론(social control theory), 사회반응이론(social reaction theory) 등으로 구분된다.

2. 사회학습이론

사회학습이론에서는 범죄란 범죄행동과 연계되는 규범 및 가치와 행동을 학습한 결과라고 주장한다. 인간은 태어나면서 백지상태이기에 그들이 늘 접촉하게 되는 중요한 타인으로부터 무엇을 배우느냐에 따라서 선한 삶을 살아갈 수도 있지만 범죄자도 될 수 있다고 보고 있다.[246)] 이 사회학습이론은 범죄행동을 어떻게 수행하느냐와 관련되는 범행수법을 배우는 측면도 있지만 불법행동을 했을 때 생기는 죄책감과 수치심을 어떻게 처리할 것인가 하는 심리학적 대응기법을 배우는 측면도 있다.[247)] 사회학습이론으로 거론되는 대표적 이론들로서는 차별접촉이론(differential association theory), 차별강화이론(differential reinforcement theory), 차별동일시이론(differential identification theory), 중화이론(neutralization theory) 등이 있다.

2-1. 차별접촉이론

Edwin Sutherland
(출처:https://en.wikipedia.org)

1930년대 후반 서덜랜드(Edwin H. Sutherland, 1883-1950)는 범죄적 가치가 어떻게 문화적으로 타인에게 전수되는지를 밝히는 차별접촉이론을 주장하였다.[248] 범죄는 초기 실증주의 학파가 주장한 바와 같이 타고나면서부터 범죄성을 지닌 사람이라든가 특정한 체형을 갖춘 자들에 의해 수행되는 것이 아니라, 정작 본인은 아무런 잘못이 없을지라도 범죄적 성향을 가진 사람들을 자주 접촉하면서 학습이 이뤄지기 때문에 발생한다고 보는 것이 바로 차별접촉이론이다. 사람들은 살아가면서 범법행위에 대하여 호의적 입장을 취하는(favorable to violation of law) 범죄친화적인 사람과 범법행위에 대하여 비호의적인 입장을 취하는(unfavorable to violation of law) 사람들을 만나게 된다. 그 과정에서 범죄행위에 대하여 비호의적인 사람들로부터 받는 정보의 양보다 범죄행위에 호의적인 사람들로부터 받는 정보의 양이 더 많게 되면 쉽게 범죄행동으로 연결될 수 있다고 보고 있다. 중요한 타인들과 상호작용을 하면서 범죄는 학습되는 것이지 TV나 영화 등 미디어를 통해서 학습되는 것은 아니라는 것이다.[249] 서덜랜드의 차별접촉이론은 다음과 같은 몇 가지 기본원리를 채택하고 있다.[250]

- 범죄행동은 학습된다. 마치 쓰기, 그리기, 읽기 등과 같이 일반 학습활동이 이뤄지듯이 범죄행동도 학습을 통해 이뤄진다.
- 학습은 상호작용의 결과이다. 범죄적 환경에 산다고 해서 바로 범죄를 행하는 것은 아니다. 가까이 있는 사람들과 접촉하고 인간관계를 맺는 것이 일상의 사건들을 해석하는 방법에 영향을 미치게 된다.
- 범죄수법은 학습된다. 여기에는 범행의 동기, 범행의 실행방법, 범행에 대한 합리화, 범행에 대한 태도 등이 포함된다.
- 현행법의 인지(perception) 여부는 범행동기와 실행에 영향을 준다. 법규범은 나라마다 다를 수 있기에 문화갈등으로 인해 법에 대한 인지도에 차이가 날 수 있다. 현행법에 대

해서 어떤 사람은 호의적일 수도 있지만 어떤 사람은 비호의적일 수도 있다. 만일 어떤 사람이 현행법에 비호의적 태도를 갖는다면 범죄로 나아가기가 쉽다.

- 차별접촉은 그 빈도나 기간, 우선순위, 강도의 측면에서 다양하게 나타난다. 범죄적 영향을 받는 수준은 빈도가 잦을수록, 기간이 오랠수록, 보다 어린 시절에 학습이 일어날수록, 지대한 영향을 주는 인물 혹은 집단과 접촉할수록 더 높아진다.
- 범죄적 형태 혹은 비범죄적 형태의 상호접촉에 의해 일어나는 학습과정은 다른 형태의 학습과정에서 볼 수 있는 학습기제를 포함하고 있지만 단순한 모방행동과는 구분된다.
- 범죄행동은 범죄자에게 있어서 일반적 필요를 충족하고 가치를 획득하고자 하는 행동의 표현이다. 그러나 필요의 충족과 가치의 획득이 비범죄적으로도 달성할 수 있기 때문에 범죄를 정당화할 수는 없다.

많은 연구들이 ① 탈법을 일삼는 부모나 친구를 가지고 있는지 여부, ② 탈법적 태도를 가지고 있는지 여부, ③ 탈법적 행동을 했는지 여부 등 3가지 요소 상호 간의 관계를 연구하였는데 범죄와 차별적 접촉의 수단 간에 강한 상관관계가 있다고 보고하였다. 즉, 자기 주변에 접촉하는 사람들이 탈법적 네트워크를 형성한 사람일수록 그 사람들과 접촉한 청소년들이 쉽게 탈법적 행동에 빠진다는 것이다.[251]

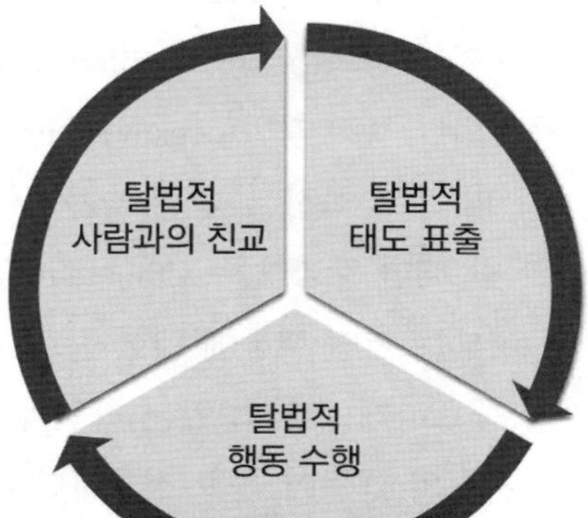

차별적 접촉이론의 구성요소

서덜랜드가 차별접촉이론을 주장하던 시기는 셀던의 체형이론이라든가 지능이론이 인기를 얻던 시기였기에 그의 이론은 매우 획기적인 주장이었다. 체형이론이나 지능이론 등은 특정한 생물학적 특징을 갖는 사람들이 범죄를 범한다고 보았지만 차별접촉이론에서는 인간이면 누구든지 범죄를 범할 가능성이 있다고 보았기 때문이다. 다만, 차별접촉이론도 생물학적 범죄이론이나 심리학적 범죄이론처럼 실증주의적 결정론적 입장에 서 있다는 점에 유의해야 한다. 법을 위반하는 행위를 긍정적으로 해석하는 사람들로부터 지속적인 정보를 제공받게 되면 학습이 이루어져 누구든지 불가피하게 범죄를 하도록 되어 있다고 보았기 때문이다.[252)]

2-2. 차별강화이론

차별강화이론은 1966년 에이커스(Ronald Akers)와 버제스(Robert Burgess)가 공동연구를 통해 제안한 것으로 차별접촉이론과 심리학적 학습이론을 활용하여 만든 이론이다. 에이커스는 탈법행위이건 준법행위이건 간에 모두 유사한 학습과정을 거쳐 행동으로 나타난다고 주장했다. 사람들이 전적으로 탈법행위만을 학습하거나 혹은 전적으로 준법행위만을 학습하는 것이 아니라 양극단 사이의 절충점을 찾아 균형을 잡아나가는 것이 보통이라고 한다. 이때 균형은 보통 안정 상태를 유지하지만 시간이 흐름에 따라 변화를 맞기도 한다는 것이다.[253)] 이 변화를 주는 요인을 직접적 조건화(direct conditioning) 또는 차별적 강화(differential reinforcement)라고 부르고 있는데 이는 심리학자 스키너에 의해 개발되었던 조작적 조건화(operant conditioning)의 이론과 연계된다. 본래 행동의 빈도를 증가시키는 강화에는 반응에 어떤 자극의 출현이나 강도 증가가 뒤따르는 정적 강화(positive reinforcement)와 반응이 어떤 자극의 제거나 자극 강도의 감소에 의해 증강되는 부적 강화(negative reinforcement)로 구분된다.[254)]

차별적 강화는 '처벌을 하지 않고' 강화하는 방법으로서 ① 적절한 행동에 대한 강화(reinforcement)와 ② 부적절한 행동에 대한 강화보류(withhold reinforcement) 두 가지 요소로 구성된다. 범죄행위의 개시와 지속 여부는 어떤 행동에 대한 강화의 정도가 어떠하냐에 달려 있다. 사람들은 자기 인생에서 가장 중요하게 여기고 있는 타인과 상호작용함을 통하여 자신의 행동을 평가하는 방법을 배운다. 자신의 행동이 옳고 정당하다고 생각하면 할수록 그 행동에 더욱 몰입하는 것이 보통이다. 어떤 행동에 대한 주요한 영향력은 개인들의 행동을 강화시키거나 처벌의 원천이 되는 것들을 통제할 수 있는 집단으로부터 오는 것이다. 그 집단은 통제하는 대상에게 어떤 행동이 옳은 것인지 행동규범을 제시하는 역할을 한다.

에이커스의 견해에 따르면 탈법적 행동은 특정 행동을 어느 정도 차별성 있게 강화하느냐 그리고 어떻게 탈법적 행동이 바람직한 행위로 정의되고 정당화 되느냐에 따라 그 범위와 정도가 결정된다고 한다.[255] 일단 범죄를 범하는 쪽으로 마음의 결정이 내려지고 나면, 그들의 행동은 탈법행위를 일삼는 동료들의 탈법행동 모델을 본받으며 강화된다. 이러한 행동은 처음에는 다른 사람의 행동을 모방하면서 시작하지만, 이윽고 자기 동료집단 등과 같은 사회적 지지를 받으면서 지속된다고 본다. 즉, 최초의 행동이 있은 후에는 모방의 중요성이 저하되고, 대신에 사회적 또는 비사회적 강화재(reinforcers)와 처벌재(punishers)의 중요성이 증가되는 것이다.[256] 요컨대, 사람은 자신의 행위가 보상을 받으면 지속하는 반면, 처벌받는 행위는 그만두게 되어 있는데 보상과 처벌의 원천을 통제하는 동시에 자신에게 행동모형을 제시해 주는 집단과의 차별적인 접촉이 개인이 탈법적인 행동을 하는 데 영향을 미친다는 것이다. 차별적 강화이론은 차별적 접촉이론에서 지적되었던 '접촉'과 '범죄' 사이의 부족한 연계를 차별적 강화라는 개념으로 연결시켜 주었다는 점과 범죄행위를 처벌하면 사회적으로 수용 가능한 관습적 행위가 강화될 것이라고 함으로써 고전주의 범죄학을 사회학 이론과 관련시켰다는 점도 긍정적으로 평가받고 있다.[257]

동물학대와 차별적 강화

강호순과 유영철 등 연쇄살인범들은 개를 죽이는 것에서 범행을 시작했다. 생명체에 대한 존중의식이 없는 사람은 동물학대를 함으로써 그러한 인식을 드러내게 되는데 그 인식은 언제든 사람을 향할 수 있는 것이다.[258] 그들이 연쇄살인범으로까지 변화된 과정은 차별적 강화이론으로 설명할 수 있다. 우선 인간이 다룰 수 있는 개와 같은 동물들은 인간의 학대행위에 저항하지 못하고 무력하다. 그렇기 때문에 탈법적 행동을 계획하고 있는 자들의 분풀이 대상이 될 수 있다. 동물들은 주인의 소유 하에 있을 경우 은밀히 죽이더라도 드러나지 않는 경우가 많다. 그래서 분풀이 대상으로 삼아 자신의 분노감정을 발산시킬 수 있으면서도 체포와 같은 사법처리의 부담도 없기에 그들의 공격적 행동은 동물학대를 통해 한 차원 더 강화된다고 볼 수 있다. 동물학대의 성공경험이 그들에게는 긍정적 강화재로 작용한 셈이다.

2-3. 차별적 동일시이론

1956년 글레이저(Daniel Glaser)가 주장했던 차별적 동일시이론(differential identification theory)은 서덜랜드의 차별접촉이론의 미흡한 점을 지적하면서 등장한 이론이다. 차별동일시이론은 차별접촉이론에서 강조했던 바와 같이 일상에서 늘 접촉하는 이른바 '중요한 타인'만이 범죄에 영향을 미치는 것이 아니라 스포츠 영웅이나 영화배우 등과 같이 평소에 잘 만날 수 없는 대상자를 통해서도 학습이 일어난다고 보고 있다. 글레이저는 한 개인이 자신의 행동규범을 제시해 줄 수 있는 집단과 친밀한 개인적 관계를 맺고 있느냐 하는 것은 그다지 문제가 되지 않는다고 하면서 영화나 소설 속의 가공의 인물로 구성된 집단이라 할지라도 범죄적 영향을 줄 수 있다고 주장한 것이다. 자기가 모델로 삼고 있는 집단이나 특정한 인물을 동일시한다는 것의 의미는 자신의 행동방향을 그 집단이나 그 인물이 지향하고 있는 행동규범에 부합하도록 조정한다는 뜻이 담겨 있다. 이 차별적 동일시이론은 1973년 도스(Kenneth Dawes)의 비행연구로 계승은 되었으나 대체적으로 일반의 주목을 끌진 못하였다. 도스는 글레이저가 주장한 차별적 동일시이론에 기초하여 청소년들이 부모로부터 거절을 당하는 정도가 클 때 부모보다는 다른 사람과 자기 자신을 동일시하게 된다는 이론을 주장하였다.[259)]

영화 '조커'와 차별적 동일시

2019년 10월 국내뿐 아니라 전 세계에서 흥행했던 영화 '조커'가 모방범죄를 야기한다는 논란이 제기되었다. '조커'라는 캐릭터가 주요 역할을 맡은 또 다른 영화 '다크 나이트 라이즈'가 상영 중이던 2012년 미국 한 영화관에 제임스 홈스(당시 24세)라는 청년이 "내가 조커다"라고 외치며 총을 난사해 80여 명의 사상자를 내고 체포된 사건이 있었기 때문이었다. 영화 '조커'에서 주인공 아서 플렉은 광대로 일하면서도 유명 코미디언이 되고자 하는데 자신을 둘러싼 현실과 맞부딪히면서 결국 범죄행위로 희열을 얻는 범죄자로 변모해 간다는 스토리이다. 이 영화의 일부 요소들이 오늘날 현실과도 일맥상통하는 점이 있기 때문에 모방범죄 조장의 우려가 있다는 것이다. 특히 이 영화가 '비자발적 독신주의자'들에게 특별한 영감을 줄 수 있어 영화 속 '조커'를 자신의 롤 모델로 삼아 범행을 할 수 있다는 것인바 여기에 적용되는 범죄이론이 바로 차별적 동일시 이론이다.[260)]

한편, 차별적 동일시이론은 어떤 사람은 범죄적 역할모델과 자신을 동일시하지만 다른 어떤 사람들은 왜 사회에서 수용 가능한 역할모델과 자신을 동일시하지 않게 되는지 그 근원을 제시하지 못하고 있다는 비판을 받았다. 이를 극복하기 위하여 차별적 기대이론(differential anticipation)이 제시되었는데 이는 사람이 범죄로부터 얻을 수 있는 만족에 대한 기대감이 범죄로 인해 당할 수 있는 손실이나 고통과 같은 부정적 기대감을 상회할 경우 범행을 한다는 이론이다.[261)]

2-4. 중화이론

중화이론(neutralization theory)은 사이키스(Gresham Sykes)와 맛차(David Matza)가 제시한 이론으로 자기합리화의 테크닉을 의미하는 중화의 기술 및 맛차가 주장한 표류이론(drift theory)과 관련성이 깊다. 이 이론은 서덜랜드가 주장한 바와 같이 사회학습이 범죄행동에 지대한 영향을 미치고 있다는 점을 인정하면서도 대부분의 범죄자들이 부분적으로는 그 사회의 전통적이면서도 지배적인 사회질서에 부응하며 살고 있다는 가정을 하고 있다. 이러한 가정은 다음과 같은 관찰 결과에 기초한다.[262)]

- 범죄자는 때때로 자신의 불법적 행동에 대하여 죄책감을 가진다.
- 범죄자는 통상적으로 정직한 태도를 가지고 법을 준수하는 사람들을 존경한다.
- 범죄자는 자신들이 범죄행위의 목표로 삼을 수 있는 대상과 그렇게 할 수 없는 대상을 구분지어 놓는다.
- 범죄자는 현존하는 사회질서에 순응하라는 사회의 요구로부터 면제되지 않는다.

그러므로 특히 청소년들의 경우 현존하는 사회규범에 전적으로 순응하는 하위문화 속에서 살든지 아니면 전적으로 반항하는 하위문화 속에서 살아가든지 하는 양극단의 어느 한 쪽에 속하기보다는 이 양극단 사이를 표류하면서 살아가고 있다는 주장을 하게 된다. 이렇게 범죄자들은 부분적으로 그 사회의 전통가치를 받아들이면서도 경우에 따라 범죄행동에 가담하게 되는데, 이때 그들의 행동을 정당화하거나 합리화하면서 자신의 죄책감을 극복해 보려고 노력한다는 것이다. 자기 행동에 대한 합리화는 특히 청소년 시기에 많이 발생하는데 그것은 부모나 가족의 사회통제가 가장 약한 시기임과 동시에 또래 집단의 압력은 가장 강한 시기이기 때문이다.[263)]

중화라는 개념은 심각하게 보이는 것을 완화시킨다는 의미가 담겨 있다. 범죄자들에게는 범죄행위를 하면서 비도덕적 행동을 하고 있다는 것에 대한 죄책감이 생기게 되는데, 이러한 느낌을 해소시킴으로써 자신을 용서할 수 있도록 하는 일종의 방어기제(defense mechanism)인 셈이다. 사이키스와 맛차가 제시한 중화의 기술로는 다음과 같은 다섯 가지가 제시된다.[264)]

- **책임의 부인**(denial of responsibility): 비행청소년들이 자신의 행동을 친구들 탓으로 돌리는 것에서 보는 것처럼 타인의 영향력에 의해 자신의 행동이 초래되었기에 자기에게는 책임이 없다고 주장하는 것을 말한다.
- **침해의 부인**(denial of injury): 점포에서 물건을 훔쳤으면서도 그 점포가 보험을 들었기 때문에 직접적인 피해자는 없다고 주장하는 예에서 보는 것처럼 자신의 행동에 의해 누구도 침해를 받지 않았다고 합리화하는 것을 말한다.
- **피해자의 부인**(denial of the victim): 범죄자가 자신을 보복자로, 피해자를 마땅히 벌 받아야 할 비행자로 보는 경우이다. 범죄자들이 생각하기에 사회적으로 경멸을 받기에 마땅한 사람들은 그에 상응한 대가를 치러야 한다고 보는 것이다.
- **비난자에 대한 비난**(condemnation of the condemners): 범죄자들은 체포나 수사업무를 담당하는 공무원들이 자신들의 행동들을 비난하지만 그들을 위선자라고 본다. 공무원들도 범법행위를 하면서 자신들의 범죄행위를 문제삼는 것은 위선적 행위라는 것이다.
- **상위 충성심에의 호소**(appeal to higher loyalties): 범죄자들은 자신이 소속된 집단이 표방하는 신념이나 규범을 옹호하기 위해 일반 사회규범을 무시하게 된다. 자신들이 속한 집단의 신념에 맞지 않는다는 이유로, 낙태를 감행한 의사를 살해하는 예가 바로 그것이다.

이러한 중화이론에 대하여 애그뉴(Agnew)는 다음과 같은 비판을 제기한다. 첫째, 어떤 중화의 기술을 사용했는지에 대한 측정은 사회에서 허용되지 않는 태도나 규범을 위반했는지 여부를 측정하는 것보다 훨씬 어렵다는 것이다. 둘째, 범죄자들은 범죄를 범하기 전에 중화의 기술을 사용하기보다는 범행 후에 그 기술을 사용한다는 것이다. 만일 그들이 범행 후에 자신을 합리화하는 것이라면 중화이론은 비행의 원인을 설명하는 것이 아니라 청소년들의 비행에 대한 반응을 설명하는 데 불과한 이론이 될 것이다. 범행 전에 중화기술을 활용했다 하더라도 왜

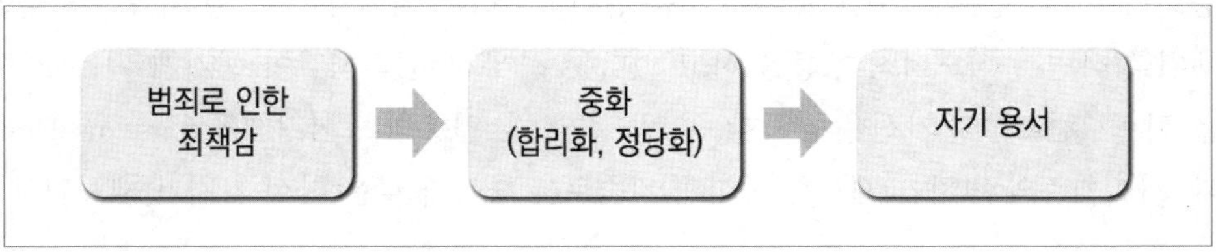

중화이론의 본질

어떤 이들은 범행으로 나아가지 않는데 어떤 이들은 범행으로 나아가는가에 대한 설명이 부족하게 된다. 이에 대해서는 사회통제 또는 자기통제의 약화로 설명이 이뤄지고 있다.[265)]

소설 『죄와 벌』과 중화이론

1866년에 발표된 도스토옙스키의 장편소설 『죄와 벌』은 가난한 사람들로 가득찬 러시아의 상트페테르부르크의 뒷골목이 배경인데 여기서 가난한 학생이었던 라스콜리코프라는 청년이 등장한다. 그는 그가 살고 있는 사회의 비참한 현실이 사회의 기생충과 같은 고리대금업자 노파와 같은 사람이 살고 있기 때문이라고 결론짓고 그 노파를 죽이겠다는 생각을 품은 후 그것을 실천에 옮기게 된다. 그가 살인행위를 할 때 자기의 범죄행위를 변명하려 했던 논리는 '인류를 위한 행동을 실천하는데 있어서 자신은 사회의 도덕률을 넘어설 권리를 가지고 있다'는 것이었다. 그러나 사람을 죽인 후 그는 뜻밖에도 깊은 죄의식을 느껴 결국 자수를 하고 시베리아로 유형되는 벌을 받게 된다. 여기서 그가 자신의 범행을 정당화하려고 했던 시도는 중화이론 중 '피해자의 부인'에 해당하는 것이다.

3. 사회통제이론

인간은 태생적으로 현존하는 사회규범에 순응하고 수용하려는 기질을 갖고 태어난다고 보는 사회학습이론과는 달리, 사회통제이론은 모든 인간이 이기적인 천성을 갖고 태어나기 때문에 적절한 통제가 없으면 범죄를 하기 마련이라는 가정을 하고 있다. 그래서 통제이론을 연구하는 학자들은 무엇이 사람들로 하여금 그들의 충동대로 행동하지 못하도록 하는가에 대하여 관심을 갖는다. 트렘블레이(Richard Tremblay)와 레마퀀드(David LeMarquand)의 연구결과에 따르면 관찰대상이었던 대부분의 어린이들이 다른 사람을 차고, 물고, 때리는 등의 이기적이고 공격적인 성향을 보였는데 생후 27개월에 그 정도가 최고조에 달했다고 한다.[266)]

그런데 이 연구결과는 비단 이 관찰실험에서만 적용되는 것이 아니다. 대부분의 발달심리전문가들은 유아기의 어린이들이 다른 사람에 대하여 공격적인 성향을 보이고 있다는 점을 인정한다. 이는 사람의 기질 속에 반사회적 · 범죄적 행동을 할 소인이 내재되어 있음을 시사하고 있는 것이다. 다만 통제이론가들은 이 반사회적 성향이 평생 계속되는 것이 아니라 대부분의 아이들이 약 2세가 되었을 때부터 5세에 이르기까지 그런 공격적 행동을 중지하기 시작하는데, 가장 공격적인 인간들만이 그 이상의 나이에도 공격적 행동을 지속하게 된다고 하였다. 이것은 공격적 행동이 줄어들면서 자의식(self-consciousness)이 생겨나게 되고 수치와 죄책감,

감정이입과 같은 사회적 정서개념이 형성된다는 의미이다. 인간행동에 대하여 통제를 수반하는 적절한 사회화가 선행되지 않고서는 인간은 이미 내재된 기질에 따라 범죄를 범하게 되어 있다고 보고 있는 통제이론은 고전주의 범죄이론이나 생물학적 범죄이론과 구별되는 특징이기도 하다.[267)]

통제이론에서는 사람들이 사회규범에 순응하는 이유를 사회통제에서 찾고 있는데 이 사회통제는 내적인 것과 외적인 것으로 구분된다. 내적인 통제로는 자아관념에 의한 통제를 들 수 있고, 외적인 통제로는 제도적 통제 혹은 법률적 통제 등을 들 수 있다.[268)]

3-1. 인간행동에 대한 통제이론의 전개

인간의 비행행위를 설명함에 있어서 가장 최초로 사회통제이론을 사용한 사람은 17세기의 홉스(Thomas Hobbes)라고 할 수 있을 것이다. 그는 인간이 자연상태에서는 내재된 이기심으로 인해 혼란과 전쟁이 불가피하게 되므로 서로 다른 사람의 권리를 침해하지 말자는 뜻에서 구속력 있는 협약과 같은 통제장치를 만들게 된다고 하였다.[269)]

홉스의 사상의 기초 위에서 뒤르켐(Émile Durkheim)은 1800년대 후반에 자율적 천연성(automatic spontaneity)과 의식적 숙고(awakened reflection)라는 두 개념을 제시함으로써 사회통제이론의 논거를 개발하였다. 동물은 배가 부르면 자동적으로 사냥을 멈추는 천연의 메커니즘이 형성되어 있는 데 비하여, 인간은 배가 부름에도 불구하고 자기가 당장 필요한 것 이상으로 생활에 필요한 자원을 획득하려는 탐욕을 가지고 있다고 하였다. 이는 바로 각성된 숙고작용 때문인데 이렇듯 한계를 모르는 욕심 때문에 범죄가 발생하게 되므로 사회가 개입하여 인간이 지나치게 이기적이고 탐욕적으로 행동하지 못하도록 통제를 해야 한다는 것이다.[270)] 또한 사회의 통제력을 구성하는 중요한 요소 중의 하나가 바로 사회 구성원들이 공유하고 있는 '집단양심(collective conscience)'이라고 말한다.

한편, 프로이트(Freud)는 모든 인간은 본능적인 충동과 이기심의 심리영역이라고 할 수 있는 id를 갖고 태어나는데 이 id는 인간행동을 통제할 수 있는 양심과 관련되면서 무의식적인 심리영역이라고 할 수 있는 superego와 충돌한다. 이러한 id와 superego의 양자 사이를 중재하는 것이 바로 ego이다. 만일 어린 시절 부모의 애착이 부족하면 superego에 결함이 생기게 되는데 이 통제적 원천이 제대로 기능하지 않게 됨으로써 범죄로 이어지게 되며, ego가 id와 superego의 중재에 실패한 경우에도 범죄행동으로 이어진다고 보고 있다. 이 프로이트의 통제이론은 1900년대 당시에 왜 사람들이 범죄를 범하는지 그 원인을 판단하는 데 있어서 매우 중요한 역

할을 하였다.[271)]

3-2. 초기의 범죄통제이론

1950년대와 1960년대 사이에 범죄학자들은 사회학습이론, 사회구조이론 등을 활용하여 범죄학적 이론체계를 세워 나갔기에 초기의 범죄통제이론은 특별한 관심을 받지 못했다. 그러나 이 시기의 범죄통제이론은 후일 범죄이론 구성의 토대를 닦는 데 중요한 역할을 수행하게 되는데 주요 이론들로서는 다음과 같은 것들이 있다.[272)]

첫째, 리스(Albert Reiss)의 통제이론이다. 그는 비행은 자아가 약하거나 초자아에 의한 통제가 잘 이뤄지지 않은 결과라고 보았다. 비행행위를 한 청소년들에게서 명백한 범죄동기를 찾지 못하였기에 통제의 부재 속에서 그런 일탈행위가 발생하였을 것이라고 생각했던 것이다. 그는 범죄예방을 위해서 밀착된 범위에서의 감독이 중요하다는 것과 각 개개인이 충동적 욕구를 자제하고, 만족감 획득을 지연시킬 수 있는 능력이 필요하다는 사실을 강조했다.

둘째, 토비(Jackson Toby)의 동조성 지분(stake in conformity) 개념이다. 모든 인간은 통제가 약화될 때 자연적 본능에 따라 행동하고 싶은 경향이 있다. 그러나 현존하는 사회에 어느 정도 투자를 한 사람들은 그 지분이 있기 마련이므로 그 사회질서에 순응하게 되지만, 지분이 없는 사람은 범죄를 해도 잃을 것이 없으므로 범죄행동으로 나간다는 것이다.

셋째, 나이(F. Ivan Nye)의 통제이론이다. 나이는 가정에 초점을 맞춘 통제이론을 제시하면서 내부적 통제, 직접적 통제, 간접적 통제 등 3가지가 중요 요인으로 작용하고 있다고 주장하였다. 내부적 통제는 사회적 상호작용과 사회화를 통해 양심이 개발됨으로써 통제가 이뤄진다는 것이고, 직접적 통제는 여러 가지 형사처벌이나 인격적 비난과 같은 사회적 제재를 통해 통제가 이뤄진다는 뜻이며, 간접적 통제는 어린 시절 그들의 부모나 보호자 등에 대한 강한 애착관계가 있을 때 범죄행동이 통제될 수 있다는 것이다. 그런데 통제가 전혀 없는 자유방임의 상태에서도 비행이 가장 많이 발생하지만 전혀 자유가 주어지지 않는 지나친 통제에서도 비행이 많이 발생한다고 주장한다.

넷째, 레클레스(Walter Reckless)의 견제이론(containment theory)이다. 이는 개인이 범죄적 영향을 극복하고 범죄활동에 참여하는 것을 거부할 수 있는 힘이 있느냐 하는 것으로 범죄를 견제할 수 있는 능력이 범죄를 결정짓는다는 것이다.

여기에는 내부견제와 외부견제가 있는데 내부견제라 함은 긍정적 자아관념이나 사회규범을 내면화할 수 있는 능력과 같이 인간의 내적 특성이 범죄에 저항력을 갖는 것을 의미하고, 외부견제라 함은 교회나 학교, 가정과 같이 사회화를 담당하는 기관의 영향에 의해 범죄에 대한 저항력을 갖는 것을 의미한다. 그는 내외적 견제 개념 외에 압력(pressures), 유인(pulls), 강요(pushes)와 같은 개념을 사용하여 견제이론을 네 가지 타원형 형태의 시각적 모형으로 제시하였다. 가장 바깥쪽은 사회적 압력이나 유인을 의미하고, 가장 중앙에는 범죄를 범하고자 하는 인간의 내부적 강요를 의미하며, 중앙에는 각각 외부적 견제와 내부적 견제가 자리하고 있다고 한다. 그러나 범죄는 내외부적 견제는 물론이고, 압력과 유인 등 다양한 영향을 받고 있기 때문에 어떤 범죄에 대하여 어떤 요인이 직접적 영향을 주는 것인지 구분하기가 어렵다는 단점이 있다.

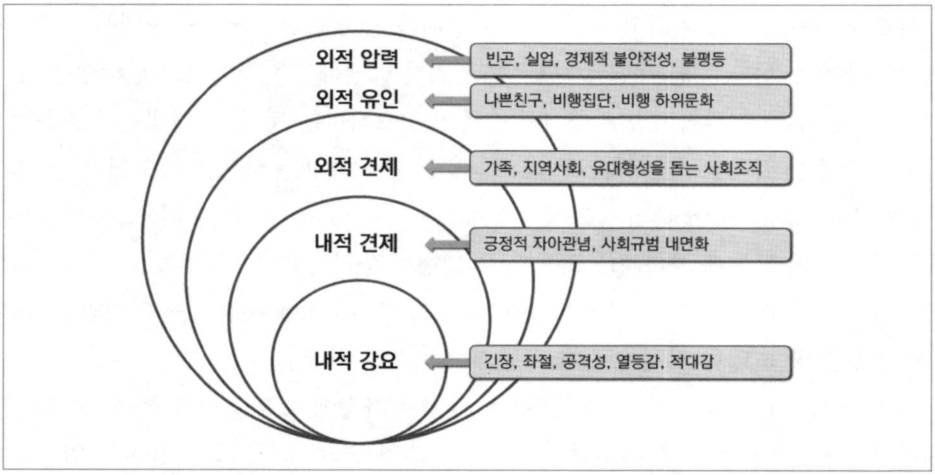

레클레스의 견제이론

(출처: Stephen G. Tibbetts, Criminological Theory, London: Sage, 2018. p.172.)

[표 3-8] 초기 통제이론의 유형

통제이론 연구자	통제의 유형	주요 개념
리스(Albert Reiss)	에고, 슈퍼에고에 의한 통제	에고, 슈퍼에고
토비(Jackson Toby)	현존사회에 대한 투자 정도로 통제	동조성 지분
나이(F. Ivan Nye)	부모의 애착관계 형성에 의한 통제	양심, 제재, 애착
레클레스(Walter Reckless)	범죄에 대한 개인의 견제능력으로 통제	내부/외부 견제

3-3. 표류이론

초기 범죄통제이론의 토대 위에 그 깊이와 복잡성이 더해져 근대의 사회통제이론이 탄생하였는데 그 대표적인 근대 사회통제이론이 바로 맛차(Matza)의 표류이론(drift theory)과 허쉬(Hirschi)의 사회유대이론(social bonding theory)이다.

맛차의 표류이론은 각 개인들은 한 생애를 살아감에 있어서 사회통제가 약해졌을 때 범죄를 범한다는 이론이다. 맛차는 과거 범죄이론들이 지나치게 결정론적으로 범죄를 예견한다고 비판하면서 인간의 행동은 결정론적인 요소도 있지만 상당한 수준으로 자유의지를 행사한다고 보았다. 자유의지와 결정론 사이의 회색지대를 그는 '완화된 결정론(soft determinism)'이라 부르면서 양자를 포섭하였다. 개인들은 사회통제가 약화되는 청소년 시기에 비행을 저지를 가능성이 높아진다고 보면서도 그 이후에는 점점 사회적 결속이 강화되면서 범죄적 생활양식에서 벗어나 성숙한 성인기로 접어든다고 한다. 이처럼 자신의 행동에 대한 감독이 없고 사회적 결속이 최소화되는 청소년 시기에 비행영역에 진입하기도 하고, 벗어나기도 하는 등 표류를 하게 된다고 보았다.[273)]

표류이론의 특성은 각 개인이 전통적인 규범에 의해 존속되는 사회구조를 거부하지 않는다는 점이다. 다만, 청소년들은 전통적 가치를 우회하는 수단으로 범죄행위를 정당화하거나 숨겨진 가치(subterranean values)에 집착하게 된다고 한다. 이 표류이론은 인간의 이기적인 성향은 보편적이라는 점, 이기적 성향은 사회화와 사회통제를 통해 억제될 수 있다는 점, 이기적 성향은 사회통제가 약화될 때 표출될 수 있다는 것을 강조했다는 점에서 다른 사회통제이론과 맥을 같이하고 있다.

3-4. 사회유대이론

1969년 허쉬(Travis Hirschi)에 의해 제시된 사회유대이론은 가장 강력하게 영향을 미치고 있는 사회통제이론이라고 볼 수 있다. 인간은 자연 상태에서는 동물이나 다름없지만 적절하게 사회화됨으로써 사회공동체의 관습적 실체와 견고하게 유대를 맺을 수 있다고 보았다. 이렇게 견고한 유대를 맺은 개인은 범죄에 가담하는 경향이 더 적고 사회적 유대가 강할수록 개인의 범죄 가능성은 더 낮아진다는 것이다.[274)] 허쉬가 주장한 사회유대이론에는 애착(attachment), 전념(commitment), 참여(involvement), 신념(belief) 등 4가지 요소가 제시된다.[275)] 이 4가지 요소가 개발되면 될수록 개인의 범죄 가능성은 더 낮아진다고 보았다.

Travis Hirschi
(출처: https://en.wikipedia.org)

애착(愛着)은 사회유대이론에서 가장 중요한 요소이다. 한 개인과 다른 중요한 타인 사이의 애정적 결속을 의미하는 애착은 전통규범의 가치를 내면화 하는 데 매우 긴요한 요소인 것이다. 허쉬는 '규범의 내면화라든가 양심 또는 초자아의 형성은 다른 사람에 대한 개인의 애착에서 비롯된다'고 하였다. 그리고 어린 시절 초기단계에서 형성되는 애착관계가 사회적 유대관계를 개발하는 데 있어서 가장 중요한 요소라고 한다.

전념(專念)은 개인이 현존하는 사회에 대하여 수행한 투자의 정도를 말한다. 달리 말하면 현존하는 사회에 동조함으로써 얻게 되는 지분(stake)이 어느 정도인가를 의미함과 동시에 범죄로 처벌받게 될 경우 잃게 될 위험이 어느 정도인가를 의미한다. 범죄로 잃게 될 것이 많으면 사람들은 범죄를 하지 않을 것이나 그 반대의 경우는 범죄를 감행할 것이다. 각 개인에게 현존하는 사회에 동조하고 전념하도록 동기를 부여하는 것은 어려운 일이다.

참여(參與)는 현존하는 사회 속에서 전통적 가치에 부합하는 활동에 얼마나 시간을 쓰느냐 하는 것이다. 이 참여의 요소는 사회에서 용인되는 건설적인 활동에 시간을 많이 쓰는 사람은 불법적 행동을 수행하는 데 쓰는 시간을 줄여나갈 것이라는 전제 위에 서 있다. 사회가 인정하는 활동에 적극적으로 참여함으로써 비행을 억제할 수 있다는 것이다.

신념(信念)은 한 사회의 법규를 준수함에 있어서 그 법규가 도덕적으로 옳다는 믿음을 말한다. 이를테면 어떤 행동이 자신의 도덕적 신념에 반한다고 생각하는 사람은 그러한 행동을 피하겠지만 그 행동이 도덕성에 반하지 않는다고 생각하는 사람은 그 행동을 감행할 것이라고 보는 것이다. 예컨대 어떤 사람은 음주운전을 심각한 범죄로 인식하면서 이를 피하지만 어떤 사람은 그런 행동을 문제 삼지 않기 때문에 불법을 감행하는 것이다. 사람마다 이 도덕적 신념

[표 3-9] 사회유대이론의 4대 요소

사회유대의 4요소	내 용	관심 영역
애착(attachment)	중요한 타인과의 애정적 결속 정도	전통가치 내면화
전념(commitment)	현존 사회에 투자한 정도	지분의 상실 위험
참여(involvement)	전통적 가치에 부합하는 활동 정도	건설적 활동 동참
신념(belief)	법규준수의 도덕적 정당성 신뢰 정도	도덕적 신념과 판단

은 다를 수가 있다.

전반적으로 볼 때 비행청소년은 현존 사회질서 내에 살고 있는 사람들과의 결속이 약하고, 전념의 정도가 낮으며, 관습적인 일에의 참여도 빈곤하고, 관습적 규범에 대한 신념도 없다고 보고 있다. 다만, 참여 요소와 관련하여 모든 활동에의 참여가 다 유익한 것이 아니고 동료 또래들과의 데이트나 스포츠 경기의 참여 등은 오히려 범죄위험을 증가시킬 위험이 있다는 점과 애착관계의 상대방이 누구인가에 따라 범죄행동이 결정될 수 있다는 점 등이 지적되고 있다. 아울러 네 가지 요소 상호 간 서로 어떤 영향을 미치는지 상관관계도 검증되지 않았으며, 사회적 유대가 강해도 일탈행위를 하는 이유가 무엇인지에 대한 비판도 제기되고 있다.[276]

3-5. 통합적 사회통제이론

통합적 사회통제이론으로는 티틀(Charles R. Tittle)의 '통제–균형이론'과 헤이건(John Hagan)의 '권력–통제이론'을 들 수 있다. 그 중 티틀의 통제–균형이론은 현재 복속되고 있는 개인에 대한 통제의 정도와 그 개인이 행사할 수 있는 통제력의 정도가 탈법행위 발생 가능성을 결정한다는 이론이다. 그는 이 두 가지 유형의 통제가 어느 정도로 균형을 이루는지에 따라 탈법행위의 형태를 예견할 수 있다고 보고 있다. 어떤 개인이 통제를 당하는 정도와 자기가 행사할 수 있는 통제력의 정도가 균형을 이루면 범죄를 범할 가능성은 최소화될 수 있지만 그 균형이 깨지면 탈법행위의 가능성은 증가한다는 것이다. 만일 개인의 통제력보다 통제당하는 정도가 더 크면(통제결핍의 상태) 억압적 통제를 피하려는 의도에서 약탈적이거나 반항적인 행동을 하게 되고, 통제당하는 것보다 개인이 보유한 통제력이 더 크면(통제과잉의 상태) 개인은 타인에 대하여 더 강한 통제를 하려는 경향을 보이므로 착취적이거나 퇴폐적 행동을 하게 된다고 한다.[277]

헤이건의 권력–통제이론은 한 가정에서 가족구조뿐만 아니라 통제의 수준 및 가부장적 태도에 기반하고 있는 이론으로서 가정 내에서 노동력의 행사가 부모의 지위에 의해 영향을 받는다는 이론이다. 이를테면 아버지와 어머니가 가사일 분담에 있어서 상대적으로 대등할 경우 어머니는 자기 딸에 대하여 통제력을 덜 행사하는 반면, 아버지와 어머니의 가사일 분담에 차이가 날 경우 딸에 대한 통제가 강화된다. 이에 따라 가정 내 남성들에게는 자기주장이 허용되고 모험적 행동이 고무되기 쉽다는 것이다. 이 모험적 행동은 범죄에 연루되기 쉬운 행동을 의미한다. 그러나 또 다른 연구에서는 어머니의 아들에 대한 영향이 청소년 비행을 감소시키는 데 있어서 큰 영향을 준다는 연구도 있다. 이들은 가부장적 태도가 범죄에 미치는 영향을 연구한 것들이다.[278] 권력–통제이론은 개인은 사회화되어야 하며, 사회화 되는 과정에서 성별의

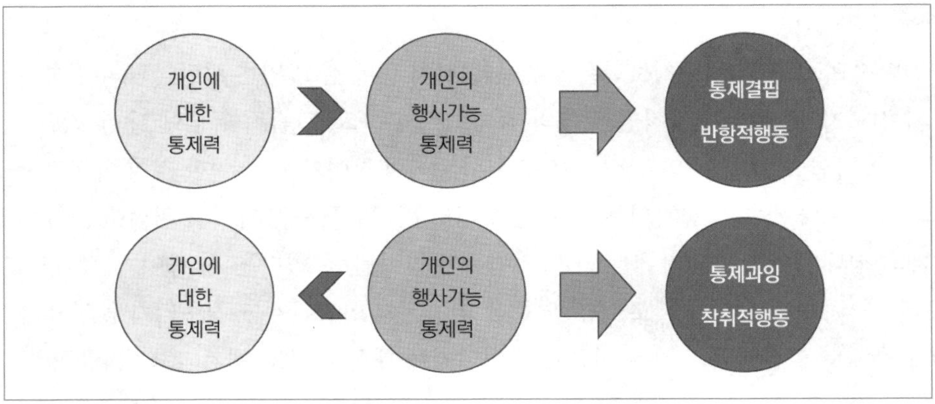

티틀의 통제-균형 이론

차이가 사람들이 전 생애를 걸친 행동방식 결정의 차이를 만들어낸다고 보는 점에서 사회통제 이론의 일종으로 보고 있다.279)

3-6. 낮은 자기통제 이론

1990년에 허쉬(Travis Hirschi)는 그의 동료 갓프레슨(Michael Gottfredson)과 함께 '낮은 자기통제 이론(theory of low self-control)'을 제안하였다. 이를 다른 말로 '범죄 일반이론(the general theory of crime)'이라 한다. 이 이론은 개인이 태어날 때부터 이기적이며 자기중심적인 행동을 한다는 전제 아래 오로지 효과적인 양육과 사회화 과정만이 개인의 자기통제력을 만들어낼 수 있다고 보고 있다. 적절한 사회화가 없거나 범죄적 기회의 감소조치가 없다면 개인은 자연적 성향을 따라가는 이기적인 탈법자가 되기 마련이라고 주장하면서 인간의 자기통제력이 10세 때까지는 갖추어져야 한다고 말하고 있다. 이때까지 자기통제력이 확립되어 있지 않으면 평생 자기통제력 저하증세를 보이게 된다는 것이다.

허쉬나 갓프레슨은 자기통제력의 형성이 사회화 과정을 통해 이뤄진다고 하면서도 자기를 통제할 수 있는 개인적 능력에 이론적 강조점을 두고 있다. 이는 사람들이 자신들의 의사결정을 어느 정도 통제할 수 있고, 제한된 범위에서 자기 자신도 통제할 수 있는 능력이 있다는 범죄 일반이론의 전제와 관련되는데 이 범죄 일반이론은 가장 유효한 범죄이론 중의 하나가 되고 있다. 그것은 범죄를 초래하는 가장 중요한 요인 중 하나가 바로 자기통제의 저하라는 사실을 밝혀냈기 때문일 것이다.280) 낮은 자기통제력은 충동성, 자기중심성, 급한 기질 등과 관련될 수 있는데 최근 연구에 따르면 부적합한 양육이 낮은 자기통제력을 초래하고, 낮은 자기통제력은

범죄행동을 야기한다는 주장이 제기되었다.[281]

범죄학자들은 최근 개인의 정서적 기질로 인해 약한 자기통제력을 갖게 된다고 주장하고 있다. 이를 자기통제력 저하의 심리학적 측면이라고 부른다. 자기통제력이 낮은 사람들이 예상하는 수치심에 대한 기대수준은 매우 낮으나 비행행위를 함으로써 얻게 되는 쾌락에 대한 기대수준은 매우 높다고 한다.[282]

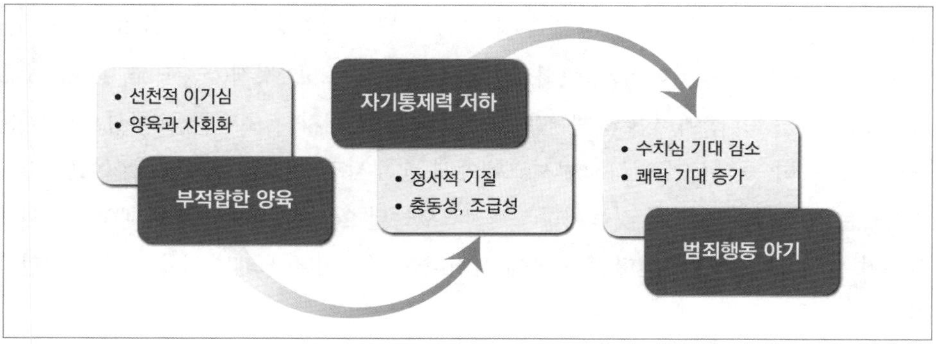

허쉬와 갓프레슨의 낮은 자기통제 이론

자기통제력 저하 이론은 생리학적 측면으로도 설명이 가능하다. 상습적 범죄자의 경우 처벌 가능성에 대한 각성보다는 위험이나 위험을 감수하는 모험적 일에 대한 각성이 훨씬 크다고 한다. 위험을 감수하는 행동이 있으면 뇌에서 기쁨을 주는 화학물질이 분비되도록 되어 있는 생리학적 기제 때문에 범죄와 같은 위험한 행동을 감행하게 된다는 것이다. 상습적 범죄자들은 수치심과 죄책감과 같은 내부적 제재의 수준도 매우 낮은 정도로 지각하고 있다고 한다.[283]

4. 사회반응이론: 낙인이론

4-1. 사회반응이론(낙인이론)의 등장 배경

사회반응이론(social reaction theory)은 1960년대부터 1970년대 초기까지 매우 각광을 받았던 범죄이론으로서 개인의 자아정체성이 사회구성원이나 공공기관에 의한 범죄자 분류작업에 의해 어떻게 크게 영향을 받는가에 주로 관심을 갖는 이론이다. 이 이론을 낙인이론(labeling theory)이라고도 하는데 이 낙인행동에 의해서 범죄자는 '나는 범죄자에 속한다'라고 하는 '자기 충족적 예언(self-fulfilling prophecy)'을 하게 되고, 그 결과 불법적 행동의 빈도나 심각성을 더해감으로써 범죄자나 비행자로서의 자신의 지위에 걸맞은 행동을 수행하게끔 한다는 것이다. 더 나아가 사회의 중상류계층보다는 하위계층에 속해 있는 개인이나 사회적 소수자들에게 부정적 낙인을 부가하는 경향이 있다고 말한다.284)

이렇듯 낙인이론적 관점에 서게 되면 낙인이 붙여진 범법자들은 사실상 사회에 의해 지정된 '범죄자'로서의 역할을 수행할 수밖에 없기 때문에 상습적 범죄를 줄이기 위해서는 법집행기관의 낙인찍는 행위를 제한해야 한다고 주장한다. 그래서 등장한 것이 '무간섭 정책(hands-off policy)'이라든가 전환처우, 비범죄화, 비시설수용을 의미하는 '3D 정책(diversion, decriminalization, deinstitutionalization)'이다. 이러한 정책들은 주로 청소년 범죄자나 초범들을 대상으로 하는 것으로 가능하면 조속히 공식적인 형사사법시스템에서 배제시킴으로써 사회적 낙인이나 비난을 피하도록 하자는 취지에서 도입된 것들이다. 그러나 오늘날 이러한 정책들은 관대하고도 비효율적인 형집행이 늘어나는 원인이 된다는 비난에 직면하여 낙인이론을 폐기해야 한다는 비판을 받고 있다.285)

소년범죄와 낙인이론

2019년도 대검찰청 소년사범 형사사건 처리현황을 보면 전체 소년사범 수는 75,184명으로 2010년도의 105,033명에 비해 줄었지만 죄가 중하여 법원에 정식 형사재판이 청구된 수는 2010년도 3.4%에서 2019년도 5.6%로 증가하였다. 이는 소년범에 대한 처벌이 강화되고 있음을 의미한다. 전문가들은 청소년 범죄에 대한 엄벌주의가 능사가 아니므로 구체적인 상황에 맞는 대책을 세워 소년범죄 예방에도 힘써야 한다고 주장한다. 청소년들에 의해 강력범죄 사건이 벌어질 때 처벌만 강화하다 보면 '낙인효과'에 따라 청소년들이 사회로 복귀할 수 있는 길이 아예 차단돼 버린다는 것이다. 애초에 범죄에 발을 들이게 되는 사회적 조건을 개선하지 않은 채 소년범죄 전반에 엄벌주의를 적용하면 생계형 범죄 같은 비교적 가벼운 범죄에 오히려 무거운 대가를 짊어지게 할 우려를 제기하고 있다.286)

낙인이론의 이론적 구성의 뿌리는 '상징적 상호작용 이론(symbolic interaction theory)'이다. 상징적 상호작용 이론이란 쿨리(Charles Horton Cooley)나 미드(George Herbert Mead) 등이 주장한 것으로 사람들이 대화를 할 때는 말이나 신호, 이미지 등과 같은 상징을 통해 의사소통을 하게 된다는 이론이다. 그리고 이러한 상징적인 것들을 통한 상호작용은 인간의 자기 이미지(self-image) 형성에도 영향을 미치게 된다는 것이다. 사람들이 한 개인에게 행한 어떤 표현은 곧 그 사람에게는 자기 이미지로 인식될 수 있다고 보고 있다. 그래서 낙인이론적 관점에서 보면 '객관적 실체(objective reality)'란 없다고 본다. 다만 그 실체에 대하여 사람들이 주관적으로 해석한 것들이 있을 뿐이다. 범죄나 일탈이라는 것도 사회구성원들의 반응에 의해 정의되는 것이지, 위법행동 자체의 내용이 담고 있는 도덕적 내용에 의해 정의되는 것이 아니라고 보고 있다. 그래서 사회가 개인의 행동에 대하여 부정적으로 반응할 때 그 개인에게는 자기낙인(self-stigma)이 일어나게 되고 자기평가(self-esteem)에 해로운 영향을 끼친다. 어떤 사람에게 낙인이 가시화되거나 낙인이 활용되는 양상이 심해지면 그 사람은 아예 탈선적 행동에 점점 몰입하게 되고, 이렇게 범죄자로 낙인이 이뤄진 사람은 자기와 입장이 비슷한 사람들을 찾아 그들을 지원하면서 동료관계를 맺게 되는데, 그들은 사회에서 버림받은 구성원이라고 인식하면서 아예 비행적 경력을 쌓아 나가는 것 이상을 꿈꾸지 않게 된다.[287] 이하에서는 낙인이 발생시키는 효과와 그 결과에 대한 몇 가지 개념과 학자들의 주장을 살펴본다.

4-2. 일탈집단에의 합류

만일 어떤 개인에 대하여 정상적인 사회질서에서 벗어난 일탈자라는 낙인을 붙이게 되면 그는 유사하게 버림을 받은 자들이 모여 있는 일탈집단에 가입할 가능성이 높다. 그 집단에 들어가게 되면 비행이 촉진되고 반사회적 행동은 일상의 삶이 된다. 일탈집단에의 합류는 '나는 어쩔 수 없는 놈이야'라는 개인의 자기거부적 태도에서 기인한다. 그렇게 되면 전통사회가 중시하는 가치를 추구하기보다는 사회규범으로부터 일탈하고자 애쓰게 된다. 더 나아가 자기와 입장이 비슷한 사람들이 모여 있는 집단에 들어가게 되면 그 안에 작용하고 있는 하위문화 때문에 이러한 태도가 더욱 강화되고 가치관의 변화가 일어난다.[288] 자신이 관습적 사회로부터 소외된 후 자신을 내쫓긴 집단의 일원과 동일시하게 됨으로써 영속적인 낙인을 초래하는 것을 가핑클(Garfinkle)은 '성공적인 비하의식(successful degradation ceremonies)'이라고 칭한다.[289]

4-3. 손상된 자아정체성

일탈자라는 낙인이 붙여져서 사회에 이름이 알려지면 그 사람은 손상된 자아정체성(damaged identity)을 갖게 되고 그로 인해 고통을 겪게 된다. 발달된 정보기술과 인터넷 문명으로 인해 그들의 과오는 즉각적으로 광범위하게 확산되기에 타격을 받은 자기 이미지는 사회 여기저기에 유포되면서 사라지지 않는다. 이렇게 자아정체성이 손상되면 그 사람은 반사회적 행동을 반복하게 되고, 과거 비행을 좀더 확대시키는 행동을 함으로써 새로운 낙인을 초래하게 된다.

4-4. 악의 극화

인간의 자기 정체성은 타인의 평가에 의해 영향을 받는다. 낙인이라는 것도 일종의 사람에 대한 평가인 만큼 그 대상자의 정체감 형성에 영향을 주는 것이다. 만일 최초로 일탈적 행동을 한 사람이 경찰관이나 부모 또는 친구로부터 자기 이미지에 대한 부정적인 피드백을 받게 되면 그 사람은 자신의 정체성에 대하여 부정적으로 재평가를 하는 것이다. 사회가 한 인간을 일탈자로 낙인을 하게 되면 자기도 스스로를 일탈자로 평가하여 일탈적 행위를 계속하게 된다. 이처럼 부정적 낙인이 부정적 자아관념을 심어줌으로써 건강한 자아관념이 일탈적 자아관념으로 전환되는 과정을 탄넨바움(Tannenbaum)은 '악의 극화(dramatization of evil)'라고 칭한다. 그래서 비행청소년을 다룰 때 전반적 형사절차가 그를 비행자로 규정짓고 다루는 한 그 모든 형사절차가 청소년에게 유해하다는 주장을 펴고 있다.[290)]

4-5. 일차적 일탈과 이차적 일탈

레머트(Edwin Lemert)는 낙인과정에 관한 그의 견해를 기술하면서 일차적 일탈과 이차적 일탈이라는 용어를 사용하였다. 일차적 일탈(primary deviance)이란 행위자에게 지극히 미미한 영향을 끼치는, 사소하면서도 금방 잊히는 규범위반 행위를 하거나 경미한 범죄를 행했을 때 발생한다. 학생이 노트 한권을 훔쳤더라도 발각이 되지 않으면 학교를 졸업하여 훌륭한 인물이 될 수 있고 더 이상 그런 비행을 반복하지 않는 경우를 한 예로 들 수 있을 것이다.[291)]

반면, 이차적 일탈(secondary deviance)은 자기 주변의 중요한 타인에 의해 주목을 받게 될 수 있는 규범위반 행위를 하거나 혹은 경찰과 같은 사회통제기관으로부터 부정적 낙인을 받을 수 있는 범죄행위를 범했을 때 발생한다. 만일 사소한 규범위반 행위일지라도 발각되어 사회의 주목을 받은 후 낙인이 이뤄지면 이후 더 큰 비행으로 발전하게 되어 이차적 일탈이 발생하는 것이다. 이차적 일탈은 일탈 확장효과(deviance amplification effect)를 발생시킨다. 주류사회에서 소외감을 느낀 일탈자는 자기처럼 낙인이 된 그룹과 어울려서 하위문화를 형성하고 일탈을

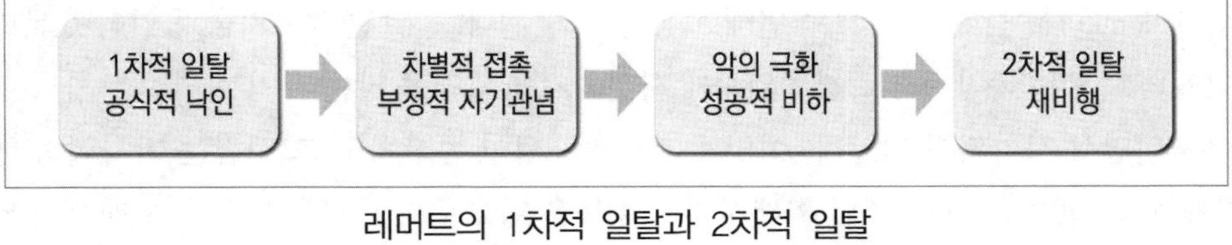

레머트의 1차적 일탈과 2차적 일탈

가속화하는 생활을 지속해 나가기 때문이다.[292]

레머트는 일차적 일탈로부터 이차적 일탈로 진행되는 절차를 다음과 같이 설명한다. 즉, 일차적 일탈이 있은 후 사회적 처벌이 있게 되면 그 이상의 일차적 일탈이 발생하게 되는데 그렇게 되면 더 강력한 사회적 처벌과 거부가 일어나게 되고 이에 대한 반응으로 분노와 적개심을 품은 채 더 큰 이차적 일탈이 발생한다고 한다. 결국은 낙인과 처벌에 대한 반응으로 일탈적 행동이 강화되어 더 중한 이차적 일탈이 초래된다고 말하고 있다.[293]

4-6. 사회적 지위로서의 일탈

베커(Becker)는 법적으로 금지된 행동에 대한 사회의 반응이 어떠하느냐에 따라 심각한 일탈을 촉진할 뿐만 아니라 낙인을 통해 일탈을 창조하고 일탈자의 지위를 부여하게 된다는 주장을 하였다. 사회집단이 법규를 만든 후 그 법규를 적용하는 과정에서 특정인에 대하여 일탈 여부를 오판하거나 혹은 과잉 판단함으로써 일탈자를 생산해 낸다는 것이다.[294] 그는 사회규범을 위반하는 행위와 일탈행위는 구분되어야 한다고 주장하였는데 규율위반이 곧 일탈이 되는 것이 아니라 규율위반이 있더라도 사회통제기관의 반응방식에 따라 일탈로 규정되기도 하고 그렇지 않기도 하다는 것이다. 따라서 규율위반이 있을 때 성급한 낙인을 부가할 것이 아니라 그 정황을 면밀히 조사하여 실제적 일탈행위인지의 여부를 판단해야 하는 것이다.

실제로 일탈행위를 한 후에 경찰에 의해 일탈자로 인식된다면 이것은 순수일탈(pure deviant)에 속한 것으로 큰 문제가 없다고 보지만, 실제로는 규율위반을 하지 않았는데 규율위반한 것으로 오인하여 잘못된 비난을 하거나 일탈자로 규정하게 된다면 그 사회적 낙인이 개인에게 미치는 악영향은 매우 클 것이다. 낙인으로 인해 이차적 일탈이 일어난 후 그 낙인이 공식화되기에 이르면 일탈행위를 한 그 사람은 사회적 상호작용에 있어서 '공식적인 일탈자'라는 주지위(master status)를 얻게 되어 체계적인 규범 위반자의 길을 걷게 된다고 한다.[295]

제4절 사회과정적 범죄이론에 대한 평가

대부분의 통제이론들은 인간의 본성 속에는 범죄행동을 할 가능성이 잠재되어 있기 때문에 어린 시절 사회적 유대가 잘 형성되어야 한다고 보고 있다. 이를 위해 부모가 적정한 감독을 통해 자기통제력을 개발시키고 학습시켜야만 범죄적 성향을 스스로 잘 통제할 수 있게 된다. 자기통제력을 강화할 수 있는 프로그램으로는 위기청소년을 위해 전문가들이 가정방문을 해서 치료를 진행하는 프로그램과 자기통제력 증진 및 스트레스 관리, 책임 있는 의사결정 훈련이나 문제해결 및 의사소통 기법 등을 교육하는 학교 프로그램들이 또한 효과적인 것으로 알려져 있다. 이러한 모든 과정에서 교육생에게 단순히 정보를 전달하고 지식을 전수시키는 훈련보다는 인지 및 사고기법(cognitive and thinking skills) 교육을 권장하고 있다.[296)]

사회과정론적 범죄이론에서는 사람의 행동을 개선하는 데 있어서 가장 좋은 방법은 사회에 유익한 일을 하거나 선행을 하였을 때 칭찬을 하거나 적정한 보상조치를 하는 것이라고 보고 있다. 바람직한 행동을 긍정적 강화를 통해 학습하도록 유도하는 것이 매우 중요한 것이다. 그리고 범죄자에 대한 재활 프로그램으로 가장 효과적인 것은 어떤 행동을 하기 전 한번 생각해 보도록 하는 '인지적 행동 접근법(cognitive behavioral approach)'이라고 한다. 이러한 인지치료는 집단상담보다 훨씬 효과적인 것으로 알려져 있다.[297)]

사회반응이론 혹은 낙인이론과 관련해서는 낙인의 부정적 효과를 상쇄하기 위해서 전환처우(diversion), 비범죄화(decriminalization), 비시설수용(deinstitutionalization)을 의미하는 3D 정책이 제시된다. 전환처우라 불리는 다이버전은 현재 일반화되고 있는 정책으로서 초범이나 비교적 경미한 범죄의 경우 공식적인 형사사법시스템에서 가능한 한 빨리 해방해주는 제도이다. 비범죄화란 어떤 특정 범죄의 불법성을 감소시키는 제도이다. 예를 들어 미국의 캘리포니아주가 1 온스 이하의 마리화나 소지행위에 있어서는 구속하여 수감하지 않고 범칙금을 부과하는 방안을 채택한 것을 들 수 있다. 비시설수용은 초범이나 경미한 범죄를 범한 청소년 범죄자들을 가능하면 시설에 수감하지 않고 사회 내 처우를 하는 것이다. 이러한 제도들은 사회적 낙인을 방지하는 데 긍정적으로 기능하는 제도들이다.[298)]

정리하기

○ 범죄가 사회를 구성하고 있는 공동체 사이의 불평등한 사회적 구조와 문화적 차이에서 비롯된다고 보는 것이 사회적 구조이론이며 여기에는 긴장이론, 사회해체이론, 문화적 일탈이론 등이 있다.

○ 사회적 구조이론 중 긴장이론은 문화적 목표와 제도화된 수단의 차이로 긴장이 생기고 이에 대한 적응방식에 따라 범죄가 발생한다고 보는 이론이며, 사회해체이론은 전통적 문화가 수행했던 사회통합적 기능이 약화되어 종국에는 종래의 문화를 해체함으로써 범죄가 발생한다고 보는 이론이고, 문화적 일탈이론은 비행행위가 당연시되는 하위문화 속에서 성장한 사람들은 정상적인 사회화의 기초를 형성하지 못하고 범죄적 문화에서 자기 정체성을 찾게 되기 때문에 범죄를 하게 된다는 이론이다.

○ 범죄가 사회집단 내 구성원 사이의 사회화 과정과 구성원 사이의 심리학적 상호작용에서 비롯된다고 보는 것이 사회과정적 범죄이론이다. 이 이론은 차별접촉이론, 차별강화이론, 차별적 동일시이론 등을 포함하는 사회학습이론과 동조성 지분이론, 견제이론, 표류이론, 사회유대이론 등을 포함하는 사회통제이론으로 크게 구분된다. 사회반응이론이라고 할 수 있는 낙인이론이 사회과정적 범죄이론에 포함되기도 한다.

○ 사회과정적 범죄이론 중 차별접촉이론은 범죄행위에 대하여 호의적 입장을 취하는 사람들과의 접촉의 양이 빈번할수록 범죄행동으로 연결되기 쉽다는 이론이고, 차별강화이론은 어떤 행동에 대한 보상이나 처벌이 범죄행동에 영향을 준다는 이론이며, 차별적 동일시이론은 자기가 모델로 삼고 있는 집단이나 인물을 자기와 동일시하는 방법으로도 범죄가 가능하다는 이론이다.

○ 사회통제이론은 인간에 대한 통제가 약화될 때 인간은 본능대로 행동하기 쉬워 범행을 하게 된다는 이론으로서 현존하는 사회에 투자의 정도가 약하면 범죄하기 쉽다는 동조성 지분이론과 긍정적 자아관념을 통해 개인의 범죄 견제능력을 높여야 한다는 견제이론, 청소년 시기에 준법영역과 비행영역을 표류한다는 표류이론, 사회공동체와의 견고한 유대가 범죄를 방지한다는 사회유대이론 등으로 구성된다.

Chapter 06

갈등론적 범죄이론: 비판범죄학

생각해 보기

○ 최근 인터넷이나 TV, 혹은 PC게임이나 영화 등을 통해 어렵지 않게 폭력적 장면이나 음란한 영상물을 접할 수 있다. 현행 청소년보호법은 특정 매체물이 청소년에게 성적 욕구를 자극하는 음란한 내용을 담고 있거나 범죄의 충동을 일으키는 폭력행위 등을 미화하는 내용을 담고 있으면 청소년유해매체물로 지정하여 유해표시를 하도록 함과 동시에 이 매체물의 판매, 대여, 배포, 시청, 관람, 이용 등을 금지하면서 이를 어길 경우 3년 이하의 징역 또는 3천만원 이하의 벌금에 처하고 있다(청소년보호법 제58조).

○ 문제는 이렇게 청소년에게 유해한 매체물이 성인이라고 해서 무해한 것은 아니며 성인 범죄자들 상당 수가 이런 영상물을 통해 범행을 모방하고 있음에도 폭력적이고 음란한 영상물이 영상매체 시장에 넘쳐나고 있다는 점과 위의 처벌규정에도 불구하고 많은 청소년들이 유해매체물에 쉽게 접하고 있다는 사실이다. 그렇다면 청소년에게 매우 해로울 뿐만 아니라 성인 범죄자들조차 모방의 대상이 되는 유해매체물의 제작, 배포, 시청, 관람 행위 등을 왜 전면적으로 금지 못하는 것인가?

○ 이 질문에 대한 답변은 두 가지가 가능하다. 첫 번째는 헌법상 기본권인 언론·출판의 자유 및 학문과 예술의 자유 등의 보장을 위해 타인의 명예나 권리, 공중도덕을 침해하지 않는 한 그러한 매체물 제작은 허용이 되어야 하고 이를 제작, 판매하는 것은 개인의 창의적이고 자유로운 경제활동으로서 헌법 제119조에 의해 보장되도록 사회가 합의했다는 입장이다. 두 번째는 자본주의가 사회에 대한 개인의 의식을 개인주의적이며 이기적 관점으로 변화시켰다는 입장이다. 사회적 복지보다는 개인의 이익과 이윤추구에만 집중하도록 하여 지배계층은 물론 피지배계층도 도덕적으로 타락하게 만들어 범죄로 이끈다는 것이다. 이 입장에서는 형벌규정 조차도 자본가와 지배계층의 이익보호를 위해 기여한다고 보고 있다. 이 두 입장 중 어느 것이 갈등론적 견해에 서 있는 것인지 말해보고 이를 비판해 보라.

제1절 갈등론적 범죄이론의 등장 배경

사람이 살아가는 사회는 수많은 갈등으로 가득 차 있다. 인종, 문화, 경제, 계층, 세대 등 다양한 영역에서 갈등은 산재하고 있는 것이다. 이 갈등이 항상 나쁜 것만은 아니다. 사람과 사람 사이의 갈등이 해소되고 나면 서로를 더 깊이 이해하게 되고, 사회 내부의 갈등은 사회변화의 동력이 될 수도 있기 때문이다. 그러나 갈등의 역기능이 문제이다. 해소되지 않고 있는 갈등은 사회의 응집력을 약화시키고, 대인관계를 파괴하기 때문이다.

범죄는 우리 사회에 존재하는 갈등의 역기능적 측면을 보여주는 것 중의 하나이다. 범죄행위를 갈등적 시각에서 보면 국가와 범죄자 간의 갈등이자, 범죄자와 피해자 사이의 갈등으로 파악할 수 있다. 그런데 범죄학 이론으로서의 갈등론은 국가가 일반 국민의 이익을 보호하기 위해서가 아니라 국가운영을 효과적으로 통제할 수 있는 지배집단이 자신들의 이익과 가치를 대변하기 위해서 법을 제정하고 범죄를 규정한다고 말한다. 즉, 범죄란 지배계층이 피지배계층을 통제하고 억압하기 위해 노력을 기울인 결과물로 형성되었다고 보는 것이다. 이것은 법 제정 과정에 대한 합의론적 관점과 상반되는 견해이다. 합의론적 관점은 '국가가 사회일반의 이익보호를 위해 존재하며 그 사회구성원들의 합의에 따라 사회전체의 이익보호를 위해 법을 제정한다'는 견해를 취하고 있다.[299)]

오늘날에는 범죄를 갈등론적 시각에서 바라보고 범죄학을 연구하는 학문적 성향을 '비판범죄학(critical criminology)'이라고 부르기도 한다. 따라서 갈등론적 범죄학과 비판범죄학이라는 용어는 상호교차적으로 사용할 수 있을 것이다. 비판범죄학은 사회계급(social class), 범죄(crime), 사회통제작용(social control) 등 3가지 요소 상호 간에 어떤 연결점이 있는지 경제적 혹은 사회적 상황을 토대로 범죄현상을 설명하고자 한다. 비판범죄학에서 관심을 가지고 있는 이슈들은 ① 범죄가 발생할 수 있는 환경을 만드는 데 있어서 정부의 역할, ② 권력이 있는 개인이나 힘 있는 집단과 형법규정 제정과정의 상호관계, ③ 형사사법시스템에 있어서 편견의 난무, ④ 자본가 및 자유기업가와 범죄발생률 상호 간의 관계 등이다.[300)] 비판범죄학에서는 범죄자들이 타인의 권리를 짓밟는 악랄한 인간이라

Karl Marx
(출처: https://en.wikipedia.org)

는 전제와 이들을 통제하여 평온하고 공정한 사회를 유지하기 위해 법이 제정되었다는 주장을 배격한다. 오히려 권력집단의 부와 사회적 지위 및 계급 이익을 보전하기 위해 쓰이는 도구로 법을 이해한다.

갈등론적 범죄학 혹은 비판범죄학의 기원은 마르크스(Karl Marx, 1818－1883)의 사회철학이라고 볼 수 있는데 그는 모든 인간관계를 지배하는 것이 사회 내의 경제구조라고 하였다. 마르크스가 살던 19세기는 산업혁명으로 인해 자본가는 날로 부유해지는 반면, 노동자들은 노동의 착취와 빈곤에 시달리는 상황이 전개되었다. 이러한 모습을 보면서 마르크스는 모든 문명은 상품을 개발하고 생산하는 방법에 따라 결정된다는 것과 자본주의 문명이 계급갈등으로 인해 장차 프롤레타리아 혁명으로 붕괴된다는 주장을 전개하였다.

마르크스-레닌주의와 범죄

레닌은 "국가는 계급 간의 지배의 기관이며 한 계급의 다른 계급에 대한 억압의 기관이다. 그 목표는 질서를 창조하는 것인데 이는 계급 간의 충돌을 억제함으로써 억압을 법제화하고 영속화 한다"라고 말하였다. 즉, 지배계급이 피지배계급에 대한 억압을 지속하기 위하여 범죄규정을 만들고 국가가 그 형사법을 집행한다고 보는 것이다. 반면, 공산주의 사회가 되면 불의와 불평등이 사라지면서 자본주의 사회에서 볼 수 있었던 범죄행위도 거의 사라진다고 본다. 다만, 공산주의 사회에서 성립할 수 있는 범죄라는 것은 마르크스-레닌주의 정당의 결정에 반대하는 자들의 행위라고 말한다. 이 정당에 의해 받아들여질 수 없는 행동을 했다고 판단되는 시민들은 어떤 권리도 부여받지 못한다는 것이다. 그래서 마르크스-레닌주의자 비신스키는 "정의의 과업은 … 법정은 사회주의를 침해하는 인민의 적들을 동정의 여지 없이 파괴하면서 법을 완수한다"라고 말하고 있다. 즉, 공산주의 사회가 되면 정당의 결정에 불복하는 행위가 바로 범죄이고 그런 범죄자들은 전혀 연민의 감정없이 파괴하여야 한다고 말하고 있는 것이다. 하지만 5,000년 인류역사의 기록을 살펴볼 때 인간 이성의 힘으로 완벽한 유토피아 국가를 건설하는 일은 불가능했으며 자유민주주의 체제에서보다 공산주의 체제에서 더욱 심한 인권침탈이 발생하였다는 것을 확인할 수 있다.[301]

그는 범죄라는 것이 낙인이론에서 주장하는 바와 같이 어떤 개인이 도덕적으로 문제가 있어서 범죄를 하는 것이 아니라 정부의 법집행 정책으로 인해 만들어지는 것이며, 범죄와 자본주의적 제도 내의 불평등성 상호 간에 관련성이 있다고 보았다. 범죄는 산업자본주의 하의 실업과 노동착취로 인해 타락한 사람들의 개별적 적응이라고 본 것이다.[302] 또한 그는 궁핍한 자들의 삶을 개선시키지 않고 물질적 부유함만 증진시키려는 부패한 사회제도가 범죄를 증가하

게 만든다는 점을 지적하였다.303)

이러한 칼 마르크스의 사상은 사회갈등이론에 입각해서 범죄를 바라보는 담론을 촉진시켰는바, 봉거(Willem Bonger), 다렌도르프(Dahrendorf), 볼드(George Vold) 등에 의해 그의 사상이 계승되어 갈등이론으로 체계화되었다.

제2절 범죄원인에 대한 갈등론적 사유의 토대

1. 잉여가치의 창출

비판범죄학자들은 현대사회의 기업 자본주의가 잉여가치(surplus value)에 혈안이 되어 있기 때문에 범죄발생의 주요 원인이 된다고 지적한다. 이 잉여가치는 노동계급에 의해 만들어지지만 자본가들이 취득하게 되고 그들은 돈을 더 벌기 위해 이 잉여가치를 재투자하게 되며, 그럴수록 노동자들의 삶은 힘들어지고 보수는 적어지며, 점점 기술에 의해 인간의 노동력이 대체되면서 노동자들은 서비스업으로 내몰리거나 임시노동자로 전락하게 된다는 것이다. 이렇게 근로자들이 경제적 주류에서 밀려나는 것을 '주변화(marginalization)'라고 한다. 이렇게 주변화가 된 사람들은 전통적 가치에 대한 헌신과 몰입이 어려워져 범죄의 유혹을 받게 된다고 보고 있다.304) 자본가들의 잉여가치 축적으로 말미암아 잉여노동인구가 발생하게 되고, 그렇게 되면 이들은 자신의 인간다운 생활조건을 충족시키지 못해 범행의 유혹과 압력을 받는다는 것이다. 따라서 이들이 범하는 범죄는 생활조건에 대한 반응이지 사회의 공동선에 대한 의식적 위반이 아니라고 본다.305) 그런 의미에서 갈등론적 범죄이론도 결정론적 인간관의 입장에 기반을 둔 실증주의 범죄이론임을 확인할 수 있다.

2. 사회제도의 실패

비판범죄학자들은 현행 사회제도가 계급차별이나 인종차별적 차원에서 활용되고 있는바 이러한 사회제도의 실패(failing social institutions)가 범죄발생과 관련이 있다고 말한다. 미국의 경우 특히 표준화된 실력평가 결과는 물론이고 졸업생 비율에 이르기까지 교육 성취도 면에서 인종에 따라 심각한 차이가 발생하고 있는데 미국 빈곤 지역의 경우 고교 전 과정을 이수하고 졸업하는 학생들의 비율이 40% 미만에 불과하여 고등학교를 '중퇴학생 생산 공장(dropout factories)'이라고 부르기도 한다. 이렇게 중퇴자가 많은 이유는 가난한 지역과 부유한 지역의 학칙과 그 위반에 대한 대응방식이 다르기 때문이다.306) 또한 아프리카계 미국 아동들은 다른 인종들의 자녀보다 학칙위반으로 징계를 많이 받는다고 하고, 흑인 학생의 비율이 높은 학교에서 징계수단을 더 많이 사용한다는 연구결과를 제시한다.307) 이와 같이 계층과 인종에 기반한 차별적 사회제도의 운용이 범죄발생을 불가피하게 만든다는 것이다.

3. 세계화

오늘날 세계 각국의 상호 간 교류가 활발해지면서 비판범죄학에서도 그 시야를 넓혀 세계 각지에서 발생하는 범죄현상에 대한 비판적 분석을 내놓고 있다. 교통과 인터넷 등 통신기술의 발달과 기업 간의 인수·합병의 활성화로 인해 근래에 많은 다국적 기업들이 생겨나면서 노동임금이 저렴하고 자원이 풍부한 국가에 공장을 설립하는 것이 일반화되고 있다. 이러한 기업들은 현지 주민들에게 일자리를 제공하고 직업훈련을 제공함으로써 생활수준을 향상시켜주는 것 같지만, 비판범죄학자들은 해당 국가에서 천연자원을 수탈해 감은 물론 비참한 처지에 있는 근로자들의 값싼 노동력을 통해서 이익을 취하고 있다고 주장한다. 이러한 세계화를 통한 다국적 기업의 운용은 과거 제국주의 국가의 식민주의 정책과 유사한 것으로 경제적 지배와 압제의 새로운 형태라고 파악한다.308)

세계화는 기업범죄의 온상이 되기도 한다. 범죄행위를 수행하는 기업들은 돈으로 정부관료를 매수하기도 하고, 사설 무장조직을 소유하기도 한다. 국제범죄조직은 다국적 기업이 세계 여러 나라로 진출하고자 하는 것과 동일한 목적, 즉 이윤 창출을 위해 그 조직을 더욱 확대해 나간다. 이 세계화가 범죄적 동기를 부추기는 이유는 크게 두 가지이다. 하나는 기술발전을 통한 빠른 교통수단의 확보요, 다른 하나는 자유무역과 자유주의 시장경제 이념이다. 이러한 세계화의 장점을 활용하여 개인 범죄자나 조직 범죄자들은 체포와 처벌의 위험을 피하면서 거대한 이익을 얻을 기회를 갖게 된다.309)

마약왕 쿤사와 국제범죄 조직

마약왕 쿤사는 세계최대 마약산지로 악명높은 미얀마와 태국, 라오스 접경의 골든 트라이앵글에서 마약을 제조해 전 세계에 공급해온 인물이다. 본명은 장치푸이고, 중국계 아버지와 샨족 어머니 사이에 태어났다. 60년대 초까지 국민당 패잔병들의 정부군 장교로 근무하다, 국민당 군이 이 일대에서 철수하자, 양귀비 재배에 개입하여 30년 동안 전세계 헤로인 유통물량의 60~70%를 장악했다.

쿤사가 마약거래에 손을 대기 시작한 건, 60년대 초 국민당 정부군 장교로 근무할 때였다. 샨주에서 샨족 반란군 토벌 임무를 띠고 있던 그는 특유의 수완으로 단숨에 마약거래 실력자로 떠올랐다. 미얀마 북부에서 아편거래를 시작해 1970년대 초, 철수를 거부한 국민당 패잔병들을 사병으로 조직하여, 70년대 후반부터는 태국, 미얀마국경의 샨족과 카친족, 라후족 등 소수민족을 편입하면서 세력을 키웠다. 1969년 체포돼 한때 위기에 빠진 적도 있었으나, 충성스런 부하들의 인질교환작전으로 1974년 다시 "골든트라이앵글"로 귀향에 성공했다. 이때부터 그는 날로 세를 뻗어 1980년대 중반엔 세계 아편 생산량의 80%를 공급하는 마약왕국을 구축했다.

1985년에 이르러서 쿤사는 근거지인 샨주(州)를 포함해 미얀마 북부전역에 지도자로 떠올랐으며 1만여 명의 몽타이군(MTA)을 거느리고 강력한 영향력을 행사했다. 지난 1993년에는 미얀마로부터 자신의 근거지인 샨주의 독립을 선포하고, 자신이 직접 대통령에 취임하기도 했다. 그러나 96년 미얀마 정부에 투항한 이후, 정부군의 감시 속에 운둔 생활을 하다가, 2007년 10월 30일 지병으로 사망했다.[310]

4. 국가범죄

범죄학의 주류를 이루고 있는 학자들은 하류계층이나 빈곤계층에 의해 발생하는 범죄문제에 초점을 두고 있지만 비판범죄학자들은 권력자들의 범죄에도 관심을 둔다. 국가범죄란 선출되거나 임명된 국가 관리가 정부의 대표자로서 자신의 직업적 의무를 수행하는 과정에서 수행하는 범죄행위를 말한다. 그들의 행동은 그들이 수호해야 할 형법을 위반한 것이 되는 것이다. 최근에 문제되고 있는 국가범죄는 CCTV와 인터넷 기술 등을 활용한 불법감시(illegal surveillance), 정치적 반대자들을 재판 없이 처벌하는 것처럼 시민의 기본권을 침해하는 범죄행위, 교도소에서 수감자의 필수품을 제공하지 않는다든지 고문을 하는 등 기본적 인권을 침해하는 행위, 그리고 이민자들에 대한 노동력 착취행위 등이 있다. 더 나아가 지배층의 권력을 유지하기 위하여 공직자들이 폭력을 행사하기도 한다. 예를 들어 2009년 브라질의 페르남부코(Pernambuco)에서 인권운동가이자 노동당의 부의장이었던 마토스(Manoel Mattos)가 집 근처에서 암살당한 사건을 들 수 있다. 그는 브라질 북동부 지역에서 자행되었던 살인과 폭력의 실상을 폭로한 후 지속적인 살해위협을 받아왔으나 연방경찰이 그에 대한 신변보호를 철회한 후 얼마 되지 않아 살해되었던 것이다.[311]

제3절 갈등론적 범죄이론의 유형

1. 봉거의 갈등이론

봉거(Willem Bonger)는 마르크스의 이론을 범죄에 일찍이 응용했던 자로서, 갈등론적 범죄이론의 태동 초기에 활동했던 학자 중 하나이다. 그는 범죄와 경제문제 상호 간의 관계를 강조하였는데 단순히 가난한 자가 범죄를 범한다고 보지는 않았다. 자본주의가 사회에 대한 개인의 의식을 개인주의적 관점으로 차별화하고 그 변화된 의식이 종국에는 범죄로 연결된다고 보았다. 자본주의는 인간의 경쟁과 이기심에 토대를 두고 있는데, 이 이기심이 사람으로 하여금 고립과 자기중심적인 개인주의를 초래하여 사회적 복지보다는 개인의 이익추구에만 집중하도록 한다는 것이다. 봉거는 개인의 이익에만 집중하는 이러한 이기적 태도가 범죄행동으로 나아가게 만든다고 말하면서,[312] 지배계층의 이기적 태도는 피지배계층의 어려움에 무감각하게 만들고 이로 인해 지배계층은 물론 피지배계층도 도덕적으로 타락하여 상호 간에 갈등을 유발하기에 이르며 하류계층의 범죄화도 촉진시키게 된다고 하였으며, 각자의 필요에 상응한 사회주의 구조로 사회가 변화할 때만이 모든 범죄가 사라진다고 보았다.[313] 그는 경제 및 사회적 조건과 범죄행동의 상호관련성을 강조하면서, 문화적 차이가 발생했을 때 범죄는 사회·경제적 문제에 대응하는 통상적 수단이 될 수 있다고 하였다.[314]

2. 퀴니의 갈등이론

봉거의 주장과 맥을 같이하여 미국 학자인 퀴니(Richard Quinney)도 범죄는 자본주의적 경제구조와 물질주의에 대한 강조 때문에 발생한다고 보았다. 퀴니가 봉거와 다른 점은 상위계층에 의해 저질러지는 범죄조차도 자본주의적 속성 때문에 발생한다고 주장한 점이다. 퀴니는 엘리트들이 하류계층을 제압하고 그들의 재산과 부와 권력을 보호하기 위해 범하는 범죄를 '지배와 압제의 범죄(domination and repression)'로 표현하였다. 예를 들어 화이트칼라 범죄의 경우 상위 계층에는 이윤과 수입을 증가시키지만 그로 인해 소비자들은 상대적으로 손실을 보게 하는 것이 이에 속한다.315)

Richard Quinney
(출처: https://en.wikipedia.org)

그는 자본주의를 종식시키기 위한 계급 투쟁은 지배(domination)와 수용(accomodation)의 변증법적 관계로 특징지워진다고 말한다. 생산수단을 소유하고 그것을 통제할 수 있는 힘을 갖춘 자본주의 국가는 다양한 형태의 지배행위를 통해 현존 질서를 유지하고자 하는데 그 대표적인 것이 바로 국가에 의한 범죄통제라는 것이다. 생산수단을 소유하지 못한 노동자 계급은 자본가들의 지배행위에 대하여 이를 수용하든지 아니면 저항하든지 다양한 방법으로 대응할 수 있다고 보고 있으며 범죄는 바로 이렇게 대응하는 과정과 관련이 된다고 한다. 그는 범죄의 성질과 범죄 발생의 양은 자본주의 발달과정에 따라 가변적이라고 하면서 자본주의 발달의 각 단계마다 특별한 범죄의 패턴이 있다고도 하였다. 그런데 자본주의가 발전하면 할수록 자체적 모순으로 여러 가지 정치경제적 위기에 빠지게 되며 스스로는 이러한 내부적 모순을 해결할 수 없게 되므로 자본주의 국가는 현존 질서를 유지하기 위하여 점점 더 압제의 메커니즘을 활용하게 된다고 한다. 자본가 계급의 압제가 심해지면 노동자 계급의 투쟁도 심해져 이 두 계급간의 변증법적 발전이 빠른 속도로 진행되는데 결국 자본주의 위기의 최후의 해결책은 사회주의(socialism)라고 말하고 있다. 316)

아울러 퀴니는 사회의 엘리트들이 자신의 이익을 보호하기 위해 법률을 만들고 공공정책을 입안함으로써 사회적 현실을 구성하게 되는데 이 사회적 현실을 보호, 유지할 수 있는 형법의 생성 및 적용과 관련된 요소로 ① 자신들의 이익 위협행위를 범죄로 규정, ② 자신들의 이익 보호를 위해 법률을 적용, ③ 하위계층은 자신들의 열악한 생활조건으로 인해 범죄행위 가담의 압력을 받음, ④ 엘리트들이 자신의 이익을 위협하는 행위를 범죄로 규정하고 이데올로기화 하는 것 등 4가지를 제시하고 있다.317)

3. 셀린의 갈등이론

셀린(Thorsten Sellin)은 산업사회의 문화적 다양성에 관한 현실을 연구하면서 막시즘과 갈등이론을 응용한 학자이다. 그는 다양한 문화들이 그 사회의 지배집단에 의해 채택된 규범 및 가치들을 포함하고 있는 주류문화(主流文化)에서 갈라져 나왔다고 주장한다.[318] 이때 주류문화에서 이탈한 소수집단은 그들 나름의 규범을 정립하려고 노력한다는 것이다. 어떤 사회에서 법이 제정되었다고 했을 때 그 법은 주류문화를 이끌고 있는 지배집단의 가치와 이익을 반영하는 것이기에 '문화경계선의 갈등(border culture conflict)'이 발생한다고 말한다. 서로 이질적인 문화가 상호작용을 하게 되어 가치의 충돌이 일어나게 되면 사회적 약자인 소수집단의 반발을 불러오게 되고 이는 저항적 행동을 유발하는 경향이 있다는 것이다. 셀린은 권력의 불균형이 심할수록 이 갈등의 정도도 더 심하다고 말한다.[319] 한편 셀린은 문화갈등을 서로 다른 두 문화 사이의 경계지역에서 촉발되는 일차적 문화갈등과 한 문화가 여러 가지 상이한 하위문화로 진화할 때 일어나는 이차적 문화갈등으로 구분하고 있는바,[320] 전자의 경우 이민자들이 겪는 문화갈등이 대표적이며 후자의 경우 한 사회의 주류문화에서 갈라져 나온 소수집단의 문화를 그 예로 들 수 있을 것이다.

4. 볼드의 갈등이론

볼드(George Vold)는 인간은 사회적 동물이기 때문에 생존에 필요한 것들을 공유하고, 지향하는 가치와 이익을 공유하기 위해서 불가결하게 집단을 형성하도록 되어 있다고 주장하면서 인간의 행위를 집합적 행위의 개념으로 설명하고자 하였다. 사회의 다양한 집단들은 상호간에 권력을 획득하기 위해 그리고 자신들의 가치와 이익을 증진시키기 위해 상호 경쟁을 하도록 되어 있고, 각 집단은 정치적 과정에 영향을 미치기 위해 서로 경쟁을 하게 된다고 함으로써 집단갈등이론(group conflict theory)을 주장하였다. 다른 집단을 통제할 수 있는 법을 만들거나 그 법을 집행하기 위해서는 권력이 필요한데 그 권력을 획득하기 위해서 경쟁이 벌어진다는 것이다.[321] 볼드는 이처럼 법을 집행하는 권력에 맞서는 방법으로 법 제정 권력을 획득하기 위한 경쟁을 강조함으로써 이 영역에 지나친 관심을 가졌다는 비판을 받기도 한다.

집단갈등과 범죄의 상호관계에 대해서 그는 법이란 집단 간의 투쟁에서 이긴 집단이 자신들의 이익과 권한을 보호 · 방어하고 상대집단의 이익을 제거하고 방해하기 위해서 만든 것으로서 법률의 제정과 위반, 그리고 집행이라는 과정은 집단이익 간의 일반적 투쟁을 반영하는 것이라고 말하고 있다. 볼드의 이러한 집단갈등이론은 조직화된 사회에서 상이한 이익집단 간의 투쟁에는 적용될 여지가 크지만 그와 관련 없는 격정범이나 비이성적 범죄행위를 설명하는 데는 적합하지 않다고 볼 것이다.[322]

5. 터크의 갈등이론

터크(Austin Turk)도 다른 갈등론자들과 같이 다양한 집단 간의 권력획득을 위한 경쟁이 범죄의 주요 원인이라고 파악하였다. 그는 집단 사이에 발생하는 적정 수준의 갈등은 오히려 유익하다고 하였다. 전통적인 기준이나 현상유지에 매여 있는 사회를 보다 발전시킬 수 있는 계기가 되기 때문이다.

그러나 터크는 범죄성을 지배와 복종의 관계로 규명하면서, 어떤 조건에서 갈등이 초래되고 범죄성이 야기되는가를 '범죄화의 요소(elements of criminalization)'로 설명하고자 하였다. 이는 어떤 조건 하에서 권위자(지배자)와 대상자(피지배자) 간의 대립이 법률갈등으로 전이되며 이 갈등으로 인해 법위반이 초래되어 범죄자로 되는가를 규명하고자 노력하였다.[323]

그에 따르면 권위자가 사회질서 유지를 위해 정립한 상징적 문화규범과 이 문화적 규범의 준수를 위해 마련된 사회규범 간에 상호 일치도가 높고, 지배를 받는 대상자들의 경우에도 문화규범에 대한 평가와 그 규범의 준수를 위해 마련된 사회규범 간의 일치도가 높은 경우, 만일 권위자가 보편적 문화규범이나 사회규범과 다른 평가기준을 가지고 행동하게 되면 권위자와 피지배자간의 갈등이 가장 높게 나타난다고 한다. 이 갈등이 해결되지 못하면 종국적으로 범죄행위로 나아가게 된다는 의미이다. 이와 반대로 권위자들이 이미 정립된 문화규범에 일치하지 않는 행동을 하고, 대상자들도 그러할 때 갈등의 개연성은 낮아진다. 모두가 규범대로 살지 않기 때문에 싸울 이유가 없는 것이다.[324]

아울러 터크는 경찰관들이 자신이 집행하는 법규범에 동의하는 정도가 범죄화 확률에 중요한 영향을 미친다고 하였으며, 규범집행자의 권력이 거부자의 권력보다 우세할수록 범죄화의 확률이 증가한다고 하였고,[325] 권력자에게 문화적으로 중요한 의미가 있는 법률 규범일수록 집행될 가능성이 높다고 하였다.[326] 한편, 규범거부자의 지적 수준이 높아 세련되고 교활하게 상황을 대처해 나간다면 갈등을 교묘하게 피해감으로써 현실적으로 갈등이 해결되어 법집행의 가능성이 낮아지지만, 규범거부자들의 지적 수준이 낮아 세련되지 못하고 교활하지 못할 때는 비현실적인 갈등 국면이 전개되어 갈등 확률이 높아진다고 하였으며, 규범거부자들이 조직화되어 있으면서 세련되지 못한 지적 수준을 가지고 비현실적으로 대응할 때 가장 갈등 확률이 높다고 주장하였다.[327]

6. 챔블리스와 사이드먼의 갈등이론

챔블리스(William J. Chambliss)와 사이드먼(seidman)은 갈등론적 관점에서 형사사법기관과 제도를 분석하였다. 그들은 법률의 구조와 기능을 설명하면서 법이란 기존 세력집단의 이익을 대변하며 운용되는 것이며, 법을 집행하는 관료들은 법의 집행이 조직의 이익에 부합될 때 적극적으로 집행한다고 하였다.[328] 또한 사회가 경제적으로 계층화될수록 지배집단은 자신들의 우월성을 확보할 수 있는 행위규범을 강제적으로 실현하는 일이 필요해지며, 특정 집단의 정치적 혹은 경제적 지위가 높을수록 그 집단의 견해가 법에 반영될 가능성은 커진다고 하였다. 복잡한 사회계층 체계에서 법은 권력을 많이 가진 집단의 가치와 이해관계를 반영하게 되지만, 실제로 법을 만들고 현실에 적용하는 일은 관료조직들이 담당하며 이들 관료들은 자기 이익을 보호하는 데 자체 목적이 있다고 하였다.[329]

한편, 그들은 법집행의 대상자가 누구인가에 따라서 그 집행의 수준이 다르다고 말한다. 즉, 형사사법기관이 사회의 하류계층에 있는 사람들에게 더욱 엄격하게 법을 집행하는 반면, 상류계층에 있는 사람들의 범죄에 대하여는 관대하게 처벌한다고 주장한다. 이는 저항이 낮은 계층에 대하여는 관료들의 법집행이 비교적 쉽지만 상류계층에 대한 법집행은 부담이 따르기 때문이다. 연구의 후반부에 챔블리스 등은 다음과 같은 명제를 제시했다. 즉, ① 지배계급의 이익이 되기에 어떤 행위를 범죄로 규정한다. ② 지배계급 구성원은 범죄를 범해도 처벌을 면할 수 있으나 피지배계급은 처벌을 받게 된다. ③ 유산계급과 무산계급의 간극이 넓어지면 형법이 확대될 것이다. 그들은 유산계급, 무산계급, 착취, 계급갈등 등의 단어를 사용함으로써 자본주의가 문제이며 사회주의가 이를 해결하는 방안이라는 마르크스의 주장에 지지를 보낸 것으로 볼 수 있다.[330]

제4절 갈등이론에 대한 대안적 범죄이론

1. 좌파 현실주의

좌파 현실주의(left realism)는 영국 학자인 레아(John Lea)와 영(Jock Young)에 의해 정립된 용어인데 청소년 범죄자들도 성인 법정에 세우고 엄격하게 처벌하자는 이른바 법과 질서유지를 강조하는 우파의 보수주의적 태도에 반대함과 동시에 지배계급의 권력남용에만 초점을 맞추는 극좌파의 태도에도 반대하고 있다. 빈곤계층을 상대로 하는 범죄는 갈등이론이 주장하는 지배계급의 착취이론으로는 설명이 되지 않는다는 것이다. 그래서 지배계급과 하위계급 내부의 범죄집단에 의해 이중으로 고통당하는 빈곤계층의 현실을 직시하자는 주장을 펴고 있다. 그들은 범죄원인론적 시각에서는 보수적인 사회학자들의 이론을 차용한다. 즉, 풍요 속에서 빈곤을 경험하는 상대적 박탈감이 불만족을 불러오고, 이 불만족이 정치적 해법으로 해소되지 않으면 범죄로 발전한다고 주장하는 것이다.[331)]

좌파 현실주의는 경찰이나 법원과 같은 형사사법기관이 자본주의 이념을 위해 악용되는 도구라고만 생각하지는 않고 이들이 공공의 이익을 위해 봉사하고 있다는 점을 인정한다. 그러나 경찰이 법을 집행하는 데 있어서 물리적인 힘을 사용하는 빈도를 줄여야 하며, 주민들의 필요에 훨씬 더 민감해져야 하고, 법집행은 시민들의 감시기구에 의한 통제를 받거나 경찰 스스로 자기규제를 강화해 나가야 한다는 것을 강조한다. 그리고 경찰의 개입이 있기 전에 지역공동체가 범죄를 제거하거나 줄여나가는 노력이 필요하다고 보고 있다. 결국 이 입장에 선 자들은 사회주의 경제의 실현이 범죄문제를 해결해 줄 수도 있겠지만, 현존하는 자본주의 제도하에서도 범죄통제를 위해 필요한 조치들이 취해져야 한다고 보면서 이를 위해서는 긴장이론, 사회생태이론 등을 활용하여 공동체적 노력에 기반한 범죄통제정책이 추진되어야 한다고 주장한다.[332)]

2. 페미니스트 범죄이론

2-1. 페미니스트 범죄이론의 등장 배경

1970년대 초 범죄에 대한 막시즘 이론이 한창 인기가 있을 때 페미니스트적 관점의 범죄이론이 주목을 끌기 시작했다. 이 페미니스트 범죄이론은 왜 여성이 범죄를 범하며 왜 그들은 형사사법시스템에서 다르게 취급받는가에 대한 합리적 이론구성이 빈약했던 것에 대한 반발로 연구가 시작되었다. 즉, 여성은 수동적인 존재로서 남성범죄자의 조력자로서만 인식하던 과거 여성범죄에 대한 인식은 잘못된 고정관념에 기초하고 있었다는 것이다. 따라서 페미니스트 범죄이론에서는 사회 내의 갈등이 젠더(gender)의 불평등성에서 비롯되었기에 젠더 평등성이 실현되면 남성과 여성의 범죄성은 비슷해질 것이라고 보았다.[333)]

페미니스트적 관점을 이해하기 위해서는 기사도(chivalry), 가족주의(paternalism), 가부장제도(patriarchy) 등에 관한 개념을 이해할 필요가 있다. 기사도의 개념 속에는 어떤 사람을 매우 존경하는 사람으로 대우하는 태도나 행동의 뜻이 담겨 있으며 남성에게 여성보다 더 많은 권력적 지위를 부여하는 뜻도 포함되어 있다. 가족주의는 여성을 보호받아야 할 존재로 파악하면서 남성은 독립적 인격체이지만 여성은 의존적 인격체로 인식하는 개념이다. 가부장제도는 생물학적 아버지 개념에서 벗어나 사회 속에서의 아버지 역할을 강조하는 것으로 여성의 순종적 역할과 남성 지배, 정치적 책임에서 여성의 배제 등을 강조한다. 이 세 가지 개념들이 여성에 대한 잘못된 고정관념을 낳았다고 보고 있다.[334)]

성적 차별의 기원은 사유재산제도의 발전과 상속법의 남성우위 체계에서 기인했다고 보고 있다. 가부장적 제도로 인해 남성의 노동은 가치 있게 보는 대신 여성의 노동은 평가절하하면서 여성의 역할을 현재 및 미래의 노동력의 생산과 가사노동 종사에 국한시키는 현상이 초래된 것이다. 여성이 사회에 진출하여 노동을 하더라도 저임금에 시달려야 했기에 자본가들의 입장에서 보면 여성은 남자들보다 더 큰 잉여가치를 창출해내는 주체였다. 이처럼 여성은 가정과 사회에서 이중의 착취를 당하고 있다는 인식이 페미니즘 출현의 동기가 된다.[335)]

2-2. 페미니즘의 유형

페미니즘에는 자유주의적 페미니즘(liberal feminism), 급진적 페미니즘(critical feminism or radical feminism), 막시스트 페미니즘(Marxist feminism), 사회주의적 페미니즘(socialist feminism), 포스트모던 페미니즘(postmodern feminism) 등의 유형이 있다.[336)]

첫째, 자유주의적 페미니즘에 토대를 둔 범죄이론은 다른 이론보다 가장 먼저 등장하였는데 남성과 여성이 범죄발생률에 있어서 차이를 보이는 것은 여성들에게 교육과 고용의 기회가 제약되기 때문이며, 만일 여성에게 남성과 동등한 교육 및 고용의 기회가 주어진다면 범죄발생률도 같아질 것이라고 보는 입장이다. 여성도 남성처럼 사회 속에서 동등한 권리를 향유해야 한다는 것으로 여성의 역할을 자녀 양육이나 집안살림에 국한했던 전통적인 성적 불평등으로부터 해방시켜야 함을 강조한다.

둘째, 급진적 페미니즘에 입각한 범죄이론은 남성이 가정은 물론 정치 · 경제 분야 등 사회 각 영역에서 가부장적 사회구조에 기초해 지배를 하고 있다면서 남성 우월주의와 생물학적 여성성의 강조가 바로 이러한 사회구조에 기인한다고 보고 있다. 성적 불평등의 원인이 여성을 통제하려는 남성의 필요와 욕망에서 비롯된다는 것이고 남성과 여성의 불평등의 원인이 바로 자본주의 사회에서의 남녀 상호 간의 권력의 차이 때문이라고 보는 것이다. 이 입장에서는 여성에 대한 남성의 학대가 여성의 범죄성을 촉발한다고 한다.337) 이를 극복하기 위해 여성이 남성적 특질도 아울러 갖는 양성적 존재가 되어야 한다는 주장을 하는 '급진적이면서도 자유론적인 페미니스트(radical–libertarian feminist)'가 있는가 하면, 상호의존성, 연계와 공유, 신뢰, 위계질서 타파, 평화, 기쁨 등을 추구하며 철저히 여성다운 여성이 되어야 한다는 주장을 하는 '급진적이면서도 문화적 가치를 추구하는 페미니스트(radical–cultural feminist)'도 있다.

셋째, 남성의 경제수단에 대한 소유권과 통제권을 강조하는 이론이 막시스트 페미니즘이다. 이 이론은 남자가 경제적 성공을 통제하고 있으며 그 근본이 자본주의로부터 나온다고 말하면서 오로지 경제구조에만 초점을 맞추고 있는 이론이다.

넷째, 사회주의적 페미니즘이다. 이는 막시즘과 같이 여성을 해롭게 하는 요인을 경제적 구조에만 초점을 맞추던 성향에서 벗어나 여성들의 후대 생산기능(reproduction function)을 통제하는 것에 관심을 갖는 이론이다. 이 모델에 따르면 여성들은 자신들의 범죄성을 억제하기 위해서라도 여성 자신들의 몸을 통제하여 자녀 출산기능을 조절해야 한다고 말한다. 공식 데이터를 보면 가난한 환경에 살면서 출산이 잦은 여성들이 그렇지 않은 여성들보다 범죄를 더 범하고 있고, 멋진 미래를 꿈꾸는 사람들은 출산에 조심성을 갖지만 그런 꿈을 갖지 않는 사람들은 피임을 할 수 있음에도 불구하고 출산에 대한 경계심이 없다고 한다. 한편, 최근의 사회주의적 페미니즘은 막시즘과 급진적 페미니즘을 통합하려는 성향도 있다. 자본주의적 요소와 가부장제적 요소 양자가 여성 압제에 기여하고 있다고 보는 상호작용 시스템에 관한 설명이 바로 이와 관련된다. 현재의 자본주의 사회구조에서 남자들은 폭력적인 범죄를 행하며, 여성은 재산 및 범죄보조자로 인식한다고 보고 있다는 것이다.338)

다섯째, 포스트모던 페미니즘이다. 포스트모던 사상의 가장 큰 특징은 실증주의 범죄학이 주장하는 범죄와 범죄자들에 대한 전통적 설명을 해체하고, 현재의 서구문명에서 기인하는 인종적, 계급적, 성별 계층화를 타파하려 한다.339)

포스트모던 페미니즘의 입장에서는 각 개인들의 경험들이 독특한 데다가 자신이 관찰하는 것을 주관적으로 해석하기 때문에 단체로서의 여성을 이해한다는 것은 불가능하다고 보고 있다. 이 이론에서는 진리와 실제에 관한 전통적 가정을 배격하면서 복수성, 다양성, 남성과 구별되는 여성의 다원성 등을 강조한다. 그들은 무엇을 평가하는 절대적 기준을 인정하지 않기 때문에 훌륭한 페미니스트란 무엇인가에 대한 평가기준도 없어서 여성의 범죄성을 설명하는 데 큰 도움을 주지 못하는 이론이다.

2-3. 페미니스트 범죄이론의 평가

급진주의적 페미니스트들은 자본주의자들이 노동시장을 통제하고, 남성들은 여성을 경제적으로 또는 생물학적으로 통제를 하기 때문에 여성은 이중적으로 취약한 지위에 서게 돼 여성범죄자가 남성 범죄자보다 적다고 한다. 그들은 가정에서도 소외되고 사회 지도층에도 편입되지도 못해 일탈행동에 편입될 기회가 적다는 것이다. 설사 여성들이 화이트칼라 범죄를 범한다 하더라도 그 비율은 극히 제한적일 것으로 보는데 그것은 바로 자본주의제도가 가지고 있는 가부장적 성격 때문이라고 보고 있다.[340]

자유주의 페미니스트들은 우리 사회에 남성의 범죄비율이 높은 것에 대하여 남성이 여성보다 더 많은 자유와 권력이 있기 때문이며, 여성들에게도 남성과 같이 많은 자유가 주어진다면 여성범죄율도 남성범죄율에 상응하게 높아지리라는 주장을 펼쳤다. 그러나 연구결과는 다르게 나타났다. 여성들의 고용과 교육기회가 확장되고 사회적 지위가 높아져 가면 갈수록 범법행위는 더 줄어드는 반면, 그러한 기회를 부여받지 못한 여성들이 범죄행동에 더 많이 관여하는 경향이 있다고 조사되었기 때문이다.[341]

현재 여성의 자유와 사회적 지위가 상승되면서 여성들이 가정과 직장, 그리고 정부부처에서 지위가 향상되고 있는 상황이고, 그 지위가 높아짐에 따라 여성들이 범죄피해자로 되는 비율도 낮아지고 있다. 그런데 여성들의 지위가 향상되고 더 자유로워지고 있음에도 불구하고 왜 남자 범죄자들이 여전히 더 많이 체포되고 있는지에 대해 자유주의적 페미니즘에 입각해서는 설명이 어려워진다.

다만, 페미니스트 이론이 공헌했던 중요한 기여 중의 하나는 여성들이 범죄를 범하도록 하는 요소들이 남성들의 그것과 다르다는 것을 밝혔다는 점이다. 즉, 여성들은 남성들에 비해 내면적이면서도 정서적인 요소들에 영향을 많이 받고 수치나 죄책감과 같은 도덕적 정서에 더욱 민감하게 반응한다는 것이다.[342]

3. 권력통제 이론

존 헤이건(John Hagan)은 범죄와 비행의 발생률은 사회적 지위(class position)와 가정 기능(family function) 두 요소의 기능에 의해 결정된다고 설명한다. 이때 사회적 지위는 사회구성원으로서 가지는 계층적 권력을 의미하고, 가정 기능은 통제를 의미하는데 가정 기능은 다시 가부장적 기능과 평등주의적 기능으로 분류된다.

가부장적 색채가 강한 가정의 경우 아버지는 주로 생계를 유지하기 위한 경제활동을 하게 되고 어머니는 집안일과 함께 아이들을 감독하고 돌보는 일을 하는데, 딸에 대해서는 통제가 심한 반면 아들에 대해서는 통제가 느슨하기에 남자 아이들이 탈선할 가능성이 더 높다. 다만, 딸의 경우 가정생활에 불만을 느낀 나머지 가정에서의 역할에서 탈출하고자 하는 시도를 할 수 있게 된다.[343] 반면 평등주의적 특징이 강한 가정의 경우 남편은 아내와 동등한 권력과 지위를 향유하기에 딸들의 경우에도 훨씬 많은 자유를 누리게 되고 부모의 통제도 약하며 성인의 지위에서 수행하게 되는 정당한 행동에 참여할 기회도 더 많이 갖게 된다.[344] 그렇기에 중류층 가정에 속하는 딸의 경우 통제의 약화로 인한 비행가능성이 하류계층보다 높다고 하며 아들과 딸의 비행참여율도 가장 비슷하게 나온다고 한다.

4. 평화형성 범죄이론

평화형성 범죄학(peacemaking criminology)을 주장하는 학자들은 범죄학의 주된 목적이 평화롭고 정의로운 사회 건설을 앞당기기 위한 것이라고 한다. 이 주장들은 다른 범죄학 연구와는 달리 통계적 · 경험적 연구에 의존하지 않고 종교적 통찰력과 영감에 기반하고 있다.[345]

평화형성 범죄학을 지지하는 사람들은 가난이 바로 범죄와 같은 고통스런 경험을 가져다 주는 원천이라고 하면서 이 가난을 초래하는 원인들을 상쇄시켜 나가고 경제적 어려움이 만연한 상황을 완화시키는 사회정책을 집행해야만 범죄가 예방될 것이라고 말한다.[346] 국가가 범죄자를 처벌하고 통제하는 것에만 집중하는 것은 범죄를 퇴치하는 것이 아니라 오히려 범행을 촉진하는 것으로 국가의 이러한 폭력적 형벌작용과 통제작용은 개인에 대한 또 다른 폭력에 지나지 않는다는 것이다.[347] 그래서 1980년대에 활동했던 데니스 설리반(Dennis Sullivan)과 같은 학자는 오늘날과 같이 사회갈등이 많은 사회에서는 강압적인 처벌보다는 상호협력과 지원이 더욱 중요하다고 말한다. 이를 위해 우리가 사는 사회는 범죄행위에 대하여 야만적인 처벌을 가할 것이 아니라 회복적 사법(restorative justice)과 같은 인본주의적인 사법제도의 형태를 모색하고 적용해야 한다고 주장한다.[348]

하워드 제어(Howard Zehr)에 따르면 회복적 사법이란 피해자가 당하는 고통과 필요를 사회가 공감해주고, 피해자가 입은 손해에 대하여 가해자가 책임 있게 응답하도록 도와주며, 범죄로 인한 치유의 과정에 피해자뿐만 아니라 가해자와 지역사회도 함께 동참하는 시스템을 의미한다. 전통적 사법은 가해자에게 매우 해로운 제도이며 가해자가 건강한 사회의 일원으로 재통합되는 것을 힘들게 하는 제도라고 보기에 위 3자의 참여가 필요하다는 것이다.[349] 따라서 회복적 사법은 다음 세 가지 원리의 기반 위에 서 있다. 첫째, 범죄는 피해자와 지역사회는 물론이고 범죄자 자신에게도 해를 끼친다. 둘째, 형사사법시스템은 범죄에 대한 처벌과 응보가 아니라 피해를 회복하는 데 목적을 두어야 한다. 셋째, 범죄자와 피해자와 지역사회는 피해 회복을 위해 함께 노력해야 한다.

회복적 사법 운용 사례

2020년 2월 25일 경찰청과 장발장은행은 서울 서대문구 미근동에 있는 경찰청사에서 '국민중심 회복적 사법 실현을 위한 업무협약'을 체결했다. 장발장은행은 '가난이 죄'가 되는 세상을 바꾸기 위해 인권연대가 운영하는 사업으로, 빅토르 위고의 소설 레미제라블 주인공 장발장에서 이름을 따왔다. 이 은행은 벌금형을 선고받고도 벌금을 낼 돈이 없어 교도소에 가야 하는 소년소녀가장, 미성년자, 기초생활보장법상 수급권자, 차상위 계층 등에게 무담보·무이자로 최대 300만원을 빌려준다. 경찰청은 경미·소년 범죄에 대한 면밀한 심사와 감경 처분으로 범인의 사회 복귀를 돕는 경미범죄심사위원회·선도심사위원회를 운영한다. 두 기관은 1) 장발장은행의 지원 내용과 경미범죄심사위원회·선도심사위원회 제도 홍보, 2) 경미·소년 범죄 관련자 등 사회적 약자에 대한 법적 조력 방안 협의, 3) 사회적 약자를 위한 사회안전망 구축에 대한 의견 교환 등을 하기로 했다.[350]

오늘날에도 평화형성 운동을 지지하는 헤롤드 페핀스키(Harold Pepinsky)나 리차드 퀴니(Richard Quinney)와 같은 학자들은 범죄 문제를 해결하는 데 있어서 형사처벌과 투옥과 같은 응보적 해결책보다 중재나 조정 및 갈등해결과 같은 인본주의적 해결책을 모색하려는 노력을 기울이고 있다.[351] 평화형성 범죄이론은 사회갈등을 점진적으로 줄여 나가는 현실적 대안을 제시하였다는 점에서 긍정적 평가를 받으나 범죄피해자가 실질적 보상을 받지 못할 위험성이 있는 유토피아적인 이론이라는 비난도 받는다.[352]

5. 포스트모던 범죄이론

5-1. 포스트모던 범죄이론의 개념

포스트모던(postmodern)의 개념을 정의하기에 앞서 모던(modern)이라는 단어의 의미를 살펴보면 어떤 현상을 이해함에 있어서 과학과 합리주의를 적용하는 사유의 방식을 뜻한다고 볼 수 있다. 따라서 포스트모던이라는 개념은 과학과 합리주의를 넘어선다는 의미를 담고 있다. 즉, 진리는 객관적이지 않고 진리를 추구하는 방법도 다양하다고 믿는 포스트모더니즘은 근대의 합리주의와 과학이 사물의 이치를 설명하는 데 우위를 점하고 있다는 사실을 부정하고 있는 것이다. 따라서 포스트모던 범죄이론은 범죄의 원인을 설명하는 데 있어서 기존에 제시된 범죄원인에 대한 과학적인 주장들은 여러 이론 중의 하나일 뿐이라고 생각하며 이들을 유일한 진리로 받아들이지 않는 입장을 견지한다.[353]

5-2. 포스트모던 범죄이론의 내용

포스트모던 범죄이론을 주장한 밀로바노빅(Milovanovic)은 언어를 통제하는 자들이 진리를 통제한다며 범죄의 원인을 설명하는 데 의미론(semantics)과 담론분석(discourse analysis)의 방법을 사용한다. 예를 들어 피고인들은 자신들의 언어로 형사사건을 진술하지만 변호사들이 이 사건을 전문적인 법률용어로 변환시키게 되는데 그렇게 되면 피고인이 의도했던 이야기와 다른 이야기가 될 수 있다는 것이다. 그래서 여러 다른 입장들의 진술 사이에서 진실을 가려내기 위해서는 누가 무엇을 말하고 있는지, 왜 그런 진술을 했는지 그 의미를 탐구하고 논의된 내용들을 분석해 보아야 한다는 것이다.[354]

포스트모더니즘이 지향하는 기본사상은 해체주의(deconstructionism)이기 때문에 기존의 범죄이론에 대한 전통적이고 관습적인 해석을 거부한다. 따라서 포스트모더니즘에 있어서 범죄란 특정 사회에서 규정하고 있는 인간행동의 한 범주라고 해석하면서 생물학적 · 심리학적 · 사회학적 제반 원인론과는 상관없이 인식의 오류나 지각성 부족을 범죄의 원인으로 지목한다. 사회와 제대로 연결되지 못한 채 자기 생각과 자기 방식대로 행동하면서 사회와 타인을 거부하는 행동패턴을 범죄라고 보는 것이다.[355]

5-3. 포스트모던 범죄이론에 대한 평가

포스트모던 범죄이론의 특징은 실증주의 범죄학에서의 범죄와 범죄자들에 대한 전통적 설명과 범주들을 해체시키는 것이라고 할 수 있다. 현재 서구문명에서 기인하는 인종적 · 계급적 차별을 타파하고자 하는 것이다.[356] 그러나 이들이 사용하고 있는 범죄개념은 부정확하고 모호하며 범죄에 대한 실질적 대책도 제시하지 못하는 허무주의적인 이론이라는 비판을 받고 있다.[357]

제5절 갈등이론에 대한 평가

갈등이론은 법을 제정하고 집행하며, 형사사법절차를 진행함에 있어서 계층적 지위 여하를 막론하고 환경에 구애됨이 없이 공정하게 사안을 처리해야 한다는 것을 강조한 이론이다. 예를 들어 미국에서 마약의 일종인 코카인 소지죄를 처벌함에 있어서 코카인 분말을 소지하는 것보다 코카인 조각을 소지하는 경우의 형량이 100배나 더 크다고 한다. 전자는 주로 중류층 또는 상류층 백인이 검거되는 반면, 후자는 주로 하류층에 의해 매매되거나 사용된다는 것이다. 이 형량의 불일치는 특정 그룹에게 다른 그룹에 비해 형사적으로 더 많은 불이익을 주고 있는 현실을 반영한다. 즉, 부유한 그룹에 비해서 가난한 그룹에 속한 시민들이 훨씬 더 많이 체포되거나 투옥되고 있음을 보여주고 있는데 바로 이러한 점들이 갈등이론을 배태시킨 원인이 되고 있다는 것이다.[358]

그러나 갈등이론은 다음 몇 가지 면에서 비판을 받고 있다.[359] 첫째, 갈등이 범죄성 유발의 필요조건인지를 명확히 밝히지 않고 있다는 점과 갈등요인에 있어서 지나치게 문화적 요인을 강조하고 있다는 점이다. 갈등이 없어도 범죄는 유발될 수 있으며 문화적 차이가 없는 동일 문화 집단 내의 개인 간 분쟁으로도 범죄가 발생할 수 있기 때문이다.

둘째, 계층갈등이 범죄의 원인이라고는 하나 이러한 계층질서는 보다 상위 계층으로 상승하기 위한 노력을 자극하는 순기능도 있으며, 잉여 노동계급의 실업이 범죄를 조장한다고 하나 실업과 범죄가 그리 높은 상관관계를 갖지 않는다는 연구결과도 있다는 비판이 제기된다.

셋째, 생산수단이 자본가에게 독점된 탓에 노동자와의 갈등이 초래되어 범죄로 이어진다고 하는데 현대사회에서는 생산수단의 통제와 관리가 자본가 외에도 전문경영인이나 정부관료에 의해서도 이루어지고 있다는 비판을 받는다.

넷째, 갈등이론에서는 범죄율이나 체포율에 있어서 하위계층의 비율이 높다고 주장하나 그 증거가 확실하지 않으며 또 이들의 범죄율 상승이 반드시 법집행의 차별성 때문이라고 단정하기도 어렵다고 한다. 더구나 화이트칼라 계층에서 발생하는 범죄들은 갈등론자들의 주장의 설득력을 떨어뜨리는 요인이 된다.

다섯째, 갈등론자들은 이상적인 사회주의국가가 이뤄지면 범죄가 사라질 것으로 바라보지만 오늘날 사회주의를 지향하는 사회에서도 범죄는 발생하고 있다는 점과 한 국가의 정치구조의 개편으로 인간의 범죄적 본능을 본질적으로 극복할 수 있다고 보는 것은 지나치게 이상적이라는 점을 상기할 때 이념적 측면에서 일정한 한계를 지닌 범죄이론이라고 볼 것이다.

정리하기

○ 갈등론적 범죄이론에서는 법이라는 것이 권력집단의 부와 사회적 지위 및 계급 이익을 보전하기 위해 쓰이는 도구로 이해한다. 따라서 범죄는 도덕적 문제가 있어서 발생하는 것이 아니라 정부의 법집행 정책으로 인해 만들어지며 자본주의적 제도 내의 불평등성에 기인한다고 보는 것이다.

○ 봉거(Willem Bonger)는 자본주의 사회에서 지배계층의 이기적 태도가 사회구성원 전체의 도덕적 타락과 갈등을 유발하여 범죄로 이어진다고 하였고, 퀴니(Richard Quinney)는 자본주의적 경제구조와 물질주의에 대한 강조 때문에 범죄가 발생한다고 하였으며, 셀린(Thorsten Sellin)은 주류문화를 이끌고 있는 지배집단의 가치와 이익을 반영한 법이 사회적 약자인 소수집단의 반발과 갈등을 유발하여 범죄로 이어진다고 하였고, 볼드(George Vold)는 법이란 집단 간의 투쟁에서 승리한 집단이 상대집단의 이익을 제거하고 방해하기 위해 만든 것이라고 보았으며, 터크(Austin Turk)는 특정 조건 하에서 지배자와 피지배자 간의 대립이 법률갈등으로 전이되며 이 갈등으로 법위반이 초래될 수 있다고 보았다. 한편, 챔블리스(William J. Chambliss)는 사회가 경제적으로 계층화 될수록 지배집단은 자신들의 우월성을 확보할 수 있는 행위규범을 강제적으로 실현하는 일이 필요해지며 법의 집행을 통해 자신들의 이익을 보호하고자 노력한다는 입장을 피력하였다.

○ 갈등이론에 대한 대안적 범죄이론으로 등장한 좌파현실주의는 지배계급의 권력남용에만 초점을 맞추는 극좌파의 태도에 반대하면서 풍요 속에서 빈곤을 경험하는 상대적 박탈감이 정치적으로 해소되지 않으면 범죄로 발전한다고 하였다. 페미니스트 범죄이론에서는 사회 내의 갈등이 젠더의 불평등성에서 비롯되는데 젠더 평등성이 실현되면 남성과 여성의 범죄성이 비슷해질 거라고 보았다. 평화형성 범죄이론은 종교적 통찰력에 기반한 것으로서 국가의 형벌작용이 오히려 범행을 촉진한다는 인식 아래 범죄해결을 위해 중재, 조정, 갈등해결 등 회복적 사법을 강조하는 입장이다. 포스트모던 범죄이론은 기존 범죄이론의 전통적 해석을 거부하고 인식의 오류나 지각성 부족을 범죄의 원인으로 설명한다. 자기 방식대로 행동하면서 사회와 타인을 거부하는 행동패턴을 범죄로 보는 것이다.

Chapter 07

최근 범죄이론의 발전 동향

생각해 보기

○ 1902년 다윈주의를 옹호한 미국의 법률가 클래런스 대로우(Clarence Darrow)는 "범죄자들은 그 환경에 의해 어쩔 수 없이 죄를 지었기에 오히려 피해자에 속하며 그들에게는 아무런 책임이 없다"고 주장하였다. 이 사상이 20세기 미국을 70년 간 지배하면서 사회복지를 증진시키고 교도소의 교정 및 재활 프로그램을 통해 범죄자들을 치료하려는 시도가 이어졌다. 그러나 이 당시 약탈범죄를 범한 자들의 대다수가 가난이라는 악조건 속에서 살던 자들이 아니라 직업을 갖고 있었던 자들이었고 훔친 물건 중 많은 것이 자기에게 필요없었던 것이었음이 밝혀졌다고 한다. 또한 재활 프로그램의 적용에도 불구하고 재범률은 계속 증가했으며 1960년부터 1992년까지 30년 동안 미국은 강력범죄가 600퍼센트나 폭증하였다는 것이다.[360)]

○ 위에서 본 바와 같이 자유주의적 접근이 실패하자 미국에서는 서구 역사상 최대의 교도소 증축 붐이 일어나게 되고 과거보다 더 강력한 형벌정책이 채택되면서 고전주의적 범죄억제이론을 다시 적용하려는 움직임이 일어났다. 이에 1970년대 말 뉴저지 교도소에서 초범과 재범이 섞여 있는 소년범들을 강력사건으로 이미 수감되어 있던 험악한 죄수들에게 끌고가 위협을 느끼게 하며 겁을 먹게 하는 'Scared Straight' 프로그램을 시행하게 되는데 이것은 고전주의적인 범죄억제 정책의 재등장이라고 볼 수 있다. 그런데 이 프로그램에 참여했던 소년들은 참여하지 않았던 소년들보다 수감률이 더 높은 것으로 판명되었다.[361)]

○ 위의 사례 중 두 번째 사례는 고전주의 범죄이론의 입장에 가깝고 첫 번째 사례는 실증주의 범죄이론, 그중에서도 사회학적 범죄이론의 주장에 가깝다. 위 두 입장이 왜 실패로 끝났는지 그 이유를 생각해보고 재범예방이나 범죄억제를 위한 새로운 형사정책의 수립방향은 어때야 하는지 설명해 보라.

제1절 보수주의적 범죄학

1. 보수주의적 범죄학의 출현 배경

범죄의 원인을 개인의 이성작용을 통한 합리적 선택의 결과라고 보았던 고전주의 학파 범죄이론과 달리 실증주의 범죄학에서는 개인 특유의 생물학적 · 심리적 특성과 개인이 처한 사회적 환경이 범죄를 유발한다고 보았다. 시대를 풍미했던 다윈의 진화론과 과학주의의 영향으로 근현대에 있어서는 이와 같은 결정론적인 실증주의 범죄이론이 위력을 발휘한 시기였다고 해도 과언이 아니다. 이러한 사회분위기는 범죄행위의 결과에 대하여 개인에게 엄중한 책임을 묻기보다는 생물학적 · 심리적 결함의 치유와 사회환경의 개선에 더 관심을 쏟게 만들었다. 특히 1960~1970년대에는 빈곤층에 대한 기회의 거부, 국가 형사사법의 낙인, 권력관계의 불평등과 같은 면이 강조되면서 범죄에 있어서 사회구조적 요인과 사회갈등적 요소에 대한 관심이 증폭되었다.

그런데 1980년대에 접어들면서 미국 사회에서는 다시 인간 운명에 대하여 개인의 책임이 강조되고, 개인의 도덕적 타락에 대한 반성이 야기되었으며, 국가의 복지정책이 빈곤집단의 의존증을 초래한다는 비판이 제기되면서 범죄행동의 출현이 당시 지지를 받고 있었던 사회구조적 요인이나 갈등적 요인에서 기인하기보다는 개인의 특성과 개인의 도덕적 책임, 그리고 그 밖의 사회적 변수를 강조하는 쪽에 무게 중심을 두는 보수적 움직임이 일어나게 되었다. 이러한 움직임이 보편화된 것은 아니었고 이런 동향에 대한 저항도 있었지만, 종래 지배적이었던 사회학적 범죄이론과 급진적인 범죄이론의 영향력을 다소 약화시키는 계기로 작용하였다.[362)]

2. 보수주의적 범죄이론의 유형

범죄자 개인의 자유로운 의사결정과 도덕적 책임을 강조하는 고전주의 범죄이론을 범죄자의 생물학적 · 심리학적 특성 및 범죄친화적 사회환경 요인을 강조하는 실증주의 범죄이론과 비교할 때 보수주의적 범죄이론이라고 말할 수 있다. 그런데 실증주의적 관점을 가지고 전개한 범죄이론이라할지라도 이론 형성 초기에 주장된 내용이 이후 수정되거나 다른 이론과 통합을 거듭한 결과, 초기에 전개되었던 실증주의 범죄이론과는 차별화된 이론으로 발전하였다고 볼 수도 있다. 이때 초기에 전개되었던 범죄이론을 후에 수정되고 통합된 범죄이론에 견줄 때에 보수주의적 범죄이론이라고 칭할 수도 있는 것이다. 그런 의미에서 보수주의적 범죄이론 몇 가지를 소개하면 다음과 같다.

첫째, 범죄로 인한 이익이 비용을 넘어설 때 범죄행동을 하게 된다는 고전주의 학파의 이론의 재등장을 들 수 있다. 이 이론은 경제학자들이 기대효용 개념에 입각하여 선호했던 이론이기도 하지만 종래의 형벌이 너무 관대하다고 보았던 정치인들에 의해 범죄억제를 위해서 범죄자 처벌을 더욱 강화시키자는 강경대응의 논리로 활용되었다. 그러나 처벌의 확실성과 엄격성을 높이는 것이 일반억제 효과를 갖는 것인지에 대하여는 여전히 논쟁이 존재한다. 특히 엄격한 처벌이 범죄자들의 재범을 억제할 수 있는지에 관한 특별억제 영역에 있어서는 일반억제보다 회의적인 시각이 있다.[363)]

둘째, 범죄예측요인으로서의 인간본성과 지능의 결함을 지적했던 초기 실증주의 학파 이론을 지지하는 입장이 있다. 윌슨(Wilson)과 헌스타인(Herrnstein)이 그 대표적인 학자인데 그들은 범죄자와 비범죄자를 구별하는 독특한 신체유형이 있다는 것과 개인의 생물학적 특성이 이후의 사회학습에 영향을 미친다는 점 등을 인정함으로써 초기 실증주의 학자들의 주장을 되살리고 이를 사회학습이론으로 연결시켰다고 볼 수 있다. 이외에도 지능이 범죄행동의 가장 강력한 원인이라는 머레이(Murray)의 주장도 여기에 속한다.[364)]

셋째, 범죄자들을 병리적으로 만드는 독특한 마음체계가 있다는 이론 또한 제기 되었는데 이는 과거 심리학적 접근을 부활시키고자 하는 노력의 일환이라고 할 수 있다. 요첼슨(Yochelson)과 세임나우(Samenow)는 『범죄적 인성(ciriminal personality)』이라는 저서를 통해 범죄는 인성의 구성요소 중의 하나인 병리적 사고방식에 의해 발현된다고 주장하였다. 그들은 범죄자는 일반인과는 다르게 이기적이며, 과대망상 증세가 있고, 충동적이며, 쉽게 화를 내고, 타인의 고통에 무감각한 양상을 보인다는 것이다. 그들은 타인에게 책임을 전가하고, 죄책감을 덜기 위해 중화의 기술을 활용하며, 자기만족을 위해 주위 사람들을 이용하는 행태를 보인다는 것이다. 다만 이들은 범죄적 정신(criminal mind)을 지나치게 강조한 까닭에 범죄를 촉발하는 사회적 조건이나 영향을 무시했다는 비판을 받는다.[365)]

넷째, 범죄를 관용하는 도덕적 빈곤이 범죄를 양산한다는 이론이다. 모든 문제의 근본은 옳고 그른 것을 바르게 가르칠 수 있는 능력 있고 책임감 있는 성인이 없기 때문이며 바른 습관을 가르칠 수 있는 이들이 없기 때문에 범죄가 발생한다는 것이다. 이에 아동들이 건전한 성인으로 성장하는 데 필요한 도덕적 지침을 제공하고 책임감을 부여해 주며 잘못된 행동은 부정적 결과를 낳는다는 생각을 주입시켜 주는 것이 범죄를 예방하는 길이라는 것이다. 특히 베넷(Bennet)이라는 학자는 당시 폭력적 범죄자들을 지나치게 관용하는 것을 반대하면서 보다 권위 있는 도덕적 메시지를 범죄자들에게 전해야 하는데 이를 방치하고 있다고 주장한다. 이 이론은 범죄발생의 원인에 대하여 사회구조적 환경을 무시하는 경향이 있기 때문에 불완전한 범죄이론이 될 수 있다는 비판을 받는다.[366)]

다섯째, 사회해체 현상으로 인한 작은 무례함들을 묵인하는 것이 범죄로 이어진다는 이론이다. 윌슨(Wilson)과 켈링(Kelling)이 언급한 이른바 '깨진 유리창 이론'에서 보는 바와 같이 작은 무질서를 방치하기 때문에 큰 범죄로 이어진다는 것이다. 작은 무질서를 방치하면 비공식적 통제가 와해되고 그렇게 되면 보다 중한 범죄자들이 유입되면서 범죄율이 증가한다는 것이다. 그래서 외부로 나타나는 사회해체의 조짐들에 대하여 경찰이 묵인해서는 안 된다는 결론을 이끌어낸다. 여기에서 무관용 경찰활동의 논거가 나오게 되었고 미국 뉴욕 경찰이 이를 적용하기도 하였다. 이 이론은 사회의 사소한 무질서에 대하여 강력한 경찰작용을 촉구하는 계기가 되기도 했지만, 어느 사회나 중범죄자들이 여전히 존재하고 있는 사실을 상기해 볼 때 범죄발생에 있어서 사회구조적 요인 등을 비롯한 다른 범죄요인들에 대한 고려가 아울러 필요함을 지적할 수 있을 것이다.[367)]

[표 3-10] 보수주의 범죄이론의 유형

보수주의 이론의 유형	주요 내용	관련 범죄이론
이익/비용 계산이론	범죄억제 위해 처벌 강화	고전주의 범죄이론
생물학적 특성이론	범죄자 신체유형, 생물학적 특성, 지능	초기 실증주의 범죄이론
범죄적 인성이론	병리적 사고방식에 의해 범죄 발현	심리학적 범죄이론(인성)
도덕적 빈곤이론	도덕적 교육의 부재로 범죄 발생	심리학적 범죄이론(인지)
깨진 유리창 이론	작은 무질서의 방치로 범죄 발생	사회통제 이론

제2절 고전주의 학파 범죄이론의 응용

고전주의 학파의 범죄이론에 기원을 두고 있는 억제이론과 합리적 선택이론 그리고 일상활동이론이 현대 사회에 들어와 어떻게 재조명되고 있는지를 이하에서 보다 자세히 살펴보고자 한다.

1. 억제이론

범죄에 대한 처벌을 확실하고, 엄격하고, 신속하게 수행하면 범죄가 억제된다고 보는 것이 고전주의 범죄학자들의 생각이었다. 그런데 19세기 후반 찰스 다윈의 진화론(evolution theory) 및 자연선택이론(natural selection theory)이 등장하면서 고전주의 범죄학 이론의 입지는 점점 좁아지게 되었다.

이후 1960년대에 들어서면서 과거 억제이론에 기반을 둔 거시적이고 종합적인 연구들이 다시 진행되었는데 이 연구들은 공식적 통계를 활용하면서 처벌의 확실성과 엄격성이 범죄예방과 어떤 상관성이 있는지를 밝히고자 했다. 그 결과 일단 신고사건에서 체포율이 높을수록, 또 체포된 범인에 대해서 유죄판결 비율이 높을수록 범죄율은 낮아진다는 결론을 얻게 되었다.[368] 그러나 이러한 종합적이고 거시적 연구는 곧 비판을 받게 되는데 그것은 이 거시적 연구가 많은 지역의 범죄발생 및 검거율을 포괄하고 있어서 지역에 따라 범죄발생률과 체포율이 서로 다를 수 있다는 점과 각 개개인이 처벌의 확실성과 엄격성을 제대로 인지했는지에 관한 정보가 없다는 점 등의 결함이 있기 때문이었다.[369]

이러한 이유로 처벌의 확실성과 엄격성에 대한 개인의 인지(perception) 여부에 초점을 두고 특정 시점에서의 개인의 행동을 연구하는 횡단적 연구(cross-sectional studies)가 진행되었다. 그 결과 처벌의 확실성이나 처벌의 엄격성에 대한 개인의 인지 여부가 장래 죄를 범할 의향과 강한 상관관계가 있다는 것을 밝히게 되었다. 그러나 인지가 행동의 변화를 촉발하는지, 아니면 행동이 인지의 변화를 촉발하는지는 분명히 밝히지 못했기에 장시간 인간의 행동을 관찰하는 종단적 연구(longitudinal studies)가 진행되었고 그 결과 특정 행동을 한 경험이 처벌의 확실성에 대한 인지도에 더 크게 영향을 미치는 것으로 나타났다. 즉 어떤 행동을 통한 사전 경험이 향후 처벌의 확실성에 대한 인지능력에 영향을 준다는 것이다. 예컨대 과거의 체포경험이나 처벌 경험이 있을 때 이후 범죄행동에 있어서 체포위험이나 처벌위험에 대한 인지능력이 높아진다는 것이다. 학자들은 이것을 경험효과(experiential effect)라 부르고 있다.[370]

그러나 이 종단적 연구의 단점은 인간의 인지가 시시각각으로 변화하는 점을 제대로 반영하기 어렵다는 점이었다. 그래서 등장한 것이 '시나리오 방식의 연구(scenario research)'이다. 이 시나리오 방식을 적용한 결과 제재의 확실성에 대한 인지능력 및 처벌 위험에 대한 인지능력이 높아져 즉각적 반응이 촉진된다는 사실을 알게 되었고, 처벌의 확실성(certainty)의 억제효과가 처벌의 엄격성(severity)에 대한 억제효과보다 높다는 점도 밝힐 수 있게 되었으며,[371] 비법률적 · 비공식적 변수들(예컨대 가족, 친구, 공동체의 영향)이 법적 · 공식적인 변수들(처벌 법규의 존재, 형벌의 부과)보다 범행을 결정하는 데 있어서 보다 크게 영향을 미친다는 점 또한 알게 되었다.[372]

이러한 연구들을 통해 고전적 억제이론보다 진보된 '인지 억제이론(perceptual deterrence theory)'이 정립되었다. 범인이 범죄를 범하는 것은 고전주의 범죄학자들처럼 보상받을 실제의 이익이나 처벌받을 실제의 위험을 계산했기 때문이 아니라 개인이 그 보상과 위험을 제대로 '인지(perception)'했는지 여부로 범행이 결정된다는 것이다. 이 '인지 억제이론'은 합리적 선택이론과 다음 몇 가지 점에서 차이를 보인다. 첫째, 인지 억제이론은 인간의 합리성을 가정하지 않았다. 인간의 인지작용이 행동을 초래하게 된다는 기본적 입장을 채택하면서 그 인지가 합리적일 수도 있지만 인지에 오류가 발생하여 비합리적 결정으로도 범죄를 할 수 있다고 생각했다. 둘째, 인지 억제이론은 범죄자의 의사결정과정에 상황적 요인을 중요시 했던 합리적 선택이론과 달리, 법적 처벌의 인지에 보다 많은 관심을 기울인 채 상황적 측면을 소홀히 했다는 점이다. 셋째, 인지 억제이론은 실제 처벌의 수준과 처벌의 인식 여부 사이에 상관관계가 있는지가 불확실할뿐더러 처벌의 강화가 범죄의 감소로 이어졌는지도 불확실하다는 점이다. 요컨대 이 이론의 핵심은 객관적 처벌의 강도나 위험이 행동에 영향을 미치는 것이 아니라 개인이 그 위험을 인지했느냐가 행동에 영향을 미친다는 것이다.[373]

오늘날 가정폭력에서 체포가 재범을 억제하는가에 대한 연구는 의견이 엇갈린다. 경미한 가정폭력에 있어서 즉각적인 무력화와 체포와 같은 제재조치는 남성의 가정폭력을 억제한다는 연구결과가 있지만 더는 잃을 것이 없다고 여겨지는 범죄자들에게는 체포가 재범을 증가시킨다는 연구결과도 있다. 아울러 폭력경력자나 알코올 및 약물남용 경력자들에게 체포는 억제효과를 내기 어렵다는 연구결과도 존재하고 있는 것을 볼 때[374] 처벌의 확실성과 엄격성이 범죄발생을 억제한다는 고전주의적 억제이론이 일관성 있는 효력을 발휘하고 있는 것 같지는 않다.

이처럼 오늘날 억제이론이 재조명을 받는 가운데 형사정책에 부분적으로 활용되고 있지만 범죄행위에 대한 처벌의 강화가 범죄억제를 필연적으로 가져온다고 보기는 어렵고, 처벌의 확실성에 대한 정확한 인지가 억제 효과를 발휘하는 데 있어서 중요하다는 점과 이 억제이론의 적용에 있어서 비공식적·비법률적 변수들의 영향을 고려해야 한다는 점을 알 수 있다.

2. 합리적 선택이론

20세기에 접어들면서 합리적 선택이론에 대한 새로운 연구들이 진행되었는데 그 연구들에 따르면 범행을 억제하기 위해 형사사법기관의 처벌과 같은 공식적 제재를 가하는 것보다, 비록 범죄행위가 형사사법기관에 공식적으로 포착이 안 되었다 하더라도 범행으로 말미암아 그들이 안게 될 수치심과 불명예 등과 같은 변수들이 훨씬 범죄억제에 중요한 변수로 작용한다는 주장이 제기되었다.[375)]

그런가 하면 개인의 자기통제능력이나 감정이입능력과 같은 개인적 특질의 다양성에 따라 범죄행동에 가담하는 정도도 달리 나타난다는 주장이 제기되었고, 친구들이 범죄를 범하고도 처벌받지 않는 모습을 목격하면 처벌에 대한 위험성 인지도가 떨어진다는 사실과, 자기의 행동에 대하여 주변사람들이 수용하기를 거부하는 사회적 불승인(social disapproval) 등이 개개인의 범죄행동에 영향을 미치는 주요 변수가 된다는 연구결과도 발표되었다.[376)]

이것은 한 개인이 주변 사회환경의 영향과는 무관하게 독자적이고 이성적인 판단만으로 범죄를 선택한다는 고전주의적 입장과 차이가 있는 것이다. 고전주의 학파의 쾌락주의적 선택이론을 주장하였던 벤담은 인간이 어떤 행동을 함에 있어서 범죄로부터 얻게 되는 이익이나 즐거움을 나중에 당하게 될지도 모를 처벌의 고통과 비교한 후에 범죄로 인한 즐거움이 처벌로 인한 고통을 능가할 때 범죄행동을 선택한다고 하였던 것인데, 이는 인간을 너무 단순하게 바라보고 있는 것이다. 인간은 자신의 독자적 이성적 판단에만 의존하여 행동하지 않고 다른 많은 변수들의 영향도 받고 있기 때문이다. 이에 베이에스(Bayes)라는 학자는 개인의 특성과 이웃의 반응 및 다양한 새로운 정보들이 주는 영향력을 고려한 '기본위험 인지함수'를 개발하여 확률이론을 정립하였는바 이는 고전주의 학파의 합리적 선택이론을 보다 정교하게 심화한 것이라고 볼 수 있다.[377)]

3. 일상활동이론

1979년 코헨(Cohen)과 펠슨(Felson)이 주장한 일상활동이론(routine activity theory)은 고전주의 학자들이 주장한 합리적 선택이론과 밀접한 관련성을 지닌 이론이다. 개인의 생활양식의 선택과 그 생활양식을 기반으로 한 일상적인 활동이 범죄와 밀접한 관련을 가진다는 것이다. 일상활동이론은 일상생활 중에 범죄를 범할 수 있는 기회를 보고 그 기회를 포착함으로써 범죄로까지 이어지게 된다고 판단하는데, 이는 범법자가 처음부터 범죄를 범할 의도를 가지고 집을 나선 후 범죄를 저지르는 형태와 확연히 다르고, 주변환경과는 무관하게 최상의 합리적 선택으로 범행을 하게 된다는 고전주의적 범죄이론과도 구별되는 것이다.

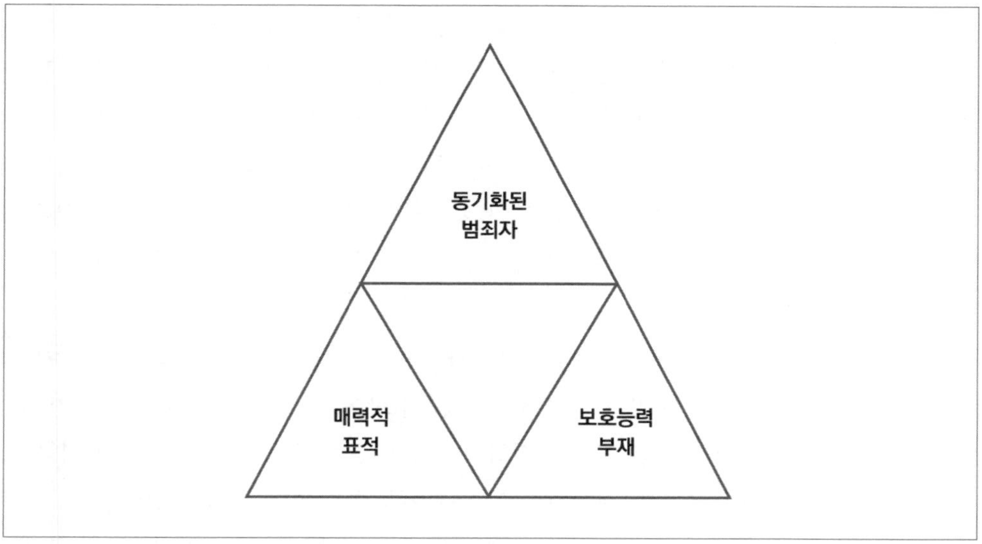

범죄발생 결정 3요소

이 일상활동이론은 시간과 장소면에서 범죄발생 가능성을 높이는 3가지 요소가 존재한다고 보고 있다. 그 3가지 요소란 첫째, 동기화된 범죄자(motivated offender), 둘째, 매력적 표적 혹은 적합한 표적(attractive or suitable target), 셋째, 보호능력의 부재(absence of capable guardian)가 그것이다.

먼저 동기화된 범죄자라는 것은 고전주의적 시각에서 인간은 쾌락과 이익을 추구하는 존재이기 때문에 늘 범죄를 범할 가능성이 잠재되어 있다고 보고 언제든 기회만 주어지면 범죄를 범할 수 있다고 전제하고 있다. 예를 들어 성범죄자가 범죄를 결행하기로 동기화되는 경우를 보면 과거 친밀한 관계가 깨어진 탓에 이를 보상받으려고 범행하는 경우와, 여성에 대한 깊은 분노가 있어서 범행을 하는 경우, 어린 시절 학대 피해의 경험이 많아 성폭행에 대한 동기화가 일어나는 경우 등을 들 수 있다.[378)]

둘째, 표적의 적합성은 다양한 상황적 요소를 포함하고 있는 개념이다. 여름 휴가철에 비어 있는 집들은 절도범들이 좋아하는 매력적인 표적 중의 하나이다. 노인들이나 여성들이 은행에서 많은 현금을 인출해서 이동하는 것도 강도범이나 절도범들이 노리는 표적이 될 수 있다. 주취자들의 경우에도 소매치기나 노상강도의 좋은 표적이 된다. 이처럼 범행의 표적은 고정되어 있는 것이 아니라 상황에 따라 결정된다는 것을 알 수 있다. 범죄예방적 차원에서 보면 표적의 매력성을 제거해야만 동기화된 범죄자의 범행을 억제할 수 있게 된다.

셋째, 보호능력의 부재가 범죄발생 가능성을 높인다. 보호능력이라 함은 통상적으로 경찰이나 공공기관을 떠올리기 쉽지만, 일상활동이론에서 언급하는 보호능력은 공적인 보호능력뿐만 아니라 사적인 보호능력을 포함한다. 예를 들어 사적으로 경비활동이나 경호활동을 위탁받은 민간 보안업체의 보호활동, 이웃이나 지역공동체 구성원 상호 간의 범죄예방을 위한 감시체제의 가동, 주택에 경보장치를 설치하여 외부인의 불의의 침투에 대비하는 경비시스템의 구축, 출입문 근처에 집 지키는 개를 두어서 출입자를 점검하는 방법 등이 모두 보호능력을 확보하기 위한 방법들이다.

이 세 가지 요소가 모두 충족될 수 있는 장소가 있다면 그곳이야말로 범죄발생이 예견되는 취약지점(hot spot)이라고 할 수 있다. 음주자들이 많이 모이는 술집 주변, 학생들이 혼자 하교하거나 여성이 야간에 혼자 귀가할 경우 한적하고 어두운 골목길 등이 바로 그러한 취약장소라고 할 수 있을 것이다. 이로 보건대 범죄예방적 차원에서 본다면 개개인의 생활양식을 바꾸어야 범죄예방이 되는 측면들도 있겠지만, 최근에는 목표물을 덜 매력적으로 만들고 목표물을 철저히 감시하여 범죄의 기회를 감소시키는 전략을 사용할 것과 '환경설계를 통한 범죄예방(Crime Prevention Through Environmental Design, CPTED)'과 같이 환경개선을 통해 범죄의 기회를 차단할 것이 권장되고 있다. 이와 관련하여 클라크(Clarke)는 1992년 그의 저서를 통해 다음과 같이 범죄기회 차단과 관련된 방책을 제시한 바 있다. 즉, 범행에 투입되는 노력을 증가시킬 것, 범죄행위 수행과정에서 체포될 위험을 증가시킬 것, 범죄가 가져다주는 보상을 감소시킬 것 등이 그것이다.[379)]

제3절 발달 범죄이론

1. 발달 범죄이론 출현의 배경

20세기에 들어서면서 몇몇 범죄학자들은 사회학적 요인, 심리학적 요인, 경제적 요인 등을 통합하여 보다 복합적인 관점에서 범죄의 발생원인을 규명해 보고자 하였다. 한스 아이젠크(Hans Eysenck)가 그의 저서 『범죄와 인성(Crime and Personality)』에서 반사회적 행동은 유전의 산물이라고 할 수 있는 심리학적 조건들과 연계되어 있다고 주장한 것이 그 한 예이다. 그의 주장은 사회학적 · 생물학적 · 심리학적 요소를 통합시킨 관점을 가지고 있었던 것이다.[380] 이런 통합적 관점은 발달 범죄이론 출현의 서막으로 보아도 좋을 것이다.

그러나 오늘날 발달 범죄이론의 토대를 놓았다고 평가받는 사람은 쉘던 글룩(Sheldon Glueck, 1896－1980)과 엘리너 글룩(Eleanor Glueck, 1898－1972)이라고 알려지고 있다. 그들은 범죄자들에게 있어서 지속적인 위반을 초래하는 요인이 무엇인지를 파악하기 위해 범죄자 경력을 조사하고 면담을 수행하기도 하였으며 범죄자와 비범죄자들의 기록을 비교하는 연구도 수행하였다. 특히 그들은 범죄경력의 전조라고 볼 수 있는 비행의 최초 개시 시점을 연구하는 데 주안점을 둔 결과, 어린 시절 부적응 증상의 근원이 깊을수록 성인이 된 후 정상적으로 적응할 가능성이 적다는 연구결과를 제시하였다. 이러한 종단적 연구를 통해 지속적인 범법행위를 초래하는 개인적 요인과 사회적 요인들을 밝혀냈는데, 그중 가장 중요한 것이 가족관계였으며 부모 훈육의 질과 그 정서적 유대가 중요 요인이라고 밝혔다. 그리고 경제적으로 궁핍하고 학업성적이 좋지 않은 가운데 한 부모 아래서 자라난 청소년들이 비행에 가장 취약하다는 사실과 정신질환으로 지능이 낮은 아이들과 투사형 체질을 가진 이들이 지속적인 범죄자가 될 가능성이 가장 높다는 주장을 폈다.[381] 이처럼 생물학적 · 사회학적 · 심리학적 요소들을 통합한 글룩의 연구는 범죄경력이 내부적 혹은 외부적 상황이나 여러 조건들의 영향을 받으면서 시작된 후 지속적인 발전과정을 거치게 된다는 결론에 이르게 되었고, 이러한 성과를 토대로 로버트 샘슨(Robert Sampson)이나 존 라웁(John Laub)과 같은 학자들의 연구로 이어졌으며 발달 범죄이론의 출현을 보게 되었다.[382]

2. 발달 범죄이론의 유형

2-1. 범죄경력 연구

발달 범죄이론은 개인의 범죄경력이 연령의 증가에 따라 어떻게 발전하는지 그 과정을 이론화하려는 데 주안점을 두고 있다. 범죄경력 연구에 대한 관점은 크게 '평생지속 이론(life-course theories)', '잠재적 특성 이론(latent trait theories)', '궤도 이론(trajectory theories)'으로 나눌 수 있다.

평생지속 이론은 범죄성이라는 것은 역동적 과정으로서 개인의 성격, 사회적 경험 등 복합적 요인에 의해 영향을 받는다고 보고 있다. 인간은 평생을 살아가면서 사물에 대한 인지와 경험의 변화를 겪게 되고 그로 인해 그들의 행동이 때로는 좋은 방향으로 때로는 나쁜 방향으로 전환하게 된다는 것이다. 잠재적 특성 이론은 인간의 발달이라는 것이 안정된 기질적 경향성이라든가 중요한 인간적 특성에 의해 통제되고 있다고 보는 이론이다. 성장하더라도 그 특성은 변하지 않는 가운데 그들의 행동을 지도하면서 인생에서 직면하는 사건들을 해석해 나간다는 것이다. 이에 비하여 궤도 이론은 범죄자의 인생 경로 안에 복수의 궤도가 있어서 각기 다른 인생의 궤도를 달릴 수 있다는 이론이다. 범죄경력의 궤도를 따르는 사람들 안에 다시 무수히 많은 하위그룹이 존재하는데 이들 중에 어린 시절 일찍부터 반사회적 행동의 기미를 보여주는 사람이 있는가 하면, 어떤 이들은 나중에 범죄성이 발현되거나 인생의 다른 상황에 의해 영향을 받는 사람도 있다는 것이다.383)

[표 3-11] 범죄경력 연구에 대한 관점의 유형

	평생지속 이론	잠재적 특성 이론	궤도 이론
범죄성 요인	개인의 성격이나 사회적 경험 등이 복합적 상호작용시	불변의 기질적 경향성과 개인적 특성이 통제불가시	복수의 인생궤도 중 범죄경력 궤도 선택시
범죄성의 발현 근거	인지와 행동이 가변적이어서 선행과 악행 중 악행으로 임의적 전환가능	개인적 기질과 특성은 불변적인바 직면하는 사건들을 부정적으로 해석 지도해 나감	인생여정 속에서 복수의 궤도 중 범죄적 인생궤도의 선택이 가능함

한편, 범죄경력이론에 대한 관심의 정도와 범죄자 인생에 대한 종단적 연구의 필요성 여부에 따라 범죄이론을 다음과 같이 세 유형으로 분류하기도 한다. 첫째, 범죄경력의 발전과정에

무관심한 유형으로서 긴장이론, 학습이론 등 종래 대부분의 전통적 범죄학 이론이 이에 속한다. 둘째, 범죄경력의 생애 시기별 발전과정에 관심은 있지만 잠재적 요소들이 안정적이기에 별도의 단계별 설명이 불필요하다는 이론의 유형으로서 자기통제이론을 대표적인 예로 들 수 있다. 셋째, 범죄경력의 시작과 지속이 전 생애과정을 통해 발전적으로 변화한다고 보는 발달범죄이론의 입장이다.384)

2-2. 생애경로 이론(평생지속 이론)

생애경로 이론(life-course theory)에 따르면 사람들은 성인기에 자신의 인생 경로를 결정지을 수도 있는 행동과 사회적 관계형성을 유아기부터 시작한다고 보고 있다. 가정에서 사회규범 준수와 사회적 관계형성의 요령들을 배우다가 결혼과 취업 등으로 인생의 전환기를 맞이하는 것이 통상적인 생애경로라는 것이다. 그 과정에서 어떤 사람들은 가정환경과 개인적인 문제로 인해 합리적이면서도 시기적절한 방식으로 성숙의 단계를 거치지 못한다고 한다.

생애과정과 긍정적 경험

콜린 파월 전 미국 국무장관은 뉴욕 할렘가에서 출생해 성장하면서 비행소년으로 타락의 길을 갈 수도 있었으나 자신의 잘못에 대하여 '처벌'을 받기보다는 늘 자신을 도와주는 누군가가 곁에 있었기에 바르게 살 수 있다고 말하였다. 그는 청소년기에 주변사람들의 도움으로 긍정적 경험을 갖게 되어 범죄에서 멀어진 것이다. 반면, 강도살인범 신창원은 "어린 시절, 누군가가 자신의 마음을 잘 잡아주었더라면 이렇게 되지는 않았을 것이다."라고 말하였고, 연쇄살인범 유영철도 고등학교 3학년 때 절도로 소년원에 수감되었다가 출소한 이후 학교를 중퇴하고 사회와 벽을 쌓았다고 하는 등 이들 모두 성장기에 부정적 경험이 축적되면서 범죄자의 길을 걷게 되었다.385)

학생 때 임신을 하여 학교를 중퇴한 여학생과 같이 어떤 이들은 생애의 전환기가 너무 일찍 오고, 비행집단에 연루되어 수감생활을 하다가 출소한 청년이 학업 및 취업과 결혼의 시기를 놓친 것처럼 어떤 이들은 그 전환기가 너무 늦게 오는 경우가 있다. 생애경로 이론에서는 너무 일찍 비행에 빠진 아이들은 어른이 되어서도 범죄적 생활방식을 뿌리치기가 쉽지 않다고 보는 견해와 청소년기에 비행에 연루되었다가도 어른이 되어 안정된 직장을 얻거나 결혼을 하게 되면 범죄와 멀어진다는 견해들을 다 포섭해서 설명하고자 한다. 한 인생의 단계에서 다른 인생의 단계로 전환하는 것이 인생 발달의 과정이기에 그 생애경로가 항구적이지도 않고 안정적이지도 않다고 보고 있는 것이다. 생애과정에서 겪는 긍정적인 경험은 범죄에서 멀어지게 만드나 부정적 경험은 범죄로 가까이 이끈다고 본다. 그러므로 인생의 전환을 가져오는 크고 작은 각종 사건들과 사회환경에 대하여 관심을 갖는다.[386]

2-3. 샘슨과 라웁의 발달 범죄이론

샘슨과 라웁은 앞서 살펴본 쉘던과 엘리너 글룩의 연구자료를 재분석하여 발달 범죄이론의 틀을 제시하였다. 이 이론은 주로 개인의 안정성 및 변화에 초점을 맞춘 것이었다. 그들은 개인이 범죄행동을 할 것인지 말 것인지를 결정함에 있어서 그 결정을 바꿀 수도 있는 특정 사건이나 인생의 중대한 변화에 큰 관심을 가졌다. 그들의 연구모델은 사회통제이론의 틀에 기초를 두고 있으면서도 다른 이론적 관점이 가지고 있는 요소들도 포섭하는 특징을 보여주고 있다.

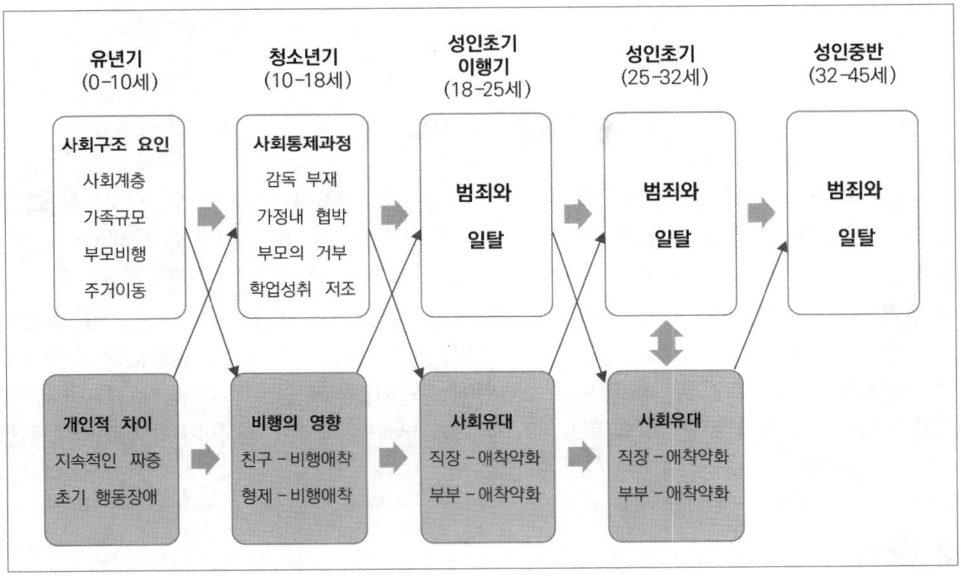

샘슨과 라웁의 발달모델

(출처: Larry J. Siegel, *Criminology.* Boston: Cengage Learning, 2017. p.298. 그림을 재구성한 것임.)

즉, 개인에게 있어서 초기에 형성된 반사회적 경향은 사회적 변수와 상관없이 종종 성인기의 범죄행동으로 연결된다고 가정하면서도, 어떤 사회구조적 요인(예컨대 가족구조나 빈곤 등과 같은 것들)은 사회성 발달이나 교육적 측면의 발달에 문제를 초래하게 되고 이러한 것들이 범죄로 이어진다고 주장한 것이 바로 그것이다. 범죄성 발달에 있어서 중요한 요소로 여겼던 또 다른 것이 있었다면 그것은 비행 또래집단이나 비행을 일삼는 형제들의 영향이었다. 이러한 영향들은 개인의 비행가능성을 높여주는 요인으로 파악되었다.[387)]

그러나 샘슨과 라웁은 결혼이나 고용 또는 군입대 등과 같은 일들이 개인의 범죄친화적인 생활을 급격하게 변경시킬 수 있고 인생궤도를 수정할 수도 있는 중요 사건들이라고 강조하면서 한때 심각한 폭력범죄를 범하며 살아왔던 많은 사람들이 중대한 전환(transition)의 순간을 경험한 후 갑자기 그런 범죄적 행동을 중단한 증거들을 제시하였다. 그런 의미에서 이 이론은 데이비드 맛차(David Matza)의 표류이론을 특화시킨 형태라고도 볼 수 있다. 표류이론은 범죄자들이라 할지라도 인생전환의 경험을 통하여 그 범죄적 생활을 살아왔던 삶의 궤도를 변경할 수 있는 능력이 개인에게 있다는 것을 밝혔기 때문이다. 최근 결혼이나 취업이 가석방 대상자들의 재범률을 큰 폭으로 줄였다는 연구결과가 나오고 있는 것도 이들의 주장을 뒷받침한다고 볼 수 있다.[388)]

2-4. 모핏의 발달 범죄이론

현대 범죄이론에 영향을 미치고 있는 또 하나의 발달 범죄이론이 있다면 그것은 바로 모핏(Terrie Moffitt)의 범죄이론이다. 그녀는 2가지 유형의 범죄자를 전제로 하고 있는데 '청소년기 한정형 범죄자(adolescence－limited offender)'와 '평생 지속형 범죄자(life－course－persistent offenders)'가 바로 그것이다.[389)]

청소년기 한정형 범죄자는 일반 대중 대부분이 이에 해당하고, 학생시절이나 청년기의 한때 범행을 했던 모든 사람들도 여기에 포함된다. 이들의 범행은 대부분 또래친구들과의 교제로 인해 야기되거나 그들이 닮고 싶은 어른들의 행동들을 보고 이를 본받고 싶은 열망에 의해 촉발된다. 즉, 이런 행동들은 청소년기 혹은 청년기에 또래들과 서로 접촉하면서 일종의 통과의례로 발생할 수 있는 지극히 통상적인 행위들이라는 것이다. 청소년기에 또래들과 통상적인 접촉이 없음으로 인해 전혀 범죄와 상관없이 지내는 비율은 겨우 전체 인구의 1%~3%에 불과하다고 한다.

한편, 전체 범죄자의 4%~8%에 이르는 평생 지속형 범죄자의 경우에는 가장 폭력적이고 만성적인 범죄자에 속하는데 어느 사회이건 간에 살인, 특수강도와 같은 심각하고 중대한 범죄를 저지른다고 보고 있다. 청소년기 한정형 범죄자와는 달리 그들의 범죄성향은 전혀 다른 요인에 기인한다. 즉, 신경학적으로 문제가 있었다든지 그들이 열악하고 범죄친화적인 환경 속에서 양육되었다든지 하는 요인이 바로 그것이다. 예를 들어 어떤 사람이 오로지 신경학적인 문제만 있든가 아니면 그런 문제와는 상관없이 단지 빈곤한 환경에서만 성장했다면 평생 지속형 범죄자의 인생 궤도(trajectory)를 걸을 가능성은 적어진다고 한다. 그러나 이 두 가지 요인을 함께 가지고 있다면 만성적이면서도 심각한 폭력범죄자가 될 가능성이 매우 높아진다는 것이다.

[표 3-12] 모핏의 발달 범죄이론

	청소년기 한정형 범죄자	평생 지속형 범죄자
적용 대상	일반 대중	강력범죄자 일부
범죄 요인	신경학적 문제와 가정환경 문제 중 일부	신경학적 문제와 가정환경 문제 병행
특징	성장기의 통과의례/ 청년기 이후 탈법적 행동 중단	12세 이전 범죄친화적 환경에서 성장/ 성인기 및 중년기까지 범행지속

이러한 전제는 인생의 초기단계에 어떤 일이 발생했는지 주목하는 것이 무엇보다 중요하다는 것을 시사하는 것이다. 누구나 청소년기에는 비행에 연루될 수 있기 때문에 그 중에 과연 누가 만성적이면서도 폭력적인 범죄자가 될 것인가를 판단함에 있어서는 12살 이전까지의 삶을 살펴보면 통찰력을 얻을 수 있다고 보고 있다. 청소년기 한정형 범죄자의 경우에는 학생시절이나 청년기에만 그런 범죄적 행동에 연루되는 경험을 하고 그 이후로는 탈법적 행동을 그만두게 되지만, 평생 지속형 범죄자의 경우에는 성인기를 넘어 중년기에 이르기까지 범행을 지속한다는 것이다. 이처럼 모핏은 발달 범죄이론을 2가지 유형으로 설명하려 했다는 점과 각각의 유형에 속한 범죄자들이 전혀 다른 요인들에 의해 범행을 범할 수 있다고 본 점 등이 그 특징이라 하겠다.

3. 발달 범죄이론에 대한 평가

패링턴(Farrington)은 발달 범죄이론의 연구결과를 종합한 결과 범죄행동은 8세에서 14세 사이에 집중적으로 발생하고 범죄의 중지는 20세에서 29세 사이에 집중되며 발생빈도는 10대 후반에 정점을 이룬다는 점과 초년의 범죄개시 여부를 보면 장기간의 범죄경력이 지속될지를 예측할 수 있다는 점, 그리고 아동기에 나타난 범죄가 청소년기와 성년기까지 이어질 수 있고 연령대에 따라 범죄의 종류가 달라질 수 있다는 점 등을 제시하였다.[390)]

그리고 무엇보다도 발달 범죄이론 지지자들은 범죄성의 발현에 있어서 생애 초기가 중요하므로 태아의 시기나 출산 전후의 시기에 적극적으로 개입을 해야 한다고 주장한다. 따라서 국가가 임산부들이나 출산 직후의 유아들에 대하여 건강관리와 감독을 강화해야 하고, 취학 전 아동교육을 위해 더 많은 예산을 편성하고 필요한 자원을 투입해야 한다고 주장한다. 그렇지 않으면 청소년기 범죄행동으로 말미암아 값비싼 대가를 치르게 된다는 것이다.[391]

이처럼 발달 범죄이론은 생애 초기의 태아나 유아, 그리고 산모의 정신적 · 신체적 건강의 중요성을 부각시켰다는 점, 성장과정에서 겪는 사회적 환경변화가 개인의 사회통제력에 영향을 주게 되고 결과적으로 비행 발생에 연결된다는 점들을 밝힘으로써 일정 부분 범죄이론 발전에 기여하고 있다고 할 수 있겠다.

제4절 통합적 범죄이론

1. 통합적 범죄이론의 등장 배경

범죄이론의 발달사를 3단계를 살펴보면 1단계는 1800년대에 흥행했던 것으로 인간이 타고나면서부터 지니게 된 단일한 특징이 범죄행동을 결정짓게 된다는 단일요소이론(single-factor reductionism)에 기반하고 있었다면, 2단계는 1900년대 초반에 등장했던 범죄이론들로 사회학적 · 생물학적 · 심리학적 요인과 같은 다양한 요인들이 범죄행동에 관련되고 있다는 다중요소 접근법(multiple-factor approach)에 기반하고 있었다. 한편, 3단계는 20세기 후반에 등장한 범죄이론으로 체제이론(systemic reductionism)에 기반한 것으로써 범죄행동을 사회학적 지식체계를 활용하여 설명하고자 하였다.[392] 그런데 범죄이론 전개에 있어서 사회학이 차지했던 지배적 영향력이 거의 60여 년 이상 지속되자 많은 범죄학자들이 사회학적 지식체계에 의존하고 있는 체제이론적 접근법이 범죄이론 발전의 정체를 초래했다는 문제를 지적하기 시작하면서 그 한계를 극복하기 위한 방안으로 통합적 범죄이론(integrated theories in criminology)이 제시되기에 이르렀다.[393] 이처럼 통합이론이 등장한 것은 기존의 이론들이 진정한 범죄의 근본원인을 온전하게 설명하지 못했다는 데 있다. 자기 이론의 장점과 우월성만 강조하다보면 다른 범죄이론이 갖는 장점을 놓치기 쉽기 때문에 복잡하고 다양한 범죄현상을 설명하는 데 있어서는 각각의 이론이 갖는 장단점을 다 아우를 수 있는 통합적 접근이 필요하다는 인식이 싹튼 것이다.

2. 통합적 범죄이론의 유형

통합적 범죄이론 유형으로 아래와 같이 순차적 통합모델, 병행적 통합모델, 연역적 통합모델 등이 제시된다.[394]

2-1. 순차적 통합모델

순차적 통합(end-to-end or sequential integration)모델이라 함은 범죄원인의 시간적 순서에 따라 하나의 범죄이론이 다른 범죄이론을 선행하거나 후행하는 형태를 띠게 된다고 보는 입장이다. 예를 들면 비행이나 범죄의 주요 경로 초기에는 사회유대이론에서 주장하는 바와 같이 사회적 애착이나 사회통제의 붕괴에서 시작되지만, 이후에는 차별접촉이론에서 언급되고 있는 것처럼 반사회적 성향이 있는 또래집단의 영향이 더 강조되어야 한다고 보는 것이다. 즉, 취약한 사회적 유대의 배경을 가진 아이가 자라면서 반사회적 성향의 친구들과 교제함으로써 범죄행동으로 나아간다는 것이다. 사회유대의 붕괴는 또래집단의 영향력에 취약하게 만듦으로써 범죄행동에 간접적으로 기여하게 되지만, 또래집단의 영향력은 다른 매개변수가 없이 범죄행동에 직접적으로 기여한다고 보고 있다. 이와 같이 사회통제이론에서는 범죄의 간접적 요인을, 차별접촉이론에서는 범죄의 직접적 요인을 강조함으로써 상호 미비점을 보완하는 순차적 통합범죄이론을 구성하게 된다.

2-2. 병행적 통합모델

병행적 통합(side-by-side or horizontal integration)모델이라 함은 어떤 범죄 사례를 어떤 범죄이론으로 설명할 수 있는지를 결정하는 데 있어서 사례 유형별로 병행적 설명이 가능하다고 보는 입장이다. 병행적 통합모델에서는 두 개 이상의 범죄이론의 기본 전제가 다르다 할지라도 그 이론들 상호 간에 통합이 가능하다고 보고 있다. 예를 들어 전통적으로 자기통제이론과 합리적 선택이론은 완전히 상반된 범죄이론으로 알려져 왔지만 병행적 통합모델에서는 이들이 상호보완적으로 통합될 수 있다고 본다. 낮은 자기통제력은 화이트칼라 범죄를 설명하는 데는 취약하나 충동적 범죄를 잘 설명할 수 있고, 합리적 선택 개념은 충동적 범죄를 설명하기는 곤란하나 치밀한 계획 하에 범죄를 수행하는 화이트칼라 범죄는 잘 설명할 수 있어서 서로의 간극을 메울 수 있다는 것이다. 그래서 이 두 이론을 통합하여 다음과 같은 병행적 결론을 이끌어낸다. 즉, 고도의 자기통제력이 있는 통상적 인간들은 자기행동이 가져올 부정적 결과들을 숙고함으로써 범죄를 억제하는 행동으로 나아가지만, 자기통제력이 약한 충동적 성향을 지닌 사람들은 즉각적 보상을 얻고자 하는 마음에 행위결과를 숙고하는 데 실패하여 범죄행동으로 나아가게 된다는 것이다.

2-3. 연역적 통합모델

연역적 통합(up－and－down or deductive integration)모델은 범죄학 이론 발전에 있어서 종종 활용되어 왔던 것으로 이론간 통합을 할 때 사용했던 고전적 방식을 사용하고 있다고 보고 있다. 즉, 어떤 단일 이론에 대한 추상화의 수준을 증가시켜 그 이론이 개념적으로 확장된 이론에서 생성된 것처럼 보이게 한다는 것이다. 여기에는 이론의 축소(theoretical reduction)와 이론의 종합(theoretical synthesis) 두 가지 형태가 있다. 이론의 축소는 어떤 한 이론이 다른 이론에 비해 보다 추상적이고 일반화된 전제를 포함하고 있을 때 일어난다. 그래서 다른 이론이 보다 추상적인 이론 안으로 포섭돼 버리는 것이다. 차별강화이론이 서덜랜드의 차별접촉이론을 포섭해 버리는 것은 이 연역적 통합모델 중 이론의 축소에 해당하는 것이다. 이에 비하여 이론의 종합은 두 이론으로부터 보다 일반적 전제를 이끌어내고 이를 추상화하여 양 이론을 새로운 하나의 이론으로 재탄생하도록 하는 것이다. 하지만 이론의 종합은 이론의 축소에 비하면 어려운 작업이기 때문에 사회과학에서는 흔히 있는 일은 아니다.

3. 종래 통합적 범죄이론에 대한 평가

범죄이론에 대한 통합적 논의는 긴장이론, 통제이론, 학습이론 등 세 주요 이론의 통합 가능성 또는 공존 가능성에 대한 담론으로부터 시작하였다. 긴장이론은 인간은 선한 존재로 태어났다는 인간관을, 통제이론은 인간은 이기적이며 쾌락을 추구하는 존재라는 인간관을, 학습이론은 인간이 백지상태에서 태어나 이후 인성이 형성되어 나간다는 인간관을 가지고 있어서 기본 가정이 다르기 때문에 상호 간 통합이 불가능하다는 지적도 있지만, 각 이론들 간의 통합을 방해하는 어떤 본질적 이유도 없다고 보는 학자도 있다. 그러나 전반적으로 보았을 때 통합적 범죄이론이 개별 범죄이론보다 향상된 설명력을 보여주고 있다고 보는 견해가 우세하다고 볼 수 있다.[395]

한편, 이 통합이론을 통해서 많은 정책적 시사점을 발굴해 낼 수 있다. 예를 들어 순차적 통합모델에 의하면 범죄행동 발생의 초기 원인으로 부모와의 유대가 강조되고 이후에 또래집단의 차별적 접촉에 의한 영향력이 직접적 범죄요인으로 강조되므로 이러한 요인을 사전에 제거하기 위한 정책적 노력이 가해질 필요가 있는 것이다. 즉, 예비 부모 교육과 같이 부모가 자녀 양육을 보다 효과적으로 할 수 있도록 돕는 프로그램을 시행하는 것, 취학 전 아동이나 범죄에 취약한 시기를 살아가는 청소년들을 위해서 반사회적 친구들의 영향력을 극복하고 친사회적 성향의 친구들을 사귈 수 있는 역량을 개발해 주는 것, 인지행동적 접근법에 따라 문제해결능력과 사회관계 형성기술을 증진시킬 수 있는 프로그램을 운영하는 것 등이 그러한 정책적 노력의 유형들로 제시될 수 있겠다.

4. 향후 범죄학 이론 연구의 통합 방향

과학주의에 절대적으로 몰입되어 있는 현대 범죄학이 범죄의 원인발견과 범죄예방 및 범죄문제 해결에 어느 정도 유용한 기여를 하고 있는가를 살펴볼 필요가 있다. 범죄학 이론에 대한 고전주의 학파의 주장에서부터 실증주의 학파를 거쳐 최근 제시되고 있는 통합적 범죄이론에 이르기까지 수많은 학자들이 과학적 방법론을 사용하여 범죄원인을 분석하고 범죄대책을 제시해 오면서 부분적으로 또는 일시적으로는 범죄율 감소와 범죄예방에 일정한 성과를 거두었던 것은 사실이다.

하지만 전체적으로 인류 역사를 되돌아보면 전 세계적으로 범죄는 여전히 기승을 부리고 있음을 알 수 있다. 이는 범죄문제를 해결해 나감에 있어서 과학적 방법론에 전적으로 의존하는 것만이 만능의 해법이 아님을 시사한다. 그것은 인간이라는 존재가 과학으로 다 설명할 수 없는 영역을 가진 존재이기 때문이기도 하다. 예술이 가져다주는 심미적 감동이 인간의 상처입은 감성을 치유하고, 자신의 탐욕적 본성을 뉘우치는 종교적 회심이 인격의 변화를 초래하여 범죄로부터 멀어지도록 하는 이러한 현상들을 과학적으로 검증되지 않았다고 하여 도외시하게 된다면 범죄학은 여전히 미완의 학문으로서 범죄문제에 대하여 부분적 해답을 주는 것에 그치고 말 것이다.

그러므로 범죄의 원인을 탐구함에 있어서 과학적인 관찰과 실험, 그리고 검증의 영역을 넘어서는 부분이 존재한다는 것을 인정해야 한다. 그리고 그러한 영역들이 직·간접적으로 범죄문제 원인의 진단, 범죄예방 및 범죄문제 해결에 기여할 수 있음도 수용할 수 있어야 한다. 인간 본질에 관한 철학적·종교적·윤리적 해석을 비과학적 사변으로 여겨 배제할 것이 아니라 철학과 종교학 영역은 인간행동의 근원을 탐색할 수 있는 인류역사의 자산이기에 문제행동의 해결에 과학적 방법론과 더불어 병용할 수 있는 지혜를 발휘해야만 할 것이다. 인간행동의 가시적 영역에는 과학적 방법론을, 비가시적 영역에는 인간의 본질에 관한 윤리적 · 철학적 · 종교적 사유를 함께 활용하여 범죄원인을 분석하고 범죄대책을 강구한다면 보다 완성된 범죄학 이론의 구성이 가능하다고 본다.

정리하기

○ 1960~1970년대 미국과 유럽사회에서 풍미했던 사회구조적 범죄이론과 갈등론적 범죄이론은 범죄자 치유 차원의 교정행정과 사회환경 개선에 대한 관심을 불러 일으켰지만 1980년대에 접어들어 개인의 도덕적 타락에 대한 반성이 야기되면서 개인의 도덕적 책임을 다시 강조하는 보수적인 움직임이 일어나게 되었다.

○ 이때 다시 등장했던 넓은 의미의 보수적인 범죄이론으로서는 범죄억제를 위해 처벌을 강화해야 한다는 고전주의 범죄이론으로서의 이익·비용 계산이론, 범죄예측요인으로 인간본성과 지능의 결함을 지적했던 초기 실증주의의 생물학적 특성이론, 범죄자들에 병리적인 독특한 마음체계가 존재한다는 범죄적 인성이론과 도덕적 메시지를 제대로 전하지 못하기 때문에 범죄를 양산한다는 도덕적 빈곤이론 등 두 가지 모두를 포함하는 심리학적 범죄이론, 작은 무질서에 대한 통제 결여가 범죄로 이어진다는 사회통제이론 등이 있다.

○ 고전주의 학파의 범죄이론이 현대사회에서 응용될 때에 유념해야 할 점은 어떤 행동에 대한 과거의 사전 경험이 처벌의 확실성에 대한 인지도에 영향을 미쳐 범죄억제에 기여할 수 있다는 사실과 처벌의 확실성의 억제효과가 처벌의 엄격성에 대한 억제효과보다 높다는 사실, 비공식적 변수들의 영향이 공식적 변수들의 영향보다 크다는 사실, 그리고 범죄자가 범죄행동을 선택할 때 단순히 이성적 사고만을 하는 것이 아니라 수치심과 불명예가 범죄억제에 영향을 미칠 수 있으며 개인의 자기통제능력이나 감정이입능력, 사회적 불승인 여부도 범죄행동에 영향을 준다는 것이다.

○ 발달범죄이론은 크게 '평생지속이론', '잠재적 특성이론', '궤도 이론' 등 3가지 관점으로 연구가 이뤄져 왔는데 그중 대표적인 것이 '생애경로 이론'과 샘슨과 라웁의 '발달 범죄이론', 그리고 모핏의 '발달 범죄이론'이다.

○ 통합적 범죄이론의 유형은 크게 '순차적 통합모델', '병행적 통합모델', '연역적 통합모델' 등 3가지로 구분할 수 있다.

참고문헌

PART 3

본 QR코드를 스캔하시면,
'범죄학강의' PART 3의 참고문헌을 참고하실 수 있습니다.

PART 4

범죄유형론

Chapter 01

살인범죄

제1절 살인의 특징과 요소

생각해 보기

○ 2013년 1월 30일 119에 한 남성의 구조 전화가 걸려왔고, 그는 죽어가는 목소리로 "빨리 와 달라, 얼마 전에 119에 신고한 적이 있다"는 말만 남기고 전화를 끊었다. 구조대가 목적지에 도착하여 집 안으로 들어가 보니 안방에는 집주인인 피해자 박씨(52)와 아내 황씨(55), 작은방에는 큰아들(27), 작은아들(25)이 쓰러져 있었고 집안에는 연탄가스 냄새로 가득 차 있었다. 모두 가스에 질식된 상태였고, 이미 의식과 호흡이 없는 상태였으며, 작은방에 있던 작은 아들만 숨이 붙어 있었다. 병원 도착 후 작은 아들을 제외한 3명이 사망하였고, 부모 재산을 노린 작은 아들의 패륜 사건으로 밝혀졌다(전주 콩나물공장 사장 일가족 살인사건). 살인범과 피해자와는 어떤 관계가 있을까?

1. 살인의 특징

가장 극단적인 폭력범죄인 살인의 경우는, 그것이 강도살인이건 유괴살인이건, 강도나 유괴와는 달리 피해자의 진술증거를 얻을 수 없다. 즉 범인이 구체적으로 분명해지기 전까지는 피해자 진술 이외의 방법으로 범죄자의 구체적 접근방식과 공격방법을 알아내야만 한다. 이론상으로는 가해자가 체포되어 자백을 하는 단계에서 실체적 진실이 명확하게 밝혀지게 되지만 범죄자는 거짓말을 하므로 수사심리학에서 인터뷰기법이 매우 중요한 영역을 차지한다. 진술의 진위판단 기준의 하나에는 진술과 객관적 사실과의 일치 여부가 있는데 이는 범죄현장에서 객관적 사실이 사전에 철저하게 수집되고 증거화되어야 한다는 것을 전제한다.

울프강(Wolfgang, 1958)은 필라델피아에서 5년 동안 588건의 살인에 관한 경찰기록을 조사하였다. 일부를 소개하면, 남성들은 길에서 살인의 피해자가 될 확률이 더 높았던 반면에, 여성들은 주로 집에서 살해되었고 대부분이 침실에서 발생하였다. 남성들은 대부분 주방에서 치명적인 가정 내 공격의 피해자가 되었고, 주로 주방 칼로 살해당하였다. 술은 전체 살인사건의 64%에서 발견되었고, 44%는 피해자와 범죄자 모두가 음주를 한 상태로 나타났다.

울프강은 피해자는 자신의 사망을 유발하는 주된 원인을 가지고 있을 것이라는 점을 주장하기 위하여 '피해자 유발(victim precipitation)'이라는 개념을 소개하였다. 피해자유발 이론은 사건의 '피해자가 그 사건을 촉발시킨 당사자일 수도 있다'는 이론이다.

피해자 유발과 표출적 살인

○ 피해자 유발이 표출적 살인으로 이루어진 사례가 있다. 층간 소음사건의 경우 가해자는 피해자가 지속적인 층간 소음을 발생시켜서 범죄의 원인을 먼저 제공했다고 주장하는 경우가 많다. 2015년 서울 사당동 5층 빌라에서 40대 남성이 층간 소음 문제로 폭행시비 끝에 홧김에 살인을 저지른 사건이 있었다. 두 사람의 갈등은 윗집에서 고의로 창문에 이불을 털고, 밑에 층에서는 담배 연기를 피우는 등 극한 상황에 달했고, 결국 지난 14일 모든 주민들이 모인 반상회 자리에서 폭발했다. H와 그의 어머니는 9세대 13명 가량이 모인 이 반상회 자리에서 "평소 층간 소음 문제로 피해가 크다"고 항의했고, 이 과정에서 L씨에게 시비를 걸며 멱살을 잡는 등 폭행도 발생했다. 그러자 가족 앞에서 폭행을 당한 L은 흥분해 자신의 집에 있던 흉기를 꺼내 두 사람에게 휘둘렀다.

○ 이 같은 홧김에 의한 폭력이 표출적 폭력에 해당한다. 표출적 폭력(expressive violence)은 억제가능성이 낮고 법규범의 직접적 작용력이 약하다. 보험살인이나 강도와 같은 다른 목적을 위한 도구적 범죄와 다른 점이다. 특히 내면에 지지 않아야 한다는 강박관념이 있거나 체면을 중시하는 상황에서 더 격하고 무리한 반응이 나오기 쉽다. 그 외에 주차문제, 운전행태, 쓰레기를 둘러싼 시비가 강력범죄로 이어지는 것도 유사한 상황이다.

울프강의 연구에서 피해자가 유발한 사건은 언쟁중에 피해자가 먼저 치명적인 무기를 보여주고 사용하였거나, 강타를 날렸을 경우와 같다. 울프강은 필라델피아 살인사건의 약 1/4이 피해자 유발사건이라고 밝혔다. 체면을 세우는 것은 살인의 중요한 요인이다. 살인은 개인적 가치를 반영하는데 이러한 개인적 가치는 남성우월주의 문화에서 유래할 경우 매우 현저하다.

"그 누구도 그런 말을 하고 내게 도망칠 수 없다."는 말은, 폭력의 나선형에서 정점인 죽음에 이르는 과정에서 나오는 일반적인 표현이다. 어떤 남성의 경우는 꾀를 이용하여 그러한 상황을 피할 수 있다. 위협으로부터 도망치거나 농담으로 전환하거나 대결에서 벗어날 수 있는 계책을 사용할 수 있다.[1)]

블랙(D. Black, 1993)은 살인이 사면초가에 몰렸다고 느끼는 경우에 상황을 해결하기 위해 사람들이 사용하는 자조(self help)의 형태라고 주장한다. 카츠(J. Katz, 1988)의 설명에 따르면, 가해자는 살인을 자기존중과 같은 어떤 상태를 성취하거나 유지하는데 필수적인 것으로 믿기 때문에 정당한 학살(righteous slaughter)의 행위로 타인을 살해하고 피해자는 살인을 당해도 싸다고 생각한다.

사회학자인 비글리(R. Beegly, 2003)는 살인을 설명하는 최적의 이론적 구성요소에 대해 5가지 사항을 들었다. 미국에서의 높은 살인율은 ① 총의 가용성, ② 불법적인 약물시장, ③ 인종적 차별, ④ 폭력에 대한 노출, ⑤ 경제적인 불평등의 영향을 반영하고 있다고 주장한다. 하지만 이에 대해서는 반론이 있다. 즉 중세기에 살인이 더 보편적이었으나 17세기, 18세기, 19세기에 급격하게 살인률이 감소되었다(Dean, 2007). 그래서 중세기 이후 범죄감소에 대한 가장 타당성 있는 설명 중에 한 가지는 도시화의 형태나 경제 성장의 형태에서 찾을 수 있는 것이 아니라, 범죄에 대한 내부적이고 심리적인 태도의 변화에서 발견할 수 있다는 주장이다. 중세기에는 대부분의 살인이 많은 목격자들 앞에서 발생하였고, 분쟁을 종결하는 결과를 가져왔다고 한다.[2)]

2. 살인 관련 연구

2-1. 외국의 연구결과

미국의 연구결과를 몇 가지 살펴보겠다. 자신들이 약물을 사용하지 않을지라도 약물이 있는 곳에서 거주하는 사람들은 11배 정도 살해를 당하기 쉽고, 가정 내 알코올 중독자가 있을 경우 중독자가 없는 가정에 비하여 70% 정도 더 살인을 당하기 쉽다는 연구(Rivara 등, 1997)가 있다. 또한 혼인 상태는 살인과 강력한 상관관계를 가지는 요소 중 하나이다. 이혼한 여성들이 혼인한 여성들보다 살인피해를 당할 확률이 더 높은 반면에, 미혼의 여성들은 혼인한 여성들의 살인 피해율과 별 차이가 없었다는 연구(Breault & Kposowa, 1997)도 있다. 남성의 경우 미혼 남성들이 혼인한 남성보다 살인으로 죽을 확률이 91% 더 높았다.[3)]

남미에서 발생한 살인사건의 특징을 성별로 비교한 연구(Jurik & Winn, 1990)도 있다. 여성

가해자의 대다수는 피해자 또는 가해자의 집에서 사건을 일으켰고, 그 중 반수는 양자가 동거하는 집에서의 사건이었다. 한편 남성은 집에서의 범행은 반수 미만으로 양자의 집에서의 범행도 21%로 낮았다. 여성이 집에서 살해할 가능성이 남성보다 높다는 것은 일본(內山과 山岡, 1984)도 동일하다. 그 이전에 행해진 해외의 연구들도 결과가 비슷하다(Goetting, 1988; Swigert & Farrell, 1978).

피해자와의 관계는 여성은 가족이 대부분이고 면식이 없는 상대를 노린 비율은 남성의 반 정도이다. 범행에는 성별에 한정하지 않고 총이 가장 사용되기 쉬운바, 여성은 무기를 사용하지 않는 것이 거의 없는 반면, 남성은 무기를 사용하지 않는 사건이 약 10% 존재한다. 남미에서 여성의 총기사용 살인이 이전보다 증가하고 있으며, 핀란드의 경우는 여성가해자가 노령화하고 있고, 약물의존이 증가하며, 피해자는 지인이 선택된다는 연구(Putkonnen 등, 2008)가 있다. 살인에 있어 총을 거의 사용하지 않는 한국이나 일본은 그 이유가 총의 입수가 어렵기 때문이다. 이와 같이 일반적으로 여성의 살인은 남성에 비해 가족 간의 사건이 많고, 범행은 집에서 이루어지는 것이 많다고 할 수 있다. 외국은 남성과 마찬가지로 총살이 주요 살해방법이지만 일본은 교살이 주요 살해방법이다.[4)]

2-2. 연쇄살인

연쇄살인에 대해 보겠다. 홈즈와 디버거(Holmes & DeBurger, 1988)는 연쇄살인이 다수살인의 다른 유형들과 구별되는 다섯 가지의 특성들을 제시하였다. 첫째, 범행이 반복되고 둘째, 주로 단독범의 소행이며 셋째, 범인과 피해자는 모르는 사이이고 넷째, 의도적 살인이며 마지막으로 동기가 불확실하다는 것이다.[5)]

연쇄살인의 특성은 동기나 여러 가지 측면에서 볼 때 다른 살인에 나타나는 특성들과는 확연히 구별된다. 이것은 연쇄살인범 또한 다른 일반적인 범죄자들과는 구별되는 독특한 심리적·행동적 특성을 지니고 있음을 의미하는 것이다. 홈즈(Holmes)는 연쇄살인을 4가지 유형 즉, 망상형(The visionary serial killer), 사명감형(The mission serial killer), 쾌락형(The hedonistic serial killer), 권력형 연쇄살인(power−control serial killer)으로 나누고 있다(Holmes & Holmes, 2002).[6)] 이 중 권력형 연쇄살인범 유형은 피해자에 대한 우월감이나 억압, 통제를 통해 즐거움을 느끼는 연쇄살인범이다. 성적 통제를 포함하여 피해자가 고통스러워하는 것을 즐기며 피해자의 생사 통제권을 통해 만족감을 추구한다.[7)]

한국의 연쇄살인범 중 2009년에 검거된 강호순 연쇄살인사건은 2004년에 검거된 유영철,

2006년에 검거된 정남규 사건과 마찬가지로 많은 파장을 불러왔다. 여성들의 귀가시간단축, 지하여성들의 행태변화, 피의자 얼굴공개 논란, 범죄자 프로파일링과 범죄심리사 역할 부각, 반사회적 성격장애의 일종인 사이코패시에 대한 집중조명, 사실상 사형제 폐지국이면서 사형집행 논의의 재점화, 피해자지원, 연쇄살인의 분석 등이 그것이다.

연쇄살인범의 신원이 밝혀지면 주위의 반응은 "전혀 그럴 사람으로 보이지 않는다." "부지런하고 인사 잘하는 청년이었는데…." "술·담배도 못하는 착하고 건실한 사윗감이었다."와 같은 반복된 코멘트들이 언론을 통해 크게 보도된다. 이는 다른 말로 하면 주변에서는 그와 관련된 것을 전혀 모르고 있었다는 뜻이 된다. 인간의 포식자는, 강간살인범도 처음에는 매력적인 낯선 사람일 수 있는 것처럼, 동물과 달리 육안으로 식별할 수 있을 만큼 우리와 다른 모습을 하고 있지 않다는 사실의 반증이기도 하다(가빈 드 베커, 2003: 71). 이러한 이중성을 가진 사이코패스형 범죄자가 아니라도 형사정책적으로 주요 관심대상인 직업적 범죄자들은 교묘하게 피해자의 대항을 억제하거나 가해자의 특정을 지연시키는 데 능숙하여 효율적인 형사사법적 대응이 어렵다.

제2절 총기살인 및 묻지마 범죄

생각해 보기

○ **버지니아 총기난사(2007 국제 10대 뉴스)**: 한국계 조승희(23)가 범인으로 드러나 충격을 안겨줬던 버지니아공대 총기난사 사건은 미국에서도 올해 10대 뉴스에 꼽힐 만큼 사상 최악의 총기난사로 평가된다. 조씨는 4월16일 모교 캠퍼스에서 32명을 사살한 뒤 스스로 목숨을 끊었다. 그는 이날 오전 7시 15분 교내 남녀 공용 기숙사 건물에 침입해 학생 2명을 살해하고 약 2시간 뒤 공학부 건물인 노리스홀 강의실에서 다시 총기를 난사해 30명을 살해했다. 조씨는 우울증으로 정신과 치료를 받은 바 있으며 학교에서도 이상한 행동을 보여 주의 조치를 받았다. 그러나 적절한 후속 대응이 이뤄지지 않아 과대망상 등 정신이상 증세가 악화한 것으로 알려졌다. 이 사건을 계기로 총기구매자의 정신질환기록을 조회토록 하는 등 총기규제를 강화해야 한다는 국민적 요구가 높아졌다. 전미총기협회(NRA)도 이를 반대하지 않을 정도였다(뉴시스, 2007.12.25.). 한국은 총기사고로부터 안전한가?

○ 2012년 8월22일 서울 여의도 한복판에서 김모씨(30)가 퇴근하던 옛 직장 동료와 행인에

게 마구잡이로 흉기를 휘둘렀다. 이보다 나흘 앞선 8월 18일 경기 의정부시 지하철 1호선 의정부역에선 유모씨(39)가 아무나 다치라는 식으로 10여 분간 흉기를 휘둘러 시민 8명이 다쳤다. 묻지마 범죄란 무엇이고 왜 발생하는 것일까?

1. 총기 살인

총기사건으로 골머리를 앓는 미국은 2019년에 발생한 대량살상 사건이 사상 최대인 41건에 이르렀고, 사망자는 211명이었다. 최소 4명 이상이 한 사건에서 목숨을 잃은 경우만 집계한 것으로 이 중 80%가 총기난사에 의한 것이었다. 한국은 이에 비해 상당히 안전한 사회지만 엽총에 의한 살상은 사례가 적지 않다. 2015년 세종시의 편의점 난사와 2015년 화성의 엽총 사고는 무려 8명의 생명을 앗아가면서 전 국민을 경악 하게 만들고 총기에 대한 불안감은 더 높아지게 되었다. 그간 공기총이나 엽총 살인이 없었던 것은 아니었지만 불과 사흘을 전후하여 수명이 사망한 대량살인이라는 점에서 더욱 놀랍다. 대량살인이라고 하면 미국 총기난사에서 보듯 수십 명씩 사망해야 하는 것으로 오해할 수 있다. 대량살인은 연쇄살인과 달리 예측 없이 발생하고 범인도 쉽게 확인되며, 대체로 자살이나 사살로 종결된다는 특징을 가지고 있다.

한국에서 발생한 2006년부터 2015년까지 고의에 의한 공기총과 엽총살상 사건 약 20건을 분석해 보면 흥미로운 사실이 발견된다. 먼저 동기가 매우 다양하다. 경찰추격대항 1건, 내연 등 치정관계 4건, 증거인멸 1건, 종교 갈등 1건, 채무재산관계 7건, 분노 등 6건으로 구분할 수 있다. 부상으로 그친 건 6건에 불과하고, 총23명이 사망으로 끝났다. 그리고 학생이나 청년보다는 주로 중장년 심지어 75세 노인에 의하여 발생하였다는 점도 놓칠 수 없다. 2012년의 두 사건은 잇따른 대량살인이라는 점이 더욱 주목을 끈다. 이렇게 사회적 파장이 큰 대량살인의 동기를 조금 더 살펴보자. 대량살인의 동기는 복수, 힘(통제), 충성, 이득, 테러의 5가지 범주로 나뉜다. 충성은 가족살인, 이득은 강도살인, 테러는 공포메시지와 주로 관련이 있는데 한국에서 발생한 사건의 경우 드러난 보도만으로 보았을 때는 가족살인, 강도살인, 테러에 의한 것이 아니다. 세종시 편의점 사건과 화성엽총 사건은 결국 복수와 통제가 각각 또는 두 가지가 함께 작용하였다고 보인다. 정말로 범죄자들이 복수나 통제를 통해 피해자의 두려움, 피해자 통제를 즐겼는지는 확실하지 않다. 분명한 것은 총기가 가지고 있는 살상능력과 모방범죄 가능성에 대한 두려움을 충분히 드러냈다는 점이다. 이런 점에서는 총기 허가 및 사후관리의 재검토가 필요하다는 여론이 등장하고 주무기관인 경찰이 발 빠르게 대응방안을 다각도로 마련한 것은 극히 자연스러운 현상이다. 그래서 총기류의 살상력을 강조하여 총기 자체에 대한 안전관리를 우선한 것으로 생각된다.

현재 「총포·도검·화약류 등의 안전관리에 관한 법률」(법률 제13215호, 2015. 3.11. 개정 및 법률 제13429호, 2015. 7. 24. 개정)로 총기규제를 강화하고 있다. 총포의 소지허가를 받은 자는 총포와 그 실탄 또는 공포탄을 허가관청이 지정하는 곳에 보관하여야 하며, 총포의 보관해제 시 허가관청은 총포 또는 총포소지자의 위치정보를 확인할 수 있다. 허가관청은 총포 사고의 발생, 총포의 소재불명, 그 밖에 재해의 예방 또는 공공의 안전유지를 위하여 필요한 경우 경보를 발령하거나, 총포를 추적 또는 수색하는 등 필요한 조치를 취할 수 있다. 이러한 규제는 안전한 사회를 위한 물리적 대책인 것은 사실이다. 총기소지자들 사이에 결격사유의 강화가 인식되면서 사소한 시비나 불화도 조심하는 경향이 있다. 신체검사서와 정신과진단서 등을 통해 총포소지허가의 실효성을 담보하고 있다.

[표 4-1] 총포화약법 주요 개정

구분	개정조문	주요 개정내용
법률 제13215호	제22조	총포 안전교육 강화 -보수교육 및 수렵 전 교육 실시
법률 제13429호	제1조의2	경찰청장- 총포안전관리계획 및 세부계획을 수립·시행
	제12조 제1항 단서	총포소지허가 시 신청인의 정신질환 또는 성격장애 등을 확인할 수 있는 서류 제출
	제13조	총포소지허가의 결격사유 강화 · 범죄전과자의 결격기간 연장 · 범죄단체 조직, 상해·폭행·특수폭행, 아동성범죄로 벌금형을 선고받은 자를 결격사유에 추가 · 음주운전으로 벌금형 이상 선고받은 자를 결격사유에 추가
	제14조의2	총포소지허가 받은 자는 대통령령으로 정하는 총포와 그 실탄·공포탄을 허가관청이 지정하는 곳에 보관하도록 함 총포의 사용을 위해서는 허가관청에 보관해제를 받아서 사용하도록 하되, 보관해제기간 동안 총포 및 총포소지자의 위치정보를 확인할 수 있도록 함
	제16조	총포소지허가의 갱신기간을 5년→3년으로 단축함
	제46조의2	정신질환 등 결격사유를 확인할 수 있는 개인정보를 관리하는 기관의 장은 결격사유와 관련있는 개인정보를 경찰청장에게 통보의무

	제47조	총포사고 발생, 총포의 소재불명, 공공의 안녕질서 등을 위해 필요 시 경보 발령이나 총포의 추적·수색 등의 필요한 조치 가능
	제63조	총포소지허가자의 장부(실탄의 양도·양수 및 사용 대장) 기록의무

범죄는 근본적으로 범행도구나 범행기술, 그리고 범죄상황보다는 동기화된 범죄자 개인의 문제가 가장 큰 원인임을 잊어서는 안 된다. 그런 의미에서 일부에서는 개인의 가치관이나 범죄적 태도, 충동조절능력, 갈등조절과 같은 정서적 문제에 초점을 맞추는 방법도 있지만 이러한 대응은 범위가 넓고 너무 장기적이다. 범죄적 상황에서 범죄욕구 및 충동을 자제할 수 있는 자아통제력이 범죄 여부를 결정하는 주요 요인이 된다고 보는 주장도 마찬가지이다. 공공안전과 기본권의 균형이 중요하다. 가치관과 욕구가 다양하고 생활방식을 존중받는 현대 민주주의 사회에서, 총기에 대한 개인의 관심까지 헤아릴 필요가 있다. 수렵 외에도 자기방어 본능, 사격연습, 여가선용, 심신단련 목적, 재난대비 목적, 그리고 총기류 소지가 주는 안전감 등이 있을 것이다. 따라서 선량한 일반인의 관심을 작게 보고, 총기는 힘과 지배력의 상징이고 총기류 범죄자들은 총기를 악용할 것이라는 가정하에 공기총 소지자들을 마치 잠재적 범죄자로 취급하는 결과가 된다는 비판은 유효하다. 그럼에도 불구하고 상황적 범죄예방이라는 측면에서의 총기범죄 예방접근은 가시적인 효과를 기대하기 쉽다는 커다란 장점이 있다.

2. 묻지마 범죄

의정부역 칼부림이나 여의도 칼부림 사건 등 연이은 사건들에 경악한 시민들은 우리 사회에 묻지마 범죄가 급증하는 것에 심한 불안을 느끼고 있다. 일본에선 1990년대 후반 들어 '히키코모리(은둔형 외톨이)'에 의한 묻지마 범죄가 기승을 부리기 시작했고 미국에서도 1990년대 들어 묻지마 범죄가 전체 범죄 발생량의 40%까지 늘었다. 사회는 어떤 강력범죄의 발생이 조직범죄자나 전과자에 의한 것이 아닐 때 또는 특정한 동기가 보이지 않을 때 혼란스러워한다. 과연 묻지마 범죄란 무엇이고 왜 발생하는 것인가?

먼저 묻지마 범죄는 토오리마(通り魔) 사건과 매우 유사하다. 일본 경찰청에 따르면 토오리마는 '사람들이 자유롭게 왕래할 수 있는 장소에서 확실한 동기 없이 불특정 타인에 대해 흉기를 사용하여 살해 등의 위해(危害)를 가하는 사건'이라고 정의하고 있다. 묻지마 범죄는 확실한 동기를 가지고 있지 않다는 점에 착안한 용어라고 할 수 있다. 본래 동기의 의미는 심리학자

에게는 행동에 에너지를 부여하여 목표를 향하도록 이끌어가는 욕구나 원망이다. 만일 "너의 행동을 촉발한 것은 무엇이냐?"라고 묻는다면 이는 동기를 묻는 방법이 된다. 따라서 묻지마 범죄에서도 현실불만이나 사회에 대한 증오가 촉발요인이 된다는 점에서 순수하게 무동기 범죄라고 말하긴 어렵다.

묻지마 범죄는 유형이 있다. 유영철 연쇄살인의 예와 같이 장기간에 걸쳐 행해지는 연쇄적 사건이 있는가 하면, 단시간에 한 명 또는 여러 피해자를 공격하는 사건으로 나누어진다. 의정부역 칼부림이나 여의도 칼부림 사건 등의 사건들은 후자에 속한다. 이는 많은 경우 일시의 흥분으로 범행을 저지르고, 도주를 전제로 하지 않으며, 피해자를 살해해버리는 등 공격성의 통제가 불가능하고 따라서 이성이 작동하지 않는 타입이라고 볼 수 있다.

이러한 범죄현상에 대해 전문가들은 보통 익명성 증가 등 사회구조의 변화와 상대적 소외감과 박탈감 등 개인적 사정을 원인으로 든다. 그런데 사회현상에 대해서는 여러 시각에서 접근할 수 있으므로 어떤 원인을 단일한 또는 아주 유력한 원인이라 말하기는 어렵다. 묻지마 범죄의 원인을 한 가지로만 설명할 수 있다면 대책수립이 그만큼 명쾌하고 용이해질 것이지만 범죄현상은 여러 손가락을 이용해 물건을 집는 것처럼 다중원인론으로 설명하는 것이 보다 신중한 접근이다.

한편 묻지마 범죄는 '정신질환자', '사이코패스'형 범죄에서 '현실불만형' 범죄로 양상이 변화해가고 있다는 분석도 있다. 2012년에 발생한 의정부 전철역 구내의 칼부림 사건의 경우, 피의자는 일용직을 전전하는 30대 남성으로 전과 경력도 없고 별다른 범죄 동기도 없는 것으로 드러났다. 현실불만형 범죄의 경우 설명이 더 복잡해진다. 자신의 처지가 사회 탓이고 자신은 피해자라는 생각을 갖는 범죄자들의 사고에는 왜곡과 인지적 오류가 있는 것은 말할 나위가 없다. 그렇지만 범죄예방 측면에서 이러한 잠재적 범죄자 또는 범죄예비군이 아무런 이유 없이 길가는 사람을 무차별하게 살상할 수 있다는 점에서 심각하게 여겨야 한다.

이런 강력범죄에 대해서는 '범죄자=야수'로 접근하는 해결책이 있긴 하다. 위험한 짐승들은 감시를 통하여 안전을 유지하고, 고위험군 짐승들은 최대한 격리시켜 두거나 아예 목숨을 끊어 문제의 근원을 없애는 방법이다. 이것을 우리의 형사사법 제도에 대입하면 전자발찌, 감금(무능력화), 사형이 되는 것이다. 이러한 장치들이 매우 중요한 기능을 하고 있는 것은 사실이지만 묻지마 범죄의 문제는 그리 간단하지 않다.

범죄학 역사를 돌아보면 선조들은 범죄자를 '썩은 사과'로 여겨 골라내거나 '병자'로 보아 치료하면 될 거라는 생각을 해왔다. 하지만, 범죄는 개인의 생물학적 차원보다 더 복합적인 사회적 · 심리적 요인이 얽혀 있다는 점에 대해 의견이 일치하고 있다.

묻지마 범죄의 배경에는 정보화 사회가 놓여있다. 언론의 대대적 보도가 모방을 낳고 매스컴은 자신의 심정이나 비뚤어진 분노를 호소하는 수단이 된다. 또한 타인에 무관심한 도시화는 고립된 패자들이 불특정다수에 대해 심리적 저항 없이 범행을 저지르는 데 일조를 한다. 최근 사회구조가 자포자기, 수치심, 무력감에 빠진 재범자나 낙오자들을 세차게 몰아붙여 사실상 자살결심을 유도하거나 묻지마 범죄를 조장하는 것은 아닌지 매우 우려된다.

특히 자살결심은 종종 가족동반자살과 같이 '확대자살'로 이어지거나 묻지마 범죄와 같이 자살에 앞서 타살로 표현될 수 있다. 자살과 타살은 공격성이 향해지는 대상에 따라 구분될 뿐 동일한 표상이고 자살결심은 타살로 전화(轉化)되기도 한다. 나눔과 공감이 이루어지는 공동체 정신에 기초하여 합리적인 사회안전망을 구축하도록 함께 노력해야 한다.

제3절 살인범죄 대책

1. 형사사법기관의 대응

미국의 경우 1990년에 살인에 의한 피해자화를 줄이기 위하여 두 가지 정책을 썼다고 한다. 하나는 '오퍼레이션 시즈파이어(Operation Ceasefire)'였고 다른 하나는 '컴스탯(CompStat)'이었다. 전자는 총기관련 폭력행위 척결에 주안점을 두었고, 후자는 범죄정보를 필요한 지역에 배포해 주면서 범죄와 무질서를 줄이는 한편, 문제해결 능력 증진을 통해 살인범죄를 감소시키고자 한 프로그램이었다. 그 결과 컴스탯이 다소 살인발생률을 떨어뜨리긴 했지만 두 프로그램 모두 원하는 만큼 성공적이지는 못했다.[8] 이는 살인사건 예방정책 수립 및 집행의 어려움을 보여주는 단면이라고 하겠다.

이와는 달리 조직폭력관련 사건에 초점을 맞추어 2005년에 시행된 '프로젝트 엑시트(Project Exit)'라 불리는 프로그램은 연방법원이 총기 사용과 관련된 마약 및 폭력범죄자 들에 대해 형선고를 강화하는 내용을 담고 있었는데, 살인사건 발생률을 상당부분 감소시킴으로써 앞의 두 프로그램보다 성공적인 결과를 얻었다.[9] 미국 로스엔젤레스 검찰도 1970년대 중반 경 조직폭력 관련 살인사건에 대응하고자 '살인범죄 특별 기소팀'을 운영하였는데 살인범죄 감소에 긍정적 결과를 얻었다.[10]

한국의 경우 살인범죄 예방을 위한 특별 프로그램은 발견되지 않지만, 2018년도에 발생한 살인범죄를 분석한 결과를 보면 범죄자의 43.3%가 벌금형 이상의 전과가 있었으며, 41.1%는 주취상태였고, 8.1%는 정신장애가 있었다. 여성 살인범의 정신장애 비율은 11.6%로 남성(7.5%)에 비해 높았으며, 남성이 주취상태에서 살인을 한 비율은 43.6%로, 여성범죄자(27.7%)에 비하여 높게 나타났다.[11] 살인범죄 위험성이 있는 자를 잘 통제하는 것이 살인 피해자화 예방의 한 수단임을 생각해 볼 때 전과자나 주취자, 정신장애자들에 대한 관리를 강화하는 프로그램을 운영할 필요가 있다.

2. 공동체의 대응

살인범죄에 대한 공동체적 대응전략으로 활용될 수 있는 것이 바로 '사망률 검토(fatality review)' 프로그램이다. 이 프로그램은 사망의 원인을 보다 잘 이해하기 위해 살인사건이 발생한 정황을 검토해 보고자 하는데 그 취지가 있다.

미국에서는 사망률 검토를 함에 있어서 두 가지 유형을 활용하고 있는데 그 첫째가 아동 사망률 검토이고, 둘째가 가정폭력 사망률 검토이다. 아동 사망률 검토는 아동이 가장 많이 죽는 유형이 무엇인지를 조사해 보는 것이다. 여기에는 경찰관, 검사, 의사, 공중보건 책임 공무원, 응급의료 관계자, 아동보호 또는 아동복지기관 종사자 등이 함께 참여한다. 그런데 모든 유형의 아동 사망사고를 다 검토할 수 없기 때문에, 사전에 막을 수 있었음에도 사망의 결과를 초래하게 된 학대사건이나 유기사건 중심으로 검토를 진행한다.

둘째 가정폭력 피해자에 대한 사망률 검토 과정에도 폭행당한 여성 및 아동들의 안전확보 방안에 대하여 사회적, 경제적, 정책적 측면에서 의견제시를 해 줄 수 있는 공동체 대표들이 참여한다. 이 프로그램을 통해 형사사법시스템이나 정치적 전략들이 가지고 있는 결함들이 드러나게 되고 이 영역들에 새로운 변화들이 필요하다는 것을 각인시켜주게 된다. 위의 두 가지 공동체 대응 프로그램은 특수한 형태의 살인행위에 대하여 종합적 시각을 가지고 사건 검증을 할 기회를 제공한다는 측면에서 미국 사회에 긍정적 결과를 보여주고 있다고 한다.[12]

이 밖에 살인당한 피해자 유족들의 정서적 어려움을 해결해 주고, 살인 피해자화로 인한 재정적, 사회적, 법률적 문제점을 해소해 주기 위한 '사별 센터(Bereavement Center)' 운영이 있는가 하면, 주취운전으로 사망한 가족들의 정서적 문제, 재정적 문제, 법적 권리보호 문제 등을 다루는 방송 프로그램인 '주취운전 반대 어머니회(Mother Against Drunk Driving, MADD)'도 있다.[13]

정리하기

○ 피해자 유발이론은 사건의 '피해자가 그 사건을 촉발시킨 당사자일 수도 있다'는 이론이다.

○ 홧김에 의한 범죄는 표출적 범죄에 해당하여 억제 가능성이 낮고 법규범의 직접적 작용력이 약하다.

○ 미국에서의 높은 살인율은 ① 총의 가용성, ② 불법적인 약물시장, ③ 인종적 차별, ④ 폭력에 대한 노출, ⑤ 경제적인 불평등의 영향을 반영하고 있다는 주장도 있다.

○ 일반적으로 여성의 살인은 남성에 비해 가족 간의 사건이 많고, 범행은 집에서 이루어지는 것이 많다고 할 수 있다.

○ 권력형 연쇄살인범은 피해자에 대한 우월감이나 억압, 통제를 통해 즐거움을 느끼는 유형으로 성적 통제를 포함한다.

○ 대량살인은 연쇄살인과 달리 예측 없이 발생하고 범인도 쉽게 확인되며, 대체로 자살이나 사살로 종결된다는 특징을 가지고 있다.

○ 범죄는 도구나 범행기술, 그리고 범죄 상황보다는 동기화된 범죄자 개인의 문제가 가장 큰 원인이라고 볼 수 있다.

○ 대량살인의 동기는 복수, 힘(통제), 충성, 이득, 테러의 5가지 범주로 나뉘는데, 이중 충성은 가족살인, 이득은 강도살인, 테러는 공포메시지와 주로 관련이 있다.

○ 묻지마 범죄는 장기간에 걸쳐 행해지는 연쇄적 사건과 단시간에 한 명 또는 여러 피해자를 공격하는 사건으로 유형이 나누어진다.

○ 자살결심은 종종 가족동반자살과 같이 '확대자살'로 이어지거나 묻지마 범죄와 같이 자살에 앞서 타살로 표현될 수 있다.

Chapter 02

마약범죄

제1절 마약과 범죄

생각해 보기

○ 2019년 인천국제공항 입국장에서 대마 카트리지와 향정신성 의약품인 LSD 등을 밀반입하던 전 한나라당 의원의 장녀가 긴급체포된 적이 있다. 또한 SK·현대·남양유업 3세들, CJ 그룹회장 장남이 마약 혐의로 조사를 받기도 했다. 마약류 범죄는 어떤 문제가 있는가?

1. 마약류 특징

1-1. 마약류 해악성

오늘날 마약을 공급하는 루트는 다변화되어 있고 거래규모가 커지며 광역적으로 이루어지고 있다. 심지어 끊임없이 신종 마약류가 만들어지고 이를 일일이 감시하는 것이 어려워지고 있다. 2019년 초에는 나이트클럽 '버닝썬'에서 벌어진 폭행 사건을 빌미로 유명인 경찰 유착·마약·성범죄·조세 회피·불법 촬영물 공유 혐의 등을 아우르는 대형 범죄사건이 발생하면서 마약에 대한 관심도 뜨거워졌다. 한국의 마약류사범은 1999년 처음 1만 명을 넘어섰다가 월드컵이 개최된 2002년에 수사당국의 강력한 단속의 영향으로 2006년까지 7천 명 수준으로 내리막을 걸었다. 2010년부터 1만 명 아래로 억제되던 것이 2015년 10,196명을 시점으로 다시 1만 명 선을 유지하고 있다.

마약류범죄는 "마약, 대마, 향정신성의약품에 대한 국가의 규제나 관리를 위반하는 행위와 그에 부수하여 규정한 금지조항을 위반한 행위"이다. 마약류 관련 범죄는 은밀히 거래되고 투약하는 등 적발이 쉽지 않고, 환각성·중독성 등으로 재범의 위험성과 다른 범행에 이를 가능성도 높아 사회적 폐해가 매우 크다.

마약류(약물)의 해악을 몇 가지 보겠다. 우선 마약류에 중독될 경우 가정과 사회가 파멸되고 충동에 의한 살상, 강간 등의 강력범죄가 증가한다. 또한 안전사고로 인한 인명피해도 증가할 수 있다. 더구나 성적 문란으로 인해 성병이 만연할 우려가 있고 무모한 투약은 질병 확산즉, 납중독환자 및 정맥주사 등 사용에 따른 AIDS 전파 등의 해악이 있다.

그래서 대부분의 나라는 자금세탁행위(money laundering) 자체를 불법으로 규정하고, 국제형사사법공조를 통해 국제적 성격을 띠는 마약범죄에 효율적으로 대처하고 있다. 세계마약류범죄동향(UNODC 'World Drug Report, 2018')에 따르면 2016년 기준, 전 세계 성인인구(15세－64세)의 5.6%인 약 2억 7,500만 명이 적어도 한번 이상 마약류를 투약한 경험이 있는 것으로 추정된다. 이 중 3,100만 명이 약물사용장애를 겪고 있다. 세계 주요 다크넷 시장의 게시물 중 60%가 마약류, 마약 관련 화학물질, 불법 의료용 마약에 관련된 것으로 조사되었다. Dark net이란 일반 검색엔진으로는 검색이 불가능한 인터넷 공간으로, 마약·무기·음란물 등의 암시장으로 악용되고 있다.[14)]

한국은 1995년에 「마약류 불법거래 방지에 관한 특례법」을 제정하여 포괄적인 약물범죄 수익을 몰수하고 있다. 그리고 국무총리 산하에 마약류대책협의회를 운영하고 있는데, 이것은 마약류문제에 대한 관련 기관 간 협조체제를 구축하고, 마약류 문제에 대한 대책을 종합적으로 협의·조정하기 위한 기구이다.

마약범죄, 어떻게 볼 것인가

○ 2018.11-2019.10 마약범죄 관련 보도내용들
- "다크웹 거래마약 900종 넘어… 한국도 공항만 지켜선 안돼" (동아일보 2019.10.31.)
- 마약에 빠지는 재벌가 자녀들 … "유학 중 또래문화처럼 시작" (뉴스1 2019.10.23.)[15)]
- 마약탄 음료수 먹인 뒤 내기 골프쳐 1억여 원 편취한 2명 실형 선고 (시사뉴스 2019.10.22.)
- 고유정 사건 '졸피뎀' 등 5년간 4만 4천개 마약류 분실 (뉴시스 2019.10.4.)
- 마약류 온라인 판매광고 적발 5년새 7.2배 ↑… 수사의뢰 13.8%뿐 (아시아경제 2019.9.29.)
- 비아이, 마약 혐의 일부 인정 … 피의자 신분 전환 (매일신문 2019.9.18.)
- CJ 장남, 마약 밀수 공항적발 … 변종대마 양성 반응 (뉴시스 2019.9.2.)

- ‘아들 여친에게 마약 주사’ 50대 구속 … 부인도 함께 투약 (이데일리 2019.8.31.)
- “대마 구해오면 성관계 유혹에 구입” 주장 … 法 “함정수사는 위법” (뉴스1 2019.8.31.)
- “화물선에 코카인이…” 경찰, 330만명분 코카인 압수 … 사상최대 (투데이코리아 2019.8.29.)
- 새벽녘 수상한 운전 차량 … 잡고 보니 마약범 (MBN 2019.8.28.)
- ‘다크웹’서 마약 팔아온 40대 2심도 징역 8년 (파이낸셜 뉴스 2019.8.21.)
- 프로포폴 맞으려 수면내시경 수차례 받은 30대 … 징역형 (메디컬투데이 2019.7.31.)
- 마약에 취해 자기 집에 불지른 50대 검거 (KBS 2019.7.15.)
- 농촌 빈집서 훔친 금품 팔아 필로폰 구입해 투약 (오마이뉴스 2019.6.17.)
- “재벌가 자제들이 마약상들 옥살이 도와준다” (시사저널 2019.5.20.)
- 졸피뎀 셀프처방해 복용한 간호사 징역형 (노컷뉴스 2019.5.1.)
- 마약사범 30% 인터넷 거래 … 2차 범죄도 속출 (연합뉴스TV 2019.4.26.)
- ‘히로뽕’ 대세인 가운데 ‘야바’ 등 신종 마약 속출 (한겨레 신문 2019.4.20.)
- 작년 필로폰 밀수 222㎏ … 전년도 보다 7배나 급증 (문화일보 2019.3.25.)
- 10대 마약사범 급증 … 대책마련 절실 (헤럴드경제 2019.3.16.)
- 물뽕, ‘약투’ 살빼는 주사 불법유통 … ‘약몸살’ 앓은 사회 (중앙일보 2019.2.14.)
- 술 빨리 취하려고 ‘웃음가스’ 아산화질소 흡입한 20대 덜미 (국제신문 2019.1.31.)
- 버닝썬 논란 키운 물뽕 … “입금 2시간 뒤 배달” 쉽게 구매 (한국일보 2019.1.30.)
- ‘관광 시켜준다’ … 혹해서 따라갔다 ‘마약밀수’ 동원 (KBS 2019.1.22.)
- ‘대마’로 술·젤리·초콜릿까지 … 국내 밀반입 크게 늘어 (인천일보 2018.12.12.)[16)]
- 재소자들끼리 사고팔고 나눠먹고 … 약에 중독된 교도소 (SBS 2018.12.1.)
- 마약 청정국 대한민국 ‘밀수 천국’된 까닭은? (아시아경제 2018.11.25.)
- “마약사범 급증하는데 전담 수사관 부족 … 인력 3분의 1 수준” (헤럴드경제 2018.11.13.)

○ 이 같은 언론의 헤드라인으로 확인할 수 있는 것은, 마약류를 구하기 위해 저지르는 범죄(절도)와 마약류복용으로 인한 범죄 내지 사건(방화, 사기도박, 운전)이 있으며, 마약거래가 쉽게 이루어지는 환경(인터넷, 다크웹, 신속배달, 변형마약), 그리고 단속의 법적·조직적 문제(함정수사, 수사인력), 마약류의 확산원인(미용, 가족의 종용, 의료기관의 약물관리, 관광), 마약불법거래의 규모 등이다. 이것이 마약류 현상의 전부는 아니지만 이러한 현상과 관련하여 우리가 질문할 수 있는 내용은 대략 다섯 가지가 될 것이다.

① 왜 시대에 따라 또는 문화에 따라 마약사범의 비율이 다른가
② 왜 일부 개인들은 다른 사람들보다 마약범죄를 더 저지르는가
③ 왜 마약범죄율은 연령, 성, 그리고 직종에 따라 다양한가
④ 왜 일부 국가의 경우 코카인과 같은 마약(hard drug)은 범죄가 되고 마리화나(soft drug)는 허용하는 마약정책을 취하는가
⑤ 마약범죄를 예방하기 위해서는 무엇을 할 수 있는가이다.

1-2. 범죄와 약물 간의 관계

범죄와 약물 간의 관계에 대해 직접적인 인과관계는 아직 밝혀진 바가 없지만 두 관계를 이해하기 위해서는 상호 관련되어 있는 네 가지 상황을 살펴볼 필요가 있다.[17)]

첫 번째 상황은 정신생리적(psychophysiologic) 성질과 관련된다. 코카인, 크랙, 암페타민, LSD, 대마초, 알코올 등과 같은 물질들은 긴장감을 풀어주고 흥분상태를 유발하기 때문에 종종 복용함으로써 범죄 행위가 표출될 수 있다.

두 번째 상황은 헤로인과 같이 중독성이 강한 정신활성물질을 복용함으로써 유발되는 약물 의존성에 원인이 있다. 헤로인, 코카인, 크랙 같은 약물들은 가격이 비싸기 때문에 약물에 중독된 복용자들은 약값을 구하기 위해 범행을 저지르게 된다.

세 번째 상황은 약물중독자 주변환경의 사회적 역학과 관련되어 있다. 중독자는 마약의 소비와 구매 및 여러 불법거래를 통해 블랙 이코노미(지하경제)에 참여하게 된다. 블랙 이코노미에서는 '강자의 법칙'이 모든 것을 지배한다. 한번 '마약밀매'를 통해 쉽게 돈 버는 재미를 느끼게 되면 아예 이 환경에 정착해버리고 이 상황을 유지하기 위해 계속해서 불법적인 수단을 사용할 수밖에 없게 된다.

네 번째 상황은 범죄행동과 약물중독에 공통되는 정신과정인 의존증으로서의 '조정'과 관련되어 있다. 의존증은 정신적 방어, 행동, 부정, 폭력, 마조히즘의 형태로 나타난다. 심리적 균형을 충분히 뒷받침해줄 수 있는 자기애적 지지대를 필요로 하는 주체는 불완전한 내부현실을 모면하기 위해 외부현실에 에너지를 과투여한다. 결국 범죄 및 일탈 행동은 내부의 불완전함을 대체해주는 수단으로 주체의 심리적 균형 유지에 필수적이다.

1-3. 마약류범죄의 유형

마약류범죄는 두 유형으로 나눌 수 있다. 일반적으로 투약하는 사람이 공급도 겸하고 있는 경우가 많지만, 투약범죄와 공급범죄는 명확히 구분되어야 할 유형이다.

투약범죄는 가해자이면서 동시에 피해자이고, 범행이 반복적·상습적으로 행해진다. 투약자의 계층이 다양하고 투약의 동기 또한 매우 다양하다. 특히 폭력, 재산, 풍속범죄를 동반하는 복합범죄의 형태를 띤다.

반면 공급범죄는 전형적인 조직범죄이고 전문가에 의한 교묘한 수법, 점조직의 특징이 있다. 또한 첨단장비를 사용하는 과학적 범죄에 속하고 국제성을 지닌 광역범죄이다. 대체로 한번 가담하면 헤어나기 어려운 반복성 범죄이면서 공무원의 부패를 수반하는 것이 특징이다.

[표 4-2] 투약범죄와 공급범죄

투약범죄	공급범죄
가해자이면서 동시에 피해자 범행이 반복적, 상습적으로 행해짐 폭력, 재산, 풍속범죄를 동반하는 복합범죄의 형태 지능적으로 범행 은폐, 대체마약 투약자의 계층 다양 투약의 동기가 매우 다양	전형적인 조직범죄 전문가에 의한 교묘한 수법, 점조직 첨단장비를 사용하는 과학적 범죄 국제성을 지닌 광역범죄 한번 가담하면 헤어나기 어려운 반복성 범죄 공무원의 부패 수반

2. 마약사범의 추이

2-1. 변천개요

마약은 인류의 역사 흐름을 따라 변천해왔다. '신의 선물' 내지는 '필수적 의약품'으로 긍정적인 면이 부각되었던 때가 있었던 반면, '범죄의 온상'이라는 부정적 시각으로 판단되기도 하였다. 마약은 악마(魔)의 약이 아니라 마비시키는(痲) 약이라는 상당히 중립적인 뜻의 단어이다. 사회를 오염시키고 병들게 하는 마약류는 역사적으로 어떻게 평가되었을까?

일본의 한 정신의학자[18]에 의하면 알코올 그 외에 의존성약물이나 기호품은 일반적으로 ① 종교적 사용이 발단이 된, 즉「성스러운 것」으로서 사용되었고, ② 이어 의약품으로 생각되었고, ③ 사교적 용도로 사용되었다가, ④ 단순한 치유로 변하였고, ⑤ 악덕 또는 비합법적인 행위로 되었다가, ⑥ 최후에는 사용자체가 질환으로 여겨지게 되었다고 주장한다. 이런 점에서 도박과 유사한 경과를 거쳤다고 볼 수 있다.

2-2. 해방 후 한국의 마약류 추세

해방 이후 한국의 마약문제는 시대에 따라 그 종류를 달리하며 꾸준히 사회문제로 부각되어왔다. 한국의 마약통제는 1946년 미군정법령 제119호 '마약취체령(痲藥取締令)'을 시작으로 1957년 '마약법' 제정을 통해 아편을 비롯한 마약 관련 규제법규의 독립과 통제기준이 마련되었고, 1970년 '습관성의약품관리법'과 1976년 '대마관리법', 1979년 '향정신성의약품관리법' 제정을 통해 그 통제범위가 더욱 확장되었다. 그러다가 2000년부터 마약류관리에 관한 법률로 통합되었다.

1970년대 '대마초현상'의 성격과 원인을 분석하면, 국내에서 환각을 위한 도구로서 대마흡연 사례가 처음 등장하기 시작한 것은 대체로 1960년대 중반부터라고 볼 수 있는데 기록을 통해 보면 파주지구 주한미군에 의해서였고 대마의 주요 소비층도 대부분 주한미군들이었다.

대마초는 당시 섬유용 특용작물로 재배가 용이하였다는 점, 제조방법이 간단하고 마약과 흡사한 효력이 발생한다는 점 외에 무엇보다도 가격이 저렴하고 흡연을 위한 다른 기구가 필요 없다는 점 때문에 주한미군 관련 종사자뿐 아니라 여고생 및 여대생 등 젊은 여성들은 물론이고 비교적 교육수준이 높은 20대의 학생과 직장인 등 다양한 계층에서 흡연되었다. 대마초가 청소년 및 학생들에게 번져 이것이 심각한 사회문제로 공론화된 것은 1970년 4월경에 일어난 고등학생들의 조직적인 범죄사건이 대마흡연에서 비롯되었다는 사실이 언론을 통해 보도되기 시작하면서부터였다. 종로경찰서는 고등학생들로 구성된 일명 '허리케인파' 12명을 범죄조직단체 구성 혐의로 검거하였는데 이들은 폭력, 절도 등의 범죄를 하기 전, '해피스모크'로 불리던 대마담배를 피웠다고 자백하였다. 실제로 이들은 "대마를 흡연하면 정신이 몽롱해지고 무아지경에 휩싸여 행동이 대담해져, 무슨 일이든 저질러보고 싶은 생각이 솟아난다."고 경찰에 진술하였다.[19)]

2-3. 검거추세와 분석

경찰백서는 경찰의 검거현황만을 담고 있으므로 대검찰청에서 발간하는 「마약류범죄백서」를 통해 최종적인 수치를 알 수 있게 된다. 경찰단속 결과를 포함하는 검찰의 통계를 기준으로 보면, 마약류별 단속현황은 1997년 6,974명에서 1999년 10,589명, 2000년 10,304명, 2001년 10,102명으로 1999년에 급증하였다. 1998년 이전의 통계를 보면 1988년에 마약류사범 단속인원이 약 4,000명이었고, 1989년 이후 일시 감소세를 보여 왔으나, 1995년부터 증가세로 전환하여 1999년부터 2002년까지 4년 연속 1만 명을 상회하였다. 마약류사범은 2015년에 역대 최다인 11,916명에 이르렀고 2016년 14,214명, 2017년 14,123명으로 2년 연속 14,000명을 상회하다가 2018년 12,613명으로 감소하였다. 마약전과자 외에 일반인도 인터넷이나 SNS를 통해 마약류공급자와 매매가 용이해지면서 소비가 증가한 것으로 풀이된다.

종합하면 1999년에서 2002년까지는 IMF 경제위기와 관계가 있어 총단속인원은 「마약류범죄백서」를 기준으로 4년간 1만 명을 웃돌았다. 2003~2006년 4년간은 7천여 명 선을 유지하다가 2009년 다시 1만여 명을 상회하였고 2011~2014 4년간은 1만 명 이하로 억제되었다. 마약류사범은 2015년에 역대 최다인 11,916명에 이르렀고 2016년 14,214명, 2017년 14,123명으로

2년 연속 14,000명을 상회하다가 2018년 12,613명으로 감소하였다. 마약전과자 외에 일반인도 인터넷이나 SNS를 통해 마약류공급자와 매매가 용이해지면서 소비가 증가한 것으로 풀이된다.

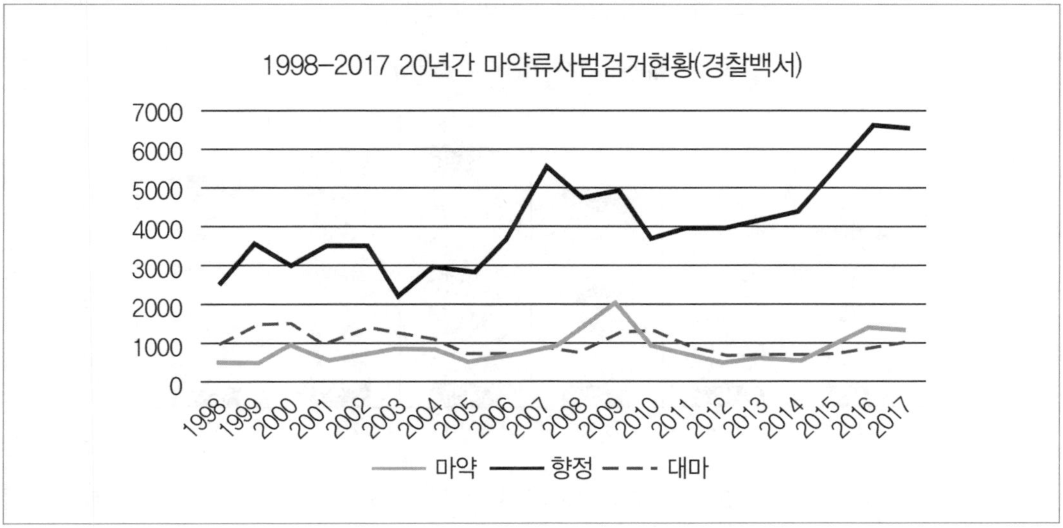

1998~2017 20년간 마약류사범 검거현황 추세

두드러진 특징은 마약류사범검거 수를 볼 때 1999년과 2015년이 일종의 분기점이 되는 해였다는 점이다. 또한 단속인원은 1988년 약 4,000명 정도에서 30년이 지난 2018년 약 1만 2,600명 정도로 3배가량 증가된 것을 확인할 수 있다.

제2절 마약류 현황과 전망

생각해 보기

○ 2018년 미국 캘리포니아주와 캐나다 전역에 대마 합법화가 시행된 이후 이들 국가에서 반입되는 대마류 적발이 크게 증가하고, 대마도 대마젤리, 대마초콜릿, 대마카트리지 등 상품이 다양화되었다. 대마 합법화 논의는 어떻게 받아들여야 하는가?

1. 마약류범죄 세부현황

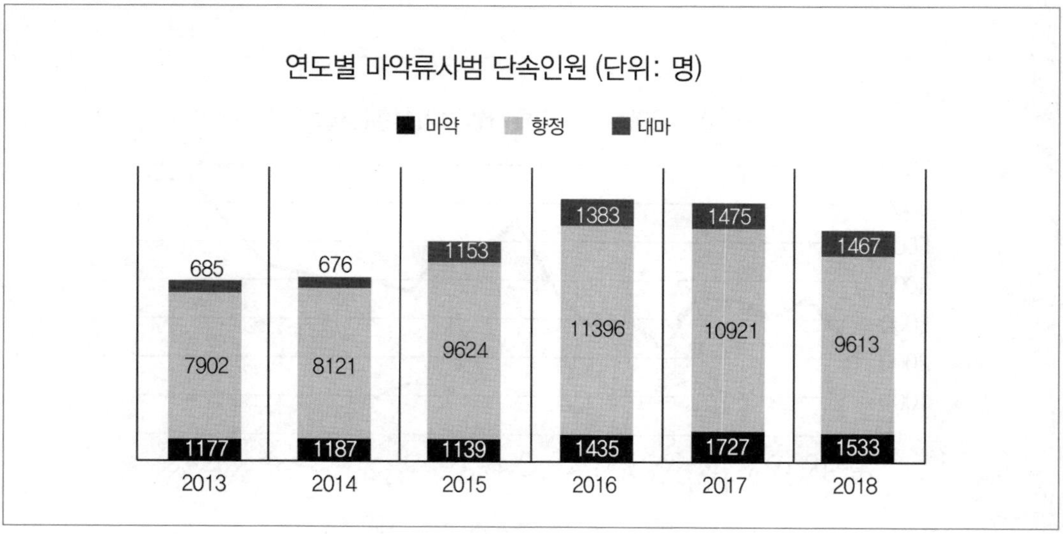

2013~2018 마약류사범 단속현황[20)]

1-1. 일반 현황

2009년 현재 직업별실태는 무직이 30.7%, 농업 7.2%, 노동 4.4%, 유흥업종사자 2.2%로 과거보다는 비교적 골고루 분포된 점과 유흥업 종사자의 비율이 크게 떨어진 것이 특색이었는데, 2018년 직업별실태는 무직이 31.1%, 농업 0.3%, 노동 3.4%, 유흥업종사자 0.9%로 농업과 유흥업종사자 비율이 크게 떨어졌다.

연령별 동향은 전체 연령층 중 20~40대의 청장년층이 85.6%로 대다수를 차지하고 있는데, 이러한 현상은 사회적으로 활동이 왕성한 시기이고, 경제적으로 안정되는 시기인 점에 기인하는 것으로 보여진다. 2021년의 경우 20대가 31.4%를 차지하고 있다.

성별실태는 매년 남녀비율이 85.7:14.3 정도의 수준을 유지하고 있다가, 2003년부터 여성 점유율이 증가하는 추세이다. 여성비율은 2015년 19.1%, 2016년 20.4%, 2017년 21.4%, 2018년 21.6%를 차지하고 있다.

19세 이하 청소년 마약류사범은 2015년 128명, 2016년 121명, 2017년 119명, 2018년 143명으로 거의 120명 수준으로 검거되고 있다. 마약보다는 저렴한 향정사범과 대마사범이 주를 이루는데 이는 10대에 유학생 신분으로 외국에서 마약류를 접한 경험을 가진 청소년들이 유통경로를 알고 있기에 손쉽게 구입이 가능한 것으로 보인다.

한국은 마약 안전지대인가

한국은 마약청정국일까? 한때는 한국이 비교적 마약퇴치에 성공한 '마약의 안전지대'였다. 그 근거는 국내 마약류 밀제조 근절, 마약류거래의 중간경유지 내지 세탁지로 이용되는 사례 증가, 조직폭력배의 마약류 범죄 본격 개입 차단, 청소년 마약사범 미미, 고가의 마약류밀거래 가격유지, 마약류에 대한 국민들의 경각심 고조 등이었다. 그러나 마약류 밀거래 가격이 하락되면 마약류 판매방식이 특정 소수의 고객 상대에서 불특정 다수의 고객 상대로 전환되고 마약류 구매능력이 거의 없는 10대 청소년 및 빈곤계층까지 마약류를 구입·남용할 수 있게 됨으로써 마약류 투약계층의 저변이 급속도로 확산되는 결과를 초래할 수 있다.

그리고 한국의 폭력조직은 외국의 기업형 국제조직범죄단체(마피아, 삼합회, 야쿠자 등)와 달리 소규모 폭력조직으로서 마약범죄에 개입하는 것을 금기사항으로 여겨오다가, 최근에는 이들의 전통적 자금원이었던 유흥업, 사행성 오락실, 사채업, 도박장 등에 대한 지속적 단속으로 자금원이 차단되자 조직자금을 확보하기 위해 마약거래에 개입하는 것으로 나타났다.

(출처: 연합뉴스 2018.7.1.)

1-2. 마약사범별

마약사범별로 볼 때 대마의 경우는 20대를 전후한 연령층에서 선호 내지는 남용하고 있다. 마약의 경우는 50대 이상의 연령층이 63.0%를 차지하고 있는데 이는 이 연령층이 직접 사용하기보다는 가정상비약이나 수의약품으로 사용하기 위하여 양귀비를 소량으로 밀경작하다가 적발되어 마약류 사범이 되었기 때문으로 판단된다.

향정사범은 1995년 이래 점유율이 50%를 상회하기 시작하여 2011년도부터 2017년도까지 증가추세였고, 2018년 기준으로 전체 마약류 사범의 76.2%로 국내 주종 마약류임이 확인되고 있다. 2021년 기준으로는 65.8%로 둔화되었다고 볼 수 있다.[21)]

향정사범 중 각성제인 메스암페타민에 대해 자세히 살펴본다. 이것은 1888년 일본 도쿄대학 의학부 나가이 나가요시(長井長義) 교수가 천식치료제인 마황(麻黄)으로부터 에페드린을 추출하는 과정에서 처음으로 발견한 물질이며, 1893년 최초로 합성에 성공하였다. 메스암페타민은 일본의 대일본제약회사가 '히로뽕'(영문상품명 Philopon)이라는 상품명으로 잠을 쫓고 피로감을 없애 주는 각성약물로서 판매하였으며, 당시 상품명 '히로뽕'은 지금까지 메스암페타민을 지칭하는 용어로 그대로 사용되고 있다. 일본에서는 "사람들은 왜 히로뽕을 사용할까?"라는 질문에는 우스갯소리로 "일을 좋아하니까."라고 대답한다. 'Philopon'은 '일(pon)을 사랑한다(philo)'는 의미의 희랍어 'Philoponos'에서 유래되었다. 피로(疲勞)의 일본발음은 히로, 빵 날린다의 뽕, 즉 '피로를 빵 날린다'고 이야기한다.[22)]

한편 최근 신종 마약류의 압수량은 증가추세에 있다. 암페타민류 각성제(ATS)는 합성마약류로 사실상 어느 곳에서나 제조가 가능하며, 헤로인, 코카인처럼 식물에서 특정 물질을 추출하거나 특정 조건에서 식물을 재배할 필요가 없어 원격감지 기술 등으로 위치를 알아낼 수 있는 식물성 마약제조시설보다 적발이 더 어렵다. 소량의 ATS는 간단한 제조법(Recipe)을 이용해 소위 '키친 랩(Kitchen Lab)'이라고 불리는 소규모 밀조시설에서 만들 수 있다.

야바는 세계 최대 마약밀매조직인 '쿤사'가 개발한 것으로 태국에서는 '말처럼 힘이 솟고 발기에 좋은 약'이라고 해서 'Horse Medicine'으로 통용되고 있다. 그동안 태국과 일본, 호주 등에서 청소년층과 격무에 시달리는 회사원들을 중심으로 남용되다가 2000년도부터는 국내에서도 남용사례가 적발되고 있다. 한번 복용하면 3일간 잠을 자지 않을 정도로 환각효과가 강하며 중독성도 강하다. 노란색이나 붉은 색을 띠고 정제나 캡슐형태여서 의약품으로 위장하기도 쉽고, 주사기가 필요 없어서 복용도 간편하며 무엇보다도 가격이 저렴하다. 국산 마약류 밀반입량이 큰 폭으로 증가함에 따라 마약류 남용계층 또한 과거 전통적 취약 직업군에 속하던 무직자, 유흥업소 종사자, 자영업자뿐만 아니라 상대적 건전계층인 회사원, 학생 등으로까지 확산되었다.

2. 마약류 합법화에 대한 논의

먼저 마약합법화와 비범죄화를 구별하여야 하겠다. 합법화와 비범죄화의 차이는 합법화가 문제되는 마약의 사용이나 소지에 대해 모든 법적 비난을 없애는 것이라면, 비범죄화는 마약사용과 관련된 형벌을 줄이지만 완전히 제거하지는 않는 것으로 비형벌화와 같은 의미가 된다. 합법화론은 투약행위를 지극히 자연스러운 인간의 정상행동으로 간주하여 비난대상에서 제외할 것을 주장하는 입장이고, 이에 반해 비범죄화는 투약행위를 부도덕한 행동으로 간주하지만, 처벌은 하지 말자는 주장이다.

합법화의 논거는 합법마약은 추적과 통제가 용이하고, 합법적 마약판매로 세금부과가 가능하며, 일부 사람은 금지된 것에 매력을 느끼므로 합법화는 이러한 수요를 감소시키고, 마약거래자와 사용자는 형사제재에 거의 개의치 않으며, 마약사용은 궁극적으로 개인선택의 문제가 되어야 한다는 것이다.

비범죄화는 타인에게 아무런 피해도 주지 않음에도 불구하고 자신에게 위해가 되는 행위를 하였다는 이유로 처벌을 하는 것은 개인의 자유를 침해하는 것이라는 논리를 가지고 있다.

참고로 독일, 영국, 덴마크, 네덜란드, 오스트리아, 스페인은 일정한 약물투약을 비범죄화하고 있고, 벨기에는 집단투약만 처벌하며, 프랑스와 룩셈부르크는 투약자에 대하여 감경하고 있다. 스칸디나비아의 국가들은 공공장소에 투약장소를 개설하여 희망하는 사람들에게 무료로 투약, 양성화, 위생관리, 계도하는 정책을 펴고 있다. 한마디로 세계는 투약은 양성화, 공개화하고 유통을 강력하게 처벌하려는 경향이 있다고 말할 수 있다.

히피문화의 상징인 대마초 규제의 위헌여부에 대해서는 꾸준히 헌법적 판단을 요구하고 있다. 박용철(2013)에 의하면 헌법재판소는 2010년 대마초 흡연을 금지하고 있는 마약류관리에 관한 법률 규정에 대한 헌법소원에 대하여 대마의 의약적 효과를 부정하거나 의학적 사용 자체를 금지하는 것은 아니고 … 당해 조문은 일반적 행동의 자유를 침해하지 아니하며 책임과 형벌 간의 비례원칙이나 평등원칙에 위반되지 아니한다는 이유로 2004년 및 2005년 결정에 이어 또다시 합헌결정을 하였다. 과연 대마초는 어느 정도의 의존증과 환경적 요인에 좌우될 것인가? 사용 등을 불허하는 가장 큰 이유가 위험성, 위해가능성 및 중독성인가를 살펴보아야 한다. 마약 단순사용에 대한 비범죄화 주장은 술이나 담배처럼 판매 허가제를 실시하면 규제를 가할 수 있고 개인적 사용은 형법으로 규율할 필요나 정당성이 인정되지 않는다는 주장이다.[23] 그러나 예상균(2014)은 역사 및 경험적으로 마약은 초동단계에서부터 강력 제지함이 타당하다고 보면서도, 마약 단순투약자에 대한 처벌을 법정책학적 문제로 접근할 필요도 인정한다. 마약출처에 대한 정보제공, 치료의사 등 개전의 정이 있을 경우 적극적인 치료 및 보호처분 등으로의 대체방안이 강구되어야 한다는 것이다.[24]

처벌반대의 입장으로는 대마보다 더 해로운 알코올이나 담배는 아무런 법적 제재를 받지 않는 점에서 차별대우이고 헌법상의 평등권 조항에 위배되는 것이라는 주장이 있다. 대마의 합법화를 주장하는 자들은 주로 대마의 유해성에 대하여 아직까지 믿을 만한 의학적 증거가 없다는 점을 그 논거로 들고 있다. 그 외에 법경제학적 관점에서 과범죄화로 인한 교정수용시설의 과밀화 해소도 있고, 사회에 대한 위해 가능성이 상대적으로 낮은 연성마약류에 대해 국가가 정당한 또는 일관된 처벌논거 없이 국가의 이익 여부에 따라 마약류 정책을 유지해왔다는 비판이 있다.

요약하면 합법화와 비형벌화의 논거는 합법마약은 추적과 통제가 용이하고, 합법적 마약판매로 세금부과가 가능하며, 일부 사람은 금지된 것에 매력을 느끼므로 합법화는 이러한 수요를 감소시키고, 마약거래자와 사용자는 형사제재에 거의 개의치 않으며, 마약사용은 궁극적으로 개인선택의 문제가 되어야 한다는 것이다. 비범죄화 또는 비형벌화는 마약사용과 관련된 형벌을 줄이지만 완전히 제거하지는 않는 것이므로 마약은 "불법일 수 있으나 소지위반은 교통위반처럼 취급되어 신체적 손실은 없는 것"을 의미하게 된다.

이에 대해 이보영 · 이무선(2012)은 마약형법의 비범죄화는, 통상 비범죄화론에서 보는 바와 같이 가치관의 변화나 형사정책의 변화 등으로 구성요건의 삭제 내지 축소를 주장하는 것이 아니라, 개인 남용의 경우를 처벌하지 않던지 행정벌로 다스리자는 견해라는 점에서 차이가 있다고 주장하기도 한다. 이에 따르면 법률적으로는 금지하되 사실적으로는 기소유예, 선고유예, 그리고 집행유예 등의 방법으로 비범죄화를 하고 그 대신 가벼운 치료프로그램으로 대체하는 것이 바람직하다고 주장한다.[25] 헌법재판소는 과학적 근거를 바탕으로 하여 대마는 0.1㎎만으로도 환각 상태를 일으킬 수 있는 THC 성분을 함유하고 있고, 흡연 후 운전시 사물인지능력과 판단능력이 둔화되어 일반 운전자에 비해 교통사고율이 급격히 높아지는 점을 합헌결정의 근거로 삼고 있다.

남경애(2018)는 아직까지 우리나라는 대마초 통제불가능한 나라가 아니라는 점, 대마라는 작물은 농업정책상 소비해야 할 상품도 아니라는 점, 수출품도 아니라는 점 그리고 담배에는 없는 환각작용이 있고 그 독성이 다음 세대에 유전되는 것이 큰 문제라는 점에서 이를 반대하기도 한다.[26]

오후(2018)는 불법이기 때문에 어둠의 경로로 입수되는 대마초의 중금속이나 비소함량 등을 통제하기 어렵다는 문제, 미국의 금주법 시대에 범죄를 줄이지는 못하고 갱을 키우는데 결정적 역할을 하였던 사례, 노동력 저하관점에서는 술이나 담배에 비할 것이 아니라는 점 등에서 접근하고 있다.[27)]

한편, 마약대책 측면에서 허쉬의 사회적 유대이론, 특히 애착이 어떻게 적용되는가에 대한 외국 연구를 살펴보는 것도 의미가 있다. 예를 들면, 모우미(Maume, 2005)는 부부애착이 마리화나 남용의 중단과 관계가 있음을 발견했다. 그리고 성인을 대상으로 조사한 마약사용에 관한 연구(Kandel & Davies, 1991)에서는 마약사용자와 그렇지 않은 사람들 사이에 사회유대의 차이를 발견하지 못하였다. 오히려 마약사용자들이 친구에 대해 더 강한 애착을 보였다. 이러한 결과를 근거로 연구자들은 통제이론적 관점보다는 문화비행이론이 마약을 설명하는 데 더 적절하다고 결론지었다. 이것은 마약 일탈에 대한 정책의 다른 관점을 제시한다.[28)]

3. 마약범죄의 전망

향정사범은 앞에서 보았듯이 1995년 이래 점유율이 50%를 상회하기 시작하여 2011년도부터 2017년도까지 증가추세였고, 2018년 기준으로 전체 마약류사범의 76.2%로 국내 주종 마약류의 지위를 지속할 것이 틀림없다. 또한 2017년 전체 단속범 중 경찰단속은 60% 내외를 차지하고 관세청 감시조사인력의 충원에 따라 전체 검거율도 높아질 것이다. 2019년 5월 식약처와 경찰청이 합동으로 조사해 발표한 바에 따르면, 온라인상 불법 마약류 판매광고 단속결과 삭제된 마약판매 게시글 약 20만 건 중 가장 많은 것이 GHB('물뽕', 49%), 그 다음이 필로폰(29%)과 졸피뎀(11%)의 순이었다. 인터넷 판매를 포함하여 국산 마약류 밀반입량이 큰 폭으로 증가하면서 마약류남용계층에는 취약 직업군과 상대적 건전계층 구분의 의미가 사라져가고 마약류 공급선의 다변화 현상은 극복하기 어려워 보인다.

마약류 범죄의 증가와 관련하여서는 단속인원만으로 한정할 때 1988년 약 4,000명 정도에서 30년이 지난 2018년 약 1만 2,600명 정도로 3배 증가된 것을 살펴보았다. 동기간 인구도 비례하여 증가된 것이 아닌 것을 고려할 때, 과연 오늘날의 마약류에 대한 정책이 성공적이라고 볼 수 있을지 중대한 의문이 생긴다. 이러한 증가의 원인이 무엇일까? 신종마약의 꾸준한 개발과 마약류 편입약물 증가, 마약류 유통환경의 변화, 수사인력의 부족, 외국 연성마약의 합법화 경향, 사회구조적 요인 등이 있을 것이다.[29)]

또한 마약류 범죄라는 사회문제에 대한 언론의 반응이 '일탈증폭(deviancy amplification)'을 가져온 것은 아닌지 질문해보는 것도 적절할 것이다. 일탈증폭이란 비행의 정도(extent)나 심각성이 과장되는 것으로 주로 매스 미디어에 의해 이루어지는 과정이다. 그 효과는 비행에 대한 더 많은 각성과 관심을 만들어내 결과적으로 비행이 더 발각되면서 애초의 과장이 실제로 진실을 표현하고 있다는 인상을 줄 수 있다.

마약사범에 대한 뉴스를 쉽게 접할 수 있는 환경의 문제는, 기사와 미디어의 접근이 쉬워지고, 그들의 영향력이 커진 만큼 청소년들도 이러한 마약유통 실태와 마약사범처벌에 관한 정보들에 노출되어 있다는 점이다. 뉴스 보도를 통해 마약의 폐해와 엄중한 처벌을 알리고자 했던 미디어의 의도가 오히려 마약이 쉽게 유통되고 또 구매 가능하다는 사실을 홍보하는 결과가 되었다. 실제로 마약 초범의 경우 SNS나 미디어에서 얻은 정보와 단어들로 검색하여 쉽게 마약을 접했다는 경우가 많다.

더구나 마약에 대한 경계심을 녹이는 '마약옥수수', '마약김밥', '마약 같은 영상' 등과 같은 용어는 전혀 낯설지 않다. 또한 '약 빨았다'와 같은 표현은 우스꽝스러운 행동에 대해서만 아니라, 댓글로 등장한 것에 기분이 좋았다는 어느 PD의 발언도 있었고, 배우에 대한 칭찬으로 사용되기도 하는 등, 어찌 보면 긍정적 느낌의 표현이 난무하는 현실들이 마약에 대한 경계심, 장벽 등을 서서히 무너뜨리고 친숙함과 호기심이 범벅된 환상을 초래하기 쉽다. 이에 대한 사회적 논의의 장이 필요하다. 사실 한두 가지 요인만으로 마약류 범죄가 증가한 이유를 설명하기는 불가능하다. 마약의 경우 농촌, 산간 및 도서지역 등의 고령층 주민들이 관상용, 가정상비약 및 가축의 질병치료 등 용도에 사용할 목적으로 양귀비를 몰래 경작하는 현실을 어느 수준까지 계속 집중 단속할 수 있는지도 의문이다.

현실의 문제로 들어가면, 한국 사회가 유학이나 해외여행, 국제 진출사업 등 외국을 접할 기회가 늘어나고, 점차 유흥문화가 발달하면서 다양한 경로를 통해 여러 계층에 마약이 스며들고 있는 실정이다. 위험성이나 부작용에 대한 지식 없이 마약을 쉽게 경험하고 중독에 빠지는 경향은 마약관련 범죄가 매년 꾸준히 증가하고 있는 원인으로 보인다. 제도적 규제장치들이 충분하지 않다는 의미다.

마약류와 신종 물질의 급격한 유입과 확산은 촘촘한 그물망 처벌규정에도 불구하고 단속의 한계상황이 발생할 소지도 있다. 또한, 해외직구, 다크웹에 마약류 매매사이트 개설, 신종 SNS 기법 등을 이용한 비밀대화, 암호화폐로 거래대금 결제, 드론 방식의 배송 등 첨단 방식에 의한 유통도 활개치고 있다. 공급방식의 획기적인 다변화가 새로운 수요군을 창출하고 다양해진 소비층은 마약생태계에 휘말리는 형국이다. 그리고 마약류사범 중 수요자의 특성을 고려한 개별화된 처우문제는 당면과제다. 2019년 7월 마약류를 투약, 흡연 또는 섭취하여 유죄판결을 선고받은 마약류사범에 대하여는 법원이 재범예방에 필요한 교육의 수강명령 또는 재활교육 프로그램의 이수명령을 병과하는 마약류 관리에 관한 법률 일부개정법률안이 통과되었으므로 효과가 기대된다.

제3절 마약류 범죄 대책

마약문제에 관한 한 만능약은 없다. 각국에 따라 소프트 마약과 하드마약을 구별하여 대마를 합법화하거나, 대체약물을 허용하고 주사기를 제공하기도 하는 등 하나의 성공적 대책 모델은 존재하지 않기 때문이다. 하지만 마약문제는 교육과 효과적인 치료가 가장 중요한 측면이다. 교육에 관한 책임은 가정, 학교 그리고 사회이다. 한국은 가족 간의 유대가 서구에 비해 상대적으로 긴밀하다는 것이 강점이므로 자녀가 10세가 되기 전에는 함께 약물에 관하여 대화하고 충분한 지식을 얻는 것이 중요하다. 즉 위험성이나 부작용에 대한 지식 없이 마약을 쉽게 경험하고 중독에 빠지는 것을 방지하기 위해서 어른들부터 충분한 지식을 가지고 있지 않으면 안 된다. 10세 이후에는 학교의 역할이 커지는데 약물의 위험을 알리는 가장 좋은 선생은 의존증이 있었던 경험을 가진 선생이었다는 외국 사례도 있다. 올바른 교수법을 체득하고 있으면 한창 호기심이나 살이 빠진다는 유혹 등에 깊은 생각 없이 마약에 관심을 기울일 가능성이 많은 학생들도 귀를 기울일 것임에 틀림이 없다.

마약사범에 대한 뉴스, 마약의 폐해와 엄중한 처벌을 알리는 미디어의 효과적 활용이 중요하고, 특히 언론기관은 마약에 대한 경계심을 녹이는 '마약옥수수', '마약김밥', '마약 같은 영상' 등과 같은 용어 사용을 자제하는 것이 바람직하다. 또한 지역사회에서는 마약 퇴치를 위해 지역사회 집단을 참여시키는 것이 필요한데 지방자치단체와 종교단체, 민간단체 등의 대표가 마약 예방프로그램을 공동 제작하여 시행하는 것이 그 예이다.

법집행전략으로서는 마약이 국제범죄조직의 온상이라는 관점에서 해외직구, 다크웹에 마약류 매매사이트 개설, 신종 SNS 기법 등을 이용한 비밀대화, 암호화폐로 거래대금 결제, 드론 방식의 배송 등 첨단 방식에 의한 유통을 차단하기 위해 사이버순찰을 강화하고 마약거래상이나 사용자를 검거하는 수준을 높여야 한다.

직장에서 종업원의 약물남용을 예방하는 방법도 가능할 것이다. 종업원의 약물검사는 종업원에 의한 남용대책 및 회사가 손해를 입지 않기 위하여 유효한 수단이 될 수 있다. 다만 일본 후생노동성의 지침처럼 사용자는 노동자에 대한 알코올검사 및 약물검사에 관해서 원칙적으로 특별한 직업상의 필요성이 있고 본인의 명확한 동의를 얻어 행하는 경우를 제외하고는 행할 수 없다는 한계를 전제로 한다.[30]

마약류사범 중 수요자의 특성을 고려한 개별화된 처우문제는 당면과제다. 약물의존자에 대한 치료 및 처우의 체계를 정밀화하는 방법으로 예방대책의 단계화가 있다. 1차 예방은 발병의 예방, 2차 예방은 중증화의 예방, 3차 예방은 재발의 예방으로 대처하는 것이다. 그리고 처벌보다는 치료를 중시하는 스웨덴처럼 조직폭력과 연계됨이 없는 단순 약물의존자를 대상으로 약물교도소를 설치하는 방안도 고려할 필요가 있다. 일단 일반 교도소 내에서 처우를 하면서 범죄경향이 적고 복역태도가 양호한 마약사범들을 모아 주간에는 업무나 학업 등 사회내 처우를 하고 야간에 돌아올 때 반드시 소변을 제출하고 검사한다. 야간에는 약물 미팅에 참가한다든지 출소한 마약사범으로부터 출소 후의 마음가짐의 지도를 받는다든지 하는 것이다.[31] 재활(rehabilitation)에 관해서는 재활을 희망하는 사람들이 증가해가고 있지만 갱생시설의 수가 이를 따르지 못하는 상태이다. 이탈리아 정부는 16세 미만, 또는 16세에서 18세까지의 젊은 세대의 치료 가이드북을 작성하였다. 사회복지사업이나 청소년사업 간의 협력도 늘려야 한다. 이는 독일, 오스트리아, 네덜란드가 좋은 예를 제공하고 있다.[32]

중독자 가족 모임과 교육을 담당하는 센터의 증가와 활성화가 추진되어야 할 것이다. 한국마약퇴치운동본부는 지역사회 내 마약류 사용장애(drug use disorder)가 있는 사람을 적극 발굴 및 진단을 하여 개별상담, 주간 재활프로그램, 가족지원, 자조모임 등 단계별 중독회복관리를 담당하고 있다. 자조모임은 알코올 자조모임과 다르게 전국적 편재가 이루어지지 않아 참여를 위한 접근성이 좋지 않은 문제가 있다. 그리고 완치한 약물남용자가 새로운 기술을 익혀 사회복귀를 위해 일자리를 찾을 수 있도록 재활훈련 프로그램을 다양화하는 것이 중요하다.

공급자 범죄에 대해 강력한 대응을 유지하되, 현행 법제도와 재판실무의 한계를 인정하고 재범률이 높은 중독자들에 대한 치료지향적 처우 수단을 강화하고 실효적인 법정책을 개발하여야 한다. 이 접근법은 마약위험집단을 줄이는 것이 목적으로 성공적 치료를 통해 마약중독자의 남용패턴과 인성에 중점을 두게 된다.

정리하기

○ 마약류 공급범죄는 전형적인 조직범죄이고, 전문가에 의한 교묘한 수법과 점조직이 특성이다.

○ 대검찰청에서 매년 발간하는 「마약류범죄백서」를 통해 마약류 범죄의 최종적인 수치를 알 수 있다.

○ 세계 주요 다크넷 시장의 게시물 중 60%가 마약류, 마약 관련 화학물질, 불법 의료용 마약에 관련되어 있다.

○ 향정사범은 2018년 기준으로 전체 마약류 사범의 76.2%, 2021년은 65.8%로 국내 주종 마약류 범죄이다.

○ 블랙 이코노미에서는 '강자의 법칙'이 모든 것을 지배하고 한번 '마약밀매'를 통해 쉽게 돈 버는 재미를 느끼게 되면 아예 이 환경에 정착해 버린다.

○ 합법화가 문제되는 마약의 사용이나 소지에 대해 모든 법적 비난을 없애는 것이라면, 비범죄화는 마약사용과 관련된 형벌을 줄이지만 완전히 제거하지는 않는 것이다.

○ 비범죄화는 타인에게 아무런 피해도 주지 않음에도 불구하고 자신에게 위해가 되는 행위를 하였다는 이유로 처벌을 하는 것은 개인의 자유를 침해한다는 논리를 주장한다.

Chapter 03

강도범죄

제1절 강도범죄의 특징

생각해 보기

○ ① 혈중알코올농도 0.188%의 만취 상태에서 택시강도 행각을 벌인 데 이어 빼앗은 택시를 몰다가 사고를 낸 20대 A씨가 법원으로부터 실형을 선고받았다. ② 경찰은 오전 9시 50분 택배원으로 가장해 주거에 침입, 부녀(67·여)를 폭행하고 금품을 빼앗으려 한 B(25)씨를 강도상해 및 강도예비 등의 혐의로 구속영장을 신청했다.

○ 이러한 강도범죄들의 특징은 무엇인가?

1. 강도범죄 현황

강도의 법률적 정의는 형법 제 333조에 의하면 폭행 또는 협박으로 타인의 재물을 강취(强取)하거나, 재산상의 이익을 취득하거나 제3자로 하여금 이를 취득하게 하는 것을 말한다. 범죄자 입장에서 강도는, 직접 맞닥뜨려 신속하게 수익을 얻을 수 있고 강취한 재물을 처분할 필요가 없다는 점에서 절도보다 더 용이하다. 한편 일부 범죄자는 범죄 현장에서 나중에 신원이 밝혀질 것을 우려해 피해자와의 대면을 피하기도 한다. 또한 저항하는 피해자에게 총격을 가해야 하는 상황과 강도가 살인으로 이어지는 것을 두려워한다. 미국의 경우 모든 살인의 10%는 강도의 상황에서 발생한다.[33] 대검찰청의 「2019 범죄분석」을 통해 한국에서의 강도발생현황과 내용을 살펴보면 2017년은 총 990건, 2018년은 총 841건으로 2008년 4,827건, 2009년 6,379건, 2010년 4,395건 발생에 비해 급격한 감소치를 보여주고 있다. 범죄발생장소를 기준으로 보면 강도범죄는 '기타 장소'를 제외하면, '노상'에서의 발생이 30.0%로 가장 많았다. 그 다음으로는 주거지 19.4%, 상점 16.4%, 숙박업소/목욕탕 9.5% 등의 순이었다.

범행수법별로는 '침입강도'가 42.4%로 가장 많았고, 그 다음이 '기타' 39.2%, '노상강도' 11.9%의 순이었다. '마취강도'는 3.3%, '차량이용강도', '인질강도', '강도강간'은 각각 0.7%, 0.7%, 0.4%의 낮은 비율을 차지했다(참고로 2009년의 침입강도는 33.3%였다).

재산피해정도를 보면, 강도범죄로 인해 피해자가 입은 재산피해액수는 10만 원 초과에서 100만 원 이하가 39.9%로 가장 많았고, 그 다음 100만 원 초과에서 1,000만 원 이하가 22.0%, 1만 원 초과에서 10만 원 이하가 18.5%를 차지했다.

신체피해정도의 경우 강도범죄로 인한 신체피해정도는 피해가 없는 경우가 64.4%였고, 상해피해를 입은 경우가 34.3%인 것으로 나타났다. 강도범죄로 피해자가 사망한 경우는 11건으로 1.3%였다.

2018년 발생 건수 중 43.3%가 밤(오후 8시~새벽 3시 59분 사이)에 발생했다. 전체적으로 강도범죄의 51.2%가 저녁시간(6시) 이후에 발생하였다.

범죄자의 성(性)과 연령을 보겠다. 검거된 강도범죄 범죄자의 88.7%가 남성으로 압도적인 비율을 차지하고 있다. 여성범죄자는 소년범죄자의 비율이 37.4%로 가장 높고, 그 다음이 19세에서 30세까지가 19.8%, 31세~40세까지가 15.3% 등의 순으로 나타났다. 여성범죄자는 남성범죄자에 비해 18세 이하, 61세 이상 연령층의 비율이 높았다.

공범 여부를 보면 강도범죄의 49.1%가 공범이 있는 것으로 나타났다. 성인범죄자의 39.6%가 공범이 있는 반면에, 소년범죄자는 87.0%가 공범이 있는 것으로 나타났다.

2. 주택강도의 위험성

강도의 범주에 들어가는 범죄 중 개인주거를 대상으로 한 사례는 비율이 높지 않다. FBI 범죄통계에 따르면 미국에서 2010년에서 2013년까지 경찰에 통보된 강도사건 중 노상강도가 43%인 것에 비해 주택 대상은 17%였다. 한국의 경우 2018년 통계에서 범행장소를 기준으로 보면, 노상에서 발생하는 경우가 30.0%로 가장 많고 일본은 노상에서 발생한 것이 약 40%로 우리보다 많다. 수법별로 보았을 때 주택을 대상으로 한 침입강도가 한국은 19.4%, 미국은 17%로 양국이 비슷한 편이다.

그런데 주택강도의 발생비율은 높지 않지만 그것이 초래하는 피해는 결코 가볍지 않다. 헤이노넌(Heinonen, 2013) 등의 학자들은 주택강도에 의한 피해의 특징을 몇 가지 나열했다. 개인적으로 아끼는 물품을 강탈당해 정서적 피해를 입는다는 것, 범인은 목격될 위험이 적고 범행에 시간을 들이는 것이 가능하기 때문에 중상이나 죽음에 이르는 과격한 폭력이 행사될 가능성이 있는 것, 안전해야 할 집이 습격당한 것이라 사건 후에도 범행현장에서 생활을 계속하지 않으면 안 되기 때문에 강한 공포감이 지속되는 것을 들고 있다.

포터(Porter, 2006) 등의 학자들은 상업시설 대상의 강도에 비해 개인을 노린 강도에서는 범인과 피해자가 아주 가깝게 접하는 것이나 피해자의 저항을 받기 쉬운 것, 통상 범인 쪽이 수적으로 우위에 있는 것 때문에 범인은 피해자에 대해 보다 적대적 경향을 갖는다는 것을 시사하고 있다. 같은 이유로 주택강도도 피해자에 대한 범인의 공격성이 높아질 수 있다. 게다가 주택강도의 피해자로는 고령자나 여성이 많은 경향이 있고 그 외의 강도에 비해 피해자의 취약성이 높다. 이와 같이 피해자 측면에서 주택강도는, 금전적 손해에 그치지 않고 신체적·정신적으로도 커다란 피해를 받을 위험성이 높은 범죄이다.

3. 주택강도의 특징

헐리(Hurley, 1995)와 헤이노넌(Heinonen, 2013) 등의 학자들에 따르면, 범인 측에서 보면 주택을 대상으로 하는 것은 몇 가지 이점이 있다. 예를 들어 주인이 집에 있으면 경보장치가 작동하지 않는 점, 가옥 내에 침입해버리면 범행에 충분한 시간이 있는 점, 제압한 피해자에게서 금품을 제출받는다든지 금품 있는 곳을 캐묻는 방법 등으로 목적물을 효율적으로 손에 넣을 수 있다는 점, 게다가 피해자를 속박하면 도주하는 시간을 충분히 벌 수 있다는 점이다.[34)]

또한, 다카무라(高村, 2004) 등의 학자들에 의하면, 강도범행 장소마다 범죄행위의 성공률, 즉 금품을 취득해 현장에서 도주 가능한 비율을 비교한 결과 주택강도는 노상강도 다음으로 성공하기 쉽고 성공률은 60%인 것으로 보고되고 있다. 금융기관이나 점포에 비해 경비가 약한 개인주택은 강도범 입장에서 보면 비용 대비 효과가 높은 범행대상임을 알 수 있다.

앨리손(Alison, 2000) 등의 학자들이 강도수법을 분석한 것에 따르면, 개인주택을 많이 노리는 것은 무계획이고 충동적으로 범행을 저지르고, 복면도 흉기도 준비하지 않은 채 피해자의 저항에 부닥치기 쉬운 타입의 범죄라고 한다. 이와 관련해, 상업시설이나 금융기관에 비해 수익이 적은 주택을 노리는 것 자체가 무계획이라는 것을 입증하는 것이라고 주장했다.

하지만 이와는 다른 범인상(犯人像)을 보여주고 있는 것이 있다. 헤이노닌 등(Heinonen et al., 2013)은 경찰관용 매뉴얼의 내용 중에서 주택강도의 전형적인 범인상을 열거하고 있는데, 이에 따르면, 일반적으로 주택강도는 30세 이하의 젊은층으로 저학력에 무직인 남성이고 보통은 공범이 있다고 설명한다. 폭력을 수반하지 않는 재산범죄의 경험이 있거나 다른 종류의 범죄를 병행해 지속하고 있는 경우도 있다. 계획성이 높고 시간을 들여 계획을 연습하고 피해자에 관한 정보수집이나 일상생활 패턴을 파악하려고 노력한다.

또 헐리(Hurley, 1995)는 침입절도범과 비교해 주택강도 범행의 특징을 열거하고 있는데, 그에 의하면 똑같이 개인주택을 대상으로 한 범죄여도 침입절도는 '가옥'을 표적으로 선정하는데 비해 주택강도는 '주인'을 표적으로 하는 점이 다르고, 피해자와 대면하는 것을 전제로 하고 있기 때문에 복면, 흉기, 결박(結縛)도구를 소지하고 있다. 주도면밀하게 계획을 연습하고 거의 공범이며, 일부가 피해자를 제압하고 있는 사이에 나머지가 가옥 안을 물색하는 등 역할을 분담하고 있다. 피해자와의 최초 접촉 시에만 재빠르게 제압하기 위해 폭력을 행사하는 것이 일반적이지만, 피해자에 대한 협박이나 폭력, 지배를 즐기는 범인도 많다고 한다. 게다가 다카무라(高村, 2004) 등의 일본 학자들의 연구에 의하면 일본의 강도 데이터를 분석해 계획성이 높고 현장의 통제에도 뛰어난 강도범은 민가를 대상으로 한 케이스가 많다는 결과를 보여주고 있다.

강도범죄 중 주택강도는 발생률은 높지 않지만 피해 강도는 높은 편이다. 일본의 경우 일반적으로 주택을 대상으로 한 강도는 범죄에 뛰어난 자들에 의한 계획적인 범행이라고 할 수 있다. 단, 주택강도에 관한 행동과학적 연구는 그 외의 죄종에 비해 적기 때문에 향후 더욱 다양한 연구를 통해 지식이 축적될 것으로 기대된다.

제2절 강도범죄의 범인상

생각해 보기

○ 김씨(47)는 2018년 10. 22일 오전 9시 17분쯤 OO새마을금고에 침입해 흉기를 휘둘러 직원 2명을 다치게 하고 현금 2천만원을 털어 달아났다가 오후 1시경에 경찰에 검거되었다.

○ 피고인들이 등산용 칼을 이용하여 노상강도를 하기로 공모한 사건에서 A가 범행 당시 차안에서 망을 보고 있던 B나 등산용 칼을 휴대하고 있던 C와 함께 차에서 내려 피해자로부터 금품을 강취하려다가 그때 우연히 현장을 목격하게 된 다른 피해자를 C가 소지 중인 등산용 칼로 살해하여 강도살인행위에 이르렀다면 A도 이를 전혀 예상하지 못하였다고 할 수 없으므로 피고인들 모두는 강도치사죄로 의율처단함이 옳다.(대법원판결)

○ 한국은 강도범죄를 수법별로 보았을 때 침입강도가 퍽치기와 같은 노상강도보다 더 많다. 이것은 주거침입 절도범이 체포를 면탈하려고 폭행 등을 사용해 준강도죄로 처벌받는 것과도 관련이 있어 보인다. 과연 침입강도와 노상강도의 범인상에는 어떤 차이가 있는가?

1. 점포강도의 특징

점포강도는 상업강도와 같은 의미이다. 바톨(Bartol, 2005) 등의 학자에 따르면 강도는 똑같은 경제범죄인 침입절도에 비해서 금품은 보다 기대할 수는 있으나, 피해자와 대면하는 관계로 확률적으로 체포 등의 리스크가 높다. 바꾸어 말하면, 빈집털이는 주인과 마주치지 않지만 강도는 피해자를 폭행 또는 협박하므로 얼굴 등을 목격한 피해자의 진술 등으로 체포될 가능성이 높다는 의미이다. 또 점포강도는 방범설비의 존재로 인해 주택강도와 비교할 때 범인의 리스크가 높다. 점포강도에 있어 범행 리스크의 높고 낮음은 범행의 계획성에 영향을 미친다고 본다. 그러나 강도에 관한 연구는 다른 범죄보다도 적다. 따라서 점포강도를 포함하는 침입강도는 수사지원이나 방범을 위해서는 피해대상의 종류나 범행시의 리스크를 고려한 연구지식이 더 축적될 필요가 있다.[35)]

한국은 점포강도가 2018년 한해를 기준으로 침입강도의 약 61%를 차지한다. 발생장소별로 '노상'에서 발생하는 경우가 30.0%로 가장 많고. 그 다음으로는 '주거지' 19.4%, '상점' 16.4%, '숙박업소/목욕탕' 9.5% 등의 순이었다. 일본의 경우 경찰청 통계에 따르면 2008년에서 2012년까지 점포강도의 평균연간 인지건수는 약 1,200건이고 점포강도는 침입강도의 약 75%, 강도의 약 30%를 차지하고 있다.

라이트와 데커(Wright & Decker, 1997)가 세인트루이스에 거주하는 86명의 강도범들을 인터뷰한 결과, 3분의 1은 평생 49번 이상 강도를 범했다고 했다. 약 85%에 달하는 대부분은 노상강도를 했고 나머지는 상업시설에서 범행을 했는데 대개 편의점, 술집, 전당포, 주유소 등이었다. 강도의 대부분은 불법에 개입하고 있는 자들을 대상으로 하는데 이 중 마약거래자는 가장 가능성이 높다. 한 강도가 말하길, "그들이 경찰에게 뭐라고 말하겠어요? 그가 내 마약을 강탈

했다고 말할까요?"라고 이야기한다. 또 어떤 강도는 자신이 선호하는 피해자에 관해 말했다. "여성은 쉬워요. 그들은 빨리 공포를 느끼니까요. 여성들이 지갑을 던지면 그냥 잽싸게 집어넣으면 되죠. 하지만 남자는 때때로 주춤하니까 내가 진지하다는 걸 보여줘야 하고 다리를 쏘아야 해요."라고 말이다.

일반적으로 모든 강도 범죄자가 고려하는 한 가지는 '어떤 방법으로 피해자의 돈과 귀중품을 빼앗을까' 이다. 만약 피해자에게 금품을 건네라고 요구하면 가진 것의 일부만 넘겨줄 가능성이 있다. 그러면 불가피하게 몸수색을 하게 되고 피해자에게 가까이 접근하면서 범죄자인 자신도 더 위험해질 수 있다는 의미가 된다.

강도범행 시 주로 영향을 미치는 것은 '수중에 금전이 얼마나 들어올 것인가' 하는 강도의 생각이다. 점포강도는 몸을 숨길 수 있는 밤 시간이 더 길기 때문에 겨울이 발생률이 높은데, 이는 늦게까지 영업하는 가게가 강도의 표적이 되기 쉽다는 것을 의미하기도 한다.

다음으로 점포강도 중 편의점강도에 대해 살펴보겠다. 편의점은 다량의 현금을 보유하고 있으며, 불특정 다수에게 공개되어 있어 범죄자들에게는 적합한 범행대상으로 여겨진다. 편의점강도는 미국에서 발생하는 모든 강도사건 가운데 약 5%에서 6%를 차지하는 것으로 알려져 있고 이 비율은 약 40년간 거의 변화 없이 유지되어 오고 있다. 편의점강도는 보통 충동적이고 기회주의적이며, 대부분 현금을 빠르게 구하기 위해 범행한다. 상당수가 술이나 마약에 취한 상태로 범행을 실행하며, 범행을 저지르기 전 미미한 수준의 계획을 세운다.

2. 흉기소지 강도범의 범인상

영국의 앨리손(Alison, 2000) 등은 강도범의 범인상을 범행의 계획성의 높고 낮음, 범행시의 행동 형태에서 충동성의 고저에 따라 분석했다.[36] 그는 영국의 흉기소지강도범을 최소공간분석에 의해 검토한 후, 노상강도형(Bandits), 초보형(Cowboys), 전문가형(Robin's Men)의 세 가지 범행테마를 들고 있다. 범행테마란 범인의 일련의 행동을 검토할 때 통합으로 드러나는 범행스타일 또는 범행패턴의 의미이다.[37]

앨리손은 금융기관강도를 노상강도형, 상업시설강도를 초보형으로 분류하고 있다. 노상강도형은 계획성이 높으나 상황에 대처하는 기술이 낮기 때문에 불필요한 폭력을 행사하는 점이 특징이다. 한편 초보형은 계획성이 낮고 상황에 대한 대처기술도 낮은 점이 특징이다.

앨리손의 분류 중 전문가형(Robin's Men)은 경험이 풍부한 범죄자로 다수가 절도범에서 강도로 진화한 자로 구성되어 있다. 계획성이 높고 공들여 준비하며 복수범죄자가 역할을 분담하기도 하고, 피해자에게는 있는 힘을 다해 동요나 불안을 일으키는 것이 아니라 교묘하게 통제한다. 설령 예측하지 못한 사태에 맞닥뜨려도 냉정하게 대응하는 등 말 그대로 전문가로 인정된다. 전문가형(Robin's Men)은 로빈훗의 전설에서 파생된 말로 영국에서는 숙련된 범죄자를 이와 같이 표현하는 경향이 있다고 알려져 있다.

다음으로 노상강도형(Bandits)은 일정한 계획성은 있긴 하지만, 노상강도라는 이름 그대로 본래 부주의하고 폭력적이며 예측하지 못한 상황에 맞닥뜨리면 충동적으로 난폭해지는 일이 있다고 한다. 이 유형은 때로 총을 발사해 피해자를 부상시키는 일도 있다.

[표 4-3] 흉기소지 강도범의 범인상(Alison, 2000)

분류명	계획성	범행 시 행동형태	범행이 의미하는 테마
전문가형 (Robin's Men)	높다	이성적	• 사전계획이 주도적이고 현장의 예비조사나 예비지식이 있고 복면사용 • 범행을 통제하고 피해자에게 금품을 백에 넣도록 함 • 불의의 목격자를 바닥에 엎드리게 하거나 속박하기도 함 • 불필요한 폭력을 사용하지 않고 상냥한 언어로 말하며 때로는 사과하기도 함 • 불측의 사태에는 상황에 맞게 냉정하게 대처함
노상강도형 (Bandits)	낮다	불측의 사태를 만나면 충동적	• 일정한 계획성이 있고 변장은 임기응변적으로 행함 • 총기소지 급습이 많고 피해자의 공포심을 일으킴 • 피해자에 대한 과잉 강박이나 폭력이 있고 발포하는 경우도 있음 • 폭력적이지만 저항을 만나면 실패하는 일이 많음 • 폭력과 고양감(高揚感)에 취하는 경향이 있음
초보형 (Cowboys)	없다	최초부터 충동적	• 무질서하고 변장을 하지 않음 • 기세를 이용해 협박하고 폭력을 휘두름 • 피해자의 저항에 부닥치는 일이 많지만 범행을 단념하지 않음 • 흉기를 소지하고 있다고 겁주지만 실제는 소지하지 않는 경우가 있음 • 보상이 적은 가정집을 노리는 일이 많음

초보형(Cowboys)은 하루 벌어 하루 먹고 사는 사람이 마약이나 술값을 바라고 임기응변적으로 범행을 저지르고 마구잡이로 흉기를 휘둘러 피해자를 공격하는 것으로 알려져 있다. 초보자의 계획성이 없는 즉흥적인 범행은 전문가형과는 정반대라고 여겨지고 있다.

다만 영국의 강도범과 한국의 강도범을 비교하면 결정적인 차이는 흉기가 총기류인가 아닌가라는 것이다. 브라운 등(Brown, Esbensen & Geis, 2013)에 의하면, 총기는 그 살상력으로 인해 상대방에 대한 강한 통제력을 가지고 있다고 한다. 총기는 그것이 엽총이든 공기총이든 인명을 위협하는 범죄행위에 사용되었을 때도 마찬가지이다. 미국의 한 노상강도는 얼굴에 총을 겨눌 때 얻는 흥분을 "세계가 마법같이 변했다."고 표현했다. 일반적으로 범죄에 사용되는 흉기의 종류가 피해의 양상과 정도를 결정하는 핵심 요인이라고 할 때, 총기범죄는 가장 파괴력이 높은 치명적 범죄에 해당한다. 총기는 범죄의 성공 여부에도 막대한 영향력을 발휘한다.

쿡(Cook, 1991)에 의하면, 총기 위협은 피해자의 순응을 이끌어내기 쉬우며 직접적인 발포가 없이도 범죄의 성공 가능성을 높인다. 또한 총기에 대한 접근의 용이성은 총기범죄를 촉발하기 쉬운 환경을 조성한다. 전체적으로 한국은 총을 사용하는 경우가 드물고 폭력은 금전이나 물품을 뺏는다든지 통보를 지연시키기 위한 피해자 통제 또는 도주 시 추적자를 따돌리기 위해 주로 행해진다. 그러나 흉기의 종류나 폭력의 수준의 차이를 제외하면 이 세 가지 분류 즉, 노상강도형(Bandits), 초보형(Cowboys), 전문가형(Robin's Men) 유형은 '범인의 계획성과 숙련도'라는 관점에서 의미가 크다고 볼 수 있다.

3. 강도범죄의 유형

한편 강도범죄를 상업강도와 대인강도의 두 유형으로 나누기도 한다. 상업강도는 은행이나 주유소, 상점 등 사업장에서 재물을 목적으로 저지르는 강도이며, 대인강도는 길을 걸어가는 행인 등 개인에 대한 해를 가하는 노상강도 등을 포함한다.

상업강도와 대인강도의 공통점은 두 가지 다 여러 명의 공범이 있거나 혹은 돈, 스릴 추구 등의 공통된 범행동기로 저지른다는 점이다.[38] 범행동기를 자세히 들여다보면 상업강도는 거의 경제적인 동기로 범행을 하는 경우가 많은 반면, 노상강도의 범행동기는 훨씬 더 다양하다고 알려져 있다. 노상강도 중 하나인 택시강도의 경우, 택시 운전자들은 대개 혼자 일하며 현금을 다루고, 특히 범인이 손님을 가장해 목적지로 운전자를 유도할 수 있기 때문에 강도범죄의 대상이 되기 쉽다. 범행은 주로 저녁에 발생하고, 범인이 흉기로 위협하는 경우가 많다. 상업강도와 대인강도는 돈이나 스릴을 목적으로 하지만 피해자의 반항 등으로 살인과 같은 예상치 못한 상황을 불러일으킬 수도 있는 위험성을 안고 있다.

정리하면 강도는 직접 맞닥뜨려 신속하게 수익을 얻을 수 있고 강취한 재물을 처분할 필요가 없다는 장점을 갖고 있다. 이러한 면에서 절도보다 더 용이한 강도로 주택강도와 점포강도의 특징을 보았는데, 주택강도는 수가 적지만 그 피해가 크다. 또한 앨리손 등의 학자들이 분류한 흉기소지 강도범의 범인상은 계획성과 범행 시 행태를 기준으로 세 가지로 나뉘고 각각 차이가 있다.

정리하기

○ 강도는 직접 맞닥뜨려 신속하게 수익을 얻을 수 있고 강취한 재물을 처분할 필요가 없다는 점에서 절도보다 더 용이하다.

○ 똑같이 개인주택을 대상으로 한 범죄여도 침입절도는 '가옥'을 표적으로 선정하는 데 비해 주택강도는 '주인'을 표적으로 하는 점이 다르다.

○ 강도의 범주에 들어가는 범죄 중 개인주거를 대상으로 한 사례는 비율이 높지 않지만 그것이 초래하는 피해는 결코 가볍지 않다.

○ 주택강도의 피해자로는 고령자나 여성이 많은 경향이 있고 그 외의 강도에 비해 피해자의 취약성이 높다.

○ 범죄자 입장에서 주택강도는, 제압한 피해자에게서 금품을 제출받는다든지 금품 있는 곳을 캐묻는 방법 등으로 목적물을 효율적으로 손에 넣을 수 있다.

○ 영국의 앨리슨(Alison, 2000) 등의 학자들은 강도범의 범인상을 범행의 계획성의 높고 낮음, 범행시의 행동 형태에서 충동성의 고저에 따라 분석했다.

○ 영국의 강도범과 한국의 강도범을 비교하면 결정적인 차이는 '흉기가 총기류인가 아닌가'라는 것이다.

○ 총기 위협은 피해자의 순응을 이끌어내기 쉬우며 직접적인 발포가 없이도 범죄의 성공 가능성을 높인다.

○ 상업강도는 거의 경제적인 동기로 범행을 하는 경우가 많은 반면, 노상강도의 범행동기는 훨씬 더 다양하다고 알려져 있다.

Chapter 04

방화범죄

제1절 방화범죄의 동기

생각해 보기

○ 1994년부터 2011년까지 무려 17년 동안 울산 동구에 있는 봉대산 일대에서 무려 96건의 연쇄방화사건이 벌어졌다. 바로 '봉대산 불다람쥐'가 일으킨 방화사건인데 그간 불탄 면적이 무려 축구장 114개 면적에 달한다. 2011년 드디어 방화범이 잡혔는데 대기업 중간 관리자이자 평범한 50대 가장이었고 스트레스 해소와 개인적 괴로움을 잊기 위해 범죄를 저질렀다고 하였다. 대부분의 방화범은 '약자의 범죄'라고 한다. 방화범죄의 특징은 무엇일까?

1. 방화의 특징

앞선 예시처럼 방화는 불을 붙이는 단순한 행위에 의해 집이나 주변, 사회에 막대한 피해를 가져다주는 강력범죄의 하나이다. 그래서 예부터 주요 연구주제로서 다루어져 왔다. 방화는 의도적으로 자기 또는 타인의 건물이나 재산에 불을 지르는 행위를 말하며 방화를 통해 건물의 일부나 전부가 훼손되어야 한다. 우리나라의 경우 살인, 강도, 강간 등의 범죄와 함께 4대 강력범죄에 속하는 것으로 위험성이 큰 죄이다. 연쇄방화는 이러한 의도적인 방화행위를 연속적으로 수회에 걸쳐 행하는 것을 의미한다.

나카타(中田, 1977)는 방화를 '약자의 범죄'라거나 '밤의 범죄'라고 표현했다. 다시 말하면, 사회적 약자여도 쉽게 범행할 수 있으므로 약자의 범죄라고 부르는 것이다. 한편 '밤의 범죄'란 방화의 상당수가 밤 시간대에 발생하고 있는 것에 유래한다. 발각되기 어려운 야간에 범행이 많은 것은 다른 범죄도 마찬가지겠지만, 방화의 경우 야간의 음주가 심리적 억제를 해제시켜 방화를 유발하는 것이나, 화재로 인한 소란이나 불타오르는 모습이 낮보다는 극히 효과적인 것 등의 이유도 있다고 생각된다.

그렇다면 한국은 어떤가? 「2019 범죄백서」에 따르면 2018년에 총 1,478건의 방화범죄가 발생했다. 이 중 41.4%가 오후 8시에서 새벽 3시 59분 사이인 밤에 발생했으며, 24.6%는 오후 12시에서 5시 59분 사이에 해당하는 오후 시간대 발생했다. 2017년과 비교해도 유사하다. 2017년 총 1,358건의 방화범죄 중 42.4%가 밤 시간대에 발생했으며, 24.6%는 오후 시간대에 발생했다. 따라서 약 42%가 야간에 이루어진다는 점에서 '방화는 밤의 범죄'라는 표현이 꼭 틀린 것은 아닐 수 있다.

남대문 방화사건

〈2008년 2월, 숭례문 국보1호(남대문) 방화사건〉

"나는 억울하다 사회에서 약한 몸에 무거운 죄 양어깨 누러고 처한태 이혼당한 나. 자식들도 그짖 자백을 권유하고도 아버지 잘못. 세상이 싣어진다. 자식이라도 죄인이 안이라고 믿어 주어서면 좋겠다."(남대문 방화사건 피고인의 메모)

2008년 '남대문 방화사건'은 '약자의 범죄'이자 '밤의 범죄'라는 주장에 가장 어울리는 사례이다.

(출처: 노컷뉴스, 2008.2.18., 자료사진=한새욱 기자)

방화 범죄자의 범행 당시 정신상태를 살펴보면, 2018년 발생한 방화범죄 범죄자의 41.5%는 정상인 상태에서 범죄를 저질렀으며, 47.6%가 주취 상태에서 범죄를 저질렀다. 2018년 방화범죄 범죄자 중 정신장애가 있는 경우는 10.8%였다. 2019년 4월 일어난 '진주 아파트방화살인

사건'에서 안인득은 사회적으로 불이익을 당해 범행을 저질렀다며, "누군가가 아파트를 불법 개조해 CCTV를 설치했다." "주거지에 벌레와 쓰레기를 던졌다." "모두가 한통속으로 시비를 걸어왔다."고 진술함에 따라 경찰은 범인이 지속적 피해망상으로 분노가 커진 상태에서 범행한 것으로도 분석했다.

한편 알코올과 방화와의 관련성을 지적하는 연구는 많다. 예를 들어 일본의 우에노(上野, 1978)는 다른 죄종의 음주율과 비교해, 단일방화범의 음주율이 높은 것을 분명하게 제시했고, 알코올에 의한 심리적 억제의 해제효과를 지적하고 있다. 후쿠시마(福島, 1999)의 연구에서도 방화는 만취(연구원본의 명정 '酩酊'의 번역)한 상태인 경우가 의외로 많다는 것을 지적하고, 만취 상태에서 목적이 없는 장난으로 보이는 행위 속에는 인간이 가지는 불에의 관심이나 충동이 들어있음을 보여주고 있다.

2. 방화의 동기

관련 학자들은 방화의 동기는 다른 죄종에 비해 다양하다고 말한다. FBI의 범죄자 프로파일링에서는 방화에 관한 정신의학 또는 임상심리학을 응용해 질서형과 무질서형으로 구분한다. 방화동기의 6가지 유형을 제시한 더글라스(Douglas, 2006) 등에 의하면 ① 파괴목적, ② 흥분을 얻을 목적, ③ 복수목적, ④ 이익목적, ⑤ 범죄은폐목적, ⑥ 극단주의자 목적을 제시하고 있다.[39)]

다시 풀어서 설명하자면,

① 파괴목적(vandalism-motivated arson)은 공공물의 파괴행위를 뜻하는 반달리즘의 유형으로, 악의를 가진 장난목적의 방화이다. 이로 인해 파괴나 손괴를 초래하는데 장난, 동료압력 등이 같은 범주에 있다.

② 흥분(exitement)을 얻을 목적은 스릴·주목(attention seeker)·승인·성적 만족(sexual perversion)을 얻기 위해 방화하는 유형이다. 타인을 해치려는 의도는 거의 없다.

③ 복수(revenge)목적은 앙심, 질투 등 개인적 복수 방화와, 제도적 보복과 위협적 방화를 포함한다. 이것은 실제 또는 상상의 어떤 부정의에 대한 보복으로 행해진다. 다른 방화에 비해 계획이 잘된 일회성 사건일 수 있거나 또는 사회에 대한 보복을 취하는 사전계획이 거의 없는 연쇄방화가 될 수 있다.

④ 이익(profit)목적은 직접 또는 간접의 물질적 이득을 노리고 행해진다. 보험금사취 등 사

기, 고용, 구획정리(parcel clearance), 경쟁이 포함된다. 상업적 범죄이며 다른 방화의 동기에 비해 열정이 가장 적다.

⑤ 범죄은폐(crime concealment)목적은 살인, 자살, 횡령, 절도, 기록제거 등 범죄의 증거은폐를 목적으로 2차적 또는 부차적으로 행하는 방화이다.

⑥ 극단주의자(extremist) 목적은 정치적 테러리즘, 차별, 폭동 등의 방화를 의미한다. 사회적·정치적 또는 종교적 대의를 성공시키기 위해 행해진다.

키류(桐生, 1996)는 일본과 미국의 선행연구에서 유사한 동기를 정리해, 방화의 동기를 ① 불만의 발산, ② 원한·분노, ③ 장난, ④ 성적 동기, ⑤ 영리목적, ⑥ 범행은폐·용이화, ⑦ 자살, ⑧ 기타로 분류하고 있다. 특히 이 분류에는 자살이 들어가 있는 것이 흥미롭다. 바커(Barker, 1994)와 같이, 한국이나 일본에 비교적 많은 '방화에 의한 자살'이 서양에는 그다지 보이지 않는 점에서 문화차이를 지적하고 있는 연구도 있다.

한편 방화벽, 즉 습관적인 방화는 방화의 동기에 들어가는가? 독립된 동기로서 방화벽(Pyromania) 개념은 헨케(Henke)에 의해 주장된 것이지만, 방화벽의 존재에 관해 많은 논쟁이 있었다. 결국 반대론이 압도적이어서 오늘날은 부정되고 있다. 미국의 「정신질환 진단 및 통계 매뉴얼」의 다섯 번째 개정판(약칭 DSM-5)에서도 질환으로서의 본질(에센스)이 충분하지 않기 때문에 방화벽이라는 명칭은 삭제되어 있다.[40] 하지만 드물게 방화 그 자체를 목적으로 하는 방화, 동기가 극히 박약한 방화가 있어서 이와 같은 경우에 사용되기도 한다.

성적 흥분을 주장하는 연구자도 있지만, 라이스와 해리스(Rice & Harris, 1996)가 243명의 방화범을 조사한 결과, 불을 보고 성적 흥분을 느낀 것은 6인 밖에 없었다. 현재에는 '방화=성적 흥분설'을 취하는 연구자가 그다지 없다.[41]

3. 방화범의 분류

지금까지 방화의 동기를 중심으로 보았는데, 방화범의 분류에 관해서도 또한 연구되었다. 캔터(Canter, 1998) 등은 방화형태를 기초로 네 가지 범행테마를 제시했다. 즉 ① 표출적/대인방화 ② 도구적/대인방화, ③ 표출적/대물방화, ④ 도구적/대물방화의 네 가지이다. 이 중 예를 들어 ① 표출적/대인방화의 경우 방화범은 정신질환을 가지고 있어 병원력이 있는 자가 상대적으로 많다고 한다. 앞서 예로 든 '안인득 진주 방화 살인 사건'이 이에 해당될 수 있다. 그리고 ④

도구적/대물방화에서는 젊은층의 방화범이 많다고 주장한다.

또 자이츠(財津, 2010)는 방화범의 속성에 착안해 범주(카테고리)를 분석한 후, 방화범의 자립성과 범죄수준(일본어 '犯罪深度'의 번역)이라는 특성을 기초로 방화범을 네 가지로 분류했다. 이 중에서 두 가지를 예를 들면, 고자립성/낮은 범죄수준은 기혼자, 여성비율이 높고 아는 사람을 대상으로 동일 장소에 방화하며 도보이동의 특징을 보인다. 또 저자립성/낮은 범죄수준에서는 10대에서 30대의 독신자가 많고, 범행 시에는 음주를 하지 않고 유류를 사용하지 않는다는 특징이 있다.

우에노(上野, 1982a)나 나카타(中田, 1983)는 방화동기의 변화를 지적했다. 일본의 방화는 '원한, 질투, 분노' 등의 동기에 의한 대인적 방화에서, '울분해소, 불만의 발산(發散)'이라는 동기에 의해 대사회적 방화로 변화해간다는 것이다. 불만의 발산에 의한 방화에는 연쇄성, 피해자와 범인과의 대인관계의 희박함, 충동적인 착화(着火)라는 특징이 있다고 한다. 그런데 나카타(中田, 1977)에 따르면, 동기는 복합해서 나타나는 경우가 많다.

정리하면, 방화는 강력범죄의 하나로 주요 연구주제로서 다루어져 왔고, 알코올과의 관련이 많다. 우리나라의 경우, 2018년 47.6%가 주취상태에서 방화범죄를 저질렀다. 방화의 동기는 다른 죄종에 비해 다양하지만, 방화벽이라는 명칭은 삭제되었고, 성적 흥분을 주장하는 연구는 많지 않다. 방화범죄는 앞으로도 깊이 연구되어야 할 필요성이 있다.

제2절 미성년자 및 여성의 방화범죄

생각해 보기

○ 2010년 12월, 서울 노원구 중계동 모 아파트에 연쇄방화사건이 일어났다. 이 사건은 중학생 3명이 라이터로 아파트 복도에 쌓여 있는 쓰레기봉투에 불을 지르는 등 19일부터 3일 동안 8회에 걸쳐 같은 동 복도에 세워진 오토바이 등 집기류에 불을 지른 것이다. 이들은 불을 지른 이유에 대해, 소방차가 출동하고 사람들이 모여드는 모습이 재미있어 계속 범행을 저지른 것으로 진술했다. 미성년자와 여성에 의한 방화의 특징은 무엇일까?

1. 미성년자의 방화

방화범죄 중에 가장 관심이 가는 것이 바로 아동에 의한 방화사건이다. 사회적 약자로 여겨지는 미성년자의 방화의 특징에 대한 외국의 연구에는 라이더(Rider, 1980a, 1980b, 1980c)와 우에노(上野, 1982b)가 한 연구 등이 있다.

라이더(Rider, 1980b)는 청소년의 방화를 분석한 결과 비행경력이 있는 것, 높은 공격행동, 낮은 사회적응, 학업부진이라는 특징을 지적하고 있다. 또한 그들이 부모가 없거나 부친의 영향력이 적은 가정환경에서 자란 것, 모두가 성적으로 갈등을 품고 있었던 것을 보고하고 있다.

우에노(上野)의 연구에 의하면, 어린 학생의 방화사례에서 '불'이 인격의 위기를 보여주는 일종의 위험신호의 의미를 가진 경우가 있음을 소개하고 있다. 후치가미(淵上 등, 1992)는 방화를 저지른 청소년들에게 공통된 성격으로 열등감이 강하고 자아가 위축되어 있으며, 상처받기 쉽고, 불만이나 분노를 내면에 쌓아두기 쉬우며, 논리적 사고나 추상적 사고력과 통찰력이 부족하고, 시야가 좁아 고집스러운 생각을 하기 쉽다는 등의 경향을 지적하고 있다.

한편 1969년에서 1987년까지 약 20년 간 FBI의 범죄통계 자료를 바탕으로 라이더가 분석한 결과에서는 전체 방화범죄 중에서 19세 이하가 저지른 방화가 62.8%에 해당했다. 또 미국의 법무성 통계국의 1992년 방화데이터를 분석한 홈즈(Homes, 1996) 등에 따르면 18세 미만이 전체의 49%였다. 그리고 영국의 경우 바커(Barker, 1994)에 따르면, 20세 이하가 1987년에 전체의 48.1%라는 보고가 있다. 일본은 1977에서 1978년 간 전국에서 발생한 방화 1,050건을 분석한 야마오카(山岡, 1978)의 연구에서 19세 이하가 23.8%를 차지했다.

한국은 영미에 비해 상당히 적다. 2018년 기준 18세 이하가 전체 방화범죄에서 8.1%(남성 9.0%, 여성이 3.6%)에 불과하다. 그 주된 이유가 학교와 학원에서 머무는 시간이 많기 때문으로 보인다.

러브와 에스텝(Love & Estepp, 1987)이 조사한 미국의 방화데이터를 보면, 미성년자는 도가 지나친 못된 장난(반달리즘, 惡戲)에 의한 방화가 많다. 라이더(Rider, 1980b)는 학교에 방화하는 것은 12세에서 14세까지의 집단이 많고, 공용물 손괴 방화는 소년의 비율이 80%로 2인조나 집단의 범행이 많다고 지적하고 있다. 이와 같이 미국에서는 복수의 미성년자가 반달리즘의 과정에 방화하는 건수가 많은 것으로 생각되지만, 키류(桐生, 1996b)에 의하면 일본은 미성년자의 방화에 반달리즘 유형이 적다.

방화범죄 연구로 유명한 미국의 심리학자 스타돌닉(Stadolnik, 2000)에 의하면 아동 방화범

의 동기를 호기심형, 위기형, 비행형, 도피형, 병리형의 5가지로 나누고 있다.[42)]

① 호기심형은 불에 대한 호기심에서 불장난이 화재로 발전하는 유형으로 연령이 낮은 남자 아동이 많다. 불을 붙이는 것은 마당이나 집 주변이 많다고 한다.
② 위기형은 가정 내의 문제나 생활상의 스트레스가 계기가 되어 방화를 하는데, 스트레스 발산보다는 자신의 심리적 위기를 주위에 표현하고 있는 심리상태라고 여겨지고 있다. 도움을 구하기 위해 하는 방화이므로 상황이 개선되면 방화를 하지 않게 된다.
③ 비행형은 중학교나 고등학교에 다니는 비교적 고연령층의 소년에 의한 비행으로서 학교나 공공물에 방화하는데 이것은 청소년기의 일시적 행동이다.
④ 도피형은 '시험이 싫다' '학교가기 싫다' 등의 이유로 개인이 방화를 저지르는 유형이다. 학교에 방화하는 경우에는 재학생이고, 집에 방화하는 경우도 있다.
⑤ 병리형은 위험성이 높은 방화를 반복해 행하는 병적인 유형이다. 이 유형은 예후가 안 좋고 방화벽이 지속된다.

2. 여성의 방화

다음으로는 성별로 구분해 살펴보겠다. 한국에서 2018년에 검거된 방화범죄 범죄자의 83.6%는 남성이었으며, 16.4%가 여성으로 나타났다. 검거된 방화범죄 범죄자는 남녀를 통틀어 51세~60세가 30.9%로 가장 많았고, 그 다음은 41세~50세(24.0%), 31세~40세(12.8%), 61세 이상(12.2%) 등의 순이었다.

남성범죄자는 51세~60세의 비율이 31.7%로 가장 높고, 그 다음이 41세~50세(23.2%), 61세 이상(12.6%) 등으로 나타났다.

여성범죄자는 41세~50세의 비율이 28.3%로 가장 높고, 그 다음이 51세~60세(26.9%), 19세~30세(16.1%) 등의 순으로 나타났다.

여성범죄자는 남성범죄자에 비해 정신장애가 있는 경우가 더 많았고(여성 20.7%, 남성 8.9%), 남성범죄자는 여성범죄자에 비해 주취상태에서 방화범죄를 저지르는 경우가 더 많았다(남성 49.6%, 여성 37.4%).

일본의 여성 방화

일본 「범죄백서」(법무성법무총합연구소, 2015)에 따르면 여성의 비율이 25.3%를 차지하고 있고 이것은 1993년 약 17%에 비해 증가한 것인데 일본에서는 이런 의미에서 방화를 '여성적인 범죄'라고 하는 사람도 있다. 한편, 방화전체의 여성방화비율은 2018년 기준 한국이 16.4%인 반면, 미국은 13.4%(Homes&Homes, 1996)이다.

일본에서는 20세 여성이 2006년 4월에서 5월경 나가노현 A시에서 8건의 연쇄방화를 저지른 사건이 있었다. 그는 스스로 방화한 후 자신의 블로그에 화재사진을 게재한 바 있다. 중학교 체육관, 자재창고나 자동차에 방화한 이유로 그녀는 '왕따를 이유로 모교에 원한이 있다, A시가 유명해지게 하고 싶었다. 두근두근해서 재미가 있었다'라는 내용으로 진술했다.

일본의 여성연쇄방화범 83명의 자료를 분석한 와치(和智, 2007) 등의 연구결과에 의하면 여성연쇄방화는 2가지 유형 즉 도구형 방화와 표출형 방화가 있다. 도구형 방화는 보복 등이 주된 목적이고, 계획성이 높다. 그리고 표출형 방화는 울분해소 등이 주된 목적으로, 기회적이고 감정적으로 행하는 것이며 여성방화의 70% 정도가 표출형 방화로 분류된다.[43]

3. 한국형 방화범죄의 특징

「2019 소방 통계연보」에 의하면 2018년 42,338건의 화재가 발생했는데, 화재의 대상물을 기준으로 보면, 건물화재가 66%(주거 12,002건, 비주거 16,011건)를 차지한다. 원인별로는 방화가 447건, 방화의심이 470건으로 이 두 가지를 합친 비율로 따지면 약 2.2%에 해당된다. 한편 대검찰청 「2019 범죄백서」 방화 건수는 2018년 총 1,478건인데 「2019 소방 통계연보」와 서로 다른 것은 방화의 정의나 해석의 차이로 보인다. 화재의 주요 원인으로는 부주의가 20,352건, 전기적 요인이 10,471건이다. 방화 등을 917건으로 보았을 때 화재의 원인은 실화, 전기, 방화의 순이다.

방화범죄는 대중적으로나 사회적으로 많은 영향을 끼치는 강력범죄 중 하나이다. 단순한 불장난으로 끝나는 것이 아니고 사회를 위협하는 범죄이기 때문에 방화에 대해 보다 심각하게 접근해야 한다. 피해범위가 넓고 많은 인명피해를 동반해 사회적 이목이 집중되었던 2003년 대구지하철 방화사건과 2008년 경기도 용인시 고시원 방화사건 등은 사회병리 현상의 단면을 보여주고 있다.

지금까지 방화범죄와 정신장애의 관련성을 확인했고 동기나 목적에 따른 분류를 보았다. 요약하면, 한국은 18세 이하가 전체 방화범죄의 8.1%를 차지하고 있고, 아동의 방화 동기는 호기심형, 위기형, 비행형, 도피형, 병리형의 5가지로 나눌 수 있다. 또한 여성에 의한 연쇄방화에는 도구형 방화와 표출형 방화가 있는데 일본의 경우 표출형 방화가 70%로 압도적으로 많다.

제3절 방화범죄 대책

방화범죄의 대책에 있어 방화범의 특징과 행동패턴에 대한 이해가 선행되어야 한다. 주로 라이터를 많이 사용하고 범행시간대가 저녁에서 심야에 이르는 야간을 중심으로 이루어지며, 피해를 입기 쉬운 일반주택이나 공동주택을 대상으로 인기척이 뜸한 장소에서 행해지는 점에 착안할 필요가 있다. 사실 방화범의 범행 동기는 매우 다양하므로 동기에 기반한 대책은 수립이 용이하지 않다. 동기 외에도 여러 상황요인이 결합하는 경우가 허다하기 때문이다. 예를 들어 뇌졸중 등으로 심한 우울증을 앓던 범인에 의한 대구지하철방화의 경우, 대참사로 이어진 원인은 상황을 제대로 파악하지 못한 중앙사령실의 허술한 대응과 판단착오, 승강장 내의 화재진압시설 미흡, 객차 내 불량자재 사용, 안전에 관련된 문제가 복합적으로 작용하였다. 철도안전법상 위험물질 소지자의 탑승금지 규정이 실효성 있도록 철도경찰의 역할이 강조되어야 할 것이고 나아가 방화가 이루어진 이후의 대응훈련이 충분하게 실행되어야 한다.

그리고 숭례문방화사건에서 보듯이 범인이 경비가 삼엄한 종묘를 포기하고 남대문을 택한 것은 경비가 허술하여 접근하기 쉽고 상징성이 있다고 생각한 범인 나름대로의 합리적 선택이었으므로 시설경비가 강화되어야 한다(대상 강화). CCTV만으로는 한계가 있기 때문에 인적감시와 자연적 감시 측면에서 보충되어야 하고, 방화 등 재난예방 주무부처인 소방 및 지자체 공무원의 교육이 사례위주로 이루어져야 하며 시민들의 안전의식 홍보와 같은 지속적인 노력이 필요하다.

검거능력을 더욱 향상시키는 것도 중요하다. 2015~2021년간 방화발생건수는 평균 1,411건 정도이고 검거율은 평균 90.7%에 이른다(KOSIS 국가통계포털). 치안이 양호한 일본의 경우 2005~2014년간 방화인지건수가 평균 1,357건이고 평균 검거율이 73.3%[44]에 불과한 것을 고려하면 검거율이 매우 높은 편이긴 하지만 검거율을 더 높이고 예방차원에서 이를 적극 홍보하여 방화범은 반드시 검거된다는 인식을 제고할 필요가 있다.

또한 방화피해에 취약한 물건은 방화범죄자의 행동을 용이하게 하는 요소이다. 따라서 쓰레기나 가연물이 방치되어 있는 상황, 사람들 눈에 띄기 어려운 장소에서 침입이 용이한 상황, 한눈에 보아도 연소하기 쉬워 보이는 목조건물과 낡은 건물 등에 대한 대책이 이루어져야 할 것이다. 방화를 미연에 방지하기 위한 방범시스템 기기(센서 라이트 등)의 설치, 방화하기 어려운 환경조성을 위해 지역사회 내에서의 합동순찰과 협업이 요구된다.

정리하기

○ 방화를 '약자의 범죄'라고 표현하는 것은 사회적 약자여도 용이하게 범행할 수 있기 때문이다.

○ Douglas 등이 제시한 방화의 동기는 ① 파괴목적, ② 흥분을 얻을 목적, ③ 복수목적, ④ 이익목적, ⑤ 범죄은폐목적, ⑥ 극단주의자 동기가 있다.

○ 흥분을 얻을 목적의 방화는 스릴·주목·승인·성적만족을 얻기 위해 방화하는 유형이다.

○ 복수목적은 명칭 그대로 개인에 대한 계획적이고 1회뿐인 방화와, 사회에 대한 무계획적이고 연쇄적인 방화를 포함한다.

○ 캔터(Canter, 1998) 등에 의하면 '표출적/대인방화'의 경우 방화범은 정신질환을 가지고 있어 병원력이 있는 자가 상대적으로 많다.

○ 자이츠(財津)에 의하면, '고자립성/낮은 범죄수준'은 기혼자, 여성비율이 높고, 아는 사람을 대상으로 동일 장소에 방화, 도보이동의 특징을 보인다.

○ 어린 학생의 방화사례에는 '불'이 인격의 위기를 보여주는 일종의 위험신호의 의미를 가진 경우가 있다.

○ 한국은 2018년 기준 18세 이하가 전체적으로 8.1%에 불과해, 영미에 비해 상당히 미성년자 방화 사례가 적다.

○ 라이더(Rider, 1980b)는 미국의 공공물손괴 방화 중 소년의 비율은 80%로 2인조나 집단의 범행이 많다고 지적하고 있다.

○ 방화범죄 연구로 유명한 미국의 한 심리학자는 아동 방화범의 동기를 호기심형, 위기형, 비행형, 도피형, 병리형의 5가지로 나누고 있다.

○ 일본의 와치(和智, 2007) 등의 연구 결과에 의하면 여성연쇄방화는 2가지 유형 즉 도구형 방화와 표출형 방화가 있으며 70% 정도가 표출형 방화로 분류된다.

Chapter 05

성 범 죄

제1절 성폭력과 성범죄 실태

생각해 보기

○ 성폭력, 성폭행, 성추행, 성희롱, 강간, 강제추행, 의제강간 등 성폭력 범죄와 관련된 용어는 다양하다. 각 용어들은 어떻게 다른 것일까?

1. 성범죄와 성폭력의 구별

먼저 성폭력 범죄 중 다양한 범죄들의 구별 개념에 대해 알아보겠다. 성폭력은 '성을 매개로 상대방의 의사에 반해 이뤄지는 모든 가해행위'를 일컫는다. 즉, 폭력을 수반해 상대방의 성적 자유나 자기결정권을 침해하는 경우 성립하며 성폭행, 성추행, 성희롱을 포함한다. 반면 폭력이 수반되지 않은 채 선량한 성풍속을 해하는 행위들, 예컨대 공연음란이나 성매매, 음란물 제조·판매 등은 성풍속 범죄에 해당한다. 이러한 성풍속 범죄와 성폭력 범죄를 모두 포괄하는 개념이 성범죄이다.

성범죄(sex crime)라는 단어는 '범죄' 개념이 시대와 장소에 따라 다르듯, 고정된 개념이 아니라 늘 변화하고 도전을 받는다. 예를 들면 사회적 태도의 변화에 따라 미국에서 동성애가 1960년대부터 합법화된 것이나, 영국에서 부부간 강간을 1992년이 되어서야 인정한 것 등이다. 성범죄는 직장에서의 원하지 않은 성적 표현부터 연쇄강간과 성적 살인에 이르기까지 다양한 행위들을 지칭한다. 성범죄에서의 주된 개념은 바로 동의(consent)다.

성폭행은 형법상 강간을 순화시킨 용어로서 강제력이 동반된 성교를 의미한다. 성추행은 형법상 강제추행으로 규정되어 있고 강제력이 동반된 신체접촉으로 성적 수치심을 유발하는 행위이다.

성폭행과 성추행은 형사처벌 대상인 반면, 성희롱은 주로 직장 내 조치 대상이다. 「남녀고용평등법(남녀고용평등과 일·가정 양립 지원에 관한 법률)」상 "직장 내 성희롱"이란 사업주·상급자 또는 근로자가 직장 내의 지위를 이용하거나 업무와 관련하여 다른 근로자에게 성적 언동 등으로 성적 굴욕감 또는 혐오감을 느끼게 하거나 성적 언동 또는 그 밖의 요구 등에 따르지 아니하였다는 이유로 근로조건 및 고용에서 불이익을 주는 것을 말한다(제2조 제2호).

한편 양성평등기본법상 "성희롱"이란 업무, 고용, 그 밖의 관계에서 국가기관·지방자치단체 또는 대통령령으로 정하는 공공단체의 종사자, 사용자 또는 근로자가 ① 지위를 이용하거나 업무 등과 관련하여 성적 언동 또는 성적 요구 등으로 상대방에게 성적 굴욕감이나 혐오감을 느끼게 하는 행위를 하거나 ② 상대방이 성적 언동 또는 요구에 대한 불응을 이유로 불이익을 주거나 그에 따르는 것을 조건으로 이익 공여의 의사표시를 하는 행위를 의미한다(양성평등기본법 제3조 제2호).

[표 4-4] 성희롱의 정의

구분	직장 내 성희롱	성희롱
정의	사업주·상급자 또는 근로자가 직장 내의 지위를 이용하거나 업무와 관련하여 다른 근로자에게 성적 언동 등으로 성적 굴욕감 또는 혐오감을 느끼게 하거나 성적 언동 또는 그 밖의 요구 등에 따르지 아니하였다는 이유로 근로조건 및 고용에서 불이익을 주는 것	업무, 고용, 그 밖의 관계에서 국가기관·지방자치단체 또는 대통령령으로 정하는 공공단체의 종사자, 사용자 또는 근로자가 (가) 지위를 이용하거나 업무 등과 관련하여 성적 언동 또는 성적 요구 등으로 상대방에게 성적 굴욕감이나 혐오감을 느끼게 하는 행위를 하거나 (나) 상대방이 성적 언동 또는 요구에 대한 불응을 이유로 불이익을 주거나 그에 따르는 것을 조건으로 이익 공여의 의사표시를 하는 행위
법률	「남녀고용평등법(남녀고용평등과 일·가정 양립 지원에 관한 법률)」 제2조 제2호	「양성평등기본법」 제3조 제2호

성폭력의 유형과 처벌은 개념보다도 훨씬 복잡하다. 예컨대 강간의 유형에는 준강간, 유사강간, 의제강간 등이 포함되며 이러한 강간의 결과로 발생한 상해나 사망에 대해서는 가중처벌

하고 있다. 피해자의 나이나 심신미약 등의 특성에 따라서도 달리 처벌하며 적용법규도 형법, 성폭력범죄의 처벌 등에 관한 특례법(성폭력처벌법), 아동·청소년의 성보호에 관한 법률 등 다양하다. 주거침입, 흉기 소지, 다수 관여 등의 가해 방법이나 친족 등 피해자와의 관계도 반영하여 규정하고 있다.

2. 성폭력 범죄의 실태

「대검찰청 2019 범죄분석」에 의하면 성폭력은 2018년에는 총 32,104건이 발생했다. 범죄 발생시간을 보면 42.1%가 밤 8시에서 새벽 3시 59분까지에 해당하는 '밤'에 발생했고, 22.8%는 오후 12시에서 오후 5시 59분까지에 해당하는 '오후'에 발생했다. 전체적으로 볼 때 성폭력 범죄의 52.0%가 저녁시간 이후의 시간대에 발생한 것을 알 수 있다.

피해자의 연령을 보면 성폭력범죄의 피해자는 21세~30세(39.6%)가 가장 많았다. 그 다음은 16세~20세(20.0%), 31세~40세(12.9%) 등의 순이었다. 또한 전체 성폭력범죄 피해자의 9.2%가 15세 이하의 청소년이었고, 61세 이상의 연령층은 2.6%를 차지하고 있다.

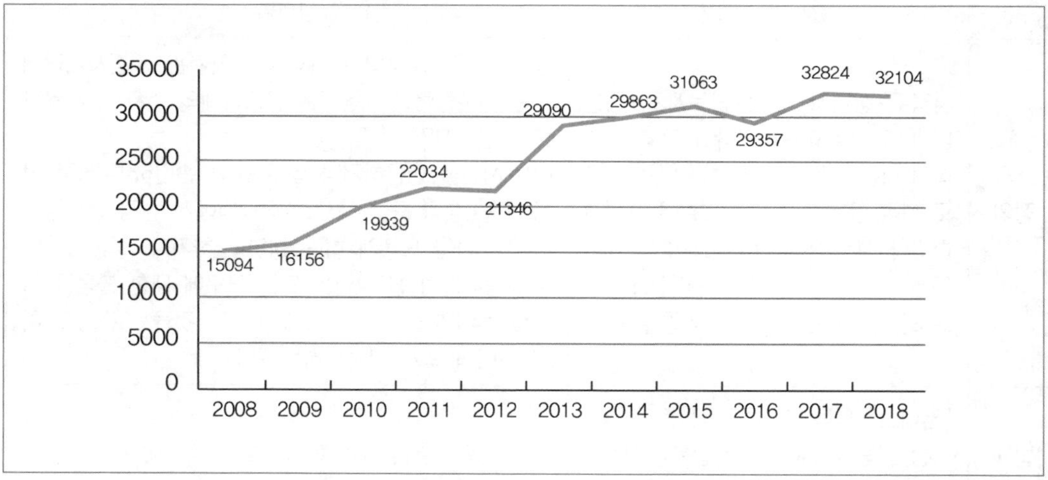

성폭력 범죄의 발생건수(2008~2018)

(출처: 대검찰청, 범죄분석, 2019. https://www.spo.go.kr/site/spo/crimeAnalysis.do)

(출처: 경상남도 교육청)

공범 유무와 관련해서는 성폭력 범죄의 94.3%는 단독으로 이루어지는 것으로 나타났다. 그러나 소년범죄자의 경우에는 단독범의 비율이 82.9%로, 성인범죄자(95.7%)보다 낮고 공범 비율이 17.1%로, 성인범죄자(4.3%) 보다 상대적으로 높았다.

수사기관의 성폭력 발생 통계자료에 의하면 2008년에서 2017년까지 지난 10년 간 성폭행과 성추행을 포함한 '성폭력 범죄'는 94.7%나 증가했다. 이는 살인, 강도, 방화 등 다른 강력범죄가 감소추세에 있는 것과 완전히 다른 양상이다.

순 발생건수는 2008년 16,129건에서 2017년 32,824건으로 두 배 이상 증가했다. 세부 유형별로 살펴보면, 카메라 등을 이용한 불법촬영 범죄가 2008년 585건에서 2017년 6,615건으로 10배 이상 늘었고, 지하철 등 공중 밀집장소에서의 추행을 포함한 강제추행도 2008년 6,934건에서 2017년 18,066건으로 2.5배가량 증가했다. 성범죄는 암수범죄가 가장 많기 때문에 여성가족부에서는 정확한 실태를 파악하기 위해 2010년부터 「성폭력 안전 실태조사」를 3년 주기로 실시하고 있다. 이는 2013년부터 국가승인통계로 인정받아 점차 표본 수를 늘려가고 있으며, 2019년 조사에서는 불법촬영 등 디지털 성범죄에 대한 피해현황을 파악하기 위해 '불법촬영물 유포 피해' 항목을 추가했다.

3. 강간발생 관련 이론

강간발생과 관련해서는 '폭력하위문화이론', '권력－통제 이론', '성불평등이론', '포르노그라피 이론', '문화적 간접효과 이론' 등 다양한 이론이 있는바 이하에서 각 이론을 차례로 살펴보겠다.

① '폭력하위문화이론(Violent Subculture Theory)'에 따르면 아미르(Amir, 1968)는 강간이 사회문화적으로 학습되는 것이며 동료집단 등을 통해 학습, 유지된다고 설명한다. 강간이 빈번하게 발생하는 것은 그 사회의 집단규범이 여성에 대한 성적 공격을 포함한 공격적 행위들에 대

해 관대하기 때문이다. 이 이론에서는 여성을 하위문화의 구성원으로 본다는 점이 특징이다.

커티스(Curtis, 1975)는 아미르의 이론을 수정해 흑인빈곤하위문화와 폭력적 반문화(反文化)가 모두 존재한다고 가정했다. 가난한 흑인남성은 지배적인 문화에서 남자다움에 필수적인 경제적 성공의 기회가 차단되어 있어, 남자다움을 비경제적인 측면에서 찾으려 폭력적 반문화를 형성하게 된다. 즉, 이 문화에서 젊은 남자는 성적인 면에서의 성취가 자신의 지위를 결정하는 데 있어 중요한 의미를 갖게 된다고 생각한다는 것이다. 가난한 흑인남성에게 남성다움을 나타낼 수 있는 다른 기회(예, 경제적 성공에 대한 기회)가 막혀있는 것에 반해 여성에 대한 성적 착취는 가능한 기회이기에 이들 문화 속에서 더욱 커지게 되는 것이라고 주장한다. 또한 반문화 속에서는 여성에 대한 매력을 요구할 뿐만 아니라 여성에 대한 성적 착취 또한 존재한다. 이렇듯 여성에 대한 성적 착취는 지배문화의 특징이라고도 볼 수 있다.

② '권력－통제 이론(Power－Control Theory)'은 성비와 강간의 비율은 부(負)의 관련을 갖는 것으로 설명한다. 성비가 높을 경우 남성은 여성을 보다 통제하기 위해 여성의 가정 내에서의 역할만을 강조하게 되고, 이에 따라서 여성은 가정 내에서 주로 활동하게 되므로 범죄를 당할 위험성은 상대적으로 낮아지게 된다는 것이다.

③ '성불평등이론(Gender Inequality)'에서는 강간이 특정 사회에서의 사회통제 메커니즘의 역할을 한다고 설명한다. 남성다움의 표현을 지배성, 공격성과 같은 것에 두는 규범으로 인해 남성이 여성을 성적으로 착취하는 것으로 해석한다.

④ '포르노그라피 이론(Pornography)'은 음란물 등이 남자가 여자를 강간하도록 원인제공을 한다는 주장이다. 이 이론의 가정은 포르노그라피가 ㈎ 성차별주의와 남성지배성을 묘사하고 있고, ㈏ 여성을 성적으로 대상화하며, ㈐ 여성에 대한 신체적 공격의 행동모델을 제공해 준다는 것이다.

⑤ '문화적 간접효과 이론(Cultural Spillover)'[45)]은 문화적인 요인들로 인해 간접적으로나마 강간이 정당하게 지지될 수 있다는 이론이다. 즉 강간은 폭력을 허용하고 너그럽게 봐주는 문화의 영향을 간접적으로 받는다고 본다.

그 외의 이론으로는, 진화론자들의 경우 강간에 대해 여성과 합의적 성관계를 갖는 데 실패한 남성이 이용하는 일종의 '적응' 양식이라고 보기도 했다.

포르노는 범죄를 촉진하는가

이 주제는 폭력영상의 효과보다도 연구가 힘든 분야이다. 일반 실험 참가자에게 포르노 영상을 보여주고 성욕이 증가했는가를 조사하는 실험 자체에 윤리적 문제가 있기 때문이다. 실제 성범죄자와 다른 범죄자에 대해 범죄 전 일주일에 몇 번 정도 강간포르노를 보았는가 등 포르노 시청량이나 기호에 차이가 있는가를 조사한 연구가 행해졌지만 두 집단 간에 차이는 없었다.

그렇다면 포르노 허가 전후나 포르노 규제 전후에 성범죄 발생률에 차이가 있을까? 이에 관한 연구도 많은 나라, 지역에서 행해졌지만 포르노 효과는 검출되지 않았다. 다만 미국에서 강간사건이 많은 주(州)와 적은 주는 어떠한 요인에서 차이가 있는지 조사한 것은 주목할 만하다. 그 결과 독신남성의 수나 실업률 등의 요인과 함께 포르노 입수가 용이한 주 쪽이 성범죄가 많았다는 것을 보여주기는 했다.[46)]

4. 성폭력 피해 후유증

성폭력 피해 후유증에 관한 연구 중에 '성폭력의 그림자 가설(shadow of sexual assault hypothesis)'이 있다. 페라로(Ferraro, 1995)에 의하면 성폭력 피해경험이나 두려움은 다른 유형의 범죄피해 두려움에도 큰 영향을 미치는 강력한 요인이다. 즉, 여성 혹은 일부 취약한 상황의 남성에게는 성폭력을 당할지 모른다는 두려움 자체가 모든 범죄에 대한 두려움 그 자체이다. 장민경·심희섭(2018) 등이 실시한 실제 연구와 데이터도 이 주장에 상당한 지지를 보이고 있다.[47)]

성폭력 피해는 피해자의 전 인격에 깊은 상처와 광범위한 후유증을 입힌다. 성폭력을 당한 나이, 가해자와의 관계, 피해정도에 따라 차이는 있다. 피해자들은 공통적으로 자존심에 치명적인 상처를 입고, 자신감을 상실하게 되고, 그 결과 대인관계에 균형을 잃게 되어 점차 환경으로부터 고립 단절되고, 자신의 내면세계에서 인격의 통합성을 상실하게 되어 심신 전반에 걸쳐 총체적인 위기를 초래한다.

여성과 남성은 성범죄 피해의 증상에 다소 차이가 있다. 우선 남성 피해자는 자신의 감정을 드러낼(외면화할) 가능성이 더 높은 반면에, 여성 피해자는 반응을 내면화할 가능성이 더 높아서, 심리적이고 정서적인 문제들로 인해 괴로워하거나 자해를 할 확률이 비교적 더 높다. 테리(Terry, 2006)에 의하면, 대부분의 여성들은 성범죄 피해에 대해서 오랜 기간동안 부정하고 그것에 대해서 이야기하지 않는다고 한다. 또한 스카스(Scarce, 1997)는, 남성 피해자들은 범죄 피해 이후 보통 성정체성에 대한 혼란을 경험하며 자신이 그 피해를 막지 못했다는 자책감과 당혹감을 경험할 가능성이 높다고 주장한다.

한편 신체적 후유증 외에도 성폭력 피해자들의 심리적 후유증이 심각한데 이것은 정서 영역과 인지지각능력에 모두 나타난다. 정서 영역에서는 과잉 반응, 공포와 불안, 우울, 분노, 죄의식, 수치심, 순결상실감, 강박장애증, 악몽, 증오, 파괴적인 행동, 낮은 자존감 등이 나타난다. 또한 인지지각 능력으로는 해리(解離), 억압, 다중인격, 부정, 부정적 자기 개념, 환각, 환청이 발생한다. 그리고 사회적 후유증으로는 대인관계의 어려움, 사회생활의 부적응, 행동영역에서의 증상이 나타난다. 대인관계의 어려움에는 거부에 대한 공포, 친밀 공포, 남성기피, 남성혐오, 대인불신, 과잉책임, 과잉통제, 방종, 불명확한 자아 경계가 있다. 사회생활의 부적응으로는 학습 부진, 등교 거부, 자퇴, 가출 등이 있다. 행동 영역에서는 자해, 자살기도, 공격행동, 우울증, 자살, 섭식장애(과식, 거식), 알코올 남용 등이 있다.

성폭력 범죄를 요약하면, 성폭력 범죄는 성폭행, 성추행, 성희롱 등을 포함하며 성풍속 범죄는 공연음란이나 성매매, 음란물 제조 혹은 판매 등이다. 성범죄는 이 두 범죄를 모두 아우르는 개념이다. 성폭행과 성추행의 차이는 강제력이 동반된 성교, 즉 강간의 유무이다. 성폭력 피해는 피해자의 전 인격에 걸쳐 깊은 상처와 후유증을 입히게 된다. 특히 여성 피해자는 감정적 반응을 내면화하는 경향이 높으며 성폭력 피해자 대부분 신체적 후유증 외에도 정서와 인지지각능력 모두에 심리적 후유증이 크게 나타난다. 이러한 이유로 인해 성폭력 피해자에게 사후 치료도 필요하다.

제2절 성범죄의 원인과 성범죄자의 분류

생각해 보기

○ '싫다는 표현은 좋다는 것을 의미한다(No means Yes)', '여성들은 강간당하기를 은밀히 원한다'와 같은 논리를 '강간신화(rape myths)'라고 말하기도 한다. '강간신화'는 무슨 의미이며, 이 말의 문제점은 무엇인가?

1. 성범죄의 원인

성범죄의 원인은 무엇인가? 왜 어떤 사람들이 성범죄를 저지르는지에 관해서는 생물학적·심리학적·사회학적 이론 등 다양한 설명이 존재한다. 그러나 단 하나의 이론으로 성범죄자들의 행동을 설명하는 것은 쉽지도 않고 바람직하지도 않다. 먼저 이번 항목에서는 생물학적 이론을 비롯해 애착이론, 행동이론과 인지행동이론, 페미니스트 이론, 심리사회적 이론을 통해 성범죄의 원인을 설명해보겠다.

① 생물학적 이론 중 테스토스테론의 예를 들면, 공격성과 테스토스테론 수준 사이에 실제로 상관관계가 존재한다. 그러나 테스토스테론의 수준과 성적 공격성을 측정하는 연구결과들은 일관된 결론을 내리지 못하고 있으며, 상관관계가 존재하더라도 이는 경미하게 나타난다. 비록 테스토스테론이 남성에게 있어 성적 충동의 근원이 되는 것으로 추정되지만, 성적 일탈행동과 비정상적 호르몬 수준 사이에 명확한 관련성을 찾은 연구는 거의 없다. 실제로 크로이츠와 로즈(Kreuz & Rose, 1972) 등 많은 생물학적 이론가들은 성이 다차원적이며, 호르몬 수준이라는 한 가지 요인에만 영향을 받는 것이 아니기에 생물학적 이상은 성범죄의 여러 원인 중 한 가지에 불과하다고 주장한다.

② 마샬(Marshall, 1993) 등이 주장한 애착이론은 요약해서 말하면, 정서적 애착을 제대로 형성하지 못한 사람들은 대인관계 기술이 부족하고 친밀한 성적 관계를 갖기가 힘들기 때문에 이성과의 관계에 있어 성범죄를 저지를 가능성이 상대적으로 더 높다는 것이다

③ 행동이론과 인지행동이론의 경우에는, 행동이론은 주로 성적 일탈행동의 평가와 치료에 중점을 두고, 성적 일탈행동을 치료할 수 있는 장애로 본다. 그리고 인지행동이론은 행동이론에 기초해 범죄자의 행동을 평가하고 더 나아가 이와 관련된 범죄자의 사고 과정을 고려한다. 특히 와드와 키넌(Ward & Keenan, 1999)에 의하면, 성범죄자들은 인지적 왜곡을 통해 자신의 행동을 정당화시키는데 여기에는 성범죄가 피해자에게 미칠 악영향을 부정하거나 최소화시켜 생각하고, 범행에 대한 스스로의 책임을 회피하며, 피해자를 탓하며 자신의 행동을 정당화하는 것 등이 포함된다고 이야기한다.

④ 페미니스트 이론으로, 대표적 페미니스트 이론가인 브라운밀러(Brownmiller, 1975)는 성범죄를 문화, 정치, 역사적 맥락에서 살펴보고 성범죄는 남성 우월주의 가부장적 사회에서 나타나는 여성에 대한 억압의 한 형태라고 주장했다.

⑤ 심리사회적 이론에 따르면 성범죄는 부적절한 사회화의 결과이다. 마샬 등(Marshall,

Laws & Barbaree, 1990)은 성범죄자들은 대체로 낮은 자존감과 빈약한 자아상을 가지고 있고, 대인 관계 기술의 부재로 인해 다른 사람과 정상적인 관계를 형성하는데 어려움이 있다고 보았다. 그리고 성범죄자들은 성적 만족이라는 그들의 목표를 성취하기 위한 유일한 수단은 폭력의 사용이라고 생각한다.

엘리스(L. Ellis, 1989)는 강간을 여성주의이론, 사회학습이론, 진화론적 이론으로 설명했다. 이 중에서 사회학습이론은 성범죄를 이와 밀접한 관련이 있는 네 가지의 과정을 통해 학습과 강화(reinforcement)를 받은 남성들이 행하는 공격적인 행동양식이라고 보았다. 즉, ① 다른 사람에 의해 전달되거나 대중 매체에서 묘사된 여성들에 대한 폭력행위와 강간 장면 모방하기, ② 성과 폭력을 연상하기, ③ '싫다는 표현은 좋다는 것을 의미한다(No means Yes)'와 '여성들은 강간당하기를 은밀히 원한다'와 같은 '강간신화(rape myths)' 갖기, ④ 성적 공격에 대한 고통·두려움·굴욕감에 둔감해지기를 제시했다.

이 중 강간신화는 성폭력에 대해 사람들이 품고 있는 잘못된 믿음으로 인해 피해자에게 비난을 이동시킨다. 이는 피해자를 침묵하게 만들 뿐 아니라 지역사회가 갖는 성폭력과 데이트폭력, 스토킹에 대한 일반적 지식을 무너뜨린다.

2. 성범죄자의 분류

성범죄자들은 대부분 어느 정도 공통점을 찾을 수 있다. 성범죄자의 특성은 마샬(Marshall, Laws & Barbaree, 1990) 등에 의하면, 대체로 대인관계 기술이 부족하고, 일반적으로 여성에 대해 부정적인 시각을 가지고 있으며, 폭력에 대한 허용도가 높다.

또한 그로스(Groth, 1983)에 의하면 스스로 무가치하다는 느낌과 낮은 자존감, 만성적으로 부정적인 기분을 느끼는 상태(분노, 공포, 우울 등), 그리고 공격성 통제 미숙과 같은 성격적인 문제를 보이는 경향이 있다.[48)]

성범죄들은 다양한 배경과 행동 특성을 가진 사람들이다. 성범죄자의 분류에는 여러 기준이 있다. 그로스 등(Groth, Burgess & Holmstrom, 1977)은 범행 동기에 따라 강간범을 크게 네 가지 유형, 즉 권력 주장형, 권력 재확인형, 분노 보복형, 분노 흥분형으로 나누었다.

① 권력 주장형 또는 권력 독단형(power assertive rapist)의 강간범은 강간을 자신의 남성다움과 통제력을 보이기 위한 수단으로 사용한다. 이들은 강간이 단순히 남성의 권리를 행사하는

것이라고 생각해 자신의 남성다움과 여성들에 대한 지배력을 과시하기 위해 강간을 저지른다. 이들은 범행 기회가 생기면 거짓말로 피해자들을 속이며 접근하고, 피해자들이 긴장을 풀고 마음을 놓으면 갑자기 태도를 바꾼다.

② 권력 재확인형(power reassurance rapist) 강간범은 여성과의 관계에 있어 사회적으로나 성적으로 상호작용하는 능력에 있어 자신감이 결여되어 있고, 이러한 성적 무능력에 대한 의심과 불안을 해소하기 위해 강간을 저지른다. 이들은 본인이 심리적으로 매우 편안함을 느끼는 공간이나 지역, 즉 자신의 주거지에서 피해자들을 공격하는 경우가 많은데 주로 피해자들을 감시하거나 창문을 통해 훔쳐보면서 피해자를 물색한다.

③ 분노 보복형(anger retaliatory rapist)에서의 강간범은 매우 충동적이고 폭력적이며, 분노와 보복성을 강하게 나타내어 여성을 처벌하고 모욕하기 위한 수단으로써 성행위를 강요한다. 이들은 의도적으로 피해자에게 매우 잔혹한 폭력을 행사하는데, 이를 통해 피해자들을 응징하고 파멸시키려는 감정적 욕구를 만족시킨다. 이들의 공격은 분노 때문에 일어난 것이기 때문에 언제 어디서든 일어날 수 있어 특정한 지리적·시간적 패턴이 없다. 이들 대부분은 주먹이나 발을 이용해 공격하고, 성도착 행위를 나타내는 경우는 거의 없다.

④ 분노 흥분형(anger excitation rapist) 유형은 피해자가 고통 받는 것을 즐기는 유형인 '가학형(sexual sadist)'으로도 불린다. 이들은 피해자의 육체적·정신적 고통에 대한 반응, 특히 두려움이나 완전한 복종을 드러내면 성적으로 흥분한다. 이들의 범행은 상당히 정교해서 흉기, 도구, 이동 경로 등 범행의 세세한 부분까지 하나하나 미리 계획되어 있고, 실제로나 성적 환상 속에서 끊임없는 예행연습을 거친다. 이들은 피해자에게 말을 거는 등 신뢰를 얻는 방법으로 접근해, 순식간에 피해자를 속박하고 자신이 미리 정해놓은 장소로 데리고 간다. 이들은 상당한 시간동안 피해자에게 신체적으로 여러 도구를 이용해 고문을 하고, 죽음의 공포를 느낄 만큼 정신적으로도 끔찍한 고통을 준다.

성범죄의 유형 중 최근 논란이 되고 있는 몰카범죄(盜撮犯)의 경우 성적 도촬과는 구별되는 영리를 목적으로 한 도촬도 있다. 먼저 훔쳐보기는 "자신을 보고 있음을 눈치채지 못하는 사람이나 성행위 중인 사람을 주시하여 성적 흥분이나 성적 만족을 얻는 성벽"으로 정의된다. 성적 도촬은 "사람이나 성행위를 주시하는 대신 카메라 등의 기기로 촬영하고 그 영상을 시청하는 것으로 성적 흥분이나 성적 만족을 얻는 성벽"으로 정의된다. 성적 도촬에 이르는 배경에는 인터넷에 넘치는 도촬사이트의 영향도 크다. 도촬사이트의 열람에 의해 성적 도촬이라는 범죄행위에 대해 감각마비와 도촬수단의 학습, 촬영은 누구나 하는 것이니 나쁜 것이 아니라는 태도도 학습한다. 훔쳐보기나 성적 도촬범죄자가 갖고 있는 것으로 보이는 훔쳐보기 신화(정확하게는 그릇된 통념)에는 다음과 같은 것이 있다.

- 훔쳐보는 것은 피해가 없다. 상대에게 해를 주지 않는다(피해의 부정).
- 당하는 사람이 나쁘다. 안이 들여 보이는 건물이 나쁘다(책임의 부정).
- 여성은 훔쳐보았으면 좋겠다고 생각한다(여성행동의 오인).
- 미니스커트를 입는 사람은 성적으로 헤프다(여성성욕의 오인).

몰카범죄자에게 중요한 점은 촬영되고 있음을 상대가 눈치 채지 못하는 점이다. 감춰지면 감춰질수록 볼 수 없는 것을 보고 싶다는 심리에 박차가 가해진다.[49]

이 장에서는 성폭력 범죄의 구별 개념과 실태, 강간발생과 관련된 이론 및 성폭력 범죄의 피해 후유증 그리고 성범죄의 원인과 성범죄자의 분류에 대해 알아보았다. 성폭력은 '성을 매개로 상대방의 의사에 반해 이뤄지는 모든 가해행위'를 일컫는다. 하지만 성범죄의 원인을 하나의 이론으로 설명하는 것은 바람직하지 않다. 다만 성범죄자의 특성을 살펴볼 때 대체적으로 대인관계 기술이 부족하고, 일반적으로 여성에 대해 부정적인 시각을 가지고 있으며, 폭력에 대한 허용도가 높다는 것을 알 수 있다.

제3절 성범죄 대책

1. 감염병 진단의뢰 및 의료기관의 대응

성폭력 피해자는 성범죄로 인해 '인체 면역결핍 바이러스(HIV)' 라든가 여러 가지 성병 등에 감염되기 쉬우므로 경찰 등 형사사법 기관은 피해자를 발견한 즉시 병원에 감염병 진단을 의뢰하여야 한다. 이러한 감염병 예방을 위해서 미국의 여러 주들이 성범죄자로 하여금 HIV테스트 결과를 제출하도록 하고 있다. 피해자들의 경우에도 본인이 요청하거나 감염병에 노출되었다고 판단할 만한 상당한 이유가 존재하면 이러한 검사를 받도록 하고 있다.[50]

다만, 성폭행 피해자가 병원을 찾았을 때 피해자를 접촉하는 병원관계자의 민감한 대응이 필요하다. 상처를 치료하는 목적도 있지만 피해사실을 입증할 증거를 채취할 목적도 있기에 응급실에 가면 우선순위를 두고 의료조치와 증거수집을 해야 하는 것이다. 이를 위해서는 의료관계자에 대한 교육훈련이 필요하고, 경찰과 긴밀한 협력체계를 갖추는 것이 필요하다. 이러한 문제 때문에 미국에서는 1970년대 중반부터 '성폭행 검진전담 간호사(sexual assault nurse examiner, SANE)' 제도를 운영하고 있는데 이들은 피해가 범죄로 인해 발생했는지를 평가하기 위한 각종 신체검사를 수행함과 동시에 범죄에 관한 증거수집 업무를 담당하고 있다.[51] 한국에서는 '성폭력 피해자 통합지원센터'가 바로 이러한 역할을 수행하고 있다.

2. 성범죄자 등록·고지제도 운영

미국에서는 1996년 매건법(Megan's Law) 발효에 따라 성폭행 범죄의 재발을 막기 위해서 성범죄자의 주거지 주소를 등록하는 제도와 성폭력 범죄사실에 대해 고지를 하는 제도를 운영하고 있다. 이 제도에 의거하여 성범죄자들의 주소지가 추적될 수 있으며, 아동이 운집하는 학교 등에서 적어도 1,000피트(약 300미터) 격리된 곳에서 살아야 하는 등 주거지 선정에 대한 제한도 가능하다. 성범죄자 신상을 고지 받아야 할 대상자들은 성범죄자가 근무할 가능성이 있는 곳의 고용주, 지역 주민, 관련 기관, 성범죄 피해를 입을 가능성이 있는 사람들과 함께 일하는 사람 등이다. 고지방법은 유인물 배포, 개별 방문, 편지 등의 방식을 사용하고 있다. 제공하는 범죄자 정보로는 성명, 주소, 인상착의, 범죄사실 등이다.[52]

한국의 경우에도 성폭력처벌법 제42조 이하에서 성범죄자 신상등록 및 신상공개 제도를 규정하여 시행하고 있다. 즉, 성폭력처벌법상의 특정 성범죄와 아동청소년성보호에 관한 법률상의 특정 성범죄를 범한 범죄자가 유죄판결 혹은 약식명령 확정을 받게 되거나 또는 신상공개명령이 확정되면 관할 경찰서장에게 기본 신상정보를 제출하여야 하고, 관할 경찰서장은 이 신상정보를 법무부장관에게 송달함으로써 법무부장관이 이를 등록하도록 하고 있다.

등록대상 신상정보는 경찰이 수집한 기본 신상정보(성명, 주민등록번호, 주소 및 실제거주지, 직업 및 직장 소재지, 연락처, 신체정보, 소유차량 등록번호) 외에 법무부에서 추가한 정보(등록대상 성범죄 경력정보, 성범죄 전과사실, 죄명, 횟수, 전자장치 부착 등에 관한 법률에 따른 전자장치 부착여부) 등이 포함된다.

한국에서 등록된 범죄자 신상정보 공개와 고지명령의 집행은 여성가족부장관이 한다. 신상정보 고지에 관한 절차는 아동청소년의 성보호에 관한 법률 규정을 따르도록 하고 있다. 이 법 제51조에 따르면 법원은 고지명령의 판결이 확정되면 판결문 등본을 판결이 확정된 날부터 14일 이내에 법무부장관에게 송달하고, 법무부장관은 이를 여성가족부장관에게 송부하여 고지를 하도록 하는 것이다. 고지를 받을 대상자들은 아동교육시설의 장, 초중등 학교장, 읍면동의 장, 학원 원장, 지역아동센터 등이 대표적이다.

3. 경찰의 대응

성폭력 피해가 발생했을 때 가족이나 민간이 운영하는 상담소를 찾을 수 있지만 경찰은 성폭력 피해자가 가장 먼저 접촉하는 형사사법기관이라고 할 수 있다. 경찰에 피해신고가 됨으로써 가해자를 추적하게 되고 피해자는 보호 및 지원을 받을 수 있게 되는 것이다. 그러나 경찰의 사건처리에 대하여 신뢰를 못할 때 범죄신고가 제대로 안 이루어질 수 있다. 사건이 신고되지 않으면 피해자는 피해회복이 안된 상태에서 고통을 받거나 반복적으로 피해자화 되는 상황이 전개될 수 있을 것이다. 피해자 수사를 하는 경찰관의 피해자에 대한 무관심과 무성의도 피해자의 신뢰를 떨어뜨리는 요인이 되며, 심지어 2차 피해를 가하는 원인이 된다.

경찰이 피해자의 신뢰를 회복하기 위해서는 형사절차 진행에 관한 정보를 잘 제공해 주어야 하며, 신변안전 위협요인을 철저히 관리해야 하고, 피해자 지원단체와 연계하여 상담, 병원진료, 법률지원을 받도록 하는 것 외에, 피해자구조금 지급절차 등 물질적 피해회복에 대한 내용도 안내해 줌으로써 피해회복을 도와야 한다. 한국 경찰은 전국 주요 지역에 성폭력피해자 통합지원센터를 두고서 성폭력 등의 피해자에 대하여 365일 24시간 상담, 의료, 법률, 수사지원을 원스톱으로 제공하고 있다.

그러나 없는 사실을 꾸며내는 악의적인 피해자도 있기에 경찰은 주의를 해야 한다. 이런 피해자의 '거짓 주장(false allegation)' 여부의 규명은 충분한 증거가 뒷받침되어야 한다. 성범죄 사건이 발생했다는 사실을 입증할 수 있는 증거가 부족할 경우 그것은 '근거 없는 주장(baseless allegation)'이지 거짓 주장은 아니기 때문이다. 미국에서는 피해자의 거짓 주장과 근거 없는 주장 두 가지를 합하여 '미확인(unfounded)' 사건으로 통일시켜서 분류하고 있다.[53)]

4. 성폭력 범죄의 기소

기소업무를 담당하는 검사들은 법적으로 입증이 용이한 사건들은 기소하려는 경향이 강하다. 이런 사건들은 피해를 당한 사실이 명확하고 가해자의 범죄를 입증할 수 있는 강력한 증거들을 확보하고 있는 경우가 대부분이다. 반면, 성폭력 사건의 경우 증거부족으로 인하여 기소 여부를 망설이는 경우가 많다. 명백한 물리적 증거가 없으면 피해자와 가해자의 진술증거에 의존해야하기 때문이다.

목격자가 없고 명백한 물리적 증거도 부족한 성폭력 사건의 기소여부는 피해자의 성격, 평소의 행동, 그간 살아왔던 삶의 배경에 대한 평가에 의해 영향을 받는다. 최근 연구에 따르면, 피해자가 서로 알고 지내는 사람으로부터 성폭행 피해를 입었을 때에는, 사건 발생 시 피해자가 피해위험을 감수하면서도 가해자와 함께 자리를 했다는 점을 들어 기소를 덜 하게 되는 성향이 있다. 피해자에 대한 평소 평판이 안 좋을 경우에도 지인에 의한 성폭행은 기소 안 될 가능성이 높다. 반면, 전혀 낯선 사람에 의해 성폭행을 당했을 때에는 범인이 흉기를 사용했는지, 현장에 물리적 증거가 있는지 등과 같은 법률적 요소만을 따져서 기소여부를 결정하려는 성향이 강하고, 피해자의 성격이나 평소행동 등에 대한 평가는 기소여부에 그다지 영향을 주지 않는다.[54)]

5. 성폭력 범죄의 예방

미국에서 강간이나 성폭력 범죄 발생을 줄이기 위한 많은 프로그램들이 여대생을 상대로 행해지고 있다. 그만큼 여대생들의 피해가 많기 때문이다. 미국의 클러리 법(Clery Act) 수정안은 바로 대학생들의 성폭력 예방정책의 개발과 관련된다.[55)]

성폭력 예방에 가장 효과적인 정책들의 예를 들면, 여성들에게 가장 피해위험이 높은 상황이 어떤 것인지를 교육시키는 것, 강간으로 이어질 가능성이 농후한 상황을 사실 그대로 어떻게 인정하도록 할 것인지 가르치는 것, 성폭력에 저항할 수 있는 방법을 배우도록 하는 것 등이다. 이외에도 자기방어 훈련도 피해예방에 도움이 된다고 한다. 여기에는 자기 방어적 행동들에 대한 방법론, 성적인 의사소통 수단의 사용, 가해자에 대해 저항할 능력을 가졌다는 신념 등을 교육하게 된다.[56)]

이밖에도 '방관자 교육 프로그램(Bystander Program)'이 있는데 이는 남성이나 여성의 성인식 변화를 통한 성폭력 위기개입 요령을 교육시키는 프로그램이다. 즉, 성차별주의자의 언행을 듣거나 성폭행 위험이 있는 상황을 봤을 경우 어떻게 해동해야 하는지, 그리고 강간사건이 발생했을 때 어떻게 개입을 해야 하는지를 교육시키고자 하는 것이다. 한 연구에 따르면 이 교육을 받은 사람이 안 받은 사람보다 강간범죄와 관련된 허구적 신화(神話, myth)를 안 받아들이는 성향이 강하고, 성폭행에 관련된 태도나 행동, 지식이 개선되었으며, 남성의 경우 성적 공격행동도 줄어들었다고 한다.[57)]

한국의 경우 2012년 청소년성보호법 개정으로 도입된 신고포상금제도의 운영과 관련하여 성범죄 피해 아동 · 청소년을 조기에 발견하여 보호하고, 범죄의 단서가 되는 신고를 장려하고 지급요건도 현실적으로 개선하여 급박한 상황 속에서도 위험을 무릅쓰고 신고를 한 신고자에게도 합리적인 보상방안을 마련할 필요가 있다. 예를 들어 아동 · 청소년 대상 '성범죄 신고 포상금 제도'와 '범인검거 등 공로자 보상금 제도'를 통합하여 수사업무와 피해자보호업무에 전문성이 있는 수사기관에서 포상금지급과 사건수사를 일괄적으로 담당하게 하는 것이 바람직하다.[58)]

정리하기

○ 폭력이 수반되지 않은 채 선량한 성풍속을 해하는 행위들, 예컨대 공연음란이나 성매매, 음란물 제조·판매 등은 성풍속 범죄에 해당한다.

○ 2017년까지 지난 10년 간 성폭력 범죄(성폭행과 성추행)는 94.7%나 증가했는데 이는 살인, 강도, 방화 등 다른 강력범죄가 감소추세에 있는 것과 대조적이다.

○ 진화론자들은 강간에 대해 여성과 합의적 성관계를 갖는데 실패한 남성이 이용하는 일종의 '적응' 양식이라고 보았다.

○ '성폭력의 그림자 가설(shadow of sexual assault hypothesis)'이란 성폭력 피해경험이나 두려움이 다른 유형의 범죄피해 두려움에도 큰 영향을 미치는 강력한 요인이라는 주장을 말한다.

○ 성범죄 피해 여성은 남성 피해자들과 달리 반응을 내면화할 가능성이 더 높아서, 심리적이고 정서적인 문제들로 인해 괴로워하거나 자해할 확률이 비교적 높다.

○ 성범죄의 원인을 단 하나의 이론으로 설명하는 것은 쉽지도 않고 바람직하지도 않다.

○ 공격성과 테스토스테론 수준 사이에 실제로 상관관계가 존재하지만 테스토스테론의 수준과 성적 공격성을 측정하는 연구결과들은 일관된 결론을 내리지 못하고 있으며, 상관관계가 존재하더라도 이는 경미하게 나타나고 있다.

○ 그로스 등은 강간범을 범행동기에 따라 권력 주장형, 권력 재확인형, 분노 보복형, 분노 흥분형으로 나누었다.

○ 권력 재확인형 강간범은 여성과 사회적으로나 성적으로 상호작용하는 능력에 있어 자신감이 결여되어 있고, 이러한 성적 무능력에 대한 의심과 불안을 해소하기 위해 강간을 저지른다.

Chapter 06

폭력범죄

제1절 폭력범죄의 유형

생각해 보기

○ 주위를 보면, 자신이 피해를 입은 것은 아니지만 규칙위반이나 부당한 일을 한 사람을 벌하고 싶다는 생각에서 폭력을 행사하는 경우가 있다. 예를 들어 일반 시민이 연쇄살인범이 호송되는 현장에 달려들어 범죄자에게 폭력을 행사하거나, 타인이 운전 중에 담배꽁초를 길가에 내던지는 현상을 참지 못해 이를 제지하면서 폭행을 행사하는 사례가 있다. 이러한 현상에는 가해자의 어떤 심리나 인격특징이 관련되어 있는가?

1. 폭력범죄의 실태

1-1. 폭행상해의 통계

2018년 총 208,166건의 폭행/상해범죄가 발생하였다. 이 중 49.6%가 밤(20:00~03:59)에 발생하였다. 폭행/상해범죄 발생장소는 기타를 제외하고 살펴보면, 노상(38.0%)에서 가장 많이 발생하는 것으로 나타났다. 그 다음으로는 주거지(22.0%), 유흥접객업소(14.8%) 등의 순이었다.

폭행/상해범죄 피해자의 62.7%는 남성이고, 37.3%는 여성이다. 폭행/상해범죄의 피해자는 21세~30세(20.4%)가 가장 많았고, 그 다음이 51세~60세(19.7%), 41세~50세(19.3%) 등의 순이다. 여성피해자는 남성에 비해 31세~40세와 41세~50세의 비율이 상대적으로 높고, 남성피해자의 경우 여성에 비해 16세~20세, 21세~30세의 젊은 층의 비율이 상대적으로 높게 나타났다.

피해자의 77.7%는 폭행/상해범죄로 인해 어떠한 신체피해도 입지 않았다. 상해를 입은 경우는 22.2%이며, 사망한 경우는 0.1%였다.

폭행/상해범죄 범죄자의 82.5%는 남성이고, 17.5%는 여성이다. 남성에 의한 폭력범죄가 많은 이유에 대해서는 폭력은 강한 것이라는 주장이 있다. 남성다움이나 체면 등을 위해 발생하는 폭력이 적지 않다. 참고로 일본의 경우 2012년 기준 남성이 93%로 압도적으로 많다.[59] 폭행/상해범죄 범죄자의 주된 연령층은 41세~50세(22.4%)이고, 그 다음은 51세~60세(21.3%), 19세~30세(21.1%)의 순이다.

범죄자와 피해자의 관계를 보면, 폭행/상해범죄의 54.1%가 타인관계에서 발생하였으며, 40.8%는 아는 관계에서 발생하였다. 아는 관계인 경우 친족이 15.9%로 가장 많았고, 그 다음이 이웃/지인(13.1%), 직장동료/친구(7.5%), 애인(3.7%) 등의 순이었다.

1-2. 폭력의 의미

폭력적(violent)이라는 형용사는 '행동하는 힘'이라는 뜻을 가진 라틴어 vis에서 파생되었다. 실제로 폭력(violence)의 어간은 모든 생명체의 '삶', 생명, 본성을 의미하는 그리스어 via와 라틴어 vita에서 파생되었다. 다시 말해 본래 폭력은 다양한 모습과 강도로 모든 생명체 안에 필수적으로 내재되어 유전적으로 세습되는 것이라는 의미를 가지고 있는 것이다. 여기에는 공격성이나 증오, 분노, 죽음, 파괴의 의미는 전혀 들어있지 않다. 폭력과 삶에 대한 이 같은 해석은 정신분석학과 정신병리학에서도 동일하게 찾아볼 수 있다. 폭력은 그 자체로는 선한 것도 아니고 악한 것도 아니다. 모든 인간이 태어나는 그 순간부터 가지게 되는 자연적인 본능인 것이다. 폭력의 자연적인 본능상태가 문제되는 것이 아니라, 긍정적으로든 우연히 공격성을 가지게 되었든 현실 속에서 폭력이 표출되었을 때 문제되는 것이다.[60]

폭력은 의미가 다양하지만 일반적으로는 폭력을 격렬하거나 파괴적인 힘 또는 상태로 정의하고 있다. 또한 폭력은 자신의 의도를 상대방에게 강요할 목적으로 힘을 남용하는 것으로 화해나 대화와는 대립적이면서 법에 위배되는 행동으로도 해석된다.

폭력의 가장 일반적인 정의는 '타인에게 행하는 물리적인 힘'이자 누군가에게 무엇인가를 강요하고 복종시키기 위해서 힘을 남용하는 것으로 주로 '누군가를 폭행하다'라는 표현으로 사용된다. 따라서 폭력이라는 단어는 독특하게도 폭행의 상태(힘의 강도)와 행위(힘의 사용) 자체뿐만 아니라 그와 관련된 가치(타인에게 끼친 피해)의 의미까지도 포함하고 있다.

폭력행위는 그 자체로서 범죄가 되기도 하고(폭행, 고문) 어떠한 범죄 상황이나 사건의 일부로 다루어지기도 한다(강도). 폭력에 대한 일반적 정의에는 폭력행동이 발생한 상황뿐만 아니라 유발한 결과도 함께 포함된다. 따라서 신체적 · 경제적 · 도덕적 형태의 폭력을 포함해 타인을 해치려는 욕구, 쾌감과 같이 왜곡되고 병리적인 형태를 띠는 폭력의 심리적인 측면이 고려된다. 폭력현상을 분석할 때 세 가지 요소 즉, 행위자, 피해자, 상황을 함께 고려해야 하고 이를 위해서는 상호작용의 개념도 필수적이다.

폭력의 의미가 다양하듯이 폭력행동은 다양한 형태로 표출된다. 폭력은 타인의 안위를 침해하는 불법행위라는 의미에서 언제나 심리적인 문제를 내포하고 있다. 다음은 폭력의 다양한 형태들이다.

① 신체적 폭력은 타인의 신체적 안위에 가하는 폭력으로 폭행, 무기 또는 다른 물체를 사용하였거나 사용하지 않은 살인 등이다.

② 언어폭력은 대화내용이나 대화방법 혹은 신체적 폭행의 위협, 보복위협 등이다. 예를 들어 협박, 희롱, 모욕 등이다.

③ 정신적 폭력은 자존감이나 정체성과 같은 타인의 심리적 혹은 정신적 안위에 가하는 폭력으로 예를 들어 협박, 모욕, 희롱 등이다.

④ 성폭력은 상대방의 의사에 반하여 강제적으로 가해지는 성적 행위로 상대방에게 본인의 성적 욕구를 강요하거나 폭력적으로 성관계를 맺는 행위로 예를 들어 강간 및 강제추행이다.

⑤ 물질적 폭력은 감정적 가치가 투여된 재물 및 재산을 부당하게 파괴하는 행위로 예를 들어 손괴 및 절도, 강도가 있다.

⑥ 경제적 · 사회적 폭력은 금융조작, 금융사기, 부당해고 및 모든 종류의 차별(인종, 성차별, 종교차별)을 의미한다.

2. 폭력범죄의 분류

폭력은 높은 공격성에 기초한 행동이다. 공격의 동기부여에 관해 오부치(大渕, 1993)는 2과정 모델을 제창하였다. 공격행동에는 ① 대인갈등의 지각에서 나오는 강한 불쾌감정의 표출이라는 충동적 공격동기와 ② 갈등의 해결을 목적으로 한 전략적 공격동기가 있다고 하였다. 전자에 의한 폭력은 정서적 표출이라는 측면에서 표출적(表出的) 폭력, 후자에 의한 폭력은 목적달성의 수단이라는 측면에서 도구적(道具的) 폭력이다.

그는 전략적 공격동기에 의한 폭력의 기능에 초점을 두고 폭력범죄를 동기별로 4가지 유형으로 분류했다. 1999년에는 다른 연구자와 함께 이 4가지 유형에 관련된 인격특성 측정을 위한 척도로서 기능적 공격성척도(Functional Aggression Scale, FAS)을 작성하였다. 4가지 유형은 회피·방어, 영향·강제, 제재·보복, 동일성·자기노출이다. 이에 따른 범죄자의 특징을 간략하게 설명하겠다.

2-1. 회피·방어

자기 또는 가족 등이 위험에 직면한 경우에 방위할 목적으로 행하는 폭력이다. 분노나 공포, 다른 강한 정서에 동기가 부여된 것이 특징으로 자신이 위해를 받고 있다는 지각에 의해 폭력이 동기화된다. 이러한 지각을 품기 쉬운 인격특성으로서 사람을 신용할 수 없다는 의심, 미움 받고 있다는 등의 피해자감정을 표현하는 피차별감이다.

2-2. 영향·강제

상대의 행동을 바꾼다든지 무리하게 무언가 시키려는 목적으로 행해지는 폭력이다. 강도범이 금품취득을 위해 행하는 폭력 등이 이에 속한다. 정서적 요소가 적고, 대인갈등해결의 수단으로 사용되는 것이 많다. 갈등해결을 위해 설득이나 협상 등 비폭력적 수단이 아닌 폭력을 선택하기 쉬운 사람은 적극적 케이스와 소극적 케이스로 나누어진다.

적극적 케이스는 타협이나 양보를 싫어하고 경쟁심, 자기주장, 지배성이라는 인격특성이 강한 사람으로, 갈등장면에서 폭력적인 수단을 취하기 쉽다. 소극적 케이스는 설득 등의 부드러운 갈등해결이 서투른 사람으로, 자신의 기분을 말로 잘 표현하는 것이 어려운 낮은 언어적 기술, 온건한 해결책을 생각해낼 수 없는 등 낮은 갈등대처기술이 인격적 특성이다.

2-3. 제재·보복

자신이 피해를 입은 것은 아니지만 규칙위반이나 부당한 일을 한 사람을 벌하고 싶다는 생각이나, 피해를 입은 자가 보복하고 싶은 동기에서 행하는 폭력이다. 제재, 보복 어느 것이든 상대를 허용할 수 없는 정의의 감정이 수반된다. 이와 관련된 인격특성은 사람의 행동을 선악의 관점에서 평가하는 경향이 강한 치우친 신념, 보복동기가 강하고 지속적인 보복심리이다.

2-4. 동일성·자기노출

자신이 타인에 대해 형성, 유지하고 있는 인상, 즉 동일성이 손상되고 체면이 깎였을 때 그에 의한 분노가 동기화되어 행해지는 폭력이다. 이 폭력의 목적은 타인에 대한 자신의 인상조작이다. 관련된 인격특성에는 체면이나 프라이드에 집착, 강인함과 용기라는 인상을 가지고 있는 남자다움, 사회에 반항하고 부정적인 자기주장을 표현하는 대항동일성, 주목받고 싶다는 자기 현시성이 있다.

이상 정리하면, 폭력은 자신의 의도를 상대방에게 강요할 목적으로 힘을 남용하는 것으로 화해나 대화와는 대립적이면서 법에 위배되는 행동이다. 행동은 다양한 형태로 표출되지만 타인의 안위를 침해하는 불법행위라는 의미에서 언제나 심리적인 문제를 내포하고 있다. 강한 불쾌감정의 표출이라는 충동적 공격동기와 갈등의 해결을 목적으로 한 전략적 공격동기로 나눌 수 있는데 이 중 전략적 공격동기는 폭력의 기능에 초점을 두고 네 가지로 나눌 수 있다.

제2절 가정폭력 · 데이트폭력 · 학교폭력

생각해 보기

○ 2018년 데이트 폭력 신고 건수는 3년 전보다 2배 이상 늘어난 1만 8천여 건. 폭행과 감금, 협박이 가장 많았고, 특히 살해까지 당한 사례가 있다. 데이트폭력의 가해의 위험요인에는 무엇이 있는가?

1. 가정폭력

가정폭력은 Domestic Violence(DV)인데 이를 직역하면 '가정내 폭력'이 된다. 가정폭력은 일반 대인폭력과는 달리 사회의 가부장적 성격이 중요한 발생요인이고, 다른 폭력행위에 비해 사회에서 용인되는 폭력이라고 할 수 있다. 또한 가정폭력은 일회적인 경우도 상당히 있지만, 일반폭력과 달리 반복적인 성격을 띠거나 띨 가능성이 높다. 같은 폭력이라도 낯선 사람들 간에 일어난 경우와 가족 구성원 간에 일어났을 때의 사회적 의미가 달라진다. 가족 구성원 간의 폭력은 폭력으로 인지되지 않고 허용되거나 관용되는 경우가 허다하다. 일반폭력은 피해당사자나 사법기관에 의해 보다 민감히 통제되고 있는 반면, 가정폭력은 가해자나 피해자, 목격자 모두에게 있어 가정 내의 사적인 문제로 인식되는 경향이 있었고 이런 경향은 최근에 와서야 바로잡혀 가고 있다.

2013년 여성가족부의 '가정폭력 실태조사'에 의하면 가정폭력 피해를 경찰에 신고한 경험이 있는 경우는 피해자의 11.5%에 불과하였다(황정임 외, 2013). 이와 같이 신고통계자료로는 신고되지 않은 '숨은 가정폭력'을 알 수 없다는 한계가 있다. 그럼에도 불구하고 경찰신고 통계자료는 범죄가 경찰에 최초로 접수되는 단계에서 수집되는 자료이기 때문에 사건처리과정에서 발생하는 누락이나 왜곡의 문제로부터 자유롭다는 장점이 있다.[61]

일본은 부모자식 간의 폭력과 구별하여 주로 '배우자나 연인 등 친밀한 관계에 있는 또는 있었던 자로부터 행사되는 폭력'으로 사용되고 있다. 미국에서는 친밀한 관계성에서의 폭력으로서 IPV(intimate partner violence)라고 불리기도 한다.

한국의 「가정폭력방지 및 피해자보호 등에 관한 법률(약칭: 가정폭력방지법)」에서는 가정폭력의 정의는 「가정폭력범죄의 처벌 등에 관한 특례법(약칭: 가정폭력처벌법)」상 가정폭력을 의미한다고 규정하고 있다. 가정폭력처벌법(특례법) 제2조 제1호에서 '가정폭력을 가정구성원 사이의 신체적·정신적 또는 재산상 피해를 수반하는 행위'라고 정의하고 별도로 가정구성원을 상세히 나열하고 있다. ① 배우자(사실상 혼인관계에 있는 사람을 포함) 또는 배우자였던 사람, ② 자기 또는 배우자와 직계존비속관계(사실상의 양친자관계를 포함)에 있거나 있었던 사람, ③ 계부모와 자녀의 관계 또는 적모(嫡母)와 서자(庶子)의 관계에 있거나 있었던 사람, ④ 동거하는 친족으로 규정하고 있다.

일본은 2001년에 시행된 「배우자의 폭력방지 및 피해자보호등에관한 법률(DV방지법)」 전문(前文)에 지금까지 민사불개입으로 보아왔던 배우자에 대한 폭력을 '범죄로 되는 행위를 포함하는 중대한 인권침해'라고 정의하고 있다. 같은 법에서 '폭력이란 배우자로부터의 신체에 대한 폭력 또는 이에 준하는 심신에 유해한 영향을 미치는 행동(1조)'으로 규정하고 있다.

가정폭력의 형태는 형법의 폭행죄, 상해죄에 해당하는 신체적 폭력에 더하여 폭언이나 무시, 위협이나 강제적 언동, 행동의 제한 등의 정신적 폭력, 제3자와의 관계를 단절하여 고립시키는 사회적 폭력 등이 있다.

가정폭력은 통제·지배, 힘의 획득의 시도의 표현(小西, 2001)이고, 반복되는 폭력에 의해 생기는 지배적·권력적 관계성이 특징이다. 폭력의 사이클 이론(Walker, 1979)에 의하면 긴장의 고조, 격한 폭력, 후회와 애정의 3가지로 이루어진 주기가 있고 이를 반복한다고 하지만, 명확한 주기가 없는 케이스도 있다.[62]

가정폭력의 요인으로서 개인적 관점에 의한 미시 지향이론(사회적 학습, 정신병리와 인격특성, 생물학, 물질남용 등), 사회·문화적 영향에 의한 거시 지향이론(페미니즘, 가족시스템 등) 그리고 이들의 통합적 구조가 제시되고 있다(Lee et al., 2003). 한편으로 가정폭력의 전체상은 복잡하고 또한 다양한 요인의 상호작용을 포함하는 것이고 특정원인으로 환원시키는 것은 불가능하다는 주장이 있다(Bancroft et al., 2002)

폭력의 사이클(Walker)

2. 데이트폭력

데이트폭력이란 '미혼의 교제관계에 있는 두 사람 사이에 일방이 다른 사람에게 일상적·계속적으로 신체적 폭력, 심리적 공격, 성적 강요, 사회적 제한을 가하는 것 또는 넌지시 비추는 것'으로 이해할 수 있다.[63] 그러나 데이트폭력의 정의는 계속 변해왔고, 현재도 반드시 합의가 이루어진 것도 아니다. 초기의 정의는 '타인에게 고통이나 손해를 가할 목적으로 행하는 신체적인 힘의 행사나 구속력의 행사 또는 그러한 행사의 협박(Sugarman et al., 1989)'이라고 하였다. 현재는 '교제관계의 문맥으로 혼인관계가 아닌 커플의 일방에 있는 자가 타인에 대해 신체적, 성적, 언어적 학대를 실제로 행사하거나 행사할 것으로 협박하는 것(Anderson et al., 2007)'과 같이 성적 학대나 심리적 학대를 포함하여 이해하는 경향이 강하다.

유럽과 미국에서는 데이트폭력의 연구가 활발하여 가해자와 피해자의 쌍방의 위험요인을 보여주고 있다. 루이스 등(Lewis et al., 2001)은 네 가지 관점에서 가해의 위험(risk)요인을 정리하였다.

첫 번째, 발달적 관점에서 사회학습이론을 배경으로 과거의 폭력행위에의 노출을 위험요인으로 생각한다. 예를 들어 어린 시절의 학대경험이나 양친간의 폭력행위 목격빈도와 후(後)의 데이트폭력 가해와의 관련을 지적하고 있다.

두 번째, 임상적 관점에서 약물사용이나 알코올섭취가 데이트폭력의 가해 위험을 높인다고 한다. 또 낮은 자존감, 억울감정, 반사회적 성격장애가 데이트폭력의 가해위험을 높이는 점, 또는 갈등의 해결방법으로 폭력을 용인하는 태도가 폭력가해를 촉진할 가능성을 보여준다.

세 번째, 대인관계적 관점이다. 갈등장면에서 문제해결 스킬이나 커뮤니케이션 스킬이 낮은 것을 들고 있다.

네 번째, 문맥적 관점으로 폭력이 일어나는 배경적·상황적 요인으로서 가해시의 생활 스트레스의 많음이나 사회적 지지의 적음이 관여하는 것으로 본다.

이상의 요인 외에도 예를 들어 프리즈(Frieze, 2005)는 성역할 태도, 지배욕, 남성성 등의 관여를 지적한다.

[표 4-5] 데이트폭력 가해의 위험요인

관점	위험요인
발달적 관점	과거의 폭력행위의 목격 / 어린 시절의 학대 / 부모 이혼
임상적 관점	약물사용 / 알코올섭취 / 폭력을 용인하는 태도 / 낮은 자존감 / 억울감정
대인관계적 관점	문제해결 스킬이 낮음 / 커뮤니케이션 스킬이 낮음 / 반사회적 친구와의 관계
문맥적 관점	생활 스트레스의 많음 / 사회적 지지의 결여

(출처: Lewis et al., 2001.)

한편 피해자 위험요인도 몇 가지 지적되고 있다. 예를 들어, 애착의 불안정, 자존감의 낮음, 문제해결능력의 낮음 등이 제시된다. 그러나 위험요인과 피해와의 인과관계가 불명확하고 연구 간의 모순된 결과가 나타나는 것도 있어서 확립된 지식으로는 말하기 어렵다.

류병관(2014)은 가정폭력범죄가 가족구성원 간에서 발생한다는 문제 때문에 국가권력의 개입이 쉽지 않고, 다른 범죄에 비하여 피해자 보호가 제대로 되지 않으며, 범행이 지속적이며 반복적으로 행해지고 있다는 특징을 가지고 있는 점에서 데이트폭력범죄와 유사한 점이 많다고 보고 있다.

특히, 데이트폭력과 가정폭력은 친밀한 관계에서 믿음과 신뢰가 바탕이 되기 때문에 폭력적 행위에 대한 배신감은 낯선 사람에 대한 폭력보다 크고, 가깝고 친밀한 관계에서 발생하며, 한 명의 동일한 대상으로부터 반복적이고 지속적으로 폭력을 당하는 점에서 상당히 유사하다고 한다. 즉, 데이트폭력은 가정폭력의 기본적인 속성과 특성이 피해자와 가해자의 결혼 여부의 차이만 있을 뿐 동일하게 적용될 수 있다는 측면에서 가정폭력방지법상 보호명령제도의 도입의 필요성을 강조하고 있다.

박웅광(2015a)은 일본의 DV(Domestic Violence) 방지법 개정 동향을 중심으로 논의하고 있는 바, 이에 따르면 일본은 그동안 우리나라와 마찬가지로 데이트폭력에 대해서는 형사법 영역의 문제로 처리하여 오다가 데이트폭력의 심각성에 대한 사회적 공감대를 반영하는 차원에서 최근 특례법 영역으로 이를 규제하기에 이르렀다고 한다. 즉, 기존의 '배우자로부터의 폭력의 방지 및 피해자 보호에 관한 법률'을 개정하여 동법의 법적용 대상을 확대한 것이다. 이는 데이트폭력에 대해 독립적인 특례법을 제정하는 방식을 취한 것은 아니지만, 그동안 법 적용 밖에 있었던 데이트폭력을 그 대상으로 하였다는 점을 강조하고 있다.

한국은 데이트폭력에 대한 경찰권의 선제적 발동의 근거가 미비하므로 사생활 불간섭 내지 민사관계 불간섭이라는 종래 경찰권 행사의 한계 논의는 데이트폭력과 관련하여 재검토되어야 함을 주장하고 있다.[64)]

3. 학교폭력

「학교폭력예방 및 대책에 관한 법률」 제2조에 따르면 '학교폭력'이란 학교 내외에서 학생을 대상으로 발생한 상해, 폭행, 감금, 협박, 약취·유인, 명예훼손·모욕, 공갈, 강요·강제적인 심부름 및 성폭력, 따돌림, 사이버 따돌림, 정보통신망을 이용한 음란·폭력 정보 등에 의하여 신체·정신 또는 재산상의 피해를 수반하는 행위를 말한다.

여기서 '따돌림'이란 학교 내외에서 2명 이상의 학생들이 특정인이나 특정집단의 학생들을 대상으로 지속적이거나 반복적으로 신체적 또는 심리적 공격을 가하여 상대방이 고통을 느끼도록 하는 일체의 행위를 말하며, '사이버 따돌림'이란 인터넷, 휴대전화 등 정보통신기기를 이용하여 학생들이 특정 학생들을 대상으로 지속적·반복적으로 심리적 공격을 가하거나, 특정 학생과 관련된 개인정보 또는 허위사실을 유포하여 상대방이 고통을 느끼도록 하는 일체의 행위를 말한다. 요컨대, 학교폭력 피해자화라 함은 학교폭력에 의해 피해자가 신체적·정신적·

경제적·사회적 피해를 입고 고통당하는 상태에 놓이게 되었다는 것을 의미한다.

제3절 가정폭력 범죄 대책

1. 경찰의 대응

가정폭력은 사생활 영역에 속하기 때문에 경찰이 개입할 필요가 없다는 인식이 과거 전통적 형사사법체계 내에서 존재하고 있었다. 부부간의 싸움은 지극히 사적인 문제로부터 시작하기 때문에 강도행위에서 볼 수 있는 폭력행위와는 성질이 질적으로 다르다고 봤기 때문이다. 설령 부부싸움이 형사사건화 되었다고 해도 나중에 고소를 취소해 버리면 무혐의로 사건이 종결되는 경우가 많아 가정폭력 사건에 개입했다가는 경찰력이 낭비된다는 생각을 갖기도 하였다. 아울러 가정폭력 사건에 개입하다가 경찰관이 죽거나 다치는 경우가 종종 발생하였다는 점, 피해자가 가해자 체포에 반대하거나 형사처벌을 원치 않는 경우도 있다는 점 등이 경찰이 가정폭력 사건 개입을 주저하게 만든 이유들에 속한다.[65]

그러나 오늘날은 경찰도 가정폭력에 대한 위기개입을 적극화 하고 있다. 가정폭력이 발생했다는 신고가 접수되면 경찰은 즉시 현장에 임장하여 폭력행위를 제지하거나 당사자를 분리한 후 수사에 착수하도록 하고, 폭력행위 재발시 임시조치를 신청할 수 있음을 통보하는 등 응급조치를 취하도록 하고 있으며(가정폭력처벌법제5조), 긴급하여 임시조치를 신청할만한 여유가 없을 경우에는 직권으로 긴급임시조치를 취하도록 하고 있는 것이다(가정폭력처벌법 제8조의 2).

미국에서는 가정폭력이 경미한 범죄(misdemeanor)에 속할 경우 영장 없이는 체포를 못하기 때문에 경찰개입이 소극화된 측면도 있었다. 그러다가 1984년에 '미니애폴리스 가정폭력 실험(Minneapolis Domestic Violence Experiment)'에 의해 이러한 관행에 변화가 일어나기 시작하였다. 이 실험은 가정폭력 가해자에 대한 체포가 어느 정도의 범죄 억제효과가 있는지를 알아보는 실험이었다. 이 실험은 경찰이 ① 1일 동안 가해자를 체포, 구금하거나, ② 8시간 동안 가해자와 피해자를 분리시키거나, ③ 경찰재량에 의해 부부를 지도하는 등 3가지 조치 가운데 1가지를 택하여 조치를 취하도록 하였다.

그 결과 ①처럼 1일간 체포구금을 시켰던 가해자들이 다른 항목의 조치를 취했던 가해자보다 추가적인 가정폭력 행위를 덜 했다는 연구결과가 나왔다.[66] 이 실험의 영향으로 피해자

인권옹호가들은 경찰이 ‘체포의무정책(mandatory arrest policy)’을 채택해야 한다고 주장하게 되었고 급기야 미국의 많은 주정부들은 경미한 가정폭력 범죄가 발생하더라도 영장 없이 체포가 가능하도록 하는 체포의무정책을 법률에 반영하게 되었다. 체포의무정책을 채택하게 되면 가해자가 죄를 범했다고 인정할만한 상당한 이유가 있고, 체포하기에 충분한 증거가 있으면, 피해자가 가해자 체포를 원하지 않더라도 경찰은 그와 상관없이 가해자를 체포할 수 있는 것이다.[67)]

그러나 미니애폴리스 가정폭력 실험 후에 진행된 또 다른 실험에서는 다소 차이가 나는 연구결과가 나왔다. 오마하(Omaha), 샤를로트(Charlotte), 밀워키(Milwaukee) 등 3지역에서 행한 실험에서 가정폭력 행위자에 대한 체포행위가 처음에는 범행 억제효과가 있었지만 시간이 흐름에 따라 가정폭력 빈도가 상승하였다는 사실과, 직장을 가진 가해자의 경우 체포가 범행 억제효과를 나타냈지만, 실업상태에 있는 가해자는 체포 이후 더 쉽게 추가적 가정폭력 행위로 이어진다는 사실을 밝힌 것이다.[68)]

이러한 연구결과를 반영하여 미국 몇 개 주에서 시행하고 있는 정책이 바로 ‘체포 친화 정책(pro−arrest policies)’ 또는 ‘추정적 체포정책(presumptive arrest policies)’이다. 이 정책들은 특정 요건을 충족하는 특수한 상황 하에서만 가해자를 체포하도록 한 것인데, 체포에 있어서 피해자의 동의에 의존하지 않는다는 점에서는 체포의무정책과 유사하지만, 체포의무정책보다는 체포행위에 다소 제약을 가하고 있다는 점이 특징이다.[69)] 이 외에도 경찰이 체포권을 행사함에 있어서 더 많은 재량을 행사하도록 한 것이 바로 ‘허용적 체포정책(permissive arrest policies)’이다. 이에 따르면 경찰은 가정폭력 상황에서 구체적으로 어떻게 대응해야 할지를 재량에 의거하여 가장 최선의 판단을 내려 결정하도록 하고 있다.

한국의 경우 가정폭력 예방 및 사례관리 강화를 위하여 민·관·경 각 기관의 책임성과 전문성을 살린 ‘다기관 협업체계’를 구축하여 피해자보호를 위해 노력 중이다. 예를 들면, 서울경찰청의 경우 ‘서울 위기가정통합지원센터’와 같은 민관경 종합대응체계를 만들어 합동근무를 하고 있으며, 경찰이 가정폭력을 신고한 가정을 방문할 때에 전문상담사와 동행하는 한편, 가정폭력이 발생한 가정을 전문 상담기관에 연계하는 서비스도 제공하고 있다. 아울러 학대예방경찰관과 의사, 법률가, 상담원과 같은 전문가 및 지방자치단체 공무원과 함께 ‘통합솔루션 팀’을 만들어 1급지 경찰서의 경우 매월 1회 회의를 통해 분야별 맞춤형 피해자 대책을 강구하고 지원내용을 결정하고 있다. 2019년 현재 전국적으로 총 1,869명의 통합솔루션팀 위원이 활동 중이다.[70)]

2. 검찰 및 법원의 대응

아무리 경찰이 가정폭력사범을 체포하였다 하더라도 검찰이 가해자를 기소하지 않고 석방해 버리면 가정폭력 억제를 위한 체포 효과가 반감될 수 있다. 미국에서는 1990년대와 2000년대 초반까지 가정폭력사범을 드물게 기소하고 있다는 비판을 받았으나, 2009년도 연구에 따르면 검찰에 정식으로 접수된 가정폭력 사건의 3분의 1이 기소되고 있고, 체포된 가정폭력사범의 60%가 기소되고 있으며, 체포된 가정폭력사범의 3분의 1과 검찰에 의해 기소된 피고인의 50% 이상이 유죄판결을 받고 있는 상황이다.[71]

검사의 기소에 영향을 미치는 요인으로서는 피해자가 신체적 상해를 입었는지 여부, 사건 발생 시 피해자 및 가해자가 술이나 약물을 복용했는지 여부, 가해자의 과거 범죄경력 여부, 피해자가 기꺼이 형사절차에 참여하고자 했는지 여부 등이 제시되고 있다. 피해자에게 신체적 상해가 있거나 가해자가 술과 약물에 중독되어 폭행을 하였거나 가해자에게 폭력전과가 많거나 피해자가 적극적으로 처벌을 원할 경우에는 기소가 적극적으로 이루어질 것이라는 추정이 가능하다.

법원의 판결과 관련해서는 특히 피해자의 참여가 상당히 중요하다. 피해자의 적극적인 피해사실 증언, 처벌의사의 개진 등이 바로 그것이다. 피해자의 참여행위가 저조하면 기소행위는 물론 그에 기반한 유죄판결이 어려워질 수 있는 것이다. 그런데 피해자는 자녀를 가해자와 공동으로 양육해야 하는 경우가 많고, 가해자의 사후 보복이 두려워 법원에서 피해자의 자격으로 증언을 하지 않으려 하거나, 형사절차 진행을 중단하거나 처벌의사를 철회하려는 경향이 있다. 그래서 미국의 몇몇 주의 형사사법기관에서는 피해자에게 형사절차 진행을 중단시킬 권한을 부여하지 않는 정책을 채택하고 있다. 이를 'no drop prosecution policies'라 한다. 뿐만 아니라 가해자를 임의로 불기소하지 못하도록 검사의 기소재량도 축소시키고 있다.[72]

하지만 'no drop prosecution policies'가 너무 강경하게 시행되면 오히려 피해자 보호에 악영향을 끼칠 수가 있다. 피해자와 가해자의 화해와 재결합을 어렵게 할 수도 있고, 가해자의 보복행위가 이어질 수 있기 때문이다. 그래서 미국 몇몇 주에서는 법률상 배우자가 가해자인 경우에 한하여 피해자의 법정 증언을 거부할 수 있는 권한을 부여한 법을 제정하여 시행하고 있다. 이를 '배우자 특례법(spousal or marital privilege law)'이라 한다. 증언거부의 횟수는 주에 따라 다르다.[73]

최근에는 가정폭력사건을 다루는 특별법원을 설치하기도 한다. 이 법원은 형사사법기관과 사회복지기관이 서로 협업을 할 수 있도록 설계되는데, 재판업무를 수행하는 형사사법기관은 가해자의 법적 책임을 확인시켜주는 기능을 한다면, 사회복지기관은 가해자로 하여금 범죄원인이 무엇인지를 자각하게 하고, 이를 치료하는 방법을 익히게 함으로써, 자신의 폭력적 행동을 통제할 수 있는 능력을 길러주는 기능을 수행한다. 이처럼 재판기관이 타 기관과 협력하는 특별법원 프로그램을 채택한 경우 피해자에 대한 보복 건수와 재범을 통한 재체포율이 줄어들었다고 한다.[74]

3. 법률적 대응

가정폭력이 발생했을 때 경찰의 가해자 체포, 검사의 범인 기소, 법원의 가해자에 대한 보호처분 또는 유죄판결 등으로 피해자를 보호할 수 있지만 피해자를 보호할 수 있는 또 하나의 법률적 수단이 있다면 그것은 바로 '피해자보호명령(protection order)' 제도이다. 한국의 가정폭력처벌법 제55조의 2에 '판사는 피해자의 보호를 위하여 필요하다고 인정하는 때에는 피해자 또는 그 법정대리인의 청구에 따라 결정으로 가정폭력행위자에게 다음 각 호의 어느 하나에 해당하는 피해자보호명령을 할 수 있다'고 규정하고 있다. 피해자보호명령의 내용을 보면, ① 피해자 또는 가정구성원의 주거 또는 점유하는 방실로부터의 퇴거 등 격리(1호), ② 피해자 또는 가정구성원의 주거, 직장 등에서 100미터 이내의 접근금지(2호), ③ 피해자 또는 가정구성원에 대한 「전기통신사업법」 제2조 제1호의 전기통신을 이용한 접근금지(3호), ④ 친권자인 가정폭력행위자의 피해자에 대한 친권행사의 제한 등이 있다(4호). 대법원의 2019년 사법연감을 보면 제1심에서 피해자보호명령을 발령한 총 건수가 3,101건이었는데 그중에 2호와 3호를 병합하여 발령한 것이 총 913건(29.4%)으로 가장 많았으며, 그 다음이 2호 발령으로서 총 303건(9.7%)이었다. 피해자보호명령을 신청했으나 기각된 건수는 445건(14.3%)이었고, 피해자보호명령을 신청했다가 취하한 경우도 1,196건(38.5%)에 달하였다.[75]

위 피해자보호명령은 병과 할 수 있으며, 피해자 또는 그 법정대리인은 피해자보호명령의 취소 또는 그 종류의 변경을 신청할 수 있다. 아울러 법원은 피해자 또는 그 법정대리인의 청구를 받거나 혹은 법원의 직권적 결정으로, 법원에 출석하거나 자녀에 대한 면접교섭권을 행사하는 피해자를 위해 일정 기간 동안 신변안전조치를 하도록 검사에게 요청할 수 있다. 이때 요청받은 검사는 관할 경찰서장에게 신변안전조치를 하도록 요청할 수 있으며 경찰서장은 그 요청에 특별한 사유가 없는 한 따라야 한다. 피해자보호명령의 기간은 6개월을 초과할 수 없도록 하고 있으나 법원의 직권, 피해자나 그 법정대리인의 청구에 의하여 2개월 단위로 연장할 수 있는데 최대 2년을 초과할 수 없도록 하고 있다. 만일 가해자가 법원이 발령한 피해자보호명령을 위반하면 2년 이하의 징역 또는 2천만 원 이하의 벌금 또는 구류에 처하도록 하고 있다.

미국의 경우에도 피해자의 주거지 등에의 접근금지와 퇴거 또는 격리 등을 내용으로 하는 피해자보호명령 제도를 두고 있다. 형사법원에서 피해자보호명령을 활용할 경우 이를 'protection order'라 칭하고, 민사법원에서 활용할 경우 이를 'restraining order'라 칭하는 것이 보통이다.[76] 이때 본 명령의 유효기간은 주에 따라 다른데 캘리포니아 주의 경우 민사상 접근금지 명령은 최장 5년까지 가능하다. 또한 대부분의 주들은 피해자보호명령 위반 시 형사적 제재를 가하게 되는데 그 정도에 따라 중죄(felony) 또는 경죄(misdemeanor)로 처벌하든지 법정모욕죄(contempt of court)로 다루고 있다. 아울러 위의 위반행위들을 새로운 범죄로 규정하여 처벌하거나, 일정 기간 구금을 하는 주도 있으며, 보석이나 가석방, 집행유예 등을 취소하는 주도 있다.

피해자보호명령의 효과성에 관한 연구결과들을 살펴보면 이 명령의 발령으로 가해자의 보복행위가 감소되었다는 보고도 있지만, 피해자보호명령이 발령된 후 피해자들이 재피해자화된 경우가 작게는 35%에서 많게는 60%에 이르렀으며, 심지어 이 명령 발령 이후 가해자의 폭행정도가 더 심화되었다는 연구결과도 있다. 또한 이 제도로 인해 안전감이 높아져 만족스러웠다는 피해자들의 반응도 있었지만, 이 제도의 활용을 위한 절차가 복잡하고, 가해자가 명령위반을 할 때 경찰에게 알려야 하는 등의 부담으로 실망감을 보인 피해자도 있었다.[77]

4. 피해자지원단체 및 의료기관의 대응

한국의 경우 가정폭력 피해자의 경우에도 성폭력 피해자의 경우에서와 같이 경찰의 성폭력피해자등통합지원센터(One-Stop지원센터, 해바라기센터) 및 검찰청 산하의 범죄피해자지원센터를 통해 법률지원, 의료지원, 상담지원 등 각종 피해자지원을 받을 수 있도록 하고 있다. 성폭력피해자등통합지원센터는 수사업무를 수행할 수 있는 경찰관과 심리전문가, 진술조력인, 의료인 등이 함께 협업을 할 수 있는 거점으로 기능한다. 이곳에서는 피해자를 위한 위기개입이 24시간 가능하도록 인적·물적 구조를 갖추어 놓고 있다. 또한 가정폭력 피해자에 대한 쉼터를 제공함으로써 피해자의 신변안전을 보호하고 재피해자화를 예방하도록 하고 있다.

아울러 가정폭력 피해자 지원업무를 수행하는 자들에게는 가정폭력 신고의무를 부여함으로써 경찰이 조기에 가정폭력사건을 인지하도록 하고 있다. 즉, 아동 교육기관 종사자, 아동·노인·판단능력 결여자를 치료하는 의료기관 종사자, 노인복지시설·아동복지시설·장애인복지시설 종사자와 기관장, 아동상담소·성폭력상담소·가정폭력상담소 상담원과 기관장 등이 가정폭력범죄를 알게 된 경우에는 정당한 사유가 없는 한 즉시 수사기관에 신고하여야 하는 것이다(가정폭력처벌법 제4조).

미국의 경우에도 가정폭력 피해자를 위한 쉼터를 운영하고 있는데 여기에서는 단기간의 주거제공, 긴급 의류 및 교통수단 제공, 상담지원 및 법률지원 서비스, 취업지원 등의 활동을 전개하고 있다. 쉼터는 짧게는 30일 이상, 길게는 60일 이상의 기간 동안 피해자들이 이용하고 있다.[78]

한편, 전문 의료인들은 병원에 내방하는 환자들의 상처가 가정폭력에 기인한 것인지 여부를 적극적으로 알아내려는 노력을 기울일 필요가 있다. 가정폭력으로 인한 부상임이 확인되면 단순히 피해자의 외과적 상처를 치료하는데 그치는 것이 아니라, 피해의 신속한 회복과 재피해자화를 예방하기 위해서 경찰, 심리 전문가, 사회복지 전문가, 법률 전문가 등이 함께 협업을 하면서 지원을 하는 것이 바람직하기 때문이다. 이를 위해서 각 병원에 가정폭력 피해자 발견을 위한 '건강검진 시스템(health care screening system)'을 구축할 필요가 있다.[79]

가정 내의 구조적, 개인적 문제로 발생하는 가정폭력의 경우 개입기관이 위기상담과 사례관리의 역할을 하면서 동시에 필요에 따라 외부전문기관으로 연계를 해야 하기 때문에 다기관 협력이 매우 중요하다. 다기관 협력을 강화하기 위해서는 가정폭력에 대한 관점과 피해자 지원에 대한 인권의식, 입법목적 등에서 기관 간의 인식의 차이가 적어야 하고, 기관간의 정보공유가 핵심적이며 또한 학대의 위험성 평가가 보다 체계적으로 이루어져야 한다.[80]

제4절 학교폭력의 대책

학교폭력은 양면적 태도 즉, 경찰 등 사법기관과의 연대를 포함한 폭력에 대한 의연한 태도와 개개 학생들이 품고 있는 개별적인 문제나 상황을 이해하고 이에 부응한 심리교육적, 상담적 접근방법을 해나가는 태도가 필요하다. 학교폭력에의 대응은 아동학생들의 이해를 깊게 하고 폭력행위의 배후에 있는 요인을 찾는 한편 학생의 내면에 이르는 지도를 하고 관계기관

등과 연대하여 문제의 근본적 해결을 추구하는 것이 매우 중요하다. 특히 폭력행위가 발생한 경우에 교육적 배려를 바탕으로 가해학생 지도를 하고, 모든 학생이 학교생활에 잘 적응하여 충실한 학교생활을 만들어나가는 것이 요구된다.

예를 들어 Olweus의 학교폭력 예방 및 근절 프로그램은 교사와 학부모들이 프로그램에 능동적으로 참여하도록 유도, 폭력을 금지하는 명확한 규칙 개발, 피해학생 보호 및 지원이 이루어지는 프로그램이다.

초등학생 맞춤형 범죄예방프로그램의 시행 또한 중요하다. 따돌림 대책은 사례를 통해 따돌림에 대한 이해를 심화하는 것, 따돌림장면의 역할연기를 통해 대처방법을 고안하는 사회적 기술훈련(Social Skill Training, SST), 분노 등 감정조절 프로그램 등이다. 청소년 경찰학교에서의 프로그램을 보다 강화하는 것이 가능할 것이다.

종합하면, 경찰 등 사법기관과의 연대를 포함한 대처, 개개 학생이 지니고 있는 문제나 상황의 이해, 그에 따른 심리적 교육, 상담으로 접근하는 태도가 필요하다. 특히 경찰은 교육적 배려의 관점에서 근본적으로는 교육현장에서의 대응을 존중해가면서, 범죄행위가 있는 경우에는 피해소년이나 보호자의 의향이나 학교에서의 대응상황을 근거로 필요한 대응을 취하는 것이 바람직하다.

경찰청은 학원폭력 예방을 위해 학원전담경찰관을 배치·운영하고 있다. 2019년 현재 전국의 학원전담경찰관은 총 1,138명으로 경찰관 1인당 10.9개의 학교를 담당하고 있다. 이들은 경찰－학교 간 핫라인을 구축하고 상설협의체를 운영하는 등 긴밀한 협력체계를 유지하면서 범죄예방을 위해 노력하고 있다. 아울러 이들은 학생들을 상대로 한 특별예방교육 실시와 함께 폭력발생시 즉각적인 대응조치를 하고 있으며, 위기청소년 발견 시 이들을 적극적으로 선도하고 관리하는 임무도 수행하고 있다. 특히 주기적으로 학교를 방문하여 학생과 교사를 면담하고, 폭력서클 현황을 파악하면서, 117학교폭력 신고센터 홍보를 통해 학교폭력 발생 시 대응요령 등을 학생들에게 안내하고 있으며, 학교폭력대책심의위원회 위원으로 참석하여 의견을 제시하기도 한다. 또한 학생들 눈높이에 맞춘 체험형 범죄예방 교육을 위해 교육부와 협력하여 '청소년 경찰학교'를 개설, 전국 52개 경찰서에서 운영 중이다. 여기서는 학교폭력 가해자－피해자 역할극을 시연하기도 한다.[81)]

미국의 경우에는 학교에서 직접 경찰인력을 채용하여 운용하고 있는 경우가 많다. 그들은 금속탐지기와 CCTV를 활용하여 출입자를 감시하는 역할을 한다. 2015과 2016년 통계에 따르면 공립학교의 45%가 안전요원이나 학교경찰 등을 채용하고 있는 것으로 나타났다. 또 2004년

'학교 내 총기류 청산법(Gun-free Schools Act)'이 제정됨에 따라 모든 학교들은 연방정부의 지원하에 학교에 총기를 가지고 온 학생들을 1년 동안 정학처분을 내리고 있으며, 교내에서 무기나 흉기를 가지고 싸운 학생들은 특별한 처벌을 내리도록 하고 있다. 이와 더불어 학원폭력 피해자 발견 시 의무적으로 신고하거나 학원폭력 예방을 위한 교육 프로그램을 운영하도록 의무화 되어 있다.[82)]

정리하기

○ 폭력적(violent)이라는 형용사는 '행동하는 힘'이라는 뜻을 가진 라틴어 vis에서 파생되었다.

○ 폭력현상을 분석할 때 세 가지 요소 즉, 행위자, 피해자, 상황을 함께 고려해야 하고 이를 위해서는 상호작용의 개념도 필수적이다.

○ 경제적·사회적 폭력은 금융조작, 금융사기, 부당해고 및 모든 종류의 차별(인종, 성차별, 종교차별)을 의미한다.

○ 규칙위반이나 부당한 일을 한 사람을 벌하고 싶다는 동기에서 행하는 폭력은 사람의 행동을 선악의 관점에서 평가하는 경향이 강한 신념과 관련이 있다.

○ 가정폭력은 일반 대인폭력과는 달리 사회의 가부장적 성격이 중요한 발생요인이고, 다른 폭력행위에 비해 사회에서 용인되는 폭력이다.

○ 가정구성원이란 ① 배우자(사실상 혼인관계에 있는 사람을 포함) 또는 배우자였던 사람, ② 자기 또는 배우자와 직계존비속관계(사실상의 양친자관계를 포함)에 있거나 있었던 사람, ③ 계부모와 자녀의 관계 또는 적모(嫡母)와 서자(庶子)의 관계에 있거나 있었던 사람, ④ 동거하는 친족을 말한다.

○ 가정폭력의 사이클 이론(Walker, 1979)에 의하면 긴장의 고조, 격한 폭력, 후회와 애정의 3가지 주기가 있다.

○ 데이트폭력이란 '미혼의 교제관계에 있는 두 사람 사이에 일방이 다른 사람에게 일상적·계속적으로 신체적 폭력, 심리적 공격, 성적 강요, 사회적 제한을 가하는 것이나 넌지시 비추는 것'으로 이해할 수 있다.

Chapter 07

사기범죄

제1절 사기범죄의 특징

생각해 보기

○ 조희팔은 2004년에서 2008년까지 4년간 전국 10여 개 피라미드 업체를 차렸다. 그리고 의료기기 대여업을 통해 30~40%의 고수익을 보장한다고 속여 투자자 3만여 명의 돈 2조 5천 623억 원을 가로채고 중국으로 도주했다. 조희팔 같은 사기범들은 연기력, 시간 끌기, 민사사건화, 약점활용, 당황유도 등의 고등전술을 활용한다. 대면사기 같은 범죄의 경우, 피해자들은 어떻게 속은 것인가?

중요 국외도피사범
공 개 수 배

인적사항	조 희 팔 [남, 55세], 경상도 말씨
사건개요	【투자자 3만여 명으로부터 2조원 상당 편취】 '08. 10월~'09. 3월 까지 대구·부산·경기·인천지역에서 (주)씨엔 등 20여개의 법인과 50여개의 센터를 운영하면서, "안마기 등 건강용품 판매 사업에 투자하면 연48%의 수익을 보장하겠다"고 선전하여 피해자 3만여 명으로부터 2조 5,623억원 상당을 편취한 후 중국으로 밀항한 것임
신 고 처	대구지방경찰청 : +82-53-804-3419~3423 (휴일·야간 : 2267) 경찰청 외사수사과 : +82-2-3150-2578 (휴일·야간 : 1576, 2275)

경 찰 청

1. 관계범죄와 지능범죄

사기범죄는 대표적인 지능범죄로서 위조, 절도, 공갈과 같은 타 범죄와 결합되는 경우가 허다하며 그 수법은 유형을 한정하기 어려울 정도로 천차만별로 계속 진화(進化)하는 특성이 있다. 분명한 것은 사기범죄의 수법이 인터넷사기를 포함해 여러 형태로 계속 진화하고 지능화됨에도 불구하고, 기본 유형은 변하지 않는다는 점이다. 또한 쓰나미와 미국 카트리나 재해, 영국 지하철테러 등의 대형 재해에서 발생한 자선사기(charity scam), 환급금사기 그리고 우리와 일본의 법원 또는 검찰사칭사기 등 사기사례를 보면 동서고금을 망라해 몇 가지 사기의 철칙을 확인할 수 있고 이러한 사례에서 사기수법 유형의 연구 가치를 일부 찾을 수 있다.[83)]

일본의 모로사와(諸澤英道, 2001)에 의하면 사기죄는 '관계범죄'이며, 사기범은 우선 피해자가 될 사람에게 접근해 범행을 용이하게 하기 위한 관계를 만든다고 설명한다. 그 관계를 나중에 철저히 이용하기 때문에 가해자의 함정에 빠지지 않는 것이 필요하지만, 일단 빠져버리면 두뇌회전이 순조롭지 않게 된다. 성실함이나 합리성을 가진 사람도 그 논리를 역이용당하면 간단히 넘어가 버린다.

[표 4-6] 사기에서의 기망(欺罔)전술

유형	특징	종류
유인	한탕주의, 불법로비, 불로소득 등에 대한 선호 내지 갈망을 이용	보험금환급, 경품당첨, 기획부동산사기, 조선족대상사기, 금융사기, 피라미드다단계사기, 신용회복사기, 나이지리아 편지 책략사기 등
공포	당황이나 불안감을 조성해 판단력을 마비시킴	거짓유괴사기, 검찰사칭사기, 전화요금체납사기 등
신비	논리나 과학으로 설명하기 어려운 현상에 의존하게 함	운세, 영감상법, 사이비 종교사기, 명상단체사기 등
신의칙	일상적인 거래상의 신의칙을 위반함	신용장사기, 차용사기, 입양사기, 인터넷옥션사기, 보험사기 등
기타 감정	고등감정이나 애정, 호기심 등을 이용	구걸사기, 자선사기, 결혼사기, 모바일사기, 원링(one ring)사기 등

(출처: 이봉한, 사기수법과 기망전술의 유형, 2008.)

거짓말을 근본으로 하는 사기사건은 법정으로 가기 전부터 수사기관에 대한 기만이 통한다는 점과 학력위조, 사진위조 등 수많은 위조가 수반된다는 점에서 상습적 사기범들의 체계적인 관리가 필요함을 증명한다. 사기죄에서 기망(欺罔)은 범죄구성요건으로 매우 중요하다. 기망(欺罔)전술은 유인, 공포, 신비, 신의칙, 기타 감정으로 유형을 나눌 수 있다.

폴 에크만(Ekman) 박사는 법정에서 거짓판단이 어려운 이유로 다음의 항목들을 꼽는다. 먼저 범죄와 심문사이의 긴 기간이 존재한다는 것, 범죄자가 준비하고 예행연습을 할 기회가 있었다는 것, 거짓이 처음이 아니라는 것, 질문이 '예/아니오'로 답한다는 것, 전문가가 적다는 것을 들고 있다.

우리가 사기범죄에 주목하는 것은 그것이 일차적으로 사람들 간의 공리적(功利的) 유대관계를 파괴함으로써 궁극적으로는 사회적 결속이나 통합을 저해한다는 사실 때문이다. 불신범죄로서의 사기범죄는 경제영역뿐만 아니라 서민들의 생활세계 영역에서도 빈번하게 발생하고 있고 상당수는 일차적 의미의 친분관계 위에서 나타나고 있다. 즉 김준호·차종천·김성언(1993)의 주장처럼 사기범죄는 사회통합을 저해하는 사회학적 차원의 문제이고, 사기범죄 발생률은 사회의 구조변동의 산물이자 징표로 설명할 수 있다.

그러면 대검찰청의 「2019 범죄분석」을 통해 사기범죄의 발생현황을 살펴보겠다. 먼저 2018년에는 총 278,566건의 사기범죄가 발생했다. 2009년 224,288건과 비교하면 사기범죄는 계속 증가하는 추세이다. 반면에 절도(2009년 256,681건→ 2018년 177,458건)나 강도(2009년 6,379건→ 2018년 841건)의 발생 건수 변화와는 매우 다른 양상을 보인다.

사기범죄 피해자의 성별을 보면 남성이 65.1%, 여성이 34.9%였다. 사기범죄 피해자의 연령을 살펴보면, 41세~50세가 22.4%로 가장 높은 비율을 차지하고 있으며, 그 다음은 51세~60세(21.2%), 31세~40세(19.9%) 등의 순으로 나타났다.

사기범죄로 인한 재산피해액수를 살펴보면, 10만 원 초과~100만 원 이하가 29.7%로 가장 많았고, 그 다음은 100만 원 초과~1,000만 원 이하로 26.9%를 차지했으며, 1,000만 원 초과~1억 원 이하의 비율은 21.8%를 차지했다.

사기범죄의 범행수법은 기타 항목을 제외하고 살펴볼 때, 매매가장(23.1%)이 가장 많았고, 다음은 가짜 속임(19.5%), 차용사기(8.9%) 등의 순으로 나타났다.

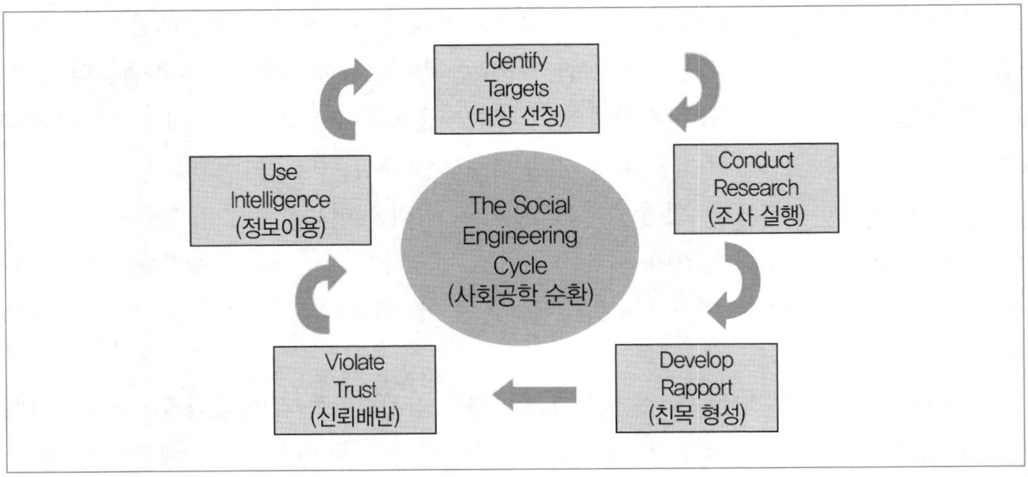

사회공학 순환

(출처: McQuade, III, 2006. p.117.)

2015년 기준으로 검거의 단서를 살펴보면 사기범죄의 80.9%가 고소, 고발, 진정투서, 피해자의 신고, 자수 등 신고에 의한 것이었으며 나머지는 현행범과 미신고, 미상에 의해 확보되었다. 이는 2014년에 91.2%의 사기범죄가 신고에 의한 것임을 비교해볼 때 2015년은 신고 비율이 매우 감소했다. 구체적으로 고소가 1,105건, 진정·투서가 206,917건이었는데 이는 2014년에 고소가 107,224건, 진정·투서가 89,042건을 차지하고 있는 것과도 크게 대비된다.

2. 인터넷사기 및 유사수신행위

사기범죄 중 대면사기와 전화사기는 기본적으로 연기력을 필요로 한다. 반면 인터넷사기는 익명성과 컴퓨터를 무기로 하므로 연기력이 부족한 자나 연소자도 할 수 있고, 지역의 한계를 극복할 수 있다는 특성을 갖는다. 이러한 익명성은 수사 및 기소에 이르기가 어렵게 하는 요소의 하나이다.

이들 인터넷사기의 수법은 '앵벌이사기', '자선사기', '피싱(phishing) 사기', '나이지리아 메일사기', '경매사이트 사기' 등과 같이 지역과 시간, 방식에서 상당히 자유로운 범죄활동이 가능하며 현대와 같이 점증하는 수많은 상거래가 온라인 환경에서 이루어지면서 계속 증가할 것으로 예상할 수 있다. 경찰청에서 발표한 통계자료에 의하면 2019년 상반기 기준, 인터넷사기가 전체 사이버 범죄의 75.8%(65.238건)로 가장 큰 비중을 차지했다.

그런데 최근 인터넷사기는 화상 보이스피싱 수법까지 발견되면서 계속 진화하는 중이다. 연기력이 없어도 가능한 인터넷사기가 연기력과 대포통장 등의 도구까지 결합하면서 피해의 범위나 대상이 급증하는 원인이 되고 있는 것이다. 화상공증을 한다며 가짜 검사실을 꾸민 장소에서 영상통화를 하고 가짜공문을 보여주며 실제처럼 믿게 한 사건이 대표적인 예다. 또 2019년 국내에서 발생한 보이스피싱(전화금융사기), 대출빙자형 금융사기 등 전기통신금융사기에 이용된 계좌가 약 7만 8천개에 달하는 것으로 나타났다. 매일 215개의 계좌가 보이스피싱 등 사기에 쓰인 셈이다. 이는 금감원이 관련 통계 집계를 시작한 2011년 1만 7천 357개보다 4.5배 늘어난 것으로, 역대 최대치다.[84)]

다음으로 사기죄와 매우 유사한 유사수신행위에 대해 알아보겠다. 주위의 여러 광고를 보면 투자할 경우 원금은 물론 높은 수익률을 보장한다는 문구가 자주 등장한다. 은행법이나 저축은행법 등에 의한 인가나 허가를 받지 못하고, 등록이나 신고 등을 하지 않은 상태에서 불특정 다수의 사람들로부터 자금을 조달하는 행위를 유사수신행위라고 한다.

유사수신행위의 경우, 그 자체가 사기죄와 동일하다고 볼 수는 없다. 법정 인·허가 등이 없이 수신행위를 통해 출자금 등을 유치했더라도 실제 사업을 통해 약정한 배당금이나 수익금을 지급하는 상황에서는 사기죄를 인정하기 어려운 측면이 있기 때문이다. 하지만 유사수신행위는 대부분 고수익을 올린다는 형식을 취한 명목상의 사업이기 때문에 종국에는 사기죄가 성립하는 결과로 이어지고, 그 과정에서 피해자가 증가하고 피해도 확산된다. 유사수신행위에서 사용된 사기수법의 예를 보겠다.

첫째, 기존 투자자 또는 투자모집책들의 소개·권유로만 알 수 있고, 회사 내용 등에 대해서는 철저한 보안을 유지한다.

둘째, 정상적인 영업으로 고수익이 창출되는 사업내용이 아님에도 불구하고 터무니없는 고금리, 고배당금 지급을 약속한다.

셋째, 가정주부 등을 대상으로 다단계 방식을 통해 자금을 모집한다.

넷째, 투자원금 100% 또는 그 이상의 확정수익을 보장하며 투자를 권유한다.

다섯째, '정부로부터 등록을 받은 법인'임을 내세워 투자자를 유인한다. 유사수신행위의 초기에 수사를 진행하더라도 피해자들이 수사에 협조하지 않거나 오히려 수사에 강력한 항의를 하는 경우까지 발생하고 있다. 예를 들어 MBC PD수첩 제999회에도 방송됐던 '인텍코 영농조합 사건'은 버섯재배를 통한 수익을 내는 사업구조를 가장했다. 경찰이 초기에 유사수신행위

중요 문서 무단 반출 시 법적 제재를 받을 수 있으며, 모든 출력본은 모니터링 됩니다.

서울중앙지방검찰청

(Prosecutors' office 20 no 5337 research)

사 건 번 호 : 제 2020형 제5337호(전자금융거래법 및 불법자금세탁법 위반)
안 건 담 당 : 반부패수사 제1부 성재호 검사
피 고 소 인 : [redacted]******)
신 청 일 자 : 2020년 09월 07일(월)
접 수 번 호 : 2020-02-5337-4051
사 건 급 수 : 특급안건 (비공개수사)

공소요지: 금융실명거래법위반 피고소인은 통장판매·양도협의 또는 개인정보 유출·명의도용 피해자인지 사실관계 여부에 관한 수사를 받음과 동시에 피고소인은 계좌양도 협의이거나 명의도용 피해자라는 것을 본인 스스로 해명 해야 함

1. 관련근거『형사소송법 제56조 제2항』,『검찰관직무집행법 제8조 제1항』금융실명거래 및 전자금융거래법위반 형사사건 피고소인은 고소인의 배상명령(민법 제741조)에 근거 약식조사 대상 등록 함

2. - (1) 집행명령 시간에 기록된 모든 재산자료(토지, 주택, 예적금, 투자, 주식,가상화폐 및 기타 소득세)를 포함한 재산 상황을 합법적인 재산임을 반드시 증명, 감독 받아야 함
- (2) 국유재산법 제3조 제1항 및 동법시행령 제1조에 의거 피고소인의 모든 재산자료는 행정재산으로 분류, 도주의 우려와 추가 피해 확산을 방지 하여야 한다. 조사자 등록이 완료 된 피고소인은 다른 반대 의견이 있어서는 안 됨

3. 전자금융거래법위반, 자금세탁 및 피의사건과 관련하여 다음 자료를 요청하니 다른 반대의견이 있어서는 안 됨
- (1) 피고소인에 대한『형법127조』공무상 비밀누설죄 2000만원 이하 벌칙 및 경고조치 적용
- (2) 피고소인에 대한 통화기록 및 문자내역, 휴대기기 관한 디지털포렌식 검사 후 제출
- (3) 피고소인에 대한 수사협조 의뢰는 2020년 09월 07일 (09:00~17:00) 을 초과할 수 없음
- (4) 피고소인에 대한 지폐일련번호 및 CMN코드를 조회한 금융거래명세서 1부
- (5) 피고소인에 대한 행정재산, 불법자산 및 주식, 가상화폐 국고로 환수, 압수조치
- (6) 피고소인에 대한 계좌추적 관련 불법자금세탁 및 금융권 피해여부 관련 은행 방문 및 CCTV 자료 제출

4. 담당검사는 09월 07일 17:00까지 강만구(판사) 앞으로 금융거래명세서를 제출 해야 함. 위 사안을 위배 시 검사가 제기한 고소고발 취하소송(72건), 피해 배상금 취소명령을 철회 함 (2020.04.09~ 2020.05.27 총146회 합계 141,126,400원)

서울중앙지방검찰청 검사장 : 이 성윤

(Prosecutors' chancellor) Lee Seong Yun

기 안 자 : 정난희 (인) 정 난 희
사건과장 : 박종만 (인) 박 종 만
검찰조사관 : 김정규 (인) 김 정 규

【 주관기관 : 서울중앙지방검찰청 반부패수사 제1부 】【 관계기관 : 금융감독원(금융위원회) 】

보이스피싱에 사용된 가짜 공문서

임을 간파했고 수사를 통해 사업의 수익이 전혀 없다는 사실과 행위자가 이미 전과 5범의 유사수신행위 전과자임을 확인했음에도, 투자자들이 피해를 당해 경찰서에 몰려가 시위를 하는 행태를 보였다. 이것은 투자수익을 기대한 피해자들 입장에서 수사기관이 자신들의 미래 수익을 방해하는 것으로 인식했기 때문이다.[85)]

이번 주제에서는 사기범죄의 특징에 대해 다루어보았다. 사기범죄는 사람들 간의 공리적(功利的) 유대관계를 파괴함으로써 사회적 결속이나 통합을 저해하는 불신범죄이다. 인터넷사기는 익명성과 컴퓨터를 무기로 하므로 연기력이 부족한 자나 연소자도 할 수 있고 지역의 한계를 극복하기도 한다. 또한 유사수신행위의 경우, 사기로 판명될 가능성이 높다는 것을 알 수 있었다.

제2절 권력사칭사기와 보험사기

생각해 보기

○ 국가 권력기관의 직원(또는 친분)을 사칭한 사기범죄는 '관계범죄'와 '기망(欺罔)'을 본질로 하는 일반 사기와 다른 것인가? 사례를 보며 생각해보자.

사례 1) 이모(36)씨는 2014년 3월 대전 한 나이트클럽에서 만난 여성 A씨에게 '국정원장이 작은 아버지이고 본인은 국정원 직원이니 결혼하자'라고 속여 사귀던 중 가짜 상품권 1억원 상당을 피해자에게 보관시키고, 위조된 가짜 공인중개사 및 행정사 자격증과

청와대 회의장 사진 등을 카톡으로 전송해 믿게 한 후 '사업자금으로 4천만 원이 필요하고 동탄에 100평 아파트를 계약해서 이사를 하자'라고 속여 총 3억 2,700만원 상당을 편취하고, 다른 피해자 4명을 상대로 '前 국정원장 이병기의 조카인데 사업자금을 투자하면, 월 1,000만원 이상의 월급과 투자금의 2배 이상의 수익을 올려주겠다'라고 속인 후 1억 6,000만원 상당을 교부받는 등 도합 4억 8,000만원 상당을 편취하였다(연합뉴스, 2016.3.24.).

사례 2) 이모, 김모는 2009.4. 초순경 피해자에게 A4용지에 인쇄된 금괴사진을 보여주면서 "우리는 대통령 경제특별보좌관, 청와대 문화체육관광비서관, 금융감독원 팀장 등과 절친하며 그들과 대통령의 비자금 마련을 위해 반기문 UN사무총장이 UN에서 관리하는 금괴 5,730킬로그램(시가 2,865억원 상당)을 청와대와 대한무역협회를 통해 현금화하고 있는데 내가 정부로부터 UN소유의 금괴를 시가보다 싸게 판매할 수 있는 특혜를 받았고, 그 금괴를 직접 관리하고 있으니 금괴 운반 및 보관에 소요되는 비용을 빌려주면 다음날 반드시 갚아주고 금괴 80킬로그램을 시중가보다 싸게 판매할 수 있도록 특혜를 주겠다."고 거짓말하여 약 50여 일에 걸쳐 총 7차례, 9,700만원을 편취하였다(조선일보, 2010.5.15.).[86]

○ 보험사기는 '저위험 고수익'의 구조적 특성으로 인해 일반사기보다 전파력이 강하고 쉽게 모방범죄를 유발하는 특성이 있다. 한 예를 들면, 손해사정사 A는 환자, 지인 등 800여 명을 ○○병원 정형외과 전문의에게 알선하여 진료를 받게 하고, 환자들이 허위로 후유장해진단서를 발부받아 보험회사로부터 장해보험금 39억원을 편취하도록 방조하였다('16.3. 검찰송치). 특이한 것은 손해사정사는 일반인들이 알기 어려운 장해 분야에 대한 전문 지식을 보험사기에 악용하여, 환자들에게 지급된 보험금의 10~20%를 수수료(17억 5천만원 상당)로 받았다는 점이다(금융감독원 보험사기 방지센터 홈페이지). 대책은 무엇인가?

1. 권력층 사칭사기

사기범죄에는 다양한 종류가 있다. 이번에는 권력층을 사칭하는 사기범죄에 대해 알아보겠다.

권력층 사칭사기범죄란 청와대 등 국가기관 직원을 사칭하거나 고위 정치인·유력인사와 잘 안다며 피해자를 기망(欺罔)해 돈을 뜯어내는 수법을 의미한다. 해당 범죄의 통계는 정확히 알기 어렵지만 국가 권력기관의 직원임을 사칭한 사기범죄는 '관계범죄'와 '기망(欺罔)'을 본질로 하는 일반 사기의 형태를 띠고 있다. 특히 법의 영역에서 확인이 쉽지 않은 기관의 업무집행상 비공개성을 악용해 피해를 양산하는 특징이 있다.

권력층 사칭사기는 신뢰를 촉진시키는 3가지 요소인 권위, 성실, 호감 중 권위를 높이기 위해 신분증 위조 등의 관련범죄를 병행한다. 또한 잠재적 피해자 입장에서는 사칭자의 신원확인이 쉽지 않으므로 피해를 조기에 방지하거나 중지시키기가 매우 어렵다.

권력층 사칭사기는 아니지만 사기범죄에서 나타나는 신분위조의 사례는 매우 많다. 2002년 사기 등의 혐의로 수배된 김모씨(35·여)는 자신이 일란성 쌍둥이이므로 범인이 아니라고 주장했는데 그 증거로 범인으로 지목되는 주민등록번호와 다른 주민등록증을 제시했다. 하지만 과학수사 결과, 주민등록증을 신청할 때 찍는 지문이 범인의 것과 똑같다는 사실을 밝혀냈다. 이와 더불어 김씨가 호적을 이중 작성해 새로운 주민등록증을 받은 다음 쌍둥이 행세를 하려 했다는 사실도 밝혀냈다. 위조가 사기의 도구인 경우가 많다는 것을 고려하면 사칭사기범죄에 있어 과학수사의 역할은 그만큼 커진다.

권력층 사칭사기는 주로 '비밀요원', '비자금을 관리하는 국고국', '비밀리에 추진하는 핵 프로젝트', '국방부 비밀조직' 등 비공개 조직(Veiled Zone)과 연관되는 점에서 후진국형 사기로 보기도 한다. 이러한 후진국형 권력층 사칭사기가 한국에서 계속 증가한다는 것은 한국 사회가 투명하지 않게 운영되고 있다고 믿는 사람들이 여전히 많다는 증거이다. 권력층 사칭사기는 사회적 사기(Social Fraud)의 일종이다. 사회적 사기는 매력과 설득을 활용하는 상호작용 속에서 편취가 이루어지는 점에서 서류위조 등 보험금 청구사기나 기망(欺罔)적 협박을 수단으로 한 사기와는 다르다.

한국에서 나타나는 권력층 사칭사기는 사칭 대상이 전직 대통령의 비자금 관리인에서 국제통화기금 감사, 국정원 요원에 이르기까지 다양하고 수법은 진화되고 있다. 그러나 권력사칭 사기범죄의 특수성과 수법의 지능화에도 불구하고 기망(欺罔)을 본질로 하는 사기의 기본유형은 변하지 않는다.[87)]

기관 사칭형 대면사기의 경우 그에 관한 연구는 찾기 어려운 실정이다. 이러한 배경에는 사칭과 기망(欺罔)에 대한 심리학적 바탕이 필요하기도 하거니와 사기범 인터뷰의 한계 등을 원인으로 볼 수 있다.

'유인'을 본질로 하는 기관 사칭형 대면사기가 끊이지 않는 이유는 무엇인가? 무엇보다도 권위에 대해 존경하고 순응하도록 교육을 받아온 한국의 구조적 문화, 그리고 국가기관 특히 권력기관의 의사결정 과정에 대한 신뢰가 낮고 투명성에 대한 통제가 어려우며, 정보접근권이 제한되어 있다는 물리적 환경이 주요 원인으로 작용한다. 또한 피해자에 대한 부정적 시각이 통용되는 분위기도 무시할 수 없다. 사기범죄자는 공통적으로 자기의 행위를 합리화해 비난을 비켜가는 '중화(中和)' 기술[88]로 피해자의 신고의지를 꺾거나 무력하게 만드는 데 능하기 때문에 사법기관의 적극적 대처가 어려워진다.

기관 사칭사기도 마찬가지이다. 관련 사기범들이 가장 자주 사용하는 전술은 '허구와 진실의 절묘한 조합'이다. 그리고 직접적으로 허위사실을 말하지 않은 채 진실을 왜곡하는 기만술은 거짓말의 간접적 형태이자 '함축적인 말하기'라고 불리며 말솜씨를 필요로 한다.[89] 이러한 기술적 거짓말쟁이가 되는데 필수적인 것이 바로 비언어적인 행동을 조절하는 능력이다. 일부 진실만 확인하는 것으로는 허구를 파악하기 힘들다. 이러한 허구 부분을 피해자나 사법기관이 어떻게 간파하고 드러낼 수 있는가가 중요하다.

2. 보험사기

다음으로 보험사기에 대해 알아보겠다. 보험사기는 '저위험 고수익'의 구조적 특성으로 인해 일반사기보다 전파력이 강하고 쉽게 모방범죄를 유발하는 특징을 갖고 있다. 본래 보험이란 미래의 예측할 수 없는 사고로 인한 손실에 대비하거나 경제적 필요를 충족시키기 위해 다수의 경제 주체가 미리 공동기금을 구성해 두고, 재난을 당했을 때 이를 지급함으로써 개개 피해자의 부담을 줄이는 것이 목적이다.

보험이 일상생활의 거의 모든 위험을 담보하고 있다 보니 보험사기의 수법이 매우 다양하고, 보험약관 내용도 복잡해 내부종사자의 묵인이나 방조가 쉽다. 보험사기가 심각한 사회문제로 부각된 것은 최근의 일이 아니며, 단지 일반적인 재산범죄의 하나가 아닌 특수범죄로 보아야 할 것이다. 의료보험금의 허위청구에 의해 소비자 건강보호가 위협받고, 보험회사의 소비자 전가로 보험료가 인상되며 기업의 비용 전가는 소비자 물가를 상승시킨다. 또한 정직한 기업에게 막대한 피해를 주고 도산을 초래한다. 이러한 심각성에도 불구하고 사건당사자가 아닌 일반인으로서는 손해라고 해봐야 간접적이기 때문에 경각심을 느끼기 어렵다. 예를 들어 고의로 자신의 손가락을 절단하거나, 타인의 시신을 자신의 시신으로 위장해 사망한 것으로 조작하는 사건을 단순한 문제로 웃어넘길 수는 없다.

여러모로 심각한 사회적·경제적 폐해를 야기하고 있는 보험사기를 규제하기 위해 2016년 보험사기방지특별법이 제정되었다고 볼 수 있다. 우리나라의 자동차보험사기는 2016년 기준 전체 보험사기 적발금액의 45%이지만 2013년에는 54.4%에 달했다. 구성비로는 가장 높은데 그 이유는 택시의 고의사고, 보행 중의 고의 접촉사고, 외제차 미수선 수리비를 이용한 고의사고 등 사고의 위장이 용이하고 보험처리가 간편하기 때문이다.

금융감독원의 2017년 자료를 보면 보험사기는 폭력조직, 보험설계사나 병원종사자, 정비업체, 택시기사 등 다수인이 개입되고 전문가와 연계된 조직적 범죄행위가 크게 증가하는 경향을 띠고 있다.

보험사기의 유형은 보험사기자의 행위 양상에 따른 분류 등 여러 기준으로 구분하고 있다. 보험사기의 특성에 따라 분류한 유형으로는 ① 보험소비자의 사기와 보험회사의 사기, ② 보험료에 관한 사기와 보험금에 관한 사기, ③ 국내보험사기와 해외보험사기, ④ 경성보험사기와 연성보험사기가 있다.

이 중 경성과 연성 보험사기의 분류는 미국에서 행해지는 것으로 경성 보험사기, 즉 적극적 보험사기는 고의충돌이나 살인 등 계획적으로 사고를 야기해 보험금을 편취하는 것을 뜻한다. 반면 연성보험사기(soft fraud)는 보험계약자나 지급청구권자가 합법적인 보험금의 지급에 있어 피해를 과장하거나 확대해 청구하는 기회성 사기(opportunity fraud)에 해당한다. 경성 보험사기에 대해서는 분명한 범죄라는 사회적 인식이 있으나, 연성 보험사기에 대해서는 '누구나 그렇게들 한다'는 생각과 이에 대한 온정적 시각까지 있다.

결혼사기

이외에도 사기에는 여러 가지 종류가 있다. 사람의 친절 또는 호기심을 이용하는 모바일 사기 수법이라든지 동정심을 이용하는 앵벌이사기, 애정을 빌미로 한 결혼사기와 같은 사례가 기망(欺罔)에 이용되는 기타의 수단들이다.

이 중 결혼사기에 대해 살펴보겠다. 결혼사기는 결혼을 하겠다는 예정 하에 상대방으로 하여금 전폭적인 신뢰관계를 형성한 후 각종 이유를 들어 금전을 뜯어내는 특수한 유형으로, 그 데이터를 구하는 것이 어렵다. 일반주민조사처럼 피해자 통계를 만드려고 해도, 피해자인터뷰가 불가능한데 그 이유는 피해자와 좋은 신뢰관계가 없으면 피해사실을 감추려고 하기 때문이다.

결혼사기의 수법으로는 주로 신분을 건실한 사업가나 해외 유학파, 재력가 집안의 자손으로 철저히 위장해 상대의 호감을 산 다음, 결혼하기로 약속하고 성관계를 갖거나 동거의 형태로 친밀한 관계를 유지하면서 다양한 이유를 들어 돈을 뜯어낸다.

사례) 자신을 의사라 속인 남자에게 거액의 돈을 주고, 그를 철석같이 엘리트 남편으로 믿어온 여자가 있었다. 하지만 남자는 직업, 가족 모두 속임과 동시에 결혼 이후에도 가

명을 쓰고 다니며 여성 3명에게 결혼을 전제로 접근해 2억4,000만원 을 받아 챙겼다고 한다. 심지어 낚시 동호회에서는 기업 인수합병 분야의 유명 로펌 소속 변호사라 속여 남성 6명으로부터 주식투자 명목으로 5억 원을 받기까지 했는데, 결국 또 다른 여성에게 결혼을 전제로 접근해 1,000만 원 정도를 가로챘다가 사기 혐의로 구속되었다.
결혼사기 피해자가 철저하게 속은 심리는 무엇일까?
이때 피해자의 심리는 우위성의 확보, 모성본능, 감정전이, 상식에 사로잡힘과 같은 것으로 설명할 수 있다(小田晋).

① **우위성의 확보**: 상대를 묶어두기 위해 상대의 요구에 응하고 금전을 제공하여 우위에 설 수 있다는 피해자의 생각
② **모성본능**: 응석에 능한 사기범은 여성과의 관계를 모자와 같은 관계로 갖고 가는데 여태 애정을 쏟을 상대가 없던 여성에게 많은 타입.
③ **감정전이**: 상투적 수단의 하나로 자신의 불행한 신상이야기를 통해 여성의 동정을 사고 상대를 집안사람처럼 여기게 만듦.
④ **상식에 사로잡힘**: 결혼을 전제로 한 남녀관계에서 금전의 주고받음은 상식

지금까지 사기범죄의 특징과 몇 가지 유형에 대해 살펴보았다. 인터넷사기의 경우 익명성과 비대면성이 특징이고, 유사수신행위는 사기로 귀결되는 경우가 많다. 사기범죄 중 권력층을 사칭하는 대면사기가 끊이지 않는 이유는 사기범죄자의 기술 및 시대적·사회적 구조와 관련이 있고, 이외에도 사기범죄에는 모바일사기 수법이라든지 동정심을 이용하는 앵벌이사기, 애정을 빌미로 한 결혼사기 등이 있다.

제3절 사기 대책

사기범죄는 상상할 수 있는 모든 형태와 다양한 규모가 특징이다. 다시 말하면 수법이 천차만별이면서 피해규모도 유형에 따라 다르다. 따라서 총체적으로 사기범죄의 대책을 수립하기 보다는 유형별 대책이 더 현실적이고 피해자의 특성에 따른 대책도 병행되어야 한다. 보험사기방지특별법은 보험사기에 대한 대표적 개별입법이지만, 다양한 사기범죄의 유형별로 특별법을 제정하는 것은 한계가 있으므로 모든 유형의 사기에 공통되는 사기방지 및 저지와 대응에 관한 일반 법률을 제정하는 것도 고려할 필요가 있다. 예를 들면 가칭 '사기범죄대처에 관한 기

본법'을 제정하고 가칭 '사기정보분석원'의 설립 및 권한을 명문화하는 것이다. 사기정보분석원의 중추적 역할을 통해 익명상담전화나 이메일로 접수되는 피해정보에 의한 선제적 억지조치를 추진하고 휴대전화계약자 확인, 사기에 쓰이는 범행도구 무력화 등 사기범죄대응능력을 향상시키는 것이다.

사기대책은 크게 범죄자 중심 대책과 피해자 중심 대책으로 구분해 살펴볼 수 있다.

첫째, 범죄자 측면에서 사기범죄는 특성상 당국의 피해방지규제가 효과를 보기시작하면 의표를 찌르는 새로운 수법이 다시 출현하기 때문에 근본적인 해결에 이르기는 쉽지 않다. ① 범죄감소에 효과를 보고 있는 제도로써 범행의 도구라고 할 수 있는 대포통장과 대포전화의 개설과 양도 금지, 이체한도 제한, 엄격한 본인확인, 범행에 이용된 계좌나 금전송부 주소의 공표, 계좌의 신속한 동결과 피해자환급 대책은 중단 없이 강화되어야 한다.

② 사기범죄에 대한 태도가 단호할수록 피해를 입을 가능성이 낮다는 점에서 다양한 범죄정보를 통한 예방홍보는 효과가 있다. 보이스피싱 범죄자 집단 중에서 인출책들이 CCTV나 피해자와의 접촉 등으로 체포될 위험이 높은 까닭에 중고생들을 아르바이트로 고용하기도 하므로 학교에서도 홍보에 적극 참여할 필요가 있다. 인터넷은 홍보의 주요 공간이지만 단순히 인터넷상 예방정보를 쉽게 접할 수 있게 만드는 것만으로는 잠재적 피해자들의 자발적 관심을 유도하기 어려운 문제가 있다. 강력한 단속과 사기피해 및 법률상담과 예방홍보의 세 가지를 동시에 적절히 수행할 수 있는 시스템을 고려해볼 수 있다. 강력한 단속을 위해서는 신고의 용이성이 더욱 확보되어야 하고 기관간에 지속성 있는 협업과 정보공유가 중요하다. 경찰청이 금융기관과 공조하여 보험범죄수사 전문인력을 양성하는 정책은 매우 고무적이다.

③ 그리고 현행 범죄자 신상공개는 강력범죄에 한정하여 행해지는데 피해규모가 큰 보이스피싱 조직 등 상습적 경제범죄자에게도 선별적으로 적용을 확대하고, 재범의 위험성 측면에서 보안처분 규정을 입법화하는 등 강력하게 대응하는 것이 범행의 비용을 최대화 하고 범행동기를 감소시키는 전략이 될 수 있을 것이다.

둘째, 피해자 측면에서 접근하기 위해서는, 우선 생애주기별 피해사례의 분석을 통해 피해에 노출되기 쉬운 연령대별 특성을 파악하고 이에 맞는 구체적 대응책을 도출하는 것이 현실적인 방법이다. 사회경험이 미숙하고 호기심이 많으며 동료들의 압박에 취약한 청소년기의 사기피해대책과 노화가 시작되어 인지능력이 저하되고 투자나 주택자금 등 경제적 안정에 대한 니즈가 많은 중장년기의 피해대책은 같을 수 없기 때문이다.

예를 들어 보이스피싱은 범행수법의 하나인 기망 매뉴얼이 정교해지고 범죄가 조직화되었기에 개인이 대응하기에는 역량에 한계가 있다. 일정한 DB를 얻거나 해킹한 후 DB에 기재된 사람들을 피해자로 특정하는 것을 막기 위해서는 한국정보보호진흥원의 예방책 홍보가 지속적이면서 효과적이어야 한다. "피해자들이 대부분 경제적으로 어려운 사람이고 대출이 급한 사람들이라 전화로 유인하는 것이 어렵지 않았다."는 보이스피싱 조직원의 진술처럼 피해자군에 속하는 사람들에 대한 선별적 홍보 전략이 필요해 보인다. 이러한 신용등급이 낮은 사람들은 "금방 대출이 나온다."는 말을 전하며 다른 사람으로부터 금원을 차용한다. 범죄자들에게 '회사 허위직원 등재비용', '전산작업비' '출장대출' 등의 명목으로 금전을 송부한 후에는 결국 채권자들에는 변제하지 못하고 피해자 자신이 사기꾼으로 전락하게 되는 등 피해의 확산을 초래한다는 점은 심각하게 보아야 한다.

피해자가 이를 의심하고 확인하는 과정에서 관계기관 상담창구는 접근성이 용이해져야 한다. 소비자의 정보부족을 틈탄 상업적 사기범죄는 단속의 순위에 밀리고 신고 후에도 신속한 대응이 어렵기 때문에 소비자원이나 금융감독원의 단속과 정보집약적인 홍보정책이 필요하다.

또한 사기 피해자의 심리를 이해하기 위해서는 설득의 과정을 연구하고 인지적(認知的)자원이 제한된 상황하에서의 의사결정에 관한 연구가 범죄대책 수립에 수반되어야 할 것이다.

정리하기

○ 사기범죄는 사회적 결속이나 통합을 저해하는 불신범죄로서 경제영역뿐만 아니라 서민들의 생활세계 영역에서도 빈번하게 발생한다.

○ 경찰청 통계자료에 의하면 2019년 상반기 기준, 인터넷사기가 전체 사이버 범죄의 75.8%(65,238건)로 가장 큰 비중을 차지했다.

○ 사기범죄는 대표적인 지능범죄의 하나로서, 그 수법은 유형을 한정하기 어려울 정도로 천차만별이면서 계속 진보하는 특성이 있다.

○ 인터넷사기는 익명성과 컴퓨터를 무기로 하므로 연기력이 부족한 자나 연소자도 할 수 있고, 지역의 한계를 극복할 수 있다는 특성을 갖는다.

○ 기관 사칭형 대면사기가 끊이지 않는 이유는 권위에 대해 존경하고 순응하도록 교육을 받아온 한국의 구조적 문화, 그리고 국가기관 특히 권력기관의 의사결정 과정에 대한 신뢰가 낮고 투명성에 대한 통제가 어려우며 정보접근권이 제한되어 있다는 물리적 환경이 주요 원인으로 작용한다.

○ 보험사기는 ‘저위험 고수익’의 구조적 특성으로 인해 일반사기보다 전파력이 강하고 쉽게 모방범죄를 유발하는 특징을 갖고 있다.

○ 연성 보험사기는 보험계약자나 지급청구권자가 합법적인 보험금의 지급에 있어 피해를 과장하거나 확대해 청구하는 기회성 사기에 해당한다.

○ 결혼사기는 결혼을 하겠다는 예정 하에 상대와의 전폭적인 신뢰관계를 형성한 후 각종 이유를 들어 금전을 뜯어내는 특수한 유형의 사기이다.

Chapter 08

절도범죄

제1절 절도범의 분류와 침입절도

생각해 보기

○ A(29)는 술집과 노래방 등에 위장 취업을 한 뒤 상습적으로 절도 행각을 벌이다 경찰에 구속됐다. A는 12월 7일 광주 서구 한 술집에서 웨이터로 위장 취업해 금고에 보관 중인 현금 40만 원과 손님에게 받은 술값 45만 원 등 85만 원을 가로챈 혐의를 받고 있다. A는 범행 직후 곧바로 일을 그만두고 이틀 뒤 노래방에 아르바이트생으로 다시 취업했다. 그는 일을 시작하자마자 현금 50만 원과 휴대전화를 훔치고 잠적했다. 절도는 어떻게 분류되고 어떤 특징이 있는가? 절도와 사기 중에 어느 것이 더 발생비율이 높은가?

1. 절도범죄 실태

절도는 지루한 일을 일상적으로 하는 것보다 선호될 수 있고, 탐욕은 재산범죄를 설명할 수 있다. 2018년 주요 형법범죄에서 재산범죄의 발생건수는 576,937건으로, 인구 10만 명당 1,113.2건의 범죄가 발생하였다. 그중 절도가 30.7%, 사기가 48.3%를 차지하고 있다. 5년 전인 2013년은 어떠했을까? 전체 재산범죄 671,224건 중에서 절도 범죄는 총 290,841건으로 43.3%를 차지하였고, 한편 사기범죄는 274,086건으로 절도범죄보다 약 3% 적은 40.8%를 차지하였다.

2018년 절도범죄의 발생건수는 177,458건, 인구 10만 명당 342.4건의 범죄가 발생하였다. 절도범죄의 발생비는 2017년 대비 3.8% 감소하였으며, 지난 10년 동안 33.6% 감소하였다. 2009년 256,681건에 비해서는 급격히 감소한 수치이다. 지난 10년간 연도별 절도범죄의 발생비 추이를 살펴보면, 2012년까지 증가추세를 보이다가 2013년 이후 발생비가 지속적으로 감소하였다. 한국은 현재 절도가 아닌 사기범죄가 재산범죄 중에서 가장 많은 비중을 차지하고 있음을 알 수 있다.

한국은 절도범죄의 범행수법을 기준으로 침입절도, 치기절도(소매치기, 들치기, 날치기 수법), 속임수절도, 차량이용, 기타로 나누고 있다. 절도범죄의 범행수법은 기타(73.3%)를 제외해 보면, 침입절도가 14.3%로 가장 많았고, 치기절도(소매치기, 들치기, 날치기 수법) 11.5%, 속임수절도(전화를 걸어 업주를 밖으로 유인하는 등 속임수를 이용한 절도) 0.9%의 순이다. 2009년 침입절도가 31.6%인 것과 비교하면 CCTV 등의 보안장치의 영향도 있어서 침입이 그만큼 어려워졌다는 것으로 판단할 수 있다.

절도범죄로 인한 재산피해액수를 살펴보면, 10만 원 초과～100만 원 이하가 47.3%로 가장 많았고, 그 다음은 1만 원 초과～10만 원 이하가 28.0%, 100만 원 초과가 15.2% 등의 순으로 나타났다. 전체 절도범죄사건의 84.8%가 100만 원 이하의 재산피해를 입은 것으로 나타났다.

절도범죄 범죄자의 61.8%는 전과가 있었다. 절도범죄 범죄자의 연령에 따라 전과자 비율은 차이를 보여, 소년범죄자 중 전과자의 비율은 42.8%인 반면에, 성인범죄자 중 전과자의 비율은 66.2%로 소년범죄자에 비해 더 높았다.

절도범죄 범죄자의 75.3%가 남성이며, 24.7%가 여성이다. 절도범죄 범죄자 중 가장 많은 비율을 차지하고 있는 연령대는 19세～30세로 전체의 19.3%를 차지하고 있으며, 61세 이상(17.9%), 51세～60세(17.5%) 등의 순이었다.

절도범죄 범죄자는 18세 이하, 19세～30세, 31세～40세의 연령대에서 남성범죄자의 비율이 높은 반면에, 41세～50세, 51세～60세, 61세 이상의 연령대에서는 여성범죄자의 비율이 남성에 비해 높은 것으로 나타났다. 즉, 남성범죄자는 젊은 연령층이 상대적으로 더 많고, 여성범죄자는 나이든 연령층이 상대적으로 더 많음을 보였다.

2018년 절도범죄 범죄자의 범행 동기는 기타를 제외하고 보면, 우발적 범행이 37.0%로 가장 많았다. 그 다음은 기타이욕(19.1%), 생활비 마련(10.3%) 등의 순이었다. 동기가 우발적인 사건은 총 80,236명(100.0) 중에서 29,725명(37.0)을 차지한다.

소년범죄자는 성인범죄자에 비해 호기심/유혹(소년범 13.6%, 성인범 2.1%)에 의해서나 유흥/도박비(소년범 5.6%, 성인범 1.2%) 마련을 위해 절도범죄를 저지르는 경우가 상대적으로 많았다. 소년범죄자의 범행동기 중 이욕에 해당되는 생활비(8.7%), 유흥/도박비(5.6%), 기타 이욕(18.4%)이 총 32.7%를 차지한다. 따라서 이욕 동기가 우발적(29.9%) 범행과 함께 많은 비중을 차지하는 절도 범행 원인임을 나타내고 있다.

2. 절도범의 분류

절도는 한마디로 절도범이라고 표현하지만 그 범인속성(연령, 직업, 범죄경력 등)이나 수법 등의 특성은 상당히 다양하다. 따라서 절도범에 관해 여러 가지 관점으로 분류하는 것은 그 특성을 이해하는 데 효과가 있다. 지금까지 보고된 절도범의 분류에 관한 연구에는 경찰의 분류에 따른 각 특성을 비교한 것, 범행동기나 특정의 속성 관점에서 분류를 시도한 것 등이 있다. 일본의 경우 절도비율이 2013년 형법범 인지건수 중에서 74.7%로 형법범의 대부분을 차지하고 있다. 그만큼 절도는 연구도 많이 이루어지고 있다. 일본경찰은 절도를 침입절도, 승차물절도, 비침입절도의 세 가지로 분류하고, 각각 세부하위분류를 40종류 이상으로 나누고 있다.

절도범의 동기는 살인이나 강간, 방화와 같은 흉악범죄에 비해서 연구가 많지 않다. 왜냐하면 동기는 '성격학적 무특징', '도구적 범죄' 등으로 표현되는 것처럼 거의 금전적인 동기에 의한 것으로 생각해왔기 때문이다. 그러나 최근에는 물질적인 보수인 외적 강화(强化)에 더해서 자기만족이나 달성감 등의 내적 강화도 강력한 동인(動因)이 되는 것을 지적하고 있다(Bartol & Bartol, 2005).

절도를 순수절도와 병적 절도로 나누기도 한다. 순수절도는 살아가기 위해 필요한 금품을 얻기 위해 행하는 절도이다. 알코올 의존증 환자라면 술, 약물중독자라면 약물이 그 대상이 되기도 한다. 사회에 적응하는 능력이 결여되고 그렇다고 지능이나 완력을 사용해 범죄를 행할 수 없는 유형이 일으키는 경우가 많으며, 게다가 장년에 걸쳐 몇 번이고 반복한다. 의지가 약하고 환경에 몸을 맡기듯 사는 자가 많기 때문에 한번 맛 들이면 그만두지 못하게 된다.

후자인 병적 절도는 도벽이라고도 말한다. 훔치는 행위 그 자체가 목적이고 생활이 곤란해 저지르는 것은 아니다. 병적일 정도의 충동에서 들치기 등의 절도를 반복한다. 절도에 의해 정신적 해방감이나 충족감을 채운다. 병적 절도는 또 상습성이 강하고 스트레스가 쌓이면 들치기를 반복하는 자도 적지 않다. 병적 절도는 경제적으로 여유가 있고 사회생활을 보통으로 영위하고 있다. 그러나 집에는 사용하지 않는 도품이 쌓여있기도 한다.[90]

3. 침입절도

3-1. 주택침입절도

자이츠(財津, 2014)는 절도범 중에서도 특히 주택을 대상으로 한 침입절도(줄여서 '住宅侵入

盜')를 연구하였는데, 주택침입절도를 빈집털이(空き巣), 잠입절도(忍び込み, 취침 후에 침입하는 것), 재택절도(居空き, 주인이 안에 있는 집에 침입하는 것)에 관하여 기초연구를 하였다. 그는 '절도과정의 악질성'과 '절도목적의 지향성' 2가지를 발견하고 또 종류마다 2가지의 잠재특성과의 관련을 비교함으로써, 악질성은 잠입절도, 빈집털이, 재택절도의 순으로 높고, 목적지향성은 빈집털이가 잠입절도, 재택절도보다 높다는 흥미로운 결과를 제시했다.[91)]

3-2. 주택침입절도의 공격성과 숙련도

주택침입절도를 범인과 피해자와의 대인관계적 측면에서 고찰한 메리와 하센트(Merry & Harsent, 2000)의 연구에서는 주택침입절도에서 각 범행특징을 '대인관계'와 '숙련도'라는 두 개의 요소를 척도로 제시했다. 이 두 가지 척도를 이용해 범행특징의 분포를 설명하면서 ① 피해자에의 공격성이 높고 숙련도는 낮은 난입자(intruders)와 ② 피해자에의 공격성은 낮고 숙련도는 높은 급습자(raiders), ③ 피해자에의 공격성도 숙련도도 높은 침략자(invader), ④ 피해자에의 공격성도 숙련도도 낮은 좀도둑(pilferer)으로 구분했다.

[표 4-7] 주택침입절도의 분류

	대인관계 공격성	숙련도
난입자(intruder)	높음	낮음
급습자(raider)	낮음	높음
침략자(invader)	높음	높음
좀도둑(pilferer)	낮음	낮음

(출처: Merry & Harsent, 2000.)

3-3. 일관성과 이행성

침입절도를 대상으로 범죄종별의 일관성에 관한 연구를 한 와타나베(渡辺, 1982)는 범죄경력 있는 침입절도범 271명의 종별의 반복성을 검토하였다. 침입절도와 관련하여 범죄종별의 일관성과 이행성에 관한 연구를 간단히 보겠다. 범죄종별이나 수법과 같은 범행특성의 일관성(一貫性)은 복수의 사건에 대해 범인의 동일성을 평가할 때 유효한 정보가 된다. 또 범행특성의 이행성(移行性)은 범죄자가 범행을 반복하면서 학습을 하고 전문화되어 가는 과정을 이해하는

데 중요한 테마이다. 다양한 절도종류가 포함된 절도범죄는 같은 범인 중에 일관성이 높은 종류나 이행하기 쉬운 종류, 나아가 이행성의 패턴을 파악하는 것이 중요하다고 할 수 있다. 하나의 종별(種別)을 일관되게 반복하는 경향이 있는 피의자는 전체의 반에도 못 미친다는 것, 그리고 각 종별 가운데 빈집털이의 반복성이 비교적 높다는 것을 보고하고 있다.

3-4. 전문화 과정

또 요코타와 캔터(横田 & Canter, 2004)는 침입절도에서의 15종류의 범죄종별을 대상으로 심리학적 관점에서 특정 종별에 전문화하는 과정을 검토하였다. 이 연구에서 250명의 침입절도에 관해 피의자마다 집계한 각 종별의 선택빈도를 이용해 종별 간의 관련 정도를 평면 위에 표현하고, 침입절도에 관해 주택, 상업, 산업/창고, 공공의 네 가지 테마를 발견하였다. 특히 주택에 속하는 빈집털이, 잠입절도, 재택절도의 3종별 중에서 잠입절도가 나머지 두 가지와 구별될 가능성을 지적하고 있다. 또 테마의 이행성을 검토하면서 90% 전후의 침입절도가 주택과 상업의 한쪽에 전문화하고 있고, 범행건수가 많은 집단일수록 상업에 비해 주택에 전문화하고 있는 비율이 높다는 것을 제시하였다.

3-5. 침입절도 범행결정의 3단계

라이트와 데커(1994)에 의하면 로플란드(Lofland, 1969)가 구축한 이론적 입장에서 침입절도의 범행결정의 3단계를 설명한다. 그 절차는 ① 위험인지(신체적 위해가능성과 중요한 타인(significant other)의 사회적 비난 위험 등), ② 심리사회적 요약(캡슐), ③ 특정 범행으로 완결된다고 한다. 여기서 심리사회적 요약(캡슐)은 인지된 위험이 임박할 때, 위협을 드물게 경험할 때, 그리고 개인이 사회적으로 고립되어 있다고 느끼는 상황에서 위협이 발생한 때, 말하자면 타인의 도움을 요청할 수 없을 때 발생할 공산이 크다고 하면서 단순하고 단기적이며 신속한 해결책을 찾게 만든다고 주장한다.

지금까지 절도의 실태와 함께 침입절도의 유형과 침입절도에서의 종별의 일관성과 이행성에 대해 살펴보았는데 그 외에도 수법(手法)의 일관성과 이행성에 관한 연구가 있고, 또 활동거점으로부터의 거리와 방향이라는 특징에 착안한 절도범의 공간행동(空間行動) 연구가 있다.

제2절 들치기 · 날치기 · 승차물절도

생각해 보기

여학생 1: 얼마 전에 원룸에서 건조대에 널어놓은 속옷을 도난당했어요.
여교수 : 속옷만? 다른 것은 없었고?
여학생 1: 네. 변태 같아요. 범인은.
여교수 : 걱정되겠구나. 속옷절도범은 불특정 다수의 속옷만 훔치는 사람이 있는가 하면, 특정 여성의 속옷만 훔치는 스토커 같은 사람도 있어. 여성 혼자 사는 것을 알리지 않는 게 좋아. 다른 사람 스니커를 일부러 놓아두는 것도 필요하지.
여학생 2: 교수님, 저는 은행에서 현금인출하고 나오다가 날치기 당한 적이 있어요. 알바해서 모은 돈인데….
여교수 : 저런, 보충하느라 힘들었겠다. 날치기는 위험해요. 절도라고 해도 안 빼앗기려고 반항하면 갑작스레 강도로 바뀔 수 있거든.
여학생 2: 그런데 2명이 고등학생들이어요. 경찰이 둘다 잡았데요. 한 명이 오토바이로 대기하고 있는 것이 초짜는 아니더라고요.
여교수 : 으음. 인도와 차도에 벽을 깔고, CCTV 설치도 하고, 경찰의 수사능력도 뛰어나서 절도나 강도는 검거가 잘 되고 있어. 들치기도 마찬가지고….
여학생 2: 교수님, 들치기는 날치기랑 다른 것이죠? 어떤 타입의 사람들이 하는 건가요?

1. 들치기

들치기는 형법상 절도죄로 의율(擬律)된다. 그까짓 들치기라고 가볍게 생각하는 경향이 있지만, 엄연히 절도이다. 훔친 것을 가게에 변상해도 정상참작 사유는 될지언정 죄가 성립하는 것은 변함이 없다. 들치기는 '게이트웨이 범죄'라고 한다. 이는 들치기가 본격적인 범죄로 들어가는 관문 또는 출입구(gateway)가 되기 쉽고, 범죄를 상승시키는 경향이 있음을 지적하는 것이다.

더욱이 들치기 하다 발각되어 도주를 위해 폭행 등을 하면 준강도죄(형법 제335조)로 된다. 강도죄는 벌금형도 없고 3년 이상의 유기징역에 처할 수 있기 때문에, 그까짓 거라고 생각해 저지른 행위는 중대한 결과를 초래한다.

한국은 2018년에는 들치기를 포함하여 치기범이 11.5%(이 중 들치기는 11.0%)였다. 2009년 기준 치기범이 7.4%(이 중 들치기는 13,729건으로 5.3%)인 것과 비교하면, 2018년은 2009년에 비해 치기범이 증가하였는데, 특히 절대적으로 들치기가 급증(19,596건)한 것이 원인으로 보인다. 쉽게 말하면 치기범은 거의 들치기라고 보아도 무방하다.

들치기는 '다섯 손가락의 에누리'라고도 한다. 직업적 들치기범은 장물아비에 1/3가격에 처리하고 온라인에서도 70%는 장물이라는 미국의 연구(Steffensmeier, 1986)도 있다. 들치기를 하는 이유는 물건이 갖는 매력성 외에도 간단히 얻어지는 스릴, 깊게 감동하는 경험이 있다. 들치기를 설명하는 범죄이론으로는 정신질환적·심리학적 가정, 아노미와 긴장이론, 중화이론 등이 있다.

들치기의 특징과 배경을 살펴보겠다. 들치기에 공통되는 특징으로는 어느 세대에서도 규범의식이 높다는 것을 들 수 있다(大久保 등, 2013). 즉, 들치기가 나쁘다는 것을 알고는 있지만 규범의식이나 죄악감을 해소시키는 중화(中和)가 일어나기 쉬운 범죄라고 말할 수 있다. 들치기는 세대(연령층)나 초범·재범에 따라 범행의 특징이 명백히 다르다. 청소년은 공범이 있고 소지한 돈은 없고 가게에 들어가기 전부터 범행을 마음먹는 자의 비율이 높다. 유혹 때문에 한다든지 꼭 원해서 들치기를 하는 경우도 있는 것이 특징이다. 반면, 성인은 생활에 허덕이는 비율이 높기 때문에 금전적으로 여유가 없어 들치기를 하는 것이 특징이다. 고령자는 가게에 들어서면서 결의하기 때문에 우발적 충동이나 외로움 등으로 저지르는 것이 특징이다.

초범·재범에 따른 차이를 보면, 청소년 초범자는 공범자가 있고, 유혹으로 범행을 하는 경향이 있다. 이와 반대로 청소년 재범자는 유혹 때문에 범행하는 것이 적고, 들치기 직후 후회하지 않으며 경찰에 신고하지 않는 가게라서 범행하는 것이 특징이다. 성인 초범자는 우발적 충동에서 들치기를 하는 자가 많지만, 재범자는 성인 초범자에 비해서 대단한 범죄가 아니라고 생각하고, 돈에 여유가 없고, 꼭 갖고 싶기 때문에 들치기 하는 경향이 있다. 고령 초범자는 점원이 말을 걸면 하기 어렵지만, 고령 재범자는 성인 재범자와 똑같이 금전적 여유가 없기 때문에 훔치고 또 방범카메라가 없기 때문에 절도를 한다는 특징이 있다.

들치기에 공통된 배경으로는 어떤 세대에서도 주위 사람의 반응이 들치기를 후회하는 것과 명백하게 관련된다는 점이다. 따라서 들치기를 하였을 때 주위 사람들의 반응이 들치기를 반복하지 않게 만드는데 중요하다고 말할 수 있다. 다시 말하면, 들치기는 규범의식이나 도덕을 개인에게 구현시키는 것만 아니라 주위 사람들을 포함해 사회전체가 대책을 세우는 것이 필요하다. 예를 들어 특히 중고생은 '들치기를 해서는 안 된다'라는 사회규범을 이해하고 있어도, 또래 규범에 휘말리기 때문에 종래의 들치기 방지교육과는 다른 교육방식을 고려할 필요가 있다.

2. 날치기

날치기는 휴대하고 있는 가방 등의 소지품을 낚아채는 절도범죄이다. 날치기를 가두범죄라고 부르는 것처럼 주로 도로상(95.5%)에서 발생한다. 주야를 불문하고 발생하지만, 야간 특히 저녁 때 많이 발생한다. 날치기 발생상황은 지역특성이나 피해자의 속성에 따라 다르다고 지적한다.

야간의 날치기 발생은 번화가 주변에 집중되고 주로 심야영업을 하는 음식점 등에서 일하는 여성이 귀가도중 피해를 입는 경우가 많다. 주간의 날치기는 주택이나 소규모 상점이 많은 지역에서 발생정도가 높은 경향이 있고 주부나 무직자같이 비교적 좁은 생활반경에서 피해를 입는 경우가 많다.

일본경찰청의 2013년 통계에 의하면 오토바이를 이용한 범행이 가장 많고(73%), 그 오토바이의 반 정도는 도난차량이다. 말없이 피해자에게 접근하는 것이 많지만, 도로안내를 가장하여 말을 거는 수법으로 피해자를 방심하게 한 후 날치기 하는 것도 있다. 경우에 따라서는 칼로 가방의 손잡이를 자르는 등 흉기를 이용한다. 피해자에게 폭행을 가해 탈취하는 강도사건으로 발전하는 등 피해자에게 신체적 피해가 생기기도 한다. 10～20대의 가해자가 전체의 약 70%이고 가해자가 성인인 사건에서는 단독범이 91.5%이다.

날치기가 많이 발생하는 장소와 적은 장소의 환경적 특징에 관한 연구(岡本, 2007)에서는 경계하지 않는 피해자에게 접근하고 자전거가 많이 다니고 목격자가 적은 것 등의 이유 때문에 그다지 넓지 않은 도로가 범행장소로 선택되기 쉽다고 보고하고 있다. 또 주간의 범행은 밝아서 물색하기 쉽고 가방의 상태를 확인하기 쉽다. 야간의 범행은 사람 눈에 띄기 어려운 장점이 있고 가해자는 획득한 물건의 크기, 확실하게 날치기할 수 있는가를 종합적으로 판단한 결과로서 범행으로 나아간다고 결론을 내리고 있다.

다른 연구(斉藤, 1994)는 날치기에 기여하는 요인으로서 접근의 용이성, 도주의 용이성, 좋은 물건의 존재 3요인을 들고 특히 접근의 용이성이 강하게 기여한다고 한다. 날치기가 많이 발생하는 장소와 주민이 날치기 피해에 대한 불안을 느끼는 장소가 반드시 일치하지 않는다고 주장한다.

청소년 절도의 원인

청소년 절도는 이미 학습한 바 있는 아노미 이론, 차별접촉이론, 비행하위문화이론, 합리적 선택이론 등으로 설명이 가능하다. ① 아노미 이론에 의하면, 경제적 성공에 대한 목표와 그것을 달성할 수 있는 제도화된 수단 사이의 불일치를 느끼는 청소년이 절도라는 비합법적 수단을 통해서라도 자신이 원하는 물건을 얻으려고 할 때 비행을 저지른다고 본다.

② 차별접촉이론에 따르면 절도행위를 부정적으로 인식하는 친구들보다 긍정적으로 받아들이는 비행친구들과의 더 잦은 접촉을 통해 절도행위를 저지르는 기술과 합리화하는 태도를 배우게 된다.

③ 비행하위문화이론에서는 살고 있는 지역에서 청소년들 사이에 중산층에 대항하는 비행문화 또는 원래의 고유한 문화 속에 절도행위를 유발하는 비행문화가 형성되어 그 속에서 생활하다 보면 절도를 저지르게 된다고 본다.

④ 합리적 선택이론은 절도를 통해 자신이 잡힐 확률보다 절도에 성공해서 자신이 원하는 물건을 손에 넣고 이득을 얻을 확률이 높다고 판단하는 선택과정을 거친 후에 범행을 실제로 행한다고 주장한다.

3. 승차물절도

승차물절도는 승차물을 절취하는 절도로 크게 자동차절도, 오토바이절도, 자전거절도의 세 가지로 분류된다. 승차물절도는 범죄의 심도(深度)를 예측하는 지표가 되고 초기 범행에서 승차물절도를 경험한 피의자의 경우 그 후 많은 범죄경력을 가지는 비율이 높다고 지적되고 있다(Svensson, 2002).

이 중 자동차절도의 피의자는 다섯 가지로 나뉘고 있다(McCaghy et el., 1977).

① 몰고다님형

즐기기 위해, 힘이나 승인을 얻기 위해, 섹스상대방을 구하기 위해 범행한다. 젊은이가 많고, 실용목적이 아니기 때문에 훔쳐도 단기간 밖에 사용하지 않는다는 특징이 있다.

② 단기이동형

다른 장소까지 이동하기 위해 범행한다. 심각한 경우에는 별개의 도시에 이동하 후 다시 다른 차를 훔쳐 이동을 지속하는 것이다. 젊은이가 많고 가출 등에 사용되는 것도 있다.

③ 장기이동형

개인적으로 사용하기 위해 범행하는 것으로 훔친 후에는 발견이 어려운 장소에 보관한다든지 새로 도장한다든지 한다. 성인이고 경제력이 낮은 경우가 많다.

④ 수익형

금전을 얻을 목적으로 범행한다. 극단적인 예로는 고도로 조직화된 전문집단이 차대번호(Vehicle Identity Number)의 변조 또는 개찬(改竄: 글의 뜻을 달리하기 위하여 글의 일부 구절이나 글자를 일부러 고침) 그리고 등록증명서를 위조하여 고급차를 전매하는 경우도 있다.

⑤ 범행수단형

다른 범죄에 사용하기 위하여 범행하는 것으로 비율이 적다. 이동력과 익명성은 범죄성공에 중요한 요소이고 그 요소를 채우는 수단으로서 자동차절도를 행한다.

기타 오토바이절도는 초발형 비행(소매치기, 오토바이절도, 자전거절도, 점유이탈물횡령을 말하는데 범행의 수단이 용이하고 동기가 단순한 것이 특징)의 하나지만 초범이 오토바이절도인 경우 다른 초발형 비행에 비해 재범률이 높다. 일본은 2013년 검거율이 10.9%로 낮고, 2012년 검거건수의 반수가 공범이 있다. 여성비율은 4.7%로 낮고 전과를 가진 자는 37.8%였다.[92]

자전거절도는 오토바이절도에 비해 피해신고율이 낮고 검거율은 일본의 경우 2013년 5.4%에 불과했다. 2012년 점유이탈물횡령의 인지건수 중에서 84.7%는 자전거가 피해품이고 검거율은 92.9%로 극히 높은데, 최근에는 자전거 절취자체를 인정해도 일시와 장소를 거짓으로 말하면 점유이탈물로 처리되는 걸 알고 있는 피의자가 증가하고 있는 것과 관련이 있다고 보고 있다(岡田, 2006).

이상 절도범죄가 상당히 감소추세에 있다는 것, 침입절도범의 유형, 들치기는 치기범의 절대적 비율을 차지하고 있다는 것과 날치기가 많이 발생하는 환경에 대해 살펴보았다. 절도는 현대사회에서 절대적인 빈곤보다는 개인의 잘못된 가치관과 상대적 박탈감, 사회의 환경적 요인들에 의해 증가한다고 볼 수 있다.

제3절 절도 대책

침입절도범은 자신과 관련된 지역에서 절도를 저지를 경우 낮 시간대를 선호하고 낮에 절도할 경우 침입도주의 용이성을 중요하게 고려한다.[93] 침입절도의 예방은 첫째, 감시를 통한 표적의 보호가 중요하다. 공식적 감시를 통해 잠재적 범죄자의 검거위협을 제공하고 비공식적 감시인 민간업체와 시민의 감시를 확대하여야 한다. 둘째, 침입절도의 물리적·환경적 측면에서 범행기회를 감소시키는 것이 중요하다. 시정장치나 경보장치를 확보하여 물리적 안정성을 증대시키는 방법이 적절한 대책이다.

날치기의 경우 휴대하고 있는 소지품을 낚아채는 절취범죄로서 발생이 빈번한 장소의 환경특징을 고려하여야 한다. 방범대책으로는 범행이 어렵다고 느끼도록 도로에 높낮이 차이를 두거나 식재(植栽), 가드 레일을 설치하여 차도와 인도 분리를 행하고 소지품을 차도측이 아닌 인도 쪽으로 매고 다니게 하는 것, 자전거의 바구니에 가방을 넣지 않는 것 등의 방법이 제시된다.[94]

들치기 방지대책은 점포의 대책과 지역의 대책으로 대별된다. 점포에서의 대책은 금방 효과가 나타나는 대책이지만, 지역에서의 대책은 장기적으로 효과가 나타나는 대책이라고 말할 수 있다.

① 점포대책은 첫째, 방범용 CCTV나 방범게이트, 방범태그 등 방범기기를 설치하는 등 하드 측면에서의 대책과 말 걸기나 손님관찰 등을 합쳐서 이루어지고 소프트 측면에서는 들치기 방지에 관한 직원교육 등을 고려해볼 수 있다. 하드측면의 대책보다도 소프트 측면의 방법이 유효하다는 조사가 있는데, 하드측면에서의 효과는 적다기보다는 하드 측면의 대책을 행하면 안심하여 방범의식이 저하되고 결과적으로 들치기가 증가하는 것으로 생각할 수 있다. 하드를 행하는 것도 사람(소프트)이므로 소프트와 하드 양방이 융합하여 들치기 방지대책을 세우는 것이 요구된다. 절도가 이루어지는 현실을 보면 집에서 니퍼나 도구를 가져와 태그를 절단하고 절취하는 수법은 하드태그나 DR태그 등 절취 상품의 물적 증거를 확보하기 쉽고 CCTV에도 범행 장면이 비교적 잘 찍히기 때문에 비교적 검거가 용이하다. 그러나 물적 증거를 남기지 않고 상품을 바로 가방에 넣어 가져가는 들치기 수법은, 범죄사실을 직접 목격하는 직접증거밖에 없고 범인은 부인하는 경우의 대처가 어렵다. 왜냐하면 환경의 변화로 인하여 직접 범죄사실을

목격하여도 CCTV에 증거가 없으면 범죄사실을 입증하기가 매우 어렵고, 절취 상품이 가방에서 나와도 밖에서 가져온 거라 우기는 것이 허다하며 직원은 경찰이 아니기에 오히려 범죄자가 많은 증거를 요구하는 실정이기 때문이다. 따라서 점포 내 절도범을 인계받는 경찰 입장에서 방범지도 외에도 절도범의 조사 및 처리방식에 대한 지도가 필요하다.

② 지역에서의 들치기 대책은 학교에서의 들치기 방지교육이나 지역의 모임 등에서의 방지교육을 고려할 수 있다. 초등학생과 중고등학생은 들치기에 대한 의식이 다르기 때문에 단지 들치기는 범죄라고 하는 종래의 교육으로는 효과가 낮다고 말할 수 있다. 특히 중고생은 '들치는 해서는 안 된다'라는 사회의 규범을 이해하고 있어도 또래 규범에 이끌려버리기 때문에 종래의 들치기방지대책과는 별개의 교육방식을 고려할 필요가 있다. 지역의 모임 등에서의 방지교육은 들치기를 지역의 문제로 접근하여 사회적으로 고립되어 있는 사람에 대해서 지역에서 무엇을 할 수 있는가를 고려하는 교육 등이 중요하게 된다.[95]

정리하기

○ 소년범죄자는 성인범죄자에 비해 호기심/유혹과 유흥/도박비마련을 위해 절도범죄를 저지르는 경우가 상대적으로 많다.

○ 2018년 기준 소년범절도의 범행동기 중 이욕동기는 생활비(8.7%), 유흥/도박비(5.6%), 기타 이욕(18.4%)으로 총 32.7%를 차지하고 있다.

○ 순수절도는 생활에 필요한 금품을 얻기 위해 행하는 절도로서 알코올 의존증 환자라면 술, 약물중독자라면 약물이 그 대상이 되기도 한다.

○ 일본경찰은 절도를 침입절도, 승차물절도, 비침입절도의 세 가지로 분류하고, 각각 세부하위분류를 40종류 이상으로 나누고 있다.

○ 들치기는 본격적인 범죄로 들어가는 관문 또는 출입구(gateway)가 되기 쉽고, 범죄를 상승시키는 경향이 있다.

○ 한국의 들치기는 2009년 기준 5.3%에서 2018년에는 11.0%로 급증하였는데, 들치기는 치기범의 대부분을 차지하고 있다.

○ 들치기에 대한 범죄학적 이론에는 정신질환적, 심리학적 가정, 아노미와 긴장이론, 중화이론이 있다.

○ 날치기 범행장소는 경계하지 않는 피해자에게 접근하고 자전거가 많이 다니고 목격자가 적은 것 등의 이유 때문에 그다지 넓지 않은 도로가 선택되기 쉽다.

○ 자동차절도는 ① 몰고다님형, ② 단기이동형, ③ 장기이동형, ④ 수익형, ⑤ 범행수단형으로 나뉘며 범행수단형은 비율이 적다.

Chapter 09

아동대상범죄

제1절 아동학대

생각해 보기

○ 울음을 그치지 않는다며 태어난 지 두 달 된 아기를 폭행해 뇌사 상태에 빠뜨린 아빠가 구속됐다. 스물두 살 동갑내기 아내와 모텔에 거주해온 이 남성은, 아내가 가출한 사이 아기를 학대한 것으로 드러났다(MBC, 2020.1.8). 부모로부터 학대를 받는 아이들 가운데 특히 장애를 가진 아이들은 집 밖에 마땅히 갈 곳이 없다고 한다. 학대장애아동을 돌보는 시설이 전국에 10곳 안팎에 불과하기 때문인데, 보호 시설을 찾지 못해 다시 집으로 돌아가 폭력의 공포에 시달리는 악순환이 되풀이되고 있다(KBS, 2019.12.29.).
아동학대의 특징은 무엇인가?

1. 아동학대의 정의

'아동학대'란 보호자를 포함한 성인이 아동의 건강 또는 복지를 해치거나 정상적 발달을 저해할 수 있는 신체적·정신적·성적 폭력이나 가혹행위를 하는 것과 아동의 보호자가 아동을 유기하거나 방임하는 것을 말한다(「아동복지법」 제3조 제7호). 그리고 아동학대범죄는 「아동학대범죄의 처벌 등에 관한 특례법」(약칭 아동학대처벌법) 제2조 제4호에서 정의하고 있다. 사회적 약자에 대한 범죄의 전형이다.

일본의 아동학대

일본의 아동학대방지법은 신체적 학대, 성적학대, 방임, 심리적 학대로 분류하고 있다(児童虐待の防止等に関する法律 2조).

① 아동의 신체에 외상이 발생 또는 발생할 우려가 있는 폭행을 가하는 것
② 아동에게 외설적 행위를 하거나 시키는 것
③ 아동의 심신의 정상적 발달을 방해하는 현저한 감식(減食) 또는 장시간의 방치, 보호자 이외의 동거인에 의한 폭행, 외설적 행위와 같은 행위의 방치 기타 보호자로서의 감호를 현저히 게을리 하는 것
④ 아동에 대한 현저한 폭언 또는 현저한 거절적 대응, 아동이 동거하는 가정에서의 배우자 폭력(신체에 대한 불법적 공격으로 생명 또는 신체에 위해를 미치는 것 또는 이에 준하는 심신에 유해한 영향을 미치는 언동을 말함) 그 외에 아동에게 현저한 심리적 외상을 입히는 언동을 가하는 것을 말한다.

내용을 보면 한국과 다른 점이 보인다. 일본은 한국보다 학대의 정의가 더 상세한 편이고, 심리적 학대 속에는 '아동이 동거하는 가정에서의 배우자 폭력'이 포함되어 있다.

일본의 경우는 2014년도 기준으로, 학대자 중에서도 생모가 가장 많은 52%, 다음으로 생부가 34%를 차지하였다. 생부모를 친부모로 보면 86%에 해당하는데 한국이 77.2%인 것과는 비교되는 부분이다. 학대를 받은 아동의 연령은 소학교학생(초등학생)이 최고 많은 36%, 3세에서 학령전아동이 24%, 3세 미만의 유아가 20%였다. 초등학생이 가장 많은 것은 부모들이 아동의 훈육이나 학습에 초조한 것이 원인으로 보인다.

일본은 2009-2013년도 사이에 동반자살을 포함한 아동학대에 의한 사망자수가 연평균 90명 가까이 된다. 2014년도의 아동학대의 종류는 심리적 학대가 가장 비율이 높은 44%, 다음으로 비율이 높은 신체적 학대가 29%, 방임(neglect)이 25%, 성적 학대가 2%였다. 성적 학대는 서양과 달리 매우 적다.

일본의 아동학대방지법상 국가및지방자치단체의 책무[96] 중에는 아동학대를 행한 보호자에 대해 친자의 재통합 촉진을 배려하고, 아동학대를 받은 아동이 가정에서 생활하기 위한 적절한 지도 및 지원이 포함되어 있다.

심리적 학대에는 아동에 대한 말에 의한 협박, 무시, 형제자매 사이의 차별대우, 아동 앞에서의 배우자폭력, 형제자매에게 학대를 행하는 것이 포함되어 있다. 신체적 학대는 때리는 것, 멍, 골절, 두개골내출혈 등의 두부외상, 내장손상, 자상(刺傷), 담배 등에 의한 화상 등의 외상을 입히는 행위이다. 구체적으로는 내던지는 것, 심하게 흔드는 것, 거꾸로 매다는 것, 이물을 먹게 하는 것, 집에 들여보내지 않는 것 등이다.

아동학대의 특징은 저항할 힘이 없는 아동을 공격한다는 점, 신뢰해야 할 사람으로부터의 공격이라는 점, 가정이라는 적발이 어려운 상황에서 발생한다는 점, 훈육인가 학대인가의 판단이 곤란한 점, 심각한 신체적·정신적 후유증이 남는 것을 들 수 있다.[97)]

2. 아동학대 현황

우리나라의 아동학대 발생 건수는 보건복지부의 「학대피해아동보호현황」에 따르면 2018년 지역아동보호전문기관의 학대로 신고·접수된 사례는 총 24,604건이다.[98)]

2001년은 2,105건에 불과하였으나 2015년에는 11,709건으로 약 5.5배 이상 증가한 것으로 나타났다. 특히, 2014년에 전년대비 아동학대 증가율이 47.5%로 현저히 높아졌는데, 이는 아동학대 행위 자체의 증가와 더불어, 2012년 정부합동조사 실시로 인한 영향 및 국민들의 아동학대에 대한 인식 수준이 높아져 아동학대 의심사례 신고 수가 증가함에 따른 결과라고 볼 수 있다(국회입법조사처, 2016). 아동학대는 2001년 이후로 지속적인 증가추세에 있고, 특히 2004년, 2014년 이후 가파르게 증가하는 것을 알 수 있다. 2004년 40.4% 급증은 아동보호전문기관 18개소의 증설 효과와 관련이 있다.

2014년 36.0%, 2016년 54.5% 등의 급증은 「아동학대범죄의 처벌 등에 관한 특례법」 제정 및 「아동복지법」 개정, 관계부처 합동 아동학대 종합대책 수립, 장기결석아동 전수조사 등과 같은 아동학대 대응체계의 강화와 함께 미디어의 보도 증가에 힘입어 사회 전반의 관심이 높아졌기 때문인 것으로 보인다.[99)]

신고접수 건수의 증가와 함께 아동학대 의심사례의 비중도 지속적으로 높아지고 있다. 의심사례의 비중은 2010년 80%를 상회하기 시작한 이래 2016년에는 87.2%에 달하였다. 이는 '가정 내 훈육'으로 경시되어 왔던 아동학대가 '중대 범죄'라는 인식이 확산됨으로써 신고·발견 건수가 증가한 결과로 보고 있다.

한편, 2014년에 신고된 아동학대 사례 10,027건을 중심으로 피해아동의 특성을 살펴보면 남아와 여아의 비율은 거의 유사하였고(50.2%, 49.8%), 연령별로는 초등학생에 해당하는 만 7세부터 12세까지 아동과 중학생에 해당하는 만 13세부터 15세까지 학령기 아동의 비율이 62.6%로서 절반 이상을 차지하고 있었다. 또한 취학 전 영·유아기에 해당하는 아동의 비율도 28.0%에 이르러 방어력이 특히 취약한 어린 아동에게 행해지는 학대에 대해 주목할 필요가 있다. 또한 2004년과 2014년 모두 학대행위자가 "친부모"인 경우가 대부분을 차지하였으며(각

76.3%, 77.2%), 계부모와 양부모에 의한 학대는 5% 내외의 비중을 보였다. 시설 종사자나 교직원을 포함하는 "대리양육자"에 의한 아동학대 발생 건수가 2004년 대비 2014년에 4.2배가량 증가하였다.

[표 4-8] 아동학대 신고 및 학대 판단건수 (단위 : 건, %)

구분	2014	2015	2016	2017	2018	2019
국내외신고건수	17,791	19,214	29,674	34,169	36,417	41,389
해외사례	9	11	3	3	1	0
전체신고건수	17,782	19,203	29,671	34,166	36,416	41,389
총아동학대의심 사례건수	15,025	16,651	25,878	30,923	33,532	38,380
최종학대판단건수	10,027	11,715	18,700	22,367	24,604	30,045

(출처: 보건복지부, 아동학대 주요 통계, 2019.)

2014년에 발생한 아동학대 사례의 특성을 10년 전인 2004년과 비교함으로써 최근 10년간 우리나라 아동학대 특성의 변화를 알 수 있다.[100] 먼저, 아동학대 사례를 유형별로 살펴보면 2014년에는 중복학대(48.0%), 방임/유기(18.6%), 정서학대(15.8%), 신체학대(14.5%), 성학대(3.1%)의 순으로 높았다.

2004년과 발생 건수를 비교하면 정서학대와 신체학대가 각각 4.5배와 4.0배 증가하였고, 중복학대도 3.2배가량 증가하여 상대적으로 세 가지 유형의 발생 빈도가 많이 증가한 것을 알 수 있다. 또한, 해당연도별 전체 발생 건수에서 각 유형이 차지하는 비중을 비교해 보면, 방임/유기의 구성비가 19.7% 감소하고 중복학대의 구성비는 9.3% 정도 증가한 것으로 나타났다.

2012~2016년 학대행위자 응답에 따른 학대행위자 특성은 '양육태도 및 방법 부족'이 평균 33.1%였고, '사회경제적 스트레스 및 고립' 20.6%, '부부 및 가족갈등' 10.2% 등의 순이었다.

2016년의 경우 '양육태도 및 방법 부족'이 16,737건 35.6%로 나타났는데, 이는 아동학대로 판단된 사례가 18,700건임을 고려하면 아동학대사례의 약 90%가 이러한 특성과 관련되어 있는 것으로 보고되고 있다.[101]

아동학대 행위자의 특성을 보면, 사회·경제적 스트레스는 2004년 발생 아동학대 총 11,696건 가운데 2,771(23.7%)을 차지하고 있던 것이 2014년 총 30,454건 가운데 6,235건

(20.5%)으로 감소한 것이 보인다.

신체적 학대는 생모가 가해자가 되는 비율이 높다. 또 가해자가 된 모친의 다수는 충동적으로 폭력을 휘두른 후에 일단 반성을 하고 자기혐오감을 품지만, 다시 학대를 하는 것으로 알려져 있다. 이러한 배경에는 생활상의 스트레스가 존재한다. 애를 키우는 것이 생각대로 되지 않는다는 직접적인 이유보다도, 아동하고는 직접 관계가 없는 여러 가지 종류의 스트레스가 원인인 것이 많다. 구체적으로는 경제적 이유, 인간관계의 문제, 남편과의 관계에서의 문제가 제시된다. 이러한 사정을 고려하여 행정기관에서는 여러 양육지원, 경제지원, 그리고 학대를 하지 않도록 지원이나 상담을 행하고 있으나 가해자인 부모일수록 공적기관의 각종 서비스에 관한 지식이 적다고 한다.

우리나라에서 어떠한 형태의 구타라도 한 번도 경험하지 않은 아동은 12%에 불과하다고 한다. 이것은 가벼운 정도의 구타나 매를 훈육의 수단으로 사용하는 문화적 특성과 무관하지 않다. 그렇지만 담배불 등 뜨거운 것으로 지짐, 칼 등의 흉기에 의한 위협이나 상해피해 등과 같은 극단적 사례도 나타난다. 아동학대와 관련이 높은 변인은 가정의 갈등적, 전제적 분위기와 부부의 불화정도이다. 즉, 빈곤가정에서 아동학대가 자주 발생한다는 사회통념적 인식은 큰 관련이 없다. 아동학대와 아동의 반사회적 행동 간에는 통계적으로 유의미한 관계가 있다. 아동의 반사회적 행동에 영향을 미치는 유형은 직접적인 신체적 학대보다도, 일반적으로 학대가 아니라고 생각하기 쉬운 언어적 학대와 방임, 특히 언어적 학대의 영향이 크다.

한국은 2019년에 「아동복지법」을 개정하여 아동권리보장원을 설립하였다(동법 제10조의2). 이를 통하여 보호가 필요한 아동이 발견되어 보호종료 이후까지 이어지는 전 과정을 총괄적·체계적으로 지원하게 된다. 아동정책에 대한 종합적인 수행과 아동복지 관련 사업의 효과적인 추진을 위하여 필요한 정책의 수립을 지원하고 사업평가 등의 업무를 수행하고 있다.

정리하면 사회적 약자인 아동에 대한 학대는 저항할 힘이 없는 아동을 대상으로 가장 신뢰해야 할 사람이 공격한다는 점 등이 특징이고, 아동학대자의 20% 정도는 사회·경제적 스트레스의 영향을 받는다.

제2절 아동대상 성폭력

생각해 보기

○ 사례 1) 지적장애자인 은지는 아버지를 잃은 후 지적장애를 갖고 있는 어머니와 남동생과 함께 포항시 인근의 외딴 시골 마을에 살게 되었다. 그러나 지난 2006년부터 2년 동안 동네 아저씨와 중고등학생 남학생 5~6명으로부터 성폭행을 당했고, 그중 한 40대 버스 운전기사는 은지뿐만 아니라 은지 어머니까지 성폭행을 했다.

○ 사례 2) 2020년 10월 12일에는 검찰이 미성년자 성착취물을 공유한 텔레그램 대화방인 'n번방'의 운영자 '갓갓(닉네임)' 문형욱(25·대학생)에 대해 무기징역을 구형한 바 있다. 검찰조사 결과 그는 2017년부터 2020년초까지 1,275차례에 걸쳐 아동·청소년 피해자 21명을 상대로 성착취 영상물을 촬영하게 했고 이를 전송받아 제작·소지한 것으로 드러났다.[102)]

○ 사례 3) 지난 2006년부터 제주시의 한 아동복지센터에서 자원 봉사자로 일 해온 강씨(28세)는 2012년 겨울 무렵부터 시설 어린이들을 외부로 데리고 나가 음식과 장난감 등으로 환심을 샀다. 이후 그는 외출을 하고 싶어 하는 아동들이 자신의 요구를 쉽게 거절하지 못하는 상황을 이용해 장기간에 걸쳐 어린이에게 유사성행위를 강요하였다. 그의 휴대폰에는 아동-청소년들의 유사성행위 장면이 담긴 동영상 및 사진 파일 29개가 저장돼 있기도 했고, 결국 성폭력 범죄의 처벌 등에 관한 특례법 위반(13세 미만 미성년자 위계 등 추행) 등으로 2019.2.17. 징역 11년을 선고받았다.

○ 아동에 대한 성범죄를 예방하기 위해 어떠한 대책이 있는가?

1. 아동성폭력

1-1. 아동대상 성폭력의 현황과 특징

아동대상 성범죄나 앞서 보았던 아동학대의 통계로는 전체를 파악할 수는 없다. 왜냐하면 경찰에 신고되지 않는 것, 또는 피해를 입은 아동이 행위를 범죄로서 인식할 수 없는 것 등의 이유 때문이다. 따라서 아동대상 성범죄나 아동학대는 암수(暗數)가 많은 사건으로 불리며 실제로는 더 많은 수치가 있다고 보는 것이 자연스럽다. 또한 이러한 아동이 피해자가 되는 것 중에는 범인과 피해자의 접점에 사이버범죄가 관련되어 있다.

공식통계인 대검찰청의「2019 범죄분석」에 따르면, 2018년 13세 미만 아동을 대상으로 한 성폭력범죄는 총 1,283건이었다. 13세 미만 아동대상 성폭력범죄는 2009년부터 2011년까지 증감을 반복하다가 2012년 이후 대체로 증가추이를 보이고 있다. 지난 10년 동안 13세 미만 아동대상 성폭력범죄는 27.4% 증가하였다.

13세~20세 청소년을 대상으로 한 성폭력범죄는 2009년부터 2013년까지 증가추이를 보이다 2014년 이후에는 대체로 감소세를 보이고 있다. 지난 10년 동안 13세~20세 청소년을 대상으로 한 성폭력범죄는 40.5% 증가하였다.

지난 10년 동안 아동과 청소년대상 성폭력범죄는 모두 증가하였으나, 상대적으로 13세~20세 연령층 대상 성폭력범죄 증가폭이 훨씬 더 큰 것으로 나타났다.

아동대상 성폭력범죄의 구체적인 유형을 살펴보면, 강제추행이 73.3%로 가장 많았고, 그 다음은 강간/간음으로 16.5%를 차지하였다. 13세~20세 연령층 대상 성폭력범죄의 경우에도 강제추행(49.4%)이 가장 높은 비율을 차지하고 있으나 아동대상 성폭력범죄에 비하여 비율이 낮으며, 카메라등이용촬영 범죄가 15.7%로 상대적으로 높은 비율을 차지하고 있다.

전체적으로 아동과 13~20세 연령층 대상 성폭력범죄는 강제추행이 53.0%로 가장 높은 비율을 차지하고 있고, 그 다음은 강간/간음(21.6%), 카메라등이용촬영(13.6%) 등의 순이다.

피해자의 성(性)과 연령을 보면, 13세 미만 아동피해자의 86.5%는 여성아동이다. 아동피해자 중 13.5%가 남성아동이었는데, 이는 13세~20세 연령층 피해자의 경우 남성피해자가 6.4%라는 점과 비교할 때 상대적으로 높은 수치이다.

범죄발생장소 중 기타를 제외하고 13세 미만 아동대상 성폭력범죄가 가장 많이 발생하는 장소는 주거지(40.2%)이며, 그 다음은 노상(15.1%) 등의 순이었다. 13세~20세 연령층 대상 성폭력범죄가 가장 많이 발생한 장소는 주거지(25.1%)이며, 그 다음은 숙박/유흥업소(19.6%), 노상(13.7%) 등의 순이었다. 13세 미만 아동성폭력범죄가 13세~20세 연령층 대상 성폭력범죄에 비해 주거지에서 발생하는 비율이 상대적으로 높았다.

아동대상 성범죄의 원인에는 성범죄의 원인이 거의 대부분 적용된다고 보아도 무방할 것이다.[103]

온라인상에서의 성적 가해절차

온라인상에서의 성적 가해절차는 다음과 같은 특징이 있다. 온라인 성범죄 피해자들은 아동들보다는 청소년들이 더욱 많다. 비교적 어린 아동들은 주로 접속하는 사이트가 많지 않거나 부모가 엄격히 통제하고 있을 수 있기 때문이다. 대부분의 청소년들은 이성친구와의 만남을 위해 외모에 많은 신경을 쓰고 있다. 또한 청소년들은 성적 매력이 있는 이성과 교제하고 싶은 욕구가 있다.

온라인 성범죄자들은 피해자 물색 및 접촉을 위해 다양한 온라인 수단 및 커뮤니케이션 방법들을 사용하고 있다. 온라인 아동 성범죄자들은 피해 아동 및 청소년들과의 공감대 및 신뢰관계형성을 위해 커뮤니케이션을 시도하는데 이 과정에서 피해 아동 및 청소년들은 자신이 주목받고 있다는 사실에 즐거워한다.

온라인과 오프라인 성범죄 수법은 서로 다른데 이러한 차이는 주로 사전에 가해자와 피해자가 알고 지내던 관계인가 여부에 기인하다. 청소년들은 면대면 상황보다는 온라인 공간에서 낯선 사람들과 사적 문제에 대해 스스럼없이 대화하는 경향이 있으며 대화 내용은 성행위와 같은 민감한 주제로 연결될 가능성이 높다.[104)]

1-2. 아동대상 성범죄 예방

아동에 대한 성범죄를 예방하는 방법은 무엇이 있는가? 예방책은 여러 가지가 있겠지만 여기서는 환경범죄학 분야에서 유명한 일상활동이론(routine activity theory)을 통해 설명해보겠다. 일상활동이론은 동기가 부여된 범법자, 적절한 표적, 보호 능력의 부재라는 3가지 조건이 동일한 시간과 공간에 주어질 때 범죄가 발생한다는 이론이다(Cohen & Felson, 1979).

앞의 사례 1)을 보면, 피해자 은지는 지적장애인으로 적절한 표적이고, 유능한 감시자가 되어야 할 아버지가 없고, 어머니도 지적장애인이므로 보호 능력의 부재 상태이며, 가해자 또한 성폭력의 동기가 있는 자들이다. 사실 아동의 유치원 등교 또는 통학에 관련된 일상활동을 통제하기는 어렵다.

그렇다면 성범죄 피해가 많은 시간대와 장소에 대해 감시를 강화하는 것이 범인의 범죄행위를 사전에 방지하는 가장 효과적인 방법으로 생각된다. 감시자인 주민의 눈에 띄지 않는 장소, 수상한 사람이나 범죄자들이 들어가기 쉬운 장소를 주민들이 파악하고 지도를 작성하는 활동이 필요하다. 이것은 깨진 창 이론이나 환경설계범죄예방에 근거한 활동이다. 또한 범죄나 범죄의 전조로 되는 사건에 마주칠 때, 아동이 보호자에게 피해상황을 보고할 수 있도록 그림책이나 애니메이션을 활용한 교육이 필요하다.

아동이 거주하는 유치원이나 학교에 무단 침입하여 범죄를 범하는 사례를 막기 위해서는 학교침입위기관리네트워크가 구성되어야 할 것이고, 경찰은 순찰, 주민홍보, 수상한 사람에 관한 정보를 제공하고 체포하며, 위험물에 대응하는 등의 역할을 하게 될 것이다.

더불어 인터넷 상의 범죄예방이 중요하다. 인터넷은 보통의 범죄와 달리 범죄수행을 위한 준비나 과정이 많이 필요하지 않다. 서로 얼굴이나 이름을 모르는 사람들끼리 접점을 이루는 곳이기 때문에 인터넷에서는 아동들이 특히 취약한 환경에 노출되어 있다. 온라인상에도 오프라인과 유사하게 여러 가지 유형의 친사회적 행동이 일어난다. 친사회적 행동은 메일, 채팅, 메신저, 또는 조직 내 성원 간 인트라넷을 통해서 이루어지기도 하지만 낯선 사람들이 공공으로 접하는 웹사이트를 통해서도 이루어진다.[105] 정보의 바다인 인터넷을 통해 전 세계로 접근할 수 있다는 의미는 반대로 전 세계에서 검색자에게 접근해 올 수 있다는 의미가 된다. 인터넷의 익명성은 범죄 페달(pedal)을 낮추어 범죄지향적인 사람들이 가벼운 마음으로 범죄에 착수할 수 있게 한다. 일반 범죄는 3자의 눈을 몇 번이고 의식한다든지 경찰의 존재를 느끼고 단념하는 순간이 있지만, 인터넷이라는 배타적 커뮤니케이션 수단은 이러한 범죄예방환경을 제거해버린다.

아동포르노범죄에 대해 외국에서는 각종 대응책이 보고되고 있다(Ewing, 2014). 피해아동 특정 프로그램에서는 아동포르노 영상에서 피해아동이나 범행장소 등을 특정하고, 실제 피해자를 구출한다. 또 인터넷의 스크리닝 기술을 사용한 대응책으로는 아동포르노 영상파일의 송신을 차단한다. 정부기관 등은 대량으로 수집한 아동포르노 영상파일의 데이터베이스를 소유하고 있다. 여기서는 파일의 해시값을 이용해 아동포르노를 포함한 영상파일을 특정하고 송신을 차단한다. 하지만 이 수법은 인터넷 서비스 제공자의 협력이 요구된다. 또 아동포로노 관련 사이트의 폐쇄방법도 있다. 하지만 대부분의 아동포로노 파일은 P2P의 파일공유를 통해 사용자간 개별로 주고받는 외에 사이트의 다수는 아동포르노를 비합법화 하고 있지 않은 나라에 있다. 사이트폐쇄는 예방적 관점으로 보면 효과가 적다고 지적되고 있다.[106]

2. 소아기호증 범죄

아동대상 성범죄가 어떠한 사람들에 의해 저질러지는지 알기 위해서는 범죄자 프로파일링에 관한 연구지식이 도움이 된다. 이러한 연구는 성범죄의 사건패턴을 파악하고 사건패턴이나 특정행동에 연결되는 범죄자의 특성을 분명히 해서 범인의 발견과 검거를 지원하는 것이 목적이다.

인간의 성적인 관심이 정상적이지 못한 것은 정신의학의 분야에서 성기호이상 또는 성도착(paraphilia)이라고 불린다. 미국의 정신장애 진단 및 통계편람(DSM−5)에서는 성기호이상을 성도착 장애(paraphilic disorder)라고 명칭을 바꾸었다. 이 장애는 성기호가 일반적이지 않을 뿐만 아니라 본인이나 주위에 심각한 사태를 일으키는 것이 진단의 기준이 되고 있다. 아동을 대상으로 하는 성도착 장애는 소아성애장애(pedophilic disorder)로 부르고 있다. 과거의 명칭인 소아기호증의 원어인 페도필리아는 '아동(pedo)을 사랑한다(philia)'는 어원을 가지고 있다.

소아기호증은 성도착증의 일종이다. 성도착증은 부적절한 대상이나 목표에 대해 강렬한 성적 욕망을 느끼고 성적 상상이나 행위를 반복적으로 나타내는 장애이다. 특이하게도 성도착자들은 대부분 두 가지 이상의 성도착적 증상들을 함께 나타내는 경향이 있다.

일부 연구자들은 소아기호증의 원천을 어린 시절 부모나 친척 같은 중요한 어른들과의 성경험에서 찾고 있지만, 단일한 이론으로는 병인(病因)을 설명할 수 없다. 메사추세츠 치료센터에서는 소아기호증자를 고착적(구조적) 유형, 퇴행적(기회적) 유형, 착취형, 가학적(지배적) 유형의 네 가지로 분류한다.[107] 하지만 아동대상 성범죄의 대부분이 사춘기 이전의 아동을 성적으로 선호해서라기보다 우연한 상황과 기회에 의해 발생하기 때문에 아동대상 성범죄자를 모두 소아기호증 환자로 보는 것은 문제가 있다.

소아기호증(페도필 장애)환자들이 갖고 있는 인지적 왜곡은 다양하다. 인지적 왜곡은 범죄자들이 자신의 범죄행동을 합리화시키고 변명하는 태도와 함께 범행과정에 대한 인지적 처리과정 및 범죄행동에 대한 지지적 태도를 의미한다(Maruna & Mann, 2006). 그들의 인지적 왜곡 내용은

"성기접촉은 섹스와 다르므로 아무 해가 없다."
"섹스에 대해 알고 싶어 하는 애들은 이를 체험하고 싶다고 생각한다."
"어차피 성인이 되면 경험할 것을 미리 하는 게 어떤가."
"아동이 저항하지 않는 것은 섹스를 바라기 때문이다."
"아동에게 섹스가 무엇인지 가르쳐주는 좋은 방법은 실제로 해보도록 하는 것이다." 등이다.[108]

인지적 왜곡현상은 아동에게 직접적으로 성적 학대를 가하는 아동 성범죄자들뿐 아니라 아동포르노물을 수집, 감상하는 이들에게서도 나타날 수 있다. 이들에게서 공통적으로 나타나는 인지적 왜곡 내용은 다음과 같다.

- 아동이 성행위를 하는 것이 전혀 이상하지 않음
- 아동이 포르노영상 촬영에 자발적으로 참여하고 있다는 믿음
- 아동포르노물은 이미 만연해있기 때문에 단지 이를 보기만 하는 행위는 사회적으로 아무런 해가 되지 않는다는 믿음
- 직접 아동학대행위를 하지 않았거나 아동포르노물을 직접 구입한 것이 아니라면 그 누구한테도 피해를 주지 않았다는 믿음
- 나이와 상관없이 아동 또한 신체적으로 매력을 느끼는 사람과 자연스럽게 성관계를 할 수 있다는 믿음
- 성인과 성관계하는 것은 위험할 수도 있지만 아동과 성관계를 하는 것은 자신에게 아무런 위협이 되지 않음 등이다.[109)]

나아가 외국 자료에 의하면 소아기호증자의 재범률이 일반 성범죄자의 재범률보다 3배가 넘는다. 이들은 자신의 행동을 아동과의 사랑이라고 여기므로 죄책감이나 후회가 없다. 처벌 자체를 불안해하기보다 얼굴이 공개되어 익명성을 잃어버리고 이상적인 환상적 연인인 아동을 찾으러 돌아다니지 못하는 것을 더 두려워한다.

소아기호증은 대상성(代償性)과 진성(선천성) 성애이상자로 나눌 수 있는데, 대부분은 내향적 성격 때문에 여성을 포함한 타인과의 관계 맺기가 서툰 대상성 소아기호증자이다. 이들은 사회적으로 소외되기 쉽고 취업이나 연애, 결혼 등의 인생 이벤트에서 비틀거리는 체험을 하였기 때문에 인간관계에 관한 콤플렉스가 강하고 조롱과 사회적 비수용(非受容)을 두려워한다. 그래서 나이에 맞는 동료관계형성에 실패하면서 소아기호증에 관한 두 가지 믿음을 강화시킨다. 하나는 나이에 맞는 관계는 이루기 어렵다는 것. 또 하나는 어린이와의 성적 관계는 즐겁고 성취가능하고 바람직하다는 것. 따라서 불안을 덜 일으키고 접근이 쉬운 어린애와 접촉하려는 생각을 하게 된다. 심지어 다른 소아기호증자와 함께 제휴하려는 경향이 없다.

이상 요약하면, 13세 미만 아동성폭력은 피해자의 86.5%가 여성아동이고, 성폭력범죄가 가장 많이 발생한 장소는 주거지이다. 환경범죄학 측면에서 일상활동이론을 근거로 한 성범죄 예방이 가능하며, 소아기호증자는 재범률이 일반 성범죄자의 재범률보다 높다.

제3절 아동학대 범죄 대책

1. 입법적 대응

아동학대의 심각성을 인식한 한국 정부는 경찰청 · 보건복지부·법무부 등 관련 정부기관의 주도 하에 '아동학대 방지를 위한 종합대책'을 마련한 후, 2014년 9월에 '아동학대 범죄의 처벌 등에 관한 특례법(이하 '아동학대처벌법'이라 한다)'을 제정함으로써 아동학대 범죄에 대한 처벌 기준과 그 절차, 그리고 피해 아동에 대한 보호절차 등에 관한 규정을 두게 되었는데 같은 법 제10조에서는 아동학대범죄 신고의무와 절차를 규정하고 있다.

미국의 경우에는 1974년에 '아동학대 예방 및 조치에 관한 법률(Child Abuse Prevention and Treatment)'이 연방법으로 제정되어 시행되고 있다. 이 법에서도 아동학대와 방임에 관한 개념을 정의한 후 각 주정부들로 하여금 아동학대 의심사례가 있을 경우 신고를 의무화하는 법률을 제정하도록 함에 따라 모든 주들이 아동학대 의심사례 발견 시 신고를 의무화하는 법을 마련하게 되었다. 신고는 시 · 도, 시 · 군 · 구 또는 수사기관과 같이 지방자치단체와 국가 수사기관에 할 수 있다.[110)]

한국에서 아동학대 범죄를 알게 된 경우나 그 의심이 있는 경우 신고의무가 있는 사람들의 예를 들면, ① 아동권리보장원 및 가정위탁지원센터의 장과 그 종사자, ② 아동복지시설의 장과 그 종사자, ③ 가정폭력상담소 및 가정폭력피해자 보호시설의 장과 그 종사자, ④ 건강가정지원센터의 장과 그 종사자, ⑤ 다문화 가족지원센터의 장과 그 종사자, ⑥ 사회복지 전담공무원 및 사회복지시설의 장과 그 종사자, ⑦ 성매매피해 상담소의 장과 그 종사자, ⑧ 성폭력상담소 및 성폭력피해자 보호시설의 장과 그 종사자, ⑨ 119 구급대의 대원, ⑩ 기타 응급구조사, 어린이집 원장 등 보육교직원, 유치원의 장과 그 종사자, 아동보호전문기관의 장과 그 종사자, 의료인 및 의료기사 등이다(아동학대처벌법 제10조).

여기서 아동학대를 당했다고 판단하는 데 있어서는 의심에 상당한 이유가 있을 것을 요구하는 '합리적 의심(reasonable suspicion)'의 수준이라야 한다. 만일 합리적 의심이 있음에도 불구하고 신고의무를 이행하지 아니하면 1천만 원 이하의 과태료 처분을 하고 있다(아동학대처벌법 제63조 제1항 제2호). 미국에서는 이러한 미신고죄에 대하여 경죄에 해당하는 형사책임을 물어 벌금을 부과하기도 한다.[111)]

한편, 미국 정부는 어머니 또는 보호자가 가정적, 경제적 위기에 처해 있을 경우, 자기 아이의 양육과 보호를 포기한 채, 무명으로 법이 지정하는 특별한 장소에 둠으로써, 아이가 안전한 가정에서 보호받을 때까지 지정된 기관에서 보호받거나 의료적 조치를 받도록 해 놓으면, 어머니 또는 보호자가 형사처벌을 면하도록 하는 '안전한 피난처 법(safe haven laws)'도 제정함으로써 아동학대 행위를 감소시키고자 노력하고 있다. 법에서 허용하는 지정 장소로는 병원, 건강관리시설, 경찰서와 같은 법집행기관, 119와 같은 응급구조기관, 소방서 등이다.112)

2. 행정적 대응

한국 경찰청은 2016년 4월부터 전국경찰서에 '학대예방경찰관(Anti-abuse Police Officer, APO)'을 배치하여 아동보호시설 내에 근무하는 신고 의무자들의 인식전환을 위해 아동학대 예방을 위한 교육을 시키고 있으며, 아동학대 의심신고가 발생할 때에는 아동보호전문기관에 통보하여 경찰이 현장에 출동할 때 함께 동행하여 줄 것을 요청하고 있다. 아울러 경찰서별로 운영되고 있는 통합솔루션팀 회의를 통해서 경찰, 지방자치단체, 아동보호전문기관, 상담소, 보호시설, 의료기관, 법률 전문가 등의 분야별 전문가들이 모여 피해아동에 대한 학대 재발 방지 대책 및 종합적 지원 대책 마련을 위해 노력하고 있다.113) 2019년에는 교육부가 수사의뢰한 예비소집 불참, 미취학, 장기 결석 아동 518명에 대해 주거지 방문과 탐문수사를 통해 아동의 소재와 안전을 적극적으로 확인하는 활동을 전개하기도 하였다.114)

뿐만 아니라 실종아동 사건을 수사한 결과 아동학대로 인해 사망한 사실들이 종종 밝혀지면서 경찰청에서는 교육부와 합동으로 2017년부터 초등학교에 입학하지 않거나 장기 결석하고 있는 만 6세 이상의 아동들의 실태를 점검하고 있다. 이를 통해 피해아동이 발견되면 아동보호전문기관에 보호와 지원을 의뢰하고, 아동학대 행위자에 대해서는 수사기관에 넘겨 범죄사실에 관한 수사를 받도록 하고 있다.115)

미국의 경우 '가족아동부(Department of Family and Child Services)'에서 아동학대 사실을 데이터베이스화 하여 관리하면서 이 자료를 주정부 또는 취업을 원하는 근로자들에게 활용하도록 하고 있다. 주정부가 면허증을 발급하거나 근로자가 취업하고자 할 때에 등록된 아동학대 자료에 명단이 있는지를 확인하는 절차를 밟도록 하고 있으며, 아동 입양을 원하는 사람들의 경우에도 이러한 데이터가 활용된다.116)

3. 사법적 대응

아동학대 사건은 피해아동의 신체적 · 정서적 취약성과 진술능력 부족으로 인해 재판에 어려움이 발생한다. 이를 위해 한국 형사소송법에서는 신뢰관계 있는 자를 재판과정에 동석할 수 있도록 하고 있고(형사소송법 제163조의 2), 아동이 성적 학대를 당했다면 아동 · 청소년 성보호에 관한 법률에 따라 법률적 조력을 보장하기 위하여 변호사를 선임하여 도움을 받을 수도 있다(아동청소년성보호법 제30조). 성적 학대가 아닌 일반 학대행위나 방임 · 유기의 행위로 피해를 당한 경우에도 피해아동에게 신체적 · 정신적 장애가 의심되거나 빈곤 그 밖의 사유로 보조인을 선임할 수 없는 경우 변호사를 피해아동의 보조인으로 선정할 수 있도록 하고 있다(아동학대처벌법 제49조). 미국에서는 '소송후견인(a guardian ad litem, GAL)' 제도를 운영하고 있는데, 이 소송후견인은 자원하는 자 중에서 법원이 임명하는 특별 변호인으로서 재판과정에서 아동의 이익을 대변하는 역할을 하게 된다. 한국 아동학대처벌법상의 보조인과 유사한 역할을 한다고 볼 수 있을 것이다.[117)]

피해아동을 상대로 수사를 진행할 때에는 피해자의 진술 내용과 조사 과정을 비디오녹화기 등 영상물 녹화장치로 촬영 · 보존하도록 하고 있는데 이는 아동으로 하여금 수사과정에서 반복적인 진술을 하는 고통을 피하도록 하기 위함이다(성폭력처벌법 제30조). 또한 피해아동이 법정에서 의사표현을 하는 데 어려움이 있으면 원활한 증인 신문을 위하여 직권 또는 검사, 피해자, 그 법정대리인 및 변호사의 신청에 의한 결정으로 진술조력인으로 하여금 증인 신문에 참여하여 중개하거나 보조하게 할 수도 있다(성폭력처벌법 제37조).

미국의 법원에서는 재판과정에서 피해아동이 피고인과 법정에서 마주치지 않도록 비디오장치나 폐쇄회로 텔레비전을 이용해서 증언을 하도록 하거나 편면경을 활용하여 증언을 할 수 있는 시설을 갖추어 놓고 있으며, 아동이 증언을 할 때 피고인을 비롯해 방청객들을 퇴정시킬 수 있도록 하고 있고, 학대행위에 대한 아동의 진술능력을 높이기 위해 인형을 사용하도록 하고 있는바,[118)] 한국의 상황도 이와 유사하다.

한편, 아동학대처벌법은 아동학대자로부터 피해아동을 효과적으로 보호하기 위하여 가정폭력처벌법에서 규정하고 있는 것과 유사한 제도를 채택하고 있다. 즉, 사법경찰관의 응급조치, 긴급임시조치, 임시조치의 청구(아동학대처벌법 제12조 내지 15조, 제19조), 아동학대행위자에 대한 보호처분(아동학대처벌법 제36조), 피해아동에 대한 보호명령(아동학대처벌법 제47조) 등이 바로 그것이다.

정리하기

○ 신고접수된 건수의 증가와 함께 아동학대 의심사례의 비중도 지속적으로 높아지고 있는 것은 '가정 내 훈육'으로 경시되어 왔던 아동학대가 '중대 범죄'라는 인식이 확산됨으로써 신고·발견 건수가 증가한 결과로 보인다.

○ 아동학대는 저항할 힘이 없는 아동을 공격한다는 점, 신뢰해야 할 사람으로부터의 공격이라는 점, 훈육인가 학대인가의 판단이 곤란한 점이 특징이다.

○ 한국은 가벼운 정도의 구타나 매를 훈육의 수단으로 사용하는 문화적 특성상 어떠한 형태의 구타라도 한 번도 경험하지 않은 아동은 적은 편이다.

○ 아동의 반사회적 행동에 영향을 미치는 유형은 직접적인 신체적 학대보다도 언어적 학대와 방임, 특히 언어적 학대의 영향이 크다.

○ 아동대상 성범죄나 아동학대는 암수(暗數)가 많아 실제로는 더 많은 수치가 있다고 보는 것이 자연스럽다.

○ 2018년 13세 미만 아동성폭력피해자의 86.5%는 여성아동이고 13.5%가 남성아동이었는데, 이는 13세~20세 연령층 피해자의 경우 남성피해자가 6.4%라는 점과 비교할 때 상대적으로 높은 수치다.

○ 일상활동이론은 동기가 부여된 범법자, 적절한 표적, 보호 능력의 부재라는 3가지 조건이 동일한 시간과 공간에 주어질 때 범죄가 발생한다는 이론이다.

○ 메사추세츠 치료센터에서는 소아기호증자를 고착적(구조적) 유형, 퇴행적(기회적) 유형, 착취형, 가학적(지배적) 유형의 네 가지로 분류하고 있다.

Chapter 10

스토킹범죄

제1절 스토킹의 입법례

생각해 보기

○ 사례 1) 서울 강남경찰서는 모델학원에서 만난 20대 남자 프리랜서 모델에게 4개월 동안 1,000여 차례에 걸쳐 음란문자·음성메시지를 보낸 혐의(성폭력범죄 처벌 및 피해자 보호에 관한 법률위반)로 박모(여, 27, D전문대 휴학)씨를 29일 불구속 입건했다. 경찰에 따르면 박씨는 지난해 11월 중순쯤 서울 강남구 대치동에 있는 S모델학원에서 알게 된 프리랜서 모델 유모(27)씨의 휴대전화에 "너랑 XX하고 싶어"라는 내용의 문자메시지를 보내는 등 최근까지 매일 10~40차례씩 유씨의 휴대전화에 음란문자·음성메시지를 남긴 혐의다. 이미 지난해말 두 차례에 걸쳐 유씨의 신고로 경찰에서 주의조치를 받은 바 있는 박씨는 경찰조사에서 "마음에 두고 있던 유씨에게 계속 메시지를 보내면 연인관계로 발전할 줄 알았다"고 말했다(문화일보, 2000.3.29).

○ 사례 2) 인천부평경찰서는 사귀던 여성이 헤어질 것을 요구하자 앙심을 품고 방화와 성폭행 미수, 주거침입, 협박을 하는 등 스토킹을 일삼은 혐의로 대학생 백모씨(24)를 구속했다. 백씨는 2년 전 인터넷채팅을 통해 알게 된 이모(22)양이 헤어질 것을 요구하자 이양의 집 현관방화를 시도하고 집 창문을 깨트리는가하면 이양의 직장동료들에게 술, 담배는 물론 남자 없이는 살지 못하는 데다 낙태수술을 했다는 허위 사실을 유포한 혐의를 받고 있다. 경찰조사 결과 이양의 가족은 백씨의 스토킹 때문에 2차례 집을 옮기는가 하면 이양은 전출신고까지 한 것으로 알려졌다(노컷뉴스, 2005.1.12).

○ 스토킹의 동기는 무엇이며 스토킹으로 인정받기 위한 구성 요소는 무엇인가?

1. 스토킹의 의의

스토킹이란 싫다는데도 의도적으로 반복해서 따라다니는 등 정신적·신체적으로 괴롭히는 행위로, 오래된 행동이지만 최근에서야 범죄화된 것이다. 영어로는 'An Old Behavior, but a New Crime'으로 표현되기도 하는데 개인정보 유출, 통신수단의 발달, 익명성의 보장 등 사회발전에 따라 등장한 새로운 유형의 범죄로서 성폭력의 미묘한 변화형태로 보기도 한다.

'열 번 찍어 안 넘어가는 나무는 없다'는 속담은 오늘날의 스토킹 문제를 해결하는 데 방해물이 될 수 있다. 왜냐하면 가해자나 형사사법기관종사자들이 자신도 모르게 그릇된 신념을 내재화하는 원인이 되기 때문이다. 스토킹은 특정인이나 그 가족들에게 정신적·육체적 피해를 입히는 병적인 행동이라고 말할 수 있다. 스토킹은 그 자체가 피해자의 생활에 있어 평온을 해하는 행위로서도 심각하지만 다른 범죄의 전단계 의미가 더 크다.

스토킹은 대부분 공감능력의 부족, 망상장애, 경계성 인격장애 등 정신적으로 문제가 있는 사람들에 의해 행해지고 있다. 게다가 직장 내 스토킹의 경우 개인정보에 비교적 쉽게 접근할 수 있어 보안에 취약하고 직장변경도 곤란하다는 특징이 있다. 또한 스토킹은 일방적인 호감을 내세운 접근이나 적극적인 구애행위와의 구별이 쉽지도 않다.

미국은 경찰이 스토킹방지법의 운용에서 중추적인 역할을 하고 있다. FBI는 강력범죄분석센터(NCAVC)를 통해 스토킹의 위협을 평가한다. 지역사회 경찰활동(community-oriented policing) 개념을 수용하는 법집행체제하에서는 협박과 강력사건에 대한 예방 및 대응을 훨씬 강조하고 있다. 일본도 스토킹에 대해 경찰의 적절하고 신속한 대응책을 강구하고 있다. 일본의 경우는 2000년 11월 '스토커행위 등의 규제에 관한 법률'을 제정하기 전에도 경찰은 나름대로 스토킹의 정도에 따라 대처해 왔는데, 경찰은 피해자의 의사를 거친 후 스토커규제법에 근거한 경고, 금지명령 등과 원조 등의 행정조치를 통해 피해확대를 방지하고 스토커규제법 이외의 법률을 적극 적용하고 있다.

한국은 1999년에 '스토킹 처벌에 관한 특례법안', 2003년에 '스토킹방지법안' 그리고 2005년에 '스토킹 등 대인공포유발행위의 처벌에 관한 특례법안'이 제출되었음에도, 국회의원의 임기만료로 폐지되거나 철회됨으로써 입법화되지 못했다. 또한 스토킹에 대한 법적 대처가 분산되어 있고 형법, 경범죄처벌법, 성폭력 범죄의 처벌 및 피해자보호 등에 관한 법률, 가정폭력범죄의 처벌 등에 관한 특례법 등에 의한 스토킹 범죄의 적용 가능성은 극히 미비하거나 실효성이 매우 낮았다. 2021년 4월 20일에야 비로소 '스토킹범죄의 처벌 등에 관한 법률'이 제정되었다.

2. 외국의 입법례

미국에서는 1990년 캘리포니아주를 시작으로 50개 모든 주와 워싱턴D.C.에서 스토킹방지법을 제정했다. 하지만 스토킹에 대한 주법이 매우 다른데 미시간, 오클라호마, 와이오밍, 알라스카의 4개주와 괌의 경우 전자우편과 같은 전신수단을 통한 스토킹도 금지하고 있다. 또한 9개 주에서는 스토킹 피해자 중 아동이 포함된 경우에는 가중처벌을 실시하고 있다. 캘리포니아 주 형법 제646.9조(Cal. Penal Code 646.9) a항에서는 스토킹에 대한 처벌을 규정하고 있는데 '고의적이거나 악의적으로 반복해 다른 사람을 따라다니거나 괴롭히고 그 사람이나 그의 직계가족의 안전에 관해 합리적인 두려움에 빠뜨릴 의도로 실질적인 위협을 가하는 것'으로 정의하며, 동조 e항에서는 다시금 '괴롭힘'을 '특정한 사람을 심하게 놀라게 하거나 성가시게 하거나 또는 고통을 주는 행위로 어떠한 정당한 목적도 지니지 않는 고의의 악의적인 일련의 행위'로 정의한다.

일본의 경우 2000년에 '스토커행위 등의 규제에 관한 법률'을 특별법의 형식으로 제정해 경고나 금지 등 규제대상이 되는 8가지의 행위유형을 '따라다니기 등'이란 개념으로 규정하고 있고(제2조 제1항), 이 중 형사처벌의 대상이 되는 가중행위 4가지를 '스토커행위'로 별도 규정하고 있다(제2조 제2항).

영국은 1997년 '괴롭힘 방지법(Protection from Harassment Act 1997)'을 제정, 스토킹 범죄에 적용해 시행하고 있으며 동법에서는 '스토킹(stalking)'이라는 표현 대신 '괴롭힘(Harassment)'이라는 표현을 사용하고 있는데, 타인에 대한 일련의 행위로서 괴롭히는 것을, 경죄로서(misdemeanor) 금지하는 규정(Section 1)과 중죄(felony)로서 금지하는 별도 규정(Section 4)으로 크게 구분할 수 있으며 그 처벌 정도가 확연히 다르다.

독일은 2004년 헤센 및 바덴－뷔르템베르크 주의 입법청원으로 연방참의회를 거쳐 '끈질기게 따라다니는 행위의 처벌에 관한 법률'이 2007년 제정되어 관련 내용이 신설된 개정형법이 시행되고 있다. 스토킹 범죄의 행위유형을 구체화했고, 스토킹의 독일어 표현인 'Nachstellung'이라는 용어를 사용하고 있다. 형법 제238조에 규정된 'Nachstellung(스토킹)'은 모두 5개의 유형으로 구분되는데, 특정한 행위를 집요하게 해 다른 사람의 생활형성을 중대하게 침해함으로써, 권한 없이 다른 사람의 의사에 반해 접촉하는 것을 처벌대상으로 한다.

독일의 스토킹 범죄의 주요 범죄구성요건은 다음과 같다.

첫째, 반복적인 신체적 접근(즉 따라다님)이나 위협하는 행동, 또는 양자 모두를 포함하는 행위과정

둘째, 사건이 2번 이상 발생
셋째, 명백한 그리고 암시적인 위협을 모두 포함하는 위협적인 행동
넷째, 행동이 개인이나 개인의 가족에게 일어남 등이다.

스토킹 범죄 범행 의도의 조사사항으로는 다음과 같은 것이 있다. 개인에 대한 반복적인 따라다님 또는 위협을 포함하는 일련의 행위과정에 참가할 의도, 이러한 행동이 신체적 상해나 죽음에 대한 공포를 야기할 수 있다는 지식, 특정 피해자가 신체적 상해나 죽음에 대한 공포를 가질 수 있다는 지식이나 기대, 실제로 피해자가 느끼는 죽음이나 신체적 상해에 대한 공포, 피해자의 직계가족 성원이 느끼는 죽음이나 신체적 상해에 대한 공포 등이다.

지금까지 스토킹의 의의와 외국의 다양한 입법례를 살펴봤는데 일반적으로 스토킹은 의도적으로 악의를 가지고 타인에게 반복적으로 따라다니는 등 정신적·신체적으로 괴롭히는 행위로 오래된 행동이지만 최근에 범죄화된 것이다.

제2절 스토커의 분류

생각해 보기

○ 2016년 4월 '송파 이별살인사건'은 전 연인관계에서 일어난 사건이다. 피의자가 이별을 인정할 수 없다며 여성의 집과 직장 근처를 맴돌며 감시하는가 하면 빌려 준 돈을 갚겠다고 불러낸 뒤 "예전에 사귀다 헤어진 여자친구는 다리를 부러뜨렸다. 죽든지 나를 다시 만나든지 선택하라."며 협박하다 여성을 살해한 사건이다. 경찰에 검거된 뒤 피의자는 "스토킹을 한 사실이 없다. 관계 회복을 위한 것이었다" "돈이 없다는 이유로 여자친구가 헤어지자고 요구해서 살해한 것"이라며 책임을 숨진 여성에게 전가하는 발언을 하기도 했다. 범행 전 칼 세 자루와 등산용 로프, 염산이 든 박카스병, 마스크, 장갑, 번호판 없는 도주용 오토바이 등을 미리 준비했으며 자신을 보자마자 도망치는 피해자를 뒤쫓아가 흉기로 마구 찌른 뒤 도주했다가 하루만에 체포됐다.

○ 뮬렌(Mullen, 2000) 등의 학자들은 스토커를 거절형, 증오형, 친밀희구형, 무능형(무자격형), 약탈형으로 분류하고 있다. 과연 스토커 유형 중 성범죄와 관련이 많은 것은 무엇인가? 또한 스토킹에 대한 경찰의 적절한 개입과 대응은 어떻게 이루어지는가?

1. 스토커의 특징과 분류

스토커는 다양한 특징을 갖고 있는데 그 특징을 보면 과거 범죄, 정신병력, 약물남용 전력이 있고, 정신장애, 성격장애가 있으며 지능이 우수한 편이어서 피해자 추적, 조종 능력 등이 뛰어나다. 또한 지나치게 자기중심적, 공감능력 부족, 외톨이라는 특징이 있다. 조현병(정신분열증), 편집증(색정 망상), 경계성 인격장애가 있고, 성적 동기보다는 분노, 적대감에서 폭행하는 경우가 많다.

또한 스토커가 위협을 가할 때는 폭력으로 이어질 가능성이 높다. 기물파괴나 제3자보다는 피해자 대상에 직접 폭력을 행사한다. 앞서 예시를 든 사건은 전 연인 간에 일어났지만, 피해여성은 범죄자로부터 일방적인 감시, 협박, 폭행을 당하다 죽음에까지 이르렀다. 그런데 연인관계가 해소된 뒤에도 피해자에게 비정상적으로 집착해 끝내 살인에 이르는 범행에 대해서 '스토킹 범죄'가 아닌 '연인 간 치정싸움'으로 이름 붙여지는 경우가 많다.

그리고 무기를 사용하지 않는 경우가 많고, 접근금지 명령만으로는 효과적이지 못하다. 그 원인에는 애착의 병리(아동기 모자밀착, 미숙한 자아, 성인기 상실), 구애장애, 사회성 부족, 고립, 외로움에 대한 부적응적 반응을 찾을 수 있다.

스토커의 유형은 워낙 다양하기 때문에 행위를 범주화하기 어렵고 효과적인 대처전략을 찾기도 쉽지 않다. 범죄심리학자들은 스토커의 정신상태와 동기에 대해 연구하면서 크게 애정망상(love obsession)과 단순망상(simple obsession)으로 나눈다. 애정망상 스토커는 개인적인 관계를 맺지 않는 사람들에게 애정망상이나 고착심리를 갖게 된 스토커를 의미한다. 미국의 경우 전체 스토킹의 20~25%에 해당한다. 데이비드 레터맨, 조디 포스터, 마돈나와 같은 유명인사들을 스토킹한 경우가 대표적이지만 자신들의 직장동료나 운동강사, 거리에서 만난 보통사람들에 대해 고착심리를 갖기도 한다.

다른 분류로서 조나(Zona, 1998) 등은 단순집착형, 연애집착형, 연애망상형으로 분류하고 있다. 연애집착형과 연애망상형은 자신과 아무런 개인적 관계가 없고 개인적으로 알지 못하는 타인이 자신과 사랑에 빠져 있다는 망상을 가졌다는 것이 공통점이다. 이 중 연애망상형은 그 망상이 타인의 성적인 매력보다는 타인과 자신 사이에 낭만적 사랑과 영적 결합이 있다고 망상하는데서 주로 발생한다. 그러나 연애집착형은 피해자의 대부분이 언론매체를 통하여 알려진 유명인이라는 점에 차이가 있다.

FBI의 전문가가 제창한 분류로서 라이트(Wright, 1995) 등은 피해자와의 관계를 중심으로,

① 모르는 사람을 대상으로 익명적 접촉을 시도하는 스토커(Non-domestic stalker)와 ② 전 교제상대나 배우자 등 이미 알고 있는 자를 대상으로 하는 스토커(Domestic stalker), ③ 주로 매스미디어에 등장하는 인물에게 망상적으로 연애감정을 품는 색정광 스토커(Erotomania stalker)로 분류하고 있다. 이 중 모르는 사람을 대상으로 스토킹한 피의자를 조사할 때는 피해자의 자택, 직장, 자주 가는 공공장소의 관찰, 스토킹 수단이 된 문서, 전화내용분석이 유효하다고 한다.

호주의 정신의학자 뮬렌(Mullen, 2000) 등은 스토커를 거절형, 증오형, 친밀희구형, 무능형, 약탈형으로 분류하고 있다.119)

① 거절형(또는 거절경험형, rejected)은 옛 애인이나 전처를 스토킹하는 스타일이다. 과거의 파트너와의 관계가 끝나자 화해와 복수의 이중감정을 갖고 스토킹 하는 것으로 단순집착형 스토커와 유사하다.
② 증오형(또는 분개형, resentful)은 과거에 자신을 모욕했다고 느끼는 자를 대상으로 그 복수로서 행하는 것이다. 상대에게 공포와 불안을 주는 것이 목적이다.
③ 친밀희구형(親密希求型, 또는 친밀감 추구형, intimacy seeking)은 정신질환에 의해 연애망상에 지배되어 상대와 자신 간에 망상적인 관계를 만들어내고 장기간에 걸쳐 스토킹한다. 이들은 정신병을 갖고 있는 경우가 많으며 연애망상형과 연애집착형 스토커가 이 부류에 속한다.
④ 무능형(또는 무자격형, incompetent)은 상대의 기분에 무관심, 무신경하고 자신의 마음에 든 상대와 사귈 권리가 있다고 제멋대로 믿는 스타일이다.
⑤ 약탈형(또는 침탈형, predatory)은 성범죄의 전단계로 표적이 된 여성을 몰래 추적하고 정보수집을 하는 타입이다. 이 유형의 행위자는 주로 남성으로 고독하고 성숙된 인간관계가 결여되어 있으며 성적 공격성이 높다는 특징이 있다.

이러한 분류 외에 미국의 라시누(Racine, 2014) 등은 예방과 개입의 관점에서 실제로 신체적 폭력으로 이어질 위험성을 기준으로 분류하였다.

한편 스토킹의 행위유형은 다양한데 멀리서 지켜봄, 따라다님, 편지, 선물, 전화, 신체적 접근, 위협, 협박, 납치, 폭행, 살인이 있다. 최근에는 익명성 보장 및 신분보장이 가능하고 사이버공간에서의 환상을 통한 사이버스토킹이 문제되고 있다.

스토킹 피해자의 피해정도를 보면, 심각한 심리적 고통(깜짝 놀람, 불안, 불면, 악몽 등), 일상생활의 어려움(혼자 집에 있거나 외출 불가능), 전화번호 변경, 직장을 그만 둠, 신체적 피해(폭행, 살인) 등이다. 피해자 대응으로는 범죄로의 인식 여부, 문화적 차이가 있다. 미국은 여성의 55%, 남성의 48%가 경찰에 신고하는 반면, 우리나라는 젊은 여성의 1.8%가 경찰에 신고하고 1.5%는 상담 경험이 있는 것으로 나타났다.

2. 스토킹의 대응의 특성

2-1. 공적 기관 개입의 어려움

스토킹에 대해 공적 기관이 개입하기에는 여러 가지 곤란한 점이 있다.

① 따라다니거나 숨어서 기다리는 전형적인 스토킹은 반드시 폭력을 수반하는 것이 아니기 때문에 형법으로 대처하기는 곤란하다.

② 스토커 피해자는 보복에 대한 두려움이나 상대방에 대한 배려로 종종 사건화하는 것을 거부한다.

③ 사안에 따라 스토킹의 내용이나 가해자의 문제성에 커다란 차이가 있다.

④ 특히 친밀한 관계였던 당사자 간에 이루어지는 스토킹은 경찰이 경고해도 중지하기 어렵다. 개입 후에도 경과를 확인할 필요가 있다.

스토킹에 대한 개입은 가정폭력과 똑같이 가해자와 피해자를 물리적으로 떨어뜨리는 것이 기본이다. 그러나 피난이나 일상생활의 변화는 피해자로서 매우 부담이 크다.[120] 스토킹에 적절하게 개입하기 위해서는 사안이나 행위자가 어느 정도의 위험성을 가지고 있는지 평가하는 것이 중요하지만, 폭력이 습관적으로 이루어지는 가정폭력에 비해서 스토킹은 위협의 측정이 곤란하다. 해외의 경우 스토킹에 특화된 평가도구가 이용되고 있다. 크로프(Kropp, 2011) 등은 스토킹 진단 및 관리지침(Guideline for Stalking Assessment and Management)에서 스토킹의 성질, 행위자의 리스크 요인, 피해자의 취약성의 3가지 측면을 통해 30개 항목의 사정(査定)을 실시한다. 한편 맥켄지(MacKenzie, 2011) 등은 스토커의 동기에 따라 분류해 리스크 요인을 사정한다.

스토킹을 억제하기 위해서는 경찰의 개입이 유효하다고 한다. 바톨(Bartol, 2005) 등에 따르면, 생명이나 신체에 위험을 가져오는 집요한 스토킹의 경우 피해자를 가급적 멀리 이전시키고, 새로운 거주 장소에 관한 정보를 스토커에게 주지 않는 것이 효과적이라고 한다.

한편 사이버 스토킹은 추가적인 설명이 필요하다. 사이버 스토킹은 크게 2가지 방식으로 구분된다. 첫 번째는 오프라인 스토킹을 위해 온라인 기술을 이용하는 것이며(예, 피해자 소유계정의 SNS 등에 접속하는 장소, 시간을 추적하여 실제 위치를 알아내는 것 등), 두 번째는 컴퓨터 기반 커뮤니케이션을 통해 사이버상에서 피해자의 움직임을 감시하거나 의사소통하는 방식이다.

2-2. 스토킹 처벌법

2021년 4월 20일 제정된 「스토킹범죄의 처벌 등에 관한 법률」 이전에 한국에서의 스토킹 범죄와 관련된 연구와 주장들은 상당히 많았다. 김잔디(2015)는 스토킹행위는 침해받았다고 인정하기 곤란한 가벼운 정도에서 시작되어 점차 적극적인 침해행위를 거쳐 결국엔 흉악 범죄로 발전할 우려가 있기 때문에 초기의 대응이 매우 중요하다고 주장하였고, 김현아(2015)는 스토킹 범죄의 특성은 대부분의 피해자가 여성이고, 알고 있는 사람에 의한 범죄가 주류이며, 시간이 지나면서 상황이 악화된다는 것이므로 스토킹 범죄에 대한 접근은 특히 피해자 보호 측면에서 효과적인 법제화를 요구하였으며. 이봉한(2011)은 스토킹피해 경험자들은 스토킹에 대한 대처방법으로 경찰의 개입이 가장 효과적이라고 믿고 있고, 피해자가 행위의 연속성을 전제로 하는 스토킹을 스토킹이라고 인식하게 되는 시점은 대개 3~4회 정도(여성은 3회, 남성은 4회) 반복된 후라고 주장하였다.

현행 「스토킹범죄의 처벌 등에 관한 법률」은 스토킹 행위와 스토킹 범죄를 구분하여 규정하고 있다. '스토킹 행위'라 함은 상대방의 의사에 반(反)하여 정당한 이유 없이 상대방 또는 그의 동거인, 가족에 대한 행위로써

첫째, 접근하거나 따라다니거나 진로를 막아서는 행위이다. 이는 일반적인 유형으로 상대방이 마음에 든다는 이유로 주거지까지 따라가거나 전화번호를 묻기 위해서 진로를 가로막거나 접근하는 경우이다.

둘째, 주거, 직장, 학교, 그 밖에 일상적으로 생활하는 장소(이하 "주거 등") 또는 그 부근에서 기다리거나 지켜보는 행위이다. 즉, 기다리거나 지켜보는 행위 자체가 지속 및 계속되는 개념을 내재하고 있어 얼마나 지속되어야 스토킹 행위에 해당하는지 판단하기 어렵다.

셋째, 우편 · 전화 · 팩스 또는 「정보통신망 이용촉진 및 정보보호 등에 관한 법률」 제2조 제1항 제1호의 정보통신망을 이용하여 물건이나 글 · 말 · 부호 · 음향 · 그림 · 영상 · 화상(이하 "물건 등")을 도달하게 하는 행위이다. 피해자가 전화 수신을 거절하거나 문자메시지를 수신 거부 처리한 경우에도 유사 처벌규정인 「정보통신망법」 위반 판례에서 '피해자가 가해자의 휴대

전화를 스팸 처리해 실제로 문자를 전혀 보지 못했다 하더라도 상대방에게 반복적으로 도달시킨 것이다'라는 대법원판결이 있다(2018. 11. 15., 선고, 2018도14610, 판결).

넷째, 스토커가 직접 또는 제3자를 이용하여 물건 등을 도달하게 하거나 주거나 그 부근에 물건 등을 두는 행위이다. 예를 들면, 가해자가 직접 또는 택배 등을 이용하여 피해자 주거 등 부근에 꽃, 칼이나 동물시체 등을 보내는 행위가 이에 해당한다.

마지막으로 주거 등이나 그 부근에 놓여 있는 물건 등을 훼손하는 등의 행위를 하여 스토킹 상대방에게 불안감이나 공포심을 일으키는 것이다.

위와 같은 스토킹 행위를 지속적 또는 반복적으로 행한 행위를 '스토킹 범죄'라 하고 이로 인해 직접적인 피해를 입은 사람을 스토킹 범죄 피해자라고 한다. 이 스토킹 범죄는 스토킹 피해자가 구체적으로 밝힌 의사에 반하여 공소를 제기할 수 없다고 하여 반의사불벌죄(反意思不罰罪)를 적용하고 있다. 그러나 흉기 또는 그 밖의 위험한 물건을 휴대하거나 이용하여 스토킹 범죄를 저지른 사람에게는 반의사불벌죄를 적용하지 않고 있다.

사법경찰관리는 진행 중인 스토킹행위에 대하여 신고를 받은 경우 즉시 현장에 나가 다음의 조치를 하여야 한다(동법 제3조).

① 스토킹행위의 제지, 향후 스토킹행위의 중단 통보 및 스토킹행위를 지속적 또는 반복적으로 할 경우 처벌 경고

② 스토킹행위자와 피해자등의 분리 및 범죄수사

③ 피해자등에 대한 긴급응급조치 및 잠정조치 요청의 절차 등 안내

④ 스토킹 피해 관련 상담소 또는 보호시설로의 피해자등 인도(피해자등이 동의한 경우만 해당한다)

사법경찰관은 스토킹 행위 신고와 관련하여 스토킹 행위가 지속적 또는 반복적으로 행하여질 우려가 있고 스토킹 범죄의 예방을 위하여 긴급을 요하는 경우 스토킹 행위자에게 직권으로 또는 스토킹 행위의 상대방이나 그 법정대리인 또는 스토킹 행위를 신고한 사람의 요청에 의하여 ① 스토킹 행위의 상대방이나 그 주거 등으로부터 100미터 이내의 접근 금지, ② 스토킹 행위의 상대방에 대한 「전기통신기본법」 제2조 제1호의 전기통신을 이용한 접근 금지의 긴급응급조치를 할 수 있다(동법 제4조).

현행 법률에 대해서는 스토킹의 특징이나 현장의 관점이 배제되었고, 개념의 혼란, 경찰의 개입근거인 위험에 대한 인식의 부재 및 잠정조치의 법적 성격에 대한 오해 등에서 입법적인 개선이 필요하다는 지적이 있다.[121]

제3절 스토킹 대책

일본의 경우 경찰에서의 스토커 사안은 많은 것이 상담처리이다. 담당직원은 상담자나 행위자로부터 피해에 이른 경위나 행위내용을 청취하고 상담자의 희망에 따라 행위자에게 지도 경고, 통보 시 신속한 대응을 위한 110번 긴급통보 등록, 상담자의 주거지를 알 수 있는 기기의 대여, 교섭의 장소 제공, 순찰 등 다양한 조치를 행하고 있다. 2013년부터는 경찰이 조치할 수 있는 선택지를 상담자에게 설명하고 상담자의 의사결정을 지원하는 절차를 개시하고 있고 피해자를 호텔 등 피난할 수 있는 숙박료의 지원을 행하고 있다.

사이버 스토킹에 대응하기 위해서 형사사법기관과 인터넷 서비스 제공업체의 역할이 매우 중요하다. 경찰개입 시 스토커들이 다양한 반응을 보일 수 있기 때문에 상황에 따라 적절한 대응을 취할 수 있어야 한다.

하카넨-나이홀름(Häkkänen-Nyholm, 2010)은 사이버 스토킹 대처법을 5가지 유형으로 재구성하였다. ① 함께 움직일 것(moving with)은 스토커와 협상을 시도하는 것이다. ② 대항할 것(moving against)은 스토커를 위협하는 것이다. ③ 떠날 것(moving away)는 이메일, 물리적 주소와 일반적 습관 등을 바꾸는 것이다. ④ 안으로 들어갈 것(moving inward)는 부인, 부정 혹은 물질 남용 등이다. ⑤ 밖으로 나갈 것(moving outward)은 고발 혹은 금지명령 등이다. 이 중 '떠날 것' 전략이 가장 효과적인 조치로 평가받고 있다. 반면에 '함께 움직일 것'은 실패 가능성이 높고, '대항할 것'은 오히려 상호작용을 강화시킬 가능성이 있다고 한다.[122)]

스토킹이 익명의 접촉수단으로 행해지는 경우 범인의 신원이나 범행의 예측을 위한 프로파일링이 필요하게 된다. 스토커의 유형별 특징은 수사의 요령과 결부되어 있다. 고립형의 경우는 스토킹의 표적이 1명에서 다수로 확대되고 행위가 장기간에 미치며 납치감금이나 살해에 이르는 사례를 보이기도 한다. 스토킹은 많은 경우 친밀한 관계의 파탄이 계기가 되고 피해자가 공적기관에 신고함으로써 개입하게 되므로 가정폭력이나 데이트폭력과 같이 잠재적 가해자와 피해자에 대한 계몽이나 예방교육이 요구된다. 가해자와 피해자 모두에 대한 사회적 지지의 유용성을 널리 알리는 것이 중요하다.[123)] 또한 행위자에 대한 상담 등의 치료에 관심이 높아지고 있는데 치료의 실효성을 높이려면 형사사법기관과 의료계가 연합하여 사례관리체제를 확립하거나 유효한 개입방법의 개발이 요구된다.

정리하기

○ 스토킹이란 상대의 의사와는 상관없이 일정 기간 의도적·반복적으로 행해 정상적인 판단능력이 있는 일반인이라면 누구나 공포를 느낄만한 행동으로 특정인이나 그 가족들에게 정신적·육체적 피해를 입히는 병적인 행동이다.

○ 일본의 경우 2000년에 '스토커행위 등의 규제에 관한 법률'을 제정했고, 경고나 금지 등 규제대상이 되는 8가지의 행위유형을 '따라다니기 등'이란 개념으로 규정하고 있다.

○ 영국은 1997년 '괴롭힘 방지법(Protection from Harassment Act 1997)'을 제정, 스토킹범죄에 적용해 시행하고 있으며 동법에서는 '스토킹(stalking)'이라는 표현 대신 '괴롭힘(Harassment)'를 사용하고 있다.

○ 독일의 스토킹 범죄의 주요 범죄구성요건에는 ① 반복적인 신체적 접근(즉 따라다님)이나 위협하는 행동, 또는 양자 모두를 포함하는 행위과정, ② 사건이 2번 이상 발생, ③ 명백한 그리고 암시적인 위협을 모두 포함하는 위협적인 행동, ④ 행동이 개인이나 개인의 가족에게 일어나는 것 등이 있다.

○ 스토킹의 원인에는 애착의 병리(아동기 모자밀착, 미숙한 자아, 성인기 상실), 구애장애, 사회성 부족, 고립, 외로움에 대한 부적응적 반응을 찾을 수 있다.

○ 스토커는 지나치게 자기중심적, 공감능력 부족, 외톨이라는 특징이 있다.

○ 스토킹 범죄의 특성은 대부분의 피해자가 여성이고, 알고 있는 사람에 의한 범죄가 주류이며, 시간이 지나면서 상황이 악화된다는 것이므로 스토킹 범죄에 대한 접근은 특히 피해자 보호 측면에서 효과적인 법제화가 요구된다.

○ 스토킹 행위는 침해받았다고 인정하기 곤란한 가벼운 정도에서 시작되어 점차 적극적인 침해행위를 거쳐 결국엔 흉악 범죄로 발전할 우려가 있기 때문에 초기의 대응이 매우 중요하다.

Chapter 11

종교범죄

제1절 종교범죄의 현황

생각해 보기

○ 종교가가 저지른 범죄 중에는 사기범죄도 드물지 않다. 사찰 주지가 신도 아들과 함께 자동차보험 사기에 가담한 혐의 등으로 2016년에 징역 1년 6월을 선고받은 사례, 주지 재임명을 해주겠다며 돈을 받은 혐의(배임수재)로 2020년 항소심 재판에서 징역 10개월, 추징금 3,600만원을 선고하고 법정구속된 사례, '청와대 기독교 신우회 지도목사'라는 명함으로 자신의 지위를 과시하며 신도 집을 담보로 대출을 받아 가로챈 서울의 대형교회 부목사가 특정 경제범죄가중처벌 등에 관한 법률상 사기 혐의로 구속기소된 사례 등이다.[124]

○ 기도비 명목으로 177억원을 뜯은 무속인과 기도비를 마련하기 위해 공금 172억 원을 횡령한 병원 과장의 특정경제범죄 가중처벌 등에 관한 법률 위반 사례와 제주특별자치도를 속여 보조금을 받아 챙긴 혐의(사기 등)로 기소된 주지에게 벌금 700만원을 선고한 사례 등이 있다.

○ 그 외에도 우리는 뉴스에서 다양한 사이비 또는 이단종교의 범죄들을 접해왔다. 일본의 옴진리교는 도쿄 지하철 독가스 테러 등 수많은 살상을 저지른 악종 사이비 종교이다. 종교는 폭력을 억제하는 기능이 있으면서 동시에 폭력을 낳는 양면성을 가지고 있는 것일까? 종파(sect)와 컬트(cult)는 어떻게 구분되는가? 종교와 관련된 범죄에는 어떠한 것들이 있으며 발생 원인은 무엇인가?

1. 종교범죄 개관

여러분은 종교와 범죄에 대해 어떻게 생각하는가? 다소 멀게 느껴지는 두 분야이지만 우리는 때때로 뉴스에서 종교와 관련되거나 종교인들이 저지르는 범죄를 자주 접할 수 있다.

종교는 신성하고 초인적인 힘에 대한 신념체계로서 숭배의 영성을 가지고 힘을 지향한 의례를 행한다. '신'이라고 하는 '억제회로'는 인간의 공격성, 성적 욕망, 소유욕을 억제하기도 하며, 스스로 느끼는 자책감과 사회에서 부과하는 죄책감의 두 측면을 가지고 있다. 그러나 종교에는 범죄억제효과와 더불어 한편 폭력을 낳기도 하는 본질적 속성이 있다.

종교가가 저지르는 형법범죄 유형은 절도나 풍속범 같은 일반범죄는 비교적 드물고 미신을 이용한 사기와 성범죄, 집단적 배타성에서 나오는 폭력성이 사회문제로 되곤 한다. 근래에는 특정교회로 촉발된 Corona－19 확산이 급증하면서 방역관리체제의 붕괴까지 걱정하는 단계까지 갔다. 극우 개신교 목사들의 정치지향적 행동과 교회의 정치 집단화로 파생된 공권력 도전현상은 반사회적 집단범죄의 양상으로 나타났다.

한국에서 발생한 종교범죄의 실태를 파악하기 위해 [표 4－9]에서 최근 5년 치(2014~2018년)의 범죄를 분석하여 정리하였다.[125] 대검찰청 「범죄분석」 통계를 보면 성직자(현재 '종교가'로 표기됨)가 저지른 범죄는 2010년 4천 868건, 2011년 4천 865건이던 것이 2012년 5천 383건, 2013년 5천 315건, 2014년 5천 168건, 2015년 5천 816건으로 증가추세였다가 현재는 5천 200건 수준에 머물고 있다. 성직자 범죄는 다른 전문직군(의사·변호사·교수·언론인·예술인·기타)

[표 4-9] 종교가의 형법범죄 현황

연도	총범죄	형법범죄	재산범죄			강력범죄			위조범죄	기타형법범죄	
			횡령	손괴	사기	성폭력	폭행	상해	문서	명예	신용업무경매
2014	5,168	3,284	182	115	808	93	475	319	134	283	123
2015	5,816	3,695	197	117	898	120	594	374	128	289	13
2016	5,582	3,398	178	128	776	111	513	294	132	319	191
2017	5,249	3255	157	132	836	108	509	224	147	247	160
2018	5,260	3,456	171	162	801	137	498	220	97	338	142

(주: 재산범죄, 강력범죄, 위조범죄 및 기타 형법범죄 중 주요 범죄만 추출한 것임.)

가운데서도 큰 비중을 차지한다.

범죄 유형으로는 사기·폭행·상해·음주 운전·뺑소니·성범죄가 많았다. 위조범죄는 거의 문서위조에 한정되어 있는데 2014년부터 134건(95.0%), 128건(98.5%), 132건(95.0%), 147건(89.1%), 97건(94.2%)으로 5년 평균 94.4%에 이르고 있다.

2. 사기범죄

종교가가 범한 재산범죄 중에서 상당수는 [표 4－10]에서 보는 바와 같이 사기범죄로 2014~2018 5년간 평균 60%(59.9%)를 차지하고 있다. 참고로 대검찰청의 「2019 범죄분석」에 따르면 2018년에는 총 278,566건의 사기범죄가 발생했다. 10년 전인 2009년의 224,288건과 비교하면 사기범죄는 계속 증가하는 추세이지만 종교가의 사기범죄는 현재까지 안정적인 추세다.126)

일반문헌에서 종교사기를 사기의 한 유형으로 분류하는 것이 드물다. 종교사기는 기망의 수법 중에 신비전술(mystery tactics)이 많이 활용된다. 스스무(小田晋, 2002)에 의하면 옴진리교 사건에서 보듯 사이비 종교는 신비체험이나 심리학적 메커니즘으로서의 마인드컨트롤 수법이 동원되는 등 독특한 기망(欺罔)수법이 발견된다. 한국의 경우 1992년 휴거(들림 받음) 문제로 세상을 떠들썩하게 했던 다미선교회와 1998년 불로장생을 주장했던 영생교 사례가 있다.

[표 4–10] 종교가의 사기범죄 비율

연도	총재산범죄 (%)	횡령 (%)	손괴 (%)	사기 (%)
2014	1,361 (100)	182 (13.4)	115 (8.4)	808 (59.4)
2015	1,436 (100)	197 (13.7)	117 (8.1)	898 (62.5)
2016	1,336 (100)	178 (13.3)	128 (9.6)	776 (58.1)
2017	1,339 (100)	157 (11.7)	132 (9.9)	836 (62.4)
2018	1,406 (100)	171 (12.2)	162 (11.5)	801 (57.0)

(출처: 대검찰청, 범죄분석, 2019 .https://www.spo.go.kr/site/spo/crimeAnalysis.do)

당시 영생교에서는 모든 재산을 바치지 않으면 영생을 보장할 수 없다고 하고 '만병통치의 비결이 있다, 선악과도 보여 준다' 등의 슬로건을 내세웠다. 1994년부터 2000년대 중반까지 사회적으로 큰 물의를 일으킨 영생교는 교주가 '메시아', '생미륵불' 등을 자처하면서 자신을 믿으면 불로불사한다고 주장하고, 지구가 종말할 때 10배로 되돌려주겠다며 신도들의 금품을 갈취하며, 심지어 배교자는 지구 끝까지 쫓아가서 처단한다는 배타적인 성격을 띠고 있었다.

종교사기는 신도들의 상호 맞보증과 신용대출을 독촉하여 차용사기의 형태를 띠기도 한다. 2000년 7월 10일에는 '천존회'가 10년 동안 맞보증 방식으로 신도들로부터 약 306억 원에 달하는 대출사기 2,432건, 헌금 사기 35억 원 등 신도들에게서 무려 384억 원을 가로챈 사건이 드러나기도 했다. 종교는 물질(돈)과 연계되는 순간에 많은 것들이 변질되고 그로 인해 피해를 입은 개개인의 대응으로는 해결하기 어렵다는 문제가 있다. 심리학자 제임스 콜만(Coleman)은 사이비교주들을 대단한 지능과 사교적 매력을 가진 고등사기꾼으로 표현하며 "사람을 속이기 위해 복잡하고 정교한 계획을 세워 이행하기도 한다."고 진단하고 있다.

관계범죄이자 수법범죄의 하나인 종교사기에 대한 국가적 대응은 미흡하기 쉽다. 우선 일반 사기와 마찬가지로 재산범죄는 신체적 법익에 비해 순위가 밀리는 점, 일반 사기와 달리 신도는 신앙공동체 구성원으로서 성직자들과의 상하관계가 존재하여 피해를 드러내기 어렵고 피해자들의 대체로 낮은 사회적 지위가 국가의 정책결정에 영향을 미치기 어렵기 때문일 것이다. 게다가 우리나라 사법현실은 종교적 믿음이나 무속신앙으로 인한 사기를 유죄로 인정하는 경우가 드문 편이다(사기방지연구회, 2020). 대법원(2008.2.14. 선고 2007도10917 판결)은 무속인의 무속활동과 관련된 사기의 판단기준으로 피고인이 피해자에게 불행을 고지하거나 길흉화복에 관한 어떠한 결과를 약속하고 기도비 등의 명목으로 대가를 교부받은 경우에 전통적인 관습 또는 종교행위로서 허용될 수 있는 한계를 벗어났다면 사기죄에 해당한다고 보고 있다.

3. 강력범죄

강력범죄 중 흉악범죄는 살인, 강도, 방화, 성폭력으로 이루어진다. 이 중 종교가에 의한 강력범죄는 [표 4-11]에서 보는 바와 같이 성폭력이 2014년~2018년 평균 무려 91.8%를 차지하고 있다. 여신도를 4년간 성폭행한 부목사에게 징역 13년의 실형을 선고한 사례, 전북 익산의 한 교회 목사가 2013년부터 2018년까지 여신도 2명을 교회와 별장 등에서 7차례 성폭행한 혐의로 구속기소되어 2심에서 12년형을 선고받은 사례[127] 등 성폭력이 거의 전부인 독특한 현상을 어떻게 이해할 것인가?

[표 4-11] 종교가의 성폭력범죄 비율

연도	강력범죄 (흉악)		강력범죄 (폭력)		
	총계 (%)	성폭력 (%)	총계 (%)	폭행 (%)	상해 (%)
2014	98 (100)	93 (94.9)	982 (100)	475 (48.4)	319 (32.5)
2015	132 (100)	120 (90.9)	1,188 (100)	594 (50.0)	374 (31.5)
2016	126 (100)	111 (88.1)	960 (100)	513 (53.4)	294 (30.6)
2017	119 (100)	108 (90.8)	875 (100)	509 (58.2)	224 (25.6)
2018	145 (100)	137 (94.5)	847 (100)	498 (58.8)	220 (26.0)

(출처: 대검찰청, 범죄분석, 2019 .https://www.spo.go.kr/site/spo/crimeAnalysis.do)

물론 종교가의 성적 욕망이 평균 일반인보다 더 강하다고 주장하는 자는 아무도 없다. 이것은 오히려 성폭력이 이루어지고 은폐되기 쉬운 범죄환경 측면에서 이해해야 할 것이다. 가해자와 피해자 간의 관계가 지속된 기간과 접촉의 강도, 피해자의 종교활동 참여시기에 따라서는 장시간에 이루어지는 그루밍 범죄와 유사한 구조가 원인일 수 있다. 이재록 사건의 경우, 성폭력피해자들이 아주 어린 시절부터 교회를 다니면서 가해자를 절대적 존재로 믿었고, 그가 하는 말을 하나님의 말이었다고 공통적으로 말하였다는 것은 시사하는 바가 크다. 피해자의 증언[128]으로 드러난 "새 예루살렘에 들어갈 수 있도록, 자기가 의인되고 거룩한 자니까 택해주겠다." "하나님이 너를 선택하라고 했다. 내 마음이 곧 하나님 마음이다." 등의 내용에는 성직자-신도의 서열이 강하고, 피해자의 신심과 순종 그리고 두려움을 악용하기 쉬운 공동체 문화가 자리 잡고 있다.[129] 성직자가 비정상적으로 우월적 지위에 있거나 통제를 받지 않고 위계·위력을 행사할 수 있는 환경이라면 단지 성직자의 양심에 전적으로 의존하는 종교범죄 예방책은 한계가 있다.

이렇게 피해자들이 카리스마 넘치는 종교지도자에 의해 지속적인 피해를 입게 되는 메커니즘을 단지 종교적 세뇌에서 찾는 것으로는 부족하다. 스퐁(2007)은 기독교 예문에 있는 자기비하적 말들을 예로 들면서[130] 예배형식이 교인들을 거듭해서 죄의식과 참회 속에 묶어놓고 형벌의 필요성을 강조하는 것으로 보기도 한다.

32명이 집단변사체로 발견된 1987년의 오대양사건은 주요 관련자들이 이미 사망하였거나 종교적 광신상태에서 저질러진 일이라 사건에 대한 진상이 명확하게 드러나지 않고 관련증거도 사전 인멸하였다는 점이 특이하지만 교주의 절대적 권위가 없이는 불가능한 현상들이다.

종교는 폭력을 억제하는 기능이 있으면서 동시에 폭력을 낳는 양면성을 가지고 있다. 종교범죄는 포교를 둘러싼 폭력과 납치 등의 행위 그리고 집단에 의한 테러리즘까지 포함된다. 사이비 종교 또는 컬트종교는 고립된 생활을 하며 배타적·공격적 활동에 가담하여 사회적으로 문제를 야기한다.

오대양집단자살 사건
1987년 8월 29일 경기도 용인시 남사면 주식회사 오대양 용인공장에서 남녀시체 32구가 발견된 집단 자살 사건.
1987.8.30/조선일보

女社長등 32명 集団시체로
3男妹도 함께- 28명이 여자
경찰 "동반自殺" 공식
빚에 몰린 狂信집단
朝鮮日報

오대양집단자살 사건의 당시 신문보도

제2절 종교범죄의 심리

생각해 보기

- 사례 1) 2001년 충남 예산에서는 노부부살해사건이 발생한 바 있다. 그런데 2010년 9년 만에 그 실체가 밝혀졌는데 이들은 모 종교의 대가들로 일부 사상과 관련해 교단과 교리 문제 등의 갈등을 겪어 왔다. 이와 관련해 해당 종교의 독실한 교인들인 가해자들이 자신의 종교를 비방하는 것을 못마땅하게 여겨 일으킨 사건이었다.

- 사례 2) 유럽을 발칵 뒤집은 뒤뜨르(M. Dutroux)사건은 1996년에 벨기에에서 발각된 소녀납치감금, 살인사건이다. 범인들이 6명의 소녀를 유괴해 지하호에 가둬둔 채 강간했는데

범인 중 한 명이 또 다른 공범 1명을 포함해 모두 5명을 살해한 죄로 2004년 종신형을 선고받았다. 소녀 피해자 중 2명은 구출되고 나머지 2명은 해당 범인이 다른 건으로 체포되는 바람에, 지하호에 갇힌 채 굶어죽고 나머지 2명과 공범인 남자는 약물을 먹여 생매장 살해되었다. 이 사건은 비교(秘教), 즉 비밀스런 의식을 존중하는 종교와 얽혀 발생했고 이를 주제로 다룬 논픽션이 베스트셀러가 되었다.131)

○ 종교와 관련된 범죄 중에는 우리가 이해하지 못할 목적들도 등장한다. 사이비 종교의 교리상 특징으로는 기성교회 비난, 시한부종말 연극, 선민사상, 독선주의, 신비주의 등을 들 수 있다. 그리고 사이비 종교에 심취하는 원인에는 정통교단의 위안부재, 현실도피의식, 교리 또는 교회사 지식의 부족 등이 있다. 과연 사이비 종교의 교주와 교인을 같은 선상에서 비판할 수 있는가?

1. 피해자화 과정

신흥종교에 구원을 바라는 젊은이 중에는 자아가 확립되지 않아 타인 의존적이며 정신적으로 불안정한 사람, 가벼운 정신질환을 갖는 사람도 적지 않다고 한다. 사이비 종교 등 특정 종교집단은 마인드컨트롤, 세뇌방법의 사용뿐만 아니라, 수행의 입문서 비슷한 쓸모없는 소책자, 황당한 정신치료 등에 고액을 지불하게 하는 것과 같이 종교적인 기만을 바탕으로 피해자를 양산하고 있다.132)

한편 인지종교학의 관점에서 보이어 등이 제안하고 있는 표준모델에 따르면, 종교적 믿음과 행동은 마음의 일반적인 작동과정에서 부수적으로 나타나는 것이다. 포식자 회피, 오염/전염 회피, 다른 개체와의 협력 등 많은 생존압력을 견디며 진화시켜 온 다양한 인지체계들이 작동하면서 나타나는 부수적 효과라고 본다. 심형준(2018)에 의하면 기적과 미신의 구분은 오로지 종교적 권위를 가진 사람들에 의해서 결정되고, 한국 기독교의 현장에서 '도덕적인 거대한 신'의 모습보다는 치유, 풍요(부), 권력을 추구하는 사람들의 욕망을 해소시키는 신자 내집단의 이해를 대변하는 신의 모습을 더 쉽게 볼 수 있다.

일단 사교에 발을 들여놓으면 그들을 결속시키는 공동체 생활과 기적을 통해서 완전히 빠져들게 된다. 기적의 조작은 간단하다. 특히 영적 치료법은 심리적 위약효과도 있고, 치료받은 자 모두가 좋아질 필요가 없이 10명 중 1명이라도 나오면 나중에는 구전으로 정보가 퍼지게 된다(心の謎を探る会, 2006). 하지만 비밀사회에는 공개할 수 없는 그들만의 문제가 반드시 있어서

그 비밀조직은 바깥과의 교섭을 단절하고 그들만의 특수하고 폐쇄적인 생활 형태에 빠지게 된다. 정상으로 복귀하려는 사람들은 배신자로 보아 가혹한 방법으로 숙청하게 된다.

옴진리교의 특징

앞에서 서술했듯이 종교는 폭력을 억제하는 기능이 있으면서 동시에 폭력을 낳는 양면성을 가지고 있다. 종교범죄는 포교를 둘러싼 폭력과 납치 등의 행위 그리고 집단에 의한 테러리즘까지 포함된다. 사이비 종교 또는 컬트종교는 고립된 생활을 하며 배타적·공격적 활동에 가담하여 사회적으로 문제를 야기한다. 다만 교리를 기준으로 이단 여부를 판단할 때는 종교간 분쟁 영역에서 정리되는 것이 바람직할 수 있지만, 사회적 해악을 기준으로 판단한다면 사회에 해악을 끼치는 불건전하고 그릇된 사교(邪敎)나 종교를 빙자한 범죄집단으로 인식하여 국가적 개입이 정당화될 수 있다. 국가적 개입이 법적으로 뒷받침된 일본의 사례를 보는 것은 유익해 보인다.

종파(sect)와 컬트(cult)는 구분된다. 미덴도르프(Middendorff, 1965)에 의하면, 종파는 종교신앙뿐 아니라 정치적 및 그 외의 영역에서 일정한 지향 및 복종을 의미한다. 신자들은 집단을 이루어 국가와 주민들로부터 고도로 고립된 생활을 한다. 한편 컬트(cult)범죄의 특징은 종파보다도 더 전통적 교회와 교의적·조직적 거리가 먼 이단적·이교적 종교 하위문화를 형성하고 있는데 이것을 의사종파(擬似宗派) 또는 비교적 소종파(秘敎的 小宗派)로 번역한다. 이는 오컬티즘을 취해 주술적 색채를 갖는 것이 많다.

종파와 범죄는 어떠한 관계일까? 종파(sect)가 가진 집단적 배타성이 외부와 충돌하여 사회문제화 되거나 범죄와 같은 사회적 일탈행위에 빠질 수 있고, 개개의 신자가 지속적인 긴장, 투쟁 중 좌절하여 정신장애를 야기하여 범죄의 계기가 되는 경우가 있다.

옴진리교는 정보화 사회가 낳은 밀교적, 주술적 신종파이다. 옴진리교는 '신성국가의 건설'을 목적으로 1994년 6월 27일에 나가노현 마쓰모토 사린 사건, 1995년 3월 20일에 도쿄 지하철 사린 사건을 일으키는 등 일본에서 악명 높은 종교단체로 알려져 있다. 1988년에서 1994년까지 6년 간 탈퇴의사를 보인 신자들 중 판명된 것으로만 5명이 살해되고 사망자, 행불자는 30명 이상에 이른다. 공포정치로 교조에의 절대복종을 강요하고 있다. 일본 국회에서도 옴진리교 대책법으로 '무차별 대량 살인 행위를 실시한 단체의 규제에 관한 법률'을 제정하고, 2019년까지도 일본의 공안조사청에서 단체규제법에 의해 후계 단체의 동향을 감시하고 있다(警察庁, 2018).

옴진리교의 특징은 여러 가지가 제시되고 있다. 먼저 마인드컨트롤 수법을 의도적으로 집중 사용하고, 환경비디오 등 좁은 의미에서 가상현실(Virtual Reality)의 기술을 응용했다. 신자들이 옴진리교를 믿게 된 동기에는 '수행(修行)'에서 체험되는 초월체험이 있다. 또한 교단은 신자가 반사회적 행동을 주저하지 않는 테러리스트 집단이 되었다. 옴진리교가 사용한 기술에는 여러 가지가 활용되었다고 한다. 예를 들어 '수면박탈'에 대해 잠시 보겠다. 잠을 끊으면(斷眠) 약 36시간에 환각이 발생하는데, 잠이 많은 사람은 잠에서 깨어날 때(出眠 時) 피암시성이 증진된다.

또한 동일메시지 반복주입에 의한 정신의 자동화를 들 수 있다. 이것은 주문과 같은 형태이다. 모순 메시지를 번갈아 주입하거나 동일 메시지를 반복 주입하는 것은 모든 정치적·종교적·상업적 메시지의 기본이다. 원시종교에서 근대형 컬트나 상업광고까지 공통된 것이다.

옴진리교의 교주 아사하라 쇼코오
(출처: yahoo.co.jp.)

독방에서의 감각차단은 아주 비일상적인 가상현실적 공간을 만들고 이것에 환각제에 의한 환각이나 비디오에 의한 인류파멸 및 교주에 의한 구제의 영광을 보여준다고 하는 가상현실이 추가된다. 소위 '아마겟돈', '천국의 체험'이다. 그 외에도 기아(저혈당에 의한 의식저하), 호흡법에 의한 산소결핍 및 과호흡에 의한 혈액의 알칼로시스(알칼리혈증), 여러 방법에 의한 위협과 칭찬, 환각제나 기타 약물의 사용 등이 제시되고 있다. 옴진리교는 다른 종교와도 차이가 있다. 다른 종교(불교의 선이나 힌두교의 요가 등)가 수행의 사다리로서 요구되는 단계적 인간적 성숙과정이 있는 것과 달리, 이러한 과정을 무시한다. 또한 슈바이처가 고등종교의 조건으로 여기고 있는 윤리성을 무시한다. 그리고 과정이 집중적이며 강력하고 수행자에게 주는 심리적 영향이 극히 강하다(小田晋:2002).

2. 마인드컨트롤

2-1. 범죄심리학적 이론

전술하였듯이 사이비 종교집단은 강제적인 설득과 마인드컨트롤, 생각 개조 같은 기법을 사용한다. 마인드컨트롤은 세뇌와 다르다. 간단히 말하면 세뇌는 마인드컨트롤 기법 중에서 강제적 · 정치적 상황에서 행해지는 것이다. 마인드컨트롤은 '집단관리를 위해 체계적으로 이용되는 심리적 조작'이라고 정의할 수 있다. 이 방법으로 초심자들을 혼란에 빠뜨리고 저항하지 못하게 만들어 단체에 의존하게 만든다.[133] 그럼에도 불구하고 인간의 신심(信心)이 문제가 되는 만큼 사기라고 할 수 있는가에 대한 문제는 다툴 여지가 많다. 이와 관련하여 신천지의 포교방식이 논란이 되고 있다. 신천지의 성장 비밀은 '맞춤 포교 전략'이라는 한 주장에 따르면 첫째, 포교 대상자에 대한 정보를 최대한 수집하고 상대방의 필요에 맞는 맞춤 포교 전략을 구사한다. 둘째, 신도들의 끈끈한 관계성과 친분을 미끼로 접근한다. 셋째, 성경에 대한 갈급함을 해소하지 못했던 성도들의 호기심을 자극하고 그것을 풀어준다며 접근한다.[134]

이와는 별개로, 위법행위에 종사하게 만드는 마인드컨트롤에 관한 西田(2012)의 가설을 살펴본다. 「ABCD& H」이론은 전제로서 특정 집단구성원의 활동에 종사하고 그 구성원이 폭력적 행동(V: violence)을 명령받으면 V=f((A+B+C+D)*H)라는 것이다. 여기서 A는 권위(Authority), B는 믿음(Belief), C는 전념(Commitment), D는 박탈(Deprivation)로 이러한 요소가 단독 또는 상호작용하면서 H, 즉 습관(Habituation)이 되면 학습이론에서 예측되는 대로 습관강도가 높아지고 이에 따라 지시된 범행의 가능성을 높이게 되는 도식이다(谷口 등, 2016).[135]

2-2. 사회심리학적 설명

사회심리학적으로 접근하면 컬트 주입(Cult indoctrination)의 현상을 세 차원으로 설명할 수 있다(Myers & Spencer, 2006).

(1) 행동과 태도

사람들은 대개 자발적이고 공개적이며 반복적으로 행해진 전념(commitment)을 내면화한다. 그리고 순응은 수용을 낳는다. 접근에는 점증적 요구법(Foot－in－the－ door 현상)이 활용된다. '문전걸치기 기법'이라고도 표현되는 이 기법은 상대방의 승낙을 얻어내고자 할 때 작은 약속부터 시작하여 점점 큰 요구로 진행하는 심리학 기법이다.

(2) 설득의 요소

세 가지 설득의 요소 중 화자는 '카리스마적 리더'와 신용의 다른 면으로서의 '신뢰'가 있다. 그리고 메시지의 경우 외롭고 우울한 사람들에게 생생하고 정서적인 메시지, 그리고 따뜻함과 수용을 보여주는 것이 상당히 효과를 볼 수 있다. 마지막으로 청중인데 신입자들은 아직 비교적 태도나 가치를 안정화시키지 못한 젊은이들이다. 엔로스(Enroth, 2005)에 의하면 "대부분의 사람들은 특정한 이념적 목적 때문이라기보다는 수용의 욕구, 친밀공동체, 인정받고 싶은 욕구, 소속감의 욕구, 방향과 필요 때문에 사이비 종교에 끌린다."고 한다.

(3) 집단 효과

집단효과로는 집단이 구성원의 견해와 행동을 형성하는 힘을 가지고 있다. 컬트는 전형적으로 구성원들을 이전의 사회적 지지 시스템으로부터 분리시키고, 다른 가족이나 친구들과 고립시킨다. 이를 사회적 내파(social implosion)라고 부른다.

인간심리를 조종하는 마인드컨트롤의 수법은 접촉, 상대방 경청(호의의 반보성(返報性)), 집회에 유인(호의의 반보성과 권위성), 경계하지 않도록 접촉(low ball), 교주 등 상위간부 면회(희소성), 입신권유(일관성의 원리), 입신(공포심), 집단에 복종심 함양(공포심)으로 설명하기도 한다(内山絢子, 2015).

3. 피해자적 접근

성직자가 유죄판결로 장기간 실형을 살고 있거나 살았음에도 해당 공동체는 여전히 잘 운영되고 있는 여러 사례를 쉽게 찾을 수 있다. 이렇게 재판 등을 통해 성직자의 범죄 실체가 명백하게 밝혀졌음에도 신도들이 소속 교단이나 공동체에서 빠져 나오지 못하는 이유는 무엇인가? 사회심리학자는 인지 부조화 현상으로 설명하기도 한다. 이것은 심리적으로 일치하지 않는 두 가지 인지(생각, 태도, 신념, 의견)를 동시에 받아들여야 하는 상황에서 발생하는 긴장 상태로, 인지 부조화(판단의 일관성에의 위협) 발생에 의한 불쾌함을 피하고 싶기 때문에 발생한다. 신도 중에는 "자기는 성직자나 교주를 섬기는 것이 아니고 하나님을 섬기기 때문에 그냥 남아 있는 것"이라거나, "기도의 힘으로 그 성직자가 나가기를 바라는 수밖에 없다."고 말한다. 심지어는 "악이 점점 늘어나고 있고 그러면 신이 빨리 재림하시니까 오히려 좋다."는 생각까지 가지고 있다.

사이비종교는 설득의 메커니즘을 이용해 집요하게 접근하고 피해자는 단호하게 거절하지 못한 채 휘말리고 만다. 신도들은 신앙심이나 세뇌를 바탕으로 하기 때문에 피해를 부인하거나 교주의 사법처리를 종교탄압이라며 범죄를 부인하는 경우가 많다. 사이비종교에 존재하는 집단최면과 집단중독현상에서 보는 바와 같이 심리적인 영역과 영적인 영역은 양분될 수 있는 양상이 아니라 인간내부에 결합되어 있는 것으로 본다.

광적인 믿음을 가진 신도들의 태도를 바로잡기는 매우 어렵다. 그들의 태도형성까지는 여러 메커니즘이 작용하기 때문이다. 처음에는 누구라도 납득할 수 있는 상식적인 교리에서부터 시작한다. 하지만 조금씩 통념에 벗어난 행동을 하고 해당 종교에 대한 신앙이 깊어지는 것에 맞추어 진도를 나가므로 피해 당사자는 전혀 느끼지 못한다.

사이비종교의 교주와 교인, 즉 신도의 범죄행위는 구분되는 것이 타당하다. 신도들의 범죄는 교주의 강력한 영향력의 산물일 가능성이 높기 때문이다. 신도들은 공통적으로 자신의 신념을 지나치게 믿어 이성과 관용을 잃은 광신도의 모습을 보인다. 이들은 자신이 믿는 종교 혹은 교주를 향한 외부의 비난에 수치심을 느끼고 이성을 잃어 폭력, 살인을 마다하지 않는다. 이들 가해자인 교인들은 곧 사이비 종교의 피해자이기도 한 반면에, 교주는 피해자가 아닐 뿐 아니라 공모공동정범의 공모를 입증하기 어려운 점을 교묘히 악용해 중한 형사처벌을 피해갈 수 있다는 측면에서 심각한 문제로 다루어야 한다.

제3절 종교범죄 대책

사이비종교의 신도들이 저지르는 범죄나 신도들이 당하는 다양한 피해에 대해서는 심리학자들의 개입이 있어야 하고 신도들에 대한 피해자지원, 종교범죄에 대한 인식의 제고가 필요하다. 이에 대해 종교단체 스스로의 자정노력이나 국가차원의 피해자보호나 범죄예방정책이 시급하다.

최근 '유사(사이비)종교 피해방지법' 입법이 청와대에 청원된 적이 있다.[136] 이 청원 내용은 크게 종교실명제, 사기포교금지, 피해보상 및 처벌법이다. 종교실명제는 개인이나 단체가 포교활동의 일환으로 모임이나 교육 문화활동을 기획, 진행할 경우 어떤 종교단체에 소속되었는지 사전에 명확히 밝힐 수 있도록 제한하는 것이다. 사기포교 금지는 종교실명제의 구체적 적용 법안으로 포교의 목적을 가지고 인간관계나 또는 의도적으로 포교활동의 목적의도를 숨기거나 속이고 포교한 경우 처벌하는 법안이다. 또한 피해보상 및 처벌법은 유사종교의 교리에 속아 사이비종교 활동을 하는 가운데 금전적·물적·심적 손해를 당한 경우 그것을 청구하여 돌려받을 수 있도록 하고, 종교를 빙자해 기본인권을 침해하는 행위(폭력행사, 가정파괴, 헌금강요)를 처벌하는 법안이다.

어떤 종교집단이 끔찍한 짓을 저질렀을 때, 그 집단이 가진 공통적인 특성에 대하여 불신과 경계의 감정을 가지는 것은 정상적이지만, 그 종교집단의 구성원 모두를 비난할 수는 없다. 누군가를 어떤 종교적 특성과 관련해 사회적 낙인을 찍는 것은 위험하다. 그럼에도 집단의 성격을 파헤치면 그 집단의 폐해와 피해상황에 대한 이해가 쉬워진다.

이 청원은 기본적으로 종교 간 논쟁을 기저로 하고 있다. 종교논쟁은 각 종교의 정체성과 관련되어 있고 논쟁은 상대방에게 심리적·정서적 상처만 남기는 문제가 있기 때문에 신중하게 접근할 필요가 있다. 특히 포교가 반사회적인 방법으로 행해지는 것은 행위자체만으로 처벌하기 어려운 부분이 있다. 종교실명제는 결국 자신의 종교를 밝힐 의무를 부여하는 것이므로 양심의 자유를 침해하고 종교로 인한 차별의 단서가 된다는 점에서 부당하다. 사기포교의 경우 기망의 고의를 밝히기 어렵고 의사표시의 철회나 취소와 같은 사법상의 법률효과를 그대로 적용하기도 어렵다는 점에서 한계가 있다. 그러나 피해보상 및 처벌법은 개개의 행위의 반사회성을 규제하는 형사법률이 충분하지 않고 헌금강요의 피해의 광범위성, 피해의 인과관계 입증이나 피해자의 과실범위의 산정이 어려운 점에서 교주의 연대책임을 강화하고 인과관계 입증책임의 전환 방법을 고려할 필요는 있다. 일본처럼 종교법인법을 제정하는 것이 더 시급하다.

종교교단의 자정노력은 한계가 있겠으나 여전히 포기할 수 없는 대책이다. 이단으로 지정되어도 해체되지 않는다면 이때는 국가의 법적 개입과 함께 법질서의 확고한 집행이 절실할 것이다. 카리스마적인 종교적 권위는 개인적 능력과 특질에 기초하기 때문에 대체적으로 한두 세대 이상 지속되기 어렵다(이원규, 2015). 그렇다면 자연스럽게 합리적 법적인 종교적 권위로 대체되고 명문화된 법적 조항과 규칙, 그리고 합리적 절차와 과정에 그 권위의 근거를 두는 환경을 외부에서 만들어야 한다. 여성과 청년의 총회의원 점유비율 증가, 내부 성범죄 감시기구의 운영, 미투운동의 확산, 일정규모 이상의 교단에 대한 노조나 유사 협의체 구성, 교단 내에서 범죄에 따른 제재수준의 강화 등이 필요할 것이다.

종교단체의 재산범죄 분석이나 종교관련 성폭력의 실상을 드러내는 미투운동을 통해 종교활동이 투명해지고 신앙공동체가 민주화되는 분위기를 조성해야 한다. 마인드컨트롤의 피해를 받지 않도록 하기 위해서는 지적능력이나 성격과는 관계없이 누구라도 피해를 입을 가능성이 있음을 알리고, 구성원들은 자기과신을 버리고 집단활동을 경계하게 만드는 것이 중요하다. 이것은 사회적 영향력에 놓여있지만 이를 깨닫지 못하고 비정상적 행태에 지배되지 않게 하는 방법이다.

종교적 성폭력을 방지할 수 있는 부대적인 장치로서 무면허, 무자격 목회자의 목회활동을 차단하는 정책을 촉구하고 나아가 공익을 대변하는 신문과 TV 등의 언론매체들이 반사회성이 높은 종교집단들에 대한 탐사보도나 감시체계를 더 강화하여야 한다.

종교범죄에 대응하기 위해서는 우선적으로 피해현황의 파악과 피해자 자조모임의 구성 활성화 등을 통해 종교를 사칭한 범죄의 위험성과 재발방지의 중요성을 환기할 필요가 있다. 특히 이단 또는 반사회적 종교단체의 실체를 알고 탈출한 사람들은 오랫동안 후유증으로 정상적 생활을 하지 못할 뿐 아니라 각종 소송과 테러의 위험에 직면해 있으므로 이에 대한 사법기관의 보호정책을 추진할 수 있어야 한다.

정리하기

○ 종파와 컬트 모두 집단의 공격성과 배타성이 외부, 즉 국가 등에 향해져 범죄와 같은 사회적 일탈행위에 빠질 수 있다.

○ 사이비종교는 보다 더 구체적인 범죄행위와 비리가 내포된 범죄종교집단인 사교와 구별된다.

○ 모순 메시지를 번갈아 주입하거나 동일 메시지를 반복 주입하는 것은 모든 정치적·종교적·상업적 메시지의 기본이다.

○ 옴진리교는 감각차단, 마인드컨트롤, 수면박탈, 환각제와 기타 약물 사용 등의 특징이 있다.

○ 사이비종교의 특징은 대체로 교주의 신격화와 함께 인간관계가 배타적이고 교주에게 절대복종하며 자신들을 비난하는 자들에 대한 적개심이 강하다.

○ 사이비종교의 교리상 특징으로는 기성교회 비난, 시한부종말 연극, 선민사상, 독선주의, 신비주의 등을 들 수 있다.

○ 사이비종교에 심취하는 원인에는 정통교단이 줄 수 있는 위안의 부재, 현실도피의식, 교리 또는 교회사 지식의 부족 등이 있다.

○ 재판 등으로 교단 성직자들이나 교주의 범죄 실체가 밝혀졌음에도 신도들이 소속 교단이나 공동체에서 나오지 못하는 이유를 사회심리학자는 인지 부조화 현상으로 설명하기도 한다.

Chapter 12

테러리즘

제1절 테러리즘의 의의와 원인

생각해 보기

○ 오클라호마 폭탄 테러는 1995년 4월 19일 아침 9시 2분에 미국 오클라호마의 주도인 오클라호마시티에서 일어났다. 당시 앨프리드 P. 머라 연방 건물 앞에 세워져 있던 트럭이 터지면서, 약 168명의 사망자와 500여 명의 부상자가 발생했다. 이 폭발로 9층짜리 건물 전면이 통째로 날아갔으며 깊이 2.4미터, 너비 9미터에 달하는 화구가 생겼다.

○ 테러리스트는 어떠한 범행동기를 가지고 테러를 행하는 것인가? 테러의 원인은 무엇인가?

1. 테러리즘의 정의와 종류

1-1. 다양한 정의

테러리즘은 무엇인가? 테러리즘은 일반 사람들에게 공포를 일으키고 그것에 의해 정치적인 목적을 달성하려는 행위이다. 정치적인 테러행위는 결과적으로는 정의를 실현하기 위해 필요한 행위였던 것도 있지만, 실행에 이르러서는 많은 무관계한 사람들을 살해한다든지 하는 일도 많고 그 행위자체는 범죄행위라고 생각된다.

테러는 폭파, 총기난사, 요인암살, NBC테러 등 여러 가지 형태로 행해진다. NBC테러란 Nuclear Biological Chemical Terrorism의 약자로 핵병기, 생물병기, 화학병기를 사용한 테러를 말한다. 소위 9.11테러에서는 범인이 비행기를 공중납치(하이재킹)하여 고층빌딩에 돌격하였다. 일본에서의 테러집단은 과격파에 의한 연쇄 기업폭파사건이나 종교단체에 의한 사린을 사용한 화학 테러 등이 행해졌다.

뉴테러리즘이란 용어도 등장하였다. 이는 1999년 미국의 랜드(Research and Development) 연구소가 종래의 테러리즘과는 구분되는 새로운 유형의 테러리즘을 뉴테러리즘으로 명명하였는데, 2001년 9월 11일 미국에서 알 카에다에 의해 발생한 대규모테러사건이 뉴테러리즘의 전형으로 파악되어 이후 학계에서 그 원인과 성격, 대응방안에 대해 활발한 연구가 진행되고 있는 상황이다.137) 뉴테러리즘의 유형에 관해서는 사이버테러리즘, 핵테러리즘, 생화학테러리즘, 다중이용시설테러리즘 등이 논의되고 있다.

자생적 테러리즘이란 뉴테러리즘의 개념 중 하나로 국내자생테러리즘의 준말이다. 이슬람 급진주의적 사고를 강조하는 급진적인 테러단체의 주장에 동조하는 내국인들의 자발적 참여를 통해 발생한 테러의 유형을 말하며 보통 유럽 및 미국 등의 시민권자가 자신들의 신념과 종교 등을 내세우며 자국을 공격하는 행위를 말한다.138) 이는 후술하는 개인적 사상에 근거한 테러행위(외로운 늑대형 테러리즘)를 의미하는데 대테러 기관들에게는 '최악의 악몽'이라고 표현할 만큼 예방에 어려움이 있는 유형이다.

테러리즘은 다른 범죄와는 결정적으로 다른 점이 있다. 그것은 정의(定義)를 하는 자의 전문영역이나 당사자의 입장에 따라 테러리즘을 어떻게 이해하는가가 서로 다르고 통일적인 정의가 존재하지 않는다는 것이다. 당사자가 실행자 측이라면, '자유 · 해방전쟁'으로, 통치자 측이라면 '정부에 대한 테러'라고 규정하는 것이다.139)

또 나라에 따라 테러에 대한 역사적 경험, 정치 체제, 지리적 환경, 국민적 심정이 다른 것도 국제적으로 정의를 통일하기 어렵게 한다. 예를 들어 미야사카(宮坂, 2004)는 '테러리즘이란 정치적 · 종교적 · 이념적 또는 사회적인 목적을 가진 비국가주체가 그 집단 외에 존재하는 신체, 재산, 시설, 국가통치의 기본조직, 공공수송기관, 공중위생, 전자시스템, 그 외 중요 인프라 중에서 하나 또는 복수의 표적으로 삼아 계획적으로 위해를 가하거나 폭력의 위협을 하여 강요하는 행위'라고 정의하였다.

이 정의에 따르면 좌익과격파나 우익에 의한 정치적 테러만이 아니라, 독자의 종교관이나 교의실현을 위해 행해지는 종교테러, 환경보호나 동물애호를 표방하고 폭력적 활동을 하는 환경테러, 또는 테러범죄의 새로운 수법인 사이버테러 등도 포함되는 것이어서 일본의 실정에 따른 내용이라고 할 수 있다. 일본은 테러리즘을 '테러'로 약칭하고 테러리즘에 의한 사건을 '테러사건'으로 부르는 경우가 많다.

한국은 「국민보호와 공공안전을 위한 테러방지법(약칭: 테러방지법)」에서 테러를 국가·지방자치단체 또는 외국 정부의 권한행사를 방해하거나 의무 없는 일을 하게 할 목적 또는 공중을 협박할 목적으로 하는 행위로서 사람 대상, 항공기나 선박 대상, 생화학·폭발성·소이성(燒夷性) 무기나 장치 이용, 핵물질, 방사성물질, 원자력시설 관련 행위들을 규정하고 하고 있다.[140]

테러리즘은 국가 혹은 특정 단체가 정치, 사회, 종교, 민족주의적인 목표달성을 위해 조직적이고 지속적인 폭력의 사용 혹은 폭력의 사용에 대한 협박으로 광범위한 공포 분위기를 조성함으로써 특정 개인, 단체, 그리고 정부의 인식 변화와 정책의 변화를 유도하는 상징적·심리적 폭력 행위의 총칭으로 정의하는 것이 일반적이다.

1-2. 사이버테러리즘

사이버테러리즘 또한 다양하게 정의하고 있다. 온라인 공간에서 특정 이슈, 쟁점 등을 부각시키기 위해 사실을 왜곡하고 조작하는 행위들은 사이버테러리즘으로 분류되지 않고 있고, 웹사이트 파괴 및 서비스거부(DOS)공격 또한 사이버테러리즘으로 보기 어렵다는 견해가 전문가들 사이의 공통된 의견이다. 이들은 인명살상 및 물리적 파괴현상이 수반되어야 '사이버테러리즘'에 해당한다고 정의하고 있다.[141] 그러나 최근까지 제시된 사이버테러리즘의 개념은 다양한 편이다.

테러리즘
(출처: gettyimages.com)

폴릿(Pollitt, 1997)에 따르면 정치적 목적으로 치밀하게 계획된 국가기관 주도 공격을 말하며 반격능력이 없는 비전투 기관이 보유한 중요 정보 및 컴퓨터 시스템, 프로그램 등을 표적으로 사이버테러를 실행한다고 한다.

윌슨(Wilson, 2005)에 따르면 공격대상 및 수단이 컴퓨터로 한정되고, 정부 정책변화 및 대중 공포유발을 목적으로 테러공격이 이루어진다.

데닝(Denning, 2001)에 따르면 사이버 공간을 매개로 전통적 테러 공격이 이루어지는 형태를 의미한다. 특정 국가에 대한 위협 및 정치적 목적의 대중선동을 목적으로 컴퓨터, 네크워크 및 데이터 파괴를 위한 불법적 공격을 감행하는 것이다. 사이버테러 요건에 부합하기 위해서는 인명살상, 재산피해가 있어야 한다. 중요기반시설 대상 사이버 공격의 경우 사회적 혼란이 야기될 수 있으므로 사이버테러에 해당한다. 다만 상대적으로 중요도가 떨어지는 시설·기관대상 공격 및 공포와 사회적 혼란이 야기되지 않고 단지 경제적 피해만 발생한 경우에는 사이버테러에 해당되지 않는다고 한다.

한편 콘웨이(Conway, 2007)는 온라인 테러행위를 다음과 같은 4단계 활동으로 구분하고 있다.

① 이용(use): 테러조직의 사상이나 실행계획 전파를 목적으로 인터넷을 이용. 추종자들은 적법한 방식으로 인터넷에 접속, 테러조직 정보를 습득할 수 있다.

② 악용(misuse): 특정 웹 사이트 및 중요기반 시설파괴를 목적으로 해커, 핵티비스트들이 인터넷을 악용하는 것이다.

③ 공격적 이용(offensive use): 특정 집단에 위해를 가하거나 이들의 소유물을 절취할 목적으로 인터넷을 이용하는 것이다.

④ 사이버테러리즘(cyberterrorism): 심각한 경제적 타격을 주거나, 폭력적 상황을 유발시킬 목적으로 테러리스트들이 인터넷을 활용, 사이버 공격을 가하는 것이다.

2. 범행동기와 발생원인

2-1. 테러리스트의 범행동기

테러리스트의 범행동기의 해명은 테러를 미연에 방지하거나 테러리스트의 갱생에 기여하므로 중요한 테러대책의 하나이다. 테러리스트의 심리적 문제나 사회적 배경 등에 관해 조사한 오치(越智, 2004)의 연구에 의하면, 테러리스트는 테러를 행하는 심리특성이 있다는 개인특성설과 사회적 요인에 의해 행하는 것이라는 사회적 요인설이 있다.

개인특성설의 대표적 가설은 테러리스트에게는 뭔가 정신장애나 성격장애가 있다고 하는 정신질환설이다(Corrado, 1981). 자신이 신봉하는 대의실현을 위해, 죄악감도 없이 일반시민을 살해하는 테러행위에는 자기중심적이고 공감성이 결여된 사이코패스와의 공통성도 보인다. 그러나 테러리스트에게 정신장애나 성격장애는 보이지 않는다는 보고도 있다. 예를 들어 북아일랜드에서의 정치적 동기(47명)의 살인범, 비정치적 동기(59명)의 살인범을 정신의학적으로 비교한 리용 등(Lyons et al., 1986)은 정치적 동기의 살인범집단 쪽이 오히려 정신적으로 안정되어 있다고 보고하고 있어서, 정신질환설로 전부를 설명하는 것은 어렵다고 여긴다.

한편 사회적 요인설의 대표적 가설로는 상대적 박탈설(relative deprivation hypothesis)이 있다(Birrell, 1972). 상대적 박탈이란 자신이 향수할 수 있을 것이라는 기대치와 실제 향수할 수 있는 현실과의 차이를 말한다. 사회적인 불만은 박탈의 절대량보다는 상대적 박탈의 인지와 관계된다.[142] 이것은 테러리스트 스스로가 뒤처진 상황을 다른 사회계층 사람들과 비교하여 지금까지의 공부나 노력이 보답받지 못했다고 느껴 테러를 행한다고 하는 생각이다.

이 사고방법에 따르면 가난한 공동체 속의 부유층이 테러에 참가한다고 하는 '테러의 로빈훗 모델(Krueger, 2007)'이나 팔레스타인의 자폭테러범은 그 57% 이상이 고등교육(대학수준)을 받았다는 보고, 또 최근 유럽에서 태어나 자란 이슬람계 이민자 2·3세가 사회적 차별에 힘들어해 이슬람 과격사상에 동의하여 테러를 저지르는 '국내파 테러리스트(Homegrown terrorist)'(Silver et al., 2007) 등의 여러 가지 현상이 설명가능하고, 테러범죄에서 사회적 요인의 중요성을 보여준다.

2-2. 테러의 발생 원인

테러의 발생 원인에 대해서는 사회·심리적 원인, 폭력이론, 국제정치 현상, 현대 사회구조 이론이 있다. 여기서는 앞에서 서술한 상대적 박탈감이론 외에 테러리즘 감염이론, 동일시이론, 폭력이론을 설명한다.[143]

테러리즘 감염이론(Contagion Theory)은 테러리스트들이 테러리즘에 대한 전술과 명분에 대한 관심을 끌어들이기 위해 언론매체의 보도를 적극 이용함으로써, 테러리즘 행위가 오히려 감염·확산된다는 이론이다.

동일시이론(Identification Theory)은 언론매체가 테러리스트에 의한 인질범의 희생과정을 적극 보도하는 과정에 일반대중은 그 희생자와 자신의 운명을 동일시하고 감정이입에 의해서 희생자의 고통을 공감하게 되는데, 이러한 과정이 테러리스트들이 원하는 것으로서 역시나 테러리즘의 발생원인이 된다는 관점이다.[144)]

폭력이론은 파농(Frants Fanon, 1961)이 그의 저서『대지의 저주받은 자들』에서 불평등의 시정방법으로서 폭력사용을 강조, 폭력은 식민지 통치로부터의 해방방법일 뿐만 아니라 피지배계층의 열등감과 절망 및 나태를 해소시킬 수 있으며 두려움을 없애고 자존심을 되찾을 수 있는 정화의 수단이 된다고 주장한 내용이다.

테러리즘은 어느 한 가지의 원인에 의해 발생하기도 하지만 대부분 여러 가지 요인들이 복합적으로 작용하여 발생하고 있다.

아일랜드공화군(IRA)잠정파가 자체 제작한 박격포를 즐겨 사용하고 있듯이 테러조직에는 독자의 서명적 전술이 있다(Nance, 2013). 왜냐하면 테러범죄에서 대상이나 공격전술, 사용하는 무기의 선정 등은 전부 조직적 의사결정을 기반으로 행해지기 때문이다. 따라서 테러조직의 사상적 배경이나 전술 등을 파악할 수 있으면, 테러사건 발생 시 조기 단계에서 실행조직을 특정할 수 있다.

테러리스트의 심리와 행동의 예측을 살펴보겠다. 테러의 실행자에는 여러 가지 유형이 있다. 지도자부터 말단 행동대원 또는 테러집단에 속아 실행자로 된 사람 등이다. 그렇기 때문에 테러리스트의 심리라고 해도 일률적으로 정리하는 것은 불가능하다.

테러리스트의 행동은 테러실행자 개인의 성장이나 성격을 고려하기 보다는 그 테러를 행하는 집단이 어떠한 사상체계를 가지고 있는가에 달려있다. 예를 들어 정치테러에서도 우익테러와 좌익테러에서는 공격대상이나 무기, 범인이 도주하는지 자살하는지, 범행성명을 내는 방법 등에서 크게 차이가 있다. 그렇기 때문에 대테러전략에 있어서는 대상이 되는 테러집단이 어떠한 발상을 하고 어떠한 공격을 꾸미고 있는가를 테러집단의 입장에서 예측할 수 있도록 참모를 양성하는 것이 필요하게 된다.[145)]

하지만 이것도 한계가 있기 때문에 최근에는 고도의 통계적 분석기술을 이용해서 테러리스트의 행동에서 범인이 속하고 있는 집단을 알아낸다든지, 테러집단이 다음에 어떠한 테러를 언제 행할 것인가에 대해서 예측하기 위한 연구가 행해지고 있다.

일반인이 테러리스트가 되는 과격화 프로세스에 대해서도 설명이 시도되고 있다. 대표적인 것으로는 반두라(Bandura, 1973)의 사회학습이론에 근거한 설명이나 뉴욕시경찰국이 보고한 홈그로운 테러리스트의 과격화모델을 들 수 있다. ① 사회학습이론의 입장에서는 폭력이나 공격행동은 타인에 의한 공격행동을 관찰하는 것에 의해 획득·강화된다고 본다. 즉 테러리스트는 타고나면서 공격적·폭력적인 것이 아니고, 테러리스트와의 교류나 테러리스트의 행동을 목격하는 기회가 있으면 스스로 테러리스트가 되고 만다는 사고이다(Victoroff, 2005).

인터넷은 현재의 테러조직이 이용하는 핵심적 선전미디어가 되어 있다. 미국은 물리적 경계나 문화적 장벽에 의해 테러의 위협을 지켜왔으나 인터넷은 그것을 용이하게 빠져나가버린다. 그 결과 과격한 이슬람사상을 구하는 젊은이들이 자율적으로 과격화하고 홈그로운 테러리스트의 위협이 증대하고 있다고 보고하고 있다(Lieberman & Collins, 2008).

② 평범한 생활을 보내고 있던 이슬람계 미국인이 homegrown terrorist로 과격화하는 프로세스에 관해 뉴욕시경찰국은 과격화의 4단계 모델 즉 1단계 과격화전, 2단계 자기동일시, 3단계 교의·교화, 4단계 지하드화를 제시하고 있다.[146]

㉠ 과격화前(pre－radicalization)은 과격이슬람사상을 신봉하기 전 단계이다. 해외에서 생활하는 무슬림은 사회적 고립을 느끼고 또 문화나 종교에 의한 유대를 구한다. 무슬림 커뮤니티는 그러한 자들의 수용처이고 사상적인 성역으로 간주된다. 또 순도가 높고 고립된 커뮤니티일수록 과격한 사상이 보급·침투되기 쉽다.

㉡ 자기동일시(self－identification)는 종종 경제적 문제(실업), 사회적 문제(소외나 차별), 정치적 문제(이슬람 여러 국가와의 국제분쟁) 또는 개인적 문제(근친과 사별, 개종)에 직면하여 정체성의 확립이나 인생의 기로선택을 강요당할 때 생긴다. 그때 과격한 이슬람사상이나 그것을 신봉하는 동료들을 찾아다니게 된다,

㉢ 교의·교화(教義·教化, indoctrinaion)는 이슬람과격사상에 대한 신념을 어떤 의심 없이 한층 강화하는 단계이다. 이 단계에서는 같은 생각을 품고 있는 동료와 만나고 그룹을 형성하고 교화를 심화시켜간다.

㉣ 지하드화(jihadization)는 최종단계로, 성전참가가 개인적 의무라고 받아들이고 스스로를 이슬람성전사(聖戰士)라고 자칭한다. 또 성전을 위한 준비나 계획수립 등을 행하게 된다.

테러리즘의 정의는 합의를 이루기 어려운 측면이 있고, 테러리스트의 범행동기 해명은 예방을 위해 매우 중요하여 대표적인 정신질환설과 상대적 박탈설을 통해 이해할 수 있었다. 테러의 발생원인은 사회·심리적 원인, 폭력이론, 국제정치 현상, 현대 사회구조 이론이 있지만 복합적으로 작용하여 발생한다고 본다.

제2절 테러리즘의 분류와 대응

생각해 보기

○ 1983년 10월 9일 미얀마(당시 버마)의 수도 양곤에 있는 아웅산 국립묘지에서 북한 공작원 3명이 전두환 당시 대통령을 암살하기 위해 미리 설치한 폭탄을 터뜨려 한국인 17명과 미얀마인 4명 등 21명이 사망하고 수십 명이 부상당한 사건이 발생하였다. 또한 1987년에는 방콕을 향해 운행하던 대한항공 858기는 11월 29일 14시 5분경 북한 테러범에 의해 공중 폭파되어 탑승자 115명 전원이 사망하는 대참사를 겪었다.

○ 테러리즘은 어떻게 분류되고 있으며, 테러조직의 전술은 어떠한 것들이 있는가?

1. 테러리즘의 분류

테러행위를 분석하기 위해서는 다종다양한 테러행위를 어떠한 기준으로 분류하는 것이 필요하다. 테러행위는 어떤 대의(大義)를 바탕으로 행해지고 테러리스트의 행동은 자신의 욕구가 아닌, 신념에 기초한 것이 많아서 그들의 행동을 이해한다거나 예측을 하려면 그들의 개인적 특성보다는 신념을 근거로 분류하는 쪽이 이해하기 쉽다.

테러리즘을 좌익테러리즘, 우익테러리즘, 종교테러리즘, 신흥종교의 테러유사행위, 개인적 사상에 근거한 테러행위(외로운 늑대형 테러리즘), 에코테러리즘으로 나누어 살펴보겠다.[147]

1-1. 좌익테러리즘

좌익테러리즘은 마르크스나 레닌, 트로츠키 등의 사상의 영향을 받은 좌익사상을 가진 사람들이 행하는 테러리즘이다. 목적은 자본주의국가를 타도하고 사회주의 국가, 그래서 공산주의국가를 수립하는 것이지만, 그 변혁은 자본주의 체제를 유지하고 있는 자본가나 국가체제 자체를 폭력적으로 파괴하는 것에 의해서 밖에는 달성할 수 없다고 여겨진다. 1970년대 일본 적군파 린치살인사건이 예이다.

1-2. 우익테러리즘

우익은 일본의 전통과 문화에 기초를 두고 천황을 중심으로 한 국가체제 수립을 목적으로 한 사상이다. 그러나 현재는 우익테러의 타겟은 국가체제 수립 그 자체보다도 좌익사상을 가지고 있는 정치가, 문화인이나 조직, 아사히신문과 같은 좌익계 미디어, 일본교직원조합(日教組) 등의 단체가 되어 있고 반공산주의적 활동이 중심이 되어있다.

1-3. 종교테러리즘

종교테러리즘은 종교적인 가치관의 차이나 종교 간의 대립, 종교적 가치관과 정책의 대립 등에 기인하여 발생하는 테러행위이다. 이것은 비교적 강한 종교적 신념이 원인이 되는 것으로 범죄주체는 시대에 영합적인 종파보다도 원리주의적인 종파가 많다. 근년 종종 화제가 되는 것은 이슬람 원리주의 집단이 일으킨 테러로 미국에 대한 9.11테러 등이 대표적인 것이다.

1-4. 신흥종교에서의 테러유사행위

종교테러행위는 이슬람교나 기독교 등의 전통종교가 아니고 신흥종교에 바탕을 둔 것도 적지 않다. 신흥종교단체는 일반적으로 테러라고 부르고 있지만 실질적으로는 교주가 개인적인 동기 등에 기반을 둔 대량살상사건을 일으킨 경우이다.

예를 들면, 1995년 옴진리교에 의한 지하철 사린 가스사건은 어떠한 사회적 대의(大義)를 위해 일으켰다고 하기 보다는, 궁지에 몰린 교주가 자신에 대한 경찰수사를 방해하기 위해 일으킨 것이 진정한 동기였다. 궁지에 몰린 교조가 외부에 대해 사건을 일으킨 이러한 유형의 사건에서 신도를 끌어들여 대규모 집단자살사건이나 신도에 대한 대량살상사건을 일으키는 경우도 있다. 대표적인 예로는 짐 존스에 의한 인민사원의 집단자살, 오대양 집단자살·살해사건이다.

1-5. 개인적 사상에 근거한 테러행위(외로운 늑대형 테러리즘)

종래 테러는 어떤 사회사상, 종교사상을 가진 단체가 그 대의를 실현하기 위해 행하는 행위였다. 사회에 저항하고자 하는 경우에는 우선 같은 사상을 가지고 있는 사람들이 모여 집단으로 사상을 실천하고자 생각하는 것이 보통이기 때문이다. 또한 반사회적 테러를 행한다는 것은 어떤 의미에서 스스로의 대의를 실현하기 위해 어쩔 수 없이 행하는 것이었다.

그러나 근래의 테러는 이 집단화의 과정을 거치지 않고 개인이 정부나 기업 등에 대해 직접 테러행위를 하는 사례가 나오고 있다. 예를 들면 1995년 오클라호마 시(市)의 연방정부건물 폭파사건의 범인 티모시 맥베이는 미국의 총기규제에 반대하는 입장에서 거의 혼자 범행을 실행하였다. 이러한 유형의 테러는 테러 이외의 범죄와의 구별도 그리 명확하지 않다. 종래의 집단에 의한 테러는 기성 폭력적 테러집단이 실행하기 때문에 경찰이나 공안관계 조직이 정보를 수집하고 미리 범행을 예측하는 일이 가능했지만, 개인테러의 경우 어떤 사전접촉도 없이 돌발적으로 발생하기 때문에 범행예측은 보다 곤란하다.

1-6. 에코테러리즘

에코테러리즘은 생태학(ecology) 사상에 근거한 사회운동 집단에 의한 급진적인 생태환경 운동을 말한다. 급진적인 생태학 운동은 그린피스라는 단체에서 시작되었지만, 현재 에코테러리즘 활동의 중심이 되어 있는 것은 과격한 사상을 위해 그린피스를 뛰쳐나간 구성원이 많다. 에코테러리즘의 기본은 자연보호 특히 동물보호이기 때문에, 테러리즘의 대상은 동물실험을 행하고 있는 제약회사나 의과대학 등이 된다. 이러한 조직에 대한 협박이나 폭파 등을 행하고 있다. 일본의 포경활동에 대해 테러행위를 반복하고 있는 씨 셰퍼드(sea shepherd)가 있다.

2. 테러의 동향

근래 테러의 동향을 보면 우익테러와 같은 정치적 테러는 적어지고, 종교테러나 민족주의 테러가 증가하고 있다. 사회체제 자체를 변혁시키려는 스케일이 큰 목적은 없고, 고래잡이 반대나 임신중절 반대 등의 개별적인 문제에 관한 테러가 증가하고 있다. 테러의 주체는 테러집단만이 아니라 개인에 의한 테러도 발생하게 되었다. 테러집단의 사상의 홍보나 범행성명, 구성원의 훈련에 인터넷 등의 사회관계망이 사용되고 있다.

미국을 비롯하여 많은 국가의 테러대응책은 '테러에 굴하지 않는다'이다. 테러리스트의 협박에 굴복하여 요구를 들어주는 일은 결코 없다는 의미이다. 테러에 굴복하면 안되는 이유는 무엇일까? 그들의 요구에 한번이라도 굴복해버리면 테러집단으로서는 테러행동이 '강화'되는 것으로 그 사건자체는 무사하게 해결할 수 있어도 그 후 비슷한 테러사태가 증가해버릴 가능성이 있기 때문이다. 그래서 경우에 따라서는 인질을 버리게 되더라도 많은 국가에서는 테러리스트의 요구를 단호하게 거부하는 것이다. 이렇게 하여 테러행동을 소거(消去)하려는 것이다. 물론 인질구출을 위한 군사작전이나 테러리스트 섬멸작전은 동시에 추진하는 것이 보통이다.

테러조직의 전략 및 전술은 다양하다. 정치적 선전, 광범위한 공포의 확산, 심리전 효과, 동료테러리스트 석방 및 자금조달 등이다.

① 정치적 선전

테러리스트 단체가 테러리즘을 통해서 얻고자 하는 것의 핵심은 '행위를 통한 선전'이다.

② 광범위한 공포의 확산

테러범들은 폭력의 직접적인 피해의 결과보다는 오히려 사건의 진행 과정에서 일어날 수 있는 공포심 유발을 최대한 노리고 있다.

③ 심리전 효과 및 정부 무능 유도

테러 공격의 성공 또는 실패와는 상관없이 공격 대상자들에 대한 심리전의 활용기회로 삼고자 한다.

④ 동료 테러리스트의 석방 및 자금 조달

테러조직은 인질극 혹은 폭탄 공격에 대한 위협을 통해 작전에 투입되어 체포된 동료 테러리스트의 석방을 꾀하거나, 인질석방의 대가로 현금을 요구하여 그들 단체의 원활한 활동을 위한 자금을 충당하고 있다.

지금까지 테러리즘의 정의를 보았고, 테러리스트의 범행동기를 이해하기 위해 대표적인 정신질환설과 상대적 박탈설을 확인하였다. 테러의 발생원인을 설명하는 여러 가지 이론이 있다는 것을 보았고, 테러행위의 분류 내용과 함께, 근래의 테러의 동향, 테러조직의 전략 및 전술을 살펴보았다.

정리하기

○ NBC테러란 Nuclear Biological Chemical Terrorism의 약자로 핵병기, 생물병기, 화학병기를 사용한 테러를 말한다.

○ 「국민보호와 공공안전을 위한 테러방지법(약칭: 테러방지법)」에서는 테러를 국가·지방자치단체 또는 외국 정부의 권한행사를 방해하거나 의무 없는 일을 하게 할 목적 또는 공중을 협박할 목적으로 하는 행위이다.

○ 테러리스트의 범행동기의 해명은 테러를 미연에 방지하거나 테러리스트의 갱생에 기여하므로 중요한 테러대책의 하나이다.

○ 정치테러에서도 우익테러와 좌익테러에서는 공격대상이나 무기, 범인이 도주하는지 자살하는지, 범행성명을 내는 방법 등에서 크게 차이가 있다.

○ 신흥종교단체는 일반적으로 테러라고 부르고 있지만 실질적으로는 교주가 개인적인 동기 등에 기반을 둔 대량살상사건을 일으킨 경우이다.

○ 에코테러리즘은 생태학(ecology) 사상에 근거한 사회운동 집단에 의한 급진적인 생태환경 운동을 말한다.

○ 근래의 테러는 집단화의 과정을 거치지 않고 개인이 정부나 기업 등에 대해 직접 테러행위를 하는 사례가 나오고 있다.

○ 테러집단의 요구에 한번이라도 굴복해버리면 테러집단으로서는 테러행동이 '강화'되어 그 후 비슷한 테러사태가 증가해버릴 가능성이 있다.

○ 테러조직의 전략 및 전술에는 정치적 선전, 광범위한 공포의 확산, 심리전 효과, 동료테러리스트 석방 및 자금조달 등이 있다.

Chapter 13

기업범죄

제1절 기업범죄의 개념과 특수성

생각해 보기

○ 2010년 12월 당시 외교통상부(현 외교부)가 "CNK가 아프리카 카메룬에서 최소 4억 2,000만 캐럿에 달하는 다이아몬드 개발권을 획득했다"는 내용의 보도자료를 배포한 후, 3,000원대였던 CNK 주가가 보름만에 5배 이상 상승한 주가조작 사건이 있었다. 이처럼 기업범죄는 개인범죄나 기타 범죄와 달리 특정 범죄자를 지정하기 어렵다. '얼굴 없는 범죄자'라고 일컬어지는 기업범죄의 특징은 무엇인가?

1. 기업범죄와 화이트칼라 범죄

이번 시간에는 '얼굴 없는 범죄자'라 불리는 기업범죄에 대해 알아보겠다. 기업범죄의 정의는, 기업의 간부나 종업원 등 구체적인 개인이 당해 기업의 이익을 올리기 위해 활동하면서 범하는 것이라 궁극적으로는 개인 범죄행위의 집합이라고 할 수 있다. 하지만 자신을 위해서가 아니라 기업을 위해서 범한다는 점이 기업범죄의 특징이다.

기업범죄는 조직의 목표를 추진하는 과정에서 행해지는 불법행위와 관련이 있다. 조직 내의 책임 있는 자리에 있는 사람들에 의해 자행된다는 의미에서 화이트칼라범죄의 특수형태이다. 그러나 화이트칼라 범죄가 항상 기업범죄인 것은 아니다. 서덜랜드(Sutherland)는 범죄학이 전통적으로나 사회적으로나 혜택받지 못하고 풍요롭지 못한 사람들을 범죄자로 포착해온 것에 대해 이의를 제기했다. 현실에서는 사회의 상층부도 범죄를 행하는데 단지 발각되기 어려워 검거 되지 않는 것에 불과하고, 또 검거하는 측도 같은 사회계층에 속하기 때문에 상층부의 범죄에 대해 관용적임을 지적했다.

'화이트칼라(white collar) 범죄'란 자기 직업분야에서 덕망 있고 사회적 지위가 높은 사람이 직업 활동 과정에서 저지르는 범죄라고 개략적으로 정의할 수 있을 것이다. 조금 더 상세하게 정의하면, 화이트칼라 범죄는 기업가, 전문가 또는 준전문가의 직업적 지위를 가지고 특별한 직업적 기술과 기회를 활용하는 사람들에 의해 저질러지는 것으로서 기망(欺罔)에 의한 재정적 이득을 목적으로 하는 비폭력적 범죄를 뜻한다.

기업범죄는 합법적인 공식조직에서 조직의 목표를 위해 개인이나 집단이 행하는 작위 또는 부작위적인 불법행위가 피고용인, 소비자, 일반 대중들에게 심각한 신체적·경제적 영향을 미친다.

조직적 범죄와 조직범죄는 구별된다. 기업범죄는 조직적 범죄로서 조직이 행하는 범죄이다. 조직적 범죄(organizational crime)는 합법적 조직이 행하는 범죄를 언급하는 것이고, 조직범죄(organized crime)는 마피아나 삼합회와 같이 범죄조직이 행하는 범죄를 의미한다.

2. 기업범죄의 범죄성

기업활동을 지배하는 법률들은 대부분 근대사회에 기원을 두고 규제적인 성격을 띠지만 관습법(common sense)에 뿌리를 두고 있지는 않다. 관습법이라는 용어는 주로 법학자들이 제정법 이외의 법의 원천, 즉 법원이라고 하는 것을 지칭하기 위해서 사용하는 것인데, 예를 들어 영국의 경우 법(common law)으로 제정되지 않은 지방 관습법은 옛날부터 평화롭고 지속적으로 시행되었고, 합당·명확하고 의무적이며, 특정 지방에 제한될 경우 이를 유효한 것으로 여기고 있다.

그렇다면 과연 기업범죄는 범죄일까? 미국의 유명한 엔론(Enron) 사태에 대해 잠시 살펴보겠다. 엔론은 휴스턴에 본사를 둔 에너지 회사였다. 당시 미국에서 일곱 번째로 크고, 월스트리트에서 가장 인기 있는 회사였으며, 『포춘』이 선정한 미국 내 가장 혁신적인 기업에 6년 연속(1996~2001)으로 선정된 바 있었다. 그러한 엔론이 2001년 12월 파산신청을 했는데 엔론의 붕괴 원인이 분식 결산으로 채무를 감추고 이익을 부풀려온 데 있었던 것으로 밝혀졌다. 이들은 존재하지도 않는 수십억의 이득이 사실인 것처럼 부풀렸고 출처를 알 수 없는 회사를 만들어냄으로써 빚을 감추어왔다. 엔론의 주식은 급격히 떨어졌고, 수많은 실업자가 생겼으며, 주식투자에 사용된 직원들의 퇴직금 역시 공중 분해되었다.

우리의 경우 기업범죄의 예로, 가습기살균제 업체들이 표시광고법률을 위반해 인체에 유해한 가습기살균제를 제조하고 판매함으로써 많은 수의 국민들이 생명을 잃고 피해를 입은 사실이 있다.

그런데 기업과 관련된 법률의 집행은 경찰이 아닌 다른 기관들의 손에 달려있고, 위반의 결과도 형사소추보다는 민사소송이나 행정소송으로 나타난다. 민사상 제재나 행정상의 제재를 포함한다. 공정거래위원회가 시장지배적 지위남용이나 가격담합을 제재하고 불공정한 약관을 규제하기 위한 과징금 등의 행정상 제재를 할 수 있다는 점을 생각하면 이해가 쉽다. 공정거래위원회는 독점 및 불공정 거래에 관한 사안을 심의 의결하기 위해 설립된 국무총리 소속의 중앙행정기관이자 합의제 준사법기관이다.

어떤 학자의 경우는 형사상의 제재가 뒤따르는 위반행위만을 기업범죄에 포함시키려는 협소한 법률적 관점을 지지하기도 한다. 한편 이에 반대하는 학자는 지나치게 엄격한 정의는 범죄의 '원인'을 이해하는 데 별로 도움이 안 된다고 한다. 더 나아가 인간의 권리를 침해하는 심각한 해악까지도 기업범죄에 포함하자는 견해도 있다. 이 견해는 이렇게 해야 거대한 철학적 쟁점이 제기되고, 진지한 기업범죄의 연구를 더 지지하게 된다고 이야기한다.

기업범죄의 유형

○ 화이트칼라 범죄는 모든 형태의 사기, 거짓광고, 횡령, 내부자거래 등이 있다. 개인수준에서 범하는 직무범죄(occupational crime)와 조직체 범죄(organized crime)로 나뉜다. 조직체 범죄는 기업경영자를 포함한 기업조직체가 행하는 법위반으로 관공서의 조직전부가 행하는 범죄행위를 포함한다. 미국에서는 기업범죄에 대해 엄하게 대응하고 있고 일본에서도 1990년대 이후 기업범죄에 대해 엄중하게 다루기 시작했다. 관공서나 기업의 범죄와 법위반은 직접적 피해자가 누구인지 확실하지 않아 실감나지 않지만, 사회적 신뢰나 통합을 흔든다는 의미에서 일반 범죄보다도 중대한 범죄라고 할 수 있다.[148]

○ 기업범죄에는 행정적 위반, 환경적 위반, 재정적 위반, 노동 관련 위반 등 여러 유형이 있다.
첫째, '행정적 위반'은 환경오염 통제시설의 미비와 규제기관이 요구하는 적정한 정보를 제공하지 않는 등 법률적으로 강제된 사항에 대해 기업이 따르지 않는 것이다.
둘째, '환경적 위반'은 법률적으로 용인되는 수준 이상의 환경오염이나 기타 유해한 환경오염행위 등을 초래한다.
셋째, '재정적 위반'은 조세법위반과 같은 법으로 금지된 금전적 거래와 이동이나 법률로 정해진 의무를 다하지 않는 것이다.

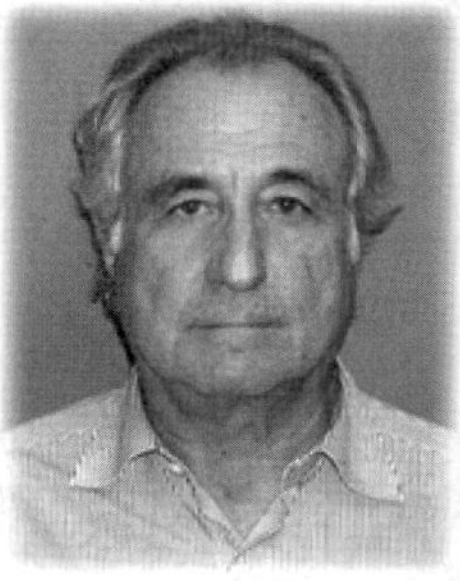
Bernie Madoff

넷째, '노동 관련 위반'은 고용차별, 직업안전규칙의 위반, 불공정한 노동관행, 임금과 근로

시간의 위반 등이다.
다섯째, '제조 관련 위반'은 결함이 있거나 위험한 제품을 생산하는 것이다.
마지막으로, '불공정 거래행위'는 허위광고에서 가격담합과 독과점 관행에 이르는 기업행위 등이 포함된다.

3. 기업범죄의 심각성과 원인

3-1. 기업범죄의 심각성

기업범죄는 여러 면에서 심각한 범죄이다. 첫째, 공익적 피해는 어떤 특정인을 위협하는 것은 아니지만 누구나 영향을 받을 수 있는 위험한 행위로 인한 해악이다. 예를 들어 불완전제품 제조 판매, 허위광고, 불안전한 근로조건, 차별적 고용관행 등이다. 또한 광범위하게 공유된 특정 이익에 대한 해악으로서 즉각적인 부정적 영향을 미치지 않아도, 알려지지 않은 장기적인 생태적 문제를 초래할 수 있다. 예를 들면 환경오염 같은 것이다.

둘째, 피해발생시기를 보면 장기적인 경우가 더 많아 피해자 없는 범죄가 될 가능성이 있다.

셋째, 피해자 책임문제와 관련해서는 피해자의 사전 동의나 불합리한 판단을 이용한다. 예를 들어 흡연 같은 것이다.

전통적인 길거리 범죄(Street crime)는 강도나 매춘, 절도, 폭력 같은 것을 의미하는데 이러한 범죄는 인간 공동체의 유지를 어렵게 하거나 불가능하게 한다. 길거리 범죄와 화이트칼라 범죄의 차이점은 이렇다. 길거리 범죄는 종종 공공장소에서 발생하는 폭력인데 반해, 화이트칼라 범죄는 정부나 사기업이 재정적 안정을 얻기 위해 행하는 비폭력이다.

그런데 화이트칼라 범죄의 특수형태인 기업범죄는 상업상의 신뢰를 떨어뜨리고 공정한 경쟁을 방해함으로써 비즈니스 세계에서 도덕적 기준을 타락시킨다. 그리고 하위계급은 상류계급을 보고 자신의 범죄를 합리화할 수 있게 한다. 기업들의 범죄는 다른 범죄보다 충격이 더 크고 효과도 더 오래 지속된다. 많은 기업범죄는 그 특성상 피해자들이 자신들이 입은 피해를 인식하지 못하고 있다.

예를 들어 석면에 의한 중독사는 시간이 걸리고 잠행성일 가능성이 많다. 1991년 구미공업단지 안의 두산전자가 두 차례에 걸쳐 각각 페놀 30톤과 1.3톤을 대구시의 상수원인 낙동강으로 유출한 사건은 매우 유명하다. 또 2007년 3월 삼성 반도체 기흥 공장에서 일하던 고 황유미 씨의 사망 이후 반도체·LCD 공장 등의 유해한 작업환경으로 인한 백혈병이나 뇌종양 등 중증질환 발병 문제가 사회적 논란으로 대두된 적이 있다.

2015년 1월에는 검찰 수사를 통해 대형마트 홈플러스가 2011년부터 2014년 7월까지 '낚시성 경품 행사' 등을 통해 매장이용 고객들의 개인정보 2,400여만 건을 수집한 뒤 보험사 여러 곳에 팔아 232억 원을 챙긴 것으로 밝혀져 큰 충격을 안겨주었다. 또한 2015년 3월, 전순옥 의원이 밝힌 자료를 기초로 서울YMCA가 분석한 바에 따르면 이마트는 전국 매장에서 경품 행사를 벌여 수집한 개인정보 311만 2,000건을 보험사에 66억 6,800만 원에 팔았으며, 롯데마트도 전국 매장과 온라인 몰에서 수집한 개인정보 250만 건을 보험사에 팔아 23억 3,000만 원을 챙긴 의혹을 받았다.

3-2. 기업범죄의 원인

기업범죄의 원인으로는 집합적 단위 이론과 기업단위 이론이 있다. ① 먼저 집합적 단위 이론은 기업의 범죄율은 시간, 지역, 업종과 같이 다양한 집합적 단위에 따라 달라진다는 것이다. 집합적 단위이론의 개념은 범행의 기회가 많은 지역, 시기, 산업분야일수록 기업범죄가 많이 발생하며 이러한 범죄기회를 활용할 경향이 있는 동기 부여된 범죄자(기업의 조직원)의 비율이 높을수록 기업범죄가 증가한다는 의미이다. 또한 산업분야에 따라 기업범죄율의 차이가 보인다. 예를 들어 석유, 제약, 자동차 산업은 범죄율이 높은 반면 의상, 음료산업분야는 범죄율이 낮다. 원인과 관련해 구성요소로는 범죄기회의 공급(지역, 시기, 산업유형, 기업 간 불평등 정도, 소수지배기업, 경제력의 집중)과 범죄자의 공급(시장불확실성의 수준, 범죄적 기업문화, 통제 및 일관성 약화, 실업과 정비례, 주가와 반비례)이 있다.

② 그 다음 기업단위 이론은 기업범죄 발생 여부는 개별 기업의 합리적 선택 결정에 따른 것으로 본다. 여기서 합리성은 실제적 합리성이 아니라 각 대안의 잠재적 위험성과 소득평가에 대한 주관적 판단이다. 그 구성요소로는 기업구조 및 절차의 복잡성, 실적에 대한 강한 압박, 부정적 결과에 대한 기대, 범죄조장문화, 정부의 용인 및 때늦은 규제 등이 있다. 기업단위의 범죄원인으로서는 업무수행의 압박이 클수록, 구조적 절차적 복잡성이 높을수록, 기피하는 결과의 심각성(severity)과 확실성(certainty)의 추정이 낮을수록, 범죄조장 문화가 팽배해 있을수록 기업범죄의 가담 가능성이 높아진다.

정리하면, 기업범죄는 화이트칼라 범죄의 특수형태로서 개인을 위협하지는 않지만 누구나 영향을 받을 수 있는 해악이며 장기적으로 생태적 문제까지 초래할 수 있다. 또한 피해자 없는 범죄가 될 가능성이 높고 범죄를 저지르는 소속원의 경우 자신이 아닌 기업을 위해 범죄를 저지른다는 특징이 있다.

제2절 범죄학 이론과 기업범죄 예방

생각해 보기

○ 모 자동차 회사의 임원은 최근 출시된 자동차에 브레이크 결함이 있다는 사실을 보고 받았다. 그는 그로 인해 심각한 인명 사고를 초래할 수도 있다는 것을 알았지만 리콜을 실시하지 않는 편이 회사에 더 큰 이익을 가져온다는 결론을 내렸다. 하지만 그 다음 해 14명이 브레이크 불량으로 교통사고가 나서 목숨을 잃었다. 이 사례에 범죄학이론을 적용한다면 어떻게 설명할 수 있겠는가?

1. 범죄학이론

1-1. 차별적 접촉이론

기업범죄는 화이트칼라 범죄의 특수형태이므로 화이트칼라 범죄에 대한 범죄이론이 적용된다. '화이트칼라 범죄'라는 용어를 처음 만든 학자는 서덜랜드(Sutherland)이다. 그는 화이트칼라 범죄를 설명하기 위해 차별적 접촉이론을 적용했다. 그의 주장에 따르면, 화이트칼라 범죄를 부정적으로 규정(define)하는 정직한 기업인보다 긍정적으로(favorably) 규정하는 화이트칼라 범죄자와 더 많은 접촉을 가지면 관련 범죄를 저지르게 된다고 한다.

그리고 조직의 특성상 기업은 법규를 위반하게 되어있는 조직이지만 정부조직이 기업규정의 위반에 강력히 대응하지 못하고 있어 범죄를 유발하는 차별적 접촉의 학습과정을 더 용이하게 한다고 주장한다.

그는 몇몇 기업들의 불법적 가격담합활동을 검토한 결과, 직무를 새로 담당하는 사람들이 가격담합을 확립된 관행처럼 생각하는 경향이 있으며 새로 배우는 일의 일부분으로 습득했다는 것을 알았다. 그러한 비윤리적인 행동은 상사나 동료들에게 영향을 받은 것으로 학습과정이 보상과 처벌에 의해 강화된다는 사실을 보여준다. 다만 서덜랜드의 이론에서 개인의 퍼스낼리티 차이는 중요하지 않다.

1-2. 아노미이론

아노미 개념을 통해 기업범죄를 설명하려는 시도가 있다. 이 맥락에서는 개인의 동기화에 근거를 둔 설명은 부적절하다. 개인의 동기는 기업목표에 반하는 것으로 여겨지기 때문이다.

박스(Box)는 환경의 불확실성(environmental uncertainty)이 기업이 합법적으로 목표를 달성하는 것을 방해한다고 하면서 방해근원 즉 경쟁업체, 정부, 피고용인, 소비자, 일반 대중 등 다섯 가지 근원을 밝히고 있다. 이러한 장애를 만나게 되면 기업은 목표획득을 위해 법률을 어기는 전술을 빈번히 사용하게 된다는 것이다.[149)]

'이윤' 동기라는 것이 기업을 본질적으로 범죄적 성향을 띠게 만든다. 개인적 수준에서 살펴볼 때 기업범죄의 대부분은 고위층이 주도하고 있다. 기업 내에서 출세에 관련된 요인 그리고 출세의 결과가 범죄적 성향 그 자체가 아닌가를 고찰할 필요가 있다.

이밖에도 상위관리자들은 야망을 가지고 있고, 요구하지도 않은 도덕적 규범을 수용하며, 자기 자신이 목표달성에 성공한 것을 조직의 성공으로 간주하는 경향이 있다. 조직의 승진체계는 최정상에 도달한 사람들이 기업범죄를 저지르는 데 적격인 성격 특성을 가지기 쉽게 되어 있다. 그들이 성취하는 성공이 크면 클수록 그들은 전통적 가치의 속박으로부터 더욱 더 자유를 느끼게 된다. 이는 머튼(Merton)보다는 뒤르켐(Durkheim)의 아노미이론에 더 가깝다.

브레이스웨이트(Braithwaite)는 '사기'를 합법적 수단의 선택이 봉쇄되었을 때 조직의 목표와 개인의 목표를 달성하기 위한 비합법적 수단으로 묘사하고 있다. 예를 들어 약학자들 사이에 안전도검사 결과를 거리낌 없이 조작하는 성향이 널리 퍼져있다는 점을 지적하고 있다.

1-3. 중화이론과 기업범죄

만약 물질적 풍요에 현혹되지 않는 양심적인 간부들이라면, 자신들의 일탈행위를 합리화하기 위해 사이크스(Sykes)와 마짜(Matza)가 기술한 중화의 기법을 적용할 것이다.

기업체 임원들은 정치적 부패를 지적하거나 법이 자유로운 기업활동을 부당하게 제약하는 것이라고 주장함으로써 자신들을 비난하는 자들을 역으로 비난하기도 한다. 예를 들어, "정부의 각종 기업규제가 자본주의 경제논리인 자유기업경영시스템에 위배되는 것이기 때문에 법을 어겨도 괜찮다.", "다른 기업이나 기업인들도 다 법을 어기기 때문에 자신들의 행위도 그리 나쁘지 않다."이런 식이다.

보다 높은 충성심에 호소하기도 한다. 회사의 이익을 위해 행동하거나 이미 만연된 비즈니스 관행을 좇는 것이 법을 준수하는 것보다 더 중요하다고 여긴다.

중화 기법에 의해 피해자를 부정하기도 한다. 기업체 대변인들은 산업재해를 부주의하고 게으른 노동자 탓으로 돌리거나, 흑인들의 갈색허파(폐질환의 일종)의 발달을 인종적 열등성 때문이라고 비난하기도 한다.

피해 자체를 부정할 수도 있다. 조그만 해악이 발생했다는 사실도 인정하지 않는다. 어느 기업체 간부는 자신의 가격담합행위가 불법이긴 하지만 범죄는 아니며, 자신이 생각하는 범죄행위는 누군가에게 손해를 입히는 것인데 자신은 그러한 짓을 한 적이 없다고 말한다. 제도적인 정착과정에서 의사결정과정을 공유함으로써 개인적인 책임감을 느끼지 않으면서 무자비한 관행에 빠진다.

이러한 중화(합리화)방법은 화이트칼라 범죄자들에게도 똑같이 적용될 수 있다. 횡령 등 행위에 대해 "돈을 훔친 것이 아니라 잠시 빌렸을 뿐이다.", "회사기물을 훔치더라도 보험으로 보상되기 때문에 회사는 아무런 피해를 입지 않는다.", "회사가 근로자와 고객을 착취하는 악덕 기업이므로 피해를 당해도 괜찮다."같은 것이다.

1-4. 하위문화이론

화이트칼라 범죄는 화이트칼라 범죄자 집단이라는 하위문화의 영향을 받는다. 오버트(Aubert, 1952)에 따르면 개개의 국민은 두 종류의 의무를 지는 것으로 보고 있다. 바로 보편적인 의무와 특수한 의무이다.

- 보편적인 의무(universalistic)는 국민들에게 준법시민이 되도록 영향을 끼친다. 이러한 의무들은 국민들이 법에 복종하도록 동기화시키기는 하지만, 위법에 대한 제재가 일반적으로 약하다.
- 특수한 의무(particularistic)는 같이 일하는 동료들에게 느끼는 것이며, 단지 노골적인 범죄행위만 피하면 된다는 이데올로기에 의해서 지지를 받고 있다.

이와 더불어 화이트칼라 범죄자 집단이 자신들의 위반행위와 그것의 사회적 의미에 대해 정교하며 광범위하게 인정되는 이데올로기적 합리화를 하고 있다고 묘사한다.

화이트칼라 범죄는 때때로 집단규범에 의해 용인되고 지지를 받으므로 특정형태의 불법 활동은 정상적인 반응을 이끌어낸다. 따라서 보건감독관에게 뇌물을 주는 것을 정상적이며 용인되는 비즈니스 관행으로 여긴다. 이것은 개인의 특성, 특정 하위문화 내의 집단들 간의 차이 및 하위문화 가치에 대한 노출 정도 등과 관련이 있는 것으로 보인다.

2. 기업범죄의 예방

전통형 범죄로 여겨지는 살인이나 강도 등과 다르게 기업범죄는 상당수가 비폭력적이다. 법 위반행위가 업계의 오랜 관행인 경우가 많고 게다가 기업범죄자는 자신이 '범죄자'라는 의식이 결여되어 있다든지 '피해자(많은 국민이나 소비자)'도 피해를 받고 있다는 의식을 갖지 않는 경우가 많다.

그렇다면 기업범죄자는 조직에 충실하고 근면성실한 조직원이면서 왜 범죄행위에 이르게 되는 것인가? 기업범죄자의 범죄 이유에는 범죄행위를 통해 기업의 이윤을 높이고 그 결과 출세나 승진, 승급이라는 반사적 이익을 기대할 수 있는 등의 요인이 있을 것이다. 또 다른 측면에서 보면 집단활동 중에 사직하지 않는 한, 회사의 방침에 이의를 제기하는 것이 상황적으로 매우 곤란한다. 내부고발을 악으로 여겨 철저히 범인색출이 행해지는 풍조도 있다. 그런 의미에서 어쩔 수 없이 회사의 방침에 따르고 법위반행위를 행하는 사원도 적지 않다.

기업범죄의 증거물들은 대개는 회계장부와 종업원의 증언이다. 전통적인 범죄라면 증거수집이 가능하고 행위의 성격상 고의가 입증될 수 있지만, 화이트칼라 범죄는 기망적 행위를 내포하고 있음에도 고의의 입증이 곤란할 뿐만 아니라 증거수집이 곤란하다. 기업범죄의 특성상 다른 구성원들은 의사결정자가 누구인지 알기 어렵고 또한 누가 승인하고 집행하는지 알기 어렵다. 형벌의 응보적, 범죄예방적, 개선교화적 효과가 거의 없다는 점이 지적된다.

미국은 기업을 소추할 것인지의 결정요소들 중의 하나로 기업이 효과적인 준법감시인제도(compliance program)를 갖추고 있는지와 FBI에 적절히 협조해왔는지 여부를 고려하고 있다. 우리의 경우 은행 등 금융회사에서 내부통제기준의 준수 여부를 점검하고 내부통제기준을 위반하는 경우 이를 조사하여 감사위원회에 보고하는 자로서 1명 이상의 '준법감시인'을 두어야 하고, 준법감시인을 임면하려면 이사회의 의결을 거쳐야 한다는 규정을 두고 있다. 이 제도가 효율적으로 기능하기 위해서는 직무수행의 독립성과 신분 보장이 이루어져야 하고 충분하고 시기적절한 정보제공을 받을 수 있어야 한다. 기업의 종업원이 보복의 두려움 없이 다른 사람의 범죄행위를 보고할 수 있도록 익명성과 비밀성을 보장하는 시스템을 확립하고 또한 준법교육과 준법감시인제도에 대한 효과적인 교육을 실시하는 것은 기업범죄 예방에 크게 이바지할 것이다.[150)]

정리하기

○ 기업범죄는 조직의 목표를 추진하는 과정에서 조직 내의 책임 있는 자리에 있는 사람들에 의해 자행된다는 의미에서 화이트칼라 범죄의 특수한 형태이고 조직적 범죄에 해당한다.

○ 기업범죄는 회사자금을 횡령하는 회계담당자처럼 자신이 소속되어 일하는 조직과 관련해 저지르는 범죄를 의미한다.

○ 기업범죄는 궁극적으로는 개인의 범죄행위의 집합이라고 할 수 있으나 자신을 위해서가 아니라 기업을 위해서 범한다는 점이 특징이다.

○ 법 위반행위가 업계의 오랜 관행인 경우가 많고 게다가 기업범죄자는 자신이 '범죄자'라는 의식이 결여되어 있다.

○ 범행의 기회가 많은 지역, 시기, 산업분야일수록 기업범죄가 많이 발생하며 이러한 범죄기회를 활용할 경향이 있는 동기 부여된 범죄자(기업의 조직원)의 비율이 높을수록 기업범죄가 증가한다.

○ 서덜랜드는 화이트칼라 범죄를 설명하기 위해 차별적 접촉이론을 적용하였는데, 범죄를 행하는 것을 부정적으로 규정하는 정직한 기업인보다 그것을 긍정적으로 규정하는 범죄자와 더 많은 접촉을 가지면 범행하게 된다고 한다.

○ '이윤' 동기라는 것이 기업을 본질적으로 범죄적 성향을 띠게 만든다.

○ 기업체 임원들은 정치적 부패를 지적하거나 법이 자유로운 기업활동을 부당히 제약하는 것이라고 주장함으로써 비난하는 자들을 역으로 비난한다.

○ 회사의 이익을 위해 행동하거나 이미 만연된 비즈니스 관행을 좇는 것이 법 준수보다 더 중요하다고 여기는 것은 보다 높은 차원의 충성심에 호소에 해당한다.

참고문헌

PART 4

본 QR코드를 스캔하시면,
'범죄학강의' PART 4의 참고문헌을 참고하실 수 있습니다.

PART 5

범죄대책론

Chapter 01

범죄예방론

생각해 보기

○ 사람이 질병에 걸리지 않으려면 여러 가지 예방수단을 강구해야 한다. 아직 어떠한 질환에도 노출이 안 된 상태라면 1차적으로 가장 보편적인 건강유지 원칙들을 준수하면 될 것이다. 즉, 평소에 충분한 수면과 건강한 식습관을 갖는 것은 물론이고, 유행하는 감염병에 걸리지 않기 위하여 예방접종을 맞는 것이 그것이다. 이는 질병예방을 위한 1단계 노력이라고 부를 수 있다. 그러나 가벼운 질병에 이미 노출이 되었다면 이제는 신속한 진단과 치료적 개입이 강구되어야 한다. 그래야만 그 병의 악화를 막고 빠른 치유가 가능해지기 때문이다. 이 경우는 중한 질병에로의 발전을 막기 위한 2단계 조치라고 말할 수 있다. 이러한 2단계 조치가 미흡하여 중병으로 진행되었다면 병원에 입원하여 집중적 치료를 받아야 생명을 구할 수 있을 것이다. 이는 생명보호를 위한 3단계의 예방조치에 속한다.

○ 범죄예방 활동도 위에서 살펴본 질병예방 활동과 같이 3단계로 나누어 설명할 수 있다. 1차 예방이 일반 시민이 범죄피해를 당하지 않도록 범죄발생 원인과 상황에 영향을 미치는 사회·경제·문화의 제반 요소를 관리하는 것을 의미한다면, 2차 예방은 비행 위험성이 있는 우범자들을 관리하는 것을 뜻하며, 3차 예방은 범죄자의 재범을 예방함으로써 새로운 범죄성을 억제시키는 전략을 구사하는 것을 말한다. 그렇다면 우리나라에서 적용되고 있는 범죄예방을 위한 1차, 2차, 3차 예방의 구체적인 정책들에는 어떤 것들이 있는가?

제1절 범죄예방의 개념 및 범죄예방 전략

범죄예방이라 함은 범죄발생으로 인한 위협을 감소시킴과 동시에 안전감을 확보해 줌으로써 사회생활에서 삶의 질을 높여주고 범죄가 쉽게 발생하지 못하도록 환경조성을 해 주는 활동을 말하며, 이러한 활동에 긍정적으로 영향을 미치는 태도나 행동유형을 포괄하여 일컫는 말이다.[1)]

범죄예방이 잘 되고 있다는 것은 그만큼 범죄발생 가능성이 적다는 것을 의미한다. 범죄예방이 성공적으로 잘 이뤄지고 있는지 여부를 알아보는 방법에는 크게, ① 범죄발생 건수 및 범인검거 건수를 비교해 보는 방법, ② 피해발생 건수나 피해규모, 피해를 당한 인원 등을 확인해 보는 방법 등으로 구분해 볼 수 있을 것이다. 어떤 해의 범죄발생 건수가 적었다 하더라도 그 피해의 질이나 규모면에서는 범죄발생 건수가 많았던 해보다 실질적 피해는 더 클 수도 있다. 따라서 범죄예방의 효과측정은 피해자의 숫자뿐만 아니라 피해의 심각성도 아울러 고려되어야 한다.[2)]

범죄발생을 막기 위한 범죄예방 수단은 범죄기회의 감소전략과 범죄적 환경의 개선전략 등 크게 두 가지 영역에 초점을 맞추게 된다.

첫 번째 영역은 우발적인 범죄자가 범행을 할 수 있는 기회를 감소시키거나 제거하는 전략이다. 그렇기에 범죄자에 대하여는 범행의지를 억제할 수 있는 전략이, 피해자에 대하여는 범인이 표적으로 삼을 수 있는 요소들을 제거하는 전략이 필요하다. 예컨대 잠재적 피해자들이 범죄가 자주 발생하는 지역에 가지 않도록 지도하거나(범죄에의 노출 통제), 범인들의 범행목표가 되는 아동이나 노약자들에 대하여 보호를 강화하는 방안 등이 이에 해당할 것이다(보호능력의 강화).

두 번째 영역은 상습적으로 범행을 하는 범죄자들이 다시 범행을 하도록 부추기는 요소들, 예컨대 사회적 · 경제적 · 물리적 환경 요소들을 개선시키는 전략이다.[3)] 예컨대 학원폭력의 원인을 제거하고, 청년층의 취업률을 제고하며, 도시 빈곤층의 알콜 중독자들을 치료하는 치유프로그램을 가동하는 한편, 외부출입자의 통제를 철저히 차단하는 것과 같이 방범시설을 강화하는 등의 활동들이 이에 해당할 것이다(접근통제, 목표물의 견고화). 효과적인 범죄예방을 위해서는 위 두 가지 영역들이 동시에 추진되어야 할 것이다.

제2절 범죄예방과 범죄통제

범죄예방과 범죄통제는 그 개념이 다소 다르다. 즉, 범죄예방이라 함은 범죄의 기회를 원천적으로 차단함으로써 범죄가 발생하지 못하도록 하는 조치나 활동을 의미하지만 범죄통제라는 것은 발생하고 있는 범죄행동의 양을 규율하고 한정하는 활동을 의미한다. 즉, 범죄예방은 범죄를 제거하는 것을 목표로 삼지만, 범죄통제는 사회 속에서 범행을 완전히 근절하는 것은 불가능하다는 현실인식을 가지고 범죄발생의 양과 범행의 심각성을 감소시키는 것을 목표로 하고 있는 것이다. 그러므로 범죄통제는 범죄예방이라는 연속선상에 있으며 그 한 부분을 구성한다. 이때 모든 범행은 크게 4가지 구성요소에 의해 결정된다고 할 수 있는바, ① 동기화된 범죄자(a motivated offender), ② 범행수행에 필요한 기술과 도구(skills and tools), ③ 범행기회(opportunity), ④ 범행가능한 범행표적(available target) 등이 그것이다.[4)]

따라서 범죄예방 기술과 범죄통제 전략은 위의 동기화된 범죄자, 범죄자가 보유하고 있는 범죄기술과 도구, 범죄자가 범행을 할 수 있는 기회, 범인에 의하여 적합한 대상으로 지목되어진 피해자 등을 대상으로 행해지게 된다. 동기화된 범죄자에 대해서는 범행의지의 억제전략과 범죄기술 및 도구의 습득 저지전략이, 범행표적이 될 가능성이 높은 피해자에 대해서는 보호능력을 강화하는 전략이, 범죄기회의 축소를 위해서는 범죄에의 노출 감소 및 생활환경에서의 범행기회 제거 전략이 각각 구사되어야 할 것이다.

제3절 범죄예방과 형벌이론

1. 응보이론

응보이론이란 본디 이미 발생한 범죄에 대하여 그 범죄의 불법성과 해악성에 상응한 벌을 부과해야 한다는 생각에 터 잡은 이론이다. 소위 '눈에는 눈, 이에는 이'와 같은 동해보복의 사상이 응보이론의 핵심을 이루고 있는 것이다. 이 응보형 주의는 형벌을 모든 범죄예방적 목적으로부터 분리한 것으로써 형벌은 다른 목적을 가진 것이 아니라 그 자체가 목적이라고 보고 있는 것이다.[5] 따라서 이 응보형 사상에는 범죄피해자 보호에 대한 고려가 전혀 없거나 지극히 빈약해 보인다. 오로지 피해자의 복수감정을 충족시키는 것 외에 다른 고려가 없기 때문이다.

범죄와 형벌에 관하여 응보이론이 지지하고 있는 기본적인 사상은, ① 범죄행동은 자발적이며 도덕적으로 잘못된 행동이다, ② 처벌은 위반행위에 적합해야 한다, ③ 처벌은 도덕적으로 잘못된 행동에 대해 잘못된 행위자에게 고통이 되돌아 가는 것을 보여주어야 한다는 것 등이다.[6] 이러한 응보이론은 인간을 이성적 존재로 파악하고, 자유의지를 행사할 수 있으며, 스스로 최적의 행동을 선택할 수 있다는 인간상에 기초하여 형벌이론을 전개하였던 칸트(정의설), 헤겔(이성적 응보설) 등과 같은 고전학파들의 주장과 연계되어 있다.

한편, 이 응보이론의 명분은 책임의 상쇄에 있다. 즉, 범죄자의 범행으로 발생한 해악은 그 범행과 동일한 가치를 지닌 해악(형벌)을 가함으로써 범죄자의 범행임이 상쇄된다는 것이다.[7] 그렇기에 형벌이 행위자의 책임의 범위를 넘어서서 과해지거나 책임의 정도에 미달되면 정의관념에 반할 수 있다는 사고가 밑바탕에 깔려있는 것이다.

2. 예방이론

형벌이 예방적 기능을 수행함으로써 범죄발생을 일정 부분 막을 수 있다고 보는 이론이 바로 예방이론의 입장이다. 이는 형벌은 그 자체가 목적이 아니라 범죄를 방지하기 위한 예방의 수단에 지나지 않는다는 '목적형주의(目的刑主義)'적 입장에서 비롯된 것으로써 인도주의, 합리주의, 공리주의 사상과 결합되어 있다.[8]

응보이론과는 달리 예방이론은 장래의 범행을 저지하는 역할을 하는 형벌의 기능에 주목한다. 처벌을 하게 되면 또 다른 과오를 범하지 않을 것이라는 예방적 목적사상이 깃들어 있는 것이다. '응보는 비합리적인 수단에 불과하며 합목적적인 법익보호(예방)야말로 형벌의 본래 목적'이라고 한 프란츠 폰 리스트(Franz von Liszt)의 주장도 이러한 사상을 반영하고 있는 것이다.[9] 이러한 형벌의 예방적 성격은 그 중점이 일반인의 범죄억제에 있는지 아니면 범죄자의 범죄억제에 있는지 여부에 따라 일반예방이론과 특별예방이론으로 각각 구분된다.

2-1. 일반예방이론

일반예방이론에서는 범죄자를 처벌하게 되면 사회의 일반인들이 그 처벌과정을 목도하고 스스로 위협을 느껴 범행을 억제하게 된다는 주장과, 법에 충실하고자 하는 시민들로 하여금 형법의 규범력을 확인하고 이를 준수하도록 노력하게 함으로써 형법질서를 더욱 공고히 하고 범죄가 억제되도록 하자는 주장 들이 있다. 전자를 소극적 일반예방, 후자를 적극적 일반예방이라 한다.[10]

1) 소극적 일반예방

소극적 일반예방은 국가형벌권 강화를 통해 잠재적 범죄자가 범행을 저지르는 것을 위축시키는 전략을 의미하는 것으로서,[11] 베카리아(Beccaria)와 포이에르바하(Feuerbach)가 대표적인 주창자이다. 베카리아는 사회계약이론에 근거를 두고 계몽주의 형법사상을 이론적으로 전개한 고전학파의 선구자로서 죄형법정주의와 죄형균형론(罪刑均衡論)을 주장하였으며, 형벌의 목적은 범인에게 고통을 주기 위한 것이 아니라 사회일반인이 또 다시 동일한 범죄를 범하지 않도록 예방하는 데 있다고 하였다.[12]

독일의 포이에르바하는 칸트의 영향을 받아 심리강제설(心理强制說)을 주장하였는데 그의 이론은 소극적 일반예방의 핵심을 이루고 있다. 즉, '범죄방지를 위해서는 육체적 강제로 족하지 않고 심리적 강제에 의해야 하는데, 범죄를 범한 때에는 이를 행하지 않음으로 인한 불이익보다 더 큰 해악이 따른다는 것을 일반인에게 알리는 것이 효과적이다'고 주장한 것이다.[13] 이는 범죄행위에 대한 처벌규정을 정립한 후 이를 일반인에게 명확히 제시함으로써 범죄를 예방할 수 있다는 것으로써 잠재적 범죄자들의 범행억제를 촉진하여 범죄피해를 예방하는 측면이 있다고 볼 것이다.

2) 적극적 일반예방

적극적 일반예방은 법공동체에게 법질서의 불가침성을 증명함으로써 시민들의 법적 신뢰감을 강화하고, 국민들로 하여금 법규범에 자발적 복종을 할 수 있도록 준법의식을 형성하게 하는 전략이다.[14] 이 입장에서는 형벌이 법질서의 방어자로서의 사명을 수행하게 되므로 형벌에 의하여 범죄자가 범한 불법에 대하여 법을 실현하고 법질서의 불가침성을 사회에 확증하여 잠재적 범죄자의 법침해를 방지해야 한다고 주장한다.[15] 형법이 이처럼 일반인의 의식 속에 법준수의 필요성을 내면화시킴으로써 많은 사람들로 하여금 법을 준수하려는 생각을 갖도록 하여 형법질서를 공고히 하는 적극적인 효과를 발생시킨다는 것이 적극적 예방이론의 요지이다.[16] 이 역시 일반인의 법준수 의식을 높임으로써 잠재적 범죄자들의 범행의지를 억제하게 만들고 그 결과 범죄피해를 사전에 막는 효과가 있다고 할 것이다.

2-2. 특별예방이론

형벌이 미치는 효과를 사회일반인에게 향하지 않고 범죄자 개인에게로 향하여야 한다는 것이 바로 특별예방이론이다. 이는 개별 범죄와 그로 인한 행위의 결과보다는 개별 범죄자에 보다 관심을 기울였던 실증주의 학파의 주장과 맥을 같이 한다. 즉, 고전주의 학파에서는 한 개인이 법을 위반하면 그 범죄자에게 책임이 있고 그가 자신의 행동에 책임을 져야 한다고 주장하지만(객관주의, 도의적 책임론), 실증주의 학파에서는 사회가 그를 범죄자로 만들었기 때문에 범죄자의 재사회화를 위해서는 그 범죄자가 범행할 수밖에 없었던 외적 조건이나 환경을 개선하고 범죄자를 치료하는 조치를 취해야 한다고 주장한다(주관주의, 사회적 책임론).

이 특별예방주의는 롬브로소(Lombroso), 페리(Ferri), 가로팔로(Garofalo)와 같은 이탈리아의 실증주의 학파들에 의하여 주장되었는바 리스트(Liszt)의 목적형주의에 의하여 확립되었으며 교육형주의(教育刑主義)와 사회방위이론(社會防衛理論)도 여기에 속한다고 볼 수 있다. 특히 리스트는 형벌이 맹목적인 반작용을 할 것이 아니라 범죄자 개개인의 재범을 방지하기 위해서 범죄자의 유형에 따라 위하(威嚇), 개선(改善), 제거(除去)의 방법을 적용해야 한다고 주장하였다.[17]

특별예방이론도 적극적 특별예방과 소극적 특별예방으로 나뉠 수 있다. 범죄자에 대한 교육, 개선조치, 재활, 원상회복 등을 강조하는 등 재사회화를 추구함으로써 범죄자가 다시 사회내로 복귀하도록 돕는 것(재사회화)을 적극적 특별예방이라고 한다면, 소극적 특별예방은 범죄자가 재범하지 않도록 다시금 형벌적 위하를 시도하고 일반적 보안조치를 취함으로써 장래에 규범합치적 태도를 가질 수 있게 한다.[18] 이 특별예방이론은 범죄자에 대한 재범방지 전략의 추진과 재사회화를 통해 일반인이 범죄피해로부터 보호받을 수 있음을 설명해 주는 이론이라고 볼 것이다.

3. 응보이론과 예방이론의 절충적 접근

형벌의 목적이 단지 위법한 행위를 선택하여 해로운 결과를 야기한 것에 대한 책임상쇄에만 있다고 한다면 범죄자의 재범 위험성을 감쇄시키거나 피해자를 사전에 보호할 수 있는 예방책의 구상은 어렵게 되고, 생물학적 원인이나 환경적 요인, 기타 요인 등에 의해 의사결정능력이 약화된 자들의 범행에 대해서도 사전에 능동적 대응을 하지 못한 채 그 책임만을 묻는 데 급급한 상황이 벌어질 수 있을 것이다. 반면에 범죄자가 행한 행위의 불법한 결과를 덮어 두고서 범죄자의 치유와 재사회화에만 주력하다보면 이를 악용하고자 하는 사특한 범죄자들로 인해 사회안전망이 허술해 질 수도 있을 것이다.

따라서 응보사상과 일반예방 및 특별예방 사상을 함께 고려하는 입장이 타당하다고 볼 수 있다. 즉, 형벌은 책임상쇄의 목적은 물론 범죄예방적 목적도 동시에 달성하도록 형벌 및 보안처분의 유형과 기간을 선택하고 합목적적으로 집행이 되어야 하는 것이다.

제4절 범죄예방이론으로서의 범죄통제 모델

1. 고전주의 학파의 범죄통제모델

베카리아(Cesare Beccaria)나 벤담(Jeremy Bentham)과 같은 고전주의 학파에 속한 사상가들은 인간의지의 억제작용을 통해 범죄예방을 할 수 있다고 보았다. 이를 이른바 억제이론(deterrence theory)이라고 할 수 있을 것이다. 이들은 인간을 합리적 이성을 가지고서 자유로운 사고를 하는 존재이자 가장 '공리적인 계산(hedonistic calculus)을 할 수 있는 존재'로 파악하였다.[19] 이것은 인간이 의사결정을 할 때 비용편익분석(cost－benefit analysis)을 통해 어떤 행동의 감행여부를 결정한다는 '합리적 선택이론'과 연결된다. 즉, 인간은 범행을 함으로써 획득할 수 있는 이익과 범행이 발각되면 자신이 치르게 될 비용을 서로 비교해 본 다음 쾌락이나 이익이 극대화 되는 방향으로 의사결정을 하게 된다는 것이다. 만일 처벌이 범행으로 인해 얻는 이익보다 훨씬 더 큰 고통을 초래한다면 합리적인 이성을 가진 인간이라면 범죄를 하지 않을 것이라고 보았던 것이다. 더 나아가 고전주의 학파에서는 범죄억제를 할 수 있는 3가지 요소를 제시하였는데 체포의 확실성(certainty), 형벌의 엄격성(severity), 제재의 신속성(celerity)이 그것이다. 이는 각각 범죄를 하면 반드시 잡힌다는 인식, 범죄로부터 얻는 이익을 온전히 상쇄시켜 버릴 정도의 엄격한 형벌 부과, 범죄적 행동에 대하여 신속하게 가해지는 형벌적 제재 등을 의미하는 것으로 해석한다.[20]

이러한 억제이론을 바탕으로 범죄통제 모델들이 개발되기에 이르렀는바, '일반적 범죄억제 전략(general deterrence strategies)'과 '특별 범죄억제 전략(specific deterrence strategies)'이 그것이다. 전자는 일반대중의 범죄의지를 약화시키고자 하는 것이며, 후자는 이미 범죄를 저지른

자의 재범의지를 약화시키는 전략인 것이다. 일반적 범죄통제모델의 예로서는 형벌의 존재를 일반인에게 알리는 목적의 형사법상의 처벌규정 제정, 위하효과를 위한 의무적 유죄선고와 공개재판 및 사형제도의 시행, 그리고 경찰활동의 확대 등을 들 수 있다. 반면, 후자의 범죄통제모델로서는 피해자를 위한 가해자 대상의 배상명령, 범죄자의 개별적 특성에 부응하는 선별적 구금, 3회 연속 범행시 더 이상의 유화적 처벌을 용납하지 않는 3진 아웃제 시행, 재범예방을 위한 상습범 처벌법 제정, 기타 지역사회의 협력 및 회복적 사법 프로그램 가동 등이 있다.[21)]

2. 초기 실증주의 학파의 범죄통제모델

실증주의란 오로지 검증이 가능한 증거 및 과학적인 방법론에 의지하여 사회문제를 분석하고 해결하려고 하는 학문적 경향을 의미한다. 19세기 영국의 경험주의의 영향을 받은 이 실증주의는 관찰과 실험을 중시하였기 때문에 범죄원인을 분석하는 데 있어서도 롬브로소(Cesare Lombroso), 페리(Enrico Ferri), 가로팔로(Garofalo)와 같이 범죄자의 생물학적, 심리학적, 사회학적 특성을 연구하는 데 있어 과학적 분석방법을 취하였다.[22)]

이들 실증주의 학파는 고전주의 학파와는 달리 범죄보다는 범죄자에 대한 관심을 표명하였는바, 범죄자는 자유의지를 가지고 합리적인 선택을 통해 범행을 하는 것이 아니라 이미 주어진 사회적, 생물학적, 생화학적, 심리학적 조건의 영향을 받아 범행을 하게 된다고 본 것이다.[23)]

이를 구체적으로 살펴보면, 첫째 생물학적 조건에는 생화학적, 신경학적, 유전학적 요인들이 제시되고 있는데, 범죄예방을 위해서는 유전학적 검사, 폭력원인에 대한 생물학적 원인분석 등 의과적 대응요법이 함께 병행될 필요가 있다고 보았다. 둘째 심리학적 조건에는 범죄자의 심리역동의 문제, 행동장애의 문제, 인지능력의 문제 등이 있는바, 심리상담, 집단치료, 가족치료 등과 같이 심리치료를 위한 처우 등이 검토되어야 한다고 보았다. 셋째 사회적 조건에는 사회구조 문제와 사회과정 문제, 사회갈등의 문제 등이 있는바, 사회구조 문제는 직업훈련 프로그램, 지역사회 개발 프로그램 등 범죄가 잉태될 수 있는 사회시스템을 개선하는 방식으로 범죄를 예방하고, 사회과정 문제는 부모역할 교육, 멘토링 프로그램과 같이 가족이나 사회적 조직을 강화시켜 나가는 방법으로 범죄예방을 하며, 사회갈등 문제는 빈곤감소 프로그램, 회복적 사법 프로그램 등 사회구성원 간의 갈등을 해결하는 방법으로 범죄예방을 해야 한다고 본 것이다.[24)]

3. 후기 실증주의 학파의 범죄통제 모델

범죄의 원인이 개인의 자유의지보다는 사회적 환경에서 주로 기인한다고 보는 초기 실증주의 학파의 사상은 이후 형벌이 범죄자의 성행교정 및 개인특성에 맞는 처우의 실행에 중점을 두어야 한다는 후기 실증주의 학파의 주장으로 이어졌다.

이들은 범죄자의 행동을 교정하고, 각 개인별 특성에 알맞은 처우를 통해 사회로 복귀시키는 것을 행형이 지향해야 할 최대의 미덕으로 여겼다. 그래서 교정과 비징벌적 고통의 부과가 형사처벌의 목적이 되어야 하며, 범죄자의 특성에 토대를 둔 개별화된 처우로서의 형벌이 내려져야 하는바, 이를 가능케 하기 위해서는 행동과학적 원칙이 적용되어야 함을 주장하였다. 이러한 교정주의(矯正主義)적 입장은 19세기와 20세기를 거쳐 오는 동안 세계 각국의 형사정책이론과 실무를 지배하는 이념이 되었다.[25] 이러한 후기 실증주의 학파의 범죄와 형벌에 관한 사상은 응보적 관점에 기초한 형벌관념을 더욱 약화시키게 되었다.

그러나 교정과 처우모델을 중심으로 한 실증주의 학파의 이론들은 사법적 정의가 자의적(恣意的) 치료기법으로 대체되어 버렸고, 사회복귀적 철학이 형사사법체계를 부패시켜 버렸으며, 범죄자에게 아무런 범죄예방책을 제시하지 못했다는 비판을 받게 된다. 또한 교정적 처우에 사실상의 강제성이 있으며, 교정기관의 재량권이 방대할뿐더러, 치료 · 교정의 미명하에 교정주의가 수형자의 자유와 권리침해를 정당화하는 이론적 도구가 될 수 있다는 점 등도 공격을 받게 된다.[26] 이처럼 교정주의가 보여 준 범죄억제에의 무력성이 비판을 받으면서 범죄자의 인권보장과 구 응보형주의를 조화시키고자 하는 신응보주의(新應報主義)가 등장하게 되었고, 인도주의적 차원에서 사회방위와 개인의 자유와 권리보장을 조화시키려는 신사회방위론(新社會防衛論)등의 이론이 출현하게 되었다.

제5절 단계적 범죄예방 이론

1. 단계별 범죄예방 전략

브랜팅햄(Brantingham)과 파우스트(Faust)는 범죄예방전략을 1차 예방이론, 2차 예방이론, 3차 예방이론과 같이 3가지 유형으로 구분하여 범죄예방이론 모델을 제시하였다.[27] 의학적으로 말하자면 1차 예방이론은 일반인들이 전염병에 감염되지 않도록 예방접종을 하는 것과 유사하고(질병원인에 대한 사전적 조치), 2차 예방이론은 일반인 중 전염병에 감염될 가능성이 높은 자들이 직면하고 있는 바람직하지 못한 환경을 개선하는 것과 관련되며(질병에 감염될 기회의 제거나 억제), 3차 예방이론은 이미 전염병에 감염이 된 자들이 다른 일반인들에게 위협이 되지 않도록 격리시키는 등의 조치를 취하는 것에 견줄 수 있다(질병의 재발방지).

이는 질병예방 모델을 일반 범죄예방에 응용한 것이라고 할 수 있는 것이다.[28)] 이를 범죄예방적 측면에서 보면 1차 예방에서는 일반인이 대상이고, 2차 예방에서는 우범자가 대상이며, 3차 예방에서는 범죄자가 그 대상이 되는 것이다. 이하에서는 각 단계별 범죄예방 전략들을 살펴보기로 한다.

2. 1차 예방이론

1차 예방이론은 일반인들이 범죄를 범하지 못하도록 범죄저항적 특성을 갖는 환경을 조성하는 것과 관련된다. 예를 들면 아이들로 하여금 범죄행동에 빠져드는 것이 얼마나 해로운지를 주입시켜 아예 처음부터 범죄적 의사결정을 하지 않도록 교육하는 것이 그것이다. 방법론적으로는 범죄의 위험요소는 줄이고, 피해자 보호적 요소는 증진시키는 수단을 채택하게 되는데, 2가지 형태의 전략이 사용된다. 첫 번째 전략은 전문가들로 하여금 범죄기회를 제공하는 여러 요소들을 수정하고 제거하는 방식으로 관리하는 방안이고, 두 번째 전략은 일반 개인이 범죄행동에 연루되기 전에 가정 및 학교와 같은 사회적 장치를 작동시켜 잠재적 범죄자들이 범행을

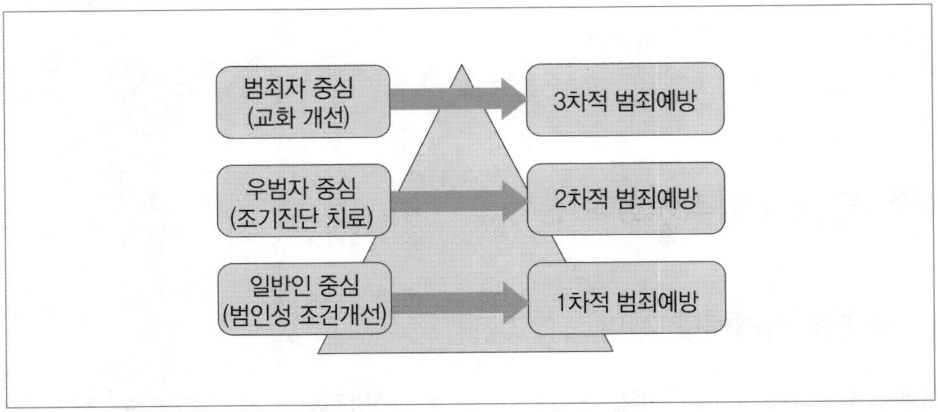

브랜팅햄(Brantingham)과 파우스트(Faust)의 범죄예방 전략

생각조차 못하도록 하는 전략이다. 1차 예방이론에 입각한 범죄예방 프로그램들로서는 상황적 범죄예방, 환경설계에 의한 범죄예방 등이 있다.

2-1. 상황적 범죄예방

(1) 이론적 배경

상황적 범죄예방(situational crime prevention)은 범죄가 발생하는 상황적 조건 및 범죄기회를 제거 혹은 축소함으로써 범죄를 예방하고자 하는 이론으로서 잠재적 범죄자들에게 특정한 범행목표에의 접근이 허용되지 않는다는 것을 확신시켜 주는 것을 목표로 하고 있다. 이 이론의 사상적 기초는 범죄행위에 대한 비용과 위험을 높이는 대신 범죄행위의 이익은 감소시킴으로써 예방할 수 있다고 보는 '합리적 선택 이론(rational choice theory)'과 피해자가 자신의 일상활동을 통해 범인에게 기회를 제공한다는 '일상활동 이론(routine activities theory)'에 근거를 두고 있다.

이 합리적 선택이론은 인간이 자유의지를 가지고 자신의 이익을 극대화 할 수 있는 방향으로 행동을 선택한다는 '비용편익 분석 이론(cost-benefit analysis theory)'과도 맥을 같이하는 것으로서 공리주의적 인간관에 기초하고 있다.[29] 즉 상황적 범죄예방이론은 범죄억제이론의 유형이라고 할 수 있는 '합리적 선택 이론', '비용편익 분석 이론', '일상활동 이론' 등과 긴밀한 관련을 맺고 있다고 할 수 있다.

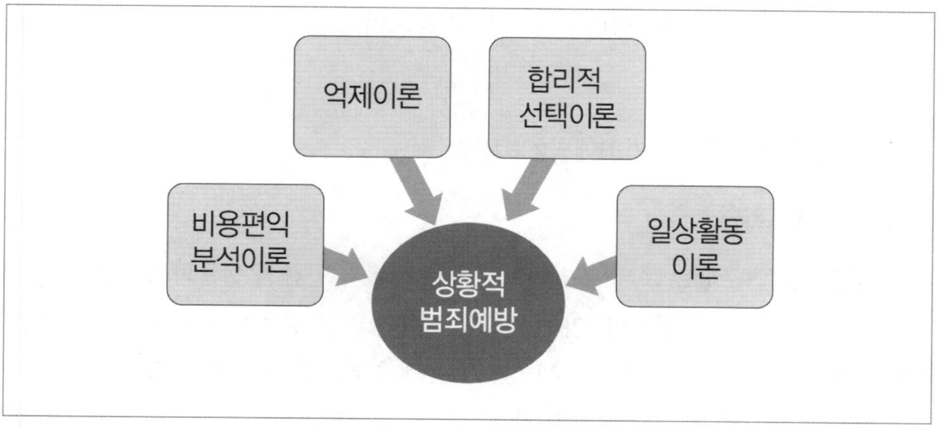

상황적 범죄예방 관련 이론들

(2) 범행기회의 제거전략

클라크(Ronald V. Clarke)에 따르면 상황적 범죄예방은 잠재적 범죄자들에게 검거의 위험성 및 범행의 어려움을 증가시키거나 범죄로 인한 보상 및 명분을 감소시키는 것으로서, 다음과 같은 범행기회의 제거기법을 제시하고 있다. 즉, 범행에 투입하는 노력을 증가시키는 것, 범행의 위험성을 높이는 법, 범행으로 획득하는 보상을 감소시키는 법, 죄의식이나 수치심을 유도하는 법 등이 그것이다.[30)]

위의 범행기회 제거기법은 다시 16가지의 기법으로 세분화되는데 범행대상의 견고화(target hardening), 접근통제(access control), 자연감시(natural surveillance), 범행대상 제거(target removal), 범행대상의 매력성 감소(reducing temptation), 이익의 부정(denying benefits), 법규제정(rule setting), 양심의 자극(stimulating conscience), 순응의 촉진(facilitating compliance) 등이 대표적인 것들이다.[31)]

(3) 범행기회의 축소전략

범행기회 제거전략이 범죄발생의 원천적 차단을 목표로 하고 있다면 범행기회의 축소전략은 범죄발생의 현실을 긍정하면서도 가능한 한 범죄피해를 줄이고자 하는 현실적이면서도 차선적인 범죄예방 전략이라고 할 수 있다. 이러한 범행기회의 축소를 위한 활동에는 잠재적 범행의 대상자라고 할 수 있는 사람들이 스스로의 행동을 조심하는 방안, 범인으로 하여금 범행대상에의 접근을 어렵게 하는 방안, 환경개선을 통해 잠재적 범죄자에 대한 감시를 강화하는 방안, 상습적이고 악질적인 범법자를 반드시 체포하여 처벌을 강화하는 방안 등이 제시될 수 있겠다.[32)]

2-2. 환경설계에 의한 범죄예방(CPTED)

(1) CPTED의 기원

범죄원인론을 연구했던 초기의 범죄학자들은 범죄가 인간의 생물학적, 심리적, 사회적 요인에 기인한다는 주장을 하였는바, 이는 대부분 범죄자의 범행동기에 주목하거나 혹은 범죄자와 피해자, 혹은 범죄자와 사회환경과의 상호작용에 주안점을 둔 것이었다.

그러나 이후 인간을 둘러싼 물리적 환경이 범죄에 영향을 줄 수 있다는 연구들이 진행되면서 '환경설계에 의한 범죄예방(Crime Prevention Through Environmental Design, CPTED)' 개념이 등장하게 되었다. 1961년 제이콥스(Jane Jacobs)라는 학자는 그녀의 저서 '위대한 미국 도시들의 삶과 죽음(The Life and Death of Great American Cities)'에서 주거를 위한 구역의 독자성과 자연적 감시의 중요성을 적시함으로써 방어공간에 관한 연구를 시작하였고, 1971년 제퍼리(Jeffery) 교수가 CPTED 이론을, 1972년 건축공학자 뉴먼(Oscar Newman)이 '방어공간(defensible space)'이라는 저작물을 각각 발표하는 등 물리적 환경의 적정한 설계와 관리가 범죄예방에 큰 영향력을 행사할 수 있음을 보여 주었다. 이러한 CPTED이론은 클라크(Ronald V. Clarke)와 메이휴(Paricia Mayhew)의 상황적 범죄예방(situational crime prevention) 이론, 브랜팅햄 부부(Patrica & Paul Brantingham)의 환경범죄학 이론 등에 힘입어 더욱 발전하게 되었다.[33]

(2) CPTED의 정의

CPTED는 물리적 환경개선을 통해 범죄자가 범행의 기회를 포착하지 못하도록 함으로써 범죄가 발생할 수 있는 기회를 감소시키자는 전략이라고 볼 수 있다. 그래서 CPTED의 전략은 범죄가 자주 발생하는 도시지역의 무질서와 무관심을 초래하는 환경을 제거하고 자신의 집 밖에 무슨 일이 일어나고 있는지에 대해 이웃들이 관심을 갖도록 하는 활동이 포함된다.[34] 결국 '환경설계를 통한 범죄예방(CPTED)'을 다음과 같이 정의할 수 있다. 즉, '범죄행위 및 범죄로 인한 두려움의 발생, 그리고 삶의 질에 충격을 줄 수 있는 여러 가지 기회들이 있음을 전제로 하여, 그 기회들에 대하여 영향을 미칠 수 있는 인간행동에 직접적으로 효과를 미치는 환경에 대한 설계와 사용'을 의미하고 있는 것이다. 이것은 다시 말하면 적절한 물리적 환경의 설계와 그 환경의 효과적 사용은 범죄 및 그로 인한 두려움을 감소시키고 삶의 질도 개선할 수 있음을 의미하는 것이다.[35]

(3) CPTED의 구성 개념과 범죄예방 전략

가. CPTED의 구성 개념

뉴먼은 CPTED를 구성하는 핵심적 요소인 방어공간(defensible space) 개념을 4가지 관점에서 설명하고 있다. 즉, ① 영역성(territoriality), ② 자연적 감시(natural surveillance), ③ 이미지(image), ④ 환경(milieu) 등이 그것이다.[36]

첫째, '영역성'이라는 것은 어떤 장소에 대한 정당한 사용자가 타인을 배제하고 자신이 그 장소를 사용할 권한을 확보하는 능력을 말한다. 이것은 어떤 사람이 어떤 지역을 방어하고자 한다면 그 지역에 대한 주인의식(ownership)을 가져야 함을 의미한다. 이 개념은 거주자들이 자신의 영역으로 인정했던 지역을 구분하고 보호하기 위함이며, 외부인이 구분된 지역 안으로 들어오려는 것을 저지하기 위해 필요하다.[37]

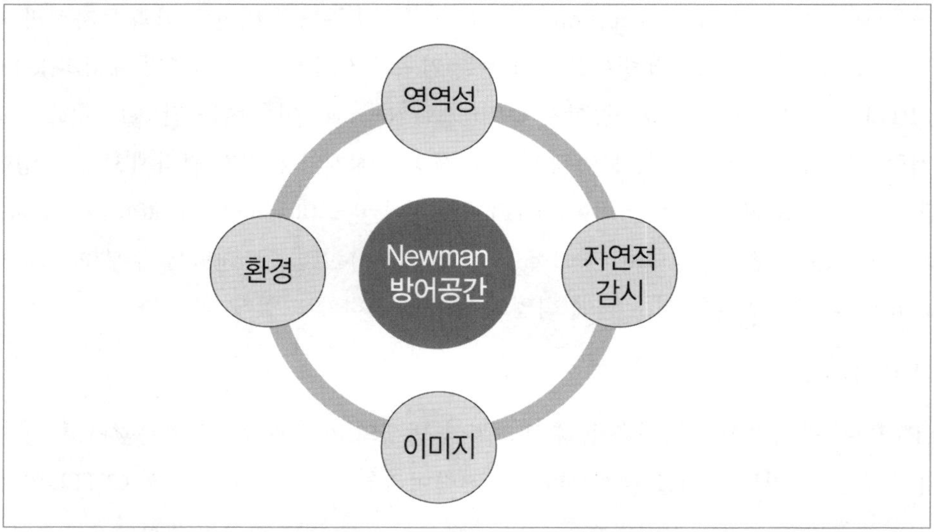

뉴먼의 방어공간이 갖는 4가지 관점

둘째, '자연적 감시'라 함은 어느 장소의 정당한 사용자가 그 지역에 어떤 일이 벌어지고 있는지를 관찰할 수 있는 능력을 의미한다. 자연적 감시가 실현되면 정당한 사용자는 그 장소를 활용함에 있어서 편안함을 느끼게 되며, 타인이 위법하게 자신의 공간을 침해하는지 여부를 곧바로 인식할 수 있게 된다. 자연적 감시가 잘 이뤄질 수 있도록 건물을 설계하게 된다면 침입자들로 하여금 자신의 행동이 타인에 의해 관찰되어지고 탐지될 수 있다는 느낌을 갖도록 하게 된다.[38)]

셋째, '이미지'라 함은 어떤 장소가 가지는 외부적 모습(外樣, appearance)을 의미한다. 즉, 잘 관리되어지고 있고 사람이 살만한 곳처럼 비춰지며 타인이 불법적으로 그 장소를 침해하는 것이 부적합하게 보이는 외적 모습이 바로 여기서의 이미지의 개념이다. 그러므로 공공주택을 건설함에 있어서 타인의 무단침입이 철저하게 차단되어지는 견고한 이미지를 부각시켜 주는 것이 필요할 것이다.

넷째, '환경'은 어떤 장소의 사회적 조건 및 배경과 관련되는 개념이다. 예를 들면 어느 지역의 경제적 조건이나 소득수준, 지역사회의 응집력, 문화적인 가치들이 바로 그것이다.[39)] 새로운 주거단지를 조성하고자 할 때 평소 범죄의 위협이 계속되고 있는 곳은 범죄예방적 측면에서 취약한 환경에 해당하므로 '안전지대(safe zone)'를 선택하여 주거지 조성 사업을 진행해야 할 것이다.[40)]

나. CPTED의 4가지 핵심전략

CPTED는 범죄예방을 위한 4가지 핵심전략을 가지고 있는데 ① 영역성(territoriality), ② 자연적 감시(natural surveillance), ③ 활동 혹은 행동지원(activity support), ③ 접근통제(access control) 등이 그것이다. 위 4가지 전략을 뉴먼이 제시한 방어공간 개념이 채택하고 있는 4가지 관점과 비교할 때 '영역성'과 '자연적 감시' 부분이 중복됨을 알 수 있다. 앞서 살펴 본 뉴먼의 방어공간 개념이 가지고 있는 4가지 관점에 관해서는 이를 범죄예방전략으로 연계시키는 것과 관련하여 다음 항목에서 언급하기로 하고, 여기서는 위의 '활동 지원'과 '접근통제'에 관한 부분에 대해서만 살펴보고자 한다.

활동지원이라 함은 공적 공간에서 합법적 활동을 할 수 있도록 장려하고 지원하여 '거리의 눈'에 의한 감시를 강화하여 범죄를 억제하는 방안이다. 산책길에 벤치를 설치하거나 운동기구를 설치하는 방안 등이 그러한 전략에 속한다.

또 접근통제라 함은 목표물에 대한 접근을 억제하고 범죄자에게 위험의 인식도를 높이는 것이다. 지역 내 건물에 수상한 사람이 침입하기 어렵도록 담을 설치한다든가 합법적 용무가 있는 사람만 출입을 허용하게끔 출입문 통제장치를 강화하는 것과 관련이 된다.[41]

다. 방어공간과 범죄예방이론과의 연계

그렇다면 위에서 언급한 뉴먼의 방어공간 개념이 갖는 4가지 관점을 범죄예방이론과 관련지어 보기로 한다.[42] 첫째, '영역성'이 확보되면 어떤 지역을 불법으로 침해하고자 하는 자들은 자신의 범행에 위협을 느끼게 된다고 한다. 즉, 어떤 지역이 소유자에 의해 관리되고 있다는 사실을 알게 되면 그 지역을 불법으로 침해하려던 잠재적 범죄자들은 발각에 대한 위협과 체포의 두려움을 안게 되어 범죄행위를 자제하게 된다는 것이다.

둘째, '자연적 감시'가 가능하게 되면 범죄행위가 쉽게 관측이 되어 일반인의 범행가능성이 저하된다고 한다. 예를 들면 가로등의 조도를 높이는 방법, 감시카메라를 설치하는 방법, 공공장소를 관측할 수 있도록 건물벽체를 유리로 시설하는 방법, 집 앞의 시야를 가리는 잡목들을 제거하는 방법, 건물 모퉁이를 둥글게 하여 사각지대를 없애는 방법 등이 제시된다.[43].

셋째, 어느 지역이 어떤 외관적 '이미지'를 주고 있느냐 하는 것도 범죄예방에 기여한다. 어떤 가정이나 공동체가 거주하는 지역의 외양을 보니 범죄발생이 너무나도 어려워 보인다는 이미지를 강하게 풍겨내고 있다면 그것은 '이미지'가 범죄예방에 기여하는 것이 된다. 이것은 '범행표적의 견고화(target hardening)'와 일맥상통한다. 이 개념은 어떤 장소를 정당하게 사용할 수 있는 자들에 대한 접근통제의 능력이기도 하지만 위법한 사용자에 대해서는 그 장소에 대한 통제권을 갖지 못하도록 철저하게 규제하는 능력을 뜻하기도 한다.

마지막으로 '환경' 측면을 살펴본다. 뉴먼(Newman)은 많은 인구가 거주할 수 있는 주거단지 조성계획을 추진하고자 할 때 범죄율이 높은 지역에 단지조성을 하게 되면 범죄친화적 주변환경으로 인해 범죄발생율이 더욱 높아지게 되므로 범죄발생율이 낮은 지역에다가 방어공간의 개념인 '영역성', '자연감시', '이미지' 등의 개념을 조합하여 주거단지를 조성해야 한다고 주장한다. 그렇게 되면 인구증가로 범죄율이 높아질 것이라는 예상을 깨고 범죄발생의 기회를 감소시킴으로 인해 범죄가 줄어들 것이라고 전망했다.[44]

도시화가 급속도로 진행되고 있는 오늘날 CPTED는 효과적인 범죄예방 전략 중의 하나로 각광받고 있는바, 새로운 주거단지를 조성할 경우나 기존 주거밀집 단지를 재개발 하는 등 도시의 주거환경을 개선하고자 할 때 위 방어적 개념의 환경설계를 적용하게 된다면 범죄예방에 많은 도움이 될 것이다.

3. 2차 예방이론

2차 예방이론은 우범자와 같이 잠재적 범죄자들이나 범죄발생에 기여하게 되는 환경적 요인을 대상으로 한다는 점에서 일반인을 대상으로 하는 1차 예방이론과 다르고, 범죄자를 대상으로 하는 3차 예방이론과도 다르다. 한편 1·2차 예방이론은 범죄발생 전에 범죄적 요소를 제거하는 전략을 모색하고자 한다는 공통점이 있다.[45]

2차 예방이론의 전형적인 예를 들면 결손가정 및 빈곤한 환경에서 자라난 우범아동 및 청소년을 대상으로 한 청소년 보호프로그램들을 들 수 있는데 예컨대, 청소년들에게 사회성을 향상시킬 수 있는 기술을 교육시킨다든지 취업을 위한 교육을 시행하는 것 등을 들 수 있다. 이러한 프로그램의 운영결과를 보면 우범소년들의 체포율이 상당한 수준으로 감소하고, 학교에서의 이탈이 줄어들었다는 연구결과가 보고된다.[46]

1995년 미국 뉴욕에서는 범죄위험에 처한 중학생들을 대상으로 범죄예방 프로그램을 실시하였는데 Safe Harbor Program과 Project S.T.O.P.가 바로 그것이다. 전자인 Safe Harbor Program은 청소년 상담과 학교에서의 반폭력 캠페인 활동 등을 그 내용으로 하고 있는 것이고, 후자인 Project S.T.O.P.는 전통적인 갈등해결 프로그램에 해당하는 것으로서, 이 양 프로그램은 모두 청소년으로 하여금 폭력의 수용여부에 관한 태도를 함양하고, 갈등을 비폭력적인 방법으로 해결하는 지식을 전수하며, 공격적 행동의 특성과 실체를 깨닫게 함과 동시에, 피해자 지원 서비스를 이용하는 방법 등을 교육하는 것을 주 내용으로 한다는 점에서 공통점이 있다.[47]

이 외에도 사회적으로 소외된 청소년들을 상대로 직업훈련과 경력개발 프로그램을 제공함으로써 실업상태를 극복토록 하여 범죄예방에 기여하는 직업교육 프로그램(Job Cops), 우범청소년들에게 자기신뢰의 기술 · 책임감 · 생존요령 등에 관한 교육을 실시하는 광야 프로그램(wilderness program)과 이미 죄를 범한 청소년들 중 경미한 범법행위를 한 이들에 대해서 형사처벌을 하는 것이 아니라 공식적인 형사절차의 범주 밖에서 문제를 해결하도록 훈방하거나 다른 청소년 선도프로그램에 위탁하는 등의 전환처우를 하는 다이버전(diversion) 프로그램 등의 운영사례를 제시할 수 있을 것이다.[48]

현재 우리나라에서는 우범소년에[49] 대한 2차 예방 프로그램으로서 가정법원 소년부에서 행하는 보호처분(「소년법」 제32조의 보호자 감호위탁, 수강명령, 사회봉사명령, 보호관찰, 소년보호시설 감호위탁, 소년의료보호시설 위탁 등), 경찰의 '소년범 조사시 전문가 참여제도', 기타 경찰이나 검찰의 우범소년 선도를 위한 홍보활동 및 훈방권 행사 등을 시행하고 있다.

4. 3차 예방이론

3차 예방이론이란 전술한 바와 같이 알려진 범죄자를 대상으로 추가적 범행을 할 가능성을 제거하는 방법을 찾는 이론이다.[50] 이처럼 범죄자의 비행에 초점을 맞춘 3차 예방이론이 지금까지 형사사법제도의 주류를 구성해 왔다고 볼 수 있는데 그 대표적인 것들로서는 삼진아웃제(three−strikes−you're−out)와 같은 강제적 수용 프로그램, 치유 프로그램(treatment program), 가해자에 대한 배상명령(restitution), 전자감시(electric monitoring), 선별적 구금(selective incapacitation), 공동체에 대한 고지제도(community notification) 등이 있다.

삼진아웃제는 1994년 미국 캘리포니아 주에서 중범죄(felony)를 3회 범한 범죄자가 유죄판결을 받을 경우 의무적으로 25년 자유형의 실형을 선고하도록 하는 법이 통과되면서 정착된 제도이다. 이때 검사의 동의 없이 판사는 이보다 낮은 형량을 선고할 수가 없도록 되어 있다. 지금까지 미국의 다른 20개 주들도 유사한 법률을 가지고 있는데 이 법의 제정 목적은 범죄자로 하여금 추가적 범행을 중지하지 않으면 더 혹독한 형벌을 당하게 될 것이라는 것을 확실하게 인식시켜 주기 위함이었다.[51]

범죄자치유 프로그램에는 약물치료, 직업훈련, 분노관리, 기타 교육 등의 프로그램을 포함하고 있다. 하지만 미국 내의 연구결과에 따르면 재소자의 상습범 비율이 40%에서 70%에 이르는 것을 볼 때 이러한 프로그램이 재범예방에 효과적이었다는 증거는 적은 편이라고 한다.[52] 그것은 오늘날 교도소 수용시설이 부족하여 과밀수용이 불가피하다는 점, 그로 인해 각 개개인의 사정에 적합한 치료를 하는 것이 아니라 획일적인 치료모델을 대부분의 수용자들에게 동일하게 적용할 수밖에 없다는 점 등이 이유들로 제시되고 있다.[53] 특히 가정폭력 가해자 치유 프로그램(batterers' intervention program)은 가해자로 하여금 소그룹 모임에 참석하여 왜 가족을 폭행하는지, 장차 폭행을 예방하기 위해서는 어떻게 해야 하는지, 분노관리를 어떻게 하는지, 전통적인 성차별적 선입견은 어떠한 것들인지에 대하여 적정한 태도를 개발하는 훈련이다.[54]

전자감시 제도는 일종의 가택연금과도 같이 전과자의 몸에 전자장치를 부착한 상태에서 감시를 하는 것인데 그들이 사법기관에서 정한 의무를 이행하지 않거나 모니터링을 받는 지역을 벗어나거나 기기를 함부로 변경하게 되면 컴퓨터가 위반사항을 체크하여 가해자를 다시 형사법정에 세우도록 하는 제도이다.[55]

선별적 구금제도는 많은 교도소 수용자들을 장기수용할 경우 그 경비가 막대해지기 때문에 수용시설 활용의 효용을 높이기 위해서 장차 재범할 위험성이 높은 범법자들만 선별하여 장기수용 하는 제도이며,[56] 공동체 고지제도는 성범죄 전과자들로부터 공동체를 보호하기 위해서 성범죄 전과자들이 출소하면 그가 거주하는 지역의 지역사회 주민들에게 그 출소자의 인적사항을 알려주는 제도이다. 이 제도는 이웃에 거주하는 성범죄 전과자에게 7살 아동이 성폭행을 당한 사건이 계기가 되어 1990년 '공동체 보호법(the Community Protection Act)'이 제정됨으로써 미국 워싱턴 주에서 최초로 채택하여 시행한 제도이다.[57] 우리나라에서도 성폭력 범죄 전과자들 중 특정유형의 범죄를 범한 자들에 대하여 법무부장관에게 신상정보를 등록하게 하고(「성폭력범죄의 처벌 등에 관한 특례법」 제35조), 정보통신망을 통하여 공개하도록 하며(동법 제37조), 등록정보를 주민에게 고지하는 제도(동법 제41조)를 시행하고 있다. 그밖에 「아동·청소년 성보호에 관한 법률」에도 이러한 성범죄자의 신상정보등록(동법 제33조 내지 35조), 신상등록정보 공개(동법 제38조), 신상등록정보 고지(동법 제38조의 2) 등이 규정되어 있다.

정리하기

○ 형벌의 기능과 목적에 대하여 응보적 관점에서 바라보는 시각과 예방적 관점에서 바라보는 시각이 존재한다. 형벌을 범죄예방적 관점에서 바라보는 시각에도 일반인을 상대로 범죄예방 효과를 거두고자 하는 일반예방이론적 입장과 전과자를 상대로 범죄예방 효과를 거두고자 하는 특별예방이론적 입장으로 나뉜다.

○ 브랜팅햄과 파우스트는 범죄예방전략을 1차, 2차, 3차 예방이론으로 나누어 설명하였다. 1차 예방은 일반인이 대상이고, 2차 예방은 우범자가 대상이며, 3차 예방은 범죄자가 그 대상이 된다.

○ '환경설계에 의한 범죄예방(CPTED)'은 영역성의 원리, 자연적 감시의 원리, 접근통제의 원리, 활동 또는 행동지원의 원리와 같은 4가지 핵심전략을 구사하여 범죄를 예방하고자 한다.

Chapter 02

형벌론

제1절 형벌이론

1. 형벌의 종류

형의 종류에는 사형, 징역, 금고, 자격상실, 자격정지, 벌금, 구류, 과료, 몰수의 9가지가 있다(형법 제41조). 생명형은 범죄자의 생명을 박탈하여 그 사회적 존재를 영구적으로 말살하는 것을 내용으로 하는 형벌로 극형이라고도 한다. 재산형은 국가가 범죄인에 대하여 일정한 금전의 지급을 명령하여 그 한도 내에서 범죄인의 재산적 이익을 박탈하는 것을 내용으로 하는 형벌이다. 자유형은 범죄인을 사회생활로부터 격리시킴으로써 그 자유를 박탈하는 것을 내용으로 하는 형벌로, 현대의 형벌은 자유형을 중심으로 하고 있다.

2. 형벌의 본질

형벌의 본질이 무엇인가에 대해서는 응보형주의, 목적형주의, 통합형주의가 대립하고 있다.

2-1. 응보형주의

응보형주의란 Kant와 Hegel에 의하여 주장된 것으로서 형벌의 본질을 범죄에 대한 정당한 응보에 있다고 하는 사상이다. 즉 범죄는 위법한 해악이므로 범죄를 행한 자에게는 그 범죄행위에 상응하는 해악을 가하는 것이 바로 형벌이며, 형벌의 내용은 악에 대한 보복적 반동으로서의 고통을 의미한다고 한다. 응보형주의는 형벌을 모든 범죄예방적 목적으로부터 분리하여 범죄에 의한 해악을 형벌에 의하여 응보함에 그 본질이 있다고 보는 것이므로, 형벌은 그 자체가 목적이라고 한다. 이런 의미에서 응보형주의를 절대적 형벌이론이라고도 한다.

2-2. 목적형주의

근대학파의 주장으로서, 목적형주의란 형벌의 본질을 장래의 범죄를 예방하여 범죄로부터 사회를 방위하려는 목적을 위한 수단으로 이해하려는 사상을 말하며 교육형주의라고도 한다. 목적형주의에 따르면 형벌은 과거의 범행에 대한 응보 그 자체에 있는 것이 아니라 사회 일반인 또는 범죄자가 범죄를 범하지 않도록 하는 장래의 범죄예방에 있다. 목적형주의는 그 목적에 따라 일반예방주의와 특별예방주의로 구분된다.

(1) 일반예방주의

범죄예방의 대상을 사회일반인에게 두고 형벌에 의하여 사회일반인을 위하(威嚇)하여 범죄예방의 효과를 얻으려는 사상을 말한다. 일반예방은 다시 소극적 일반예방과 적극적 일반예방으로 나누어진다. 소극적 일반예방은 형벌 위하에 의해 일반인이 범행하지 못하도록 하는 것을 의미하고, 적극적 일반예방은 형벌 위하가 사회의 규범의식을 강화시켜주는 효과를 가짐으로써 범죄자 예방되는 것을 의미한다.

(2) 특별예방주의

근대학파의 주장으로서, 범죄예방의 대상을 범죄인 그 자체에 두고 범죄인이 다시 범죄를 범하지 않도록 범죄자를 교육·개선함으로써 재범을 예방함을 그 목적으로 하는 사상을 말한다. 형벌의 개별화, 단기자유형 제한, 가석방, 선고유예와 집행유예 등은 이와 관련이 깊다.

2-3. 통합형주의(합일적 형벌이론)

응보형주의와 목적형주의의 단점을 배제하고 장점을 강조하는 통합형주의로서 응보이론에서 범죄는 반드시 형벌로 상쇄되어야 한다는 응보사상 그 자체는 배제되어야 하지만 책임에 상응한 형벌이 정당하다는 책임원칙은 타당하다고 보는 것이다.[58)]

제2절 생명형과 자유형

1. 사형의 개념

사형은 수형자의 생명을 박탈하는 형벌로서 교정시설 안에서 교수(絞首)하여 집행한다(형법 제66조). 군형법상 사형은 소속 군 참모총장이 지정한 장소에서 총살로써 집행한다(군형법 제3조). 죄를 범할 당시 18세 미만인 소년에 대하여 사형 또는 무기형으로 처할 경우에는 15년의 유기징역으로 한다(소년법 제59조).

1-1. 사형존치론의 논거

사형존치론의 논거는 다음과 같다.

① 사람을 살해한 자는 자신의 생명을 박탈당할 수도 있다는 것이 아직까지 일반국민이 가지고 있는 법적 확신이다.

② 사형은 일종의 필요악으로 법질서 유지 측면에서 흉악범 등 중대 범죄에 대해서는 사형으로 이를 위하하지 않으면 법익보호의 목적을 달성할 수 없으며 사회방위를 위해서 극악한 인물은 사회에서 완전히 제거하여야 한다.

③ 사형판결 중 오판의 예는 극소하고 그러한 우려 때문에 사형을 폐지하면 이는 범죄방지 대책상 너무 큰 희생을 요구하는 것이다.

1-2. 사형폐지론의 논거

사형폐지론의 논거는 다음과 같다.

① 사형은 야만적이고 잔혹한 비인간적 형벌로 인도주의적 견지에서 마땅히 폐지되어야 한다.

② 사형은 국가에 의한 합법적인 살인을 의미하는데, 이는 국가가 살인을 금지하는 사상과 모순되며, 생명은 인간에게 있어 가장 중요하고도 본질적인 법익이므로 국가가 이러한 생명을 박탈하는 것은 어떠한 이유로도 허용될 수 없다.

③ 인간의 재판에는 오판이 없다고 단정할 수 없고, 사형이 오판에 기인하여 집행되었을 경우에는 그 피해를 회복할 방법이 전혀 없다.

④ 사형은 일반 사회인이 기대하는 것처럼 위하적인 효과를 가지지 못한다.

⑤ 사형은 형벌의 주된 기능인 교육 및 개선기능을 전혀 갖지 못한다(특별예방효과가 없음).

1-3. 헌법재판소 결정

사형제도 존치여부에 관한 헌법재판소의 결정은 다음과 같다.59)

(1) 사형에 대한 헌법적 근거와 위헌여부

① 헌법 제110조 제4항 단서(비상계엄하의 군사재판은 … 법률이 정한 경우에 한하여 단심으로 할 수 있다. 다만, 사형을 선고한 경우에는 그러하지 아니하다.)에서 간접적이나마 법률에 의하여 사형이 형벌로서 정해지고 또 적용될 수 있음을 인정하고 있다.

② 생명에 대한 법적 평가가 예외적으로 허용될 수 있다고 할 것이므로, 생명권 역시 헌법 제37조 제2항에 의한 일반적 법률유보의 대상이 될 수밖에 없다.

③ 사형이 「필요악」적인 제도이나, 비례의 원칙 또는 헌법질서에 반하지 않는다.

(2) 형법 제250조 제1항의 위헌여부

사형을 형벌의 한 종류로서 합헌이라고 보는 한 타인의 생명을 부정하는 범죄행위에 대하여 사형을 그 불법효과의 하나로서 규정한 것은 불가피한 수단의 선택인 바, 비례의 원칙에 반한다고 할 수 없어 헌법에 위반되지 않는다.

2. 자유형제도

수형자의 신체적 자유를 박탈하는 것을 내용으로 하는 형벌로서 징역, 금고, 구류가 있다. 노동을 통한 범죄인 개선이라는 교육형주의의 관점에서 시작된 형벌을 의미한다.

2-1. 자유형의 종류

(1) 징역

징역은 교도소 내에 구치하여 정역(정해진 노역)에 복무하게 하는 것이다. 무기징역은 종신형이나 20년 경과 후 가석방이 가능하다. 유기징역은 1월 이상 30년 이하이며 가중시에는 50년까지로 한다.

(2) 금고

금고의 기간은 징역과 동일하나 정역에 복무하지 않으며 수형자의 신청이 있으면 작업을 부과한다.

(3) 구류

구류는 수형자를 구치소 내에 구치하는 것으로 기간은 1일 이상 30일 미만이다. 수형자의 신청이 있으면 작업을 부과한다.

2-2. 단기자유형의 문제점

(1) 단기자유형의 의의

단기 자유형에서 「단기」라 함은 짧게는 6주에서 길게는 6월에서 1년 이하의 기간을 뜻하기도 하지만, 일반적으로 6월 이하의 형을 단기로 본다.

(2) 단기자유형의 폐단

① 형집행과정에서 직업훈련과 성격개선 등 사회복귀를 위한 개선·교화의 효과를 거둘 시간적 여유가 없어 이른바 특별예방의 효과가 없다.

② 형기가 짧아 수형자에 대한 정신적 고통이 적고 따라서 위하력도 약해 일반예방 효과도 떨어진다.

③ 경한 죄질의 범죄자에게 가해지는 경우가 많은데, 이로 인해 그 가족의 경제적 파탄과 함께 정신적 부담을 가져온다(간접형벌의 문제).

④ 전과자로 낙인이 찍히므로 사회복귀에 어려움이 있고 따라서 재범의 위험성이 크다.

(3) 단기자유형의 대체방안

[표 5-1] 단기자유형 대체방안

구 분	내 용
벌금형의 활용	피고인의 재산상태에 맞는 벌금형을 양정(量定)하고, 분납 및 연납 등의 편의가 선행되어야 대체효과를 거둘 수 있다.
각종 유예제도의 활용	선고·집행유예제도는 본래 범죄자를 사회 내에서 처우한다는 데 있지만 보호관찰을 결합시킴으로써 보다 효과적인 범죄방지대책이 될 수 있다.

기소유예제도의 확대운용	기소단계에서 단기자유형의 폐해를 제거하려는 것으로 범죄인의 조속한 재사회화라는 관점에서 의미가 있다.
구금제도의 완화	주말구금, 휴일구금, 단속구금, 반구금제, 무구금강제노역 등 중간처벌을 적극 활용하는 것이다.
기타	선행보증 가택구금, 거주제한 등 자유제한을 수반하는 독자적인 보호관찰, 사회봉사명령 등을 실시하는 방안이 있다.

(4)「자유형의 단일화」 논의

목적형·교육형주의의 입장에서 자유형의 내용에 따른 구별 즉, 수형자에게 정역을 복무할 의무여하에 따른 징역형과 금고형의 구별을 폐지하고 자유형을 정역복무의무를 내용으로 하는 형벌로 단일화하는 것이다. 자유형의 단일화론은 징역과 금고만을 단일화하자는 부분적 단일화론과 구류까지를 포함하는 완전단일화론이 있다.

단일화의 근거로는 노동은 인간으로서 당연히 종사하여야 할 의무이며, 교육형주의의 입장에서 수형자에게 일정한 작업을 부과하는 것은 교육의 수단이며 단순히 고통을 주기위한 강제적인 노동만은 아니라고 본다.

제3절 재산형과 자격형

1. 재산형제도

국가가 범죄인에 대하여 일정한 재산을 박탈하는 것을 내용으로 하는 형벌이다. 재산형에는 벌금, 과료, 몰수가 있다. 단기자유형의 폐단을 줄이는 대체수단으로 활용되며, 대표적인 주장자는 독일의 리스트다.

1-1. 벌금

(1) 벌금형의 특징

제3자에 의한 대납을 금지하며 국가에 대한 채권과 상계(相計)할 수 없다. 일신전속적 성격을 가지고 있으므로 벌금납부의무자가 사망하면 납부의무도 소멸한다. 벌금형은 형집행 비용이 적고 구금으로 인한 실업, 가정파탄, 악폐감염 등의 위험성이 없고 이욕적인 범죄자에게 효과적이며 국고의 수입을 늘릴 수 있다는 장점이 있다. 그러나 다액의 벌금미납자라도 3년 이하의 노역으로 벌금을 대체하므로 형평성에 위배된다는 문제가 있다.

벌금형에 대하여는 형법 제51조의 사항을 고려하여 뉘우치는 정상이 뚜렷할 때에는 선고유예(형법 제59조 제1항)가 가능하고, 500만 원 이하의 벌금형에 대해서는 형법 제51조의 사항을 참작하여 그 정상에 참작할 만한 사유가 있는 때에는 집행유예가 가능하다(형법 제62조 제1항).

(2) 노역장 유치

벌금과 과료는 판결확정일로부터 30일 이내에 납입하여야 한다. 벌금(과료제외)을 선고할 때에는 동시에 그 금액을 완납할 때까지 노역장에 유치할 것을 명할 수 있다(형법 제69조 제1항). 벌금을 납입하지 아니한 자는 1일 이상 3년 이하, 과료를 납입하지 아니한 자는 1일 이상 30일 미만의 기간 노역장에 유치하여 작업에 복무하게 한다(형법 제69조 제2항). 벌금과 과료를 선고할 때에는 노역장 유치기간을 정하여 동시에 선고하여야한다.

벌금이나 과료의 선고를 받은 사람이 그 금액의 일부를 납입한 경우에는 벌금 또는 과료액과 노역장 유치기간의 일수(日數)에 비례하여 납입금액에 해당하는 일수를 뺀다. 선고하는 벌금이 1억 원 이상 5억 원 미만인 경우에는 300일 이상, 5억 원 이상 50억 원 미만인 경우에는 500일 이상, 50억 원 이상인 경우에는 1천일 이상의 노역장 유치기간을 정하여야 한다.

(3) 일수벌금제도

일수벌금제도는 총액벌금제에 대한 비판을 기초로 범죄의 경중에 따라 일수를 먼저 정하고 다음으로는 피고인의 수입상황을 고려하여 일수당 정액을 정한 다음 일수에 일수정액을 곱하여 벌금액을 산정하는 것을 말한다.

일수정액의 산정은 경제적 능력을 기초로 결정되므로 빈부에 관계없이 형벌의 목적을 달성할 수 있게 하고 동시에 환형유치의 집행가능성을 현저히 감소시켜 단기 자유형의 폐해를 막을 수 있다. 또한 형벌의 책임주의에 의한 위하력과 배분적 정의의 실현이라는 희생동등의 원칙을 충족한다. 다만, 범죄자의 경제상태를 실제 조사하는 과정이 어렵고 양형에 있어 경제적 능력에 의미를 지나치게 강조하게 된다.

1-2. 과료와 몰수

(1) 과료

과료는 재산형의 일종으로 행정벌인 과태료와 구별된다. 과료는 2천원 이상 5만원 미만으로 한다(동법 제47조). 과료를 납입하지 아니한 자는 1일 이상 30일 미만의 기간 노역장에 유치하여 작업에 복무하게 한다.

(2) 몰수

몰수는 범죄의 반복을 막거나 범죄로부터 이득을 얻지 못하게 할 목적으로 범죄행위와 관련된 재산을 박탈하는 형벌이다.

몰수의 대상은 ① 범인 외의 자의 소유에 속하지 아니하거나 범죄 후 범인 외의 자가 사정을 알면서 취득한 물건으로 범죄행위에 제공하였거나 제공하려고 한 물건, ② 범죄행위로 인하여 생겼거나 취득한 물건, ①, ②대가로 취득한 물건이다. 몰수는 타형에 부가하여 과한다(몰수의 부가성). 단, 행위자에게 유죄의 재판을 아니할 때에도 몰수의 요건이 있는 때에는 몰수만을 선고할 수 있다(동법 제49조).

물건을 몰수할 수 없을 때에는 그 가액(價額)을 추징한다(동법 제48조). 추징은 몰수 대상인 물건을 몰수하기 불가능한 경우 몰수에 갈음하여 가액의 납부를 명하는 사법처분을 의미한다.

우리나라는 형법상의 몰수와 특별법상의 몰수, 그리고 이러한 범죄수익몰수를 위한 특별법상의 몰수로 나뉜다. 오늘날 뇌물범죄, 조직폭력범죄, 마약범죄와 같은 경우 자유형이나 벌금형만으로는 범죄의 반복을 막는 데 매우 부족하므로 범죄수익 몰수제도는 중요하다.

2. 자격형제도

형법이 규정하고 있는 자격형(명예형)에는 자격상실과 자격정지가 있다.

2-1. 자격상실

자격상실이라 함은 일정한 형의 선고가 있으면 그 형의 효력으로서 당연히 일정한 자격이 상실되는 것을 말한다. 형법상 자격이 상실되는 경우로는 사형 · 무기징역 또는 무기금고의 판결을 받은 경우이며, 상실되는 자격은 (1) 공무원이 되는 자격, (2) 공무원의 선거권과 피선거권, (3) 법률로 요건을 정한 공법상의 업무에 관한 자격, (4) 법인의 이사 · 감사 또는 지배인 기타 법인의 업무에 관한 검사역이나 재산관리인이 되는 자격이다(형법 제43조 1항).

무기징역 또는 무기금고의 판결을 선고받은 자가 사면이나 가석방이 되더라도 복권이라는 별도의 사면조치가 없는 한 위 자격을 영구히 상실한다.

2-2. 자격정지

법률에 의하여 일정기간 동안 일정한 자격의 전부 또는 일부를 정지시키는 명예형의 하나이다. 자격의 당연정지와 선고에 의한 정지가 있다.

(1) 자격의 당연정지

당연정지란 일정한 형의 판결을 받은 자에 대하여 일정한 자격을 당연히 정지시키는 것이다. 현행 형법에서는 유기징역 또는 유기금고의 판결을 받은 자는 그 형의 집행이 종료하거나 면제될 때까지 공무원이 될 자격, 공법상의 선거권과 피선거권, 법률로 요건을 정한 공법상의 업무에 관한 자격을 정지한다(제43조 제2항).

(2) 선고에 의한 정지

선고에 의한 정지란 특별한 판결 선고로써 일정한 자격의 전부 또는 일부를 일정기간 동안 정지시키는 것이다.

(3) 선택형과 병과형

자격정지는 그 범죄의 성격에 따라 선택형과 병과형이 있다. 선택형이란 자격정지와 징역·금고 · 벌금형 가운데 한 가지만 부과하는 것으로 공무원의 직무유기(형법 제122조)와 직권남용(형법 제128조), 의사 등의 허위진단서 작성(형법 제233조) 등이 이에 해당된다.

병과형이란 자격정지와 함께 징역이나 금고 또는 벌금형을 같이 부과하는 것으로 범죄단체조직(형법 제114조), 살인 · 존속살해(형법 제250조), 특수폭행(형법 제261조) 등이 이에 해당된다.

(4) 자격정지의 기간

자격정지의 기간은 1년 이상 15년 이하까지이다. 자격정지의 기산일은 병과형의 경우 징역 또는 금고의 집행이 종료되거나 면제된 날로부터이다(형법 제44조 1항). 선택형의 경우에는 자격정지 기간은 판결이 확정된 날부터이다. 자격정지를 감경할 때에는 그 형기의 2분의 1로 한다(형법 제55조 제1항 5호). 10년 이상의 자격정지는 시효가 10년이고, 5년 이상은 5년, 5년 미만은 3년이다(형법 제78조 4·5·6호). 자격정지 선고를 받은 자가 피해자의 손해를 보상하고 자격정지 이상의 형을 받음이 없이 정지기간의 2분의 1이 지난 때에는 본인 또는 검사의 신청에 의하여 복권(復權)을 선고할 수 있다(형법 제82조).

Chapter 03

보안처분론

제1절 보안처분의 의의

1. 보안처분의 의의

범행을 저지르면 통상 재판절차를 거쳐 형사처분으로서 형벌이 부여되지만 그것은 발생한 범죄에 대처한 것이고 형벌만으로는 범죄에 대한 억지나 방지로서의 효과가 충분하지 않다. 보안처분은 장래 범죄를 범할 위험성이 있는 특정 대상자에게 형벌과는 별도로 범죄원인을 제거하는 치료와 개선을 내용으로 한 처분이다.

1-1. 보안처분의 개념

형벌만으로는 범죄에 대한 사회보전의 방법으로 불충분 또는 부적당하므로 형벌이외에 형벌을 보충하고 대체하는 의미에서 국가가 시행하는 범죄예방처분을 말한다. 이미 범죄를 범하였거나 범할 우려가 있는 자에 대하여 그의 위험성에 대응한 사전예방조치로서 과해지는 강제적 범죄예방처분이다.

보안처분의 우선적 목표는 범죄자의 개선에 있고, 보안처분의 기본사상은 범죄자의 처벌이 아니라 범죄적 상황의 치료에 있다. 그러나 형벌 못지않게 당사자에 대한 기본권 침해가 크고, 주로 형벌의 집행을 마친 자를 대상으로 선고되는 제재인 만큼 최후 수단적으로 사용되고, 당사자의 기본권 보호에 충실해야 한다. 형벌 종료 이후 부과되는 보안처분 외에도 보안처분은 아예 처음부터 형벌을 대체하는 형태로도 부과될 수 있다.

1-2. 재범의 위험성

보안처분은 미래에 특정범죄를 다시 범할 위험성이 높다는 이유만으로 부과되는 형사제재이므로 사람에 대한 재범위험성 평가를 전제로 한다. 재범의 위험성은 보안처분의 가장 핵심적인 개념요소이자 정당성을 뒷받침하는 근거이다. 재범의 위험성을 불문하고 보안처분을 부과하는 것은 과잉금지원칙, 그중에서도 특히 침해의 최소성 원칙에 반한다.[60] 또한 보안처분의 집행을 지속하기 위해서도 재범의 위험성이 인정되어야 하므로 일정 기간마다 재범의 위험성의 존부를 판단하고 그 결과에 따라 해제나 감면이 가능하도록 하여야 한다.

1-3. 보안처분 법정주의

보안처분은 실제로 개인의 자유나 재산 등 법익을 박탈 내지는 제한하는 것을 내용으로 함으로써 사실상 형벌과 다를 바 없고 그리하여 기본권 보장의 취지에서 죄형법정주의에 상응하는 보안처분 법정주의가 요청된다. 보안처분 법정주의는 보안처분이 적용되기 위해서는 형식적인 절차뿐만 아니라 실질적인 보안처분의 종류, 적용요건, 효과 등에 대해 법률로 엄격히 정해두어야 하는 것을 의미한다.

1-4. 소급효금지의 원칙과 부정기형

장래에 대한 예방처분인 보안처분은 형벌이 아니므로 형벌과 달리 소급효금지의 원칙을 적용하지 않는다(예, 취업제한). 그러나 보안처분에 관한 법률을 소급적용하는 것은 일반적인 소급입법금지원칙에 위반될 수 있는데 이는 진정소급입법과 부진정소급입법의 경우로 나누어 판단하여야 한다.

절대적 부정기형은 금지된다. 과거 사회보호법에서의 치료감호처분은 "감호의 필요가 없을 정도로 치유될 때까지"로 하였으나 개정된 치료감호 등에 관한 법률에서는 심신장애자와 정신성적 장애자는 15년 이내, 마약 및 알코올 중독자에 대해서는 2년을 초과할 수 없도록 상한선을 정하고 있다.

1-5. 보안처분의 정당성

보안처분에 의한 개인의 자유침해는 보안처분의 목적이라고 할 수 있는 사회방위와 비례관계에 있어야 한다. 따라서 보안처분은 사회와 개인에 대하여 가장 경미한 처분으로 행하여져야 하고 그 한도 내에서 합목적성이 추구되어야 한다.

2. 보안처분의 법적 성격

2-1. 형벌과 보안처분의 관계

(1) 이원론

형벌의 본질은 응보에 있으므로 형벌과 보안처분은 각기 그 성격을 달리하고, 따라서 형벌과 보안처분은 동시에 선고되고 중복해서 집행될 수도 있다는 입장이다(병과주의).

(2) 일원론

형벌과 보안처분은 모두 사회방위와 범죄인의 개선·교육을 목적으로 하는 것이고, 행위자의 반사회적 위험성을 기초로 과하는 사회방위처분이므로 양자는 본질적인 차이가 없고 따라서 형벌과 보안처분 가운데 어느 하나만을 선고하여 집행하여야 한다고 한다(대체성의 긍정).

(3) 대체주의

이원론과 일원론을 절충한 것으로 형벌은 이원론의 입장에서 책임의 정도에 따라 선고되지만, 그 집행단계에서는 일원론의 입장에서 보안처분으로 대체하거나 일정한 상황하에 보안처분의 집행이 종료된 후에 형벌을 집행하는 제도이다. 제한적 이원론이라고 할 수 있다.

2-2. 우리나라의 보안처분

우리나라는 형벌과 보안처분 모두를 인정하는 형사제재 이원주의를 취하고 있다. 최근에는 성폭력범죄 등 강력범죄에 대처하고자 각종 특별법을 통해 여러 보안처분이 도입되는 등 확대 강화되는 추세이다.

[표 5-2] 형벌과 보안처분

구분	이원주의	일원주의	대체주의
의의	형벌과 보안처분은 법적 성격이 다르다	형벌과 보안처분은 정도와 분량의 차이일 뿐 동일함	선고단계는 별도선고(이원론), 집행단계는 대체 또는 선집행(일원론)
입장	응보형론	목적형, 교육형론	슈토스초안

논거	형벌은 책임, 범죄의 진압, 회고적, 응보이고 형사처분임. 반면에 보안처분은 사회적 책임성, 범죄의 예방, 전망적, 사회방위와 교정교육이며 행정처분에 속함	둘 다 사회방위처분. 형벌의 본질은 개선교화. 형벌을 해악의 부과로 보는 응보형론은 부당하고, 형벌은 사회복귀에 중점을 두어야 함	보안처분이 개인적 처벌의 필요성에 적합하므로 선집행하는 것이 합목적적임. 보안처분 집행 후 그 기간을 형기에 산입하거나 형벌 대체를 인정
대체성	병과가 가능	하나만 선택	요건과 선고는 별개이나 집행은 대체가 가능
처분 기관	행정청(행정처분)	법원(형사처분)	법에 특별규정 필요
문제점	이중처벌의 위험성	책임주의에 반할 위험성	책임주의와 불일치하고 양자의 적용범위가 불분명함

제2절 보안처분의 종류

1. 보안처분의 유형

보안처분은 특정한 사람에게 부과되는지, 일정한 물건에 대해 부과되는지에 따라 대인적 보안처분과 대물적 보안처분으로 나뉜다.

대인적 보안처분은 자유박탈적 보안처분과 자유제한적 보안처분으로 구분된다. 자유박탈적 보안처분은 대상자를 사회로부터 격리하여 일정한 수용시설에 수용하는 형태의 보안처분이다. (구)사회보호법상의 보호감호와 치료감호법에 따른 치료감호가 이에 해당한다. 자유제한적 보안처분은 대상자를 일정한 수용시설에 구금하는 형태가 아니라, 사회 내에서 각종의 처우를 행하는 형태의 보안처분을 말한다. 치료감호를 제외하면 오늘날 우리나라의 보안처분은 모두 자유제한적 보안처분이다.

대물적 보안처분은 영업소, 도박장의 폐쇄, 선행 보증 등이 있으나 우리나라에는 대물적 보안처분이 없다.

2. 현행법상 주요 보안처분

2-1. 치료감호와 치료명령

치료감호란 심신장애 상태, 마약류중독상태, 소아기호증 증 정신성적 장애가 있는 상태 등에서 범죄행위를 한 자로서 치료가 필요하고 재범의 위험성이 있는 자를 치료감호시설에 수용하여, 치료를 위한 조치를 행하는 보안처분이다(치료감호법 제2조, 제16조). 현행법상 유일한 자유박탈적 보안처분으로 형과 함께 부과된 경우 대체주의를 취한다는 점이 특징이다.

치료명령은 비교적 경미한 범죄자에 대한 통원치료 방식의 사회 내 보안처분으로 2016년부터 시행되고 있다.

2-2. 보안관찰

국가의 안전과 사회의 안녕을 유지함을 목적으로 주로 내란 · 외환 등과 관련한 특정범죄를 범한 자를 대상으로 재범의 위험성을 예방하고 건전한 사회복귀를 촉진하기 위하여 이루어지는 처분이다(보안관찰법 제1조, 제2조). 보안관찰처분의 기간은 2년이며, 법무부장관은 보안관찰처분심의위원회의 의결을 거쳐 그 기간을 갱신할 수 있다(동법 제5조). 보안관찰처분의 청구는 검사가 보안관찰처분청구서를 법무부장관에게 제출함으로써 행하고, 보안관찰은 위원회의 심의·의결을 거쳐 법무부장관이 행한다(동법 제8조, 제12조). 법무부장관은 위원회의 의결과 다른 결정을 할 수 없다. 다만, 보안관찰처분대상자에 대하여 위원회의 의결보다 유리한 결정을 하는 때에는 그러하지 아니하다(동법 제14조 제2항).

헌법재판소는 보안관찰을 보안처분으로 보고 있다(헌재 2015.11.26. 2014헌바475).

2-3. 보호관찰

넓은 의미의 보호관찰은 범죄인을 사회 내에서 지도 · 감독하는 일체의 처분을 뜻하며, 이 가운데 재범의 위험성이 있는 범죄인을 사회 내에서 지도 · 감독하는 처분을 협의의 보호관찰이라고 할 수 있다. 보호관찰은 형법 외에 치료감호법, 전자장치부착법, 성충동약물치료법, 성폭력처벌법, 청소년성보호법 등 여러 특별법에 따라 부과될 수 있다.

치료감호법상 보호관찰은 ① 피치료감호자에 대한 치료감호가 가종료되었을 때, ② 피치료감호자가 치료감호시설 외에서 치료받도록 법정대리인등에게 위탁되었을 때, ③ 수용기간(또는 연장된 기간)이 만료되는 피치료감호자를 대상으로 한다.

치료감호심의위원회에서 보호관찰이 필요하다고 결정한 경우에는 치료감호기간이 만료되었을 때 이루어지며 보호관찰의 기간은 3년으로 한다(동법 제32조). 이것은 상당 기간 시설감호에 의해 단절되었던 피감호자의 사회적응력을 사회 내 처우를 통해 증진시키려는 조치이다.

대법원은 형의 집행을 유예하면서 부과할 수 있는 보호관찰의 법적 성격을 보안처분으로 보고 있다(대법원 2010.9.30. 선고 2010도6403 판결).

2-4. 사회봉사명령과 수강명령·이수명령

사회봉사명령은 유죄로 인정된 범죄자에게 소년법상의 보호처분이나 형법상의 집행유예 등에 수반된 조건으로, 집행유예기간 내에 일정시간 동안 지정된 장소에서 무보수로 일정한 노역에 종사하도록 하는 사회 내 처우제도이다. 사회봉사명령은 형법과 소년법 외에 성폭력처벌법, 성매매처벌법, 아동학대처벌법 등에 규정을 두고 있다.

수강명령 내지 이수명령은 경미한 비행이나 범행을 저지른 자로 하여금 일정시간 지정된 장소에서 교육을 받게 하여 교화·개선을 꾀하는 사회 내 처우이다.

2-5. 위치추적 전자장치 부착명령

위치추적 전자장치 부착명령은 성폭력범죄 등 특정범죄(성폭력범죄, 미성년자 대상 유괴범죄, 살인범죄 및 강도범죄)를 저지른 사람의 재범방지를 위하여 위치추적 전자장치를 신체에 부착하게 하는 조치를 말한다(전자장치 부착 등에 관한 법률 제2조).

전자장치 부착법은 3가지 유형의 전자장치부착을 규정하고 있다.

① 가석방이나 치료감호의 가종료 등에 뒤이은 전자장치 부착명령(동법 제3장 가석방 및 가종료 등과 전자장치 부착)

② 특정범죄를 범한 자의 집행을 유예하면서 부과하는 전자장치 부착명령(동법 제4장 형의 집행유예와 부착명령)

③ 형 집행 종료 후의 전자장치 부착명령(동법 제2장)이다.

이 중 ①과 ②는 독립적인 제재라기보다 부착명령과 함께 부과되는 것으로 보호관찰의 준수여부를 감독하는 수단으로서의 성격을 가진다.

반면에 ③형 집행 종료 후의 전자장치 부착명령은 특정범죄를 다시 범할 위험성에 근거하여 추가적으로 부과되는 독자적인 제재이다. 헌법재판소와 대법원은 ③형 집행 종료 후의 전자장치 부착명령을 보안처분으로 보고 있다.

법원은 다음과 같은 기간의 범위 내에서 부착기간을 정하여 판결로 부착명령을 선고하여야 한다. 다만, 19세 미만의 사람에 대하여 특정범죄를 저지른 경우에는 부착기간 하한을 다음 각 호에 따른 부착기간 하한의 2배로 한다(동법 제9조 제1항).

부착명령을 선고받은 사람은 부착기간 동안 「보호관찰 등에 관한 법률」에 따른 보호관찰을 받는다(동법 제9조 제3항). 주된 제재인 부착명령에 보호관찰이 뒤따르는 형식이다.

[표 5-3] 전자장치 부착범죄와 기간

대상 범죄	부착기간
법정형의 상한이 사형 또는 무기징역인 특정범죄	10년 이상 30년 이하
법정형 중 징역형의 하한이 3년 이상의 유기징역인 특정범죄 (제1호에 해당하는 특정범죄는 제외한다)	3년 이상 20년 이하
법정형 중 징역형의 하한이 3년 미만의 유기징역인 특정범죄 (제1호 또는 제2호에 해당하는 특정범죄는 제외한다)	1년 이상 10년 이하

2-6. 디엔에이 신원확인정보의 수집 · 이용

디엔에이(DNA) 신원확인정보의 수집 · 이용은 수형인, 구속피의자, 범죄현장 등으로부터 DNA감식자료를 채취하고 디엔에이 신원확인정보를 관리하며 이용하는 것을 말한다. 이 법률은 DNA제도를 도입함으로써 범죄수사 및 범죄예방에 이바지하고 국민의 권익을 보호할 목적으로 2010년 1월 25일 제정되었다.

범죄 중에서도 살인, 강도, 강간, 추행, 절도, 조직 폭력, 마약, 청소년성범죄 등 11 종류의 강력 범죄를 저지른 사람들에게 재범을 막기 위해 범죄자들의 유전자를 채취하여 보관하는 방법이며 DNA신원확인정보 데이터베이스 관리위원회(법률 14조)가 운영되고 있다. 헌법재판소에 따르면 디엔에이신원확인정보의 수집 · 이용은 비형벌적 보안처분이다.

2-7. 신상정보 등록, 공개명령, 고지명령

신상정보 등록이란 등록대상 성범죄로 유죄판결이나 약식명령이 확정된 자 또는 공개명령이 확정된 자에게 신상정보를 제출할 의무를 부과하고 이를 등록하는 것이다(성폭력처벌법 제3장).

신상정보 공개명령은 아동청소년대상 성폭력범죄 등을 저지른 자 등의 신상정보(사진, 주소 및 실제거주지, 등록대상 성범죄 요지 등)를 등록기간 동안 정보통신망을 이용하여 공개하도록 하는 명령이다(청소년성보호법 제49조).

신상정보 고지명령은 공개대상자가 법정요건에 해당하면 공개명령 기간 동안 고지정보를 일정한 고지대상자(어린이집의 원장, 학교의 장 등)에게 고지하도록 하는 명령이다(청소년성보호법 제50조).

헌법재판소와 대법원은 신상정보의 공개·고지명령을 비형벌적 보안처분으로 보고 있다. 성폭력처벌법은 등록대상 성범죄로 유죄판결이나 약식명령이 확정된 자 또는 같은 법 제49조 제1항 제4호에 따라 공개명령이 확정된 자는 '자동적'으로 신상정보 등록대상자가 되도록 하고 있다(성폭력처벌법 제42조 제1항). 청소년성보호법 또한 신상정보의 공개·고지명령의 사유 가운데 재범의 위험성은 규정되어 있지 않다(청소년성보호법 제49조 제1항).

2-8. 취업제한

취업제한이란 법원이 성범죄로 형 또는 치료감호를 선고하는 경우에 판결로 그 형 또는 치료감호의 전부 또는 일부의 집행을 종료하거나 집행이 유예·면제된 날로부터 일정기간동안 아동·청소년 관련기관 등을 운영하거나 취업 또는 사실상 노무를 제공할 수 없도록 하는 명령이다(청소년성보호법 제56조).

헌법재판소는 취업제한이 형벌에 해당하지 않으므로 형벌불소급의 원칙이 적용되지 않는다고 판시하였다. 취업제한은 성범죄자가 아동청소년 관련기관 등에 종사하면서 재범하는 것을 방지하려는 목적을 가지므로 보안처분이다. 청소년성보호법은 성범죄로 형 또는 치료감호를 선고하는 경우에 원칙적으로 취업제한명령을 선고하도록 하고 재범의 위험성이 현저히 낮은 경우에 예외를 인정한다(동법 제56조).

2-9. 성충동 약물치료

성충동 약물치료는 비정상적인 성적 충동이나 욕구를 억제하기 위한 조치로서, 재범의 위험성이 인정되는 성도착증 환자에게 약물 투여 및 심리치료 등의 방법으로 도착적인 성기능을 일정기간 동안 약화 또는 정상화하는 치료를 말한다. 화학적 거세라고도 한다.

성폭력범죄자의 성충동 약물치료에 관한 법률은 사람에 대하여 성폭력범죄를 저지른 성도착증 환자로서 성폭력범죄를 다시 범할 위험성이 있다고 인정되는 사람에 대하여 성충동 약물치료를 실시하여 성폭력범죄의 재범을 방지하고 사회복귀를 촉진하는 것을 목적으로 한다(동법 제1조).

여기서 "성도착증 환자"란 「치료감호 등에 관한 법률」 제2조 제1항 제3호에 해당하는 사람 및 정신건강의학과 전문의의 감정에 의하여 성적 이상 습벽으로 인하여 자신의 행위를 스스로 통제할 수 없다고 판명된 사람을 말한다(동법 제2조 제1호).

검사는 사람에 대하여 성폭력범죄를 저지른 성도착증 환자로서 성폭력범죄를 다시 범할 위험성이 있다고 인정되는 19세 이상의 사람에 대하여 약물치료명령을 법원에 청구할 수 있다(동법 제4조 제1항). 치료감호심사위원회는 치료명령을 받은 사람이 치료명령이 계속 집행될 필요가 없을 정도로 개선되어 죄를 다시 범할 위험성이 없다고 인정하는 때에는 치료명령의 임시해제를 결정할 수 있다(동법 제18조 제4항).

헌법재판소는 성충동약물치료가 본질적으로 보안처분이라고 본다. 범죄자의 책임이 아닌 위험성에 따라 치료명령의 여부와 기간이 결정되고 치료명령은 장래를 향한 조치로 기능한다는 것이다. 대법원도 보안처분으로 보고 있다.

2-10. 소년법상 보호처분

소년법은 반사회성이 있는 소년의 환경 조정과 품행 교정을 위한 보호처분 등의 필요한 조치를 하고, 형사처분에 관한 특별조치를 함으로써 소년이 건전하게 성장하도록 돕는 것을 목적으로 한다(동법 제1조). 소년부 판사는 보호사건을 심리한 결과 필요하다고 인정하면, 결정으로써 감호 위탁, 수강명령, 사회봉사명령, 보호관찰, 소년의료보호시설 위탁, 소년원 송치 등의 처분을 하여야 한다. 원칙적으로 어느 하나에 해당하는 처분을 하여야 하나, 처분 상호 간에 전부 또는 일부를 병합할 수 있는 경우도 있다(동법 제32조).

헌법재판소에 따르면, 소년에 대한 보호처분은 교정주의 내지 보호주의의 이념에 입각하여 행해지는 보안처분의 일종이다.

Chapter 04

형사사법절차론

제1절 형사사법체계

1. 형사사법체계의 제 모델

1-1. 형사사법체계 개관

형사사법체계(criminal justice system)는 경찰 · 검찰 · 법원 · 교정 · 보호관찰기관 등 각 형사사법기관이 형사사건을 처리하기 위해 상호 유기적으로 연결되어 있는 시스템을 말한다.

형사사법절차는 형사사법체계 내에서 형법이라는 실체법을 실현하는 것과 관련된 것으로 크게 범죄수사－공소제기－재판－형집행 단계로 이루어진다. 이중 범죄수사와 공소제기, 재판은 형사소송법에서 규율하고 형집행단계에서는 형의 집행 및 수용자의 처우에 관한 법률에 의해 규율하고 있다. 소년보호사건은 소년법에 의해 처리되며 처벌보다는 보호적 관점이 강조된다.

1-2. 형사사법체계의 모델

(1) 형사사법체계의 모델의 의의

형사사법체계의 모델은 형사사법체계의 작용이나 기능 그리고 그 특징을 이해하기 위하여 형사사법체계를 조망하는 관점(perspective)이다. 형사사법체계는 범죄통제와 적법절차라는 두 가지 목표를 동시에 달성할 수 있는 방법을 추구한다. 형사사법체계모델은 여러 가지가 있으며 적법절차모델과 범죄통제모델 중 어느 모델이 더 우수하다고 말하기 위해서는 가치판단이 필요하다. 형사사법체계의 모델을 적법절차를 통한 범죄통제로 인식할 필요가 있다고 한다(Schmalleger, 2016).

형사사법절차의 운용과정을 고찰할 때 여러 가지 모델을 활용하는 것은 다음과 같은 이점이 있다.

① 형사사법체계에 대한 여러 모델들은 논의의 틀을 제공해주고
② 공식적인 제반규정과 관행간의 불일치를 명확히 해주고
③ 과거의 동향을 이해하는 데 도움이 되며
④ 미래의 정책을 고려할 때 쟁점의 복합성을 밝혀줄 수 있다.

(2) 범죄통제모델과 적정절차모델

패커(Packer, 1968)는 두 개의 경쟁적인 가치체계 관점에서 형사사법체계를 범죄통제모델(crime control model)과 적정절차모델(due process model)로 구분하여 설명하였다는데 이는 경쟁하는 두 가지 가치체계의 요구를 조정하는 일련의 작용과정을 논의하기 위한 틀이다.

패커는 시작부터 끝까지 국가와 투쟁하는 범죄자라는 그림을 통해 범죄자는 발각되지 않으려고 노력하고 체포되면 부인하고 더 나아가 유죄판결을 받지 않기 위해 노력한다고 한다. 적정절차모델에서는 경찰이나 기타 당사자가 형사사법절차에서 '법전'을 따르게 함으로써 피의자의 권리를 보호할 것으로 가정하고 있다. 그러나 그러한 법에는 재량권이 적정절차의 이상을 반드시 구현하는 것은 아니라는 비판이 있다.

가. 범죄통제모델

범죄통제모델	
기능	처벌
특성	• 유죄를 암묵적으로 추정 • 유죄 선고율이 높음 • 경찰에 대한 지지(수사기관의 범죄사실 확인에 높은 신뢰성 유지) • 응보와 억제가 보완적인 기능수행 • 사람은 자신의 행위에 대하여 책임이 있다고 가정
지지자	경찰, 검사
근거	• 경찰활동의 많은 부분은 범죄통제를 목표로 함 • 범죄통제를 위해 일부 법률에서는 시민의 권리는 축소시키고 경찰과 법원에 힘을 실

	어주고 있음
약점	• 당사자관계와 갈등의 잠재성에 대한 인식이 낮음 • 개인에게 행위에 대한 책임이 있다고 가정하게 되면 행위에 대한 사회적 압력이나 생리학적 압력을 무시하게 됨

나. 적정절차모델

적정절차모델	
기능	정의구현
특성	• 무죄추정 • 법원의 역할은 중립적인 심판자 • 피고인의 법적 보호제공 • 재판절차는 공개되며, 피고인은 재판절차 중에 모든 문제에 항변과 방어를 할 수 있음
지지자	변호사, 시민자유에 관심 있는 연구자나 관찰자
근거	적정절차를 반영하는 공식적인 규정의 존재
약점	• 당사자관계에 대한 인식이 낮음 • 법정의 역동성에 대한 언급부재 • 당사자 간에 형사사법절차의 목적에 대한 합의가 있는 것으로 가정 • 감형을 기대하여 유죄를 인정하도록 유도

혹자는 경찰은 범죄통제모델에 따라서 일하는 경향이 있으며 변호사는 적정절차모델에 따라서 일하는 경향이 있다고 한다. 경찰은 빈곤한 피의자에게는 범죄통제모델을 적용하며 부유한 피의자에게는 적정절차모델을 적용한다고 주장한다(Chambliss and Seidman, 1971).

그리피스는 패커가 개인과 국가 간의 투쟁을 강조하는 단 하나의 모델을 제시했다고 주장하고 가족생활의 이데올로기와 관련된 가족모델을 제3의 모델로 제시하였는데 이는 의료모델과 흡사하다.

(3) 킹(King, 1981)의 모델

킹은 적정절차모델과 범죄통제모델 외에 추가로 4가지를 제시하고 있다.

① 의료모델(medical model)

② 관료모델(bureaucratic model)

③ 지위변천과정모델(status passage model)

④ 권력모델(power model)

의료모델과 관료모델, 지위변천과정모델, 권력모델은 아래의 표와 같다.

가. 의료모델

의료모델	
기능	갱생/치료
특성	• 법원은 피고인에 대한 정보를 수집하는 촉매역할을 수행 • 갱생과 치료를 위한 구조화된 절차의 존재 • 피고인은 개별적으로 취급됨 • 사람들은 자신의 의지와는 상관없이 희생자가 될 수 있음 • 유죄라는 것과 처벌이라는 개념은 무의미한 개념이라고 거부됨
지지자	일부 보호관찰관
근거	사회환경조사보고서와 의료적 증거를 받아들이는 절차의 존재
약점	• 갱생했다는 증거의 부재 • 실제로 법원이 의료모델에 맞게 조정된 것은 아님 • 정보수집이 부정확함 • 이 모델을 효과적으로 운용하기 위한 자원의 불충분 • 이 모델을 실제로 적용하기 위한 시도가 거의 없음

나. 관료모델

관료모델	
기능	범죄와 범죄자의 관리
특성	• 법원은 갈등에 대해 중립적임 • 신속성과 효율성 • 공식적인 기록이 중요시되고 인정됨 • 자원의 경제적인 사용

	표준화된 절차에 따라서 개인에 대한 소송이 진행됨
지지자	사법부 내의 사무직원
근거	• 공판에 회부될 수 있는 범죄를 즉결 심판하도록 하는 압력의 존재 • 유죄답변흥정의 작용 • 유죄인정을 받아내는 것에 대한 강조
약점	• 목적에 대한 합의가 있는 것으로 가정 • 역할이 명확하게 묘사되어 있고 노동 분업이 존재한다고 가정

다. 지위변천과정모델

지위변천과정모델	
기능	비난(탄핵)과 강등
특성	• 공개적으로 피고인에게 수치심(수모)을 안기고 그들의 행동을 비난함 • 일반대중을 대신하여 도덕적 분개의 표현을 제공함 • 공동체의 가치를 반영하고 재확인 • 언론은 수모를 당한 개인의 정보를 전달하는 역할을 수행
지지자	판사들은 종종 특정 형태의 행동을 비난하려고 함
근거	• 체포된 이후 경찰관서에서 이루어지는 절차의 많은 부분이 여기에 해당 • 독특한 형태의 법정진술 • 재판에서 피고인 참여의 제한 • 범죄사건에 대한 언론의 보도내용
약점	• 비난할 만한 행동이 어떤 것인가에 관한 합의가 있는 것으로 가정 • 범죄사건에 대한 언론의 부정확한 보도 • 소년범죄심리와 같이 일부 사건의 경우에는 언론보도가 금지됨

라. 권력모델

권력모델	
기능	지배계급의 유지
특성	• 계급가치의 강화 • 피고인은 소외되고 억압당함

	• 계급투쟁의 문제는 공개적으로 다루어지지 않음 • 심판하는 자와 심판당하는 자 사이에는 현격한 차이가 존재
지지자	급진이론가들의 시각과 가장 잘 맞음
근거	• 판사는 공동체 내의 제한된 계층출신이며 피고인 대다수와 공통점이 거의 없음 • 판사는 중산계층의 가치를 가지고 있으며 피의자들과는 출신배경이 다름 • 변호사는 자신의 의뢰인을 대신하지 않으며 조정대리인일 뿐
약점	• 피고인을 노골적으로 강압하거나 억압했다는 명백한 흔적의 부재 • 공식적인 요구사항과 실제 관행 간에 큰 모순이 존재한다는 증거가 찾기 어려움 • 음모이론의 모습을 띠지 않는다고 하더라도 여전히 당사자들 간에 목적에 관한 가치 합의가 존재한다고 가정

2. 형사사법체계의 목표

일반적으로 형사사법체계는 억제, 교화개선, 무능력화, 응보라는 목표를 추구한다. 범죄감소는 처벌의 다른 목표들과 중복된다. ① 억제(일반억제, 특별억제) ② 범죄자의 갱생 ③ 범죄자를 투옥하여 범죄로부터 단절시킴으로써 일반대중들을 보호 ④ 일반대중에 대한 교육을 통하여 타인의 법위반을 비난하고 형법을 보다 존중하도록 한다.

2-1. 억제

(1) 억제의 종류

억제의 종류에는 특별억제(특별예방, specific deterrence)와 일반억제(일반예방, general deterrence)가 있다. 즉 범죄를 범한 사람을 처벌하여 그 범죄자가 장래에 범죄를 범하지 못하도록 하는 특별억제와 범죄자의 처벌을 통해 다른 일반인이 범죄를 하지 못하도록 하는 일반억제로 구분된다. 일반억제가 잠재적인 범죄자의 상상력에 의존하는 반면, 특별억제는 개인의 기억력에 의존한다고 하면서 그 차이는 미미하다고 주장(Walker, 1980)한다. 과거에 유죄판결을 받아본 사람의 경우 선고에 따른 처벌의 불쾌함보다는 형사사법과정에서의 경험이 더 많은 영향을 미친다.

(2) 제재가 억제효과를 갖기 위한 두 가지 가정

첫째, 처벌은 충분히 엄격하여야 한다. 둘째, 범죄가 발각될 가능성이 낮거나 낮다고 잠재적 범죄자가 인식하게 되면 억제는 일어나지 않는다. 처벌의 정도보다 발각될 가능성이 더 중요하다(Beyleveld, 1978). 대체(displacement)를 생각해보면 만약 사람들이 덜 위험하다고 생각하는 다른 범죄를 선택하게 된다면 어떠한 억제효과도 약화될 가능성이 있다.

범죄를 억제하기 위한 처벌의 형태는 범죄자, 범죄행위, 상황에 따라 달라져야 한다. 한 개인에게 유죄판결과 처벌을 가하는 것은 그를 더 이상 추후범죄로 인하여 잃어버릴 것이 없는(nothing to lose) 위치로 밀어내 버린다. 처벌은 사회에 복수심을 불러일으킨다는 주장도 있다(Shaw, 1992). 엄격한 처벌로 범죄자를 위협하는 것은 범죄자로 하여금 발각되어 유죄판결을 받는 것을 피하기 위해 필사적으로 노력하게 만들 것이다. 자신의 충동에 대한 통제력이 없거나 약한 사람과 과실로 법을 위반한 사람에게까지도 억제를 위한 선고를 내린다면 도덕적으로 잘못이다. 여전히 고의적인 범죄자의 경우에는 억제가 타당한 선택이다(Walker, 1980).

2-2. 무능력화

무능력화(incapacitation)는 범죄를 범할 가능성이 있는 범죄자의 능력을 줄이거나 없애는 것이다. 사형은 범죄자를 무능력화시키는 결정적인 수단이다. 또한 무능력화를 지지하는 사람은 전두엽 절제술이나 거세와 같은 수술전략을 주장하기도 한다.

구금(imprisonment)은 무능력화라는 목표를 달성하기 위해 설계된 주요 형사사법수단인데 범죄자를 구금함으로써 범행을 예방할 수 있다. 그러나 교도소 내에서도 많은 폭력과 범죄가 발생한다는 비판을 받는다.

2-3. 갱생(사회복귀)

교화개선은 범죄를 범하기 위한 동기를 없앰으로써 범죄자를 변화시키는 것이다. 교화개선의 전제는 범죄행위의 원인이 되는 행위자의 태도, 가치관, 기술, 인성을 변화시키면 범죄행위 가능성도 감소될 수 있다는 것이다. 형집행에 대한 궁극적 목적은 교정교화를 통하여 범죄적 심성을 순화하여 선량한 시민으로 사회에 복귀시켜 재범에 이르지 않도록 하는 데 있다.

이를 위한 다양한 형태의 원조(교도소에서 제공되거나 보호관찰과정에서 제공되는)는 범죄자의 사회적 능력, 고용전망, 복지 수혜능력 등을 향상시켜 주기 위한 것이다. 갱생의 실효성에 대한 다섯 가지 형태의 비판이 있다.

① 갱생은 일어나지 않는다.

선고받은 사람이 다시는 범죄를 저지르지 않는 경우에 그가 억제를 당한 것인지 갱생한 것인지 확실히 알기 어렵다. 유죄판결을 받은 경험은 미래의 범죄를 단념시키기보다는 오히려 부추길 수 있다. 형집행으로 인하여 다른 범죄자로부터 학습 받을 기회를 제공받게 될 경우 특히 그러하다. 재범과 가장 밀접하게 관련되는 두 가지 요인은 연령과 범죄경력이다.

② 갱생은 사실상 처벌이다.

③ 갱생은 직접적인 처벌보다 더 긴 형량의 선고가 될 수 있다.

④ 치료도 해로울 수 있다.

버틀러위원회(Butler committee)는 투옥된 범죄자에게 약물투여를 하거나 성범죄자에게 호르몬 요법을 실시하는 것과 같이 보다 혹독한 형태의 치료를 하는 것이 범죄자의 생명을 구하거나 약화를 막는 데 필요한 것이 아니라면 범죄자의 동의 없이 치료하지 않아야 하며 또는 임박한 폭력행동을 막기 위한 최소한의 간섭일지라도 범죄자의 동의 없이 치료하지 않도록 권고한다(Home Office, 1975).

⑤ 갱생은 잘못된 전제에 근거하고 있다.

특정 유형의 치료는 범죄자의 개별적인 특성을 다룬다. 만일 범죄성이 그러한 특성과 관련이 있다면 정당화될 수 있다. 그러나 생물학적 설명과 정신의학적 설명 대부분은 범죄자들의 행동을 설명하는 데 별 가치가 없다.

2-4. 응보

(1) 처벌의 본질

처벌의 본질은 범죄 행위에 대한 응당한 보복을 가하는 것이며, 범죄 행위에 상응하는 형벌을 부과하며, 범죄 행위에 대한 개인의 책임을 강조한다. 응보는 알고서도 나쁜 행동을 했다면 마땅히 처벌을 받아야 한다는 관념에 기초한다.

유죄가 아니라면 처벌받아서는 안 된다는 원칙은 분배의 응보(retribution in distribution)이다. 처벌은 범죄에 부합되어야 한다. 범죄자에게 형을 선고하는 사람은 범죄의 심각성, 범죄자에 대한 비난가능성, 그리고 처벌이 그 범죄자에게 주는 영향 등을 고려하여야 하는데 사실상 불가능하다. 일반적인 접근방식은 단지 범죄에 알맞은 형벌을 주는 것이다.

(2) 응보적 처벌을 지지하는 근거

① 처벌로서 범죄를 상쇄한다는 것과 ② 처벌은 범죄자가 고통을 겪게 함으로써 범죄자의 죄의식을 씻어내게 한다는 것이다. 이러한 근거는 빈약하고 은유적이며, 몇몇 범죄자에게만 적

용될 수 있다.

(3) 비난(탄핵)

비난(탄핵)은 형벌이 특정형태의 행위를 비난하고 그에 반대되는 행위에 대한 도덕적 태도가 정당하다는 것을 재확인한다는 것이다. 비난이 일종의 의식(ritual)의 형태를 띨 수도 있다. 재판은 장례식이나 취임식과 같은 의식적 기능을 갖는다. 응보적 선고는 범죄에 비례해야 하지만 비난목적에서 행해지는 선고는 한계가 없고 청중의 기대에 걸맞은 선고를 함으로써 충족된다.

제2절 형사사법절차

형사사법절차는 다양한 과정을 거친다. 사안이 경미할 경우 피의자는 범죄수사단계나 공소제기 단계에서 풀려나와 사회에 복귀하게 되지만 사안이 중대하여 정식재판을 받을 필요가 있는 경우에는 재판 및 형집행 단계를 거치게 된다.

형사소송법이란 형법을 적용·실현하기 위한 형사절차를 규정하는 법률체계를 말하며, 여기서 형사절차란 범죄에 대하여 국가의 형벌권을 실현하는 절차로서 수사절차, 공판절차, 형집행절차로 구성되어 있다. 형사절차는 국회에서 제정한 법률로써 규정하여야 한다는 원칙을 형사절차법정주의라고 한다. 헌법 제12조 1항은 "누구든지 법률에 의하지 아니하고는 체포·구속·압수·수색 또는 심문을 받지 아니하며, 법률과 적법한 절차에 의하지 아니하고는 처벌·보안처분 또는 강제노역을 받지 아니한다."고 규정하고 있다.

다이버전이란 일반적으로 형사사법기관이 통상적인 형사절차를 대신하여 사회내 처우 프로그램에 위탁하는 것을 내용으로 한다. 즉 형사사법기관이 통상의 형사절차를 중단하고 이를 대체하는 새로운 절차로 이행하는 것으로 성인형사사법보다 소년형사사법에서 그 필요성이 더욱 강조된다.

경찰단계에서는 훈방, 통고처분, 보호기관 위탁 등이 있고, 검찰단계에서는 기소유예, 불기소, 선도조건부 기소유예, 약식명령청구 등이 있다. 또한 법원단계에서는 선고유예, 집행유예, 약식명령 등이 있고, 교정단계에서는 가석방, 개방처우, 보호관찰 등이 있다. 이의 장점은 범죄인에게 형사절차와 유죄판결을 피할 수 있는 기회를 제공하고, 경미범죄를 형사사법절차에 의하지 아니하고 처리하여 낙인효과를 줄일 수 있다는 점이다. 다만 형사사법의 대상조차 되지 않을 문제도 다이버전의 대상이 된다는 점에서 오히려 사회통제가 강화되는 측면이 있고, 형사사법기관의 자의가 개입되어 재량범위가 확대되고 적법절차 위배로 인해 대상자의 인권침해 위험성이 있다.

1. 수사

1-1. 수사의 의의

수사란 형벌법규를 위반한 범인을 발견·확보하고 증거를 수집·보전하며 범죄의 혐의 유무를 명백히 하여 공소의 제기 및 유지 여부를 결정하는 수사기관의 일체의 활동을 말한다. 수사기관이란 형사사건에 대해 수사하는 기관을 말하며, 검사와 사법경찰관리가 있다. 사법경찰관리에는 일반사법경찰관리와 특별사법경찰관리가 있다. 형사사건에 대한 수사는 사법경찰관과 검사가 한다. 수사기관은 피의자를 체포·구속하지 않고 수사하는 것이 원칙이고, 필요한 경우에는 판사로부터 영장을 발부받아 체포·구속할 수 있다.

1-2. 수사개시

수사기관이 수사를 개시하는 원인을 수사의 단서라고 한다. 고소·고발·신고와 같이 민원인이 수사기관에 범죄를 알리는 경우 이 외에도 풍문, 언론보도, 다른 사건 수사 중 범죄발견 등 수사의 단서에는 제한이 없다. 고소·고발·자수가 있으면 수사가 개시되고, 피고소인 등은 피의자로서 조사받게 된다. 신고 등의 경우에는 수사기관의 범죄인지에 의하여 피의자로서 조사받게 되는데, 범죄인지 이전의 단계를 내사단계라 한다. 즉 수사를 개시하기에 앞서 범죄의 혐의 유무를 확인하기 위한 조사활동을 내사라고 하며, 이러한 조사 결과 혐의가 없어 조사를 종결하는 것을 내사 종결이라고 한다.

1-3. 입건

수사기관이 범죄인지, 고소·고발의 접수 등으로 수사를 개시하여 형사사건의 수사대상으로 삼을 경우, '사건접수부'에 일련번호를 붙여 사건명·인적사항 등을 기재하는데, 이를 입건이라고 하고, 사건접수부에 이름이 오른 사람을 형사소송법상 피의자라고 부른다. 용의자는 범인으로 의심될 만한 정황이 있으나 혐의를 입증하기 어려운 단계에 있는 사람이다. 용의자에 대하여 조사가 진행되어 범죄의 혐의를 인정할 만한 자료가 발견될 경우 입건을 하게 되고 범인은 피의자의 신분으로 조사를 받게 된다.

1-4. 송치

사법경찰관이 수사한 형사사건에 대한 수사기록과 증거물을 검찰에 송부하는 절차를 '송치'라고 한다. 사법경찰관은 범죄혐의가 있다고 인정되는 경우에는 지체 없이 검사에게 사건을 송치하고 관계 서류와 증거물을 검사에게 송부하여야 한다. 그 밖의 경우는 그 이유를 명시한 서면과 함께 관계 서류와 증거물을 지체 없이 검사에게 송부하여야 한다. 이 경우 검사는 송부받은 날로부터 90일 이내에 사법경찰관에게 반환하여야 한다(형소법 제245조의 5). 사법경찰관은 (범죄혐의가 없거나 죄가 안되거나 공소권이 없거나 각하를 이유로) 사건을 송치하지 않는 경우에는 그 송부한 날부터 7일 이내에 서면으로 고소인 · 고발인 · 피해자 또는 그 법정대리인(피해자가 사망한 경우에는 그 배우자 · 직계친족 · 형제자매를 포함한다)에게 사건을 검사에게 송치하지 아니하는 취지와 그 이유를 통지하여야 한다(형소법 제245조의 6, 고소인 등에 대한 송부통지).

통지를 받은 사람(고발인 제외)은 해당 사법경찰관의 소속 관서의 장에게 이의를 신청할 수 있다(고소인 등의 이의신청). 사법경찰관은 이의신청이 있는 때에는 지체 없이 검사에게 사건을 송치하고 관계 서류와 증거물을 송부하여야 하며, 처리결과와 그 이유를 신청인에게 통지하여야 한다(형소법 제245조의 7).

검사는 사법경찰관이 사건을 송치하지 아니한 것이 위법 또는 부당한 때에는 그 이유를 문서로 명시하여 사법경찰관에게 재수사를 요청할 수 있고, 검사의 요청이 있는 때에는 사건을 재수사하여야 한다(형소법 제245조의 8).

사법경찰관은 제1항의 신청이 있는 때에는 지체 없이 검사에게 사건을 송치하고 관계 서류와 증거물을 송부하여야 하며, 처리결과와 그 이유를 제1항의 신청인에게 통지하여야 한다.

사법경찰관이 사건을 검찰에 송치할 때에는 수사한 결과를 종합하여 송치의견을 표시한다. 검사는 사법경찰관의 의견을 참고하여 수사를 종결하게 되지만, 검사의 종국결정을 기속하지는 않는다. 사법경찰관이 입건하여 수사한 형사사건은 검찰로 송치되고, 송치된 사건에 대하여 조사할 필요가 있으면 검찰에서 수사하게 되며, 수사한 결과를 종합하여 검사가 해당 사건의 기소 및 불기소 여부를 종국결정하게 되어 있다.

2. 고소

2-1. 고소의 의의

고소란 범죄의 피해자 등 고소권을 가진 사람이 수사기관에 범죄사실을 신고하고 범인의 처벌을 요구하는 적극적 의사표시로써, 단순한 범죄 피해신고와는 구별된다. 고소권자는 ① 모든 범죄의 피해자(형소법 제223조), ② 피해자가 법률상 무능력자인 경우는 법정대리인, ③ 피해자가 사망한 경우는 배우자, 직계친족, 형제자매가 고소권을 가진다. 자기나 배우자의 직계존속은 원칙적으로 고소할 수 없으나, 성폭력을 당한 경우 등에는 예외적으로 고소할 수 있다.

2-2. 고소의 방식

고소는 서면 또는 구두 진술로 가능하나, 반드시 검사 또는 사법경찰관에게 해야 한다. 구두로 고소한 경우 수사 기관은 조서를 작성해야 한다. 고소장은 일정한 양식이 없다. 다만, 고소인과 피고소인의 인적 사항, 고소하는 범죄사실, 처벌을 원하는 의사 표시가 포함되어 있어야 한다. 피고소인의 인적 사항을 몰라도 고소할 수 있지만, 피고소인을 특정하기 위해서는 고소인이 피해당한 사실을 구체적으로 밝히고, 피해사실에 대한 증빙자료를 첨부하여야 한다.

고소는 대리인을 통하여 고소하게 하더라도, 반드시 본인의 명의로 해야 한다. 가명이나 다른 사람의 명의로 고소한 사실이 밝혀질 경우 수사기관은 수사를 중단하고 사건을 종결할 수 있다.

2-3. 고소인의 권리·의무

고소인은 수사기관에 출석하여 고소사실을 진술할 수 있고 사건 결과를 통지 받을 수 있다. 검사가 고소사건을 불기소 처분한 경우, 처분의 이유를 물을 수 있고 이의제기(항고, 재정신청)도 할 수 있다. 고소인은 수사기관의 수사에 협조할 의무가 있고 수사기관의 협조요청에 응하지 않을 경우 수사기관은 수사를 중단 하고 사건을 종결할 수 있다.

2-4. 친고죄

고소권자의 고소가 있어야만 재판에 회부할 수 있는 범죄를 친고죄라고 한다. 친고죄는 범인을 알게 된 날로부터 6개월이 지나면 고소할 수 없다. 다만 불가항력적인 사유가 있는 경우 그 사유가 없어진 날부터 기산한다.

2-5. 고소취소

고소취소는 1심 판결선고 전까지 가능하고, 고소를 취소한 사람은 같은 내용에 대해 다시 고소할 수 없다. 친고죄의 경우 공범이 있다면, 고소인은 공범의 일부에 대해서만 고소하거나 취소할 수 없고, 일부에 대해서 고소하거나 취소하더라도 나머지 공범에 대해서도 고소하거나 취소한 것과 같은 효력이 생긴다.

2-6. 고발

고발이란 고소와 마찬가지로 범죄사실을 수사기관에 신고하여 범인을 처벌해달라는 의사표시로써, 고소와 달리 범인 및 고소권자 이외의 제3자는 누구든지 할 수 있고, 공무원이 직무상 범죄를 발견한 때에는 고발해야 할 의무가 있다. 관세법 또는 조세범처벌법위반의 경우와 같이 고발이 있어야 처벌할 수 있는 사건(필요적 고발사건)도 있다.
고소에 대한 제한 규정(자기 또는 배우자 직계존속에 대한 고소금지), 방식, 취소 등은 고발의 경우에도 적용된다.

3. 체포와 구속

3-1. 체포

피의자가 죄를 범하였다고 의심할 만한 상당한 이유가 있고 정당한 이유 없이 출석요구에 응하지 않거나 응하지 않을 우려가 있을 때에는 원칙적으로 판사가 발부한 체포영장에 의하여 피의자를 체포할 수 있다(영장체포). 사법경찰관이 체포영장을 발부받으려면 먼저 검사에게 체포영장을 신청하고 검사는 판사에게 체포영장을 청구하게 되는데, 명백히 체포의 필요가 인정되지 않는 경우에는 검사 또는 판사는 체포영장을 기각할 수 있다.

수사기관은 죄질이 무거운 죄를 범하였다고 의심할 상당한 이유가 있고, 판사로부터 체포영장을 발급받을 시간적 여유가 없을 때에는 그 사유를 알리고 영장 없이 피의자를 체포할 수 있다(긴급체포). 사법경찰관이 피의자를 긴급체포한 경우에는 즉시 검사의 승인을 얻어야 한다.

또한, 범죄의 실행 중이거나 실행의 직후인 범인을 현행범인이라 하는데, 현행범인은 수사기관 뿐만 아니라 누구든지 영장 없이 체포할 수 있다(현행범체포). 다만, 수사기관이 아닌 사람이 현행범인을 체포한 때에는 즉시 범인을 수사기관에 인도해야 한다.

체포한 피의자를 구속하고자 할 때에는 체포한 때로부터 48시간 이내에 판사에게 구속영장을 청구하여야 하며, 그 시한 내에 구속영장이 발부되지 않은 경우에는 수사기관은 피의자를 즉시 석방하여야 한다.

3-2. 구속

구속은 피의자 또는 피고인을 일정한 구금장소에 비교적 장기간 구금함으로써 신체의 자유를 제한하는 강제처분이다. 수사기관은 수사한 결과 범죄의 죄질이 무겁고 피의자에게 일정한 주거가 없거나 도망 또는 증거인멸 등의 염려가 있는 경우에는 피의자를 구속할 수 있다.

피의자를 구속하기 위해서는 범죄와 구속 사유를 소명하여 판사로부터 발부받은 구속영장이 있어야 한다. 구속영장은 사법경찰관의 신청을 받아 청구하는 경우와 검사가 직접 청구하는 경우가 있고, 상당한 이유가 있는 경우에는 검사나 판사는 영장을 기각할 수 있다.

3-3. 구속 전 피의자 심문

수사기관에서 피의자의 범죄혐의 유무를 조사하여 피의자가 죄를 범하였다고 의심할 만한 상당한 이유가 있고, 도망이나 증거인멸 등의 우려가 있는 경우에는 법원에 구속영장을 청구하여 판사가 발부한 구속영장에 의하여 피의자를 구속하게 된다. 이 경우 피의자는 수사 과정에서 변명의 기회를 가지게 되는 것은 물론이고, 구속여부가 결정되기 전에 판사 앞에서 변명의 기회를 가질 수 있는데 이 제도가 바로 구속전 피의자심문제도 또는 구속영장 실질심사제도이다.

체포, 긴급체포, 현행범체포에 의해 체포된 피의자에 대하여 구속영장을 청구 받은 판사는 특별한 사정이 없는 한 지체 없이 구속영장이 청구된 날의 다음날까지 반드시 피의자심문을 해야 한다. 그리고 피의자가 체포되지 아니한 상태에서 청구된 사전구속영장의 경우에는 피의자를 구인하여 법원에 인치된 때로부터 가능한 빠른 일시에 심문해야 한다. 피의자 및 변호인은 피의사실 및 구속사유 등에 관한 피의자의 입장을 충분히 개진할 기회를 갖는다. 판사는 심문결과와 수사기관이 제출한 수사기록 등을 종합하여 구속요건의 유무와 구속의 당부를 심사하게 된다.

3-4. 체포 · 구속적부심사와 보석

수사단계에서 체포·구속된 피의자와 이해관계인은 체포 또는 구속이 법률에 위배되거나 구속 후 중대한 사정변경이 있는 경우, 공소가 제기되기 전까지 관할법원에 체포 · 구속의 적부심사를 청구할 수 있다. 체포 · 구속적부심사 청구가 있는 때에는 법원은 지체없이 이를 심리하여 이유 있다고 인정한 때에는 체포 · 구속된 피의자의 석방을 명한다. 법원은 구속된 피고인 등의 청구에 의하여 또는 직권으로 서약서 제출, 주거제한, 피해자 등에 대한 접근금지, 보증금 납입 등을 조건으로 피고인의 석방을 허가할 수 있는데, 이를 보석이라 한다. 보석 조건이 보증금 납입일 경우에는 보석 보증보험증권을 첨부한 보증서 제출로 갈음할 수 있다.

4. 불기소 및 기소(공소제기)

4-1. 불기소 처분

검사가 형사사건의 피의자에 대하여 공소를 제기하지 않는 결정을 통상 불기소 또는 불기소 처분이라고 한다. 기소유예, 혐의없음(증거불충분), 혐의없음(범죄인정안됨), 죄가안됨, 공소권없음, 각하 처분이 이에 해당한다.

(1) 협의의 불기소 처분

해당 형사사건이 범죄를 구성하지 않거나, 공소를 제기함에 충분한 혐의가 없거나 기타 소송조건을 구비하지 아니하여 적법한 공소제기를 할 수 없는 경우에 혐의없음, 죄가안됨, 공소권없음 처분을 하게 된다.

(2) 기소유예

검사는 피의자의 범죄가 인정되더라도 형법 제51조의 사항 ① 범인의 연령, 성행, 지능과 환경, ② 피해자에 대한 관계, ③ 범행의 동기, 수단과 결과, ④ 범행후의 정황을 참작하여 공소를 제기하지 않을 수 있다(형소법 제247조).

가. 선도조건부 기소유예(소년법 제49조의3)

검사는 피의자에 대하여 범죄예방위원의 선도를 받게 하고 공소를 제기하지 아니할 수 있으며, 이 경우 소년과 소년의 친권자 · 후견인 등 법정대리인의 동의를 받아야 한다. 선도조건부 기소유예제도는 기소편의주의와 소년사건에 대한 검사선의주의를 조화시킨 제도이다. 범죄소년에 대해서만 할 수 있다.

나. 평가

기소유예제도는 기소전 단계에서 사회복귀를 가능하게 하고, 경미범죄자에 대해 불필요한 구금을 억제하여 단기자유형의 폐해를 방지하며, 법원 및 교정기관의 부담을 경감시키는 장점이 있다. 그러나 검사에게 지나친 재량을 부여하여 자의적인 판단을 할 위험이 높고, 공소권 행사에 정치적 영향을 배제할 수 없으며 무죄결정이 아니라 시효가 완성될 때까지 기소를 유예하는 것에 불과하므로 법적 안정성을 침해할 수 있다는 비판을 받는다.

(3) 각하

고소장이나 고발장으로도 불기소 사유에 해당함이 명백한 경우 등에는 검사는 조사 없이 불기소 처분을 할 수 있는데, 이를 각하 처분이라고 한다.

(4) 불복수단

검사가 불기소처분을 하였을 때에는 그 결과를 피의자와 고소인·고발인에게 그 취지를 통지하여야 하고 (동법 제258조 제1항), 고소인 · 고발인의 청구가 있는 때에는 그 이유도 서면으로 설명하여야 한다(동법 제259조). 고소권을 가진 사람이 고소하였다가 불기소 처분을 받은 경우, 불기소 처분에 대하여 고등검찰청에 항고할 수 있다.

그리고 고소인(직권남용 등으로 고발한 고발인 포함)은 ① 항고 기각된 경우, ② 항고이후 사건을 재기하여 수사한 후 다시 불기소처분을 받은 경우, ③ 항고 신청후 그에 대한 처분 없이 3개월을 경과한 경우, ④ 공소시효 30일 전까지 공소가 제기되지 않은 경우 해당 검찰청의 소재지를 관할하는 고등법원에 불기소 처분의 당부에 관한 재정신청을 할 수 있다.

4-2. 기소

(1) 기소의 의의

형사재판은 달리 법률로 규정되지 않는 한 원칙적으로 검사의 공소제기에 의하여 시작된다. 우리나라는 국가소추주의를 채택하고 있어 검사가 공소를 제기하여 수행하도록 법률에 규정되어 있다(동법 제 246조). 기소(起訴)는 검사가 피의자에 대해 공소를 제기하는 것, 즉 형사재판에 회부하는 것을 말하며, 기소된 사람을 피고인이라고 부른다.

(2) 약식명령(약식기소)

정식 기소 절차 이외에도 법률상 약식절차가 규정되어 있는데, 이는 공판절차 없이 피고인을 벌금, 과료 또는 몰수에 처하는 약식명령을 발령하는 절차이다(동법 제448조). 검사는 공판절차 없이 벌금, 과료 또는 몰수를 청구함이 상당한 사건에 대해서는 공소의 제기와 동시에 약식명령의 청구를 하게 된다.

약식명령의 청구가 있는 경우에도 판사가 그 사건이 약식명령으로 할 수 없거나 약식명령으로 하는 것이 적당하지 않다고 판단한 때에는 공판절차에 의하여 심판한다(동법 제450조). 약식명령을 받은 피고인은 약식명령을 고지 받은 날로부터 7일 이내에 약식명령을 한 법원에 서면으로 정식재판을 청구할 수 있다(동법 제453조). 또한 정식재판을 청구한 이후에도 피고인은 1심 판결이 선고되기 전까지는 정식재판 청구를 취소할 수 있다(동법 제454조).

4-3. 기소(참고인)중지

기소중지는 피의자의 소재불명 등의 사유로 인하여 수사를 종결할 수 없는 경우에 그 사유가 해소될 때까지 사건을 중지하는 처분이다. 장래에 그 사유가 해소될 경우 수사를 재개하게 되나, 위 처분 이후에 공소시효가 지난 경우에는 사건을 재기하여 공소권없음 처분을 하게 된다. 피의자의 소재불명을 사유로 기소중지 결정을 할 경우 원칙적으로 지명통보조치를 하게 되는데, 통보를 받고도 수사기관에 출석하지 않으면 체포영장이 청구될 수 있다.

5. 공판

5-1. 공판절차

공판은 기소된 사건에 대한 재판을 위해 심리하는 절차를 의미하고, 법원에 마련된 공판정에서 공판기일에 공개하여 진행된다. 공판절차는 재판장인 판사가 피고인에게 진술거부권을 고지한 후 성명과 연령 등을 묻는 인정신문으로부터 시작되며, 검사의 모두 진술(공소사실 등 낭독), 피고인의 모두 진술(공소사실 인정 여부), 재판장의 쟁점정리를 위한 질문, 증거조사, 검사의 피고인 신문, 변호인의 피고인 신문, 재판장의 피고인 신문, 검사의 의견진술(구형), 변호인의 변론, 피고인의 최후진술 순으로 진행된다. 재판장은 이러한 절차가 끝나면 변론을 종결하고 판결을 선고한다.

피해자와 그 법정대리인(피해자가 사망한 경우에는 배우자, 직계친족, 형제자매 포함)은 법원에 진술기회를 달라고 신청할 수 있고, 법원은 신청이 있는 때에는 그 피해자 또는 법정대리인을 증인으로 신문하면서, 피해의 정도 및 결과, 피고인의 처벌에 관한 의견, 그밖에 해당 사건에 관한 의견을 진술할 기회를 주어야 한다. 다만, ①이미 당해 사건에 관하여 공판절차에서 충분히 진술하여 다시 진술할 필요가 없다고 인정되는 경우, ②그 진술로 인하여 공판절차가 현저하게 지연될 우려가 있는 경우에는 피해자 또는 그 법정대리인을 증인으로 신문하지 않을 수 있고, 신청인이 여러 명일 경우에는 진술할 사람의 수를 제한할 수 있다.

재판장은 변론을 종결한 날 또는 별도로 선고기일로 정한 날에 판결을 선고하게 되는데, 형사 판결의 종류에는 유죄 판결, 무죄 판결, 면소 판결, 공소기각 판결이 있다. 유죄가 인정되어 형을 선고할 경우에도, 형의 집행을 유예하거나, 선고를 유예하거나, 형을 면제하는 판결을 할 수 있다. 형사재판은 사건의 경중에 따라 판사 1인이 단독으로 하는 경우와 판사 3인이 구성된 합의부에서 하는 경우가 있다. 피고인은 공판절차에서 진술할 수 있고, 변호인의 도움을 받을 수 있다.

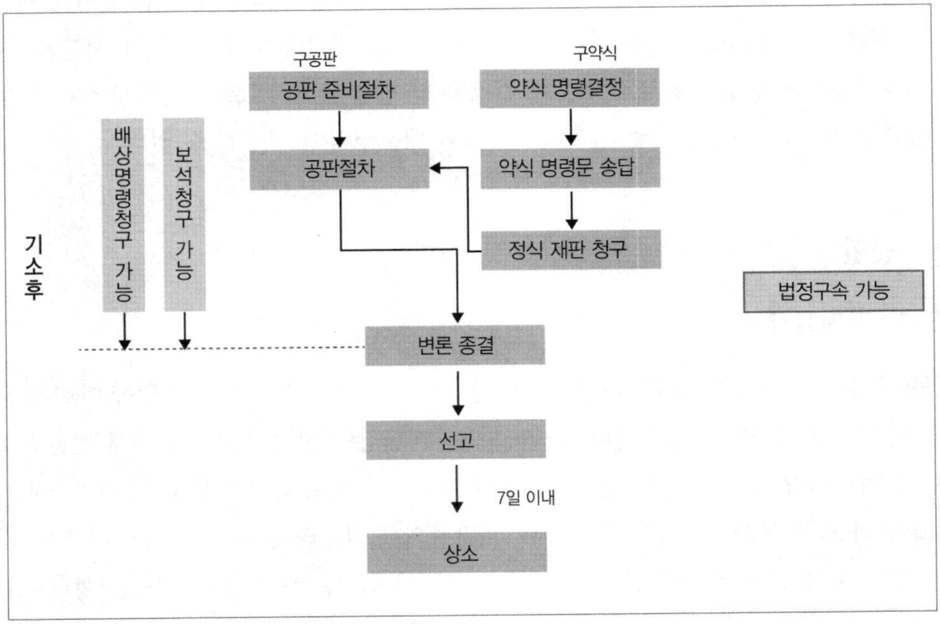

기소후 공판절차

(출처: 공판절차, https://www.slas.or.kr/jsp/board/abst/abst002.jsp.)

5-2. 변호인의 도움을 받을 권리

피고인은 수사단계는 물론 공판단계에서도 변호인의 도움을 받을 권리가 있다. 형사소송법은 피고인이 구속된 때, 미성년자인 때, 70세 이상 고령자이거나 농아자 또는 심신장애의 의심이 있는 때, 사형, 무기 또는 단기 3년 이상의 형에 해당하는 죄로 기소된 때에는 변호인 없이 재판할 수 없도록 규정하고 있다. 따라서 이 경우 피고인에게 변호인이 없는 때에는 법원에서 국선변호인을 선정해 주고 있다. 또한 피고인이 빈곤하여 변호인을 선임할 수 없거나 피고인의 연령, 지능 및 교육 정도 등을 참작할 때 그의 권리보호를 위해 필요하다고 인정하는 경우에도 국선변호인을 선정한다. 그리고 국민참여재판을 받는 피고인에게 변호인이 없는 경우에도 국선변호인을 선정해 주고 있다. 기소 전 단계에서는 피의자가 구속영장이 청구되어 법관 앞에서 영장실질심사를 받거나 구속적부심사를 받게 되었는데 변호인이 없는 경우 국선변호인을 선정해 주고 있다.

5-3. 자유심증주의와 피고인의 자백

형사재판에서는 검사가 피고인의 유죄를 입증할 책임이 있고, 판사는 검사가 제출한 증거에 의하여 헌법과 법률에 따라 유·무죄를 판단한다. 그러나 피고인의 자백만으로는 유죄를 인정할 수 없고, 자백이 진실한 것임을 인정할 만한 보강증거가 있어야 유죄를 인정할 수 있다. 또 피고인의 자백이 고문 · 폭행 · 협박 · 신체구속의 부당한 장기화에 의하여 얻어지거나 임의로 진술한 것이 아니라고 의심할 만한 이유가 있는 때에는 이를 유죄 증거로 쓸 수 없다. 한편 피고인은 각각의 신문에 대하여 진술을 거부할 수 있는 권리가 있다.

5-4. 판결 및 상소(항소·상고)

(1) 유·무죄의 판결

판사가 유죄 심증을 얻지 못한 경우에는 무죄를 선고하는데, 이 경우 구속되었던 피고인은 법률이 정하는 바에 의하여 형사보상금을 청구할 수 있다. 피고인의 혐의사실이 범죄를 구성하고 증거가 충분한 경우 판사는 유죄판결을 한다. 유죄판결을 하는 경우에는 사형, 징역, 금고, 자격상실, 자격정지, 벌금, 구류, 과료, 몰수의 형을 선고한다. 유기징역이나 금고는 1월 이상 30년 이하로 하며, 특별히 형을 가중할 경우에는 50년까지 할 수 있다.

(2) 항소 · 상고절차

피고인이나 검사는 제1심 판결에 불복이 있으면 판결선고일부터 7일 이내에 항소할 수 있다. 제2심 재판절차도 제1심 재판절차와 큰 차이는 없으나, 증거신청시기의 제한, 증인신청사유의 제한 등 제1심 재판절차와는 다른 특징이 있다. 한편 피고인만이 항소한 사건에 대하여는 원심판결의 형보다 중한 형을 선고하지 못한다. 제2심 판결에 대하여 불복할 경우 판결선고일부터 7일 이내에 상고할 수 있는데, 상고는 형사소송법이 정하는 일정한 사유가 있어야 한다.

항소 또는 상고는 법원으로부터 소송기록이 접수되었다는 통지를 받은 날로부터 20일 이내에 항소 또는 상고한 이유를 기재한 서류를 법원에 제출하여야 한다.

6. 형의 집행

법원의 판결이 확정되면, 검사의 지휘로 판결에서 선고된 형을 집행하게 된다. 징역이나 금고 또는 구류형은 교도소에서 집행된다. 벌금, 과료, 몰수, 추징, 과태료, 소송비용, 비용배상, 가납의 재판은 검사의 명령으로 집행하게 되는데, 벌금을 납부하지 않는 사람을 노역장에 유치하거나, 그 재산에 대해 강제집행할 수 있다.

7. 즉결심판절차

도로교통법 위반 또는 경범죄처벌법 위반 등 20만 원 이하의 벌금이나 구류 또는 과료에 처할 범죄사건에 대하여는 지방법원 또는 지원 및 시·군법원의 판사는 관할 경찰서장 또는 관할 해양경찰서장의 청구에 의하여 즉결심판을 한다.

판사는 사건이 즉결심판을 하기에 부적절하다고 인정하는 경우에는 즉결심판청구를 기각하여야 하고, 이 경우 경찰서장은 지체 없이 사건을 검찰에 송치하여야 한다. 피고인과 경찰서장은 즉결심판에 불복이 있으면 7일 이내에 정식재판을 청구할 수 있다. 경찰서장은 관할 지방검찰청 또는 지청의 검사의 승인을 얻어 정식재판청구서를 판사에게 제출하여야 한다. 즉결심판이 확정되면 이는 확정판결과 같은 효력이 있다.

Chapter 05

소년비행·범죄론

생각해 보기

○ 2022년 11월 2일 법무부는 촉법소년의 연령 및 형사미성년자 연령 기준을 현행 만14세 미만에서 만13세 미만으로 낮추는 내용을 담고 있는 소년법 및 형법 개정안을 입법예고 한다고 밝혔다. 이는 최근 촉법소년 범죄 증가와 소년범죄 흉포화, 촉법소년 제도의 범죄 악용으로 인해 형사미성년자 연령을 낮춰야 한다는 여론이 비등하는 등 소년범죄 종합대책에 대한 국민적 요구 증대를 반영한 것이다. 법무부는 지난 2022년 6월부터 10월까지 '촉법소년 연령 기준 현실화 TF'를 구성·운영했는데 이러한 TF 활동 결과를 토대로 이번 대책을 마련하였다.[61]

○ 소년은 일반 성인과 달리 아직 성장단계에 있기 때문에 향후 바람직한 방향으로 변화될 수 있는 가변성이 매우 크다는 특성이 있다. 이 때문에 소년범은 일반 형사범과는 다르게 처우를 하고 있으며, 형사절차상의 특례도 규정하고 있다. 그럼에도 불구하고, 최근 형법상 형사미성년자의 불처벌 규정 및 소년법상 촉법소년에 대한 형사처벌 배제 규정 때문에 이를 악용하는 사례가 늘어나고 있어 사회문제화 되고 있다. 촉법소년의 연령하향에 따른 장점과 단점은 무엇인가?

제1절 소년비행 · 범죄의 원인과 대책

1. 소년비행과 소년범죄의 개념

소년비행이란 흡연, 음주, 가출 등 소년의 문제행동들을 총칭하는데 이와 같은 행위들은 사회적으로 용인되지 않는 것이 보통이다. 이에 비하여 소년범죄란 소년이 살인, 강도, 강간 등과 같이 실정 형법상에 규정된 범죄행위들을 범하는 것을 말한다. 한편, 소년의 일탈행위라는 표현도 사용되고 있는데 이 일탈이라는 용어는 법규범뿐만 아니라 도덕규범 위반행위를 포함하여 전반적 사회규범 위반행위를 총칭하는 가장 넓은 개념을 지닌 용어라고 할 수 있다.[62]

소년비행의 개념에 소년범죄가 포함되는지 여부에 대하여는 포함설이 있는가 하면[63] 구별설도 있는 등[64] 학자마다 견해가 다소 차이가 있으나 소년비행 개념이 비교적 좁은 소년범죄 개념을 포함하는 것으로 하는 것이 바람직하다. 이처럼 소년비행 개념을 확장시키게 되면 용어의 난립을 해소한다는 차원에서 소년비행과 소년일탈을 유사한 용어라고 보아 상호 교차적으로 사용할 수 있다. 경찰청 예규로 제정되어 있는 '소년업무규칙(경찰청 예규 제579호, 2020.12.31.)' 제2조 제5호에서도 비행소년의 개념에는 범죄소년, 촉법소년, 우범소년을 모두 포함한다고 정의하고 있다.

소년비행은 크게 범죄행위, 촉법행위, 우범행위로 구분되는데 이는 소년법상의 범죄소년, 촉법소년, 우범소년의 정의와 직결된다. 그 정의는 다음과 같다.

1-1. 범죄소년

14세부터 19세 미만의 청소년이 형벌법령을 위반하여 범죄를 범한 경우 그 소년을 범죄소년이라 칭한다(소년법 제2조, 제4조 제1항 제1호). 이들은 형사책임을 질 수 있는 연령에 달한 소년들이기에 형사처벌의 대상이 될 수 있다(형법 제9조). 범죄소년은 원칙적으로 일반 형사절차에 따라 처리되어 형사재판을 받은 후 형벌을 받게 되지만, 범죄가 경미할 경우 경찰에서 훈방조치를 할 수 있고, 검찰에서 선도조건부 기소유예와 같이 불기소처분을 하거나 소년보호사건으로 처리되어 형벌을 면할 수도 있다.

1-2. 촉법소년

형벌법령을 위반한 범죄행위를 하였으나 형사책임을 부담할 연령이 되지 못하여 처벌할 수 없는 소년을 촉법소년이라 칭한다(소년법 제4조 제1항 제2호). 10세 이상 14세 미만의 소년이 범죄행위를 한 경우가 이에 해당한다. 이들은 형사법원으로 송치되지 않고 가정법원 소년부나 지방법원 소년부로 송치되어 소년보호사건으로 처리되는데 형벌이 아닌 소년보호처분을 받게 된다.

1-3. 우범소년

행위 자체가 범죄를 구성하지는 않지만 주변 사람들에게 불안감을 심어 주는 성벽이 있거나, 정당한 이유 없이 가출과 음주를 하면서 유해 환경에 접할 가능성이 높고, 향후 형벌 법령에 저촉될 행위를 할 우려가 있는 10세 이상의 소년을 우범소년이라 한다(소년법 제4조 제1항 제3호). 이들도 촉법소년처럼 가정법원 소년부나 지방법원 소년부에 송치되어 소년보호사건 처리 절차를 따르게 된다.

2. 소년비행·범죄의 특징

최근 소년범죄는 질적으로나 양적으로 악화되고 있다는 주장이 제기된다. 즉, 소년범죄자의 연령이 낮아지고 있고, 폭력범죄의 비중이 높으며, 소년 형법범을 범죄유형별로 분석을 해 볼 때 강력범죄를 범하는 소년의 비율이 다른 범죄에 비하여 높게 나타나고 있다는 것이다. 뿐만 아니라 소년범죄는 단독범 보다는 2인 이상이 공동으로 범죄를 하는 공범형태의 범죄가 많아 집단화의 경향을 보이고 있으며, 전과 4범 이상의 비중이 높아지고 있어 범행이 상습화 되는 추세도 나타나고 있다.[65] 이 밖에도 무동기 범죄, 중산층 출신 소년들의 범죄, 여성 범죄 등의 증가 현상도 최근 소년범죄의 특징으로 거론된다.

3. 소년비행·범죄의 원인

소년비행 · 범죄의 원인도 성인의 경우와 같이 생물학적 · 심리학적 · 사회학적 원인론을 동일하게 적용하여 설명할 수 있다. 즉, 부모의 범죄성이 유전되거나 뇌신경계 이상으로 인해 범죄를 범할 수 있고(생물학적 원인론), 본능을 제대로 통제하지 못하는 심리구조와 성격이상 및 정신병질로 인해 범죄에 연루될 수 있으며(심리학적 원인론), 사회구조적 문제로 인해 범죄적 하위문화에 접하거나 범죄행위를 호의적으로 생각하는 타인과의 접촉을 통해 범죄행위로 나아간다는(사회학적 원인론) 등의 설명이 그것이다.

그러나 소년비행 · 범죄의 경우에는 특히 주목할 만한 원인적 요소들이 몇 가지 있다. 첫째, 급격히 진행되는 도시화가 소위 아노미(Anomie) 현상을 초래하고, 공동체의 사회적 연대기능과 통제기능을 약화시켜 범죄발생 가능성을 높이고 있다. 둘째, 가정교육과 학교교육이 출세를 위한 입시위주의 교육에 밀려 올바른 윤리교육이 제대로 이뤄지지 않을 뿐 아니라, 부모와 자녀 간에 안정적 애착관계를 형성하기 어려운 환경이 범죄발생을 부채질하고 있다. 셋째, 정보화가 급격하게 진행되면서 청소년들이 인터넷이나 매스컴 등에 접촉할 기회가 많아지자 이러한 매체들로부터 폭력물과 음란물을 많이 접촉하게 되고 물질우선주의와 향락주의 가치관에 젖어들면서 범죄에 쉽게 빠져들 수 있는 환경이 조성되고 있다.

4. 소년비행·범죄대책

소년비행 · 범죄 예방을 위한 정책은 범죄의 원인을 제거하거나 감소시키기 위해 교육정책이나 주택정책을 강구하는 것과 같이 소극적 · 간접적 정책이 있는가 하면, 범죄자에 대한 감시를 강화하여 범행을 곤란하게 만드는 것과 같이 직접적이면서도 적극적인 범죄예방 대책도 있다. 후자의 예로서는 CCTV를 설치하거나 또는 CPTED기법을 도입하는 등의 방안이 제시될 수 있다.[66)]

소년비행 · 범죄 예방에도 브랜팅햄과 파우스트의 단계별 범죄예방이론이 적용될 수 있다. 즉, 1차 예방은 범죄와 상관없는 일반인을 대상으로 하여 범죄피해를 감소시킬 수 있는 방안을 교육하는 한편 비행을 유발하는 물리적, 사회적 환경을 개선하는 활동을 하는 것인데, 경찰이 각급 학교에 진출하여 일반 학생들을 대상으로 시행하고 있는 '청소년 경찰학교'와 같은 교육 프로그램과 '명예경찰소년소녀단의 운영' 및 '환경설계를 통한 범죄예방(CPTED)' 프로젝트의 시행과 경찰의 순찰활동 등이 이에 포함될 수 있다. 2차 예방은 비행행위에 연루될 가능성이 높거나 혹은 범죄를 범할 가능성이 있는 청소년에 대하여 그들의 생활에 개입함으로써 범죄 외의 건설적 선택을 하도록 돕는 것을 의미하는데, 무단 결석과 가출을 빈번히 하는 학생들에 대한 선도프로그램이 이에 해당한다. 3차 예방은 소년범죄 전과자의 재범예방을 목표로 전통적인 교화프로그램을 적용한다든지, 재범 가능성이 농후한 비행소년들에 대하여 보다 강화된 보호처분을 부과하는 방안 등이 이에 해당한다.[67]

제2절 소년사건 처리절차 일반

1. 경찰의 소년사건 처리

경찰서장이 촉법소년과 우범소년을 발견한 때에는 이들을 조사한 뒤 소년보호사건으로 처리하기 위하여 검사를 거치지 않고 직접 가정법원 소년부 혹은 지방법원 소년부(이하 '소년법원'이라 한다)에 송치한다(소년법 제4조 제2항, 소년업무규칙 제21조 제2항).

이에 비하여 범죄소년을 발견한 때에는 일반 형사사건의 예에 따라야 한다. 따라서 이들에 대하여는 형사소송법 및 '검사와 사법경찰관의 상호협력과 일반적 수사준칙에 관한 규정(대통령령 제31089호, 2020.10.7., 제정, 이하 '수사준칙'이라 한다)'을 적용하여 처리한다. 즉, 범죄소년에 대해서는 형사사건접수부에 피의자로 입건하여 피의자신문조서 작성 등 수사활동을 전개하되 혐의가 없거나 죄가 안되거나 공소권이 없다고 판단되면 불송치 결정을 내려 사건을 종결하고, 만일 범죄혐의가 발견되면 관할 지방검찰청 검사장 또는 지청장에게 수사결과물을 검찰에 송치하여야 한다(형사소송법 제195조, 수사준칙 제51조, 소년업무규칙 제21조 제1항).

경찰은 비행소년에 대한 사건처리를 함에 있어서 보호자와 연락하여야 하며, 범죄의 원인 및 동기와 소년의 성격 및 가정상황 등 제반 환경을 파악하기 위하여 소년환경조사서를 작성하여야 하고, 소년의 학교나 직장에서 공공연하게 소환하는 것을 자제하여 방문조사를 활용하여야 하며, 가급적 구속을 피하되 부득이한 체포나 구속을 할 경우 시기와 방법에 주의해야 한다. 아울러 소년의 재비행 위험성 판단과 선도교육을 위해 조사과정에 전문가를 참여시킬 수 있는데 이때 전문가가 제출한 '비행성예측자료표'를 제출받아 검찰·법원 송치시 첨부하여 비행소년 처우결정의 기초자료로 제공하여야 한다(소년업무규칙 제16조 내지 제25조).

2. 검찰의 소년사건 처리

검찰은 직접 인지한 소년사건 혹은 경찰에서 송치한 소년사건을 수사하여 범죄소년의 행위가 벌금이하의 형에 해당하는 범죄이거나 보호처분에 해당하는 사유가 있다고 인정한 경우에는 소년보호사건으로 처리하기 위하여 사건을 관할 소년부에 송치하여야 한다. 그러나 소년의 범죄가 금고 이상의 형사처분을 할 필요가 있다고 인정되면 사건을 해당 검찰청 검사에게 송치하여 정식 형사재판 절차를 거치도록 하고 있다(소년법 제49조 제2항). 우리 소년법은 검찰청으로 송치된 소년을 소년보호사건으로 다룰 것인가 형사사건으로 다룰 것인가에 대하여 검사가 1차적 결정권을 행사하도록 하여 개개의 소년사건에 대하여 기소, 불기소, 소년부 송치 여부를 결정하도록 하고 있다(소년법 제49조 제1항).[68] 검사의 불기소 처분은 범죄소년에게 범죄혐의가 없거나, 죄가 안 되거나, 공소권이 없을 경우에 행해지는 협의의 불기소 처분과 소추의 필요성이 없을 때 행해지는 기소유예 처분을 모두 일컫는다.

검찰의 소년사건 처리는 소년부 송치와 형사법원에의 기소 및 협의의 불기소처분 외에도 재범가능성이 희박한 18세 미만의 범죄소년에 대하여 '선도조건부 기소유예' 조치의 형태로 행해질 수도 있다(소년선도보호지침 제4조). 이 제도는 범죄예방위원의 선도를 조건으로 범죄소년에 대하여 기소유예 처분을 내리는 제도이다.'범죄예방위원'이라함은 '보호관찰 등에 관한 법률 시행규칙(법무부훈령 제753호)' 제8조 제1항의 규정에 의해 위촉된 자를 말하는데 이들은 자신의 귀주처가 있는 소년과 지속적으로 접촉을 가지면서 건전한 사회인으로 복귀시키는 방식을 의미하는 '접촉선도'를 하거나, 범죄예방위원의 주거나 복지시설에 기거하게 하면서 의식주를 제공하며 선도하는 '원호선도'를 행하게 된다(소년선도보호지침 제3조 제2항 내지 제3항).

3. 법원의 소년사건 처리

형사법원은 검사가 형사사건으로 기소한 소년에 대한 피고사건을 심리한 결과 보호처분에 해당할 사유가 있다고 인정되면 사건을 관할 소년부에 송치하여야 한다(소년법 제50조). 송치받은 소년부가 사건을 조사하거나 심리해 본 결과 소년이 19세 이상인 것이 판명되면 결정으로 송치한 법원에 다시 이송해야 한다(소년법 제51조). 소년법원은 검사가 보호사건으로 송치한 사건을 심리한 결과 그 동기와 죄질이 금고 이상의 형사처분을 할 필요가 있다고 인정되는 때에는 결정으로 해당 검찰청 검사에게 다시 송치할 수 있으나, 이렇게 검찰청에 송치한 사건을 검찰이 다시 소년부에 송치할 수는 없다(소년법 제49조).

제3절 소년보호사건 처리

1. 소년보호사건 심리와 보호처분

1-1. 소년보호사건의 심리

소년이 범죄나 비행에 연루되는 소년사건이 발생하면 우리나라 법제에서는 이원적으로 처리된다. 즉, 14세 이상 19세 미만에 해당하는 소년이 금고이상의 죄를 범했고 죄질이 불량한 경우 이를 소년형사사건으로 처리하는 방안이 있는가 하면, 범죄소년이라도 벌금이하의 형에 해당하는 경미한 범죄를 범했거나 촉법소년 또는 우범소년에 해당하는 경우에는 소년의 선도·보호를 목적으로 소년보호사건으로 처리하고 있는 것이다. 이처럼 소년보호사건으로 처리하는 제도를 두고 있는 이유는 반사회성(反社會性)이 있는 소년의 환경 조정과 품행 교정(矯正)을 위한 보호처분 등의 필요한 조치를 하고, 형사처분에 관한 특별조치를 함으로써 소년이 건전하게 성장하도록 돕기 위함이다(소년법 제1조).

소년보호사건은 소년의 행위지, 거주지 또는 현재지가 법원의 관할이 되고, 관할 가정법원 소년부 또는 지방법원 소년부의 단독판사가 심리하고 처분을 결정한다. 소년부 판사는 소년사건을 검사 또는 경찰서장으로부터 송치 받거나 보호자 또는 학교와 사회시설의 장으로부터 통고를 받으면(소년법 제4조 제3항) 소년조사관으로 하여금 사건의 내용과 관계자 조사를 하도록 명한 뒤, 조사보고서를 토대로 심리개시 여부를 결정한다(소년법 제19조 내지 제20조).

소년보호사건을 조사·심리할 때에는 전문가의 진단, 소년분류심사원의 분류심사 결과, 보호관찰소의 조사결과 등을 고려하여야 하고(소년법 제12조), 사건 본인이나 보호자 및 참고인 등을 소환할 수 있고, 이 소환에 응하지 않으면 동행영장을 발부할 수도 있다(소년법 제13조). 이 경우 사건 본인이나 보호자는 소년부 판사의 허가를 받아 보조인을 선임할 수 있는데 보조인의 권리와 의무에는 형사소송법상 변호인의 권리의무에 관한 규정이 준용된다(소년법 제17조 제6항).

1-2. 보호처분

소년부 판사는 심리결과 보호처분을 할 필요가 있다고 인정되면 결정으로 총 10가지 유형의 보호처분을 할 수 있는데 특정 보호처분은 그 처분 상호 간에 전부 또는 일부를 병합할 수 있다. 보호처분의 유형은 다음과 같다(소년법 제32조 제1항). 즉, ① 보호자 또는 보호자를 대신하여 소년을 보호할 수 있는 자에게 감호 위탁, ② 수강명령, ③ 사회봉사명령, ④ 보호관찰관의 단기(短期) 보호관찰, ⑤ 보호관찰관의 장기(長期) 보호관찰, ⑥「아동복지법」에 따른 아동복지시설이나 그 밖의 소년보호시설에 감호 위탁, ⑦ 병원, 요양소 또는「보호소년 등의 처우에 관한 법률」에 따른 의료재활소년원에 위탁, ⑧ 1개월 이내의 소년원 송치, ⑨ 단기 소년원 송치, ⑩ 장기 소년원 송치 등이 그것이다. 사회봉사명령 처분은 14세 이상의 소년에게만 할 수 있고, 수강명령과 장기 소년원 송치 처분은 12세 이상의 소년에게만 할 수 있는데 이러한 보호처분은 그 소년의 장래 신상에 어떠한 영향도 미치지 않도록 하고 있다(소년법 제32조 제6항).

2. 보호관찰 등 사회내 처우

보호관찰은 소년을 자유롭게 사회활동을 하게 하면서 전문가인 보호관찰관의 지도 · 감독을 통해 소년의 행동을 교정하고자 하는 사회내 처우의 일종으로서 단기 보호관찰은 1년, 장기 보호관찰은 2년의 기간으로 정하고 있다. 보호관찰은 보호관찰 대상자의 주거지를 관할하는 보호관찰소 소속 보호관찰관이 담당한다. 보호관찰 대상인 소년은 범죄를 행할 우려가 있는 자들과 교제하지 말 것, 보호관찰의 지도나 감독에 순응할 것, 재범우려가 있는 장소에 출입하지 말 것, 기타 사행행위 탐닉, 주류 과다 복용, 마약 등 위해 약물 복용 금지 등과 같은 일정한 준수사항을 지켜야 한다(보호관찰 등에 관한 법률 제32조).

보호관찰은 그 자체가 하나의 독립된 처분이므로 이 처분만을 독자적으로 행할 수 있으나 실효성을 거두기 위하여 소년을 보호할 수 있는 자에게 감호위탁 하는 처분(소년법 제32조 제1항 1호 처분), 수강명령 처분(제2호 처분), 사회봉사명령(제3호 처분), 아동복지시설이나 그 밖의 소년보호시설에 감호 위탁하는 처분(제6호 처분)과 병합할 수 있다.[69] 또한 보호관찰 처분을 할 때에는 3개월 이내의 기간을 정하여 '보호소년 등의 처우에 관한 법률'에 따른 대안교육 또는 소년의 상담 · 선도 · 교화와 관련된 단체나 시설에서의 상담 · 교육을 받을 것을 동시에 명할 수도 있다(소년법 제32조의2 제1항).

3. 소년원 송치

소년부 판사는 심리 결과 소년원 송치를 결정할 수 있다. 소년원 송치는 1개월 이내의 소년원 송치(소년법 제32조 제1항 8호 처분), 6개월을 초과하지 않는 범위 내에서 소년원에 수용하는 단기 소년원 송치(9호 처분), 2년을 초과하지 않는 범위 내에서 소년원에 수용하는 장기 소년원 송치(10호 처분) 등으로 구분된다. 소년원은 기능별로 초 · 중등교육소년원, 직업능력개발훈련 소년원, 의료 · 재활소년원, 인성교육소년원 등으로 분류된다(보호소년 등의 처우에 관한 법률 시행령 제3조). 소년원에 수용하기 위해서는 법원 소년부의 결정서가 있어야 하고, 보호소년이 소년원에 입소하면 소년원장은 건강진단과 위생에 필요한 조치를 취한 다음, 보호소년등의 정신적 · 신체적 상황 등 개별적 특성을 고려하여 생활실을 구분하는 등 적합한 처우를 하여야 한다(보호소년 등의 처우에 관한 법률 제7조 내지 제8조).

제4절 소년형사사건 절차의 특례

1. 구속영장 발부제한 및 조사·심리상의 배려

소년에 대한 구속영장은 부득이한 경우가 아니면 발부하지 못하며, 소년을 구속하는 경우에는 특별한 사정이 없으면 다른 피의자나 피고인과 분리하여 수용하여야 하고, 소년에 대한 형사사건의 심리는 친절하고 온화하게 하여야 한다(소년법 제55조). 소년에 대하여 변호인이 없거나 출석하지 아니한 때에는 반드시 국선변호인을 선정하여야 하며(형사소송법 제35조, 제283조), 소년 형사사건이 다른 피의사건과 관련된 경우라 하더라도 심리에 지장이 없으면 그 절차를 분리하여야 한다(소년법 제57조).

2. 사형과 무기형의 완화

죄를 범할 당시 18세 미만인 소년에 대하여 사형 또는 무기형(無期刑)으로 처할 경우에는 15년의 유기징역으로 한다(소년법 제59조). 이는 한정책임능력밖에 갖추지 못한 소년에 대하여 인도적 견지에서 중형을 피하고 사회복귀의 기회를 주기 위함이다.[70] 이 경우 연령은 범행시를 기준으로 하므로 과형 당시 성인이라 하더라도 이에 해당된다. 다만, '특정 강력범죄의 처벌에 관한 특례법'에 따라 18세 미만의 소년에 대하여 사형 또는 무기형으로 처벌할 때에는 소년법 제59조의 규정에도 불구하고 20년의 유기징역으로 한다(동법 제4조 제1항).[71]

3. 상대적 부정기형의 인정

성인의 경우에는 부정기형의 선고가 금지되어 있으나 소년범에게는 상대적 부정기형의 선고가 가능하다. 소년은 시간이 흐르면서 변화의 가능성이 많기에 자유형을 선고할 때에 원칙적으로 상대적 부정기형을 부과하도록 하여 형기에 탄력성을 주어 소년의 개선과 교화를 도모하고자 하는 것이다.[72] 이에 소년이 법정형으로 장기 2년 이상의 유기형(有期刑)에 해당하는 죄를 범한 경우에는 그 형의 범위에서 장기와 단기를 정하여 선고하도록 하고 있는 것이다. 다만, 장기는 10년, 단기는 5년을 초과하지 못한다(소년법 제60조 제1항).

한편, 이러한 상대적 부정기형의 선고는 형의 집행유예나 선고유예를 선고할 때에는 적용되지 않으며(소년법 제60조 제3항), 소년범에 대한 사형이나 무기형의 형벌이 15년의 유기징역으로 감형되는 경우와 '특정강력 범죄의 처벌에 관한 특례법' 제4조 제1항에 따라 20년의 유기징역으로 감경된 경우에는 적용이 없다.[73] 다만, 특정강력범죄를 범한 소년에 대하여 부정기형(不定期刑)을 선고할 때에는 「소년법」 제60조 제1항 단서에도 불구하고 장기는 15년, 단기는 7년을 초과하지 못하도록 하고 있다(동법 제4조 제2항). 소년에 대한 부정기형을 집행하는 기관의 장은 형의 단기가 지난 소년범의 행형(行刑) 성적이 양호하고 교정의 목적을 달성하였다고 인정되는 경우에는 관할 검찰청 검사의 지휘에 따라 그 형의 집행을 종료시킬 수 있다(소년법 제60조 제4항).

4. 환형처분의 금지와 미결구금일수의 산입

성인범죄자에 대하여 벌금이나 과료를 선고할 때에 이를 납입하지 아니하는 경우 노역장 유치기간을 정하여 동시에 선고하여야 하지만, 18세 미만인 소년에게는 형법 제70조에 근거한 노역장 유치선고를 하지 못한다. 다만, 판결선고 전 구속되었거나 소년법 제18조 제1항 제3호(소년분류심사원에의 위탁)의 조치가 있었을 때에는 그 구속 또는 위탁의 기간에 해당하는 기간은 노역장(勞役場)에 유치된 것으로 보아 형법 제57조를 적용하여 구금일수의 1일을 징역, 금고, 벌금이나 과료에 관한 유치 또는 구류의 기간의 1일로 계산할 수 있다(소년법 제62조 단서). 소년부 판사는 사건을 조사 또는 심리하는 데에 필요하다고 인정하면 소년의 감호에 관하여 결정으로써 소년분류심사원에 위탁할 수 있는데 그 위탁기간은 형법 제57조 제1항의 판결선고 전 구금일수(拘禁日數)로 본다(소년법 제61조).

5. 형집행 절차의 특례

징역 또는 금고를 선고받은 소년에 대하여는 특별히 설치된 교도소 또는 일반 교도소 안에 특별히 분리된 장소에서 그 형을 집행한다. 다만, 소년이 형의 집행 중에 23세가 되면 일반 교도소에서 집행할 수 있다(소년법 제63조). 보호처분이 계속 중일 때에 징역, 금고 또는 구류를 선고받은 소년에 대하여는 먼저 그 형을 집행한다(소년법 제64조).

형법 제72조에 따르면 징역이나 금고의 집행 중에 있는 사람이 행상(行狀)이 양호하여 뉘우침이 뚜렷한 때에 무기형은 20년, 유기형은 형기의 3분의 1이 지난 후라야 가석방을 할 수 있도록 하고 있지만, 소년범의 경우에는 그 기간을 단축하여 무기형의 경우에는 5년, 15년 유기형의 경우에는 3년, 부정기형의 경우에는 단기의 3분의 1이 경과하면 가석방을 허가할 수 있도록 하고 있다(소년법 제65조).

정리하기

○ 소년비행은 크게 범죄행위, 촉법행위, 우범행위로 구분되는데 이는 소년법상 범죄소년, 촉법소년, 우범소년에 대한 정의에 상응한다.

○ 촉법소년과 우범소년은 법원 소년부에서 소년보호사건으로 처리되며, 이들에 대하여는 법원 소년부에 의해 보호관찰, 수강명령, 사회봉사, 소년원 입소, 감호위탁 등 10가지 유형의 보호처분이 부과된다.

○ 범죄소년은 사안의 중대성 여부에 따라 소년형사사건과 소년보호사건 두 가지 형태로 처리된다. 소년형사사건으로 처리될 경우 형사법원에서 보통의 형사소송절차에 따라 형벌이 부과되며, 소년보호사건으로 처리될 경우 촉법소년이나 우범소년과 같이 법원 소년부에서 소년법이 정한 별도의 절차에 따라 보호처분이 부과된다.

○ 범죄소년이 형사사건으로 처리된다 하더라도 소년이라는 특수성 때문에 여러 가지 형사절차상 특례가 인정된다. 즉, 구속영장 발부제한, 사형과 무기형의 완화, 상대적 부정기형의 인정, 환형유치의 금지, 성인과의 분리구금, 가석방 허가조건의 완화 등이 그것이다.

참고문헌

PART 5

본 QR코드를 스캔하시면,
'범죄학강의' PART 5의 참고문헌을 참고하실 수 있습니다.

찾아보기

(ㅇ)

(기타)

본 QR코드를 스캔하시면,
'범죄학강의'의 참고문헌을 참고하실 수 있습니다.

공저자 약력

김 재 민(金 在 珉)

현) 경일대학교 경찰행정학과 교수, 범죄피해연구소장

국립경찰대학 행정학과 졸업(행정학사)
연세대학교 대학원 졸업(법학석사)
전남대학교 대학원 졸업(법학박사)
미국 Michigan State Univ.에서 형사정책 연구
일본 Tokiwa Univ. 국제피해자학연구소와의 학술교류 통해 피해자 보호대책 연구
독일 Max Planck Institute for Comparative Public Law and International Law에서 피해자 인권 보호 연구
국립경찰대학 경찰학과 전임교수 및 한국경찰법학회장 역임
전 Asian Post-Graduate Course on Victimology 강사

주요 저서 및 논문

피해자 수사서류 열람·등사권의 실효적 보장(피해자학연구, 2022)
피해자학(박영사, 2021)
범죄학강의(공저, 박영사, 2021)
범죄학이론(박영사, 2018)
범죄피해조사론(공저, 박영사, 2018)
The changes of Korean Victim Policy in the last decade(일본 Tokiwa대학교 국제피해자학연구소, 2012) 외 피해자 보호정책 관련 국내저명 학술지 논문 약 30편

이 봉 한(李 奉 漢)

현) 대전대학교 경찰학과 교수
공안행정학회 · 대한범죄학회 이사
한국경찰연구학회 감사
한국범죄심리학회 자문위원

국립경찰대학 법학과(법학사)
동국대학교 대학원 경찰행정학과(경찰학석사)
동국대학교 대학원 경찰행정학과(범죄학박사)
한양사이버대학교 대학원 심리상담 전공(문학석사)
경찰종합학교(현, 경찰인재개발원) 교수요원
서울디지털대학교 법무행정학부 교수
FBI National Academy 연수 166기
대전지방경찰청 손실보상심의위원장, 한국경찰연구학회 · 한국경찰학회 부회장

주요 저서 및 논문

과학수사 길라잡이(그린출판사, 2022)
폴리스트렌드 2020(공저, 박영사, 2020)
재난피해자대책론(도서출판 MB, 2015)
범죄학(공역, 그린출판사, 2011)
피해자학(공역, 그린출판사, 2011)
폴리피아 수사(형설출판사, 2008)
비교경찰제도I(공저, 법문사, 2005)
한국종교범죄의 분석: 범죄현황과 심리(한국경찰연구, 2020) 외 약 20편

제 2 판
범죄학 강의

초판발행 2021년 1월 11일
제2판발행 2023년 3월 10일

지은이 김재민 · 이봉한
펴낸이 안종만 · 안상준

편 집 양수정
기획/마케팅 장규식
표지디자인 이영경
제 작 고철민 · 조영환

펴낸곳 (주) 박영사
서울특별시 금천구 가산디지털2로 53, 210호(가산동, 한라시그마밸리)
등록 1959. 3. 11. 제300-1959-1호(倫)
전 화 02)733-6771
f a x 02)736-4818
e-mail pys@pybook.co.kr
homepage www.pybook.co.kr
ISBN 979-11-303-1721-2 93350

정 가 28,000원